헨리 키신저의

중국 이야기

On China

Henry Kissinger

헨리 키신저의
중국 이야기

헨리 키신저 지음 | 권기대 옮김

민음사

ON CHINA
by Henry A. Kissinger

오스카 드 라 렌타 부부에게 바친다

서문

꼭 40년 전 오늘, 나는 리처드 닉슨 대통령의 부름을 받아 아시아 역사의 중심에 있는 한 나라, 미국이 20년 넘도록 그 고위층과 아무런 접촉도 하지 못했던 한 나라와 관계를 재확립하라는 임무를 띠고 베이징으로 날아가는 영광을 누렸다. 관계를 회복하려는 미국 측의 동기는 베트남 전쟁의 쓰라림과 냉전의 암울한 회상을 초월하는 평화의 비전을 국민들에게 제시하려는 것이었다. 한편, 이론적으로는 소련의 동맹이었지만 중국은 모스크바의 침공 위협에 저항하기 위해 전략적으로 움직일 여지를 찾고 있던 중이었다.

그사이 나는 쉰 차례 이상 중국을 다녀왔다. 여러 세기 동안 중국을 찾았던 많은 사람들과 마찬가지로, 나는 중국인들의 인내심과 섬세함과 가족을 아끼는 마음, 그리고 그들이 대표하는 문화를 서서히 찬미하게 되었다. 하지만 동시에 나는 대체로 미국의 관점에서 비롯된 평화의 구축을 평생토록 심사숙고해 온 터였다. 참으로 운 좋게도 나는 정부의 고위 관리로서, 메시지를 품은 전달자로서, 그리고 한 사람의 시민으로서, 이러한 두 줄기의 생각을 동시에 추구할 수 있었다.

이 기간 내내 나는 중국 지도자들과 대화를 나누어 왔다. 개념적으로 평화와 전쟁, 그리고 국제 질서에 대하여 중국인들은 어떻게 생각할까? 이 책은 이를 설명하려는 노력이며, 그런 개념적인 사고방식이 미국의 한층 더 실용적이고 축조적(逐條的)인 접근법과 어떤 연관성을 지니는지를 설명하려는 노력이다. 역사와 문화가 다르면 흔히 상이한 결론을 이끌어 낸다. 내가 중국의 관점에 언제나 동의하는 것은 아니며, 독자 여러분 또한 마찬가지일 터. 하지만 21세기에 대두되는 세계에서 중국이 너무나도 큰 역할을 담당할 것이므로, 그들의 관점을 이해하는 것은 필요하다.

내가 중국을 처음 방문했던 이래로, 이 나라는 경제적으로도 슈퍼파워가 되었고 지구촌 정치 질서를 형성하는 데도 중요한 요소가 되었다. 냉전시대엔 미국이 세계를 압도했다. 그래서 미국과 중국의 관계는 세계 평화와 글로벌 복지의 핵심 요소가 된 것이다.

여덟 명의 미국 대통령과 네 세대의 중국 지도자들은, 출발점에서의 차이를 생각하면 놀라울 정도로 일관성 있게 이 민감한 관계를 이끌어 왔다. 양측은 모두 본질적으로 협력적인 상호 관계가 역사의 유산이라든가 국내 질서에 대해 상이한 관념 때문에 교란되는 것을 허락지 않았다.

결코 단순치 않은 여정이었다. 자신들은 독특한 가치관을 대표한다고 양쪽 사회가 모두 믿고 있기 때문이다. 미국의 예외론은 가히 선교사 같은 식이어서, 미국이 온 세계 구석구석에 자기네 가치관을 퍼뜨릴 의무가 있다고 주장한다. 이에 비해 중국의 예외론은 문화적이다. 중국은 다른 나라를 개종시키려 들지 않으며, 지금 그들의 제도가 중국 밖에서도 적절하다고 주장하지 않는다. 하지만 그것은 다른 모든 나라를 중국 문화 및 정치 형태와 얼마나 가까우냐에 따라 여러 등급의 조공국(朝貢國)으로 나누었던 중화 전통을 이어받은 것이다. 다시 말하면 일종의 문화적 보편성을 물려받았다는 얘기다.

이 책은 1949년 중화인민공화국이 수립된 이래 중국과 미국 사이의 상호 작용에 초점을 맞출 것이다. 공직에 있을 때든 물러나 있을 때든, 나는 네 세대에 걸친 중국 지도자들과 나눈 대화를 일일이 기록해 두었고, 그 기록은 이 책을 저술하는 데 주요한 원천이 되었다.

내가 도움을 청해도 꺼려하지 않았던 동료와 친구들의 헌신적이고도 재기 넘치는 협조가 없었던들, 이 책은 빛을 볼 수 없었을 것이다.

그중에도 슈일러 쇼우튼은 결코 없어서는 안 될 친구였다. 그는 8년 전 예일대의 존 개디스 교수가 자신이 가장 총애하는 제자라고 나에게 추천해 준 사람이었다. 나는 이 작업을 시작할 때, 그가 다니던 법률 회사를 두 달간 휴직해 줄 수 없냐고 부탁했다. 그는 내 부탁을 기꺼이 들어주었을 뿐 아니라, 이 일에 너무나 몰두한 나머지 결국 1년 뒤 이 작업이 끝날 때까지 손봐 주었다. 슈일러는 기초적인 조사의 대부분을 맡아 주었다. 중국어 텍스트의 번역을 도와주었고, 그중에서도 미묘한 부분의 함의를 날카롭게 파헤치는 데 큰 힘이 되어 주었다. 편집과 교정 단계에서 그는 절대 포기할 줄을 몰랐다. 조사의 길동무로서 이 친구보다 더 나은 사람을 나는 일찍이 본 적이 없었다.

내가 이런저런 활동을 하면서, 스테퍼니 융어모트가 10년씩 나랑 함께 일해 준 것 또한 대단한 행운이었다. 그녀가 야구를 했더라면 꼭 필요한 만능선수로 불렸을 것이다. 조사도 하고, 편집도 거들었으며, 출판사와의 연락도 도맡았기 때문이다. 게다가 말미의 주석도 전부 검토했으며, 타이핑을 주선하는 일에도 도움을 주었고, 마감이 닥치면 결코 주저하는 법 없이 거들어 주었다. 그뿐이랴, 매력적이고 외교적인 수완도 있으니 그녀의 중대한 공헌은 한층 더 빛이 났다.

해리 에번스는 30년 전에 『나의 백악관 시절(*The White House Years*)』을 편집했던 경력이 있다. 내가 우리의 우정을 핑계 삼아 원고 전체를 검토해 달라고 하자, 그는 마다하지 않았다. 그는 편집과 작품 구조에 대해 번뜩이는 제안을 엄청나게 쏟아 냈다.

테리사 아만티와 조디 윌리엄스는 원고를 여러 차례 타이핑해 주었고, 마감 시간에 맞추기 위해 저녁이나 주말에까지 수없이 날 도와주었다. 그들의 쾌활한 품성과 효율성, 그리고 세세한 것까지 챙기는 날카로운 눈매는 없어선 안 될 요소였다.

주중국 대사를 역임했고 저명한 중국학자인 스테이플턴 로이, 중국과의 수교 당시 동료이자 후일 주중국 대사로 활약했던 윈스턴 로드, 그리고 내 저술 활동의 관리인인 딕 비어츠 등은 몇 개 장을 읽어 보고 통찰력이 돋보이는 평을 해 주었다. 존 밴든 휴벨 역시 몇 개 장에 대한 조사를 해 줌으로써 도움을 주었다.

펭귄 출판사와 더불어 이 책을 낸 것은 행복한 경험이었다. 앤 고도프는 언제나 곁에 있어 주었을 뿐 아니라, 항상 통찰력을 과시하면서도 절대로 괴롭히는 법이 없어 함께 있는 게 즐거움이었다. 브루스 기퍼즈, 노이린 루커스, 토리 클로즈 등은 전문가답게 이 책의 편집 제작과정을 이끌어 주었다. 프레드 체이스는 신중하고도 효율적으로 원고를 교열했고, 로라 스티크니는 이 책의 편집을 책임졌다. 나에게는 손녀뻘 되는 젊은 아가씨이지만, 로라는 이 저자 앞에서 조금도 주눅 들지 않았다. 그녀가 나의 정치적 견해에 관한 망설임을 충분히 극복한

다음에는, 나도 그녀가 원고 여백에다 적어 넣는 (가끔은 신랄하고 언제나 예리한) 코멘트를 손꼽아 기다리게 되었다. 그녀는 포기를 모르고, 통찰력이 넘치며, 어마어마하게 도움이 된 사람이었다.

이 모든 분들에게 표현할 수 없는 고마움을 느낀다.

내가 이용했던 정부의 서류들은 얼마 전부터 모두 기밀 리스트에서 해제되었다. 극비에서 해제된 러시아 및 중국 관련 문서들을 폭넓게 인용할 수 있도록 허락해 준 우드로 윌슨 국제 학술 센터(Woodrow Wilson International Center for Scholars)의 냉전 국제사 프로젝트에 특별히 감사의 뜻을 전하고 싶다. 카터 도서관은 카터 대통령 재임 당시 중국 지도자들과의 회의록 가운데 상당 부분을 제공해 주었고, 레이건 도서관 역시 보관 중인 파일에서 유용한 문서들을 수없이 내주었다.

그러니 이 책에서 모자라는 점이 있다면 그건 나의 부족함이라는 것을 굳이 말할 필요조차 없지 않겠는가.

나의 아내 낸시는 지난 반세기 동안 늘 그랬듯이, 작가들이 (적어도 이 작가가) 글을 쓴답시고 사방에 둘러치는 고립의 벽 속에서도 정신적, 지적인 후원을 아끼지 않았다. 낸시는 원고의 대부분을 읽어 주었고, 헤아릴 수 없이 많은 중요한 제안을 해 주었다.

나는 이 책 『헨리 키신저의 중국 이야기』를 오스카 드 라 렌타 부부에게 헌정했다. 이 책을 쓰기 시작한 것도 푼타카나에 있는 부부의 집에서였고, 탈고한 것 또한 그곳이었다. 두 사람의 환대는 나의 삶에 즐거움과 깊이를 더해 준 우정의 작은 한 단면에 지나지 않았다.

2011년 1월, 뉴욕에서

헨리 A. 키신저

중국과 이웃 나라들

카자흐스탄

발하슈 호

알마티

비슈케크
키르기스스탄

텐산 산맥

카슈가르

타클라마칸
사막

타지키스탄

아프가니스탄

파키스탄

이슬라마바드
라왈핀디

라다크

잠무 카슈미르

라호르

쿤룬 산맥

우루무치

신장웨이우얼
자치구

만리장성

닝샤후이
자치

몽골

황하 강

간쑤

칭하이 성

뉴델리

티베트

라싸

히말라야 산맥

중국

스촨 성

네팔

카트만두

팀푸
부탄

양쯔 강

갠지스 강

인도

방글라데시

다카

콜카타

원난 성

베트남

하노

벵골 만

미얀마

네피도

라오스

비엔티안

양곤

태국

0 Miles   500

0 Kilometers   500

© 2011 Jeffrey L. Ward

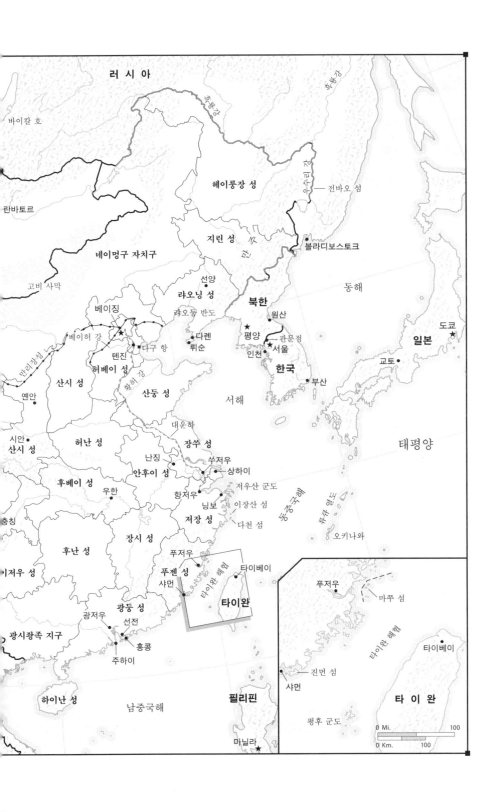

러시아

바이칼 호

란바토르

고비 사막

헤이룽장 성

지린 성

전바오 섬

블라디보스토크

동해

네이멍구 자치구

선양

랴오닝 성

랴오둥 반도

북한

원산

평양

판문점

서울

베이징

베이허 강

다롄

뤼순

인천

일본

도쿄

교토

만리장성

톈진

허베이 성

다구 항

한국

부산

산시 성

황허 강

산둥 성

서해

태평양

엔안

시안

산시 성

허난 성

대운하

장쑤 성

난징

쑤저우

안후이 성

상하이

저우산 군도

후베이 성

우한

항저우

닝보

이장산 섬

충칭

저장 성

다천 섬

오키나와

후난 성

장시 성

류큐 열도

동중국해

푸저우

이저우 성

푸젠 성

샤먼

타이완 해협

타이베이

푸저우

마쭈 섬

광저우

광둥 성

선전

타이완

광시좡족 지구

홍콩

타이완 해협

타이베이

주하이

진먼 섬

하이난 성

필리핀

샤먼

타 이 완

남중국해

평후 군도

0 Mi.   100

0 Km.   100

마닐라

일러두기

1 본문에 포함된 주석은 모두 옮긴이 주이다.
2 본문에 사용된 문장 부호의 의미는 다음과 같다.
　『 』: 전집이나 총서 또는 단행본　「 」: 개별 작품 또는 논문　《 》: 신문 또는 잡지

프롤로그

1962년 10월 중국의 혁명 지도자 마오쩌둥은 자신의 군사 및 정치 분야 최고 지휘관들을 베이징으로 불러 회동했다. 거기서 서쪽으로 3000킬로미터 떨어진 히말라야의 험준하고 사람도 별로 살지 않는 땅에서는, 중국과 인도의 군대가 말썽 많은 양국의 국경을 두고 대치 중이었다. 이 국경 분쟁은 역사에 대한 서로 다른 해석에서 발생했다. 인도는 영국이 통치하던 시대에 그어진 경계를 주장한 반면, 중국은 제국의 황실이 정해 놓았던 경계를 고집했던 것이다. 그리하여 인도는 자기네가 생각하는 국경의 가장자리에 전초 기지를 배치했고, 중국은 그런 인도의 진지를 에워쌌던 터였다. 영토 분쟁의 해결을 위한 협상은 무산되고 말았다.

마오쩌둥은 이 교착 상태를 타파하겠노라고 마음먹었다. 그는 오랜 과거로 돌아가, 다른 방면에서는 자신이 줄곧 해체해 오던 고색창연한 중국의 전통에서 해결책을 구했다. 마오쩌둥은 지휘관들에게 말했다. 중국과 인도는 과거 '한 차례의' 전쟁과 '절반의' 전쟁을 치렀다. 그리고 중국은 그 두 전쟁에서 각각 작전상의 교훈을 얻을 수 있다는 것이었다. 그중 첫 번째 전쟁은 1300년 이상을 거슬러 올라가 당나라 시대(618~907)에 벌어졌는데, 이때 중국은 인도의 어느 왕국을 지원하기 위해 군대를 파견하여 불법적이고 호전적인 라이벌과 싸웠다. 이처럼 중국이 개입한 후로, 양국은 여러 세기 동안 종교와 경제 분야에서 왕성한 교역을 누렸다. 마오쩌둥의 표현을 빌리면, 이 고대의 전투에서 얻을 수 있는 교훈은 중국과 인도가 영원히 적대 관계에 처할 숙명은 아니라는 것이었다. 두 나라는 얼마든지 오랜 평화를 누릴 수 있을 터였다. 다만 그러기 위해서 중국은 무력을 사용해서라도 인도를 '쥐어박아' 협상 테이블로 다시 데려와야 했다. 한편 마오쩌둥이 생각한 '절반의' 전쟁은, 그로부터 700년 후 몽골을 통치하고 있던 티무르가 델리를 약탈한 사건이었다.(당시 몽골과 중국은 동일한 정치적 실체의 일부분이었으므로, '절반의' 중·인 전쟁이라는 것이 마오쩌둥의 논리였다.) 이때 티무르는 대승을 거두었지만, 그의 군대는 일단 인도에 진입한 다음 10만 명이 넘는 포로들을 죽여 버렸다. 하지만 이번에는 마오쩌둥이 중국군에게 '절제와 기강'을 유지할 것을 엄명했다.[1]

그의 말을 듣고 있던 그 어느 누구도(그들은 국제 질서를 다시 정립하고 중국 내부의 오랜 봉건 사상을 뿌리 뽑겠다는 의도를 천명하고 나선 '새로운 혁명 중국'의 공산당 지도부였다.) 이런 고대의 사례와 당시 중국의 전략적 긴급 사안이 지닌 연관성에 이의를 달지 않았던 것 같다. 그들은 마오쩌둥이 요약했던 원칙에 입각해서 공격 계획을 계속했다. 몇 주가 지난 다음 마오쩌둥이 묘사했던 것과 다분히 같은 식으로 공세가 진행되었다. 즉 중국은 인도군 진지를 기습하여 엄청난 타격을 입힌 다음 이전의 통제선으로 물러났으며, 심지어는 인도군의 중화기들을 되돌려주기까지 했던 것이다.

오늘날의 리더가 천년 묵은 사건에서 전략적인 원칙을 이끌어 내 국가적으로 중대한 위업에 착수한다는 것, 혹은 그런 지도자가 자신의 암시가 지니는 중요성을 동료들이 모두 이해해 줄 것으로 기대할 만큼 자신감이 넘친다는 것, 아마도 다른 국가에서라면 상상할 수 없는 노릇이다. 하지만 중국은 독특한 나라이다. 중국만큼 오래 지속되어 온 문명을 내세울 수 있는 나라도 없거니와, 중국만큼 고대의 역사라든가 전략과 정치의 고전적 원칙에 끈끈하게 연결되어 있음을 자랑할 수 있는 나라도 많지 않다.

미국을 비롯한 다른 사회도 자기네 가치와 제도 등이 범세계적으로 적용될 수 있다고 주장했다. 그렇지만 그토록 오랜 세월 동안 세계 무대에서 자국의 역할을 그토록 고매한 개념으로 (더구나 그토록 수많은 역사의 영고성쇠에도 불구하고) 끈덕지게 추구했다는 점에서, 그리고 인근 국가들에게 묵인해 줄 것을 설득해 왔다는 점에서 중국에 필적할 만한 나라는 없다. 기원전 3세기 통일 국가로 대두했을 때부터 1912년 청 왕조가 붕괴되었을 때까지, 중국이란 나라는 놀랍도록 지속적인 동아시아 국제 관계 시스템의 중심에 서 있었다. 중국 황제는 세계 정치 위계질서의 최정상으로 받아들여졌고 (대부분의 주변 국가들도 이를 인정했으며), 다른 모든 나라의 통치자들은 이론상 속국으로 중국을 섬겼다. 중국의 언어, 문화, 정치 체제 등은 문명의 보증서였을 뿐 아니라, 역내 경쟁국이나 외부의 정복자들조차도 정도는 다를지언정 스스로의 합법성을 의미하는 징표로서 그것을 채택했을 정도였다. (또 그것은 중국 내부에 포괄되는 첫걸음이 되는 경우도 많았다.)

수많은 재앙과 수백 년에 걸친 정치 부패에도 불구하고 이러한 전통적 우주론은 그 명맥을 이어 왔다. 중국이 쇠약하거나 몇 개의 나라로 분할되어 있을 때조차, 그 중화사상은 이 지역 내 합법성을 가늠하는 시금석으로 남아 있었다. 중국을 통일하거나 정복하려는 청운의 뜻을 품은 나라 안팎의 인물들도, 중국이 우주의 중심이라는 기본 전제에 도전하는 법 없이 중국의 수도에서 통치했다. 다른 나라들의 국호는 그 종족 이름이나 지리적인 랜드마크를 따서 정해졌지만, 중국만큼은 스스로를 '한가운데 있는 왕국' 혹은 '중심부에 있는 나라'를 뜻하는 '중국(中國)'이라고 했다.[2] 20세기 중국의 외교라든가 21세기 중국이 세계 무대에서 맡게 될 역할을 이해하고 싶다면, 어떤 경우든 기본적으로 전통적인 맥락을 깨우치는 데서 시작해야 한다. 설사 그것이 지나친 단순화로 전락할 가능성이 어느 정도 있다 하더라도 말이다.

1

중국, 이 특이한 나라

어떤 사회나 국가든, 스스로를 영원불멸이라고 생각하는 경향이 있기 마련이다. 그리고 자신들의 기원에 대한 이야기를 소중히 여긴다. 중국 문명의 유별난 특성 가운데 하나는, 그 기원이 분명치 않다는 사실이다. 인류 역사 가운데 이 나라는 하나의 인습적인 국민 국가라기보다 오히려 영속적인 어떤 자연 현상인 것처럼 보인다. 많은 중국인이 전설 속 건국의 아버지로 추앙하는 황제(黃帝)의 이야기 속에서도 중국은 이미 존재해 왔던 것으로 나타난다. 황제가 신화 속에 등장하는 것은 중국 문명이 혼란에 빠진 다음이다. 반목하는 제후들은 서로를 괴롭히고 백성들을 못살게 굴지만, 나약해 빠진 통치자는 질서를 잡지 못한다. 이때 나타난 새로운 영웅은 군사를 일으켜 이 지역의 평온을 되찾고 스스로를 황제라 칭한다.[1]

황제는 건국의 영웅으로 역사에 기록되지만, 이 같은 창건 신화 속의 황제는 하나의 제국을 창조하는 게 아니라, 복구하고 부흥시키는 모습으로 나타난다. 황제 이전에 중국이 있었다는 얘기다. 그것은 이미 확고한 자리를 잡고 새로운 창조가 아니라 단지 회복이 필요할 뿐인 한 국가로서, 역사 의식 속에 성큼 다가온다. 중국 역사의 이러한 패러독스는 고대의 현인 공자에서도 반복된다. 공자 역시 하나의 '문화'를 창시한 사람으로 인식되지만, 자신은 아무것도 새로이 만든 것이 없으며, 과거 황금기에 이미 존재했으나 당대의 정치 혼란 속에서 잃어버린 화합의 원칙에 다시금 힘을 불어넣으려 하는 것뿐이라고 힘주어 말했던 것이다.

19세기 선교사이자 여행가였던 에바리스트 레지 윅* 신부는 중국의 기원을 둘러싼 이 패러독스를 곰곰 생각하면서 이렇게 논평했다.

중국 문명의 기원은 너무나도 먼 고대의 일이라, 그 시초를 밝혀내려고 아무리 애를 써도 헛일이다. 이 민족에게는 유아기의 상태에 관한 그 어떤 흔적도 없기 때문이다. 이것은 중국을 생각할 때 대단히 특이한 사실이다. 한 국가의 역사를 말할 때 우리는 무언가 명백히 규정된 출발점에 익숙해져 있다. 그리고 대개의 경우 역사적 문헌과 전통, 우리에게 남겨진 유적 등이 있어서, 문명의 발전을 그야말로 한걸음씩 차근차근 따라가 그 태동기에서부터 앞으로 나아가며 발전하는 모습을 지켜볼 뿐 아니라, 이어지는 부패와 몰락까지도 목격할 수 있다. 하지만 중국의 경우는 도무지 그렇지 못하다. 중국인들은 과거에도 언제나 지금 살고 있는 모습과 똑같

---

* Évariste Régis Huc(1813~1860): 프랑스의 선교사로 중국, 타타르, 티베트 등지를 여행해 기록으로 남겼다. 윅 신부(Abbé Huc)로 불리기도 한다. 중앙아시아에 대한 유럽인들의 관심을 고조시켰고, 아시아 연구를 촉발했던 것으로 평가받는다. 원서에는 Abbé Régis - Evariste Huc으로 되어 있지만, 이는 명백히 저자의 착오로 보인다.

이 살아왔던 것만 같다. 고대의 자료들을 봐도 역시 이러한 의견을 확인시켜 준다.[2]

기원전 두 번째 밀레니엄의 상(商) 왕조 때 중국의 문자가 처음 생겨났는데, 당시 고대 이집트는 최고의 황금기를 누리고 있었다. 고대 그리스의 위대한 도시 국가들은 아직 나타나지도 않았고, 로마 제국이 등장하려면 몇 천 년이 지나야 했다. 하지만 상 왕조의 문자 체계는 지금 이 순간에도 10억 명이 넘는 사람들이 여전히 사용하고 있다. 오늘날의 중국인들은 공자 시대에 새겨진 말뜻을 이해할 수 있고, 오늘날 중국의 책이며 중국인의 대화 속에는, 고대의 전투와 궁정의 음모를 담은 수백 년 묵은 경구들이 그 풍요로움을 더해 주고 있다.

이와 동시에 중국 역사에는 내란의 시대나 지도자가 없던 시대, 혹은 혼란의 시대가 너무나도 많이 등장한다. 하지만 한 국가가 붕괴될 때마다, 마치 바꿀 수 없는 자연 법칙이 작용하기라도 한 듯, 스스로를 추스르곤 했다. 그런 단계마다 기본적으로 황제의 전례를 따라 국력을 집결하는 새로운 인물이 나타나 경쟁자들을 누르고 나라를 통일한다.(그 변경을 확장하는 경우도 더러 있다.) 수백 년 동안 중국인들이 소중히 아껴 오고 있는 (젊은 시절의 마오쩌둥은 이 소설을 거의 강박증에 가깝게 탐독했던 것으로 알려져 있다.) 14세기 소설 『삼국지(三國志)』의 저 유명한 서두에는, 지속적으로 이러한 리듬이 반복되고 있다. "오래도록 분할되어 있던 제국은 통일되어야 하고, 오래도록 통일되어 있던 제국은 나뉘어져야 한다. 언제나 역사는 그러했다."[3] 통일을 이루지 못했던 각 시대는 하나의 일탈로 간주되었다. 그리고 새로 태어난 왕조는 영속성을 다시 확보하기 위해서 이전 왕조의 통치 원칙으로 되돌아갔다. 중국 문화의 기초적인 계율은 주기적인 재앙의 무게에 짓눌려 시련을 받으면서도 꿋꿋이 견디어 왔다.

기원전 221년 중국 통일의 씨앗이 뿌려지기 전에 천년의 왕조가 통치해 왔으나, 이는 봉건적인 토지 구획이 자치에서 종속으로 진화하면서 서서히 해체되었다. 그리고 그 절정은 역사에서 춘추 전국 시대로 알려진 250년간(기원전 475~221년)의 혼란기였다. 이와 유사한 시대를 유럽에서 찾아보자면 1648년의 베스트팔렌 조약에서부터 2차 세계 대전의 종결에 이르는 대공위 시대로서, 이때는 다수의 유럽 국가들이 권력 균형의 틀 안에서 우위를 점하기 위해 투쟁하고 있었다. 아무튼 기원전 221년 이후 중국은 제국의 이상과 통일을 유지하면서도 나라를 분열시켰다가 다시 통합하는 옛 관행을 따랐다. 경우에 따라 몇백 년씩 계속되는 주기를 갖고서 말이다.

나라가 균열되었을 때는 다양한 구성 분자들 사이의 전쟁이 사뭇 야만적으로 벌어졌다. 마오쩌둥은 이른바 삼국 시대(220~280) 동안 중국의 인구가 5000만 명에서 1000만 명으로 감소했다고 주장한 적도 있었다.[4] 20세기에 들어와 두 차례의 세계 대전을 겪으면서 서로 경쟁하던 무리들 사이의 갈등 또한 극도로 피비린내 나는 처절한 것이었다.

결국 어느 정도였는가 하면, 중국 문화의 영역은 그 어떤 유럽 국가보다도 훨씬 더 큰, 아니 거의 유럽 대륙과 맞먹는 크기의 대륙 지역에 걸쳐 널리 확산되었다. 중국의 언어와 문화, 그리고 황제의 칙서는, 시베리아로 이어지는 북쪽의 초원과 소나무 숲에서부터 남쪽 열대의 정글과 계단식 논에 이르기까지, 그리고 운하와 항구와 어촌이 즐비한 동쪽 해안에서부터 중앙아시아의 메마른 사막과 히말라야의 눈 덮인 변경에 이르기까지, 모든 영토에 걸쳐 빠짐없이 전해졌다. 이처럼 영토가 광대하고 다양하다 보니, 중국은 그 자체가 하나의 세계라는 인식을 부추기게 되었다. 그리고 그런 인식은 황제라는 것이 범우주적인

의미를 지니고 천하(天下), 즉 '하늘 아래 모든 것'을 다스리는 인물이
라는 개념을 뒷받침해 주었다.

걸출한 중국의 시대

중국 문화는 수천 년을 이어 오면서 그 규모나 세련미에서 비교가
될 만한 그 어떤 나라나 문명과 맞닥뜨렸던 적이 단 한 번도 없었다.
후일 마오쩌둥이 지적했듯이, 인도도 중국에 알려져 있긴 했지만 그
역사의 대부분은 몇 개의 왕국으로 나뉜 채 이루어졌다. 두 나라는 실
크로드를 따라서 물자를 교환하고 불교 영향력을 주고받았지만, 다
른 분야에서는 거의 통과할 수 없는 히말라야 산맥과 티베트 고원 지
대 때문에 평소에 접촉할 수 없게끔 가로막혀 있었다. 또 중앙아시아
의 거대하고 근접하기 어려운 사막들은 페르시아와 바빌로니아의 근
동(近東) 문화로부터 중국을 격리시켰고, 로마 제국과는 더욱더 거리를
두게 만들었다. 교역상들의 카라반이 간간이 오갔지만, 한 사회로서의
중국은 자신들과 필적할 만한 규모나 업적을 이룬 사회와 관계를 맺
은 적이 없었다. 중국과 일본의 경우 양국은 몇 가지 핵심 문화와 정치
제도를 공유하긴 했지만, 어느 한쪽도 상대방의 우위를 인정할 마음은
없었기에 일체의 관계 단절이 해결책이었다. 이들 나라는 수백 년 동
안 계속해서 단절한 적도 있었다. 유럽은 중국이 서해(西海)로 간주하
는 대양을 건너 더구나 멀리 떨어져 있었으니, 1793년 중국 황제가 영
국의 사신에게 말했듯이 당연히 중국 문화와는 접근 자체가 불가능하
고 애석하게도 중국 문화를 수용할 수 없었다.
영토에 대한 중국 황제의 집착은 대륙 안에 국한되었고, 국외로 뻗

어 나가지는 않았다. 송 왕조(960~1279년) 때만 하더라도 해양 기술에
서 중국은 세계 최고였다. 중국의 함대는 정복과 개척의 시대를 열어
젖히기에 부족함이 없었다.[5] 그런데도 중국은 해외 식민지를 획득하지
도 않았고, 자국의 해안선 밖에 있는 다른 나라에는 거의 관심도 보이
지 않았다. 해외로 떨치고 나아가 유교 원칙이나 불교의 미덕으로 야
만족들을 개종하겠다는 합리적인 근거를 만들어 내는 일도 없었다. 몽
골의 정복자들이 송의 함대와 산전수전 다 겪은 장군들을 징발했을 때
도, 두 차례의 일본 침공을 시도했을 따름이다. 그것도 두 번 모두 악
천후, 일본인들의 구전 설화에서 가미카제(神風)라 일컫는 폭풍 때문에
물러나고 말았다.[6] 그러다가 몽골 왕조가 무너진 다음에는 그런 원정
도 (기술적으로는 가능한 일이었지만) 다시금 시도된 일이 전혀 없었다.
중국의 어떤 지도자도 중국이 무슨 연유로 일본 열도를 탐내야 하는
것인지, 그 이유를 똑 부러지게 설명한 적이 없었다.

그러나 명나라 초인 1405년과 1433년 사이 중국은 인류 역사상 가
장 탁월하고도 신비로운 대양 탐험을 시작했다. 정화 장군이 기술 수
준으로 볼 때 전례가 없는 '보물선' 함대를 이끌고 멀리 자바, 인도, 아
프리카의 뿔,* 호르무즈 해협에 이르기까지 탐험에 착수했던 것이다.
정화가 항해를 하던 당시 유럽의 해외 개척 시대는 기미조차 보이지
않았다. 이 중국 함대가 지녔던 기술적 우위는 도무지 따라잡을 수 없
을 정도여서, 그 규모, 세련도, 선박 숫자 등으로 볼 때, (이보다 150년이
나 지난 뒤에 등장한) 스페인의 무적함대도 소꿉장난 수준에 불과했다.

이 탐험대의 미션이 정말 무엇이었던가에 대해 역사가들은 지금도
의견이 분분하다. 어려서 황제를 모시도록 징집되었던 정화는 탐험

---

* 에티오피아, 소말리아, 지부티가 위치한 아프리카 북동부를 가리킨다. 이곳의 지형이 마치 코
뿔소의 뿔과 같이 인도양으로 튀어나와 있기 때문에 붙은 이름이다.

의 시대에 특이한 인물이었다. 이슬람교를 믿는 중국의 환관이라는 그의 배경은 역사적으로 전례를 찾아볼 수 없다. 함대를 이끌고 정복지에 도착할 때마다, 그는 중국 새 황제의 위엄을 선포하고, 통치자들에게 풍성한 선물을 하사했으며, 그들에게 직접 중국을 방문하거나 사신을 보내라고 청했다. 또한 그들은 '고두(叩頭)'*의 예를 행하여 중국 황제의 우위를 인정함으로써 중화 세계 질서 안에서 자신들에게 주어진 자리를 받아들여야 했다. 하지만 중국의 위대함을 선포하고 거창한 의식으로 초대하는 것을 뺀다면, 정화는 영토 확장의 그 어떤 야망도 보이지 않았다. 그는 단지 선물 혹은 '공물'을 받아 왔을 뿐이며, 천하(天下)를 확장했다는 형이상학적 전리품 이상의 중국 식민지라든가 자원을 주장하는 일은 없었다. 기껏해야 그는 일종의 중국식 '소프트 파워'를 일찌감치 과시함으로써, 후일 중국 상인들에게 유리한 환경을 조성했다는 평가를 받을 수 있으리라.[7]

정화의 탐험은 1433년 느닷없이 중단되었다. 이는 중국 북방의 변경에 대한 위협이 반복되었던 것과 때를 같이한다. 차기 황제는 정화의 함대를 해체시켰고, 그의 항해 기록을 없애 버렸다. 이후 탐험은 단 한 차례도 반복되지 않았다. 중국 상인들은 정화의 항해 루트를 계속해서 오갔지만, 중국의 해상 수완은 빛을 잃고 만다. 그리하여 후일 중국 동남부 해안에 해적이 출몰하여 위협했을 때 명의 통치자들이 보인 반응이라곤 고작 해안의 백성들을 내륙으로 16킬로미터 정도 강제 이주시키는 것뿐일 정도였다. 이렇듯 중국의 해양 역사는 활짝 피기 전에 꺾여 버린 꽃이었다. 기술적으로는 세상을 압도할 수 있었으나, 중국은 서양이 막 주도권을 잡기 시작할 즈음 자발적으로 해양 탐험이라는 분

---

* 무릎을 꿇고 머리를 땅에 대는(조아리는) 행위로 상대를 추종하겠다는 뜻이 담겨 있다.

야에서 물러났던 것이다.

중국의 찬란한 고립은 특별히 중국적인 하나의 자아 인식을 낳았다. 중국의 엘리트들은 중국이 단지 많은 문명 가운데 하나의 '위대한 문명'이 아니라 문명 그 자체라는 생각, 그만큼 중국은 독특하다는 생각에 점점 더 익숙해졌다. 1850년 영국의 어느 번역가는 이렇게 썼다.

다양하고 서로 다른 우위를 누리면서 각각 나름대로의 불리함을 안고 노력을 기울이는 몇 개의 국가라는 상황을 성찰하는 데 익숙해져 있는 유럽 지식인에게 거의 자료를 주지 않더라도 방향을 제대로 잡은 질문만 몇 개 던져 준다면, 지금까지 자신이 알지 못했던 민족의 상황이라도 제법 정확하게 인식할 수 있을 것이다. 하지만 중국인에 대해서도 같은 말이 성립될 수 있으리라고 가정한다면, 그건 큰 실수이다. 중국의 외국인 배척과 만사를 자기 나라에 국한시키는 관습은 비교할 수 있는 모든 기회를 앗아 감으로써, 애석하게도 자기네 사상을 어떤 테두리 안에 묶어 두었다. 그리하여 그들은 상호 유대의 지배에서 전혀 자유롭지 못하며, 모든 것을 순전히 중국적 인습이란 법칙에 의해서 판단한다.[8]

물론 중국은 한국, 베트남, 태국, 미얀마 등 주변의 다른 사회에 대해서 알고는 있었으나 그들이 인식하는 중국은 세계의 중심, 즉, '미들 킹덤(Middle Kingdom)'이었고 다른 사회들은 중국에서 조금씩 달라지고 멀어지는 것으로 평가되었다. 말하자면 중국인들이 보기에는, 중국 문화를 흡수하고 위대한 중국에 조공을 바치는 일단의 소국(小國)들이 우주의 자연스러운 질서를 구성한다는 것이었다. 중국과 주변 민족들의 경계는 정치적 영토의 표시라기보다 문화적 구별이었다. 외부로 찬란하게 뻗어 나가 동아시아 전역을 망라했던 중국 문화를 보고, 미국의 정치학자 루시언 파이는 "오늘날에도 여전히 중국은 짐짓 하나의 국민 국가를 가장하는 문명으로 남아 있다."라는 유명한 코멘트를 남겼다.[9]

이 같은 중국의 전통적인 세계 질서관 아래 깔려 있는 완고한 주장은 근대에 들어서도 전혀 힘을 잃지 않았다. 가깝게는 1863년에도 중국 황제는 (그 자신이 200년 전 중국을 정복했던 만주 왕조라는 '외세'의 후예였는데) 미합중국과의 우호적인 관계를 약속하는 서한을 에이브러햄 링컨에게 보낸 바 있다. 그런데 이때 황제의 서한 내용은 "우주를 통치하라는 하늘의 명을 경건하게 받들어, 그 중심에 있는 중국이나 주변국들이나 조금도 차별을 두지 않고 한 가족의 구성원으로 간주하겠다."라는 거창한 약속에 기반을 두고 있었다.[10] 이 편지가 전달될 당시 서구 열강은 중국 영토 내의 이해관계 영역을 표시하기에 바빴고, 중국은 이미 그들과의 두 차례 전쟁에서 패배한 상황이었다. 황제는 이러한 재앙을 마치 과거에 중국이 인내와 탁월한 문화로써 끝내 극복해 냈던 야만인들의 침략쯤으로 취급하는 것 같았다.

사실 역사적으로 이런 중국의 주장들이 특별히 환상적이었던 시대는 거의 없었다. 하나씩 세대가 지나면서 중국의 한족(漢族)은 원래 기반이었던 황허 계곡에서부터 세력을 확장하여, 정도의 차이는 있지만 인근 국가들을 차츰차츰 중국의 패턴 속으로 끌어들였다. 과학과 기술에서 중국이 이룩한 업적은, 서구나 인도, 그리고 아랍권 국가들의 그것에 필적하거나 많은 경우에는 그보다 월등했다.[11]

인구나 영토 면에서 중국의 규모는 전통적으로 유럽 국가들을 훨씬 뛰어넘었고, 산업 혁명이 있기까지는 중국이 더 부유하기도 했다. 커다란 하천과 인구가 집중된 지역을 잇는 방대한 운하 시스템으로 통일된 중국은 여러 세기 동안 세계에서 가장 생산성이 높은 경제국이었으며, 가장 활발한 교역 중심지였다.[12] 그러나 중국은 대체로 자급 경제에 기반을 두었기 때문에, 주변 지역들은 그 방대함이나 그 부(富)에 대해서 지엽적으로만 이해했을 뿐이다. 말이야 바른 말이지만, 중국은 지난 2000년 가운데 무려 1800년 동안 세계의 국내 총생산(GDP) 가운데 그 어떤 서구 사회보다도 더 큰 몫을 담당했다. 1820년에만 하더라도 중국은 세계 국내 총생산의 30퍼센트 이상을 도맡았고, 이는 서유럽, 동유럽, 미국을 모두 합친 것보다 더 높은 수치였다.[13]

초기 근대의 중국을 처음 보았던 서구인들은 그 활력과 물질적 풍요로움에 너무나 놀라 할 말을 잃었다. 1736년 프랑스의 예수회 신도 장바티스트 뒤 알드는 중국을 보는 서구인들의 경외에 가득한 반응을 이렇게 요약한 바 있다.

각 성(省)만이 지닌 풍부한 자원, 그리고 하천과 운하를 이용한 물자 운송의 용이함 덕분에 제국 내 교역은 언제나 대단히 왕성했다……. 중국 내륙의 교역은 너무나 활발해서, 유럽 전역의 상업은 이에 견줄 바가 못 된다. 각 성은 모두 왕국과도 같아서 각자의 산물을 주고받는다.[14]

그로부터 30년 후 프랑스의 정치 경제학자 프랑수아 케네는 한 걸음 더 나아가 이렇게 적고 있다.

이 나라가 여태껏 세상에 알려진 모든 왕국 중에서 가장 아름답고, 가장 인구가 많으며, 가장 활기에 넘친다는 데 이의를 다는 사람은 없을 것이다. 중국 같은 제국은 단 하나의 군주 아래 통일된 경우의 유럽과 같다고 할 것이다.[15]

중국도 외국과 교역을 했고, 때로는 해외의 사상이나 발명품을 받아들이기도 했다. 그러나 중국인들은 가장 가치 있는 물건이나 지적인 업적은 역시 중국에서 찾아야 한다고 믿었다. 중국과의 교역은 너무나도 소중한 것이어서, 중국의 엘리트들이 그것을 통상적인 경제 교류가 아니라 중국의 우월성에 대한 '조공(朝貢)'으로 묘사한 것도 그다지 과장된 일이 아니었다.

유교

거의 모든 제국은 완력에 의해서 이루어졌지만, 힘으로 지탱되는 제국은 하나도 없다. 보편적 통치가 오래 지속되려면 힘을 의무로 바꾸어 줄 필요가 있다. 그렇지 못하면 통치자의 에너지는 정치인의 궁극적 임무인 미래의 비전을 제시하는 대신 지배력을 유지하느라 모두 소진될 것이다. 억압이 합의에 길을 내주고 양보하면, 제국은 영속하는 법이다.

중국의 경우도 그랬다. 중국이 통일된 방식, 특히 때때로 전복되었다가 다시 통일된 방식은 더러 잔혹하기도 했다. 중국의 역사 또한 나름 유혈이 낭자한 반란과 폭정을 펼친 군주로 점철되어 있다. 하지만 수천 년에 걸친 중국의 생존은 황제에 의한 징벌 때문이 아니라, 백성들이 보듬어 온 가치관과 학자 관리들로 이루어진 정부의 덕택이었다.

이러한 가치의 속성이 기본적으로 비(非)종교적이었다는 사실은 중국 문화에서 전혀 독특한 측면이 아니다. 불교가 인간 내면의 평화를 강조하면서 인도 문화 속에 등장하고, 유대(나중에는 기독교 및 이슬람)의 예언자들이 사후의 삶을 일깨우면서 유일신 사상을 퍼뜨리고 있을 즈음, 중국은 서구에서 말하는 종교적 테마를 하나도 만들어 내지 않았다. 중국인들은 우주 창조에 관한 신화를 만들어 낸 적이 없다. 그들의 우주는 그들 자신이 만든 것으로, 그들의 가치는 (설사 전 세계적으로 적용될 수 있다 하더라도) 중국에 그 기원이 있는 것으로 받아들여졌다.

중국 사회의 지배적인 가치관은 후세인들에게 '공자(孔子)'로 알려진 고대 철학자의 가르침에서 유래한다. 공자(기원전 551~479년)는 이른바 춘추 시대(기원전 770~476년)가 저물어 가던 시대의 인물이다. 이 시기의 정치적 혼란은 결국 전국 시대(기원전 475~221년)의 잔인한 투쟁으로 이어진다. 나라를 통치하던 주(周) 왕조는 정권 다툼을 벌이던 반항적인 제후들에게 전혀 권위를 행사하지 못한 채 몰락의 길을 걷고 있었다. 탐욕과 폭력은 고삐 풀린 말처럼 난무했다. 천하는 다시금 지리멸렬하게 되었다.

마키아벨리처럼 공자도 제후에게 중용되어 보필하기를 바라는 동시에 생존을 위해 투쟁하면서 천하를 떠돌아다녔다. 하지만 권력의 책략보다는 사회의 화합을 이루는 데 더 관심이 많았던 점에서 마키아벨리와는 달랐다. 공자에게 소중했던 주제는 공감하는 통치의 원칙과 올바른 의식(儀式)의 집행, 그리고 효(孝)였다. 그를 중용할 만한 제후에게 부와 권력에 이르는 직선 코스를 알려 주지 않았기 때문에, 공자는 이상을 펼치지 못하고 세상을 떴다. 그는 자신의 좌우명을 통치로써 실행해 줄 제후를 만나지 못했고 중국은 계속해서 정치적 몰락과 전쟁에 이르는 내리막길을 걸어갔다.[16]

그러나 공자의 가르침은 그의 제자들에 의해 기록되어 살아남았다. 그리고 서로의 피를 부르는 전쟁이 끝나고 중국이 다시 통일되자, 한(漢) 왕조는(기원전 206~기원후 220년) 공자의 사상을 국가의 공식적인 철학으로 채택했다. 공자의 언행을 담은 핵심 전집(『논어』)과 후대 지식인들의 책에 집대성되어 있는 공자의 규범은, 말하자면 중국의 성전 (聖典)과 헌법을 한데 묶어 놓은 데 비유할 만한 것으로 진화한다. 이들 텍스트에 대한 전문 지식은 중국 황실의 관료로 (경쟁이 치열한 전국적 과거 시험으로 선발되고 황제의 방대한 영토 내 화합을 유지하는 책무를 맡은 사제와도 같은 선비 관리로) 봉직하기 위해서는 반드시 익혀야 할 필요한 요건이었다.

당대의 혼란에 대한 공자의 해답은 정의롭고 화합하는 사회의 '도 (道)'였는데, 그는 이러한 도가 오랜 옛날 중국의 황금기에 한 차례 실현된 적이 있었다고 가르쳤다. 인류의 영적인 임무 가운데 가장 핵심적인 것은, 이미 상실의 위기에 처한 이 올바른 질서를 다시 찾는 것이었다. 그리고 영적인 완성은 무엇을 들추어내거나 해방시키는 임무가 아니라, 잊어버린 자제(自制)의 원칙을 끈질기게 회복하는 임무였다. 그 목표는 진보가 아니라 수정(修正)이었다.[17] 유교 사회에서 진보의 열쇠는 배움이었다. 그래서 공자는 이렇게 가르쳤다.

인(仁)을 좋아하되 배우기를 좋아하지 않으면 그 폐단은 어리석어지는 데 있고, 지혜롭게 처신하기를 좋아하되 배우기를 좋아하지 않으면 그 폐단은 방탕해지는 데 있고, 신의를 좋아하되 배우기를 좋아하지 않으면 그 폐단은 자기를 해치는 데 있고, 정직을 좋아하되 배우기를 좋아하지 않으면 그 폐단은 남의 아픈 곳을 찌르는 데 있고, 용기를 좋아하되 배우기를 좋아하지 않으면 그 폐단은 소란을 피우기 쉬운 데 있고, 굳센 것을 좋아하되 배우기를 좋아하지 않으면 그 폐단은 저돌적인 데에 있다.*[18]

---

* 동양고전연구회 옮김, 『논어』(지식산업사, 2005)의 번역을 따랐다.

공자는 위계질서에 의한 사회 신조를 설파했다. 가장 기본적인 임무는 "너 자신의 자리를 알라."라는 것이었다. 공자가 가르친 질서는 좀 더 대승적인 화합을 추구하는 봉사에 대한 영감을 추종자들에게 일깨워 주었다. 일신교의 예언자와는 달리, 공자는 인간의 개별적인 구원을 지향하는 목적론을 가르치지 않았다. 그의 철학은 개인의 정의로운 행동을 통해 국가의 구원을 얻고자 했다. 현세를 지향하는 그의 사상은 사후 세계로 가는 로드맵이 아니라 사회적 행위의 규범을 또렷이 보여 주었다.

중국식 질서의 맨 꼭대기에는 서구의 경험에서 그 유례를 찾아볼 수 없는 인물인 황제가 있었다. 황제는 세속적으로도 그렇지만 영적으로도 사회 질서를 지배했다. 중국 황제는 정치적으로 통치자인 동시에 형이상학적인 개념이기도 했다. 정치적 역할에서 황제는 인류의 절대적 군주였다. 그러니까 중국의 위계적인 유교 사회 구조를 그대로 반영하는 세계 정치의 위계질서에 군림하는 '인류의 황제'로 인식되었다. 중국의 프로토콜(의전)은 '고두'로서 황제의 권위를 인정하라고 고집했다. 엎드릴 때마다 땅에다 세 번씩 머리를 조아리는 고두는 완벽한 부복(仆伏) 행위였다.

황제의 두 번째 역할, 즉 형이상학적 역할은 '천자(天子)'로서의 지위인데, 이는 하늘과 땅과 인간 사이의 상징적인 중재자를 뜻한다. 이 역할 또한 황제의 도덕적 의무를 내포했다. 인도적인 행위와 올바른 의식의 집행, 그리고 간혹 엄준한 징벌을 통해서, 황제는 크고 작은 모든 것의 '대동(大同)'을 위한 핵심 인물로 받아들여졌다. 만약 황제가 덕(德)의 길에서 벗어나면, 천하가 혼란 속에 빠질 터였다. 심지어 자연재해까지도 그런 부조화가 우주 질서를 뒤흔든 것으로 해석했다. 그렇게 되면 당대의 왕조는 그 통치권의 원천이었던 '천명(天命)'을 잃어

버린 것으로 간주될 것이었으므로, 반란이 일어나고 새 왕조가 세워져 우주의 대동을 회복하는 것이었다.[19]

국제 관계의 개념: 공명정대 혹은 평등?

중국에는 장대한 성당도 없지만, 또한 블레넘 궁전*도 없다. 블레넘 궁전을 지었던 말버러 공 같은 귀족 출신의 정치적 거물은 존재하지 않았던 것이다. 독립 군주와 공작이며 백작들, 자치 도시들, 국가의 영역 밖에 있는 권위를 주장했던 로마 가톨릭교회, 그리고 그들만의 자치적인 시민 사회를 건설하고자 했던 프로테스탄트 집단 등 유럽은 어마어마한 정치적 다양성으로 근대를 시작했다. 이와는 대조적으로 근대를 맞이한 중국은 이미 1만 년이 훨씬 넘도록 경시(競試)에 의해 선출되고 완전히 형태를 갖춘 제국의 관료주의를 지니고 있었으며, 이는 경제와 사회의 모든 측면에 스며들어 통제하고 있었다.

이처럼 세계 질서에 대한 중국의 접근법은 서구에서 굳건히 뿌리를 내린 시스템과 달라도 너무나 달랐다. 국제 관계를 보는 근대 서구의 개념은 16~17세기에 형성되었는데, 이때 유럽의 중세기적 구조는 거의 동등한 세력을 지닌 몇 개의 국가로 분산되었고 가톨릭교회는 다양한 여러 교파로 갈라졌다. 힘의 균형에 의한 외교는 선택이라기보다 필연이었다. 그 어떤 나라도 자신의 의지를 관철시킬 만큼 강력하지 못했고, 그 어떤 종교도 보편성을 유지하기에 충분한 권위를 지니고

---

* Blenheim Palace: 초대 말버러 공작인 존 처칠이 1704년 프랑스와 바이에른 연합군을 대파하니, 앤 여왕이 이를 치하하기 위해 왕실의 정원을 하사하고 대저택을 지어 준 뒤 블레넘 궁전이라 이름 붙였다. 저자는 말버러 공작이 이를 건설한 것으로 착각한 듯하다.

있지 못했다. 그래서 자주권(自主權)이라는 개념과 모든 나라의 법률적인 평등이 국제법과 외교의 기초가 되었다.

이와는 대조적으로 중국은 평등이란 기반 위에서 다른 나라와 지속적으로 접촉했던 적이 없었다. 이유는 단순했다. 자신과 비견할 만한 문화나 규모를 가진 사회와 한 번도 맞닥뜨린 적이 없었기 때문이었다. 중국의 황제가 그 지리적 영역에 군림한다는 것은 그야말로 하나의 자연 법칙이요, 천명의 표현으로 받아들여졌다. 그렇다고 해서 황제가 볼 때 이 천명이 반드시 주변 민족과의 적대 관계를 의미하는 것은 아니었다. 아니, 그러지 않는 편이 더 나았다. 미국처럼 중국도 스스로를 특별한 역할을 수행하는 나라로 생각했다. 하지만 중국은 자신들의 가치관을 세계 전역에 퍼뜨리기 위해 미국과 같이 보편성이란 개념을 옹호하지는 않았다. 오히려 바로 인근에 있는 야만족을 통제하는 데 스스로를 국한시켰다. 조선 같은 조공 국가들이 중국의 특별한 지위를 인정하도록 만드는 노력을 기울였고, 그 대가로 교역권 같은 혜택을 부여했다. 유럽인들처럼 멀리 떨어져 있는 야만인으로 말하자면, 중국은 그들을 거의 알지 못했기에 (좀 거들먹거리면서도) 우호적인 초연함을 유지했다. 유럽인들을 중국식으로 개종시키는 데는 거의 관심이 없었다. 명나라를 건국한 최초의 황제는 1372년에 이러한 견해를 뭐라고 표현했던가? "서쪽 바다의 나라들을 먼 나라라고 부르는 것은 당연하다. 그들은 바다를 건너 (우리에게) 왔고, 그들에겐 (도착한) 연도와 달을 계산하는 것도 어려운 노릇이다. 그 숫자에 상관없이, 우리는 '얌전하게 온 자들은 후하게 대접해서 보낸다'는 원칙에 입각해서 대우한다."[20]

중국의 황제들은, 불행하게도 대자연이 중국과 그토록 멀리 떨어지게 한 나라들에게까지 영향을 끼치겠다는 생각은 실용적이 아니라고 느꼈다. 예외주의의 중국 버전을 들여다보면, 중국은 자신들의 사상을 해외로 퍼뜨리는 게 아니라, 다른 사람들로 하여금 자기네 사상을 찾아오도록 만들었다. 인근의 민족들은 중국 정부의 종주권을 인정하는 한, 중국과의 접촉으로부터 혜택을 본다는 것이 중국의 믿음이었다. 그것을 인정하지 않는 민족은 야만족이었다. 황제에 복종하고 황궁의 의식을 준수하는 것이 문화의 핵심이었다.[21] 제국이 강력했을 때는 이런 문화의 영역도 확대되었고, '천하'는 제국의 대다수인 한족과 그 밖의 수많은 종족으로 이루어진 다민족 공동체였다.

중국의 공식 기록에 의하면 외국 사신들은 협상을 하거나 국사를 논하기 위해 중국 황실을 찾아온 게 아니라, 황제의 고매한 영향력으로 "모습을 바꾸기 위해서" 방문했다. 황제가 다른 국가의 원수들과 '정상 회담'을 하는 일은 없었으며, 황제를 알현하는 일은 공물을 받들고 와 그의 절대 권위를 인정하는 "먼 나라에서 온 사람들의 흠모"를 나타내는 일이었다. 중국 황궁이 사신을 해외로 보내는 모양새를 취할 때도, 그 사신은 외교관이 아니라 천궁(天宮)에서 온 '천황의 사절'이었다.

중국의 행정 조직에는 세계 질서에 다가가는 위계적 접근법이 반영되어 있었다. 조선, 시암(태국), 대월(베트남)처럼 조공을 바치는 나라들과의 관계는 의식을 담당하는 부처를 통해 다루어졌는데, 이는 그 나라들과의 외교가 '대동'을 관장하는 형이상학적 임무라는 큰 틀 속의 한 측면에 지나지 않았다는 뜻이다. 한편 중국화가 덜 된 북쪽과 서쪽의 기마 민족의 경우, 중국은 일종의 식민 통치 기구와 유사한 흠천감(欽天監)에 의존했는데, 그 임무는 봉건 제후들을 책봉하여 변경의 평화를 유지하는 일이었다.[22]

19세기 서구 세력의 압력을 받은 다음에야 비로소 중국은 외교를 하나의 독립적인 정부 기능으로 관리하기 위해 외교부 비슷한 것을 설치했다. 서구 열강과의 두 차례 전쟁에서 패한 뒤인 1861년의 일이었다. 당시 이 기구는 일시적으로 필요한 것으로 간주되었고, 목전의 위기가 해결되면 철폐될 예정이었다. 중국은 신설 외교부를 의도적으로 눈에 잘 띄지도 않는 낡아빠진 건물에다 차렸다. 한때 화폐 주조를 담당하던 부서가 쓰던 건물이었는데, 청나라의 주요 정치가인 공친왕(恭親王)의 말을 빌리면 그것은 "외교부는 기타 전통적인 정부 기구와 동등한 지위를 누릴 수 없으며, 그렇게 중국과 외국 사이의 구별을 없애지 않겠다는" 숨은 의도를 담고 있었다.[23]

그렇다고 중국이 국가 간 정치와 외교에 대한 유럽식 아이디어를 몰랐던 것은 아니었다. 그렇다기보다 그런 아이디어는 분열의 시기에 중국 내에도 발생하는 일종의 '전통 거스르기' 같은 것으로 존재했다. 그러나 그러한 분열의 시대는 마치 무슨 불문율에 따르기라도 하듯이 언제나 천하가 다시 통일되면서 끝나고, 새로운 왕조는 다시금 중국이 세계의 중심이라고 천명했다.

이처럼 제국의 역할을 맡으면서 중국은 주변의 이민족들에게 동등한 권리는 아니지만 공평한 대우를 약속했다. 그들이 얼마나 중국 문화를 섭취하고 중국에 대한 종속을 뜻하는 의식을 잘 지키느냐에 따라 인도적이고 온정적으로 대우해 주겠다는 것이었다.

국제 문제에 대한 중국식 접근법의 가장 두드러진 특징은 그 엄청난 외적인 허세라기보다도 그 아래에 깔린 전략적 감각과 끈질긴 생명력이었다. 중국 역사의 대부분 동안 끊임없이 변하는 기나긴 변경에 접해 있던 수많은 '하급' 민족은 중국보다도 군비나 기동성 면에서 훨씬 우세했기 때문이다. 중국의 북쪽과 서쪽으로는 만주, 몽골, 위구르, 티베트, 그리고 결국은 확장주의로 무장한 러시아 제국 등의 준(準)기마 민족이 있었고, 그들의 기병대는 별 제약을 받지 않고 중국의 농업 중심 지대를 둘러싼 긴 국경을 침범할 수 있었다. 이에 대한 보복으로 중국이 토벌에 나섰다가는 견디기 힘든 지형과 보급 라인의 연장이란 복병을 만나곤 했다. 한편 중국의 남쪽과 동쪽에는 비록 명목상으로는 중국의 우주관에 종속되었지만 상당한 무술 전통과 국가적 정체성을 보유한 민족들이 자리 잡고 있었다. 그들 가운데 가장 끈질겼던 대월은 우월성을 주장하는 중국에 맹렬하게 맞섰으며, 전투에서 중국을 능가했다고 해도 무리가 아니었다.

중국은 주변 국가들을 모두 정복할 수 있는 입장이 아니었다. 중국의 백성은 주로 조상의 땅에 묶여 있는 농사꾼이었다. 엘리트 귀족들은 무용(武勇)을 과시해서 지위를 얻은 게 아니라, 유교 고전이나 서예, 시 같은 고상한 예술을 익힘으로써 지위를 얻었다. 주변 민족들은 개별적으로 어마어마한 위협이 될 수 있었고, 그들끼리 어떤 형태로든 힘을 합치기라도 한다면, 중국을 압도할 수도 있었다. 역사학자 오언 래티모어는 "따라서 야만족의 침입은 영속적인 위협으로 중국을 뒤덮고 있었다. ……어떤 야만족이라도 자국의 후방이나 측방을 다른 야만국으로부터 방어할 수만 있다면, 얼마든지 자신만만하게 중국을 칠 수 있었다."[24] 중국이 호언장담하던 세계의 중심적 위치와 풍부한 물산은 도리어 화살이 되어 사방으로 침략을 부추기는 꼴이 되었다.

중국에 대한 서구의 도상학(圖像學)에서 너무나도 두드러진 만리장성도 기실 이러한 기본적인 취약점이 반영된 것이었다. 그렇다고 성공적인 해결책이 되지도 못했다. 오히려 중국 정치인들은 풍성한 외교적, 경제적 수단에 의존하여 적대국이 될 소지가 있는 나라들을 중국이 감당할 수 있는 관계로 끌어들였다. 중국의 가장 큰 열망은 정복이 아니라 (가끔씩 대규모 군사 작전을 펼치기도 했지만) 침입을 하고 야만족들끼리 서로 연합하는 것을 막는 데 있었다.

교역의 인센티브와 정치 무대의 교묘한 사용을 통해서 중국은 주변 민족을 회유하여 중국이 세계 중심이라는 규범을 준수하도록 만드는 한편, 경탄할 만한 권위의 이미지를 조성함으로써 잠재적인 침략자들이 중국의 힘을 시험하지 못하도록 저지했다. 그 목적은 야만인들을 정복하여 무릎을 꿇리는 게 아니라, "고삐를 느슨하게 하여 통치하는" 것이었다. 혹 이런 정책을 따라오지 않는 나라가 있으면, 중국은 '이이제이(以夷制夷)', 즉 오랑캐로써 오랑캐를 제압한다는 유명한 말처럼 그들 사이의 분열을 이용하고, 필요하면 "오랑캐를 이용해서 오랑캐를 공격"하기도 했다.[25] 중국 북동부 국경을 위협할 가능성이 있는 종족에 대하여 명나라의 한 관리가 기록한 사실을 보자.

이들 종족이 스스로 분열하면 허약한 상태로 있을 것이고, 따라서 우리에게 종속시켜 놓기도 수월할 것이다. 또 그들을 격리시켜 두면 서로서로를 피하고 우리한테 기꺼이 복종한다. 우리는 그들의 우두머리 중 한둘에게 혜택을 주면서 서로 싸울 것을 허락한다. 이것은 "야만인들 사이의 전쟁은 중국에 상서로운 일"이라는 것을 보여 주는 정치 행위의 원칙이다.[26]

이러한 전략의 목적은 기본적으로 방어에 있다. 그러니까 중국 국경지대에 연합의 형성을 막자는 것이다. 야만족을 관리하는 원칙은 중국 관리들의 생각에 너무나 깊숙이 배어 있어서, 19세기 유럽의 '야만족'들이 중국 해안에 대거 출몰했을 때조차 중국 관리들은 그들의 도전을 선조들이 사용했던 바로 그런 말로 표현했다. 즉 유럽 침략자들의 마음이 누그러지고 복종할 때까지 '이이제이' 정책을 쓰겠다고 했다. 그리고 맨 처음 영국의 공격에도 전통적인 전략으로 대응했다. 그런 다음 다른 유럽 국가들을 끌어들여, 먼저 그들 사이의 경쟁을 부추기고 나중에 그것을 교묘하게 조종했다.

　이러한 목표를 추구하면서 중국 황실은 그들이 채택한 방법에 대해서 놀랍도록 실용적이었다. 중국인들은 야만족을 뇌물로 회유하거나, 숫자가 월등히 많은 한족을 이용해서 그들을 희석시켜 버렸다. 중국이 전쟁에서 패하면 원나라나 청나라 초기의 경우처럼 상대에게 항복했지만, 그것은 그들을 중국화시키는 전주곡일 따름이었다. 중국 황실은 다른 맥락에서 보면 유화 정책으로 간주할 만한 수단을 정기적으로 사용했다. 중국의 엘리트들로 하여금 그것은 유화가 아니라 자비로운 우월성을 행사하는 것이라고 주장할 수 있는 여지를 허락하는 프로토콜이란 이름의 정교한 필터를 거치기는 하지만 말이다. 그래서 한(漢) 왕조의 한 관리는 '다섯 가지 미끼'를 설명하면서, 북서 변경의 기마 민족인 흉노를 다룰 때 이런 미끼를 써 보자고 제안했다.

　　그들에게…… 멋진 옷감과 수레를 주어서 그들의 눈을 현혹시킬 것, 정교한 음식을 주어서 그들의 입을 회유할 것, 음악과 여인들을 주어 그들의 귀를 현혹시킬 것, 고대광실(高臺廣室)과 곡물 창고와 노비를 주어서 그들의 배를 불려 줄 것…… 그리고 자진하여 항복하는 자들에게는 황제가 호의를 보여 직접 연회를 베풀고 손수 술과 음식을 따라 주어 그들의 마음을 호릴 것. 바로 이것을 '다섯 가지 미끼'라고 부를 수 있으리라.[27]

　국력이 융성할 때, 중국 외교는 황제의 권위를 이념적으로 합리화시켰다. 그러나 나라가 쇠퇴할 때, 중국 외교는 허약함을 위장하는 데 기여했고 서로 충돌하는 세력을 조종하는 데 도움을 주었다.

　좀 더 근래 들어 세력 다툼에 나선 이 지역 국가들과 비교할 때, 중국은 영토에 대한 야망은 별로 없는 배부른 제국이었다. 한나라(25~220년)

때 한 학자의 표현처럼 "황제는 야만족들을 다스리지 않는다. 황제를 찾아오는 자들은 거절하지 않을 것이며, 떠나는 자들은 붙들지 않을 것이다."[28] 다시 말해서 중국이 직접 통제하는 하나의 주변부가 아니라, 중국에 순응하는 분열된 주변부가 그 목적이었다.

중국의 근본적인 실용주의를 가장 두드러지게 나타내는 것은 정복자들에 대한 반응이었다. 중국이 외부의 왕조에게 전쟁에서 패하는 경우, 중국의 엘리트 관료들은 정복자가 차지한 이 땅이 너무나도 방대하고 독특해서 중국 방식, 중국 언어, 중국의 기존 관료 체제 등을 사용하지 않고서는 도저히 통치할 수 없으리라는 논리로써 그들에게 봉사하겠노라고 나서거나 설득하려고 했다. 세대가 지나면서 중국을 정복한 민족들은 그들이 지배하려 했던 체제와 질서에 조금씩 동화되어 가는 스스로를 발견하곤 했던 것이다. 그러다가 애초 침략의 시발점이었던, 그들의 본국 영토는 결국 중국의 한 부분으로 간주되고 마는 것이었다. 그리고 정복 계획 자체가 완전히 뒤집혀 자신들이 오히려 (피정복자인) 중국의 전통적 이해관계를 추구하게 되었다.[29]

중국의 레알폴리틱과 『손자병법』

중국인들은 언제나 레알폴리틱*을 실행해 왔고 서구인들이 선호하는 전략과 외교와는 사뭇 다른 전략적 독트린을 배워 왔다. 모든 문제에 해결책이 다 있는 것은 아니며, 특정한 사건을 완벽하게 장악하는 것을 지나치게 강조하다 보면 우주의 조화를 그르칠 수도 있다는 사실

---

* 독일어 'Realpolitik'에서 유래한 용어로, 현실적인 권력의 운동 법칙만을 추구하는 정치 체제를 말한다.

을 중국 지도자들은 혼란의 역사에서 배웠다. 그들의 제국에는 미래의 적들이 너무나도 많은지라, 완벽한 안전 속에서 산다는 것은 불가능했던 것이다. 상대적인 안전이 중국의 운명이었다면, 그것은 상대적인 불안을 의미하기도 했다. 크게 다른 역사와 야망을 지닌 10여 개 인접 국가들의 어법을 배워야 할 필요가 있었다는 것이다. 중국 정치인들이 '모 아니면 도' 식의 일회성 전투로써 분쟁의 결과를 얻으려는 모험을 감행하는 일은 거의 없었다. 여러 해에 걸친 정교한 책략이 훨씬 더 그들의 스타일에 가까웠다. 영웅주의의 공적을 강조하며 결정적인 힘의 대결을 칭송하는 것이 서구의 전통이었다면, 중국의 이상은 섬세함과 간접적 전략, 그리고 상대적인 우위를 끈덕지게 축적하는 것이었다.

양측의 이러한 대조는 각 문명이 선호하는 지적인 게임에도 잘 반영되어 있다. 가장 오랫동안 중국인들을 사로잡아 온 게임은 바둑인데, 서양에서는 일본식 이름인 '고(go)'로 알려져 있다. 중국에서 바둑을 일컫는 '웨이치(圍棋)'라는 이름은 '주위에 있는 돌을 다루는 게임'으로 풀이할 수 있다. 다시 말해서 하나의 전략적 포위라는 개념을 담고 있다. 게임은 가로세로로 열아홉 개씩의 선이 그어진 격자 모양의 판 위에 아무 것도 놓이지 않은 상태에서 시작된다. 각 플레이어는 180개의 돌을 들고 바둑을 두는데, 그 가치는 모두 다 동일하다. 플레이어들은 번갈아 가며 판 위의 원하는 지점에 돌을 놓아, 상대방의 돌을 포위하고 잡아먹도록 게임을 진행하면서 세력('집')을 넓혀 간다. 판 위의 여러 지점에서 다수의 싸움이 동시에 벌어진다. 양측이 전략적 계획을 실행하고 상대방의 이니셔티브*에 반응하는 가운데, 각자가 수를 둘 때마다 힘

---

* initiative: '주도', '주도권', '앞장서는 입장', 주도적으로 이끌어 나가는 일이나 프로젝트' 등을 의미하는 말로, 정치, 외교, 경제 분야에서 광범위하게 쓰이고 있으므로 이 책에서도 '이니셔티브'로 그대로 옮겼다.

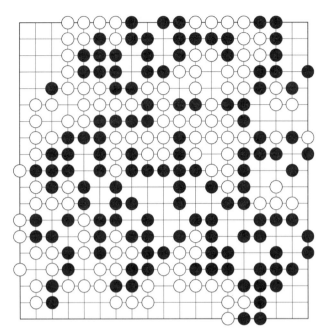

두 명의 고수(高手)가 두는 바둑의 결말: 흑(黑)이 간발의 차이로 승리
자료: 데이비드 라이, 『바둑에서 배우다: 중국의 전략 개념에 숙달하기 위한
바둑 방식의 접근법』(Carlisle, PA: U.S. Army War College Strategic
Studies Institute, 2004)

의 균형이 조금씩 변한다. 제대로 진행된 게임의 결말에 이르면, 바둑
판은 부분적으로 겹치는 여러 개의 집으로 가득 찬다. 승부는 단 몇 점
차이로 갈리기도 하고, 바둑을 모르는 사람들이 볼 때는 누가 게임에
서 이겼는지조차 금세 알기가 어렵다.[30]

반면 체스는 완전한 승리를 노리는 게임이다. 그 목적은 체크메이트
(checkmate), 즉 외통장군이다. 상대의 왕을 가두어 꼼짝만 했다가는 멸
망하게 되는 위치로 몰아붙이는 것이다. 체스는 거의 대부분 소모전이
나 (드물게는) 드라마틱하고 능수능란한 작전으로 완전한 승리를 거두
면서 끝난다. 그 외에 있을 수 있는 유일한 결말은 비기는 것으로, 양

쪽이 승리의 희망을 포기하는 경우이다.

체스가 결정적인 전투의 게임이라면, 바둑은 쉽사리 끝나지 않는 작전의 게임이다. 체스를 두는 사람은 완전한 승리를 겨냥한다. 바둑을 두는 사람은 비교 우위를 추구한다. 체스에서는 모든 말이 항상 펼쳐져 있어, 상대방이 무엇을 할 수 있는지가 언제나 훤히 눈앞에 보인다.

바둑을 두는 사람은 판 위의 돌을 살펴봐야 할 뿐 아니라, 상대방이 전개할 수 있는 강화 또는 증강 가능성도 살펴봐야 한다. 보통 장기판의 중심을 얻기 위한 투쟁으로 시작되는 체스는, 카를 폰 클라우제비츠에게 '힘의 중심(center of gravity)'과 '결정적 지점(decisive point)'이라는 개념을 가르쳐 주었다. 반면 바둑은 전략적 포위라는 기술을 가르친다. 능숙한 체스 플레이어가 일련의 정면 충돌을 통해 적의 말을 제거하려는 목적을 가진다면, 재주 좋은 바둑 플레이어는 판의 '비어 있는' 곳을 향해 움직이면서 상대방의 돌이 지닌 전략적 잠재력을 서서히 줄여 간다. 그리하여 체스는 외골수를 낳고, 바둑은 전략적 융통성을 길러 준다.

중국의 독특한 군사 이론에서도 이와 유사한 대조를 발견할 수 있다. 그 이론의 기반이 확립된 것은 서로 반목하는 왕국들의 무자비한 투쟁이 중국인들을 말살하고 있던 격동의 시대였다. 이 무참한 살육에 대응하고 거기서 승자로 태어나기 위해서, 중국의 사상가들은 심리적 우위를 통한 승리에 가산점을 주며 직접적 분쟁을 피하라고 가르치는 전략적 사고를 만들어 낸 것이다.

이러한 전통의 중심에 서 있는 사람이 바로 유명한『손자병법』의 저자인 손자(孫子)이다. 참으로 흥미롭게도, 정확히 손자가 어떤 인물인지를 확실히 아는 사람이 없다. 먼 옛날부터 학자들은『손자병법』의 저자와 저술 연도에 대해서 갑론을박을 펴 왔다. 이 책은 중국 역사상

춘추 시대의 장수이며 이곳저곳을 떠도는 군사(軍師)였다는 손무(孫武) 라는 한 사람의 언행을 그 제자들이 기록하여 모은 책이다. 일부 중국 학자들과 후대의 서구 학자들은 이 손무라는 장군이 실제로 존재했던 가, 혹은 존재했다 하더라도 『손자병법』이 정말 그의 어록인가에 대해 서 의문을 가져 왔다.[31]

전략과 외교, 그리고 전쟁에 대한 풍자적 관측을 집대성한 이 작품 은, 완성된 지 2000년도 훨씬 더 지난 지금까지도 군사 전략의 중심 텍 스트로 남아 있다. 운문과 산문이 절반씩 뒤섞인 듯한 고대 중국어로 씌어진 금언은 20세기 중국 내전에서 손자의 제자인 마오쩌둥의 손으 로 생생하게 살아났다. 그리고 베트남 전쟁의 경우에도 호찌민과 보 응우옌잡 장군이 미국과 프랑스에 맞서 간접 공격과 심리전이라는 손 자의 원칙을 이용했다.(서구에서도 『손자병법』이 인기리에 출간되어 손자 를 근대의 경영 '구루'로 다시 부각시킴에 따라, 그는 제2의 커리어를 쌓기도 했다.) 오늘날에 이르기까지 손자의 텍스트는 일종의 직접성과 통찰을 담은 것으로 읽혀, 그를 세계에서 가장 탁월한 전략 사상가의 반열에 올려놓았다. 미국이 아시아 지역에서의 전장에서 좌절했던 중요한 이 유가 바로 손자의 행동 수칙을 무시했다는 데 있었다는 논쟁도 가능할 것이다.

전략을 다룬 서구의 저자들과 손자를 확연히 구분하는 것은, 그가 순전히 군사적 요소에 앞서 심리적, 정치적 요소를 강조했다는 점이 다. 유럽의 위대한 군사 이론가 카를 폰 클라우제비츠라든가 앙투안앙 리 조미니는 전략을 그 자체로서 중요한 행위이며 정치와는 별개인 것 으로 취급했다. "전쟁이란 다른 방법에 의한 정치의 연속"이라고 했던 클라우제비츠의 격언조차도, 전쟁이 일어나면 정치가는 새롭고 전혀 다른 국면으로 접어든다는 것을 암시한다.

하지만 손자는 이 두 개의 장(場)을 하나로 융합한다. 서구의 전략이 결정적인 지점에서 우월한 세력을 결집시키는 방법에 천착한다면, 손자는 정치적, 심리적으로 압도하는 입지를 구축하는 방법, 그리하여 분쟁의 결과가 훤히 보이는 방법을 다룬다. 서구의 전략가들이 전투에서의 승리를 기준으로 자신들의 금언을 시험하는 반면, 손자는 전투라는 게 불필요해지는 승리에 의해서 이를 시험한다.

손자의 텍스트에는 동일한 주제를 다룬 일부 유럽 문학에서 찾을 수 있는 날아갈 듯한 열광의 느낌도 없고, 개별적인 영웅주의에 호소하지도 않는다. 그의 차분한 품격은 『손자병법』의 어두운 서막에도 잘 드러나 있다.

전쟁이란 나라의 중대한 일이며, 죽음과 삶의 문제이며, 존립과 패망의 길이니 살피지 않을 수 없다.*[32]

그리고 전쟁이 초래할 결과는 너무나도 심각하므로, 신중함이야말로 가장 소중히 여겨야 할 가치라는 것이다.

군주 된 자는 노여워도 군대를 일으켜서는 안 되고 장수 된 자는 화가 난다고 해서 전쟁에 임해서도 안 된다.

노여웠다가 다시 기뻐할 수 있고 화가 났다가 다시 즐거울 수 있다. 그러나 망한 나라는 다시 존재할 수 없고, 죽은 자는 다시 소생할 수 없다.

---

* 이 책의 『손자병법』 인용은 모두 손자, 김원중 옮김, 『손자병법』(글항아리, 2011)의 번역을 따랐다.

그러므로 현명한 군주는 전쟁에 신중하고 훌륭한 장수는 전쟁을 경계해야 한다. 이는 나라를 온전하게 하고 군대를 온전하게 하는 이치이다.[33]

정치가가 무엇에 대하여 신중해야 한다는 말일까? 손자에게 승리란 단순하게 군대의 승전을 의미하지 않는다. 오히려 승리란 원래 군사적 분쟁이 확보할 것을 의도했던 최후의 정치적 목적을 달성하는 것이다. 전쟁터에서 적군과의 교전보다 훨씬 더 바람직한 전략은 적의 사기를 떨어뜨린다든지 적을 교묘히 움직여 도저히 헤어날 수 없는 불리한 상황으로 밀어 넣는 것이다. 전쟁이란 필사적이고 복잡한 일이므로, 스스로를 안다는 것이 너무나 중요하다. 전략이란 결국 심리적 경쟁으로 바뀌는 것이다.

백 번 싸워 백 번 이기는 것이 잘된 것 중에 잘된 용병이 아니며 싸우지 않고 적의 군대를 굴복시키는 용병이 잘된 것 중의 잘된 것이다. 그러므로 상책의 용병은 적의 계략을 공격하는 것이며 그 차선은 적의 외교 관계를 공격하는 것이며 그다음 책은 군대를 공격하는 것이며 그 아래의 정책은 성을 공격하는 것이다. 성을 공격하는 법칙은 어쩔 수 없어서 하는 것이다.

용병을 잘하는 자는 적의 군대를 굴복시키지만 전쟁은 하지 않고, 적의 성을 함락시키지만 공격은 하지 않으며, 적의 나라를 무너뜨리지만 질질 끌지는 않는다.[34]

지휘관이 압도적인 지위를 확보함으로써 전쟁 자체를 완전히 피할 수만 있다면 가장 이상적이리라. 그게 아니라면 그는 면밀한 분석과 물자, 외교, 심리라는 면에서 만반의 준비를 갖춘 다음, 군사를 일으켜 '결정적인 한 방'을 먹일 것이다. 그래서 손자는 이렇게 조언한다.

승리하는 군대는 먼저 승리할 수 있는 여건을 갖추고 나서 싸움을 걸고, 패배하는 군대는 먼저 싸우고 난 이후에 승리를 구한다.[35]

적의 전략과 적의 연맹을 공격하는 것에는 심리와 사전 준비가 내포되어 있으므로, 손자는 속임수와 거짓 정보 흘리기의 사용을 상당히 중요시했다. 그의 충고는 이렇다.

전쟁이란 속이는 도(道)이다. 따라서 능력이 있는데 적에게는 능력이 없는 것처럼 보이게 하고, 용병을 하되 적에게는 용병하지 않는 것처럼 보이게 하며, 가까운 곳을 노리면서도 적에게는 먼 곳을 노리는 것처럼 보이게 하고, 먼 곳을 노리면서도 적에게는 가까운 곳을 노리는 것처럼 보이게 한다.[36]

손자의 행동 수칙을 따르는 지휘관에게는 눈속임이나 조작을 통해 간접적으로 이룩한 승리가 힘의 우위에 의해서 승리하는 것보다 더 인도적이다. 『손자병법』은 그런 지휘관에게 상대방을 자기 자신의 목적에 부합하도록 유도하거나, 도저히 어떻게 해 볼 도리가 없어서 군사나 나라를 송두리째 바치면서 항복하지 않을 수 없는 입장으로 밀어넣으라고 가르친다.

손자의 가장 중요한 통찰은 무엇이었을까? 어쩌면 그것은 날씨, 지형, 외교, 스파이나 이중 첩자 들의 보고, 공급과 물자의 흐름, 힘의 균형, 역사적 인식, 기습이나 사기 등의 모든 것이 군사적, 전략적 경쟁에서는 서로 연관이 있고 서로 연결되어 있다는 사실이었다. 각각의 요소는 다른 요소에 영향을 끼쳐서, 모멘텀과 비교 우위의 섬세한 변화를 가져온다. 완전히 동떨어진 사건이란 없다는 것이다.

따라서 전략가의 임무는 어떤 특정의 상황을 분석하는 것이라기보다는 그런 상황이 야기된 맥락과의 관계를 결정하는 것이다. 그 어떤 별자리도 영원히 고정되어 있지 않고, 패턴은 어느 것이든 임시적이며 기본적으로 진화한다. 전략가는 그러한 진화의 방향을 포착하여 자신의 목적을 위해 쓰이도록 만들어야 한다. 손자는 그런 자질을 가리켜 '세(勢)'라고 표현했는데, 서양에서는 이에 상응하는 개념을 찾을 수 없다.[37] 군사적 맥락에서 '세'는 전략적 추세를 함의하기도 하고, 이루어지는 어떤 상황의 '잠재적 에너지'를 뜻하기도 하며, "요소들이 배치되는 어떤 형국에 내재해 있는 파워, 그리고…… 그 발전의 경향"을 가리키기도 한다.[38] 『손자병법』에서는 이 말이 끊임없이 변하는 세력의 배열뿐 아니라 그 세력의 일반적인 추세를 담고 있다.

손자가 볼 때 '세'를 도통한 전략가는 마치 위에서 아래로 흐르는 물과도 같아서, 가장 빠르고 쉬운 길을 저절로 찾아낸다. 성공적인 지휘관은 전쟁터로 머리를 들이대고 공격하기 전에 기다릴 줄을 안다. 그는 적의 강점을 피하고, 전략적 풍경에 일어나는 변화를 관찰하거나 그런 변화를 이끌어 내는 데 시간을 들인다. 그는 적의 준비 상황과 사기를 면밀히 연구하고, 자원을 아껴 쓸 뿐 아니라 세심하게 정의하며, 상대의 심리적 약점을 잘 이용한다. 그리하여 마침내 적의 가장 약한 부분을 타격할 최적의 순간을 잡아내는 것이다. 그다음 재빨리 자신의 자원을 배치하고, 저항이 가장 적은 길을 따라 순식간에 '내리막길'을 저돌적으로 치고 들어간다. 세심한 타이밍과 준비에 의해서 기정사실이 되어 버린 우위를 행사하는 것이다.[39] 『손자병법』은 영토 정복의 원칙이 아니라 심리적인 압도의 원칙을 또렷하게 밝히는 책이며, 그래서 월맹군이 미군에 맞서 싸웠던 방식이기도 했다. (물론 하노이 측은 통상 그들의 심리적 우위를 영토의 정복으로 해석하기도 했지만 말이다.)

일반적으로 중국의 정치는 모든 전략적 풍경을 하나의 전체 속에 담긴 부분으로 간주하는 경향이 있다. 선악, 원근, 강약, 과거와 미래 등은 모두 서로 얽혀 있다는 생각이다. 역사라는 것을 사악하고 후진적인 것에 대해 연속적으로 절대적인 승리를 구가하는 근대의 과정으로 취급하는 서구의 접근법과는 대조적으로, 중국의 전통적 역사관은 부패와 수정의 주기적인 과정을 강조하며, 그 안에서는 자연과 세계를 이해할 수는 있지만 정복할 수는 없다고 말한다. 따라서 성취할 수 있는 최선의 것은 바로 그것과 조화를 이루어 나가는 일이다. 전략과 경륜(經綸)은 적과의 '경쟁적 공존'의 수단이다. 여기서 목적은 나 자신의 '세', 혹은 전략적 입지를 구축함과 동시에, 적을 취약한 입장으로 교묘히 몰아넣는 것이다.[40]

이런 '책략'의 접근법은 물론 이상일 뿐 언제나 현실이 되는 것은 아니다. 중국인들의 기나긴 역사에서도 그들 나름대로 국내에서나 때로는 국외에서도 '교묘하지 못하고' 잔혹한 분쟁을 겪어 왔다. 진시황 아래 중국이 통일되었을 때나, 삼국 시대의 분쟁이나, 태평천국의 난을 진압했을 때, 혹은 20세기의 내전 당시처럼, 일단 분쟁이 터지면 중국은 유럽에서 발생한 세계 대전과 비견할 만한 수준의 대규모 인명 살상을 겪었다. 가장 피비린내 나는 분쟁은 중국의 내부 체제가 와해된 결과로 일어났다. 다시 말하면 국내 안정과 머리를 쳐드는 외세의 침략에 대한 보호가 똑같이 걱정되는 상황에서 내부적 조정의 한 국면으로서 발생했다는 것이다.

중국의 옛 현인들이 보기에 세상은 정복할 수 없는 것이며, 지혜로운 통치자들은 그 추세와 조화를 이루기만을 바랄 뿐이었다. 국민을 이주시킬 '새로운 세계'도 없었으며 머나먼 땅에서 인류를 기다리는 구원도 없었다. 약속된 땅은 바로 중국이었고, 중국 사람은 이미 거기 있었던 것이다. 중화 문화라는 축복은 중국의 탁월한 본보기에 의해서 이론적으로는 제국 주변에 있는 외국인들에게도 확산될 수 있었다. 그러나 '이교도'들을 중국 방식으로 개종시키겠다고 바다 건너 나서는 것은 영광스러운 일이 아니었다. 천상의 왕국이 지닌 관습이란 한마디로 먼 나라 야만족들이 이룩할 수 있는 범위를 넘어서 있기 때문이었다.

중국이 해상 전통을 포기한 데에도 이와 같은 깊은 의미가 담겨 있는지 모른다. 독일 철학자 헤겔은 1820년대 자신의 역사 철학을 강의하면서, 중국이 그들의 동쪽에 있는 거대한 태평양을 마치 황무지처럼 간주하는 경향이 있음을 이야기한 바 있다. 그는 중국이 대체로 해양 탐험에 나서는 대신 방대한 땅덩어리에 의존했다는 점을 지적했다. 대양이 인간들에게 제한된 사고와 행동의 범주를 벗어나도록 부추겼던 반면, 땅은 끝도 없이 여러 겹의 종속을 강요했다는 것이다. "예컨대 중국의 경우처럼 바다를 접하고 있다 하더라도, 아시아 국가들의 훌륭한 정치 체계에서 땅덩어리의 한계를 넘어 이처럼 바다 밖으로 뻗어 나가는 일은 없다. 그들에게 대양이란 단지 한계일 뿐이며 땅이 멈추는 지점으로, 그들은 바다와 긍정적 관계를 갖지 않는다." 서구는 닻을 올리고 나아가 전 세계에 자신들의 교역과 가치관을 확산시켰다. 헤겔의 주장을 따르면, 이런 점에서 땅에 발을 묶인 중국은 기실 한때는 세상에서 가장 위대한 해양 강국이었지만 "전반적인 역사 발전과 격리되어 있었다."[41]

이처럼 두드러진 전통과 천년을 두고 뇌리에 박힌 우월감을 지니고서, 중국은 아주 독특한 제국으로서 근대를 맞이했다. 즉 자신들의 문화와 체제가 보편적인 타당성을 지녔다고 주장하면서도 타인을 개종시키려 하지 않는 나라, 세상에서 가장 부유하면서도 해외 교역이나 기술 혁신에 무관심한 나라. 서구의 탐험 시대가 시작되었음을 까맣게 모르는 정치 엘리트에 의해서 감독되는 코즈모폴리터니즘의 문화, 그리고 머지않아 그 존재마저 위협하게 될 기술과 역사의 흐름을 모르면서 견줄 데 없는 지리적 규모를 가진 정치 단위였던 것이다.

2

'머리를 조아릴' 것인가

— 아편 전쟁

18세기가 저물 무렵 중국은 최고 절정기의 제국으로 우뚝 서 있었다. 북동쪽에서 중국을 친 만주족이 1644년에 세운 청 왕조는 중국을 군사 대국으로 바꾸어 놓은 터였다. 만주와 몽골의 군사적 기술을 한족의 문화 및 정치적 기량과 결합시킨 청 왕조는 북쪽과 서쪽을 향한 영토 확장 계획에 착수하여 멀리 몽골, 티베트, 오늘날의 신장에 이르기까지 중국의 세력권을 확립하기에 이르렀다. 중국은 아시아에서 단연 돋보이는 지배적 입지에 서 있었고, 지구상 그 어떤 제국과도 자웅을 겨룰 수 있었다.[1]

하지만 청 왕조의 절정은 또한 그 숙명의 전환점이기도 했다. 중국의 부와 광대한 영토는 서구 제국의 관심 대상이 되었고, 중국의 전통적인 세계 질서라는 경계와 개념적 장치 밖에서 활동하고 있던 무역

회사들도 관심을 기울였다. 역사상 처음으로 중국은 더는 중국 왕조를 무너뜨리고 스스로 '천명'을 주장하지 않는 '야만족'을 만나게 되었다. 대신 이들은 완전히 새로운 세계 질서의 견해로써 중화 시스템을 대체하자는 제안을 했다. 그들은 조공이 아니라 자유 무역을 하자고 했고, 중국의 수도에 상주(常駐) 대사관을 두고, 외국의 국가 원수를 일컬어 베이징의 황제에게 충성을 맹세하는 '고귀한 야만족'이라 부르지 않는 외교적 교환 시스템을 갖자고 했다.

여태껏 중국의 엘리트들이 알지 못했던 이 외국인들의 사회는 새로운 산업과 과학의 방법을 개발하여, 몇백 년 만에 처음으로 아니, 어쩌면 역사상 최초로 중국의 방식을 능가했다. 증기 기관, 철도, 새로운 제조 방식 및 새로운 자본 형성의 방법 등은 서유럽 생산성의 어마어마한 진보를 가능케 했다. 중국이 전통적으로 우세했던 영역을 넘보게 했던 정복의 충동에 흠뻑 젖은 서구 열강은 유럽과 아시아를 통틀어 자신이 대군주(大君主)라고 하는 중국의 주장을 가소롭게 여겼다. 그들은 필요하다면 무력에 의해서라도 국제적 행위에 대한 자신의 기준을 중국에게 부과하려는 확고한 의지가 있었다. 여기서 야기된 충돌은 중국의 기본적인 우주론에 도전장을 던졌고, 이제 그로부터 100년이 지나 중국의 명성이 회복된 지금까지도 아린 상처를 남겼다.

17세기부터 중국 당국은 자국의 동남부 해안에 출몰하는 유럽 상인의 숫자가 늘어나는 것을 알고 있었다. 하지만 그들은 제국 주변에서 활동하고 있던 다른 외국인과 이 유럽인의 차이를 거의 깨닫지 못했다. 그저 예외가 있다면 중국의 문화적 성취를 몰라도 너무나 새까맣게 모른다는 점이랄까. 중국의 공식적 견해에 의하면 이 '서해의 야만인'은 '조공을 바치는 사신들' 혹은 '야만족 상인들'로 분류되었다. 아주 드문 일이긴 했지만 그들 중에는 베이징까지 여행할 것을 허락받는 경우도 있었고, 베이징에서 황제를 알현할 기회가 주어지면 이들은 이마를 세 번 땅에 조아리며 엎드리는 행위인 고두 의식을 치러야 했다.

외국 사신들에게 중국으로 들어가는 지점과 수도에 이르는 길은 엄격하게 제한되었다. 중국 시장에 대한 접근 역시 엄격한 규제하에 (당시에는 칸톤으로 불렸던) 광저우에서 계절마다 열리는 교역회로 국한되었다. 해마다 겨울이면 외국 상인들은 고국으로 향하는 배에 올라야 했다. 그들은 중국 내지로 깊이 들어갈 수 없었다. 여러 규제가 상인들의 접근을 의도적으로 가로막았다. 또 이 야만인들에게는 중국어를 가르친다든지 중국 문화에 대한 책을 파는 것조차 불법이었다. 그들과의 의사소통은 특별 허가를 받은 내국 상인을 통해서만 이루어졌다.[2]

자유 무역과 상주 대사관, 그리고 주권 평등 따위의 개념은 전 세계의 모든 다른 지역에서 활동하던 유럽인이라면 누구나 누릴 수 있던 최소한의 권리였지만 중국에서는 금시초문이었다. 단 러시아에 대해서만큼은 암묵적인 예외를 인정했다. 러시아는 발 빠른 동방 영토 확장 덕택에(이제 차르의 지배권은 신장, 몽골, 만주에 있는 청의 영토에 인접해 있었다.) 중국을 위협하는 독특한 입장에 놓였기 때문이었다. 그리하여 1715년 청은 베이징에 러시아 정교 전도 시설을 세울 수 있는 권리를 모스크바에 부여했고, 이는 결국 사실상의 대사관 역할을 수행하게 되어, 한 세기가 넘도록 중국 내 유일한 외국 사절단으로 남아 있었다. 비록 제한적이긴 했지만 서유럽의 무역상에 대한 접촉은 청 왕조가 보기에는 상당한 사치였다. 천자께서 그들에게 중국과의 교역에 참여할 수 있도록 (특히 서해의 야만인들이 엄청나게 탐을 낸 차, 비단, 칠기, 대황 등을 사고팔 수 있도록) 허락함으로써 은혜를 베풀어 주었다는 것이 중국인들의 견해였다. 유럽은 중국으로부터 너무나 멀리 떨어져 있어 조선이나 대월과 같은 식으로 중국화되기는 영 글렀으니 말이다.

처음에는 유럽인들도 자신들을 '야만인'이라 부르고 자신들이 행하는 교역을 '조공'이라 부르는 중국식 진공의 서열을 받아들였다. 그러나 부와 확신이란 점에서 서구 세력이 커지자, 이 상황이 지속될 수는 없었다.

매카트니 사절단

중국의 세계관을 떠받치는 가정은 특별히 (일부 중국 공문서에서 '빨간 머리의 야만인'으로 지칭했던) 영국인에게 모욕적이었다. 상업과 해양에 관한 한 서구의 으뜸가는 파워인 영국은 중국의 우주론이 자신들에게 할당한 역할을 향해서 콧방귀를 뀌었다. 게다가 중국의 군대는 아직도 기본적으로 활과 화살을 사용하는 데다 해군이라고는 아예 존재하지도 않는다는 사실을 영국은 이미 알고 있었다. 영국의 무역상들은 정부가 지정한 광저우의 중국 상인들이 자신들한테 '쥐어짜고 우려내는' 금액이 점차 올라가는 데 분개했다. 중국은 그런 돈을 통해서만 서양과의 모든 교역이 이루어지도록 규정을 만들어 놓았던 것이다. 영국 상인들은 동남 해안에 국한하지 않고 중국 기타 지역에도 접근하기 위해 무진 애를 썼다.

이런 사태를 손보기 위한 영국의 첫 번째 본격적 시도는, 조지 매카트니 경이 이끄는 1793~1794년의 사절단에 의해 이루어졌다. 그것은 중국과 유럽 관계의 기존 체제를 바꾸고 동등한 입장에서 자유 무역과 외교 관계를 수립하려는 유럽 국가의 노력 중에서 가장 두드러지고 가장 훌륭하게 계획되었으며, '군사적' 색채가 가장 약했다. 그러나 이 사절단은 완전히 실패로 끝났다.

매카트니 사절단을 좀 더 자세히 검토하는 것은 유익한 일이다. 매카트니 특사의 일기는 그들의 역할을 보는 중국의 관점이 실제로는 어떻게 작동하는지를 잘 보여 준다. 외교를 보는 중국과 서구의 관점에 얼마나 큰 간극이 존재하는지 잘 보여 준다. 매카트니 경은 다년간의 국제 경험과 '동양 외교'에 예리한 감각을 지닌 탁월한 관리였다. 그리고 문화적으로도 현저한 업적을 쌓았다. 그는 일찍이 상트페테르부르크에 있는 예카테리나 대제의 궁에서 3년 동안 특사로 봉직하면서, 우호 관계와 상호 교역을 위한 조약을 협상했다. 귀국한 직후 그는 직접 체험했던 러시아 역사와 문화에 관한 책을 출간해서 세간의 주목을 받기도 했다. 이후 그는 첸나이(마드라스) 총독을 지냈다. 그는 동시대인 중에서 서로 다른 문명 간의 새로운 외교를 개시하는 데 가장 훌륭한 자격 요건을 갖춘 인물이었다.

제대로 교육을 받은 당대의 영국인이라면 누구나 매카트니 사절단의 목적이 자못 '겸손하다고' 느꼈을 터이다. 중국과 이웃하고 있는 거인 인도에 대해서 영국의 지배가 확고한 것과 비교하면 더욱 그랬다. 내무 장관 헨리 던더스는 이 사절단의 임무를 이렇게 규정했다. "어쩌면 이 지구상에서 가장 독특한 민족과의 자유로운 의사소통을 성취하려는 시도." 이들의 주된 목적은 베이징과 런던에 상호 대사관을 설치하는 것과 중국 해안에 위치한 다른 항구에 대한 상업적 접근을 확보하는 것이었다. 그리고 후자의 목표를 위해 던더스는 영국 상인들의 '사기를 떨어뜨리고' '자의적'인 광저우의 규제 시스템에 관심을 끌어내라고 매카트니에게 요청했다. 그런 규제들이 영국 상인들에게 (유교적인 중국에서 딱히 찾아볼 수 없는 개념인) '공정한 시장 경쟁'을 할 수 없도록 만들기 때문이었다. 그리고 던더스는 영토에 대한 야망은 일절 주장하지 말 것을 강력하게 주문했다. 그런 주장을 했다가는 영국이 그런 야망을 추구할 수 있는 선택권이라도 가진 것 같은 암시를 줄 것이므로, 중국은 이를 모욕으로 간주하기 십상이기 때문이었다.[3]

영국 정부는 중국 왕실을 대등한 자격으로 다루었다. 이는 자국의 통치 집단에게 상식에 어긋날 정도의 위엄을 비서구 국가에게 허락하는 것으로 비쳤다. 하물며 중국은 자국을 오만불손한 태도로 대하고 있음에랴! 그래서 던더스는 매카트니에게 "되도록 빨리 기회를 만들어" 국왕 조지 3세가 매카트니 사절단을 "세상에서 최고의 문명국일 뿐 아니라 가장 오랜 역사와 가장 많은 인구를 자랑하는 국가에 파견하는 대사관"으로 간주하고 있다는 사실, 그리고 그것이 "중국의 탁월한 제도를 준수하고 두 나라 사이의 격의 없고 우호적인 관계에서 틀림없이 얻게 될 여러 혜택을 주고받기 위함"이라는 사실을 중국 측에 강하게 인식시키라고 지시했다. 또한 던더스는 매카트니에게 "중국 왕실의 의례는 우리나라의 체면을 지켜 주지 않을지도 모르고, 그대가 시도하는 협상의 성공을 가로막기 위해서 그대의 위신조차 깎아 내릴 수도 있겠지만, 그래도 모든 의례를 준수하라."라고 지시했다. 아울러 "사절단의 성공을 통해 얻어 낼 수도 있는 중요한 혜택을 시시콜콜한 문제 때문에 놓치는 일은 절대로 없어야" 한다는 점을 강조했다.[4]

이러한 목적을 이루는 데 좀 더 도움을 얻기 위해서 매카트니는 과학 및 산업 분야에서 영국이 지닌 기량의 수많은 본보기를 준비했다. 그의 사절단에는 내·외과 의사, 기술자, 금속학자, 시계공, 수학 도구 제조사, 그리고 저녁마다 연주를 하게 될 '다섯 명의 독일 악단' 등이 포함되어 있었다.(이 악단의 연주는 대사관의 가장 성공적인 업적 가운데 하나가 되었다.) 중국 황제를 위한 선물 보따리에는 영국과의 교역에서 중국이 얻을 수 있는 놀라운 이득을 보여 주기 위해서 고안된 제품들, 예컨대 각종 대포, 마차, 다이아몬드가 박힌 손목시계, (중국의 예술 형태를 본뜬 것이라고 중국 관리들이 고개를 끄덕였던) 영국제 도자기, 그리고 조슈아 레이놀즈 경이 그린 국왕 부부의 초상화 등이 들어 있었다. 심지어는 열기구 풍선을 가져가 (결국 성사되지는 않았지만) 사절단을 태우고 베이징 상공을 날면서 시범을 보일 계획까지 세웠다.

매카트니 사절단은 그 세세한 목적을 하나도 성취하지 못했다. 양측의 인식이 너무나도 큰 간극을 보였기 때문이다. 매카트니는 산업화의 혜택을 과시하려는 의도를 지녔지만, 황제는 그의 선물을 그저 조공쯤으로만 여겼다. 영국의 특사는 중국이 기술 문명의 진보에서 속절없이 뒤처져 있음을 관리들이 깨닫고, 그런 후진성을 면하기 위해 영국과 특별한 관계를 추구할 것이라고 기대했다. 하지만 막상 중국은 그들을 천자의 특별한 은덕을 바라는 거만하고 무지한 야만족으로 취급했던 것이다. 중국은 인구의 급성장으로 인해 그 어느 때보다 식량 생산이 절박한 가운데, 여전히 농업 사회적 체제에 묶여 있었고, 유교 사상에 젖은 관리들은 증기력(蒸氣力), 신용과 자본, 사유 재산, 공공 교육과 같은 산업화의 핵심 요소를 까맣게 모르고 있었다.

첫 번째 불협화음은 매카트니 일행이 베이징 북동부의 하계(夏季) 수도인 열하(熱河)를 향하고 있을 때 드러났다. 그들은 중국 범선에다 풍성한 선물이며 맛있는 음식들을 가득 싣고 해안선을 따라 항해하고 있었는데, 깃발에는 "중국 황제에 바칠 조공을 운반하는 영국 대사"라고 적혀 있었다. 매카트니는 던더스가 지시한 것처럼 이에 대해서 "불평을 하지 않고 적절한 기회가 오기까지 혼자 삭이고 있으리라고" 마음먹었다.[5] 그러나 베이징에 당도할 즈음 사절단을 책임진 상급 관리에 의해 시작된 협상은, 양측의 인식 차를 한층 더 날카롭게 부각시켰다. 문제가 된 것은 매카트니가 황제에게 '고두'를 할 것인가, 아니면 본인의 주장대로 한쪽 무릎을 굽히는 영국식 관례에 따라 인사할 것인가 하는 문제였다.

매카트니의 일기에 의하면, 중국 측은 "나라마다 의복의 관습이 다르지 않겠느냐"는 식의 우회적 방법으로 토론을 시작했다. 그러고는 "황제께서 대중 앞에 납실 때마다 모든 사람이 하게 되어 있는 무릎 꿇기와 엎드리기를 훨씬 더 수월하게 해 주기 때문에" 결국 중국식 의복이 더 우월하다는 결론을 내렸다. "그러하오니 영국 사절단께서도 존엄하신 황제 폐하를 알현하기 전에 번거로운 무릎 죔쇠라든지 양말 대님 따위를 훌훌 벗어 던지는 편이 한층 수월하지 않겠습니까?" 이에 대해 매카트니는 이렇게 맞받아쳤다. "제가 고국의 군주에게 드리는 것과 똑같은 경의의 표현을 황제 폐하에게 드린다면, 폐하께서도 더 흡족해하실 것 같습니다."[6]

'고두 문제'를 둘러싼 실랑이는 몇 주일을 두고 계속되었다. 중국 관리들은 매카트니가 고두를 하든지, 아니면 빈손으로 귀국하든지, 양자택일하라고 은근히 압박했고, 매카트니는 계속 버텼다. 결국 매카트니가 유럽식 관행에 따라 한쪽 무릎만 꿇는 쪽으로 합의를 봤지만, 매카트니의 승리는 (적어도 실제 행동에서는) 여기서 끝이었다. 중국의 공식 기록은, 매카트니가 황제의 존엄에 대한 경외심에 압도되어서 결국 고두를 했다고 적고 있다.[7]

이 모든 일은 중국식 의전(儀典)의 복잡한 틀 안에서 일어났으며, 그것은 매카트니에게 자신의 제안을 가장 사려 깊게 좌절시키고 거부하는 것이 어떤 것인지를 보여 주었다. 모든 것을 아우르는 프로토콜이 온통 자신을 둘러싸고 있으며, 각 부분은 하나같이 조화롭게 정해지고 불변의 목적을 가지고 있음을 확신한 매카트니는 협상을 시작조차 할 수 없는 자신을 발견했다. 그런가 하면, "우리와 관련한 모든 상황, 우리 입에서 나온 말 한 마디 한 마디가 꼼꼼하게 보고되고 기억되고 있는" 것으로 평가했던 그는, 존경심과 불편함이 교차하는 심정으로 방대한 중국 관료 체제의 효율성을 깨닫게 되었다.[8]

매카트니로서는 기절초풍할 일이지만, 유럽의 경이로운 기술은 중국 관리에게 이렇다 할 아무런 인상도 남기지 못했다. 매카트니 일행이 고정시킨 대포를 보여 주자 "안내자는 짐짓 그것이 대수롭잖은 것처럼 가장하면서 중국에서 그런 물건은 전혀 새로운 게 아니라"고 말했다.[9] 그가 함께 가져갔던 렌즈, 마차, 열기구 등도 생색내는 듯 공손한 태도로 무시당했다.

달포가 지났음에도 대사는 여전히 황제를 알현할 기회만 기다리고 있었으며, 그때까지의 시간은 연회와 유흥과 황제를 만나게 될 경우의 적절한 규약에 대한 실랑이 등으로 낭비되고 말았다. 마침내 그는 새벽 4시에 '크고 멋들어진' 텐트로 불려가 황제를 기다리고 있었는데, 이내 황제는 가마를 타고서 거창하게 모습을 드러냈다. 중국식 의례의 모든 기능이 "너무나도 침묵 속에서 엄숙하게 수행되는지라, 어느 정도는 종교적인 신비로움을 기리는 것과 닮아" 있어서, 매카트니는 그런 의식이 웅장하다는 데에는 고개를 갸우뚱했다.[10] 황제는 매카트니와 일행에게 선물을 하사한 다음, "자신의 식탁에 있던 음식을 우리에게 보내 준" 다음 "우리 모두에게 손수 따뜻한 술을 내려 주어 우리가 즉석에서 마시게" 함으로써 영국인들의 자존심을 부추겨 주었다.[11](황제가 외국 사절에게 직접 술을 따라 주는 것은 야만족을 다스리기 위한 왕조의 '다섯 가지 미끼'에 속하는 것으로 특별히 언급되어 있다는 점에 주목하자.)[12]

다음 날 매카트니 일행은 황제의 생신을 축하하는 연회에 참석했다. 그리고 마침내 황제는 무대 공연을 감상하는 기회에 매카트니를 특별석으로 불렀다. 매카트니는 이제야 비로소 대사관 일을 제대로 협상하게 되나 보다고 생각했다. 하지만 황제는 보석이 담긴 선물 상자를 주면서 그에게 퇴짜를 놓았다. 매카트니는 이렇게 적고 있다. "황제가 직접 글을 쓰고 그림을 그린 자그마한 상자였는데, 황제는 그것이 자신의 집안에서 800년이나 전해내려 온 것이라면서, 그 상자를 나의 군주이신 왕에게 우호의 징표로 선사하고 싶다고 말했다."[13]

중국 관리들은 이처럼 황제께서 성은의 징표를 하사하셨고, 코앞에 겨울이 닥쳤으니, 매카트니 일행이 귀국길에 오를 때가 되지 않았느냐고 넌지시 제안했다. 매카트니는 자신의 공식 임무에 관해서는 양측이 "협상을 시작조차 하지 못했다면서" 항변했다. 자신은 "일보따리를 겨우 풀어 놓았을까 말까" 했다는 것이다. 자신이 영국의 상주 대사로서 중국 황궁에 머무는 것이야말로 조지 왕의 희망이라는 점을 강조했다.

1793년 10월 3일 이른 아침, 한 관리가 매카트니를 깨워 의관을 완전히 갖추라고 하더니 자금성으로 데려갔다. 자신의 탄원에 대한 황제의 답을 받들라는 것이었다. 몇 시간을 기다린 끝에 그는 계단을 올라 비단에 덮여 있는 의자로 인도되었다. 거기에는 황제가 아니라 조지 왕에게 보내는 황제의 친서가 놓여 있었다. 중국 관리들은 그 편지를 향해 고두를 했고, 매카트니에게는 그 편지를 보고 한쪽 무릎을 꿇도록 했다. 결국 그렇게 온갖 의식을 다 갖춘 채 황제의 서신은 매카트니의 처소로 옮겨졌다. 영국 외교의 연대기에서 이 사건은 가장 굴욕적인 의사소통의 하나로 기록되었다.

황제의 칙서는 중국에 사절단을 파견한 조지 왕의 '경의에 가득 찬 겸손'을 언급하는 것으로 시작된다.

오, 왕이시여, 당신은 사해(四海)의 경계 밖에 거주하십니다만, 우리 중국 문화의 혜택을 누리려는 겸손한 욕망에 의해서, 삼가 당신을 기념할 만한 것을 대동한 사절단을 보내 주셨습니다.

그런 다음 황제는 자신이 외교관으로 베이징에 상주하도록 허락해 달라는 제안을 포함하여 매카트니가 요청했던 사항을 실제로 하나도 남김없이 깨끗이 거절했다.

귀국의 한 시민을 우리 황궁의 대사로 임명하여 귀국과 중국과의 교역을 통제할 수 있도록 해 달라는 왕의 간청에 대해서는 이러한 요청이 저희 왕조의 모든 관례에 어긋나므로 들어드릴 수 없습니다……. (그는) 이동의 자유를 누릴 수 없을 것이며, 자신의 고국과 의사소통할 수 있는 특권도 누릴 수 없을 것이며, 따라서 그가 우리나라에 거주함으로써 왕께서 얻을 수 있는 것은 아무것도 없을 것이기 때문입니다.

하물며 중국에서 런던에 상주할 대사를 파견해 달라는 제안은 더구나 말도 안 된다고 황제의 친서는 적고 있다.

제가 귀국에 상주할 대사를 보낸다 하더라도, 왕께서는 그에게 필요한 모든 것을 어떻게 주선해 주실 수 있단 말씀입니까? 유럽은 귀국 외에도 많은 나라로 이루어져 있는 바, 그들 모두가 저희 황궁에 대표부를 보내겠다고 요구하고 나선다면 이를 무슨 수로 들어줄 수 있겠습니까? 그런 일은 실제로 가능하지 않습니다.

황제는 아마도 조지 왕이 중국에게서 문명의 축복을 배우려고 매카트니를 파견했으리라는 사실을 확인했지만, 이 또한 불가능한 일이라 했다.

우리 황실에 대한 왕의 경외심 때문에 우리 문화를 배우고자 하는 열망으로 가득하시다는 말씀이십니까? 하오나 우리의 의례와 법전은 귀국의 그것과 너무나도 달라, 설사 귀국의 사신이 우리 문화의 기초를 배울 수 있다 할지라도 왕께서 우리 예절이나 관습을 머나먼 이국 땅에다 이전하실 수는 없을 것입니다.

영국과 중국 간 교역의 혜택에 관한 매카트니의 제안은 어땠을까? 중국 황궁은 "여러 해 동안 광둥 지역에서의 완전한 자유 무역"을 허락해 줌으로써 이미 영국에게 커다란 호의를 베풀었으며, 그 이상은 "전혀 합리적이지 않다"고 친서는 적고 있다. 또 영국과의 교역이 중국에 가져다줄 혜택을 언급했던 매카트니는 서글프게도 오해를 하고 있다는 요지였다.

기이하고 값비싼 물건은 저에게 흥미의 대상이 아닙니다. 왕께서 보내주신 공물을 받아들이라고 명령했다면, 왕이시여, 이는 오로지 머나먼 땅에서 왕께서 그 물건들을 보내신 갸륵한 정성을 감안했기 때문일 뿐입니다. …… 왕의 대사도 몸소 보았겠지만, 우리는 모든 것을 이미 가지고 있습니다.[14]

사태가 이 정도였으니, 이미 이루어지고 있던 교역 이상의 그 어떤 것도 불가능했다. 영국은 중국이 원하는 그 어떤 것도 줄 수 없었고, 중국은 자신들의 거룩한 규제가 허락하는 한에서는 이미 모든 것을 영국에 주고 있었으니 말이다.

더는 자신이 할 수 있는 일이 없는 것으로 보이자, 매카트니는 광저우를 거쳐 고국으로 돌아가기로 결심했다. 귀국을 준비하면서 그는, 황제가 영국의 모든 요청을 일언지하에 거절한 다음에 관리들이 오히려 한층 공손해진 모습을 보고서, 어쩌면 황궁이 마음을 바꾼 것은 아닐까 생각했다. 그러한 요지로 매카트니가 이리저리 알아보기도 했지만, 중국의 외교적 예절은 거기서 끝이었다. 간청하는 야만인이 중국의 섬세함을 이해하지 못했기 때문에, 그에게는 거의 협박에 준하는 황제의 칙서가 주어졌다. 황제는 조지 왕에게 "귀국이 외로이 떨어져 있는 섬나라이며, 거친 바다에 의해서 세상과 단절되어 있음"을 익히 잘 알고 있다고 말해 주었다. 이에 반해 중국의 수도는 "하나의 중심축이요 중앙 무대로서, 세계의 모든 지역이 우리를 중심으로 돌고 있으며 …… 우리 속국의 백성들은 베이징에서 교역을 할 수 있는 열린 장소를 허락받은 적이 한 번도 없다"고 했다. 황제는 하나의 충고로 서신을 끝맺고 있다.

따라서 저는 이 모든 사실을 왕께 소상히 전했사오며, 저의 감정을 존중하고 이해해 주시며, 앞으로 영원히 이러한 지시를 따라 주는 것이 왕에게 주어진 의무입니다. 그래야만 영구적 평화라는 축복을 누리실 수 있을 것입니다.[15]

서유럽의 지도자들이 얼마나 광폭하고 탐욕스러울 수 있는지를 전혀 모르는 황제는 자신도 모르는 사이에 불장난을 하고 있었던 것이다. 매카트니가 중국을 떠날 때 내렸던 평가는 불길한 조짐을 안고 있었다.

영국의 함선 몇 척만 동원해도, 중국 황실의 해군 전체를 압도하고도 남을 터. ……몇 달이 되지 않아 해안을 따라 모든 선박을 완전히 박살내고, 주로 어업에 종사하는 해변의 주민들을 완전히 굶어 죽게 만들 수 있

을 것이다.[16]

지금 돌이켜보면 중국의 이런 행동이 지나치게 고압적이라고 생각될지도 모르지만, 바로 이러한 방식이 중요한 국제 질서를 효과적으로 구성하고 유지해 왔다는 사실을 기억해야 한다. 매카트니 당대에는 서구와 교역을 한다고 해서 혜택을 본다는 것이 전혀 당연해 보이지 않았다. 중국의 국민 총생산이 영국의 몇 배나 되었으므로, 런던이 베이징의 도움을 필요로 하는 것이지 그 반대는 아니라는 황제의 생각도 무리는 아니었다.[17]

말할 것도 없이 중국 황실은 이 야만족의 사절단을 능숙하게 다루었다는 사실을 자축했고, 그런 사절단은 이후 20년 동안 다시 나타나지 않았다. 그러나 이 같은 공백이 생겼던 이유는 중국의 외교술이 세련되어서가 아니라, 유럽 제국의 자원을 고갈시킨 나폴레옹 전쟁 때문이었다. 하지만 일단 나폴레옹이 제거되자마자, 윌리엄 피트 애머스트 경이 이끄는 새로운 영국 사절단이 1816년 중국 해안에 나타났다. 이번에는 의전을 둘러싼 대치가 영국 사절단과 알현실 밖에 모인 황실 관료 사이의 물리적 충돌로 이어졌다. 중국인들이 '만인의 주권자'라고 부르는 황제에 대하여 애머스트가 고두를 거부하자, 그의 일행은 즉시 쫓겨나고 말았다. 영국의 섭정 왕자인 그에게 중국은 '문명사회로의 전환을 향한 진척을 이룩하기' 위해서 '고분고분하게' 노력하라고 명령했으며, 동시에 "그대들이 우리 중국의 봉신임을 증명하기 위해서" 별도로 대사를 둘 필요는 없노라고 했다.[18]

이어 1834년 영국 외무대신 파머스턴 경은 총체적인 해결을 위해 또다시 사절단을 보냈다. 청 왕조의 규정에 관해 아는 바가 별로 없었던 파머스턴 경은 스코틀랜드 해군 장교 윌리엄 존 네이피어 경을 파견하면서 서로 모순되는 두 가지를 지시했다. 한편으로는 중국의 법률과 관례를 따르면서, 다른 한편으로는 영구적인 외교 관계와 영국 대사의 베이징 상주, 중국 해안의 다른 항구에 대한 접근, 그리고 한술 더 떠서 일본과의 자유로운 교역까지도 요청하라는 내용이었다.[19]

네이피어는 광저우에 도착하는 순간부터 성장(省長)과 교착 상태에 빠졌다. 두 사람은 상대방을 향해 각각 그처럼 지위가 낮은 인물과 상대하는 것이 수치스러운 일이라면서 서로 서신을 주고받기조차 거부했던 것이다. '끔찍스럽게 불쾌한 인물'이라는 뜻의 중국어 별명까지 얻게 된 네이피어는, 현지 통역을 동원해서 광저우 전역에 호전적 내용의 글을 내걸기도 했다. 결국은 네이피어와 그의 통역사가 모두 말라리아에 걸려 세상을 뜨게 됨으로써, 이 골치 아픈 문제는 하늘의 뜻이 해결해 주었다. 그러나 네이피어는 최후를 맞이하기 전에, 인구도 많지 않고 바위투성이기는 하지만 탁월한 천연 항구의 조건을 갖춘 홍콩의 존재를 눈여겨보았다.

도발적인 야만인들을 다시 한 번 무릎 꿇렸으니 중국은 만족할 법했다. 하지만 영국이 참고 거절당하는 것도 이것이 마지막이었다. 해가 거듭될수록 영국의 주장은 점점 위협적으로 변했다. 프랑스 역사가 알랭 페이르피트는 매카트니 사절단의 후유증을 앓던 영국의 반응을 이렇게 요약했다. "중국이 계속 문을 닫고 있다면, 그 문은 부숴서라도 열 수밖에 없다."[20] 유럽과 아메리카의 노선을 따라서 고안된 새로운 국제 관계를 무시할 수 없다는 것은 결국 피치 못할 일이었고, 중국의 그 모든 외교적 책략과 통명스러운 거부는 단지 그 시점을 미루었을 뿐이었다. 그것을 받아들이는 일은 오랜 역사를 자랑하는 중국 사회에 가장 뼈아픈 사회적, 지적, 도덕적 부담으로 작용했다.

충돌하는 두 개의 세계 질서: 아편 전쟁

떠오르는 서구의 산업 강국은, 자신들을 향해 '조공'을 바치는 '야만족'으로 부르는 외교 메커니즘이라든지, 엄격한 통제로 인해 단 하나의 항구에서 특정한 시즌에만 이루어지는 교역을 오래 견디고 있을 리만무했다. 또 중국 측에서 보더라도 (유교 사상에서는 다소 부도덕한 개념인) '이익'을 향한 서구 상인의 탐욕에 대해서 제한적인 양보를 해 줄 용의쯤은 있었다. 하지만 중국이 조금도 특별한 구석이 없는 그저 하나의 국가라든가, 수도 베이징에서 야만족의 사신과 날이면 날마다 얼굴을 맞대고 살아야 한다는 서구 사신의 암시에는 대경실색할 수밖에 없었다.

지금 돌이켜보면 서구 사신이 처음에 내놓은 제안은 서구 기준으로 봐서 딱히 터무니없는 것은 아니었다. 자유 무역, 정규적인 외교 접촉, 상주 대사관 등을 목적으로 삼는다고 해서 감정이 상할 사람은 거의 없을 것이며, 그런 것은 외교를 수행하는 정상적인 방식으로 받아들여질 것이다. 그러나 끝내는 서구의 간섭 중에서도 훨씬 더 수치스러운 한 사건을 두고 최후의 결전이 벌어지고 말았으니, 그것은 아무런 제한 없이 아편을 중국으로 들여오겠다는 서구의 고집이었다.

19세기 중반 영국에서는 아편이 용인되었으나, 중국에서는 (아편 복용자의 숫자가 갈수록 늘어나고 있긴 했지만) 금지되었다. 영국 통치하의 인도는 전 세계 양귀비 생산량의 상당 부분을 차지하고 있었고, 중국 밀수꾼들과 손을 잡은 영미의 상인들은 신나게 아편 장사를 하고 있었다. 영국의 유명한 산업 제품은 신기한 노리개 취급을 당하거나 중국 제품보다 열등한 것으로 여겨졌으므로, 기실 아편은 중국 내수 시장에 진출한 거의 유일한 외국산 제품이었다. 아편 무역을 하나의 쑥스러운 일로 보는 것이 서구의 공손한 의견이긴 했지만, 상인들은 이 짭짤한 장사를 포기할 생각이 없었다.

청 왕조는 아편을 합법화하고 그 판매를 관리하는 문제로 의견이 분분했지만, 결국에는 아편의 유통을 일체 금지하고 뿌리 뽑기로 했다. 그리하여 1839년 베이징은 탁월한 수완을 지닌 관리 임칙서를 파견하여, 광저우의 아편 무역을 봉쇄하고 서구 상인들이 정부의 금지령을 따르도록 강제하기에 이른다. 전통 유교 사상을 신봉하는 임칙서는 고집불통 야만인들이 관련된 다른 이슈와 마찬가지 방식으로 이 문제를 다루었다. 무력과 도덕적인 설득을 적절히 섞어 가면서 말이다. 그는 광저우에 도착하자마자 서구의 교역 사절단에게 보유하고 있던 아편 상자를 모두 파기하라고 요구했다. 이것이 먹혀들지 않자, 그는 모든 외국인을 (아편 무역과 아무런 연관도 없는 사람들까지도) 공장에 가두어 버리고, 밀수품을 모조리 내놓아야만 비로소 구금을 풀겠노라고 선언했다.

그다음 임칙서는 빅토리아 여왕에게 서신을 보내, (전통적인 의전이 허락하는 한의 경의를 갖추어) 이전 영국 왕들이 중국에 '조공'을 보냈던 그 예절과 순종의 미덕을 칭송했다. 하지만 그 편지의 요지는 빅토리아 여왕이 책임지고 영국령 인도 땅에서 나오는 아편을 근절해 달라는 요청이었다.

벵갈, 첸나이, 뭄바이, 파트나, 바라나시, 말와…… 등 폐하의 통제하에 있는 인도 내 몇몇 지역에서는 언덕마다 아편이 재배되어 왔으며, 연못도 아편 제조를 위해서 개방되었습니다. …… 그 불쾌한 악취가 솟구쳐 올라 하늘을 거슬리고 영령을 무서워 떨게 합니다. 오, 왕이시여, 왕께서는 이런 곳의 아편 재배를 근절하고, 밭을 완전히 갈아엎으며, 그 대신 오곡을 심게 만드실 수가 있을 것입니다. 감히 다시 아편을 심거나 제조하는 자들은 누구나 엄벌에 처해야 마땅할 것입니다.[21]

중국이 만인의 군주라는 예의 전통적 가정에 둘러싸여 있긴 하지만 어쨌든 그의 요청은 합당했다.

만약 다른 나라 사람이 교역을 하고자 영국에 온다면 그는 영국 법률을 따라야 하는 법입니다. 하물며 중국에서라면 하늘의 왕국이 만든 법을 더욱 존중해야 하지 않겠습니까? ……아직 개화되지 못한 귀국의 상인들이 오랫동안 장사를 하고자 한다면, 경외심으로 우리의 법규를 지켜야 할 것이며, 아편의 근원을 영구히 잘라 내야 할 것입니다…….

오, 왕이시여, 사악하고 포악한 귀국의 백성들은 그들이 중국으로 오기 전에 미리 솎아 주시기 바랍니다. 그래야만 귀국의 안녕을 보장할 수 있고, 귀국의 예절과 순종을 한층 더 과시할 수 있으며, 양국이 모두 평화의 축복을 누릴 수 있을 것입니다. 정녕 얼마나 다행스러운 일인지요! 이 서신을 받으시면 왕께서도 아편 무역을 근절하신 상세한 내용과 상황에 관하여 조속한 회신을 보내 주실 수 있겠습니까? 이는 연기하실 일이 아니기 때문입니다.[22]

중국의 힘을 과대평가한 임칙서의 최후통첩은 중국 제품의 수출 금지라는 으름장을 놓기도 했는데, 이는 그가 중국 제품을 서양의 야만족이 살아가기 위한 필수품이라고 생각했기 때문이다. "만약 중국이 고통받을 자에 대한 동정심도 없이 이러한 혜택을 끊어 버린다면, 야만족들은 무엇을 의지하고 살아갈 수 있겠습니까?" 설혹 복수가 있다 해도 중국은 걱정할 일이 없었다. "중국 밖에서 들어오는 물산은 장난

감으로 사용될 따름입니다. 그런 거야 있어도 되고 없어도 괜찮은 것들이지요."[23]

임칙서의 편지는 빅토리아 여왕에게 전해지지 않았던 것 같다. 그가운데 영국은 광저우의 영국인들을 임칙서가 사로잡은 사건이 도저히 용납할 수 없는 모욕이라는 의견으로 들끓고 있었다. '대중(對中) 교역'을 위한 로비스트는 전쟁을 선포하자는 청원을 의회에 제출하기도 했다. 파머스턴은 "중국 당국이 중국에 거주하는 영국 시민들에게 입힌 상처와 영국 황실을 향해 그들이 저질렀던 모욕에 대해 만족스러운 시정(是正)"을 요구함과 동시에, 양국 교역의 창고로서 "넉넉한 크기와 적절한 위치를 확보한 중국 연안의 섬을 한 개 이상" 영구적으로 양도하라고 요구하는 서한을 보냈다.[24]

이 편지에서 파머스턴은 아편이 중국 법률에서는 '밀수품'임을 인정하면서도, 서구의 법적 원칙으로 보건대 중국의 그런 금지는 부패한 관리들의 방조(傍助)에 의해서 힘을 잃었다고 주장하면서, 아편 무역을 법률적으로 옹호하는 어정쩡한 태도를 취했다. 이처럼 궤변으로 문제를 호도하려는 태도는 어느 누구도 신뢰하지 않을 터였고, 그래서 파머스턴은 이 문제의 결말을 보고자 하는 자신의 확고한 결의를 그 때문에 늦추지는 않았다. 문제의 '긴박한 중요성'과 양국의 지리적 거리를 감안하여, 영국 정부는 즉각 일개 함대를 보내 "중국의 주요 항구를 봉쇄"하고 "맞닥뜨리게 될지도 모르는 중국 선박을 모두 나포"하며, 런던이 만족할 때까지 "편의에 따라 중국 영토의 일부를" 점령할 것을 명령했다.[25] 아편 전쟁이 마침내 터진 것이다.

중국의 초기 대응은 영국의 공격을 근거 없는 위협 정도로 평가했다. 한 관리는 양국이 지리적으로 엄청나게 멀리 떨어져 있어서 영국은 무력해질 것이라고 황제에게 주장했다. "영국의 야만인들은 보잘것 없고 혐오스러운 종족인지라 자신들의 튼튼한 선박과 대포만 온전히 믿고 있사옵니다. 하지만 저들이 건너야 할 어마어마한 거리 때문에 시의적절한 공급이 불가능할 것이고, 저들이 한 차례만 패배하고 나면 병사들은 공급이 끊어져 사기를 잃고 물러날 것이옵니다."[26] 심지어는 영국이 주장(珠江)을 봉쇄하고 항구 도시 닝보를 마주 보는 몇몇 섬을 점령하여 세력을 과시한 다음에조차, 임칙서는 빅토리아 여왕에게 기세등등한 서신을 써 보냈다. "바다 건너 귀국의 야만인들이 너무나도 뻔뻔스럽게 굴어, 우리 제국을 거역하고 모욕했던 것으로 사료됩니다. 진실로 아뢰건대 지금이야말로 왕께서 '얼굴을 깎고 마음을 정화시키며' 통치 방식을 바꾸어야 할 때입니다. 왕께서 하늘이 주신 우리 왕조에 겸허하게 복종하고 충성을 맹세하신다면, 과거에 지었던 죄를 말끔히 씻어 낼 기회가 주어질 것입니다."[27]

수백 년에 걸친 도도함이 천궁의 현실 감각을 왜곡시켰던 것이다. 그러나 우월함을 가장하는 태도는 필연적인 굴욕을 더욱 뼈아프게 할 뿐이었다. 영국 함대는 중국의 해안 방어를 가볍게 우회하여 주요 항구를 봉쇄해 버렸다. 매카트니 사절단 당시의 중국 관리들이 코웃음 쳤던 영국의 대포는 잔혹한 힘으로 그들을 두들겼다.

베이징 및 주변 지역을 아우르는 즈리(直隷)의 대관(大官)이었던 기선은 톈진을 향해 북진했던 영국 함대와의 예비 접촉을 위해 파견되었을 때, 이미 중국의 취약함을 깨달았다. 그는 중국이 영국 해군의 화력을 감당할 수 없으리란 것을 인식했다. "바람도 없고 조류도 유리하지 않건만, 저들의 증기선은 해류를 거슬러 가면서 환상적인 속도를 낼 수 있다. …… 그들의 포신은 회전 장치에 장착되어 있어서, 대포가 어떤 방향으로든 회전하면서 목표를 잡을 수 있다." 이와는 대조적으로 중국의 포는 명 왕조가 남겨 준 것이며, "군사를 책임지고 있는 관리들

은 모두 문과 출신으로…… 군비에 대해 아는 것이 전혀 없다."라고 평가했다.[28]

영국의 해군력 앞에 자신의 도시가 무력하다는 결론을 내린 기선은 영국인들에게 광저우의 복잡한 시국은 오해의 산물이었으며, "천황의 온화하고 정의로운 의도"를 반영한 것이 아니라고 애써 강조하면서, 그들의 마음을 풀고 관심을 돌리는 방법을 택했다. 또 중국 관리들이 "이 문제를 공정하게 조사하고 해결할" 것이지만, 우선 "영국 해군이 남쪽으로 뱃머리를 돌려" 거기서 중국 검사관들을 기다려야 할 것이라고 말했다. 놀랍게도 그의 이런 책략은 먹혀들어 갔다. 아슬아슬하게 노출된 북부 도시들을 건드리지 않고 남겨둔 채, 영국군은 남쪽 항구를 향해 돌아갔으니 말이다.[29]

이 성공적인 해결 덕택에 기선은 이제 광저우로 파견되어 임칙서를 대신해서 다시 한 번 야만인들을 다스리게 된다. 여전히 영국의 기술적 우위가 어느 정도인지 파악하지 못한 듯, 황제는 기선에게 중국이 전열을 가다듬는 동안 영국 대표를 협상에 끌어들여 시간을 벌라고 지시했다. 황제는 붉은 붓글씨로 이렇게 적었다. "지루한 협상으로 저 야만인들을 지치게 만든 다음, 기습적으로 저들을 공격한다면 제압할 수 있을 것이니라."[30] 한편 임칙서는 야만인들의 습격을 촉발했다는 이유로 불명예 퇴진했다. 그는 서양의 무기들이 얼마나 우세한지를 되씹으면서 중국도 나름대로 무기를 개발해야 한다는 내용의 비밀 건의서를 쓴 다음, 서부 오지로 귀양을 가야 했다.[31]

그런데 일단 남중국의 임지에 도착한 기선은 좀 더 골치 아픈 상황을 맞이하게 된다. 영국이 중국 영토의 양도와 배상금을 요구한 것이다. 그들은 만족스러운 결과를 얻기 위해 남쪽으로 내려온 것이었고, 더는 시간 끌기 책략에 의해 머뭇거릴 뜻이 없었다. 영국군이 해안의 몇몇 장소에서 발포한 이후, 기선과 그의 영국 상대인 찰스 엘리엇 함장은 협상을 통해 이른바 촨비가 조약(川鼻假條約)을 이끌어 내기에 이른다. 이 조약은 영국에게 홍콩에 대한 특권을 허락하고, 600만 달러의 배상금을 약속했으며, 향후 영국과 중국 관리들 사이의 협상은 동등한 입장에서 이루어질 것을(즉, 영국 측은 통상 야만족 탄원자들이 따라야 하는 의전을 면제 받을 것을) 명시했다.

그러나 중국과 영국 정부는 둘 다 이 조약을 거부했다. 양측 모두가 그 내용을 굴욕적이라고 생각했기 때문이다. 황제는 자신의 지시를 어기고 야만인들에게 지나친 양보를 했다는 이유로 기선을 쇠사슬로 꽁꽁 묶어 소환한 다음 사형에 처하라고 지시했다.(추후 그는 감형을 받아 유배되었다.) 한편 영국을 대신하여 협상했던 엘리엇은 그보다는 좀 덜한 처벌을 받았지만, 파머스턴은 협상에서 얻은 게 너무나 하찮다는 이유로 그를 가혹하게 비난했다. "중국과 협상하는 내내 당신은 나의 지시를 마치 쓰레기 취급했던 모양이군." 홍콩은 "거의 사람도 살지 않는 메마른 섬"에 불과한데, 엘리엇이 좀 더 가치 있는 땅을 달라고 몰아붙이지도 않고, 좀 더 터프한 조건을 강요하지도 못했으니, 너무나 타협적이었다는 불평이었다.[32]

파머스턴은 헨리 포틴저를 새 전권 대사로 임명하고, "여왕 폐하의 정부는 영제국과 중국 사이의 거래에서 중국 측의 비합리적인 관행이 나머지 모든 인류의 합리적인 관습을 대체하는 일을 두고 볼 수 없으니" 그에게 좀 더 강경한 노선을 견지하라고 지시했다.[33] 포틴저는 중국에 도착하자마자 영국군의 특별 대우를 강요하고, 추가로 몇 개의 항구를 봉쇄했으며, 대운하와 양쯔 강 하류 지역에 이르는 선박 운항을 가로막았다. 영국이 고도(古都) 난징을 공격할 태세를 갖추자 중국은 화평을 추구했다.

기영의 외교: 야만족 달래기

이제 포틴저는 또 한 사람의 중국 관리와 협상 테이블에 앉게 된다. 여전히 자신들이 우주의 지존이라는 환상을 버리지 못한 황궁이 세 번째로 도무지 가망 없는 이 임무를 맡긴 만주의 제후 기영이었다. 기영이 영국을 대했던 방식은 패배가 눈앞에 닥쳤을 때 중국이 전통적으로 취했던 전략이었다. 항거와 외교를 모두 시도해 봤던 중국은 순응을 가장함으로써 야만인들을 지쳐 떨어지게 만들려고 했다. 영제국 함대의 그림자 속에서 협상해야 했던 기영은, 중국의 엘리트가 너무나도 자주 해 왔던 일을 반복해야 할 상황이 황궁의 재상에게도 닥쳐왔다고 판단했다. 그것은 지연 작전, 완곡어법, 혜택의 신중한 배분 등을 잘 섞어서 야만인들을 어루만지고 길들이는 가운데 중국이 그들의 공격을 견뎌 낼 수 있는 시간을 버는 것이었다.

기영은 '야만족의 우두머리'인 포틴저와 개인적 관계를 돈독히 하는 데 초점을 맞추었다. 그는 포틴저에게 선물을 듬뿍 안겨 주었고, 그를 일컬어 자신이 가장 아끼는 친구이며 (단지 이 목적을 위해 중국어로 특별히 옮긴 단어를 써서) '친밀한' 사이라고 즐겨 말했다. 또 두 사람 사이의 친밀한 우정의 표현으로 기영은 자신들의 부인 사진을 서로 교환하자고 제안하는가 하면, 심지어 포틴저의 아들을 양자로 들이고 싶다는 뜻을 공공연히 밝히기까지 했다. 이 아들은 영국에서 살았지만, 이후 '프레더릭 키잉 포틴저'란 이름으로 알려졌다.[34]

이러한 구애의 과정을 도무지 이해할 수 없다고 하는 황궁에게 기영은 탁월한 서한을 보내 자신의 접근법을 설명한 바 있다. 그는 영국의 야만인들을 달래고자 했던 방법을 이렇게 묘사했다. "문명의 경계 밖에 있던 이런 유형의 종족들은 대화나 각종 의식의 스타일에서 눈도 멀고 머리도 트이지 못한지라…… 혀가 마르고 목구멍이 타들어가도록 그들에게 우리 방식을 따르라고 촉구해 봤자, 그들은 여전히 귀를 닫고 귀머거리 행세를 하지 않을 수 없나이다."[35]

따라서 기영이 포틴저와 그의 가족을 위해 베푼 만찬과 호화로운 환대는 근본적으로 전략적 그림을 위한 것이었고, 그 그림에서 중국 측은 딱 계산된 정도로만 행동했고, 신뢰라든가 정성 같은 품성이 바로 무기였다. 그것이 이런저런 신념을 반영했느냐의 여부는 부차적인 문제였다. 기영의 설명은 계속된다.

당연히 우리는 진지하게 그들을 억제해야 합니다. 하지만 그보다는 재주껏 그들을 지배하는 것이 더욱 필요했습니다. 그들에게 우리 방식을 따르도록 하는 게 가능한 때도 있었지만, 그 이유를 이해하도록 만들 수는 없었습니다. 때로 우리는 그들이 의심하지 않도록 모든 것을 드러내 주는데, 이때 그들의 반항적 불안을 해소시켜 줄 수 있습니다. 또한 그들에게 연회나 향응을 베푸는 때도 있는데, 그렇게 해 주고 나면 저들은 우리에게 고마워하는 느낌을 갖습니다. 또한 우리가 넓은 마음으로 그들에게 신뢰를 보이면서 시시콜콜한 논의를 불필요한 것으로 간주한 경우도 있었는데, 그 경우 우리는 당면 과제에서 그들의 도움을 얻을 수 있었던 것입니다.[36]

서구의 압도적인 힘과 중국의 심리적인 대응 사이의 이러한 상호 작용은 기영과 포틴저가 이끌어 낸 두 개의 조약, 즉 난징 조약(南京條約)과 그 후속 격인 후먼 조약(虎門條約)이라는 결과를 낳았다. 이 두 개의 합의에서 중국은 찬비가 조약보다도 더 많은 것을 양보했다. 군사적 상황이 벌어졌더라면 영국군은 이보다 훨씬 더 가혹한 요구를 했을 터이지만, 어쨌든 중국에게는 근본적으로 수모였다. 이 합의로 인해 중국은 600만 달러의 배상을 지불하고, 홍콩을 양도했으며, 다섯 개의 '조약 항구'를 개방하여 서구인들의 거주와 교역을 허락하게 되었다. 이로써 중국이 서구와의 교역을 통제하고 특별히 허가받은 상인들에게만 교역을 허용해 왔던 '광저우 체제'는 실질적으로 해체되고, 닝보, 상하이, 샤먼, 푸저우 등이 추가로 교역항 목록에 올랐다. 반면 영국은 영구적인 외교 사절을 이들 항구에 유지하면서, 베이징의 황궁을 거치지 않고 현지 관리들과 직접 협상할 수 있는 권리를 확보했다.

아울러 영국은 중국의 '조약 항구' 내에 거주하는 자국민에 대하여 재판권을 행사할 수 있는 권리도 얻었다. 실무적으로 말하면 이것은 외국의 아편 판매상들이 중국이 아니라 자국의 법령을 따르게 될 것이란 뜻이었다. 이 '치외법권'의 원칙은 당시 조약의 조항 중에서 오히려 분쟁의 소지가 적은 것이었지만, 끝내는 중국의 주권을 침해하는 주된 요소로 취급받았다. 하지만 당시 중국에는 유럽식 자주권 개념이 아직 알려지지 않았던 터라, 치외법권은 법률적 규범의 위반이라기보다 그저 허약해진 제국 세력의 상징이 되었다. 그리고 이에 따른 '천명'의 위축은 이 나라가 반란의 소용돌이에 휩쓸리는 계기가 된다.

19세기 영국의 번역가 토머스 메도스는 대부분의 중국인들이 아편 전쟁의 항구적인 영향을 처음에는 미처 깨닫지 못했다고 관측했다. 그들은 자국의 이런저런 양보를 그저 야만인들을 흡수하고 약화시키는 전통적 방식을 답습하는 것으로 치부했다는 것이다. 그는 이렇게 추측했다. "최근의 전쟁을 두고 이 나라는 그것을 어떤 야만족의 반란이 터진 것으로 바라볼 수 있을 따름이다. 그 야만족들은 튼튼한 선박으로 안전을 확보한 채 공격을 해 와서 해안을 따라 몇몇 지역을 점령했고, 심지어는 대운하의 요지를 차지하기까지 했으며, 이로써 황제를 압박하여 몇 가지 양보를 얻어 냈다는 것이다."[37]

그러나 서구 열강은 그리 호락호락하지 않았다. 중국이 한 가지를 양보할 때마다 서구 제국의 요구 사항은 더 늘어나는 형국이었다. 처음에는 잠정적인 양보의 취지로 맺었던 조약이, 결국은 상업 및 외교 정책의 상당 부분에 대한 청나라 황궁의 통제 능력을 앗아 가는 일련의 과정을 촉발했다. 영국이 조약을 맺자, 미국의 존 타일러 대통령은 미국인들을 위해 비슷한 양보를 얻어 내려고 발 빠르게 사절단을 파견했는데, 이것이 후일 '개방 정책'의 전신이 되었다. 프랑스 역시 나름대로 유사한 내용의 조약을 이끌어 냈다. 이들 나라는 차례로 '최혜국' 대우 조항을 넣었는데, 이는 중국이 다른 국가에게 양보하는 사항은 무엇이든지 반드시 해당 조인 국가에게도 할양해야 한다는 조항이었다.(나중에 중국은 이 조항을 이용하여, 이런 특권을 주장하는 여러 나라 사이의 경쟁을 부추김으로써 오히려 부당한 요구들을 억제시켰다.)

외국의 군사력에 억눌려 줄줄이 체결된 수많은 '불평등 조약'의 효시로서 이때의 조약이 중국 역사에 오점을 남겼다는 것은 정당한 평가이다. 당시 가장 신랄한 비판의 대상이 된 내용은 중국과 조인 국가가 동등한 지위라는 조항이었다. 이때까지만 해도 중국의 우월성은 나라의 정체성에도 깊이 각인되어 왔고, 그들의 조공 체계에도 반영되어 온 터였기 때문이다. 그런데 이제 중국은 자신들의 '조공 국가' 명단에서 이름을 빼 주지 않으면 무력을 쓰겠노라고 협박하는가 하면, 천하제일 왕조인 중국과 동등한 자주권을 증명하겠노라고 나선 외세를 만난 것이다.

양측의 지도자들은 이것이 의전이나 아편 이상의 훨씬 중요한 것에 대한 분쟁임을 인식하고 있었다. 청 왕조는 기꺼이 돈을 주고 교역을 허락함으로써 탐욕스러운 외국 세력을 무마하고자 했지만, 만약 야만인들이 천자와 정치적으로 동등하다는 원칙이 확립된다면 중국의 세계관 전체가 뿌리째 흔들릴 터였다. 왕조는 '천명'을 상실할 수도 있는 위험을 안게 된 것이다. 협상을 진행하는 자신의 부하들에게 기회만 있으면 신랄한 발언을 해 왔던 파머스턴은 중국의 배상 금액이 어느 정도 상징적인 것임을 받아들였다. 그러면서도 그는 중국 측의 의사소통에 "중국의 우월함을 가정한" 점이 드러난다든지, 영국이 비록 전쟁에선 이겼지만 여전히 황제의 성은을 간청하는 입장이라는 것이 암시되는데도 불구하고, 그들이 이를 묵과하는 데 대해 질책을 아끼지 않았다.[38] 결국 파머스턴의 견해가 두루 받아들여지면서, 난징 조약에는 중국과 영국의 관리들이 이제부터는 "완벽하게 동등한 입장에서······ 의견을 나눌" 것임을 명시한 조항이 들어가게 되었다. 심지어 그 조항은 텍스트에서 용납될 수 있는 중립적 함의를 지닌 몇몇 특정의 한자를 열거하기까지 했다. 이제 중국의 기록은(적어도 외국인들이 접근할 수 있는 기록은) 영국을 더는 "중국 당국에 간청"한다든지 중국의 "명령을 삼가 복종하는" 것으로 묘사할 수 없게 되었다.[39]

청의 황궁은 자국의 군사적 열세를 깨닫게 되었지만, 그 열세에 대처할 수 있는 적절한 방법은 아직 찾지 못하고 있었다. 처음에는 전통적인 야만족 관리의 방식을 써 보았다. 중국의 오랜 역사 속에서 패배라는 것을 맛본 적이 없었기 때문이다. 중국의 지도자들은 '다섯 가지 미끼'를 던짐으로써 문제를 해결하려 했다. 그들은 이 침략자들의 공통적인 특징이 중국 문화를 함께 누리고자 하는 욕망이라고 보았다. 저들이 중국 땅에 정착하여 중국의 문명을 공유하고 싶어 한다는 것이었다. 따라서 저들은 기영이 보여 주었던 몇 가지 심리적 방법에 의해 조금씩 길들여질 것이고, 때가 되면 결국 중국적인 삶의 일부가 되리라는 것이었다.

하지만 유럽의 침략자들은 조금도 그런 욕망이 없었으며, 그들의 목적 또한 끝이 없었다. 자신들의 사회가 중국보다 훨씬 더 앞서 있다고 믿는 그들의 목적은, 중국식 생활에 참여하는 것이 아니라 중국을 쥐어짜서 경제적 이득을 얻어 내는 것이었다. 따라서 자신들의 자원과 탐욕이 허락하는 한 점점 더 많은 요구를 했다. 침략군의 우두머리들은 중국의 이웃이 아니라 머나먼 땅에 사는 사람들이었고, 거기서는 기영 식의 섬세하고 간접적인 전략과는 사뭇 다른 여러 가지 동기에 의해서 통치되고 있었으므로, 개인적 관계가 결정적 요소로 작용할 수는 없었다.

중화 왕국은 불과 10년이란 세월 동안 지존의 자리에서 아귀다툼을 벌이는 식민 세력의 표적으로 전락하고 말았다. 두 시대의 틈바구니에, 그리고 국제 관계에 대해 두 개의 서로 다른 개념 사이에, 위태롭게 자리 잡은 중국은 새로운 정체성을 얻고자 노력했으며, 무엇보다도 앞으로 안보의 기반이 될 기술과 상업으로써 지금까지 자신을 위대하게 만들었던 가치관을 조화시키려고 무진 애를 썼다.

3

걸출한 중국에서 쇠퇴한 중국으로

19세기가 진행되면서 중국은 자신의 역사적 이미지에 가해지리라고 상상할 수 있는 거의 모든 충격을 경험했다. 아편 전쟁이 발발하기 전의 중국은 주로 자신의 걸출함을 인정하는 측면으로 국제 외교와 교역을 인식했다. 하지만 이제 중국은 내부적 혼란기에 돌입하면서 동시에 세 가지 외적인 도전에 직면했는데, 그중 어느 한 가지만으로도 왕조를 뒤집어엎기에 충분했다. 이런 위협은 사방에서 들이닥쳤으며, 지금까지는 거의 상상조차 할 수 없었던 모습으로 다가왔다.

바다 건너 서쪽에서는 유럽 국가들이 다가왔다. 그들은 영토 방어라는 부담을 주기도 했지만, 그보다 오히려 도저히 양립할 수 없는 세계관이란 개념을 제기했다. 서구 열강은 대체로 중국 해안 지역에서 경제적인 양보를 이끌어 낸다든지, 자유 무역과 사절단의 활동 같은 권리를 요구하는 것으로만 스스로를 절제했다. 하지만 역설적이게도 바로 이 점이 위협적이었다. 유럽 국가들이 이것을 전혀 정복이라고 보지 않았기 때문이다. 즉 그들은 기존의 왕조를 대체하려 했던 것이 아니라, 중국식 세계관과는 기본적으로 도저히 양립할 수 없는 전혀 새로운 세계관을 마구 강요하려 했던 것이다.

한편 북쪽과 서쪽에서는 군사적으로 우위에 있고 영토 확장의 꿈에 부푼 러시아가 중국의 방대한 오지를 헤집고 들어오려고 눈독을 들였다. 러시아에게 대가를 주고서 잠시 협조하도록 만들 수는 있었지만, 러시아는 자국 영토와 중국 외곽 영토 사이의 경계를 인정하지 않았다. 또한 러시아는 예전의 정복자와는 달리 중국 문화의 한 부분이 되지도 않았다. 그들에게 침투당한 땅들은 영원히 잃어버리고 말았다.

그런데도 서구 열강이든 러시아든, 청 왕조를 밀어 내고 '천명'을 주장하려는 야망은 전혀 없었다. 청이 멸망하게 되면 그들에게는 손해가 될 뿐이라는 결론에 도달했기 때문이었다. 이와는 대조적으로 일본의 경우는, 중국의 오랜 왕조라든가 그들의 중화사상이 계속 존재해 봐야 득이 될 리 없었다. 그래서 일본은 중국 영토의 상당 부분을 점령할 뿐 아니라, 동아시아 국제 질서의 중심지로서 베이징을 대체하기 위해서 동쪽에서부터 진격해 들어왔다.

이때부터 계속된 재앙은 오늘날의 중국에서도 상당히 당혹스럽게 받아들이고 있다. 즉 저 악명 높은 '굴욕의 한 세기', 두드러지게 국수적인 형태의 공산주의 아래 중국이 재통일되어서야 비로소 끝이 났던 한 세기의 일부로 간주된다. 동시에 여러 면에서 이 '절름발이' 중국의 시대는, 다른 나라였더라면 결코 견디지 못했을 수많은 긴장을 극복해 내는 탁월한 능력을 증명해 보였다.

외국의 군대가 중국 전역을 휘저으며 굴욕적인 양보를 얻어 내고 있는 동안에도 황제의 궁은 핵심적 권위의 주장을 한시도 멈추지 않고 영토 전역에서 그 권위를 행사했다. 침략자들은 예전 침략자와 마찬가지로 취급되었다. 다시 말해 하나의 골칫거리로, 중국적 삶의 영원한 리듬을 깨는 불청객쯤으로 말이다. 베이징이 이런 태도로 일관할 수 있었던 것은 외국의 약탈이 대개 중국 변방에서 이루어졌고, 그들의 목적이 상업적이었기 때문이다. 광대한 중원 지역과 그곳의 주민들이 조용하게 현상을 유지해 주는 것은 침략자들의 이해에도 부합되었다는 것이다. 덕택에 베이징 정부는 책략을 부릴 여지를 얻을 수 있었다. 외세의 모든 부당한 요구는 황궁이 직접 협상하게 되었고, 따라서 베이징은 침략자들끼리 서로 반목하도록 교묘하게 책동할 수 있었다.

중국 정치인들은 힘은 미약하나 상당히 능숙하게 사태를 처리했고, 훨씬 심각할 수도 있었을 재앙을 미연에 방지했다. 힘의 균형이란 관점에서 보면, 여러 세력의 객관적인 배치는 중국이 대륙이라 불러도 될 크기의 통일된 국가로서 살아남기가 불가능하다는 것을 암시할 수도 있었다. 그러나 무시로 폭력적 도전을 받았던 중국의 걸출함이라든가 식민 세력의 약탈과 국내의 불안에 끊임없이 시달리면서도 살아남은 국가라는 전통적인 비전으로, 중국은 끝내 스스로의 노력을 통해서 그 시련을 극복해 냈다. 뼈아프고 종종 굴욕적인 과정을 지나 중국의 정치인들은 으스러져 가는 자신들의 세계관에 대한 도덕적, 영토적 주장을 결국은 지켜 냈다.

아마도 가장 괄목할 만한 사실은, 그들이 거의 전적으로 전통적인 방법을 이용해서 그렇게 해냈다는 점이리라. 서구, 러시아, 떠오르는 일본 등의 도전에 대해서, 그리고 이에 따라 중국이 '자강(自强)'을 실천하고 기술적 능력을 개선해야 할 필요성에 대해서, 청 왕조 지배 계급의 일각에서는 고전적 스타일의 화려한 건의서를 만들기도 했다. 그러나 중국의 유교 엘리트와 대체로 보수적인 국민들은 그런 충고에 대해서 심히 이중적인 태도로 일관했다. 많은 사람은 외국어 서적과 서구 기술의 수입을 중국 문화의 정수와 사회 질서를 해치는 것으로 인식했다. 더러는 힘겨운 싸움을 거쳐 우위를 점한 당파는, 서양식의 현대화란 중국이 중국이기를 거부하는 것이며, 중국의 독특한 유산을 포기하는 것은 그 무엇으로도 정당화될 수 없다는 결론에 이르렀다. 그리하여 중국은 전국 규모의 근대적 군사 조직의 혜택이라고는 전혀 없이, 또 외국의 금융 및 정치 혁신에 기껏해야 단편적으로 적응하면서, 제국이 확장되는 한 시대를 맞는다.

이런 폭풍을 헤쳐 나가기 위해 중국은 기술이나 군사적 힘이 아니라, 자국 외교관들의 분석 능력과 국민들의 인내심 및 문화적 자신감이라는 두 개의 극히 전통적인 자원에 의존했다. 새로이 등장한 야만인들을 이간질하고 그들끼리의 경쟁을 부추기는 교묘한 작전을 개발해 냈다. 중국의 외교 관계를 책임진 관리들은 여러 도시에서 각종 양보를 제안했지만, 여기에 의도적으로 여러 나라를 초대함으로써 '이이제이' 방식을 이용해 어느 한 국가의 우세를 막아 보려 했다. 궁극적으로 그들은 서구와의 '불평등 조약'과 외국의 국제법 원칙 등을 꼼꼼하게 준수할 것을 고집했는데, 이것은 중국 관리들이 그런 것들을 정당하다고 믿었기 때문이 아니라, 그런 행위가 외국인들의 야망을 에둘러 갈 수 있는 방법을 제공해 주기 때문이었다. 중국의 외교관들은 북동부를 차지하려는 잠재적으로 막강한 두 경쟁국이요, 자신들이 지닌 힘으로는 도저히 물리칠 수 없는 경쟁국인 러시아와 일본을 서로 다투도록 조장했고, 이로써 그들이 야금야금 잠식해 올 규모와 시간을 어느 정도는 줄일 수 있었다.

중국의 군사적으로 거의 완벽한 무기력 상태와 국제 무대에서의 역할에 대해 확대적인 의견을 지닌 비전 사이의 대조를 생각할 때, 독립 정부를 유지하기 위한 중국의 후위 방어는 탁월한 성과라 할 수 있다. 물론 이 성과를 두고 승리의 축배를 들 수는 없었다. 그것은 수십 년이 걸렸지만 완성되지 못한 노력이었고, 거기에는 수많은 반전과 내부의 반대가 있어서 그런 노력을 지지하는 사람들을 간혹 무너뜨리기도 하면서 더 오래 유지되었기 때문이다. 하지만 그것은 중국이 스스로의 운명을 책임지는 하나의 대륙적 현실이라는 이상을 지켜 주었다. 엄청난 절제와 자신감을 등에 업고서, 중국은 다시 떠오르게 될 후대를 위해 문을 계속 열어 둘 수 있었다.

위원의 청사진: 오랑캐들의 전법을 배워 "오랑캐로써 오랑캐를 제압하라"

우수한 기술을 지닌 서구 열강의 침략과 러시아, 일본 양국의 새로운 야망이라는 험난한 바다를 헤쳐 나감에 있어, 중국은 그 문화적인 응집력과 외교관의 비상한 (황궁의 전반적인 둔감을 생각하면 한층 놀라운) 수완에 힘입은 바가 대단히 컸다. 19세기 중반에 이르기까지는 중국 엘리트 가운데 오직 극소수만이, 중국은 더는 우월한 특성의 시스템 속에서 살고 있지 않으며, 서로 경쟁하는 세력권의 시스템이라는 문법을 새로이 배워야 한다는 사실을 이해하기 시작했다.

그 소수의 관리 중 한 사람이 바로 위원(魏源, 1794~1857)이었다. 그는 중간 계급의 유교 관리인데, 광저우 총독으로 아편 무역을 엄중 단속했던 것이 영국의 침범을 야기했고 급기야 자신이 유배당하기까지 했던 임칙서의 동료이기도 했다. 위원은 청 왕조에 충성을 바치면서도, 그 안이한 태도를 극도로 우려했다. 그는 외국 무역상과 사절단에게서 모아 번역한 자료들을 이용하여 외국의 지리를 연구한 선구자였다. 중국에게 바로 변경에 있는 조공 국가들을 넘어 시야를 넓히도록 하려는 것이 목적이었다.

1842년 그가 저술한 『성무기(聖武記)』는 근본적으로 아편 전쟁에서 중국이 패한 것을 연구한 글인데, 여기서 그는 유럽식 '힘의 균형' 외교가 주는 교훈을 중국이 당면한 여러 문제에 적용할 것을 제안했다. 외세와 맞닥뜨린 중국의 물질적 나약함을 인정하면서(이것은 당대인들이 대체로 수용하지 않았던 가정인데) 위원은 중국이 전략적으로 움직일 수 있는 여유를 얻을 수 있는 몇 가지 방법을 내놓았다. 그가 제안한 전략은 다각적이었다.

> 야만인들을 공격하는 데는 두 가지 방법이 있으니, 하나는 그들과 우호적이지 못한 나라들을 자극하여 그들을 공격하게 부추기는 것이요, 다른 하나는 그들의 우월한 재주를 배워서 그들을 통제하는 것이다. 야만인들과 화평을 맺는 데에도 두 가지 방법이 있으니, 하나는 여러 교역국이 장사를 할 수 있게 허락함으로써 평화를 유지하는 것이요, 다른 하나는 아편 전쟁의 첫 번째 조약을 지지함으로써 국제 무역을 유지하는 길이다.[1]

군사력이 우세한 적을 만나 그들의 요구가 더욱 거세어질 것 같은 상황에서, 비록 굴욕적인 조약이나마 붙들고 있어야 그나마 더 많은 양보를 막을 수 있음을 중국이 이해했다는 것은 중국 외교의 분석 능력을 입증한 것이었다.

그러는 가운데 위원은 유럽 내 평형의 원칙에 입각하여 영국에 압력을 가할 수 있을 것으로 생각되는 국가들을 찾아보았다. 그는 한, 당,

그리고 초기 청 왕조가 호전적인 민족들의 야심을 잘 무마했던 전례를 새기면서, 지구 전역을 뒤져 "영국 야만인들이 두려워하는 적국들"을 검토했다. 마치 "오랑캐로 하여금 오랑캐를 무찌르게"하라는 슬로건이 자명한 진리인 것처럼 글을 썼던 위원은 서양의 "러시아, 프랑스, 미국"과 동양의 "구르카 용병(네팔), 버마(미얀마), 시암(태국), 안남(북베트남)" 등을 가능한 후보로 지목했다. 그는 러시아와 구르카 용병이 영국의 가장 멀고도 방어가 허술한 땅인 인도 제국을 양측에서 공격하는 모습을 상상했다. 프랑스와 미국이 오랜 세월 동안 지녀 온 영국에 대한 적대감을 부추겨 해상에서 영국을 공격하게 만드는 것도, 위원의 분석에 의하면 또 다른 무기가 될 수 있었다.

이것은 극도로 창의적인 해법이었으며, 중국 정부가 이것을 어떻게 실행할 것인지에 대해 눈곱만치도 아이디어가 없었다는 사실만이 유일한 장벽이었다. 동맹이 될 가능성을 지닌 국가들에 대해 중국 정부는 극히 제한된 지식을 가졌을 뿐이었고, 그런 나라의 수도에는 어떤 대표부도 없었다. 위원은 중국의 한계를 깨닫게 된다. 전 세계가 정치의 장이 된 시대에 진짜 이슈는 "외부의 야만인들을 동원할 수 없다"는 것이 아니라 "그들과 조율할 수 있는 능력"이 있고 "그들의 위치와 상호 적대 또는 우호의 상호 관계를 아는" 인력이 필요하다는 것이었다. 이것이 위원의 주장이었다.[2]

베이징은 영국의 침략을 막지는 못했지만, 런던이 세계 무대에서 (그리고 중국 내에서) 지닌 상대적 입지를 약화시킬 필요가 있다고 위원은 계속 주장했다. 그는 또 하나의 독창적인 아이디어를 냈다. 또 다른 야만족을 중국으로 끌어들여 그들의 탐욕과 영국의 탐욕이 충돌하도록 만들자는 것이었다. 그렇게 되면 중국의 실체를 분열하는 데 있어 중국이 실제로 균형을 잡는 주체로 나설 수 있다는 요지였다. 위원은 이렇게 말했다.

오늘날 영국의 야만족은 이미 홍콩을 점령함으로써 상당한 부를 축적하고 다른 야만족 사이에서 체면도 세웠을 뿐 아니라, 항구도 개방하고 다른 야만인에게 혜택을 주기 위해서 여러 가지 비용도 절감했다. 영국의 야만인이 그들에게 호의를 베풀어 더욱 인기를 끌게 만들기보다는, 마치 팔 위에 놓인 손가락처럼 그들을 통제하기 위해서 차라리 우리 자신이 그들에게 호의를 베푸는 편이 더 낫지 않겠는가?[3]

달리 표현하면, 영국이 중국에게서 여러 가지 양보를 얻어 내고 그 결실을 다른 나라들과도 나누자고 제안함으로써 득을 보게 하느니, 차라리 중국이 탐욕스러운 이 나라들 모두에게 양보하겠노라고 나서야 하지 않겠느냐는 것이었다. 이러한 목적을 달성하는 메커니즘이 바로 최혜국 원칙, 즉 어느 한 국가에게 허락된 특권은 다른 국가에 대해서도 자동적으로 확대 적용되어야 한다는 원칙이었다.[4]

시간은 중립을 지켜 주지 않는다. 위원의 섬세한 전략이 지닌 이점은 "야만인들의 우월한 기술"을 이용하여 스스로를 무장할 수 있는 중국의 능력에 따라서 측정되어야 할 터였다. 중국은 프랑스나 미국 등 "서양의 장인(匠人)을 광둥으로" 불러와 선박과 무기 제조를 맡도록 해야 한다는 것이 위원의 충고였다. 그는 자신의 새로운 전략을 이러한 명제로 요약했다. "화평의 조약을 맺기 전에 우리는 마땅히 이이제이의 수단을 이용해야 한다. 조약이 체결된 다음에는 그들을 통제하기 위해서 그들의 탁월한 기술을 배우는 것이 옳다."[5]

처음에 기술을 근대화해야 한다는 촉구를 일축했던 황궁은, 서구의 요구 사항에 상한선을 두기 위해서 아편 전쟁 이후의 조약에 철저히 따른다는 전략을 채택했다. 후일 중국의 한 관리는 "중국은 모든 조약에 의거해서 행동할 것이고, 외국인들에게 조약에 명시된 것보다 단하나도 더 많은 것을 허락하지 않을 것"이며, 그리하여 "중국은 진지하면서도 우호적이어야 하지만, 동시에 그들도 원칙을 지키도록 만들기 위해서 조용히 노력해야 할 것"이라고 기록했다.[6]

줄어드는 권위: 국내의 격변과 외세의 침략이라는 난제

물론 조약에 서명한 서구 열강은 원칙만 지키고 있을 의향이 전혀 없었다. 그리고 기영 – 포틴저 협상의 후유증으로 양측의 기대치 사이에 새로운 간극이 나타나기 시작했다. 중국 측에서 보면 이들 조약은 야만족들에게 잠시 양보하는 것이었고, 꼭 필요하지만 결코 자발적으로 확대하지는 않을 정도로만 조항을 따라가려 했다. 하지만 서구 열강에게 이들 조약은 서구식 정치 경제 교류의 규칙으로 중국을 꾸준하게 끌어들이는 장기적 과정의 시초였다. 그런데 서구가 계몽 과정이라고 간주하는 것을 일부 중국인들은 철학적 침략으로 보았다.

바로 이 때문에 중국인들은 이들 조약을 확장해서 중국 전역에서의 자유로운 교역과 수도 베이징에 외교 사절을 상주시키는 것까지 포함하자는 외국의 아우성에 굴복하지 않으려 했던 것이다. 서양에 대해서는 아는 바가 극히 제한되어 있었지만 베이징은 저들의 군사력이 우월한 데다, 중국 땅에서 그들이 고삐 풀린 망아지처럼 돌아다니고, 베이징에 다수의 외교 사절까지 상주시켰다가는, 중국의 세계관을 떠받치는 전제들이 심각하게 훼손되리라는 점을 깨닫고 있었다. 중국이 일단 '보통' 국가로 전락하면, 역사적으로 독특한 그 도덕적 권위도 땅에 떨어질 것이며, 그저 침략자들의 괴롭힘을 당하는 또 하나의 허약한 나라가 될 터였다. 이런 맥락 때문에 외교 경제적 특권에 대하여 얼핏 보기에 사소한 말다툼이 생겨도 막중한 분쟁으로 비화했던 것이다.

게다가 이 모든 일은 어마어마한 국내의 격변기를 배경으로 터졌다. 물론 이 격동기는 외국과의 접촉을 책임진 중국 관리들이 보여 준 차분한 자신감에 의해서 상당 부분 위장되었다. 근대에까지 변하지 않고 내려온 특성이다. 청나라의 만주 지배 계급, 관료 엘리트를 구성하는 한족, 그리고 주로 한족인 일반 국민 사이의 아슬아슬한 공생 관계는 이미 1793년에 매카트니가 언급한 바 있다. 그는 이렇게 적고 있다. "어느 지방에서든 반란이 터지지 않고 넘어가는 해는 이제 거의 없다."[7]

왕조의 '천명'에 의문이 제기된 터라, 국내 반대파들은 반항의 범위를 점차 넓혀 갔다. 그들의 도전은 종교적일 뿐 아니라 민족적이어서, 걷잡을 수 없이 잔혹한 분쟁의 씨앗이 되었다. 제국의 가장 서쪽 변경에서는 회교도의 반란이 있었고, 몇몇 한국(汗國)이 짧은 기간이나마 청과의 분리를 선언하고 나서 상당한 금전적 손실과 인명 피해를 겪고서야 진압되었다. 한편 중국 중앙부에서는 염군기의(捻軍起義)로 알려진 폭동이 일어나 한족 노동 계급에게서 상당한 지지를 얻었고, 1851년부터는 무려 20년에 걸친 반란으로 이어졌다.

그중에서도 가장 심각한 도전은 남중국의 중국인 기독교도가 일으킨 1850~1864년의 태평천국의 난이었다. 극도의 제약을 받기 했지만 서양의 선교 단체들은 이미 여러 세기 동안 존재해 왔다. 그러나 아편 전쟁 이후에는 엄청 많은 선교사가 중국으로 들어오기 시작했다. 스스로를 예수의 동생이며 텔레파시가 있는 동료라고 부른 한 카리스마 넘치는 중국인 신비주의자가 이끌었던 태평천국의 난은, 해외에서 수입된 글을 기묘하게 해석했던 이 지도자를 군주로 하는 새로운 '태평천국'을 세워 청을 대체하겠다는 의도가 있었다. 태평 반군은 난징과 중국 남부 및 중원의 상당 부분을 청에게서 빼앗고, 신흥 왕조의 형식으로 통치되었다. 서양의 역사 기록학에서는 거의 알려지지 않았지만, 태평과 청의 갈등은 역사상 가장 참혹했던 분쟁의 하나로 기록되며, 수천만 명의 희생자를 냈다. 공식적 자료는 없으나, 태평, 무슬림, 염군기의 등의 소요가 이어지는 동안 중국의 인구는 대체로 1850년 4억 1000만 명에서 1873년 3억 5000만 명으로 감소했다.[8]

난징 조약, 그리고 미국이나 프랑스와 맺은 조약 등은 1850년대에 재협상의 대상이 되었는데, 이때 중국은 이러한 내란으로 갈기갈기 찢긴 상태였다. 조약 상대인 서구 열강은 자국의 외교관들이 중국 수도에 상주할 수 있도록 허락해 달라고 주장했으며, 이는 그런 외교관들이 조공을 위한 사신이 아니라 중국과 동등한 주권 국가의 대표임을 의미하는 것이었다. 중국은 부수적인 인센티브를 이용해서 나름대로 여러 가지 종류의 지연 작전을 전개했다. 과거의 협상에 나섰던 사람들이 어떤 종말을 맞았는지 생각해 보면, 외교관이 중국에 상주하는 것을 허락할 정도로 양보하길 원했던 청의 관리는 한 사람도 없었을 것이다.

1856년 영국에 등록된 중국 선박 애로 호에 대해 과도한 조사가 이루어지는 가운데 영국 국기를 훼손했다는 주장이 나오면서, 상호 적대감이 다시 불붙는 빌미가 제공되었다. 1840년의 분쟁 때도 그랬던 것처럼, 개전(開戰)의 이유가 온전히 당당하다고 볼 수는 없었지만(이 선박의 등록 기간이 이미 만료되었다는 사실이 나중에야 드러났다.) 좀 더 고매한 명분을 위해서 싸운다는 것을 양측은 모두 알고 있었다. 중국의 방어력이 여전히 걸음마 수준이었던지라, 영국군은 광저우와 북방의 다구커우 포대(大沽口砲臺)를 점령하여 손쉽게 베이징을 향해 진군할 수 있었다.

　뒤를 이은 일련의 협상에서 양측이 지닌 관점의 차이는 여전히 너무 컸다. 영국 측은 협상에 임하는 자신들의 입장이 공적인 서비스로서 결국은 중국이 근대 세계와 보조를 맞출 수 있도록 해 줄 것이라면서, 외교 사절단의 상주를 인정하라고 압박을 가했다. 런던에서 파견되어 협상을 도왔던 허레이쇼 레이는 당시 지배적인 서구의 견해를 이렇게 요약했다. "틀림없이 당신들도 알게 되겠지만, 우리 외교 사절의 상주는 우리에게뿐 아니라 중국에게도 득이 될 것이다. 약은 입에 쓸지 모르지만, 그 효과는 엄청나게 좋을 것이다."[9]

　그러나 청 당국은 비교가 안 될 정도로 시큰둥했다. 황궁과 협상 담당자 사이에 고뇌에 찬 내부 교신이 다급하게 이루어지고, 베이징을 공격하겠다는 영국의 위협이 다시 한 번 가해진 다음에야 그들은 비로소 조약의 조건을 수락했다.[10]

　그 결과 1858년에 이루어진 톈진 조약의 핵심은 영국이 60년 이상 추구해 왔으나 중국이 도무지 양보하지 않았던 것, 즉 베이징에 상주 대사관을 설치할 권리였다. 나아가 이 조약은 외국인들의 양쯔 강 여행을 허락했고, 서구와의 교역을 위해 추가로 '조약 항구'를 개항했으며, 기독교로 개종한 중국인들과 중국 내에서 선교 활동을 하는 서양인을 보호해 주었다. 태평천국의 난을 생각한다면 선교사들의 보호는 청에게 특별히 어려운 사안이었다. 프랑스와 미국 역시 최혜국 조항에 의거하여 비슷한 조건으로 각각 별도의 조약을 체결했다.

　이제 조약 당사자인 열강은 자신들을 냉랭하게 대하는 수도 베이징에 상주 대사관을 설치하는 데 관심을 쏟았다. 1859년 5월 영국의 신임 사절 프레더릭 브루스는 자신이 베이징에 거주할 수 있는 권한을 부여한 조약에 따라 중국에 도착했다. 그러나 수도로 향하는 주요 연안 루트가 쇠사슬과 못으로 봉쇄되어 있음을 발견하고, 그는 영국 해병대에게 장애물을 제거하라고 명령했다. 하지만 중국군은 새로 보강된 다구커우 포대로 브루스 일행에게 발포함으로써 경악을 금치 못하게 했다. 뒤이은 전투에서 519명의 영국군이 사망하고 456명이 부상당하는 사태가 빚어졌다.[11]

이것은 근대 서양의 군대와 맞선 전투에서 중국이 처음으로 거둔 승리였으며, 중국군이 무력하다는 이미지를, 적어도 일시적으로나마 깨끗이 씻어 주었다. 그러나 영국 대사의 진전을 멈출 수 있는 것도 잠시뿐이었다. 파머스턴은 엘긴 경을 급파하여 영국과 프랑스 합동 병력을 이끌게 하고, 베이징을 점령하여 "황제의 정신이 번쩍 들게" 만들 것을 지시했다. '다구커우에서의 격퇴'에 대한 보복으로서, 그리고 서구 세력의 상징적 과시로서, 엘긴은 황제의 여름 별궁을 불태우라고 명령했고, 이 과정에서 가치를 따질 수 없는 수많은 예술품이 파괴되었다. 150여 년이 지난 오늘에 이르러서도 중국이 분개하여 마지않는 사건이었다.

국제 관계에 대한 서구의 규범에 맞선 70년에 걸친 중국의 거부 운동도 이제 더는 거부할 수 없는 지경에 이르렀다. 외교적인 지연 작전 노력도 할 만큼 해 봤고, 그들의 힘은 훨씬 더 우월한 힘과 이미 맞닥뜨렸던 것이다. 중국과 동등한 주권이라는 저 야만인들의 주장은(한때는 베이징으로부터 가소롭다고 코웃음을 받았지만) 군사적으로 우월한 힘의 끔찍스러운 과시로 변해 버렸다. 이제는 외국군이 중국의 수도를 점령했고, 정치적 평등과 대사의 특권에 대한 서구의 해석을 실력으로 행사하게 된 것이다.

바로 이때 중국의 유산을 물려받겠다고 주장하는 또 하나의 나라가 이 싸움의 와중에 끼어들었다. 1860년 기준으로 러시아는 이미 150년이 넘도록 베이징에 대표부를 두고 있던 상황이었다. 교회 전도 단체가 있어서 거주자로 머물 수 있는 허락을 받은 유럽 국가로는 러시아가 유일했던 것이다. 러시아의 중국에 대한 이해관계는 어떤 점에서 다른 열강의 그것을 뒤따르는 형국이었다. 영국과 함께 정기적으로 힘을 과시하지 않고서도 그들은 조약 대상국에게 주어지는 모든 혜택을 누려 왔기 때문이다. 반면 러시아의 전반적 목표는 종교적 전도 행위나 해안에서의 교역에 머물지 않았다. 청이 쇠퇴하면서 러시아는 아예 중국 제국을 해체시키고 그 '변방 지역'을 러시아에 다시 부속시킬 수 있는 기회를 감지했던 것이다. 특히 그들은 중국이 가볍게 관리하고 있었고 그 경계가 모호했던 만주(중국 북동부의 만주 중심지), 몽골(당시로는 준자치 구역인 중국 북부 몽골족의 초목 지역), 신장(당시에는 주로 이슬람교도들이 살고 있던 서부의 광활한 산악과 사막 지역) 등의 영토에 눈독을 들이고 있었다. 그리고 위협적인 기갑 부대로 이 지방 제후들을 은근히 억압하는 동시에 그들에게 지위와 물질적 혜택을 베푸는 식으로 충성심을 사면서, 그런 목표를 향해 조금씩, 그리고 의도적으로 내륙의 변경을 따라 영향력을 넓혀 왔다.[12]

중국이 극도의 위험에 처한 순간, 모스크바는 식민 세력의 하나로 등장하여 1860년의 분쟁을 중재하겠노라고 제안했다. 사실 이는 이 사건에 개입하겠다는 일종의 위협에 다름 아니었다. 교묘한 혹은 사기성이 있다고 볼 수도 있는 외교술의 근저에는 무력에 의한 협박이 깔려 있었던 것이다. 영리하고도 교활한 차르의 주중(駐中) 전권 대사 니콜라이 이그나티예프 남작은 러시아만이 중국 수도에서 유럽군의 철수를 확보할 수 있다고 중국을 설득하는 한편, 동시에 러시아만이 중국으로 하여금 조약을 준수하도록 만들 수 있다고 서구 열강을 설득했다. 이그나티예프는 상세한 지도와 정보로써 영국 · 프랑스군의 베이징 진격을 도왔지만, 이번에는 점령군을 향해 겨울이 닥치면 베이징으로 들고나는 수로인 베이허(北河)가 얼어붙으면서 적대적인 중국인들이 그들을 포위할 것이라고 설득했다.[13]

이런 서비스의 대가로 모스크바는 놀랍게도 큰 영토를 얻어 냈다. 태평양 연안을 따라 위치한 이른바 외만주의 광활한 지대가 바로 그것으로, 지금 블라디보스토크라는 이름의 항구가 여기 포함되었다.[14] 러시아는 주요 해군 기지, 동해상의 발판, 그리고 한때 중국 땅이었던 56만 3270제곱킬로미터의 영토를 단숨에 얻은 것이었다. 그뿐 아니라 이그나티예프는 지금의 울란바토르인 몽골의 우르가 및 서역 도시인 카슈가르를 러시아와의 교역 장소로 개방하고 영사관을 개설하는 조항도 협상으로 이끌어 냈다. 그러는 가운데 엘긴 경은 식민지 홍콩이 인근 주룽 지구까지 확대되는 협상을 성공적으로 마쳐, 중국에 한층 더 깊은 굴욕감을 안겼다. 중국은 자신들의 수도와 연안을 지배하고 있던 열강 세력이 공세를 확충하리라는 믿음에서 러시아에게 도움을 청하여 이를 미연에 방지하려 했다. 하지만 중국이 나약해진 때 '이이제이'는 공짜로 이루어질 수 없었다.

쇠락의 길도 관리해야

중국이 4000년 동안 독특한 문명사회로, 또한 2000년을 통일 국가로 그 명맥을 유지해 온 것은 외세의 침략이라는 횡포에 마냥 수동적으로 대함으로써 가능했던 것은 아니다. 그 오랜 세월 동안 정복자들은 중국 문화를 채택하거나, 인내로써 실용성을 슬그머니 가렸던 백성들에 의해서 서서히 흡수당할 수밖에 없었다. 그러한 시련의 때가 다시 한 번 도래했다.

1860년 분쟁의 후유증으로, 영국의 사절단에 대해 저항하기를 촉구했던 황제와 궁내 파벌은 수도를 빠져나가 도피했다. 그리고 황제의 이복형제인 공친왕이 사실상의 행정부 수반이라는 역할을 맡았다. 교전 상태의 종결을 협상했던 공친왕은 1861년 황제에게 보낸 서찰에서 끔찍스러운 작전상 선택의 여지를 이렇게 요약했다.

북으로는 염군기의가 한창이고, 남으로는 태평천국의 난이 벌어지고 있어, 우리 군의 물자는 바닥이 드러났고 병사들은 기진맥진입니다. 오랑캐들은 우리의 이러한 약점을 이용하여 우리를 통제하려 합니다. 우리가 격분을 억누르지 못하고 적대 행위를 계속한다면, 순식간에 재앙을 만나지 않을 수 없을 것입니다. 하오나 우리가 만약 저들이 어떻게 우리를 해쳤는지 간과하고, 저들에 대항할 어떤 준비도 하지 않는다면, 우리는 자자손손 통한의 뿌리를 물려주게 될 것입니다.[15]

그것은 패배한 자의 전형적인 딜레마였다. 한 사회가 정복자들의 길에 적응하는 것처럼 보이면서 동시에 그 응집력을 유지할 수 있는가? 그리고 불리한 힘의 균형을 역전시킬 수 있는 역량을 어떻게 키울 것인가? 공친왕은 중국의 옛 속담을 상기했다. "임시로 그리할 수밖에 없다면 화평과 우호에 기대라. 그리고 전쟁과 방어는 실질적인 정책으로서 써먹으라."[16]

거창한 해결책이 전혀 없었으므로, 공친왕의 서한은 여러 가지 위험 가운데 우선순위를 매겼다. 이 역시 사실은 멀리 있는 오랑캐의 도움을 얻어 가까이 있는 오랑캐를 친다는 원칙에 기반을 둔 것이었다. 그리고 약 100년 후에는 마오쩌둥이 다시 찾게 되는 중국의 고전적 전략이기도 했다. 공친왕의 서한은 온갖 침략자들이 야기하는 위협이 어떤 종류인지를 평가하는 데 탁월한 지정학적인 감각을 과시했다. 코앞에 닥친 영국의 생생한 위협에도 불구하고 그 서한은 중국인의 결집에 장기적인 위험이 될 순위를 정하면서 영국을 가장 뒤에 놓고 러시아를 맨 앞에다 두었던 것이다.

태평천국 반란군과 염군기의 반군들은 모두 승리를 쟁취하면서 우리의 장기(臟器)에 병을 만들고 있습니다. 영토가 우리와 맞닿아 있는 러시아는 마치 누에고치처럼 우리 땅을 야금야금 먹어 치우려는 흑심이 있어, 우리의 가슴을 겨누는 위협으로 간주할 수 있습니다. 영국으로 말하자면, 그들의 목적은 교역이면서도 인간의 도를 무시하면서 폭력적인 행동을 취하고 있습니다. 영국을 어느 선 안에 묶어 두지 못한다면, 우리는 스스로 일어설 수 없을 것입니다. 그래서 영국은 우리 사지(四肢)에 생기는 병으로 비유할 수 있습니다. 따라서 우리는 태평천국 반란군과 염군기의 반군을 먼저 제압하고, 그다음 러시아를 억제한 다음, 마지막으로 영국을 처리해야 할 것입니다.[17]

공친왕은 외세를 향한 자신의 장기적인 목적을 달성하기 위해서, 서구 열강과 관련한 사안을 관리하고 해외 언론을 분석하여 중국의 국경 너머에서 벌어지고 있는 일에 대한 정보를 얻는 새로운 정부 기구(나중에 외교부로 성장할 씨앗)를 설치하자고 제안했다. 그는 이 기구가 임시로 필요할 뿐이며, "군사 작전이 완료되고 여러 나라의 상황이 간단해지기만 하면"[18] 즉시 해체시켜도 좋을 것이라고 희망적으로 예측했다. 이 새로운 부서는 1890년에 이르기까지 시 정부 및 중앙 정부 부서 명단에 공식적으로 오르지 못했다. 또 부서의 관리들도 좀 더 중요한 다른 부서에서 임시직으로 파견되는 경향이 있었다. 그리고 빈번하게 교대되기도 했다. 몇몇 도시가 외국군에게 점령되고 있긴 했지만, 중국은 외교 정책을 중국의 미래를 위한 영구적인 특성이 아니라 임시방편쯤으로 간주했다.[19] 이 신설 부서의 명칭은 총리각국사무아문(總理各國事務衙門)이었는데, 이처럼 모호한 표현은 중국이 외래 민족과 외교 업무를 하고 있는 게 아니라, 중국 제국의 일부인 그들의 모든 일을 명령하고 있다는 해석을 가능하게 했다.[20]

공친왕의 정책을 시행하는 임무는 이홍장의 손에 맡겨졌다. 그는 최고위 관리의 한 사람으로, 태평천국의 난을 진압하는 청의 군대를 호령하면서 명성을 얻은 바 있었다. 야심만만하고, 세련되고, 수모를 당해도 꿈쩍도 않으며, 중국의 오랜 전통에 너무나도 정통하지만 동시에 그 위험에도 남달리 잘 대응할 줄 알았던 이홍장은 거의 40년 동안이나 바깥세상에 대한 중국의 얼굴 노릇을 했다. 그는 영토와 경제 면의 양보를 끊임없는 요구하는 외세와 갈수록 정치적 우월성을 주장하는 중국 황실 사이의 중재자 역할을 자처했다. 애당초 그의 정책은 어느 한쪽으로부터도 완전한 동의를 결코 끌어낼 수 없는 숙명을 타고났다. 이홍장이 남긴 유산에 대해서는, 특히 중국 내에서 분쟁의 소지가 많았다. 좀 더 투쟁적인 노선을 촉구하는 사람들 사이에서는 더 그랬다. 하지만 황실 내 수구파의 호전성 때문에 한없이 복잡하게 되었지만 그의 노력은 청 말기 중국의 극도로 불편한 여러 대안 사이를 교묘히 항해할 (그리고 대개의 경우 그 불편함을 완화할) 수 있는 놀라운 능력을 보여 주었다.

이홍장은 위기 속에서 명성을 떨쳤고, 세기 중반 중국의 여러 내란 중에도 군사와 '오랑캐 다루기'의 전문가로서 두각을 드러냈다. 1862년 이홍장은 동부의 부유한 장쑤 성을 관리하기 위해 파견되었다. 도착해 보니 성내 주요 도시들은 태평천국 반란군들이 에워싸고 있었으며, 유럽이 이끄는 군대들은 새로 얻은 상업적 특권을 지키겠다는 결연한 의지로 버티고 있었다. 공친왕의 서한에 담긴 좌우명에 따라 이홍장은 유럽 군대들과 동맹을 맺어 공동의 적을 무찌르고, 결국에는 그들에 대한 최후의 권위를 확립했다. 중국과 서구가 손잡은 사실상의 반란 진압 합동 작전이 이루어지는 동안 이홍장은 영국의 유명한 탐험가이자 후에 수단의 카르툼 포위 당시 마흐디 민병대에게 살해당하는 찰스 '차이니즈' 고든과 실무적인 관계를 수립하기도 했다. 고든은 체포당한 반란군 지도자들에게 사면을 약속했으나 이홍장이 그들을 처형하는 바람에, 두 사람의 관계는 단절되고 만다. 1864년 태평천국의 난이 진압됨에 따라 이홍장은 갈수록 두드러진 일련의 지위로 격상하고, 중국의 사실상 외무부 장관 겸 그 숱한 외세의 침략에 맞선 협상 책임자로서 이름을 떨쳤다.[21]

엄청난 세력의 국가들과 두드러지게 낯선 문화에 둘러싸인 한 사회의 대표자에게는 두 가지 선택이 주어진다. 문화적 간격을 메우려 시도하고, 군사적으로 더 강한 쪽의 태도를 배움으로써 문화적인 이방인을 차별하고 싶은 유혹에서 비롯되는 압박감을 줄이는 것이 그 하나이다. 아니면 자기 문화의 특성을 자랑함으로써 '우리 문화'의 가치를 고집하고, 그 튼튼한 확신에 대한 존경심을 획득할 수도 있다.

19세기 일본의 지도자들은 첫 번째 길을 택했다. 처음으로 서구와 맞닥뜨렸을 때의 일본은 이미 산업화의 길을 순항하고 있는 중이었고 사회적 응집력도 과시했다는 사실이 그런 선택을 도왔다. 그러나 이홍장은 내란으로 만신창이가 된 나라, 그 내란을 진압하기 위해서는 외세의 도움이 필요했던 나라를 대표했던지라, 그런 선택을 누릴 수 없었다. 게다가 그런 선택이 아무리 엄청난 혜택을 준다 해도, 그는 자신의 유교적 태생을 떨쳐 버리려 하지 않을 것이었다.

이홍장의 중국 내 여정에 대한 이야기 가운데 하나는 중국의 혼란이란 암울한 기록으로 읽힌다. 그의 움직임을 잘 보여 주는 1869~1871년의 두 해 동안 그는 프랑스 사절단이 반기독교 폭동에 관해 항의했던 남서부 중국에서부터 시작하여 새롭게 반란이 일어났던 북부로 갔다가, 다시 월남과의 국경 근처 소수 민족이 반란을 일으킨 남서부로, 또 거기서 기독교인들이 학살당한 북동부의 항구 톈진으로, 마지막으로 당시 서양에서는 포모사라고 불리던 타이완 섬에서 새로운 위기가 싹트고 있던 동남부로, 그야말로 정신없이 뛰어다녔다.[22]

서구가 규정한 행동 강령에 의해서 지배되던 외교 무대에서 이홍장은 이채로운 인물이었다. 그는 유교적 관리의 복식인 풍성한 예복을 늘어뜨리고, '두 눈 박힌 공작의 털'이라든가 '말벌'같이 직위를 나타내 주는 고색창연한 상징을 자랑스럽게 달고 다녔다. 그와 함께 일하는 서구인들은 경이의 눈으로 바라볼 수밖에 없었다. 그는 (청나라풍으로) 기다랗게 땋은 포니테일만 제외하고는 삭발을 하고 길쭉한 관모를 썼다. 한손에 꼽을 정도의 외국인들만 간신히 이해하는 언어로 짧고 날카롭게 이야기했다. 그리고 별세계에서 온 듯, 행동거지가 너무나 차분했던지라 당시 한 영국인은 경외심과 불가사의가 뒤섞인 심정으로 그를 외계의 방문객에 비유한 적도 있다. 그의 태도를 보면, 중국이 겪고 있는 고초와 양보는 중국 문화의 궁극적인 승리로 향한 길에 잠깐 놓인 장애물에 지나지 않는 것처럼 보일 정도였다. 그의 멘토인 증국번은 최고의 유학자인 동시에 태평천국의 난을 진압한 베테랑 지휘관이었는데, 그는 1862년 이홍장에게 자기절제라는 유교적 가치를 어떻게 외교 도구로 사용할 것인지를 충고했다. "외국인들과 교류할 때, 그대의 태도와 몸가짐이 지나치게 도도해서는 안 되며, 약간 모호하고 경쾌한 모습을 지녀야 한다. 그들의 모욕과 거짓, 그리고 전반적인 경멸을 이해하되 동시에 이해하지 못한 것처럼 보여야 한다. 그대는 어딘지 좀 아둔하게 보여야 하기 때문이다."[23]

당대의 모든 다른 중국 고위 관리처럼 이홍장도 중국의 도덕적 가치가 우월하며 예부터 전해오는 황실의 특권은 정당하다고 믿었다. 그러나 중국이 우월하다는 평가를 내렸다는 사실보다도, 중국이 당장은 물질적, 군사적 기반이 없다고 진단했다는 점에서 그는 남들과 달랐다. 태평천국의 난 동안 서양의 무기를 공부했고 외국의 경제 흐름에 관한 정보를 많이 찾아보았기 때문에, 그는 중국이 세상의 조류에 위험하리만치 뒤떨어져 있음을 깨달았던 것이다. 1872년 그는 경고의 뜻으로 단도직입적인 어조의 서찰을 황제에게 보냈다. "오늘 목숨을 부지하면서 '오랑캐들을 거부하라.'라든가 '저들을 우리 땅에서 몰아내라.'라고 말한다는 것은, 참으로 피상적이며 허튼 소리가 아닐 수 없습니다. ……저들은 우리와 경쟁하여 승리를 거두기 위해서 매일같이 무기를 만들어 내고 있으며, 저들의 우월한 기술은 바로 우리의 부족함과 겨루고 있기 때문입니다."[24]

이홍장은 위원과 흡사한 결론에 이른다. 개혁이란 문제는 이제 위원 당시보다도 훨씬 더 급박하게 변했지만 말이다. 그래서 이홍장은 경고했다.

우리는 외부적으로는 오랑캐들과 화합해야 하고, 내부적으로는 우리의 제도를 개혁해야만 한다. 그것이 작금의 상황이다. 우리가 어떤 변화도 꾀하지 않고 보수적으로 남아 있기만 한다면, 나라는 하루하루 위축되고 약해질 것이다. ……지금 나라 밖에서는 모든 국가가 계속적으로 개혁을 추진하고 힘차게 뿜어져 나오는 증기처럼 나날이 진보하고 있다. 오직 중국만이 낡아빠진 제도를 너무나 조심스럽게 붙들고 있어서, 나라가 무너지고 사라진다 하더라도 수구파들은 후회조차 하지 않을 것이다.[25]

1860년대 중국에서 있었던 일련의 획기적인 정책 논쟁에서, 이홍장과 그의 뜻을 받드는 관료들은 하나의 행동 노선을 개략적으로 제시하면서 여기에 '양무(洋務)'라는 이름을 붙였다. 1863년에 작성된 한 제안서에서 이홍장은 이 운동의 출발점을 (황실의 독자들이 느낄 충격을 완화하기 위해서) 이렇게 설명했다. "우리네 시민 체제와 군사 체제의 모든 것은 서양보다 훨씬 우월하다. 단지 화력에 있어서만큼은 도무지 그들을 따라잡을 수 없다."[26] 그러고는 이렇게 충고했다. "그러나 최근 우리가 겪은 몇 차례의 재난을 고려할 때, 중국의 엘리트는 더는 외국의 혁신을 얕잡아본다든지, 그들이 만든 날카로운 무기들을 이상한 기술과 교묘한 손재주의 산물이라고 코웃음 치며 그런 것은 배울 필요도 없다면서 여유를 부릴 틈이 없다."[27] 중국에게 필요한 것은 화기(火器), 증기선, 중장비, 그리고 그런 것들을 만들어 낼 수 있는 지식과 기술이었다.

외국의 학문과 청사진을 공부하고 외국의 전문가들과 대화할 수 있는 중국의 능력을 키우기 위해서, 중국의 청년들은 외국어로 훈련을 받을 필요가 있었다.(그때까지 외국인이라면 모두 중국인이 되고 싶어 하는 것으로 생각했기 때문에, 그런 훈련은 쓸데없는 짓으로 치부되었다.) 그래서 이홍장은 외국의 영향으로부터 보호하고자 그토록 오래 싸워 왔던 수도 베이징을 포함해서 중국의 주요 도시마다 외국어와 엔지니어링 기술을 가르치는 학교를 설립해야 한다고 주장했다. 그는 그 프로젝트를 하나의 도전으로 표현했다. "중국의 지혜와 지성은 서구보다 못한가? 우리가 서양의 언어를 익히고 이어 서로서로를 가르친다면, 증기선이나 총포류와 같은 저들의 모든 최신 기술은 서서히, 그리고 완벽하게 배울 수 있을 것이다."[28]

공친왕 역시 서구의 과학적 혁신 연구를 지원해야 한다고 황제에게 촉구하는 1866년의 한 건의서에서 이와 비슷한 느낌을 표명했다.

우리의 열망은 우리 학생들이 이런 학문의 기본까지 파헤치는 것입니다. ······ 수학적 계산과 물리학적 연구와 천문 관측과 기계의 건설, 그리고 수로를 관리하는 엔지니어링 등의 신비를 모두 알아낼 수 있다면, 그것은 아니, 오로지 그것만이 제국의 힘이 지속적으로 증대할 것이라는 확신을 갖고 있기 때문입니다.[29]

중국이 먼저 전통적인 구조를 강화하고 그다음 예전의 우세를 되찾으려면 무엇보다 바깥세상을 향해 문을 활짝 열고, 지금까지 중국에 조공을 바치는 오랑캐로만 여겼던 나라들에게서 배워야만 했다.

만약 중국 황실이 공친왕의 외교 개념과 이홍장의 실행을 일사불란하게 지원했더라면, 영웅적인 과업이 되었을 터였다. 하지만 현실은 달랐다. 다소 외향적인 관리와 한층 더 편협한 파벌 사이에는 엄청난 간극이 있었다. 이들 파벌은 중국이 외국인들로부터 배울 거라고는 없다는 고전적인 견해에 집착했다. 그것은 공자의 시대를 살았던 고대 철학자인 맹자에 의해서 성가가 높아졌던 견해이다. "난 위대한 우리 땅의 신조를 이용해서 오랑캐들을 변화시키는 사람들이 있다는 말은 들어봤지만, 오랑캐들에 의해서 변화를 경험한 사람이 있다는 얘기는 아직 들어 본 적이 없다."[30] 이와 같은 맥락에서 지체 높은 한림원(翰林院)의 수장도 중국 학교에 외국인 강사들을 채용하자는 공친왕의 계획을 맹렬히 공격했다.

제국의 기초는 책략과 술수가 아니라 예의범절과 정의 위에서 구축된다. 그 뿌리는 기능이나 손재주가 아니라 인간의 가슴에 있다. 이제 우리는 사소한 요령을 위해서 오랑캐들을 우리의 주인님으로 모셔야 할 판이다. …… 제국은 방대하며 인간의 재능은 풍부하다. 천문학과 수학을 꼭 배워야 한다면, 그런 분야에 정통한 중국인이 있게 마련이다.[31]

중국의 자급자족에 대한 믿음은 수천 년 동안 쌓여 온 경험의 총화이다. 그렇지만 중국이 당면한 위험에 어떻게 대처하느냐, 특히 서구의 기술 수준을 어떻게 따라잡느냐에 대해서는 아무런 해답을 주지 못한다. 중국의 최고위 관리 가운데 상당수는 여전히, 중국의 국제 문제에 대한 해결책이 협상 담당자들을 처형하거나 추방시키는 데 있다고 생각하는 것 같다. 이홍장도 베이징이 외세에 맞서고 있는 사이, 세 차례나 불명예스럽게 직위를 박탈당했다. 하지만 그때마다 반대파들이 자신들이 초래한 위기를 그의 외교술에 의존해서 해결하는 것보다 더 나은 대안을 찾지 못하여, 결국 다시 기용되곤 했다. 나약한 국가로서 어쩔 수 없이 해야 할 일과 중국은 세계적인 제국이란 고집 사이를 오락가락하면서, 중국의 개혁은 머뭇거리면서 진전되었다. 마침내 황실에서 쿠데타가 일어나 개혁 성향의 황제는 물러나고, 서태후가 이끄는 수구파가 다시 득세했다. 근본적인 내부의 근대화와 개혁이 부재한 상태에서 중국의 외교관들은 사실상 나라의 근본적인 취약점을 개선할 수단은 얻지 못한 채, 중국 영토가 더는 피해를 입지 않도록 할 것이며 국가의 자주권이 더는 잠식되지 않도록 하라는 지시만 받았다. 그들은 시간을 벌어서 무엇을 해야 하는지 아무런 계획도 없이 그냥 시간을 벌어야 했다. 그리고 동북아시아의 힘의 균형에 새로이 등장한 세력, 즉 재빠르게 산업화를 이룩하고 있던 일본의 경우야말로, 바로 이런 과제가 다른 어떤 상대보다도 더욱 날카롭게 대두되었다.

일본의 도전

중국의 주변 국가들과는 달리, 일본은 여러 세기 동안 중화사상의 세계 질서에 편입되기를 거부해 왔다. 아시아 본토에서 가장 가까운 지점에서도 160여 킬로미터나 떨어진 열도에 위치한 일본은 오랫동안 독자적으로 전통과 독특한 문화를 배양해 왔다. 민족적으로나 언어적으로 동질성을 지녔고, 자민족의 신성한 뿌리를 강조하는 이데올로기를 공식적으로 추구한 일본은, 그 독특한 정체성에 대해 거의 종교적인 충성심을 키워 왔다.

일본 사회와 그들 나름으로 확립한 세계 질서의 맨 꼭대기에는 천황이 있었다. 일본 천황은 마치 중국의 '천자'처럼 인간과 신의 사이를 중재하는 것으로 인지되는 존재이다. 일본의 전통적인 정치 철학을 곧이곧대로 받아들인다면, 일본의 천황이 태양의 여신으로부터 내려오는 신이라고 상정한다. 그 여신이 최초의 천황을 낳고 그의 후손에게 영원한 통치권을 부여했다는 것이다. 이렇게 일본은 중국과 마찬가지로 자신들이 평범한 국가를 훨씬 뛰어넘는 것으로 인지했다.[32] '천황'이라는 칭호 자체가 중국의 세계 질서에 대한 노골적인 도전이었다. 중국 궁정에 파견된 일본 사절단이 집요하게 과시했던 그 칭호 말이다. 중국의 우주관으로 보면 인류에게는 단 하나의 황제가 있을 뿐이요, 그의 옥좌는 중국에 있었다.[33]

중국의 예외주의가 우주적인 제국이라는 주장을 대표한다면, 일본의 예외주의는 이웃에게서 배우는 바가 많으면서도 이웃의 지배를 받을까 봐 두려워하는 섬나라의 불안 심리에서 비롯되었다. 자신들은 독특하다는 중국인의 감각은 중국만이 진정한 문명 국가라고 주장했으며, 오랑캐들에게 중원으로 '와서 탈바꿈하라고' 권유했다. 이에 반해 일본의 태도는 독특한 일본의 인종적, 문화적 순수함을 전제로 했다. 그리고 그 혜택을 널리 베푼다든가 심지어 그 성스러운 조상의 혈연 밖에서 태어난 자들에게 설명하는 것조차 거부했다.[34]

오랜 세월 동안 일본은 외국과의 교역을 거의 전적으로 거부해 왔다. 외부인들과 간헐적으로나마 접촉한다면 일본의 독특한 정체성이 손상되기라도 하듯이 말이다. 일본이 국제 질서에 참여했다면, 그것은 류큐 열도(오늘날의 오키나와 및 주변 도서)와 한반도의 여러 왕국에 확립한 나름대로의 조공 체제를 통해서였다. 다소 역설적이지만, 일본의 지도자들은 중국으로부터의 독립을 주장하는 방법으로 이 가장 중국적인 제도를 차용했던 것이다.[35]

다른 아시아 민족들은 중국 조공 체제의 프로토콜을 수용하면서, 그들의 교역을 중국 시장에의 접근 권리를 얻기 위한 '조공'이라 불렀다. 하지만 일본은 조공이라는 허울을 쓰고 중국과 교역하기를 거부했다. 그들은 중국에 대한 우월은 아니더라도 최소한 중국과의 동등함을 고집했다. 중·일 교역의 자연스러운 유대에도 불구하고, 쌍방 교역을 둘러싼 17세기의 협상은 난관에 봉착했다. 서로 자신들이 세계의 중심이라고 나서는 통에, 그로 인해 요구되는 의전을 상대방이 지키려 하지 않았기 때문이다.[36]

제국의 세력과 주변 민족의 힘에 따라서 중국의 영향권이 기나긴 국경을 따라 차고 기울기를 반복했다면, 일본의 지도자들은 자국의 안보 딜레마를 훨씬 더 냉혹한 선택으로 받아들이게 되었다. 중국 황궁과 마찬가지로 단호한 우월감을 지녔으면서도 실수의 여지는 훨씬 적다는 것을 깨닫고 있던 일본의 정치인들은 조심스럽게 서구적으로 보였고, 실존적인 과제를 보는 경향이 있었다. 대대로 중국 왕조의 지배를 받아 왔던 대륙의 눈에는 그렇게 보였으며, 더러는 일본의 가장 가까운 이웃인 한국에까지 영향을 끼쳤다. 그래서 일본의 외교 정책은 아시아 본토에 대한 무관심과 중화사상을 대체하려는 정복의 시도라는 양 극단을 (경우에 따라 깜짝 놀랄 정도로 순식간에) 오락가락했다.

중국과 마찬가지로 일본도 19세기 중반 낯선 기술과 압도적인 힘을 과시하는 서양의 함선과 맞닥뜨리게 된다. 일본의 경우는 1853년 매슈 페리 미 해군 준장의 '흑선(黑船)'이 도착한 사건이다. 그러나 일본은 이 도전에서 중국과는 정반대의 결론을 이끌어 냈다. 그들은 해외 기술에 문호를 활짝 개방하고, 서구 세력의 상승을 되풀이하려는 시도로서 자국의 제도를 뜯어고쳤던 것이다. (일본은 대체로 아편 중독을 잘 피하고 있었고, 그래서 외국의 아이디어를 그런 문제와 연관된 것으로 보지 않았다는 사실이 이런 결론의 도출을 도와주었을지도 모른다.) 1868년 메이지 천황은 5개조 서문(charter oath, 御誓文)에서 일본의 결심을 발표했다. "우리는 온 세계로부터의 지식을 추구할 것이다. 그렇게 함으로써 일본 제국 통치의 기반은 더욱 튼튼해질 것이다."[37]

일본의 메이지 유신과 서구의 기술을 익히려는 노력은 놀라운 경제 발전으로 향하는 문을 열어젖혔다. 근대 경제와 막강한 군사 조직을 일구는 가운데, 일본은 서양 열강이 누리고 있던 특권을 주장하기 시작했다. 일본을 통치하는 엘리트, 다시 말해 19세기 영주이자 기술 근대화를 앞서 옹호했던 시마즈 나리아키라의 표현을 빌리면 "우리가 주도권을 쥔다면 사방을 압도할 수 있지만, 그렇지 못하면 우리가 지배당할 것"이라는 결론에 이르렀다.[38]

이미 1863년경에 이홍장은 일본이 중국의 안보를 위협하는 주된 요소가 되리란 것을 간파했다. 메이지 유신이 시작되기도 전에 그는 서구의 도전에 대한 일본의 대응을 기록해 두었다. 류큐 열도를 떠났다 난파한 배의 선원들과 타이완 원주민 사이의 분쟁을 핑계 삼아 일본이 이를 징벌하려는 원정을 시도한 후,[39] 그는 1874년 일본에 대해서 이렇게 썼다.

일본의 세력은 날로 확대되고 있으며, 그 야망은 결코 작지 않다. 그리하여 이 나라는 동방의 섬에서 감히 자신들의 힘을 과시하고, 중국을 얕잡아보며, 타이완을 범하는 행동을 취하고 있다. 유럽의 여러 나라도 강력하지만, 그들은 우리에게서 7만 리나 떨어져 있다. 이에 비해 일본은 우리 앞뜰이나 문지방만큼 가까이 있는 데다, 우리의 내실이 허하고 고립되어 있음을 파고들려는 태세이다. 일본이 중국에게 영속적인 커다란 불안이 될 것임에는 의심의 여지가 없다.[40]

육중한 몸으로 느릿느릿 걸어가는 서방의 거인, 갈수록 껍데기뿐이 건만 그래도 지존을 가장하는 그 거인을 보면서, 일본은 중국을 제치고 아시아의 지배 세력이 되려는 꿈을 꾸기 시작했다. 이처럼 치열한 주도권 싸움이 전면에 드러나게 된 장소는 주변 대국의 야망이 교차했던 땅, 바로 조선이라는 나라에서였다.

조선

중국 제국은 광대했지만 남의 일에 끼어들지는 않았다. 조공을 바치고 중국의 종주권을 인정하라고 요구했지만, 조공은 다분히 상징적이었고 종주권이 행사된 방식을 보면 제국 내의 자치나 완전 독립이나 별반 다름이 없었다. 독립의 열망이 치열했던 조선은 19세기에 이르기까지 북방과 서방의 중국이란 거인을 실용적으로 수락하는 단계에 와 있었다. 조선은 이론적으로는 중국의 조공국이었고, 조선 왕들은 정기적으로 베이징에 공물을 보냈다. 또 조선은 유교적 도덕규범을 채택했고 공식적인 의사소통에 한자를 사용했다. 한편 베이징으로서는 한반도가 중국에 대한 잠재적인 해상 공격의 통로로 사용할 수 있는 지리적 위치였기 때문에, 한반도 사태에 지대한 관심을 보였다. 일본이 전략적 필수 사항을 구상하는 데 조선은 이런저런 방식으로 거울상(mirror image) 역할을 했다. 일본 또한 외세가 조선을 지배하는 것을 잠재적인 위협으로 간주했다. 아시아 본토에서 일본을 향해 삐죽이 솟아나온 한반도의 위치 때문에, 몽골은 일본 열도에 대한 두 차례의 공격을 시도하면서 이미 그것을 론칭 포인트로 이용하지 않았던가. 이제 중국의 영향력이 쇠퇴하자, 일본은 한반도에 지배적 입지를 굳히려 했으며, 자신들의 경제, 정치적인 주장을 내세우기 시작했다.

1870년대와 1880년대 내내 중국과 일본은 한양에서 일련의 궁중 음모를 벌이면서, 왕실과 얽인 여러 파벌에 대한 영향력을 행사하려고 서로 다투었다. 외세의 탐욕이 자신들을 괴롭히고 있음을 조선이 깨닫자, 이홍장은 조선의 통치자들이 중국의 경험에서 교훈을 얻으라고 충고했다. 즉 잠재적인 침략자들을 오히려 초청함으로써 그들 사이의 경쟁을 부추기라는 것이었다. 조선의 한 고위 관리에게 보낸 1879년의 서찰에서 이홍장은 조선이 지리적으로 멀리 떨어진 오랑캐, 특히 미국에게 지원을 요청하라고 조언했다.

문을 걸어 잠그고 조용하게 있는 것이 어려운 문제를 피하는 가장 간단한 방법이라고 말할 수도 있습니다. 하나, 오호라, 동양이 처한 상황에서는 불가능합니다. 일본의 팽창주의 움직임을 저지한다는 것은 인간의 힘으로는 불가능합니다. 귀국의 조정 또한 그들과 상무 조약을 맺음으로써 강제에 의해 새로운 시대를 열지 않았습니까? 따라서 작금의 사태를 보건대, 하나의 독으로 다른 독을 중화시키고, 하나의 힘으로 다른 힘을 대항케 함이 우리에게 최선의 방책이 아니겠습니까?[41]

이러한 기반에서 이홍장은 조선이 "기회가 오는 대로 서양과 조약 관계를 맺고, 이를 이용하여 일본을 통제할 것"을 제안했다. 그와 동시에 서구와의 교역은 아편이나 기독교 같은 "인간을 부패시키는 영향력"도 함께 가져올 것이며, 서구 열강의 "유일한 목적이 조선과의 교역"임에 반해서 일본과 러시아는 영토 확장을 추구할 것이라는 경고도 빠뜨리지 않았다. 그러므로 하나하나의 외세가 제기하는 여러 가지 위험을 저울질하여 어느 누구도 지배적 입지를 강화하지 못하도록 균형을 맞추는 데 목표를 두어야 할 것이라 했다. "상대의 힘을 익히 알고 계시므로, 모든 방법을 동원하여 그들을 분리시키십시오. 신중히 움직이고 계략을 쓰신다면, 스스로 탁월한 전략가임을 증명해 보일 것입니다."[42] 그는 조선을 향한 중국의 관심사에 대해서는 언급을 피했다. 중국의 군주적 지위는 다른 외세와 동일한 성격의 위협이 아니란 사실을 당연하게 생각했거나, 혹은 조선을 외세로부터 해방시켜 줄 수 있는 실질적 방법을 중국이 갖고 있지 않다고 결론 내렸기 때문이었으리라.

서로 조선과의 특별한 관계를 주장하는 중국과 일본이 점점 양립할 수 없게 된 것은 불가피했다. 1894년 조선에서 반란이 일어나자* 일본

---

* 동학 농민 운동을 말한다.

과 중국은 모두 군대를 파견했다. 결국 일본이 조선 왕을 볼모로 잡고 친일 성격의 정부를 세운다. 베이징과 도쿄의 민족주의자들은 각각 전쟁을 촉구했다. 하지만 일본만이 근대적인 해군력의 혜택을 누리고 있었고, 중국은 애초 해군 근대화를 위해 모았던 자금마저 황실의 여름 별궁을 개축하는 데 써 버린 상황이었다.

반란이 일어난 지 몇 시간 안에 일본은 변변치 못한 자금으로 견디고 있던 중국 해군을 괴멸시켰다. 수십 년 동안의 자강 노력이 일군 현저한 성과였다. 시시때때로 강요에 의해 뒤로 물러나 있던 이홍장은 다시 조정의 부름을 받고 일본 시모노세키로 파견되어 화평 조약을 협상해야 했다. 군사적인 재앙으로부터 중국의 위신을 지키려는 불가능에 가까운 임무였다. 전쟁에서 우위를 점한 쪽일수록 타결을 늦추려 할 동기가 종종 있는 법. 특히 하루하루가 지날수록 협상의 입지가 더욱 나아진다면 그런 동기는 더 커진다. 중국 측 대표가 연이어 내놓은 제안을 일본이 의전상의 이유로 계속 거절함으로써 중국에 굴욕감을 한층 더 안긴 이유도 바로 그것이다. 지금까지 중국 외교관은 하늘이 내린 특권의 화신이요, 따라서 중국 내 직위가 무엇이든 간에 다른 모든 직위를 압도한다고 했던 제국을 향한 의도적인 모독이 아닐 수 없었다.

시모노세키에서 협의한 조건들은 천하 지존이라는 중국의 비전에 대한 잔인한 충격이었다. 중국은 타이완을 일본에 할양하지 않을 수 없었다. 조선과의 조공 의례를 그만두고 조선의 독립을 인정해야(실질적으로 조선을 한층 더 일본의 영향권 아래 두어야) 했으며, 전쟁으로 인한 막대한 손해 배상을 지불해야 했고, 전략적 요충지인 다롄과 뤼순을 포함한 만주 지역의 랴오둥 반도를 일본에 넘겨주어야 했다. 일본의 한 민족주의자가 이홍장을 암살하려고 발사한 한 발의 총알만이 중국을 더 심한 굴욕적 결과에서 구해 주었다. 협상 현장에서 그의 얼굴을 스쳐 간 그 총알은 일본 정부의 체면을 깎았고, 결국 폭넓은 요구 사항 가운데 몇 가지를 포기하게 만들었으니 말이다.

이홍장은 병원에 누워서도 협상을 계속했다. 결코 그런 모욕에 굴하지 않는다는 것을 보여 주고 싶었던 것이다. 그는 협상이 진전되는 와중에도 중국 외교관들이 중국에 관심을 지닌 열강 국가들(특히 러시아)과 접촉하고 있음을 잘 알고 있었다. 태평양을 향한 그 열강의 팽창은 1860년 전쟁이 끝난 이래로 중국의 외교가 취급해 오고 있었다. 이홍장의 스토이시즘은 그런 사실에 의해서 영향을 받았을지도 모른다. 그는 조선과 만주에서의 러시아, 일본 간 경쟁을 예견했으며, 1894년에는 휘하의 외교관들에게 러시아를 극도로 민감하게 다루라고 지시했다. 그는 시모노세키에서 귀국하자마자 러시아, 프랑스, 독일을 연결하는 '삼국 간섭(三國干涉)'을 러시아가 주도하겠다는 확약을 받아 냈고, 그 결과 일본에게 랴오둥 반도를 중국에 반환하지 않을 수 없도록 압박했다.

이 책략은 지대한 파급 효과를 몰고 왔다. 다시 한 번 모스크바가 중·소 우호 관계의 새로운(이젠 확고해진) 해석을 몸소 실행했기 때문이다. 그리고 러시아는 그런 서비스의 대가로 중국 땅의 또 다른 거대한 일부분에 대해 특권을 얻어 냈다. 물론 이번에는 러시아도 노골적으로 특권을 차지하지 않을 만큼 세심해져서 삼국 간섭이 끝난 다음 이홍장을 모스크바로 불러 비밀 조약을 체결했다. 그런데 여기에, 일본의 추가적인 공격으로부터 중국의 안보를 보장하기 위해 러시아는 만주 땅에 시베리아 횡단 철도를 연장하여 건설한다는 교묘하고도 명백하게 탐욕스러운 조항이 담겨 있었다. 이 비밀 협약에서 러시아는 "중국 영토의 침해를 위한 핑계로, 혹은 중국 황제 폐하의 합법적 권리와 특전을 침탈하기 위한 구실로"[43] 횡단 철도를 사용하지 않겠노라고 서약했다. 그러나 모스크바는 바로 그런 짓을 저지르기 시작했다. 불가피하겠지만 일단 철도가 건설되자, 러시아는 그 주위 지역의 투자를 보호하기 위해 러시아 군대가 필요하다고 주장했던 것이다. 불과 몇 년 사이에 러시아는 일본이 토해 낼 수밖에 없었던 그 지역에 대한 통제권을 얻어 냈고, 나아가 훨씬 더 많은 것을 얻었다.

이 점은 이홍장이 남긴 유산 가운데 가장 분쟁의 소지가 많다. 삼국 간섭은 적어도 일시적으로는 일본의 전진을 가로막았지만, 대신 러시아가 만주에 지배적 영향력을 행사하게 되었으니 말이다. 만주 땅에 차르의 영향권이 확립되자, 다른 모든 열강도 이에 견줄 만한 할양을 받아 내려고 서로 아우성이었다. 다른 나라가 앞선다 싶으면 너 나 할 것 없이 들고일어났다. 독일은 산둥 성의 칭다오를 점령했으며, 프랑스는 광둥의 땅덩어리를 차지하고 베트남을 한층 더 확고하게 장악했다. 영국은 홍콩 북부의 신제(新界)로 영토를 넓히고 뤼순 맞은편의 해군 기지를 획득했다.

오랑캐들 사이의 균형을 맞추는 전략은 어느 정도까지는 먹혀들어 갔다. 어느 누구도 중국 땅에서 절대적 우위를 차지하지 못했고, 그 틈바구니에서 베이징 정부는 기능을 할 수 있었다. 그러나 외부의 세력을 끌어들여 중국 땅에서 그들의 세력 균형 술책을 실시함으로써 중국의 정수(精髓)를 구하겠다는 영리한 작전은, 오로지 남들이 가벼이 볼 수 없을 정도로 중국이 강력할 때에만 장기적으로 성공할 수 있었다. 그런데 중앙 통제를 위한 중국의 장악력은 이미 해체 중이었다.

1930년대의 히틀러에 대한 서구 민주주의의 대응 이래로, 유화 정책은 하나의 비난 혹은 욕설이 되었다. 그렇지만 대치(對峙)란 것은 단지 약자가 자신의 패배를 강자가 인내하지 못할 정도로 값비싸게 만들 수 있을 때에만 비로소 안전하게 추구할 수 있다. 이도 저도 아니라면 어느 정도의 타협만이 사려 깊은 방안이다. 불행하게도 민주주의 국가들은 군사적으로 더 힘이 강했을 때 타협을 해 버렸다. 하지만 유화는 또한 정치적으로 위험하고 사회의 응집력에 타격을 줄 수 있다. 지도자들이 승자의 요구에 굴복하는 것처럼 보이더라도 그들에 대한 대중의 신임이 유지되어야 하기 때문이다.

유럽, 러시아, 일본의 탐욕과 중국 황실의 고집불통 불감증 사이를 어떻게든 조화시키려 했던 수십 년의 기간 동안, 이홍장의 딜레마는 바로 그런 것이었다. 후세의 중국인들은 이홍장의 재주를 인정했지만, 그가 승낙했던 할양에 (무엇보다도 타이완을 일본에 넘겨준 것과 러시아와 일본을 위한 할양에) 대해서는 평가가 엇갈리거나 적대적이었다. 그런 정책은 자부심에 넘친 사회의 위엄을 거슬렸던 것이다. 그런데도 한 세기에 걸친 식민지 확장 세력이 타깃으로 삼았던 다른 모든 나라가 속국으로 전락했지만, 중국만큼은 그 덕택에 주권의 여러 가지 요소를 (아무리 허약해졌다 하더라도) 보존할 수 있었다. 수모에 적응하는 것처럼 보이면서, 중국은 수모를 이겨 냈던 것이다.

이홍장은 1901년 죽기 직전, 서태후에게 보낸 애절한 서한에서 자신의 외교를 추동하는 힘을 이렇게 요약했다.

중국이 영광스러운 승전을 이끌 수 있다면 제가 얼마나 크게 기뻐할 것인지 굳이 말씀드릴 필요도 없습니다. 저 오랑캐 나라들이 마침내 순종하면서 우리에게 예속되고 황제 폐하에게 충성을 다하는 모습을 본다면, 제 인생의 황혼에 커다란 즐거움일 것입니다. 그러나 불행하게도 저는 중국이 그러한 기업을 이룩할 수 없다는 서글픈 사실, 우리의 힘이 도무지 그런 기업을 맡을 수 없다는 서글픈 사실을 인정하지 않을 수 없습니다.

주로 우리 제국의 온전함에 영향을 끼치는 의구심을 감안하건대, 과연 어느 누가 값비싼 도자기의 옆에 있는 생쥐를 잡겠다고 미사일을 쏘는 우를 범하겠습니까?"

만주에서 러시아와 일본을 꼬드겨 맞붙게 만드는 전략은, 양측이 점진적으로 상대를 시험하게 되는 하나의 라이벌 관계를 만들어 냈다. 냉혹한 영토 확장을 추구한 러시아는 중국을 착취하고 있던 여러 나라의 암묵적 합의를 저버렸는데, 그것은 각자의 요구 사항과 중국의 지속적인 자주권 사이에 어느 정도의 균형을 유지하자는 합의였다.

중국 북부에서 일본과 러시아의 주장이 충돌하면서 1904년의 주도권 전쟁으로 이어졌고, 이는 결국 일본의 승리로 끝났다. 1905년 체결된 포츠머스 조약으로 일본은 조선(그리고 잠재적으로는 만주)에서의 지배적 입지를 확보했다. 미국의 시어도어 루스벨트 대통령의 중재가 없었더라면 일본의 승전은 이보다 더 많은 것을 가능하게 만들었을 터이다. 그가 세력 균형의 원칙에 기반을 두고 러·일 전쟁의 종결을 중재함으로써(미국 외교사에서 극히 드문 예이지만) 일본은 만주를 집어삼키지 못하도록 저지당했고 아시아에서의 균형 상태가 보존될 수 있었다. 아시아에서 한풀 꺾인 러시아는 전략적 우선순위를 다시 유럽으로 돌렸으며, 이 과정이 1차 세계 대전의 발발을 앞당겼다.

의화단 사건과 새로운 전국 시대

19세기 말에 이르면 중국식 세계 질서는 완전히 뒤죽박죽이 되고 만다. 베이징의 황궁은 더는 중국의 문화나 자치를 보호하는 의미 있는 요소로서의 기능을 갖추지 못했던 것이다. 들끓던 백성들의 좌절감은 1898년 이른바 의화단 사건으로 폭발하고 말았다. 일종의 고대 신비주의를 실행하고 외국인들의 총알을 맞아도 신기하게 죽지 않는다는 주장을 펼쳤던 의화단원들은 외세에 대항하여 난폭한 소요를 일삼고 스스로 만든 새로운 질서의 상징을 내세웠다. 전통적으로 무술을 연마했기 때문에 영어로 '복서(Boxer)'라고 불렸는데 외교관, 중국인 기독교도, 철도, 유선 전신, 서양 학교 등 모든 것이 공격의 대상이었다. 만주인들의 궁중이 (사실 그 자체가 '외세'에 의해 세워진 데다가 더는 딱히 효율적이지도 않았으니) 그들의 다음 목표가 될 위험에 처했다고 판단한 서태후는 의화단을 옹호하면서 그들의 공격을 추켜세웠다. 분쟁의 진원지는 다시 한 번 말 많고 탈 많은 베이징의 외국 대사관이 되었고, 마침내 1900년 봄 의화단이 이들을 포위했다. 멸시, 저항, 고뇌에 찬 화해 등을 오가던 한 세기가 지나고 중국은 이제 모든 외세와 동시에 전쟁을 치르게 된 것이다.[45]

그 결과는 또 한 차례의 혹독한 패배였다. 프랑스, 영국, 미국, 일본, 러시아, 독일, 오스트리아-헝가리, 이탈리아의 8개국이 연합한 원정군이 대사관에 대한 포위를 풀기 위해 1900년 8월 베이징에 도착했다. 의화단과 청 군대의 연맹을 진압한 다음 (그리고 수도를 거의 초토화한 다음) 그들은 또 하나의 '불평등' 조약을 맺고 중국이 현금으로 손해 배상금을 물게 하는 한편 추가적인 점령권을 허락하도록 만들었다.[46]

외국군이 거듭해서 중국의 수도를 짓밟아도 이를 미리 막을 수 없는 왕조, 중국 영토에 대한 외세의 침탈을 저지할 수 없는 왕조는, 두말할 것도 없이 천명을 잃어버린 것이다. 서구와의 첫 번째 충돌 이래로 무려 70년 동안 놀랍게도 그 존재를 이어 왔던 청 왕조는 마침내 1912년 몰락하고 만다.

중국의 중앙 권력은 다시금 산산조각 나고, 나라는 또 한 차례 전국 시대에 접어들었다. 중국인들의 공화국은 탄생할 때부터 심각한 분열 상태였고, 위험한 국제 환경 속으로 내던져졌다. 그렇지만 민주주의의 덕목을 실천할 기회는 전혀 없었다. 민족주의 지도자 쑨원이 1912년 1월 새 공화국의 대총통으로 선출되었다. 그러나 불과 취임 6주 만에 마치 제국의 통일을 관장하는 무슨 신비한 법칙을 따르기라도 하듯, 쑨원은 중국을 하나로 통일할 수 있는 유일한 군대 지휘관 위안스카이를 추종했다. 1916년 위안스카이가 새 왕조를 선포했다가 실패로 끝난 다음, 정치권력은 지방 토호와 군벌의 손에 넘어갔다. 그사이 중국 심장부에서는 1921년 새로이 설립된 중국 공산당이 일종의 예비 정부 혹은 그림자 정부를 운영하면서, 이와 함께 세계적인 공산주의 운동과 대체로 노선을 같이하는 사회 질서를 확립하고 있었다. 이처럼 정치적 야망을 품은 자들은 각각 통치권을 주장했지만, 어느 누구도 다른 세력을 압도하는 힘을 지니지는 못했다.

만인이 인정하는 중앙 권력이 결여된 가운데 중국에는 전통적 외교를 수행할 수 있는 도구가 없었다. 1920년대 말에 이르면 장제스가 이끄는 국민당이 옛 청나라의 영토 전체를 형식적으로 통치하게 된다. 그러나 실상 중국 땅에 대한 전통적인 특권은 갈수록 심한 도전에 직면한다.

전쟁 수행으로 피폐해지고 윌슨 대통령의 민족 자결주의에 영향을 받은 서구 열강은 더는 중국에서 자신들의 영향권을 확대할 입장이 아니었다. 오히려 기존의 영향권조차 간신히 유지할까 말까 하는 처지였다. 러시아는 자국의 혁명을 마무리하는 단계라 더 이상의 팽창을 추구할 수 없었다. 독일은 식민지를 완전히 빼앗겨 버렸다.

중국에서 일찍이 압도적 위치를 추구했던 나라 중에서는 단 하나만

이(중국의 독립에는 가장 위험했지만) 덩그러니 남게 되었으니, 바로 일본이었다. 중국은 스스로를 방어할 힘이 없었다. 군사적으로 일본과 평형을 유지해 줄 수 있는 다른 나라도 없었다. 1차 세계 대전에서 독일이 패한 후, 일본은 한때 독일이 할양받았던 산둥을 차지했다. 1932년 도쿄는 일본의 압도적 영향력 아래 만주국이라는 분리주의 국가를 만주에 옹립하는 획책을 꾀했다. 그리고 1937년 중국 동부의 대부분을 정복하려는 계획에 착수하게 된다.

이제 일본은 이전의 정복자들과 동일한 입장에 놓이게 되었다. 그처럼 방대한 국가를 정복한다는 자체도 벌써 힘든 노릇이거니와, 그 문화적 계율의 일부분에 의존하지 않고서 그 나라를 통치한다는 것은 불가능했다. 하지만 자신들의 제도가 지닌 독특성을 자랑하는 일본은 결코 중국 문화에 의존할 준비가 되어 있지 않았다. 미국이 지지하는 유럽 국가를 비롯하여 이제 예전의 파트너들도 우선은 정치적으로, 다음에는 군사적으로 일본을 반대하기 시작했다. 이는 말하자면 자강(自强) 외교 정책의 정점으로, 과거의 식민 통치 국가들이 힘을 합쳐 이제는 '온전한 하나의 중국'이란 당위성을 주장하고 나선 것이다.

이러한 노력에 미국이 앞장섰으며, 그 도구는 1899년 국무 장관 존 헤이가 선언했던 문호 개방 정책이었다. 이 정책은 원래 다른 국가들이 제국주의에게서 누렸던 혜택을 미국도 주장하려는 의도에서 입안되었지만, 1930년대 들어서 중국의 독립을 보존하기 위한 방편으로 변했다. 서구 열강도 이런 노력에 동참했다. 만약 중국이 2차 세계 대전에서 살아남고 다시 한 번 통일을 이룩한다면, 이제 중국은 제국주의의 그림자에서 벗어날 수도 있을 터였다.

1945년 일본이 마침내 항복했을 때, 중국은 처절히 파괴되고 국론은 분열된 상태였다. 국민당과 공산당은 모두 중앙 핵심 권력이 되려고 기를 썼다. 200만에 이르는 일본군 병력이 아직 중국 땅에서 송환을 기다리고 있었다. 소련은 국민당을 인정하면서도, 공산당에게 무기를 공급하면서 선택의 여지를 남겨 두고 있었다. 아울러 한때 자신들이 식민 세력으로서 주장했던 바를 일부라도 회복하기 위해서 중국이 요청하지도 않은 대규모 군대를 중국 북동부로 급파한 상황이었다. 덕분에 신장에 대한 베이징의 (그렇잖아도 미약한) 통제권은 한층 더 힘을 잃었고, 티베트와 몽골은 각각 영제국과 소련의 영향 아래 준자치의 땅으로 굳어졌다.

미국의 여론은 전시 동맹이었던 장제스를 동정했다. 그러나 장제스는 이미 외세에 의해 산산조각이 난 국가의 작은 일부분만을 통치하고 있었다. 중국은 전후 세계의 틀을 짤 '빅 파이브(Big Five)' 가운데 하나로 간주되었고, 유엔 안전 보장 이사회에서 거부권도 주어졌다. 5개국 중에서 이 같은 임무를 수행할 힘을 지니고 있는 것은 오직 미국과 소련뿐이었다.

이후 중국은 다시 한 번 내란의 소용돌이에 휩싸인다. 워싱턴은 그런 내부 갈등에 통상적으로 대응하는 표준 해법을 적용하려 했다. 하지만 그것은 당시에도 몇 번씩이나 실패했고 이후 몇십 년 동안에도 실패한 해결책이었다. 요컨대 20년씩이나 서로 싸워 왔던 국민당과 공산당의 합작을 촉구하는 것이었다. 패트릭 헐리 미국 대사는 1945년 9월 국민당 본거지인 충칭에서 장제스와 공산당 지도자 마오쩌둥 사이의 회담을 주선했다. 두 사람은 최후의 일전에 대비하면서 충실하게 회담에 임했다.

헐리의 회담이 끝나자마자 양측은 적대의 불길을 다시 뿜기 시작했다. 장제스의 국민당 군대는 도시를 지키는 전략을 택한 대신, 마오쩌둥의 게릴라군은 지방에 기반을 잡았으며, 양쪽 모두 '웨이치' 포위 전략을 이용하여 상대를 에워싸려 노력했다.[47] 미국이 개입하여 국민당을 지원해야 한다는 요구가 거센 가운데, 해리 트루먼 대통령은 조지 마셜 장군을 중국으로 보내 양측의 협력을 촉구하는 노력을 1년간 계속하게 했다. 이 기간 동안 국민당의 군사적 입지는 붕괴하고 만다.

본토에서 공산당에게 패한 국민당 부대는 1949년 타이완 섬으로 퇴각했다. 이때 국민당은 군사 조직과 정치 계급, 그리고 (황궁에 모아 두었던 중국 예술과 문화의 보물을 포함하여) 국가 권위의 잔재를 모두 가지고 왔다.[48] 그들은 중화민국의 수도가 타이베이로 이전되었음을 선포하고, 힘을 아껴 언젠가는 본토로 돌아갈 것이라고 주장했다. 그리고 그들은 유엔 안전 보장 이사회 내 중국 의석도 보존했다.

한편 중국은 새로이 선포된 중화인민공화국의 이름 아래 다시 통일되었다. 공산주의 중국이 새로운 세계로 첫발을 내디딘 것인데, 이것은 구조상으로는 새로운 왕조였으며, 실질적으로는 중국 역사상 처음으로 모습을 드러낸 이데올로기였다. 전략적으로 보면 중국은 열두어 개의 이웃과 인접해 있었고, 국경은 열려 있었으며, 각각의 잠재적 위협에 동시에 대처할 수 있는 수단은 불충분했다. 기나긴 역사에서 중국이 항상 맞닥뜨렸던 것과 똑같은 도전이었다. 이 모든 우려보다도 더욱 큰 문제는, 2차 세계 대전이 끝나면서 자신감에 넘치는 슈퍼파워로 등장한 미국이 아시아 사안에 개입하는 것을 중국의 새 지도층이 지켜봐야 한다는 사실이었다. 미국은 중국 내전에서 공산주의가 승리하는 것을 보면서 취했던 수동적 입장을 재고(再考)하던 터였다. 과거의 경험과 미래의 요구 사이에 균형을 이루는 것은 모든 정치인이 필요로 하는 바이다. 마오쩌둥과 공산당이 막 넘겨받은 중국에서는 다른 그 어디에서보다도 그러한 균형이 절실했다.

4

계속되는 마오쩌둥의 혁명

수천 년에 걸친 중국의 역사 속에서 새로운 왕조가 탄생하면 하나의 또렷한 리듬이 만들어졌다. 낡은 왕조는 중국 백성의 안위를 보호한다든지 그들의 근본적인 열망을 충족시킨다는 책무에 실패한 것으로 인식되기 시작한다. 단 하나의 재난이 가져온 결과인 경우는 거의 없고, 흔히 일련의 재앙이 남긴 충격이 누적된 것이지만, 기존의 왕조는 중국인들이 보기에 '천명'을 잃어버리곤 했다. 반면 새로운 왕조는 그런 책무를 성취한 것으로 간주되었다. 왕조가 건설되었다는 사실 자체가 한 가지 이유였을 테지만 말이다.

중국의 극적인 역사 속에 이러한 종류의 혼란은 수도 없었다. 그러나 새로운 통치자가 사회 전체의 가치관 체제를 완전히 뒤집어엎자고 제안하는 일은 단 한 번도 없었다. 예로부터 스스로 '천명'을 받았다고 주장했던 사람들은, 심지어(아니, 특히) 외국인 정복자들은 자신이 빼앗은 사회의 옛 가치관을 그대로 이어받고 그 교훈에 따라 통치함으로써 스스로를 합법화했다. 다른 어떤 나라보다도 인구가 많고 풍요로운 나라를 통치한다는 목적만을 위해서라도 그들은 물려받은 관료 체제를 유지했다. 이러한 전통이야말로 중국화 과정의 메커니즘이었다. 그리고 그것은 유교를 치국의 독트린으로 확립했다.

1949년 농촌에서 쏟아져 나와 도시를 접수했던 이 새로운 왕조의 최정상에는 마오쩌둥이라는 한 거인이 서 있었다. 영향력에서는 압도적으로 사람들 위에 군림했고, 가차 없고도 냉랭하며, 시인인 동시에 전사요, 예언자이면서 재앙이기도 했던 마오쩌둥은 중국을 통일한 사람이기도 했지만 하마터면 중국의 시민 사회를 박살낼 뻔했던 여정의 발단이기도 했다. 이 혹독한 시련이 끝날 즈음, 중국은 세계의 주요 강국 가운데 하나이면서, 쿠바, 북한, 베트남을 제외하고는 지구상의 유일한 공산주의 국가로 우뚝 서게 되었고, 그 정치적 얼개는 다른 모든 공산주의 국가들이 붕괴되었음에도 꿋꿋이 살아남았다.

마오쩌둥과 '대동'

혁명가들은 그 속성상 파워풀하고 외곬의 품격을 지닌다. 그들은 거의 예외 없이 정치적 환경에 맞선 나약한 입장에서 출발한다. 성공을 위해서는 카리스마와 대중의 원성(怨聲)을 동원하는 능력, 그리고 쇠락하는 적의 심리적 약점을 이용하는 능력에 의존한다.

대부분의 혁명은 특정의 명분을 대신하여 일어났다. 일단 성공을 거두면 새로운 시스템이나 질서 속에 녹아들었다. 마오쩌둥의 혁명에는 최후의 안식처가 없었다. 그가 선언했던 '대동(大同)'이라는 궁극의 목표는 모호한 비전이었고, 정치적 재건이라기보다는 영적인 고양에 가까웠다. 또 공산당 간부들은 그 사제였으며, 다만 맡은 임무가 어떤 정해진 프로그램의 완수가 아니라 운동을 벌이는 것이었다. 마오쩌둥 휘하의 간부들은 또한 지옥의 문턱에 서 있는 삶을 영위했다. 그들이 퍼뜨리라고 사주를 받았던 바로 그 혼란에 휩쓸려 들어갈 수 있는 위험을 항상 안고 살아야 했다. 위험은 시간이 흐르면서 거의 확실한 일로 변했다. 2세대(덩샤오핑 세대) 지도자들은 거의 모두 그러한 운명을 감내했다가, 각 개인의 엄청난 시련기가 끝나고서야 비로소 권력에 복귀했다. 혁명 기간 중 마오쩌둥과 가까웠던 모든 동료는 결국 숙청당하고 말았다. 종국에는 총리로서 오랫동안 그를 보필했고 주요 외교관이기도 했던 저우언라이까지 포함해서 말이다.

마오쩌둥이 가장 흠모했던 중국의 통치자가 진시황이라는 것은 우연이 아니었다. 진시황은 다른 모든 경쟁자를 물리치고 기원전 221년에 그들을 단일 정치 체제 속으로 흡수함으로써 전국 시대를 종결지은 인물이다. 진시황은 일반적으로 통일 국가로서의 중국을 설립한 사람으로 간주된다. 하지만 그는 유교 서적을 불태우고 460명의 학자들을 산 채로 매장한 분서갱유 사건 때문에 중국 역사에서 절대적인 존경을 받은 적이 없다. 마오쩌둥은 이렇게 말한 적이 있다. "중국을 통치하는 기업은 마르크스와 진시황의 방식을 결합해야만 가능하다." 그는 또 시를 지어 진시황을 애도하기도 했다.

진시황을 비난하지 마시오. 선생
분서는 다시 한 번 심사숙고해야 할 일이니까
우리 선조들의 용(龍)은 비록 죽었어도 영(靈)으로 살아 있지만

공자는 비록 유명하나 정녕 아무도 아니었소
진의 질서는 대대손손 살아남았다오[1]

마오쩌둥의 중국은 고의적으로 영속적인 위기를 안고 있는 나라였다. 공산당 통치의 초기에서부터 마오쩌둥은 끊임없이 투쟁을 벌였다. 중국인들은 결코 자신들의 성취에 만족하며 안위를 허락받지 못할 터였다. 마오쩌둥이 중국인들에게 처방해 준 숙명은 미덕을 행함으로써 사회와 스스로를 정화하는 것이었으니 말이다. 마오쩌둥은 중국이 하나로 통일된 이래, 국가 정책의 의도적 행동으로서 중국의 전통을 갈기갈기 찢어발긴 첫 번째 통치자였다. 중국의 오랜 유산을 (때로는 난폭하게) 해체함으로써 중국을 다시 젊고 활기차게 만드는 사람으로 마오쩌둥은 자기 자신을 그렇게 인식했다. 1965년 그가 프랑스 철학자 앙드레 말로에게 선언했던 바와 같이 말이다.

지금 우리가 알고 있는 중국을 만들었던 사상, 문화, 관습 등은 사라져야 한다. 그리고 아직 존재하지 않는 중국 프롤레타리아의 사상, 관습, 문화가 나타나야만 한다. …… 사상, 문화, 관습은 투쟁에서 태어나야 하며, 그 투쟁은 과거로 회귀할 위험이 여전히 있는 한 계속되어야 한다.[2]

낡은 질서를 타파하기 위해서, 그러나 동시에 민중의 에너지를 폭발시켜 훨씬 더 드높은 성취를 이룩하도록 고양하기 위해서, 중국은 하나의 원자처럼 '박살이 나야' 한다. 한때 마오쩌둥이 맹세했던 말이다.

이제 우리들의 열정에 불은 당겨졌다. 우리나라는 지금 활활 타오르는 불길에 휩싸인 열정의 나라이다. 이를 묘사할 멋진 은유가 있다. 우리나라는 하나의 원자이다. …… 이 원자 핵이 박살 날 때 거기서 방출되는 열에 너지는 정말로 어마어마한 힘을 가질 것이다. 예전에는 상상도 못한 일을 우리는 할 수 있을 것이다.[3]

이 과정의 한 부분으로서, 마오쩌둥은 전통적인 중국의 정치 사상에 대해 구석구석을 찌르는 공격을 감행했다. 유교 전통이 우주의 조화를 소중히 여기는 반면, 마오쩌둥은 내정(內政)에서나 국제 관계에서나(사실 그는 이 두 가지를 서로 연관된 것으로 봤고, 시시때때로 국외의 위기와 국내의 숙청 혹은 이념 분쟁을 짝지우기도 했다.) 혼란과 적대적 힘의 충돌을 이상화했다. 유교 전통은 중용의 원칙을 귀하게 여기고 균형과 절제를 키우라고 가르쳤다. 개혁이 생기더라도 점진적이었으며, 예전의 가치관을 '회복하는' 것으로 제시되었다. 이와는 대조적으로 마오쩌둥은 급진적이고 즉각적인 변화를 원했고, 과거와의 완벽한 결별을 추구했다. 전통적인 중국의 정치 이론은 군사력을 상대적으로 경시하고, 중국 통치자들은 미덕과 연민을 통해서 국내의 안정과 국외에서의 영향력을 달성한다고 주장했다. 그러나 마오쩌둥은, 자신의 이데올로기와 중국이 겪은 굴욕의 한 세기에서 동력을 얻어, 중국인의 삶을 전례 없이 군대화했다. 중국의 전통이 과거를 존중하고 풍부한 문학적 소양을 아꼈던 반면, 마오쩌둥은 중국의 전통 예술과 문화와 사고방식에 선전 포고를 했던 것이다.

그러나 마오쩌둥은 스스로 능숙하게 다루고 있노라고 주장한 변증법적 모순을 여러 가지 측면에서 구현했다. 그는 열정적이고 노골적으로 유교에 반대했으면서도, 중국 고전을 폭넓게 읽었으며 고대의 텍스트를 즐겨 인용하곤 했다. 또한 '지속적인 혁명'이란 원칙을 명백히 선언했으면서도, 국익을 위해 필요하다면 참을 줄도 알았고 장기적 관점에서 생각할 수도 있었다. '모순'을 요령껏 다루는 것이 그가 내세운 전략이었지만, 이 또한 '대동(온 누리가 번영하여 화평함)'이라는 유교적 개념에서 도출한 궁극적 목표에 봉사하는 것이었다.

그리하여 마오쩌둥의 통치는 거울을 통해 본 유교 전통의 또 다른 모습으로 변했고, 과거와의 완전한 결별을 선언하면서도 중국의 전통적 제도 중 상당 부분에 의존했다. 국가가 하나의 윤리적 '프로젝트'라는 생각, 마오쩌둥이 혐오해 마지않았고 때때로 파괴했으면서도 결국은 다시 만들지 않을 수 없었던 관료주의 같은 제국주의 스타일의 통치가 그런 제도에 포함되어 있었다.

마오쩌둥이 지닌 궁극적인 목표는 단 하나의 조직 구조로 표현할 수도 없었고, 어떤 특정한 정치 목적을 실현한다고 이루어지는 것도 아니었다. 그의 목표는 혁명 자체의 과정을 지속하는 것이었으며, 한층 더 거대한 혼란을 뚫고 이를 계속하되 인민들이 정화되고 변화된 모습으로 고난에서 헤어 나올 때까지는 결코 안위를 누리지 않는 것이 자신의 책무라고 느꼈다.

전복당한다는 것은 고통스러운 일이며, 전복당하는 자에게는 생각하기조차 힘든 노릇이다. 예컨대 지금 우리가 전복하고 있는 국민당 반동분자들이라든지, 우리가 다른 민족과 함께 얼마 전에 전복했던 일본 제국주의자들에게는 더더욱 그렇다. 그러나 노동 계급, 땀 흘려 노동하는 사람들, 그리고 공산당에게 주어진 질문은 전복당하느냐의 문제가 아니라, 열심히 노력하여 여러 계급과 국가 권력과 정당 따위가 자연스럽게 죽어 없어지고 인류가 '대동'의 영역으로 들어가게 될 환경을 만들어 주는 문제이다.[4]

전통적으로 중국에서는 황제가 살아 있는 모든 것의 '대동'을 위한 핵심 인물이었다. 황제는 덕을 펼침으로써 기존의 우주 질서를 유지하고 천(天), 지(地), 인(人) 사이의 평형을 유지하는 것으로 인식되었다. 중국적 관점에서 보면 반항하는 오랑캐를 '개화'시키고 그들을 무릎 꿇게 만드는 존재가 바로 황제였다. 황제가 유교적 계급 체계의 정상에 있었고, 만백성에게 사회 내 적절한 자리를 정해 주었던 것이다.

중국이 근세에 이르기까지도 서구적 의미의 '진보'라는 이상을 추구하지 않았던 까닭도 바로 여기에 있다. 중국에서 공직을 위한 자극(혹은 추동력)은 수정(修正)의 개념, 즉 위험한 불균형 상태에 놓인 사회에 질서를 가져다주는 것이었다. 공자도 사회가 소홀히 했던 심오한 진리를 재발견하고, 그로써 사회를 황금기로 이끌기 위한 노력을 자신의 책무로 선언했다.

그러나 마오쩌둥은 그 정반대에서 자신의 역할을 보았다. '대동'은 고통스러운 과정 끝에 오는 것이고, 그 과정을 거스르는 자들은 모두 희생될 수밖에 없었다. 마오쩌둥이 해석한 역사에서 유교 질서는 중국을 줄곧 나약하게 만들었고, 거기서 '조화'라는 것은 일종의 예속이었다. 진보는 오로지 국내외적으로 충돌하는 세력을 서로 맞붙게 하는 여러 차례의 잔혹한 시험을 거쳐서만 이룩될 터였다. 그리고 이러한 갈등이 스스로 모습을 드러내지 않는다 할지라도, 영속적인 혼란이, 필요하다면 스스로를 거스르는 혼란이라도 생기도록 만드는 것이 공산당과 그 지도자들의 의무였다.

1958년 대약진 운동으로 알려진 범국가적인 경제 집단화 프로그램이 시작될 즈음, 마오쩌둥은 끊임없이 움직이는 중국이란 자신의 비전을 개략적으로 설명했다. 혁명이라는 하나하나의 파도는 새로운 혼란에 유기적으로 선행하는 것이며, 혁명 분자들이 나태해지고 월계관을 깔고 앉아 휴식을 취하지 않게끔 그 혼란의 시작은 서둘러 이루어져야 한다는 것이다.

우리의 혁명은 실로 전투와 같다. 승리를 거둔 다음 우리는 곧바로 새로운 과업을 내놓아야 한다. 그래야만 간부들과 대중은 자만심이 아니라 영원한 혁명의 열정으로 넘쳐날 것이다. 사실 그들은 우쭐대는 마음이 생기더라도 자만할 시간 여유가 없을 것이다. 어깨에 새로운 과업을 지게 되어 그들은 완전히 그것을 수행하기 위한 여러 문제에 완전히 마음을 빼앗길 테니 말이다.[5]

혁명 간부들은 한층 더 어려운 도전을 한층 더 짧은 시간 내에 수행하는 시험을 받아야 했다. 마오쩌둥은 이렇게 썼다. "불안정은 보편적이고 객관적인 법칙이다."

끝이 없는 사이클은 불안정에서 평형을 향해 진화했다가 다시금 불안정으로 진화한다. 그러나 각각의 사이클은 우리를 좀 더 높은 단계의 발전으로 데려간다. 불안정은 정상이고 절대적인 반면, 평형이야말로 일시적이고 상대적이다.[6]

그러나 영속적인 혼란 가운데 있는 국가가 어떻게 국제적 시스템에 참여할 수 있을까? 만약 계속적인 혁명의 독트린을 곧이곧대로 적용한다면, 그 나라는 끊임없는 혼란과 틀림없이 전쟁에 휩싸이게 될 것이다. 안정을 소중히 여기는 나라들이 힘을 합쳐 맞설 것이기 때문이다. 하지만 만약 다른 나라들에도 개방된 국제 질서를 형성하려 든다면, 계속적인 혁명을 열렬히 지지하는 자들과의 충돌이 불가피하다.

바로 이 딜레마가 마오쩌둥을 평생토록 괴롭혔고, 궁극적으로는 해결되지도 않았다.

마오쩌둥과 국제 관계: 공성계와 중국의 억제, 그리고 심리적 우위의 추구

마오쩌둥은 권력을 장악하기 직전에 국제 문제를 바라보는 기본적 태도를 선포했다. 전국 인민 정치 협상 회의가 새로이 구성되기 전에 그는 지배적인 국제 질서에 대한 중국의 태도를 한마디로 요약했다. "중국이 떨치고 일어섰다."

> 우리의 과업이 인류 역사에 기록될 것이며, 인류의 4분의 1에 해당하는 중국인이 떨치고 일어서기 시작했다는 공통된 느낌을 우리는 지니고 있다. 중국인은 언제나 위대하고, 용감하며, 근면한 국민이었다. 그들이 뒤떨어진 것은 오로지 근대에 이르러서였고, 그것은 단지 해외 제국주의와 국내 반동적 정부의 억압과 착취 때문이었다. …… 우리 선조들은 우리에게 그들의 못다 한 과업을 완성시키라고 가르쳤다. 지금 우리는 바로 그 가르침을 이행하고 있다. 우리는 합심하여 인민 해방 전쟁과 인민의 위대한 혁명으로써 국내외 압제자들을 물리쳤고, 이제 중화인민공화국의 건립을 선포하는 바이다.[7]

1949년의 중국에게 세상을 향해 떨치고 일어서는 것은 까마득한 노릇이었다. 그때의 중국은 저개발 국가인 데다, 자원에서나 (다른 무엇보다) 기술에서 그들을 훨씬 앞선 세계에 대해서 자신들이 선호하는 바를 강요할 수 있는 군사적 능력도 없었다. 중국이 세계 무대에 등장했을 때 미국은 핵무기를 갖춘 주요 강대국이었고, 소련은 최초의 핵무기를 막 쏘아 올린 상태였다. 중국의 내전 기간 중 미국은 장제스를 지지했으며, 2차 세계 대전에서 일본이 항복한 다음에는 국민당 군대를 중국 북부의 도시로 수송하여 공산당 군대를 앞질러 차지하게 했다. 마오쩌둥이 승리하자 워싱턴은 실망을 금치 못했으며, 도대체 누구 때문에 중국을 '놓쳐 버렸는가'를 놓고 뜨거운 논쟁이 일기도 했다. 여기에는 어떤 의미가 함축되어 있는가? 결과를 뒤집어 보겠다는 최후의 시도가 적어도 베이징에서는 있었다는 것이다. 1950년 북한이 남한을 침공하자 트루먼 대통령이 제7함대를 타이완 해협으로 급파하여 중국 본토의 새 정부가 타이완을 다시 정복하려는 시도를 사전에 차단했다는 사실을 생각해 보면, 이것은 더욱 확실해진다.

소련은 이념적 우방이었고, 초기에는 미국과의 균형을 위한 전략적 파트너로서 필요했다. 그러나 중국의 지도자들은 러시아가 극동의 해안 지방을 자기네 소유로 확립하고 만주 및 신장에 특별히 영향력을 행사할 수 있는 지대를 만들기 위해 100년 동안 우려먹었던 일련의 '불평등 조약'을 잊지 않았다. 그뿐인가. 소련이 1945년 전시 협약에 의해서 장제스에게서 얻어 낸 북부의 할양지가 여전히 유효하다고 지금도 주장하고 있다는 사실도 잊지 않았다. 스탈린은 공산주의 세계에서 소련의 압도적 지위를 당연시하고 있었는데, 이는 마오쩌둥의 치열한 국수주의라든가 그가 주장하는 이념적 중요성과는 장기적으로 양립할 수 없는 입장이었다.

중국은 또한 히말라야 산맥에서 인도와 국경 분쟁에 휘말렸다. 서구에서는 악사이 친으로 알려진 영토와, 동쪽으로는 이른바 맥마흔 라인이 말썽이었다. 분쟁의 대상이 된 땅덩어리가 거의 12만 5000제곱킬로미터에 이르러, 어림잡아 펜실베이니아 주의 면적과도 같았다. 이것은 후일 마오쩌둥이 고위 지휘관들에게 지적했듯이 중국의 푸젠 성과도 맞먹었으니, 결코 사소한 사안이 아니었다.[8]

마오쩌둥은 이런 도전들을 두 개의 범주로 나누었다. 먼저 국내에서는 지속적인 혁명을 선포하고 점차로 전반적인 지배를 행사하게 되면서 시행할 수도 있었다. 한편 해외에서 세계 혁명은 하나의 슬로건이었고 아마도 장기적인 목표였겠지만, 중국 지도자들은 충분히 현실적이어서 이념적인 것을 빼면 현존하는 국제 질서에 도전할 수 있는 수단이 전혀 없다고 인식하고 있었다. 중국 내부에서 마오쩌둥은 자신이 극복하려고 투쟁하고 있는 중국인들의 몸에 배인 태도를 제외한다면 그의 철학적 비전에 대한 객관적 제약이 거의 없는 것으로 인식했다. 외교 정책 영역에서 그는 훨씬 더 신중했다.

1949년 공산당이 집권했을 때 상당히 많은 지역, 특히 티베트, 신장의 일부, 몽골의 일부, 그리고 미얀마의 국경 지역 등은 과거의 중국과 이미 결별한 상태였다. 북동 지역에서는 소련이 점령군과 뤼순 항에 전략적으로 배치된 함대를 포함하여 영향권을 유지하고 있었다. 과거 몇몇 왕조의 창시자와 마찬가지로, 마오쩌둥도 중국이 역사적으로 가장 확장되었을 때의 국경을 주장하고 나섰다. 타이완, 티베트, 신장, 몽골, 히말라야 산맥 및 북부의 국경 지대 등 마오쩌둥이 과거 중국의 일부로 간주했던 땅에 대해서는 국내 정치의 규범을 적용했다. 그는 물러서지 않았다. 그는 중국의 통치를 강요하려 했고 대체로 성공했다. 내란이 끝나자마자 마오쩌둥은 분리주의를 주장하는 지역부터 점령해 나갔으니, 신장과 내몽골, 그리고 결국 티베트 같은 곳이 해당한다. 이런 맥락에서 보면 타이완은 공산주의 이념의 시험이라기보다 오히려 중국 역사를 존중하라는 요구의 성격이 강했다. 마오쩌둥은 군사적인 조치를 삼갈 때조차도 19세기의 '불평등 조약'으로 내주었던 영토를 돌려달라고 닦달했다. 1860년과 1895년의 협상에서 잃었던 극동 러시아 영토의 반환 요구가 그 예에 속한다.

세계 여타 지역에 대해서 마오쩌둥은 이념적 투지와 심리적 인식으로써 물리적 힘을 대체하는 특수한 태도를 선보였다. 이는 중화사상의 세계관과 약간의 세계 혁명, 그리고 오랑캐를 조종하는 중국 전통을 사용하는 외교술 등으로 이루어졌으며, 꼼꼼한 계획과 상대를 심리적으로 압도하는 데 상당한 관심을 쏟았다.

중국이 수십 년의 혼동에서 회복하기 위해서는 주요 강대국을 회유해야 한다는 것을 서구 외교관들은 상식으로 간주했지만, 마오쩌둥은 이런 생각을 회피했다. 그는 약점처럼 보이는 것조차 절대 내비치지 않았으며 수락이 아니라 저항을 택했고, 중화인민공화국을 세운 후에는 서구 국가와의 접촉도 피했다.

중국의 초대 외교부 부장 저우언라이는 이처럼 냉담한 태도를 일련의 짧은 경구로 요약하기도 했다. 새로운 중국은 그저 기존의 외교 관계 속으로 슬쩍 들어갈 수는 없는 노릇이었다. 중국은 '별도의 부엌'을 마련할 것이고(另起炉灶), 새 정부와의 관계는 경우에 따라 각각 협상할 터였다. 새로운 중국은 '손님을 맞이하기 전에 집 안을 깨끗이 치울' 것이었다. 다시 말하면 서구의 '제국주의' 국가들과 외교 관계를 맺기 전에 식민주의의 잔재를 말끔히 청산하겠다는 거였다. "세계 인민을 뭉치기"위한 영향력을 행사할 터였다. 즉 개발 도상국의 혁명을 부추기겠다는 것이었다.'

외교 측면의 전통주의자들은 이처럼 냉담한 도전 태도를 '실행 불가능'으로 거부했지만, 마오쩌둥은 이념적(아니, 무엇보다 심리적) 요소의 객관적인 임팩트를 신뢰했다. 그래서 그는 초강대국들의 군사적 능력에 대해 면밀히 계산된 무관심을 보임으로써 그들과 심리적으로 대등해지자고 제안한 것이다.

중국의 전략적 전통을 보여 주는 전형적인 이야기 가운데 하나가 『삼국지』에 나오는 제갈량의 공성계(空城計)이다. 이 이야기에서 한 지휘관이 아군보다 월등히 강력한 군대가 다가오고 있음을 깨닫는다. 저항했다가는 파멸할 것이 불을 보듯 빠르고, 투항했다가는 미래의 통제를 상실할 것이므로, 그는 하나의 전략을 택한다. 그는 성문을 활짝 열고, 스스로 편하게 휴식하는 자세로 앉아 현악기를 뜯고, 그 뒤에서는 조금도 당황하거나 우려하는 기색 없이 정상적인 삶의 모습이 펼쳐진다. 침략해 오던 장수는 이 같은 침착함의 뒤에는 필시 무언가 복선이 깔려 있다고 해석하여, 진군을 멈추고 퇴각한다.

마오쩌둥이 핵전쟁의 위협에 대해 대놓고 무심했던 것은 물론 다분히 그러한 전통에 기인한 것이었다. 애초부터 중화인민공화국은 양대 핵 강국과의 삼각관계 속에서 곡예를 해야 했다. 두 강국은 개별적으로도 엄청난 위협일 뿐 아니라, 힘을 합친다면 중국을 뒤집어엎을 수도 있는 처지였으니 말이다. 마오쩌둥은 말하자면 존재하지도 않는 것처럼 가장함으로써 이 특이한 상황에 대처했던 것이다. 그는 중국이 핵 위협에 영향을 받지 않는다고 주장했고, 공산주의 이념이 좀 더 신속한 승리를 거둘 수만 있다면 수억 명의 목숨이 희생되는 것조차 기꺼이 수용하겠다는, 아니 차라리 환영하겠다는 공식적인 입장을 사실상 개진하기도 했다. 마오쩌둥은 핵전쟁에 대해 자신이 공표했던 것을 정말 믿었을까? 그건 뭐라 말할 수 없다. 그러나 자신의 말이 진지한 것이라고 온 세상이 믿도록 만드는 데는 틀림없이 성공했다. 그건 신뢰성의 마지막 테스트였다. 물론 중국의 경우 완전히 '공성'이었던 것은 아니다. 중국은 결국 스스로 소련이나 미국보다는 훨씬 소규모이긴 하나 핵무기 개발 능력을 개발했다.

마오쩌둥은 비교적 취약한 입장에서부터 장기적 목표를 이룩하는 중국식 국가 운영의 오랜 전통에 의지할 수 있었다. 중국의 정치인들은 수백 년에 걸쳐 '오랑캐'를 자신들에게 가까이 다가오지 못하게 떼어 놓는 관계 속으로 얽어 넣었으며, 외교적 수완을 통해 자신들이 우월하다는 정치적 허구를 조심스레 유지했다. 중화인민공화국 초기부터 중국은 세계 무대에서 객관적 국력보다 훨씬 큰 역할을 수행했다. 국가 유산의 정의를 수호했던 결과로 중화인민공화국은 비동맹 운동에서, 다시 말해 새로이 독립하여 강대국 사이에서 입지를 다지기 위해 애쓰는 나라들의 모임에서 막강한 영향력을 자랑하는 세력으로 대두되었다. 국내에서는 중국의 정체성을 재정립하고 외교적으로는 핵강대국들에 대해 (더러는 동시에, 더러는 연속적으로) 도전장을 던지면서, 중국은 결코 경시할 수 없는 강대국으로서의 면모를 확립했다.

이 같은 외교 어젠더를 추구하는 데 마오쩌둥은 레닌보다는 오히려 손자에게 빚진 바가 더 컸다. 그는 자신이 읽었던 중국 고전과 표면적으로는 경멸했던 전통에서부터 영감을 많이 받았다. 외교의 이니셔티브를 계획하면서 그는 마르크스주의 독트린보다는 오히려 전통적인 중국 문헌을 더 많이 참조했던 것 같다. 여기에는 유교의 텍스트를 비롯하여, 중국 황실의 흥망을 기록한 24사(史), 『손자병법』이나 『삼국지』 등 전쟁과 전략에 대한 문헌들, 『수호전』 같은 모험과 반항의 이야기, 그리고 마오쩌둥이 다섯 번이나 읽었다는 사랑과 궁중 모략의 이야기 『홍루몽』 등이 포함된다.[10] 유교 전통의 문관을 압제자 혹은 기생충이라면서 매도했던 마오쩌둥은 이를 반영하는 시와 철학적 에세이를 썼고, 자신의 특이한 서예를 대단히 자랑스러워했다. 이러한 문학, 예술의 요소는 정치적 노고에서 달아나기 위한 피난처가 아니라, 바로 그런 노고의 중요한 한 부분이었다. 1959년 마오쩌둥은 32년 만에 고향을 찾았는데, 이때 그는 마르크스주의나 물질주의적 시가 아니라 낭만적 성향의 시를 지었다. "우리의 결의를 확고히 하며, 감히 창천(蒼天)을 바꾸고, 태양조차 바꾸어, 신세계를 개척할 용기를 주는 것은 쓰디쓴 희생이 아니겠는가."[11]

이런 문학적 전통이 얼마나 깊이 새겨져 있었던지, 마오쩌둥의 외교 정책이 전환기를 맞이한 1969년 전략적 선택을 개략적으로 설명하라는 지시를 받은 네 명의 장군들은 『삼국지』를 인용함으로써 당시의 숙적 미국과의 관계를 개방할 필요가 있다고 천거했을 정도이다. 그때 이 작품은 중국에서 금서였지만, 장군들은 마오쩌둥이 이 책을 읽었다고 믿어 의심치 않았다. 중국의 고대 유산에 대한 마오쩌둥의 혹독한 공격이 한창 진행될 때도 마찬가지여서, 그는 대단히 전통적인 중국식 지략의 게임에 비추어 외교 정책 독트린의 틀을 짰다. 예컨대 그는 중국·인도 전쟁 초기의 움직임을 장기에서 따온 오랜 은유인 "한(漢)-초(楚) 국경을 건너다."라고 묘사했다.[12] 또 그는 중국의 전통 도박인 마작을 전략적 사고를 키우는 학교라 하여 지지하기도 했다. 그는 자신의 주치의에게 이렇게 말했다고 한다. "당신이 마작을 할 줄 안다면, 가능성의 원칙과 확실성의 원칙 사이에 어떤 관계가 있는지도 이해할 수 있을 텐데……."[13] 그리고 미국이나 소련과 분쟁이 생겼을 때도 마오쩌둥과 그의 참모진은 위협의 성격을 웨이치, 즉 전략적 포위를 방지하는 개념으로 이해했다.

강대국들이 마오쩌둥의 전략적 모티브를 이해하는 데 가장 어려웠던 점이 바로 이러한 전통적 양상이었다. 서구적 전략 분석이라는 렌즈를 통해 보면, 냉전 초기 30년 동안 베이징이 취한 군사적 조치의 대부분은 도저히 있을 수 없는 것이었으며, 적어도 서류상으로 보면 불가능한 상태였다. 통상 중국보다는 훨씬 강한 국가를 상대로, 북한, 타이완 해협의 섬들, 거주민도 별로 없는 히말라야 산맥 지역, 우수리 강의 얼어붙은 땅덩어리 등 전략적 중요도가 별로 없다고 간주되던 영토에서 벌어진 중국의 간섭이나 공격적 행위는 거의 모든 해외 관측통의 (그리고 당사국들의) 의표를 찔렀다. 마오쩌둥은 어떻게든 상대의 계산을 방해함으로써 (이념과는 상관없이) 어떤 한 세력이나 연합 세력에 의해 포위당하는 것과 미연에 방지하려는 의지를 다졌다. 그런 포위를 너무나 많은 바둑 '돌'이 중국을 에워싸는 것으로 인식했기 때문이다.

중국이 상대적으로 약했음에도 불구하고 한국 전쟁에 개입한 배경에는 바로 이것이 촉매 역할을 했다. 마오쩌둥이 사망한 다음 하노이와 모스크바 사이에 체결된 상호 방어 조약에 항거하여 (소련이 중국 북쪽 국경에 100만 대군을 주둔시켜 놓고 있었음에도) 베이징이 최근까지 우호적이었던 베트남과의 전쟁을 결정한 것도 마찬가지였다. 중국 주변의 병력 배치에 대한 장기적 계산은 즉각적인 힘의 균형에 대한 직접적 계산보다도 더욱 의미심장한 것으로 간주되었다. 장기적인 것과 심리적인 것의 결합은 인지된 군사적 위협을 저지하기 위한 마오쩌둥의 접근법에서도 나타났다.

마오쩌둥이 중국 역사에서 아무리 많은 것을 배우고 가져왔다 하더라도, 그처럼 권위와 냉혹함과 전 지구적인 영향력의 조합을 전통적 요소와 교묘히 결합시켰던 중국 지도자는 일찍이 없었다. 도전을 만났을 때의 맹렬한 태도와, 그가 선호하는 압도적 이니셔티브를 주변 상황이 가로막을 때의 기민한 외교술은 마오쩌둥만의 특허였다. 비록 전략은 고루할지 모르지만, 통 크고 과감한 그의 외교 이니셔티브는 중국 사회의 거친 혼란 속에서도 해냈다. 그가 단언했듯이, 세상은 변하려 했고 사태는 정반대 방향으로 흘러갔다.

전 세계 모든 계급 중에서 프롤레타리아야말로 그 지위를 변화시키고자 가장 열망하는 계급이고, 그다음이 준(準)프롤레타리아 계급이다. 전자는 아무것도 소유한 것이 없고, 후자 역시 그보다 나을 게 별로 없기 때문이다. 지금 미국은 국제 연합에서 대다수를 좌지우지하고 있고, 세계 여러 지역을 지배하고 있다. 하지만 이런 상황은 일시적이며 언젠가는 변할 것이다. 중국은 가난해서 국제 문제에서 누릴 수 있는 권리를 거부당하고 있지만, 이 역시 변할 것이다. 빈국은 부국으로 변하고 권리를 거부당하는 나라들도 그것을 누릴 때가 올 것이니까. 그건 정반대를 향한 만물의 변천 아니겠는가.[14]

그러나 마오쩌둥은 지나친 현실주의자여서 실질적 목표로서 세계 혁명을 추구할 수 없었다. 그 결과 중국이 세계 혁명에 남긴 또렷한 영향은 다분히 이념적이었으며, 국내 공산당을 위한 정보의 지원으로 이루어졌다. 내전 당시 공산당 본거지인 옌안을 처음으로 보도했던 미국 저널리스트 에드거 스노와의 1965년도 인터뷰에서 마오쩌둥은 이러한 태도를 자세히 설명했다. "중국은 혁명 운동을 지지한다. 그러나 다른 나라를 침략하면서까지 지지하는 것은 아니다. 물론 해방의 투쟁이 벌어질 때마다 중국은 성명을 발표하고 이를 위한 데모를 촉구하곤 했다."[15]

당시 마오쩌둥의 후계자로 여겨지던 린뱌오가 1965년에 발표한 논문 「인민 전쟁 승리 만세(人民戰爭勝利萬歲)」 역시 같은 맥락에서, 인민 해방군이 장제스를 무찔렀듯이 세계의 농촌(즉 개발 도상국)이 세계의 도시(즉 선진국)를 이길 것이라고 주장했다. 존슨 대통령 당시 미 행정부는 이러한 주장을 두고 전 세계(특히 인도차이나)의 공산당에 의한 체제 전복을 지원하기 위해, 그리고 아예 참여하기 위한 중국의 청사진으로 이해했다. 린뱌오의 논문은 미국의 베트남 파병을 결정하게 만드는 데 기여했다. 그러나 당대의 학자들은 그의 논문을, 베트남이나 다른 혁명 운동에 대한 중국의 군사적 지원이 갖고 있는 한계를 드러낸 것으로 취급했다. 왜냐하면 사실상 린뱌오가 천명한 내용은 이런 것이었기 때문이다. "민중의 해방은 오로지 민중 스스로 이룩할 수 있으며, 이는 마르크스-레닌주의의 기본 원칙이다. 어느 나라에서든 인민 전쟁이라는 혁명은 그 나라 민중이 할 일이며, 주로 그들 자신의 노력에 의해서 수행되어야 한다. 다른 방도가 없다."[16]

이런 자제의 태도는 참된 힘의 균형을 현실적으로 이해했다는 방증이다. 만약 균형이 중국에게 유리한 쪽으로 기울었더라면 마오쩌둥이 어떤 결정을 내렸을까? 우리로서는 알 수가 없다. 하지만 현실주의의 반영이든, 철학적 동기에서든, 혁명 이데올로기는 전쟁에 의해서가 아니라 성과에 의해서 세계를 바꾸는 수단이었고, 이는 전통적으로 황제들이 자신의 역할을 이해했던 것과 다분히 같은 식이었다.

베이징의 국가 기록원을 이용할 자격이 주어진 중국 학자들은, 세계 혁명에 헌신하여 기회가 있을 때마다 이를 부추기려 하면서도 동시에 중국의 생존이란 필요성을 싸고돌았던 마오쩌둥의 양면성에 대해서 매혹적인 기록을 남긴 바 있다.[17] 이러한 양면성은 1969년 호주 공산당 힐 당수와의 대화에서도 드러났다. 당시 마오쩌둥은 20년간 적대 관계에 놓였던 미국과의 국교 개방을 고려하고 있었다. 마오쩌둥은 힐 당수에게 이렇게 물었다. "우리는 전쟁을 미연에 방지할 혁명에 접어들고 있는 겁니까? 아니면 결국 혁명을 낳게 될 전쟁에 접어들고 있는 겁니까?[18] 만약 전자라면 미국과의 화해는 선견지명이 없는 노릇이 될 것이고, 만약 후자라면 미국과의 화해는 중국에 대한 공격을 미리 막아 내기 위해서 반드시 필요할 것입니다." 약간의 망설임 끝에 마오쩌둥은 결국 미국과의 화해라는 옵션을 택했다. 전쟁을 미연에 방지하는 것이 전 지구의 혁명을 부추기는 것보다 더 중요했던 것이다. 왜냐하면 그 당시에는 전쟁이 터지면 소련이 중국을 공격할 가능성이 상당히 높을 테니까 말이다.

계속되는 혁명과 중국인

마오쩌둥이 미국에 문호를 개방한 것은 이념적으로나 전략적으로나 중요한 결정이었다. 하지만 국내의 지속적인 혁명이라는 개념에 대한 그의 헌신은 그로 인해 바뀌지 않았다. 심지어 1972년 리처드 닉슨 대통령이 중국을 방문했을 때에도 그는 6년 전 문화 혁명이 시작되던 때 아내 장칭에게 보냈던 편지를 전국 방방곡곡에 배포하도록 했다.

상황은 7~8년마다 거대한 혼동에서 거대한 평화로 변할 것이오. 귀신과 괴물들은 저절로 튀어나오는 법이오. …… 지금 우리의 과제는 당과 나라의 구석구석에 남아 있는 모든 우익 분자들을 쓸어버리는 일이오. 7~8년 후면 우리는 그런 귀신과 괴물들을 소탕하는 또 한 번의 운동을 벌일 것이고, 후에도 이러한 운동을 계속 벌이게 되겠지.[19]

이처럼 이념적 헌신을 호소하는 것은 승리한 혁명이라면 반드시 처하게 되는 딜레마와 마찬가지로 마오쩌둥의 딜레마를 전형적으로 보여 주기도 했다. 그러니 일단 혁명을 시작한 쪽이 권력을 장악하고 나면 마비나 혼돈을 피하기 위해서는 그들도 위계질서에 따라 통치할 수밖에 없다는 것이 바로 그 딜레마이다. 기존 체제를 폭넓게 전복시키면 시킬수록, 따라오는 위계질서 또한 사회의 원활한 기능을 유지하는 합의를 더욱더 폭넓게 대체해 주어야 한다는 것이다. 그리고 그 위계 질서가 정교하면 할수록, 억압적인 체제의 또 다른 (훨씬 더 정교한) 모습으로 변할 가능성도 훨씬 커진다.

그래서 애초부터 마오쩌둥이 열심히 추구했던 목표의 논리적 결과는, 심지어 그 자신이 만들었던 공산주의 자체의 제도에 대한 공격이 될 수밖에 없었다. 공산주의의 출현이 사회의 온갖 '모순'을 해결할 것이라는 레닌의 주장에 반해, 마오쩌둥의 철학에는 안식처가 없었다. 소련이 그랬던 것처럼 중국을 산업화하는 것만으로는 충분치 않았다. 역사에서 드러났던 중국의 독특함을 추구하기 위해서 사회 질서가 끊임없이 변함으로써 '수정주의'라는 죄악을 방지해야 했다. 스탈린 사후의 러시아를 향해 마오쩌둥이 점차 비난의 목소리를 높였던 수정주의 말이다. 마오쩌둥의 말을 빌리면, 공산주의 국가는 절대 관료 사회로 변질되어서는 안 되며, 그 동력은 위계질서가 아니라 이념이어야 한다.

이런 식으로 마오쩌둥은 일련의 내재하는 모순을 만들어 냈다. 예컨대 그는 '대동'을 추구한다는 명목으로 1956년 백화제방 백가쟁명(百花齊放百家爭鳴)의 기치를 내걸고 일반 대중의 논쟁을 독려하고는, 참여한 지식인들에게 박해를 가했다. 3년의 기간에 서구의 산업을 따라잡겠다는 의도로 시작한 1958년의 대약진 운동은 결국 인류사상 가장 널리 퍼진 기근을 초래했고, 또한 공산당의 분열을 가져왔다. 그리고 훈련받은 지도자, 교수, 외교관, 전문가 등의 한 세대 전체를 농촌으로 추방시켜 대중으로부터 배우도록 만들겠답시고 농사일을 시켰던 1966년의 문화 혁명 또한 그 본보기이다.

평등이란 미덕을 추구했던 마오쩌둥의 뜻을 실행하기 위해서 수백만 명이 죽어야 했다. 그런데도 중국에 만연했던 관료주의에 항거했던 그는, 백성들을 스스로의 악으로부터 구하려는 운동이 오히려 훨씬 더 큰 관료주의를 만들어 냈다는 딜레마에 자꾸만 빠져들었다. 결국 자기 자신의 원칙을 파괴하는 일이 그의 방대한 과제로 변하고 말았다.

자신의 지속적인 혁명이 궁극적으로 성공하리라는 마오쩌둥의 신념에는 세 가지 원천이 있었다. 바로 이념과 전통, 그리고 중국식 국가주의였다. 그리고 가장 중요한 단 하나의 요소를 들라면, 그것은 중국인들의 칠전팔기 정신과 능력, 그리고 응집력에 대한 그의 믿음이었다. 그리고 말이야 바른 말이지, 마오쩌둥이 중국 사회에 가했던 그 가혹한 혼란을 견뎌 냈을 법한 다른 민족이란 생각할 수도 없을 것이다. 혹은 외세가 침범해서 중국인들이 모든 도시로 물러나거나, 핵전쟁이 일어나 수백만의 인명이 희생된다 하더라도, 중국인들은 끝내 승리할 것이라는 마오쩌둥의 수시로 반복되는 협박을 그럴싸하게 만들 수 있었던 지도자 역시 생각할 수도 없을 것이다. 마오쩌둥이 그렇게 할 수 있었던 까닭은, 그 모든 영고성쇠에도 불구하고 본질을 잃지 않는 중국인들의 능력을 그가 깊이 신뢰했기 때문이었다.

이것이야말로 한 세대 이전에 터졌던 러시아 혁명과의 근본적 차이점이었다. 레닌과 트로츠키는 자신들의 혁명을 세계 혁명의 방아쇠로 간주했다. 세계 혁명이 코앞에 닥쳤다고 확신한 그들은, 1918년 브레스트리토프스크 조약을 맺어 우랄 산맥 서쪽 영토를 독일 통제하에 넘겨주는 데 합의했다. 러시아에 무슨 일이 일어나든, 그것은 유럽 전역에 곧 닥쳐올 혁명에 포함될 터였고, 레닌과 트로츠키는 그것이 기존의 정치 질서를 휩쓸어 버릴 것이라고 가정했다.

그런 접근법은 마오쩌둥으로서는 상상조차 못할 것이었으니, 마오쩌둥의 혁명은 주로 중화사상에 기반을 두었기 때문이다. 중국의 혁명은 세계 혁명에 영향이야 끼치겠지만, 그렇다 하더라도 중국인들의 노력과 희생과 본보기를 통해서 그렇게 될 터였다. 마오쩌둥에게는 중국인들의 위대함이 언제나 구성 원리 혹은 통합 원리였기 때문이다. 그는 1919년에 쓴 초기 수필에서 중국인들의 독특한 자질을 이렇게 강조한 바 있다.

나는 감히 하나의 주장을 펼치려 한다. 언젠가 중국인들의 개혁은 다른 모든 민족의 개혁보다 훨씬 더 심오하게 될 것이며, 중국인의 사회는 다른 어떤 민족의 그것보다 더 찬란할 것이다. 중국인의 위대한 통일은 다른 어떤 민족보다 더 빨리 이루어질 것이다.[20]

그로부터 20년 후, 일본의 침공과 중국 내전의 와중에 마오쩌둥은 옛 왕조의 통치자들도 한몫 거들었을 법한 방식으로 중국의 역사적 성취를 찬양했다.

중국 문명사를 통틀어 고도로 발달한 농업과 수공예는 너무나도 유명했고, 위대한 사상가, 과학자, 발명가, 정치인, 군인, 문학자, 예술가도 숱하게 많았으며, 고전 작품 또한 풍부했다. 나침반은 중국에서 오래전에 발명되었다. 제지술은 이미 1800년 전에, 활자는 800년 전에 발명되었다. 폭약도 유럽에 앞서 중국에서 사용되었다. 이처럼 중국은 세계에서 가장 오래된 문명 가운데 하나를 지니고 있으며, 거의 4000년의 기록 역사를 자랑한다.[21]

마오쩌둥은 중국만큼이나 고색창연한 딜레마를 벗어나지 못하고 빙빙 돌았다. 원래 보편적이고 근대적인 기술은 자신들이 독특하다고 주장하는 어떤 사회에게든 위협이 된다. 그런데 독특함은 언제나 중국 사회의 분명한 주장이었다. 그런 독특함을 보존하기 위해서 중국은 식민지화할 위험과 수모를 당할 위험을 무릅쓰면서 19세기 서구를 모방하기를 거부했다. 그로부터 100년 후, 마오쩌둥이 이끈 문화 혁명의 목표 가운데 하나는(사실 문화 혁명이란 이름이 바로 여기서 나왔지만) 중국을 우주적인 문화 속으로 끌고 들어가려고 협박하는 근대화의 바로 그 요소들을 뿌리 뽑자는 것이었다.

1968년에 이르러 마오쩌둥은 완전히 원점으로 돌아왔다. 이념의 열정과 죽음의 예감이 뒤섞인 감정에 떠밀려, 그는 군대와 공산당을 숙청하고 이념적으로 순수한 새로운 세대의 공산주의자들을 등용하기 위해서 젊은이들에게 눈길을 돌렸다. 하지만 현실은 노회한 지도자에게 실망만 안겨 주었다. 이념이 주는 황홀감만으로는 한 나라를 통치할 수 없음이 증명되었기 때문이다. 마오쩌둥의 지시를 경청했던 젊은이들은 헌신이 아니라 혼돈을 만들어 냈고, 이제는 그들이 외진 시골로 보내지게 될 순서였다. 애당초 숙청 대상으로 점찍었던, 특히 군 내부의 몇몇 지도자는 질서 회복을 위해서 복귀시켰다. 1969년 4월경에는 당 중앙 위원회의 거의 절반(정확히는 45퍼센트)이 군인이었으며, 이는 1956년의 19퍼센트와 대조된다. 그리고 새 당원들의 평균 연령은 예순 살이었다.[22]

이러한 딜레마를 통렬하게 상기시키는 일이 1972년 2월 마오쩌둥과 닉슨 대통령 사이에 이루어진 최초의 대화 중에 일어났다. 닉슨이 마오쩌둥에게 고대 문명을 변혁시킨 업적을 치하하자, 마오쩌둥은 이렇게 답했던 것이다. "제가 그것을 변화시킬 수는 없었습니다. 전 다만 베이징 주변의 몇 군데만을 바꿀 수 있었을 따름이지요."[23]

중국 사회를 뿌리째 뒤흔들기 위한 평생 동안의 거인적 투쟁을 치렀던 그가 구석구석 스며든 중국 문화와 중국인을 어쩔 수 없이 인정하는 데에는 적잖은 비애감이 서려 있었다. 역사적으로 가장 파워풀한 중국 통치자 가운데 하나인 그가 이 모순 덩어리와 맞닥뜨린 것이다. 고분고분한 동시에 독립심이 강하고, 순종하면서도 스스로에 의존하여, 직접적 도전에 의해서라기보다 가족의 미래와 양립할 수 없다고 여겨지는 명령의 수행을 망설임으로써 한계를 설정하는 모순 덩어리 말이다.

그랬기 때문에 결국 마오쩌둥은 마르크스 혁명의 물질적 측면보다도 그 신념 자체에 호소했다. 마오쩌둥이 가장 즐겨 인용하는 고대 중국의 민간 설화 가운데 하나가 맨손으로 산을 옮길 수 있다고 믿는 노인에 관한 고사성어 '우공이산(愚公移山)'이었다. 그는 당원들의 모임에서 이 이야기를 다음과 같이 풀었다.

'우공이산'이라고 하는 중국의 고사성어가 있다. 먼 옛날 중국 북부에 살았던 어느 노인에 관한 이야기이다. 노인의 집은 남향이었는데, 대문 저편으로 태항산과 왕옥산이라는 두 개의 높은 봉우리가 자리 잡고는 길을 가로막고 있었다. 노인은 아들들을 불러 모아, 각자 손에 호미를 들고는 이 산들을 파기 시작했다. 지수라고 불리는 또 다른 노인네가 그들을 보고는 비웃으며 말하기를, "어리석은 노릇이라네! 저 큰 산을 두 개씩이나 파겠단 말인가?" 그러자 우공이 답했다. "내가 죽으면 아들들이 계속할 것이고, 그들이 죽으면 손자들이 할 것이며, 다시 손자들의 자식들로 이어져 영원히 계속될 걸세. 저 산들이 아무리 높다 한들, 우리가 파낸 만큼 더 자라지는 못할 터인즉, 그만큼씩 낮아질 것 아닌가. 어째서 산을 없애지 못한단 말인고?" 우공은 지수의 견해를 반박한 다음, 조금도 흔들림 없이 매일 산을 파냈다. 이에 하늘이 감동하여 두 신선을 보내니, 그들이 등에다 산을 싣고 가 버렸다. 오늘날 중국 인민들의 등에는 두 개의 산이 무거운 짐처럼 놓여 있으니, 그 하나가 제국주의요, 다른 하나는 봉건주의이다. 중국 공산당은 오래전에 그 산들을 파내고자 결심했다. 우리는 인내하

고 끊임없이 노력해야 한다. 그러면 우리도 하늘을 감동시킬 것이다.[24]

중국인에 대한 믿음과 전통에 대한 경멸이 공존하며 뒤섞인 상태는 마오쩌둥에게 놀라운 역작을 만들어 낼 수 있게 했다. 잔혹한 내전에서 막 살아 나온 궁핍한 사회가 갈수록 더 빈번하게 스스로를 갈기갈기 찢으면서 그 와중에 미국과 인도를 상대로 전쟁까지 벌였고, 소련에 도전장을 내미는가 하면, 역사상 가장 넓은 지역으로 중국의 국경을 회복했던 것이다.

두 개의 핵 강대국 사이에 나타난 중국은 집요하게 공산주의를 선동했음에도 불구하고, 본질적으로 냉전 시대의 '지정학적으로 구속받지 않는 나라'로 행세할 수 있었다. 상대적인 약점은 있었지만, 완전히 독립적이고 고도로 영향력 있는 역할을 맡았던 것이다. 중국은 미국과의 적대 관계에서 거의 동맹 수준으로 변했으며, 소련과는 정반대로 동맹 관계에서 대립으로 가는 길을 걸었다. 아마도 가장 눈에 띄는 점은 결국 중국이 소련으로부터 자유로워지고, 냉전의 '승자' 편에 들게 되었다는 사실이 아닐까.

마오쩌둥이 성취한 모든 업적에도 불구하고 옛 체제를 뒤집어엎으려는 그의 고집은 중국의 삶이 지닌 영원한 리듬에서 벗어날 수 없었다. 폭력적이고 드라마틱하며 혹독했던 여정을 뒤로하고 그가 세상을 뜬 지 40년 후, 그의 후계자들은 점차 부유해지고 있는 사회를 다시 유교적이라고 묘사했다. 2011년 톈안먼 광장 마오쩌둥의 묘소가 눈앞에 보이는 장소에 공자의 동상이 세워졌다. 사람들이 경의를 표하는 인물은 그 둘뿐이리라. 오로지 중국인들처럼 오뚝이 같고 인내심 강한 민족만이 그런 역사의 롤러코스터를 타고서도 역동적인 통일 국가로 우뚝 설 수 있을 것이다.

5

삼각 외교와 한국 전쟁

중화인민공화국이 선포된 지 두 달이 채 되지 않았던 1949년 12월 16일 마오쩌둥은 모스크바를 방문했다. 그의 외교 정책을 보여 주는 첫 번째 행보이자 첫 번째 해외 순방이기도 했다. 목적은 공산주의의 초강대국인 소련과 동맹 관계를 맺기 위함이었다. 하지만 오히려 이 회담은 그가 바랐던 동맹을 궁극적으로 하나의 삼각 외교로 변형시키게 될 일련의 움직임을 촉발했다. 그리고 미국, 중국, 소련은 그 삼각 외교에 의해 서로서로 짝을 짓기도 하고 대적하기도 했다.

도착 당일에 이루어진 스탈린과의 첫 회담에서, 마오쩌둥은 중국이 '3~5년의 평화'가 필요하다는 사실과, 그 기간은 "중국 경제를 전쟁 이전의 수준으로 회복시키고 나라를 전반적으로 안정시키는 데 쓰일 것임"을 강조했다.[1] 하지만 그로부터 1년이 되지 않아 중국은 미국과 전쟁을 치르게 된다.

그 전쟁은 소련이 옹립한 북한의 야심만만한 지도자이며 일견 대단치 않아 보이던 김일성이란 플레이어의 교묘한 술책으로 벌어졌다. 북한은 2차 세계 대전이 끝나고 조선이 해방되면서 미국과 소련이 각각 점령하고 있던 지역을 바탕으로 하여 양측의 합의에 의해 불과 2년 전에 세워진 나라였다.

사실 스탈린은 중국이 국력을 회복하는 데 도움을 줄 생각이 거의 없었다. 그는 유고슬라비아의 지도자이며 유럽에선 유일하게 소련 점령의 결과로서가 아니라 스스로의 노력으로 권력을 쟁취한 공산주의 지도자였던 요시프 브로즈 티토의 변절을 잊을 수 없었던 것이다. 그전해 티토는 소련과 결별을 선언했다. 스탈린은 아시아에서 이와 비슷한 결말을 절대로 보고 싶지 않았다. 물론 그는 중국에서 공산주의가 승리하는 것이 지정학적으로 얼마나 중요한지 깨닫고 있었지만, 그의 전략적 목표는 그런 승리의 결과를 조종하여 그 영향으로부터 득을 보려는 것이었다.

마오쩌둥을 상대하면서 엄청난 거물이라는 사실을 스탈린이 몰랐을 리는 없다. 소련의 예상과는 달리, 그리고 소련의 충고를 무시하면서 중국 공산당은 내전에서 승리하지 않았던가. 마오쩌둥은 중국이 국제 문제에서 '한쪽', 즉 모스크바와 손잡을 의향이 있음을 공공연히 선언했지만, 그는 모든 공산주의 지도자 가운데 모스크바의 신세를 가장 적게 진 사람이었고, 이제 세계에서 가장 인구가 많은 공산주의 국가를 통치하고 있었다. 그렇게 공산주의의 두 거인의 만남은 정교한 미뉴에트로 이어졌고, 결국은 6개월 후 한국 전쟁으로 절정을 이루었다. 여기에는 미국과 중국이 직접적으로 개입했고 소련은 대리전쟁을 치렀다.

누구 때문에 중국을 '잃었는가'에 대한 미국 내 격렬한 논쟁은 결국 상황을 반전시키려는 미국 측의 시도를 예고하는 것이라고 확신한 마오쩌둥은 소련에게서 되도록 많은 물질적, 군사적 지원을 얻어 내려고 애썼다. 마오쩌둥의 이러한 확신은 공산주의 이념 탓이리라. 그의 목표는 공식적인 동맹 관계였다.

그러나 이 두 공산주의 독재자들은 쉽사리 손잡을 운명이 아니었다. 그때까지 스탈린은 거의 30년이나 권좌에 있었다. 그리고 국내의 모든 반대파를 압도하고 나치 침략자들에 맞서 엄청난 인명을 희생으로 바치긴 했지만 소련을 승리로 이끌었다. 수백만 명의 희생자를 여러 차례의 숙청으로 내몰았고, 당시만 해도 새로운 일련의 숙청을 진행 중이었던 스탈린은 이제 이념으로써 어떻게 해 볼 단계를 넘어서 있었다. 대신 그의 리더십은 러시아 역사에 대한 잔인한 해석에 기반을 둔 잔혹하고 시니컬한 마키아벨리즘이라는 특징을 지니고 있었다.

중국이 1930년대와 1940년대에 일본과 오랜 투쟁을 벌이는 동안, 스탈린은 공산당 군대의 잠재력을 부인했고 마오쩌둥의 농민 기반 전략을 혹평한 바 있었다. 그러면서 모스크바는 줄곧 국민당 정부와의 공식적인 관계를 유지했다. 1945년 일본과의 전쟁이 끝날 즈음, 스탈린은 장제스에게 소련이 제정 러시아 때 만주 및 신장 지역 내에서 성취했던 것과 비견될 만한 특권을 허락해야 할 의무를 부과했고, 소련의 지배하에 외몽골을 명목상 독립 공화국으로 인정하지 않을 수 없게 만들어 놓았다. 스탈린은 또 신장의 분리주의자들을 적극적으로 부추기기도 했다.

같은 해 얄타에서 스탈린은 일본과의 전쟁에 동참하는 조건으로 뤼순 해군 기지와 다롄 항구를 포함한 만주에서의 소련의 특권을 국제적으로 인정하라고 루스벨트와 처칠에게 주장했다. 1945년 8월 모스크바와 국민당 당국은 얄타의 합의를 확인하는 조약을 맺는다.

이러한 상황 아래 공산주의 두 거인의 모스크바 회동은 양측이 공유한 이념이 촉구하는 따뜻한 포옹일 리가 없었다. 당시 스탈린의 정치국 관리였던 니키타 흐루쇼프가 회고했듯이 말이다.

스탈린은 자신을 찾은 소중한 손님들에게 환대하는 모습을 과시하기를 좋아했으며, 그런 일에 아주 능숙했다. 하지만 마오쩌둥이 방문했을 때의 스탈린은 어떨 때는 며칠씩 그의 얼굴조차 보지 않았으며, 딱히 누구에게 손님을 접대하라는 지시도 내리지 않았기 때문에 어느 누구도 마오쩌둥을 보러 가려 하지 않았다. …… 마오쩌둥은 그런 상황이 지속된다면, 귀국길에 오르겠다는 뜻을 숨기지 않았다. 스탈린은 그의 불평을 듣고서야 다시 한 번 만찬을 함께했던 것으로 기억된다.[2]

공산주의의 승리라는 명분 때문에 일본과의 개전에 대한 대가로 얻어 낸 소득을 스탈린이 포기할 생각은 없었다. 처음부터 명백했다. 마오쩌둥은 중국이 평화를 필요로 한다는 점을 강조하면서 대화를 시작했다. "중국에서 가장 중요한 문제에 관한 결정은 평화로운 미래를 위한 전망에 달려 있습니다. 이를 염두에 두고 중국 공산당 중앙 위원회는 국제 평화가 어떤 식으로, 얼마나 오랫동안 보존될 것인지를 스탈린 동지에게 확인해 달라고 저에게 부탁했습니다."[3]

스탈린은 평화의 전망을 다시 확인시켜 주었는데, 아마도 이는 행여 비상 원조를 해 달라고 손을 내미는 상황을 저지하고, 성급하게 동맹 관계를 맺어야 할 절박함을 최소화하기 위함이었는지 모르겠다.

우리는 이미 지난 4년간 평화를 누려 왔지만, 평화라는 문제는 소련으로서도 역시 크게 관심을 갖는 바입니다. 중국에 관한 한 지금 이 순간 당면한 위협은 전혀 없습니다. 일본이 자립하려면 아직 시간이 필요하므로 전쟁을 치를 형편이 아니고, 물론 미국도 호전적이긴 하나 사실은 전쟁을 두려워하고 있습니다. 그리고 유럽도 전쟁을 겁내고 있습니다. 본질적으로 중국과 싸울 상대는 없다는 얘깁니다. 물론 김일성이 중국을 친다면 모르겠지만요. 평화란 우리의 노력에 달려 있습니다. 우리가 우호 관계를 유지한다면 평화는 5~10년이 아니라 20~25년 혹은 그보다 더 오래 지속될 것입니다.[4]

그게 사실이라면, 군사 동맹은 정말 필요치 않을 터였다. 마오쩌둥이 공식적으로 그 이슈를 제기했을 때, 스탈린은 유보적 태도를 명백히 드러냈다. 그는 놀랍게도 새로운 동맹 조약이 불필요하다고 주장했다. 전혀 다른 상황에서 장제스와 체결한 적이 있지만 기존의 조약으로도 충분하다는 논리였다. 스탈린은 소련의 입장이 "미국과 영국에게 얄타 협정의 수정에 대하여 의문을 제기할 법적 근거를 주지" 않도록 하기 위해서 고안한 것이라고 주장하면서 위의 논리를 뒷받침했다.[5]

알고 보니 스탈린은, 마오쩌둥이 이제 막 전복시켰던 정부와 러시아 사이에 체결된 협정이 중국 공산당을 가장 훌륭하게 보호해 줄 것이라는 주장을 펼치고 있었다. 스탈린은 이 논거를 너무나 좋아했던 나머지, 신장과 만주에 관해 장제스에게서 소련이 얻어 냈던 양보에도 적용했다. 자신의 견해로 볼 때 그 양보는 마오쩌둥의 요청에 의해 지금도 계속되어야 한다는 것이었다. 변함없이 열렬한 민족주의자였던 마오쩌둥은 스탈린의 요청을 다시 정의함으로써 그런 생각들을 모두 거절했다. 즉 만주 철도를 따라 설치된 현재의 기구들이 "중국의 철도와 여타 산업의 간부들을 양성하는 학교를 제공해 주기만 한다면", 그것은 중국의 이해에 부합한다고 마오쩌둥은 주장했다.[6] 중국 측 인력이 훈련을 마치면 곧바로 임무를 넘겨받아야 할 것이며, 소련 측 자문단은 훈련이 완료될 때까지만 체류할 수 있다고도 했다.

우호와 이념적 결속의 확인을 과시하면서 권모술수에 능한 이 두 사람은 궁극적인 우세(그리고 중국 변방의 적지 않은 영토)를 위한 술책을 짜기에 바빴다. 스탈린이 연장자였고 한동안은 권력도 더 막강했지만, 마오쩌둥은 지정학적 의미에서 더 자신만만했다. 두 사람 모두 탁월한 전략가였고, 따라서 그들이 공식적으로 계획하고 있던 길을 걷다 보면 거의 숙명적으로 이해가 상충할 수밖에 없다는 사실을 잘 이해하고 있었다.

한 달간의 교섭을 거친 후 스탈린이 양보하고 동맹의 조약을 맺기로 합의했다. 그러나 그는 일본과의 평화 조약이 체결될 때까지 다롄과 뤼순은 계속 소련의 기지로 남아 있어야 한다고 고집했다. 모스크바와 베이징은 마침내 1950년 2월 14일 우호, 동맹 및 상호 지원에 관한 조약을 마무리했다. 이 조약은 마오쩌둥이 추구해 왔고 스탈린이 피하려고 애써 왔던 것, 즉 제3세력과 갈등이 빚어지는 경우 상호 지원할 의무를 규정하고 있다. 이론적으로는 중국도 이 조약에 의해 전 세계적으로 소련을 도와야 할 의무를 지게 되었다. 하지만 실무적으로 볼 때, 중국 국경을 둘러싼 여러 형태의 위기가 심각해질 경우 마오쩌둥에게 하나의 안전망을 제공하는 것이었다.

대신 중국이 지불해야 할 대가는 엄청났다. 만주와 신장 내 광산, 철도, 기타 다양한 할양, 외몽골의 독립 인정, 소련의 다롄 항구 이용, 1952년까지 뤼순 해군 기지의 사용 등등. 여러 해가 흐른 후에도 마오쩌둥은 이러한 할양을 통해서 중국에다 '반(半)식민지'를 건설하려 했던 스탈린의 의도를 흐루쇼프에게 신랄하게 비판하곤 했다.[7]

스탈린은 어땠을까? 동쪽 이웃나라가 강대국이 될 잠재력을 지니고 등장한 것은 지정학적인 악몽이었다. 3200킬로미터의 국경을 사이에 두고 이웃한 러시아와 중국 간의 현저한 인구 차이를 무시할 수 있는 러시아 지도자는 한 명도 없었다. 인구 4000만이 채 되지 않는 시베리아 지역에 인접한 중국의 인구는 5억이 넘었으니 말이다. 숫자가 중요한 요소가 되기 시작한 것은 중국이 어느 정도 발전한 시점에서일까? 이념에서 양측은 합의를 본 것 같았지만, 이는 그런 우려를 줄여 주는 게 아니라 되레 증폭시켰다. 권력자가 스스로의 노력으로 걸출한 성과를 이룩했다고 믿는 경우, 동맹 파트너가 (아무리 가깝다 하더라도) 우월한 권위를 주장하면 이에 저항하는 법이다. 스탈린은 너무나 시니컬해서 그것을 의심하지 않았다. 스탈린은 이미 마오쩌둥의 됨됨이를 재보았기에, 그가 교조적인 우월성을 절대로 양보하지 않으리라는 사실을 몰랐을 리 없었다.

애치슨과 중국식 티토이즘의 유혹

마오쩌둥이 모스크바에 머무는 동안, 공산주의 세계 내부의 걱정스러운 관계와 서서히 모습을 드러내는 삼각 구도 안에서 미국이 맡을 잠재적 역할을 암시하는 에피소드가 있다. 누구 때문에 중국을 "잃어버렸는가"에 대한 미국 내의 비난에 대해 딘 애치슨 국무 장관이 응답을 시도했던 것이 그 계기였다. 그의 지시로 국무부는 1949년 8월 국민당의 몰락에 관한 백서를 발표한다. 미국은 중국 전역을 대표하는 합법적 정부로서 여전히 국민당을 인정하고 있었지만, 이 백서에는 그들이 "부패하고 반동적이며 무능한" 것으로 묘사되어 있었다.[8] 따라서 애치슨은 아래와 같이 결론을 내리고, 백서에 첨부한 편지에서 트루먼 대통령에게도 이렇게 조언했다.

중국 내전의 암울한 결과가 미국 정부의 통제 범위 밖에 있었다는 것은 안타깝지만 불가피한 사실입니다. 미국이 그 능력의 합리적인 한계 안에서 했던 일, 혹은 할 수도 있었던 일 중에서 그 어떤 것도 그 결과를 바꾸지는 못했을 것입니다. …… 그것은 중국 내부의 세력, 미국이 영향을 미치려고 했으나 그럴 수 없었던 세력이 만들어 낸 산물이기 때문입니다.[9]

1950년 1월 12일 전국 언론 클럽에서 행한 연설에서, 애치슨은 이 백서의 요지를 한층 더 강조하면서 전반적으로 새로운 아시아 정책을 내놓았다. 그의 연설에는 근본적으로 중요한 세 가지가 담겨 있었다. 첫째는 워싱턴이 중국 내전에서 손을 뗀다는 것이었다. 애치슨은 국민당이 정치적으로도 무능할 뿐 아니라, "그 어떤 군대의 지휘자에게도 볼 수 없었던 가장 역겨운 무능"을 드러내 보였다고 천명했다. 아울러 그는 공산당이 "이러한 상황을 만든 게 아니라" 상대가 만들어 준 기회를 재주껏 이용했다는 논리를 폈다. 장제스는 이제 "살아남은 부하들과 더불어 중국 해안에서 떨어진 작은 섬의 난민" 신세였으니 말이다.[10]

본토를 공산당의 손아귀에 넘겨주고 말았으니, 그 지정학적인 충격이 무엇이든 간에 타이완을 점령하고자 하는 공산당의 시도를 거부하는 것은 말이 되지 않았다. 사실 국가 안보 위원회에서 작성하고 대통령이 승인했던 정책을 반영한 서류 NSC-48/2의 판단이 바로 그것이었다. 1949년 12월 30일 채택된 이 문서는 "타이완의 전략적 중요성은 노골적인 군사 행동을 정당화하지 못한다."라고 결론지었다. 트루먼 대통령 역시 1월 5일에 열린 기자 회견에서 이와 비슷한 주장을 했다.

"미국 정부는 타이완의 중국군에 대해 군사 지원이나 자문을 제공하지 않을 것이다."[11]

둘째가 더욱더 중요한데, 애치슨은 누가 장기적으로 중국의 독립을 위협하는가에 대해서 자신만만하게 말했다.

공산주의라는 개념과 여러 가지 테크닉은 러시아 제국주의에게 새롭고도 은연중에 퍼지는 침투의 무기를 제공했다. 이처럼 새로운 파워로 무장한 가운데 중국에서 무슨 일이 벌어지고 있는가? 소련은 중국 북부 지역들을 떼어 내서 소련에 갖다 붙이고 있는 것이다. 외몽골의 경우 이런 프로세스는 이미 완료되었고, 만주에서는 거의 완료 직전이다. 그리고 내몽골과 신장에서도 소련 스파이들이 모스크바로 즐거운 보고서를 보내고 있음에 틀림없다. 바로 지금 이런 일들이 벌어지고 있다.[12]

애치슨의 연설에 담긴 마지막 강조점은 미래에 대한 함축된 의미로 볼 때 훨씬 더 심각했다. 그것은 중국에게 티토가 택했던 옵션을 노골적으로 제안한 것이나 다름없기 때문이다. 애치슨은 국익에 기반을 둔 대중국 관계를 제시하면서, 중국 국내의 이념과 상관없이 '온전한 중국'은 미국의 국익에 부합한다고 주장했다. "우리는 지금껏 견지해 온 입장을 고수해야 한다. 누구든 온전한 중국을 해치는 자는 중국의 적이며, 우리 자신의 이해와도 어긋나게 행동하는 것이다."[13]

애치슨은 이념이 아니라 국익에 기반을 둔 새로운 중·미 관계를 위한 전망을 보여 주었다.

동서 간의 낡은 관계, 최악의 경우에는 착취였고 잘해 봐야 온정주의에 지나지 않던 관계가 자취를 감추는 날이 바로 오늘이다. 그런 관계는 끝

났고, 이제부터 극동에서의 동서 관계는 상호 존중 및 상호 협력의 관계여야만 한다.[14]

공산주의 중국을 향한 견해는 이후 20년 동안 미국의 고위 관리에 의해 제시되는 일이 일체 없다가, 리처드 닉슨 대통령이 각료들에게 이와 유사한 제안을 하면서 상황이 바뀌었다.

애치슨의 연설은 여러모로 스탈린의 아픈 데를 건드리기에 충분할 만큼 영리하게 만들어졌다. 그리고 사실 스탈린은 이에 자극을 받아 어떻게든 대응 방안을 모색하기도 했다. 그는 동맹을 위한 협상 때문에 여전히 모스크바에 체류 중이던 마오쩌둥에게 외무부 장관 안드레이 비신스키와 수석 각료인 뱌체슬라프 몰로토프를 보내서, 애치슨이 퍼뜨리고 있는 '중상모략'에 대해 경고하도록 했는데, 실제로는 그 반대의 효과를 낳았을 뿐이다. 그것은 통상 스탈린이 보여 준 명민함과는 어울리지 않는 다소 발작적인 몸짓이었다. 누군가에게 안심하라고 요청하는 자체가, 그가 잠재적으로 불신할 수 있음을 의미하기 때문이다. 만약 나의 파트너가 날 버릴 수 있다면, 안심하라고 다그친다 해서 어찌 믿음을 주겠는가? 또 그렇지 않다면, 안심하라고 다독일 필요가 어디 있겠는가? 더구나 애치슨의 '중상모략'이 당시 중·소 관계를 정확하게 묘사하고 있다는 것을 마오쩌둥과 스탈린 모두가 잘 알고 있음에랴.[15]

스탈린이 파견한 두 사람은 마오쩌둥에게 소련이 중국의 일부를 분리하려 한다든지 그 지역 내 지배적 입지를 추구하려 한다는 애치슨의 비난을 부인하라고 요청했다. 그리고 그것을 중국에 대한 모독으로 표현해 달라고 부탁했다. 마오쩌둥은 그들에게 별다른 언급을 하지 않은 채, 애치슨 연설의 사본을 달라고 요청했으며 그 연설의 동기가 무엇일지 물었을 뿐이다. 며칠 후 마오쩌둥은 애치슨을 신랄하게 비판하는 성명서에 동의했다. 하지만 소련의 경우 외무부 장관 이름으로 성명이 발표되었던 것과는 대조적으로, 베이징은 애치슨의 접근을 거절하는 일을 관영 뉴스국의 우두머리의 몫으로 돌렸다.[16] 덕분에 성명서 어조는 워싱턴의 '모략'을 비난하는 것이었지만, 상대적으로 낮은 프로토콜 수준은 중국의 선택권을 열어 두었다. 마오쩌둥은 모스크바에 있는 동안 그의 견해가 초래할 수 있는 영향을 다루지 않기로 하면서, 대신 여전히 고립된 중국을 위해 안전망을 구축하려 했다.

1956년 12월 마오쩌둥은 모스크바와의 작별 가능성에 대한 진짜 감정을 드러냈다. 특유의 복잡한 방식으로, 좀 더 부드럽지만 다시 한 번 그런 선택권을 거절하는 척하면서 말이다.

중국과 소련은 동지이다. …… 지금도 이 정책을 의심하는 사람들이 있어서…… 중국이 중도적 입장을 취하고 소련과 미국의 교량 역할을 해야 한다고 생각한다. …… 하지만 중국이 소련과 미국의 중간에 서게 된다면, 겉보기에는 유리한 입장에 있는 것으로 보이고 독립적으로 보이겠지만, 그렇다고 실제로 독립적일 수는 없는 노릇이다. 미국은 믿을 만한 나라가 아니다. 뭔가 구차하게 떼어 줄지는 몰라도 후하게 주지는 않는다. 제국주의가 어떻게 우리한테 풍성한 음식을 줄 수 있겠는가? 그럴 수는 없을 것이다.[17]

그러나 마오쩌둥이 "풍성한 음식"이라 불렀던 그것을 미국이 만약 제안할 용의가 있다면? 이 질문에 대한 답은 1972년 닉슨 대통령이 중국을 향해 화해의 제스처를 취할 때까지 주어지지 않을 터였다.

김일성과 전쟁 발발

이 병적으로 의심 많은 두 절대 통치자들이 자신의 동기를 상대방의 탓으로 돌리는 가운데 사태는 몇 년 동안, 아니 어쩌면 여러 해 동안, 일종의 섀도 복싱으로 진행될 수도 있었다. 그러나 스탈린이 1949년 12월 마오쩌둥과 처음 만났던 자리에서 조롱해 마지않았던 북한 지도자 김일성이 지정학적인 분쟁에 뛰어들어 깜짝 놀랄 결과를 가져왔다. 모스크바 회담에서 스탈린은 중국의 평화에 위협이 되는 요소가 있다면 아마도 "김일성이 중국을 침범하겠다고 결심하는" 경우뿐일 거라고 놀리듯 말하면서, 중국-소련 간의 군사 동맹 요청을 회피했다.[18]

김일성은 물론 중국을 치겠다고 결심하지는 않았다. 대신 그는 남한을 침범하기로 결심했고, 그러는 과정에서 강대국들을 세계 대전의 벼랑으로 끌고 갔으며, 중국과 미국을 실제 군사적 대치 상황으로 몰고 갔다.

북한이 남침하기 전만 해도, 이제 간신히 내전을 끝낸 중국이 핵으로 무장한 미국을 상대로 전쟁을 치르리라고 상상조차 하기 어려울 것 같았다. 전쟁 발발은 공산주의 두 거인이 서로를 향해 품었던 의심과, 비교도 안 될 정도로 막강한 그들에게 의존하면서도 그들의 의심을 교묘히 이용할 수 있었던 김일성의 수완 때문이었다.

한국은 1910년 제국주의 일본에 합병되었고, 곧바로 일본의 중국 침략을 위한 출발점이 되었다. 1945년 일본의 패전 이후 한국의 북쪽 절반은 소련군, 남쪽 절반은 미국군에 의해서 점령당했다. 이 둘을 나눈 경계선인 38선은 자의적인 것으로, 종전 당시 양쪽 군대가 차지하고 있었던 한계를 반영했을 뿐이다.[19]

1949년 양측 점령군이 물러가고 그때까지 점령된 두 지역은 완전한 주권 국가가 되었지만, 그 어느 쪽도 자신의 경계 내에서 편안치 않았다. 북측의 김일성과 남측의 이승만, 두 지도자는 나름 국가의 명분을 위해 평생을 바쳐 싸운 터였다. 그 명분을 이제 와서 버릴 이유가 없었고, 두 사람 모두 한반도 전체의 리더십을 주장하고 나섰다. 분계선을 따라 군사적 충돌은 빈번히 일어났다.

1949년 6월 미군이 남한에서 철수하면서부터 김일성은 1949년과 1950년에 걸쳐 스탈린과 마오쩌둥을 설득하여 전면적인 남침을 묵인하게 만들려고 무진 애를 썼다. 처음 두 사람은 모두 김일성의 제안을 거절했다. 마오쩌둥이 모스크바를 방문했을 때 스탈린은 그러한 침공에 대해 마오쩌둥의 생각을 물었고, 마오쩌둥은 비록 그 목적에는 호의적이었으나 미국이 개입할 위험이 너무 크다고 판단했다.[20] 그는 남한을 정복하려는 어떤 계획도, 중국이 타이완을 정복함으로써 내전이 완전히 종료할 때까지 미루어야 한다고 생각했다.

그러나 김일성의 기도(企圖)를 위해 하나의 인센티브를 준 것이 바로 중국의 이 같은 목표였다. 미국의 성명이 아무리 모호하다 하지만, 김일성은 미국이 두 차례나 공산주의의 군사적 정복을 그냥 두고 볼 리는 없을 거라고 확신했다. 따라서 그는 중국이 정말 타이완을 점령하게 되어 미국이 생각을 달리하기 전에, 남한에 대한 자신의 목적을 성취하려고 안달이었던 것이다.

몇 달 뒤 1950년 4월, 스탈린은 종전의 입장을 번복했다. 김일성이 모스크바를 방문하자 김일성의 요청에 '녹색 신호'를 보낸 것이다. 그러면서 스탈린은 미국이 개입하지 않으리라는 확신을 강조했다. 소련의 외교 문서가 이를 어떻게 기록하고 있는지 보자.

스탈린 동지는 한반도 통일에 대한 좀 더 적극적인 입장을 허락하기에 충분하리만치 국제 정세가 변했음을 김일성에게 확인했다. …… 이제 중국이 소련과 동맹의 조약을 체결했으니, 미국은 아시아에서 공산주의에 도전하기를 한층 더 주저할 것이다. 미국에서 수집한 정보에 의하면, 사실이 그러하다는 것이다. 남의 일에 개입하지 않는 것이 지배적인 분위기이다. 그런 분위기는 이제 소련이 핵폭탄을 보유하고 있다는 사실과 평양에서 우리의 입장이 공고해졌다는 사실로 인해 더욱더 강화되고 있다.[21]

이후로 이 주제에 관하여 중·소 간의 직접적인 대화가 있었다는 기록은 없다. 김일성과 그의 사절은 공산주의의 두 거인이 한국에 관하여 의사소통을 하는 채널이 되었다. 스탈린이나 마오쩌둥이나 모두 한반도에서의 지배적 영향력을 취하려고 술책을 부렸다. 혹은 적어도 상대방이 그런 영향력을 갖지 못하도록 애를 썼다. 이런 과정에서 마오쩌둥은 인민 해방군에서 복무 중인 최대 5만 명의 조선족 부대를 무기와 함께 북한에 파견하겠다고 동의했다. 마오쩌둥의 속셈은 김일성의 책략을 부추기려는 것이었을까, 아니면 중국의 최종적인 군사적 약속을 미리 제한하면서 이념적 지원을 과시하려는 것이었을까? 그의 궁극적인 의도가 무엇이었든, 실제 결과는 획기적으로 강화된 군사력을 김일성의 수중에 넘겨준 것이었다.

한국 전쟁에 관한 미국 내의 논쟁에서, 1950년 1월에 행해진 딘 애치슨의 아시아 정책 관련 연설은 한국을 태평양 지역 내 미국의 '방위선' 밖으로 밀어냈으며, 그로 인해 김일성에게 남침의 '녹색 신호'를 제공했다고 하여 여러모로 비난을 받았다. 태평양 지역에서의 미국의 공약에 대한 설명으로서, 애치슨의 연설에는 혁신적인 내용이 없었다. 미국 극동군 사령관이었던 더글러스 맥아더 장군은 1949년 3월 도쿄에서의 인터뷰에서 이와 비슷하게 한국을 미국의 방위선 밖으로 내놓았다.

이제 태평양은 앵글로-색슨의 호수가 되었고, 우리의 방어선은 아시아의 해안을 아우르는 일련의 섬을 관통한다.

그 방위선은 필리핀에서 시작하여 류큐 열도를 꿰뚫고 지나가는데, 여기에는 주된 보루인 오키나와가 포함된다. 그다음 방위선은 일본과 알류샨 열도 쪽으로 굽어져 알래스카까지 연결된다.[22]

이때 이후로 미국은 한반도에서 미군의 대부분을 철수시켰다. 당시는 한국을 위한 원조 법안이 의회에 상정되어 상당한 저항을 받고 있는 중이었다. 애치슨은 맥아더의 초안을 되풀이할 수밖에 없었고, "태평양 지역 내 군사 안보"는 "알류샨 열도에서 일본, 그리고 다시 류큐 열도까지 내달리고 …… 거기서 필리핀 섬에 이르는 방위선"[23]으로 이루어진다고 발표했다.

특별히 한국 관련 질문에 대해서 애치슨은 당시 미국의 어정쩡한 상황을 반영하듯 뚜렷하지 못한 해명을 내놓았다. 이제 남한이 "거의 세계 모든 국가가 인정하는 독립 주권 국가"이므로 "미국의 책임은 좀더 직접적이고 미국의 기회는 좀 더 명백"하다는 이야기였다.(하지만 그 책임이며 기회가 어떤 것인지, 특히 침략에 대한 방어가 이에 포함되는지 아닌지 애치슨은 설명하지 않았다.) 태평양 역내에서 또렷이 미국의 방위선 남쪽 혹은 동쪽이 아닌 지역에 무력에 의한 침략이 발생할 경우, 애치슨은 "초기에는 침략당한 국민이 스스로의 저항에 의존해야 하고, 그다음엔 유엔 헌장에 따라 문명 세계 전체의 헌신에 의존해야 할 것"[24]이라고 제안했다. 그런 전쟁의 억지가 한 나라의 의도를 명백하게 요구한다는 것을 생각할 때, 애치슨의 연설은 요지를 비껴 간 것이었다. 중국과 소련의 그 어떤 문서에서도 애치슨의 연설이 지닌 이런 측면을 언급한 내용은 찾아볼 수 없었다. 하지만 최근에 공개한 외교 문서들은, 스탈린의 마음이 바뀐 것이 부분적으로 NSC-48/2를 접했기 때문인 것으로 암시하고 있다. 이는 그의 첩보망, 아마도 영국의 변절자 도널드 매클린을 통해서 알아낸 비밀 문서이다. 이 보고서 또한 한국을 지목하여 미국의 방위선 밖으로 내놓았다. 이 문서는 극비였기 때문에 소련의 분석가들이 보기에는 특히 신빙성이 있어 보였던 것이다.[25]

스탈린이 변심하게 된 또 다른 요소는, 앞서 설명했던 중·소 우호 조약의 체결에 이르는 협상 과정에서 생긴 마오쩌둥에 대한 실망감이었을지도 모른다. 중국 내에서 러시아의 특권은 오래가지 않을 것이란 사실을 마오쩌둥은 만천하에 뚜렷이 밝히기를 마다하지 않았다. 결빙하지 않는 다롄 항구에 대한 러시아의 통제는 임시적일 수밖에 없다고 했다. 그래서 스탈린은 한반도가 공산주의하에 통일된다면 소련 해군이 필요로 하는 것을 좀 더 쉽게 제공할 것이라고 결론지었을 수 있다. 언제나 노골적이지 못하고 복잡한 스탈린은 김일성에게 이 주제를 마오쩌둥과 이야기해 보라고 재촉하면서, 자신은 "동양에 관해서는 잘 이해하고 있노라"[26]고 토를 달았다. 그러나 사실은 되도록 많은 책임을 중국 쪽에 넘기려는 것이었다. 그는 김일성에게 모스크바는 "유럽 쪽 상황"[27]에 관심이 많고 우려되는 바가 많다고 설명하면서, "소련에게는 대단한 도움이나 지원"을 바라지 말라고 했다. 그리고 그에게 경고도 잊지 않았다. "만약 당신이 얼굴을 한 대 쥐어박히더라도, 나는 손도 까딱하지 않을 거요. 그러니 도움이 필요하면 마오쩌둥에게 청해야 합니다."[28] 거만하고, 장기적이고, 교활하고, 신중하며, 무감각하지만, 땀 흘려야 하는 위험은 중국에 떠넘기면서 소련을 위한 지정학적 혜택을 이끌어 내는 그 태도는 철두철미 스탈린다웠다.

나치와의 평화 협정을 통해서 히틀러가 엉덩이 쪽을 걱정하지 않아도 되게끔 해 주어 2차 세계 대전의 발발을 촉진한 바 있던 스탈린은,

모험의 위험을 줄이는 데 잘 연마된 자신의 재주를 써먹었다. 만약 미국이 정말 개입한다면 중국에 대한 위협과 소련에 대한 중국의 의존도 역시 높아질 것 아닌가? 또 중국이 미국의 도전에 대응한다면, 소련의 막대한 지원을 필요로 할 것이니 역시 결과는 마찬가지일 것이다. 그리고 중국이 수수방관한다면, 이에 실망한 북한에 대한 소련의 영향력은 커질 수밖에 없을 것이다.

김일성은 1950년 5월 13~16일 비밀리에 마오쩌둥을 만나기 위해 베이징으로 날아갔다. 도착 당일 밤에 이루어진 회담에서 김일성은 남침 계획에 대한 스탈린의 동의를 마오쩌둥에게 전하고, 마오쩌둥에게도 지원을 확인해 달라고 부탁했다.

스탈린은 한층 더 자신의 위험을 줄이기 위해, 그가 격려해 준 김일성의 남침이 시작되기 직전, 북한군에 파견되어 있던 소련의 모든 자문관을 철수시켰다. 그것이 북한군의 임무 수행을 저해하자, 그는 자문관들을 다시 돌려보내면서, 소련 통신사 타스(TASS)의 통신원으로 가장하기까지 했다.

공산주의 거인들의 한낱 미약한 동맹국이 어떻게 세계적으로 막대한 결과를 초래하는 전쟁을 도발했던 것일까? 마오쩌둥과 김일성 사이의 주요 대화 내용을 풀어 적었던 역사학자 천젠을 위해 마오쩌둥의 통역관이었던 스저가 요약한 내용을 보자.

(김일성은) 마오쩌둥에게 스탈린이 남한을 공격하려는 자신의 계획을 승인했다고 말했다. 마오쩌둥은 만약 북한이 남한을 침공하는 경우 예상할 수 있는 미국의 반응에 대해 김일성의 의견을 묻고, 이승만 정권이 미국의 지원을 받아 왔다는 점과 한반도가 일본에 가깝기 때문에 미국이 개입할 가능성을 완전히 배제할 수는 없을 것이라는 점을 강조했다. 그러나 김일

성은 미국이 군대를 투입하지는 않을 것이라고, 혹은 북한이 2~3주 안에 전쟁을 끝낼 수 있을 것이므로, 적어도 군대를 투입할 시간이 없을 것이라고, 확신하는 것 같았다. 마오쩌둥은 북한이 중국의 군사적 지원을 필요로 하느냐고 김일성에게 물었고, 한·중 국경에 중국의 3개 부대를 배치해 줄 수 있다고 제안했다. 김일성은 북한의 자체 군사력과 남한 내 공산주의 게릴라의 협력을 통해 스스로 문제를 해결할 수 있을 것이며, 따라서 중국의 군사적 개입은 필요하지 않을 것이라고 "거만하게"(스저의 말로는 마오쩌둥의 표현이었다고 한다.) 대답했다.[29]

누가 봐도 김일성의 설명은 마오쩌둥의 심중을 뒤흔들기에 충분했다. 마오쩌둥은 신속히 회담을 마무리한 다음 저우언라이에게 모스크바에 케이블을 보내 스탈린이 "조속히 대답"해 주고 "손수 해명"해 줄 것을 요청하라고 지시했다.[30] 모스크바의 응답은 다음 날 돌아왔지만, 스탈린은 다시 한 번 마오쩌둥에게 책임을 넘기고 있었다. 전신은 이렇게 설명했다.

한국 동지들과의 대화에서 스탈린과 그의 친구들은 …… 통일을 향해 움직이겠다는 북한의 계획에 동의했다. 단, 이에 관해 하나의 제한을 두었는데, 그것은 이 이슈가 궁극적으로 중국 및 한국의 동지들에 의해서 결정되어야 하고, 중국의 동지들이 동의하지 않을 경우 이 문제에 대한 결정은 추후 토의에 맡기고 연기되어야 한다는 것이었다.[31]

물론 이것은 이 계획에 대한 거부의 책임을 완전히 마오쩌둥에게 돌리고 있었다. 결과로부터 더욱더 스스로를 격리시키면서 (또 김일성에게 과장하고 잘못 설명할 수 있는 여지를 한 번 더 제공하면서) 스탈린은

"대화의 상세한 내용은 한국 동지들이 당신한테 말해 줄 수" 있다고 설명함으로써 베이징의 회신을 사전에 차단했던 것이다.[32]

이후 김일성과 마오쩌둥 사이에 있었던 대화에 관해서는 기록이 보이지 않는다. 김일성은 남침에 대한 마오쩌둥의 지지를 얻어 내고 5월 16일 평양으로 돌아갔다. 어쨌든 김일성은 모스크바에서 마오쩌둥의 지지를 얻어 냈다고 표현했다. 마오쩌둥은 남한의 정복을 묵인해 주면, 이후 중국이 타이완을 공격할 경우 소련이 군사적 지원을 해 줄 수 있다는 전제를 확립할 수도 있으리라고 계산했을지도 모른다. 만약 그랬다면 심각한 계산 착오였다. 왜냐하면 설사 남한이 정복당하는 것을 미국이 지켜본다고 할지라도, 미국 여론은 트루먼 행정부가 타이완 해협에서 또 하나의 공산주의 군사 행동을 무시하도록 내버려 두지 않을 것이기 때문이었다.

10년 후에도 모스크바와 베이징은 과연 어느 쪽이 김일성의 남침 계획에 파란불을 켜 주었는지에 대해서 여전히 합의를 보지 못했다. 1960년의 부쿠레슈티 회담에서 당시 소련 공산당 서기장이던 흐루쇼프는 중국 정치국의 펑전 위원에게 이렇게 주장했다. "마오쩌둥이 동의하지 않았더라면 스탈린도 그렇게 하지 않았을 것입니다." 이에 펑전은 그의 말이 "완전히 틀렸다고" 쏘아붙이면서 "마오쩌둥은 전쟁을 반대했고 …… 동의했던 것은 스탈린이었다고" 말했다.[33]

아무튼 공산주의의 두 거인은 김일성과 스탈린의 낙관적인 예측이 빗나가는 경우 어떤 세계적 의미를 가지게 될지 미처 헤아리지 못한 채, 전쟁으로 이끌려 들어갔다. 미국이 참전하면서, 그들은 그 의미를 심사숙고하지 않을 수 없게 될 터였다.

미국의 개입: 공격에 대한 저항

　정책을 세울 때의 어려운 점은, 그에 따른 여러 가지 분석이 막상 결정을 내려야 할 순간의 분위기를 예측할 수 없다는 것이다. 트루먼, 애치슨, 맥아더 등이 내놓은 여러 가지 성명은 당시 미국의 사고를 정확하게 반영했다. 국제 안보를 위한 미국의 공약이 지닌 성격은 국내에서 논쟁의 대상이 되었고, 한반도의 방어는 한 번도 고려된 적조차 없었다. 나토는 형성 중에 있었다. 그러나 실제 공산주의의 침공을 코앞에 맞닥뜨리게 되자, 미국의 정책 입안자들은 정책 백서 따위는 무시해 버렸다.

　6월 25일 김일성의 남침이 시작된 이후, 미국은 이에 개입할 뿐 아니라 한국 전쟁을 중국 내전과 연관시킴으로써 공산주의 지도자들을 경악케 했다. 미국은 항구 도시 부산을 중심으로 방어선을 구축하기 위해 지상군을 한국으로 파견했다. 이 결정은 유엔 안보리의 결의에 의해 지지를 받았는데, 이는 안보리 내 중국 의석을 여전히 타이완이 차지하고 있는 데 대한 항의로서 소련이 투표에 불참했기 때문에 가능했다. 이틀 후 트루먼 대통령은 태평양 함대에게 타이완 해협 양쪽 방향의 군사 공격을 미연에 방지함으로써 해협을 '중립화'하라는 명령을 내렸다. 이는 한국 전쟁에 대해 최대한 폭넓게 의회와 대중의 지지를 얻어 내려는 의도였다. 미국이 실제로 이 전쟁을 중국과의 대치로 확산시킬 것을 고려했다는 증거는 어디에도 없다.

　미국의 그런 결정이 있기까지, 마오쩌둥은 다음 군사적 행보로서 타이완 공격을 계획하고 있었으며, 그런 목적으로 주력군을 중국 남동부 푸젠 성으로 집결시켰다. 트루먼은 태평양 함대의 파견을 발표하면서, 타이완 방어의 중요성을 강조했을 뿐 아니라 "타이완의 중국 정부에게 본토에 대한 모든 항공 및 해상 작전을 중지하라고" 촉구했다. 이어 트루먼은 경고했다. "제7함대가 그 임무를 완수할 것이다."[34]

마오쩌둥에게 공명정대한 제스처란 상상할 수 없었다. 그래서 그는 트루먼의 확언을 위선이라고 해석했다. 누가 뭐래도 마오쩌둥이 생각하기에 미국은 중국 내전에 다시 끼어들고 있는 것이었다. 트루먼의 발표가 있은 다음 날인 1950년 6월 28일 마오쩌둥은 중앙 위원회 8차 회의에서 연설했는데, 여기서 그는 미국의 행보를 아시아 침략으로 묘사했다.

미국의 아시아 침공은 아시아 인민들 사이에 폭넓고 확고한 저항감만 불러일으킬 따름이다. 지난 1월 5일 트루먼은 미국이 타이완 문제에 개입하지 않을 거라고 말했다. 하지만 이제 그는 그저 거짓말을 하고 있음을 스스로 증명하고 있잖은가. 그뿐 아니라 그는 중국 내정에 미국이 간여하지 않을 것임을 보장한 모든 국제 협약을 종잇장처럼 찢어 버렸다.[35]

중국에서는 웨이치 본능이 발동하기 시작했다. 중국이 보기에 미국은 한반도에 군대를 보내고 타이완 해협에 함대를 파견함으로써 바둑판에 두 개의 돌을 놓은 것이었고, 그 둘이 모두 중국을 에워싸겠다고 협박했다.

전쟁이 터졌을 때 미국은 한국을 위한 군사 계획이 전혀 없었다. 한국 전쟁에서 미국이 천명한 목적은 '침략 행위'를 무찌르겠다는 것으로, 침략이란 어느 주권 국가에 대한 공인되지 않은 무력의 사용을 나타내는 법률 개념이다. 그렇다면 무엇을 성공이라고 정의할 수 있을 것인가? '전쟁 발발 이전 상태'로 돌아가는 것이 성공인가? 그 경우에 침략자는 최악의 결과라고 해 봤자 승리하지 못하는 정도임을 배우게 될 것이고, 그러면 또 한 번 전쟁을 시도하라고 부추기는 꼴은 아닌지? 아니면 침략 행위를 할 수 있는 북한의 군사력을 박살 내야 성공이라 할 것인가? 미국이 군사적으로 개입한 초기에 이런 질문들이 제기되었다는 증거는 전혀 없다. 그 이유의 일부분은, 부산을 둘러싼 방어선을 지키는 것이 당시 정부에게는 초미의 관심사였기 때문이리라. 그 구체적인 결과로, 군사 작전이 정치적 결정을 좌우하게 된 것이다.

1950년 9월 맥아더 장군이 인천에서 놀라운 승리를 거둔 이후, 트루먼 행정부는 한반도가 통일될 때까지 군사 작전을 계속하는 쪽으로 돌아섰다. 중국을 향한 전통적인 침략 루트를 따라서 미군이 존재하는 것을 베이징이 수락하리라고 가정했던 것이다. 인천 상륙 작전은, 즉 부산의 전선과는 멀리 떨어진 이곳에서의 기습 상륙 작전은 북한의 진군 속도를 늦추고 수도 탈환의 길을 열어 주었다.

북한 영토 내에서 군사 작전을 밀고 나가겠다는 결정은 10월 7일 유엔 결의에 의해 공식적으로 승인을 받았다. 이번에는 총회가 새로이 채택한 의회 방식 도구인 '평화를 위한 단합 결의(Uniting for Peace Resolution)'에 의한 것으로, 이는 총회가 국제 안보 이슈를 3분의 2 표결로 결정하도록 허락하고 있었다. 이 결정은 "한반도 내에 통일된 독립 민주 정부"를 세우기 위한 "모든 구성 행위"를 재가했다.[36] 미군에 대항하여 중국이 개입한다는 것은 중국의 능력 밖에 있는 것으로 모두들 믿고 있었다.

이러한 모든 견해 중 그 어느 것도 막상 베이징이 국제 문제를 바라보는 방식과 일치하지 않았다. 미군이 타이완 해협에 개입하자마자, 마오쩌둥은 제7함대의 배치를 아시아 '침공'으로 취급했다. 중국과 미국은 서로서로의 전략을 잘못 해석함으로써 충돌을 향해 치닫고 있었다. 미국은 그 대안을 상상할 수 없는 유엔과 같은 국제기구에 기반을 두는 자신들의 국제 질서 개념을 중국이 받아들일 수밖에 없도록 만들려고 애썼다. 하지만 처음부터 마오쩌둥은 중국이 아무런 목소리도 낼수 없게 고안된 국제 시스템을 받아들일 뜻이 조금도 없었다. 그 결과미국 군사 전략의 성과는, 어떤 분계선이 그려지든 기껏해야 그것에 따라 휴전할 수밖에 없는 운명이었던 것이다. 미국의 계획대로라면 북한과 중국의 경계인 압록강을 따라 이루어질 것이고, 중국이 참전하거나 미국이 북쪽 전선 바로 아래에서 일방적으로 정지할 경우에는 합의되는 다른 경계선을 따라 이루어질 터였다.(예컨대 38선이라든지, 아니면저우언라이에게 보낸 마오쩌둥의 메시지에 제시된 평양-원산 라인이든지.)

가장 상상하기 힘든 일은, 중국을 향한 전통적 침략 루트인 어떤 국경, 특히 일본이 만주 점령과 중국 북부 침공을 감행했던 기지에 미군이 나타나는데도 중국이 이를 묵인하는 것이었다. 하물며 그런 처지가타이완 해협과 한반도라는 두 전선에서의 전략적 차질을 의미하는 거라면 중국은 더더구나 수동적일 수가 없었다. 마오쩌둥이 한국 전쟁직전의 몇 가지 사태에 관해 어느 정도는 통제력을 상실했다는 사실도 그 이유의 하나였다. 양측의 이런 오해는 서로를 더욱 심각하게 만들었다. 미국은 남침을 예측하지 못했고, 중국은 미국의 그런 반응을예측하지 못했던 것이다. 그리고 각자의 행동으로 인해 상대의 오해를증폭시키기도 했다. 그 과정의 결과는 2년간의 전쟁과 20년간의 단절이었다.

중국의 반응: 억제를 향한 또 다른 접근

군사를 공부하는 사람이라면 그 누구도, 이제 간신히 내전을 끝내고 포로로 잡은 국민당 군대의 무기로 대충 앞가림을 한 인민 해방군이 핵무기를 등에 업은 신식 군대와 맞붙을 것이라고는 생각하지 않을 터이다. 그러나 마오쩌둥은 인습에 물든 군사 전략가가 아니었다. 한국 전쟁 중 마오쩌둥의 행동을 이해하려면, 서구식 전략에서 억제 혹은 심지어 선제공격이라고 부르는 것을 마오쩌둥이 어떻게 봤느냐 하는 점을 이해해야 한다. 또 중국인의 사고에서 장기적이고 전략적이며 심리적 요소의 결합을 마오쩌둥이 어떻게 봤는가도 이해해야 한다.

서구의 경우 억제라는 개념을 만들어 낸 것은 냉전과 핵무기의 파괴력이었다. 그것은 공격해 올 가능성이 있는 자에게 파괴의 위험을 부풀려 보임으로써 조금이라도 이득을 얻자는 개념이다. 이런 위협의 효능은 발생하지 않는 일에 의해서, 그러니까 피할 수 있는 전쟁에 의해서 측정된다.

마오쩌둥에게 서구의 억제 개념은 너무나 수동적이었다. 그는 중국이 공격을 기다려야만 하는 처지를 받아들이지 않았다. 어떤 단계에서 보면 이것은 서구에서 말하는 선제공격, 즉 먼저 한 방을 날림으로써 공격을 기대하는 것과 닮아 있었다. 그러나 서구적 원칙에서 선제공격은 승리와 군사적 우위를 추구한다. 선제공격에 대한 마오쩌둥의 접근법은, 그가 심리적 요소에 기울인 유별난 관심 때문에 차별된다. 그에게 동기를 주는 힘은 군사적으로 결정적 한 방을 먼저 먹이는 것이라기보다 심리적 균형을 깨트리는 것이요, 적을 패주시키는 것이라기보다 위험에 대한 자신의 계산법을 바꾸는 것이었다. 앞으로 읽어 나가면서 보겠지만, 중국이 1954~1958년 타이완 해협에서 취한 행동, 1962년 인도 국경에서의 충돌, 1969~1971년 우수리 강 연안에서 소련과의 충돌, 그리고 1979년 중·월 전쟁 등은 모두 기습적인 공격과 그 뒤를 따르는 정치적 국면이라는 특징을 공유하고 있다. 심리적인 등식을 회복했다

면, 중국인들의 눈에 억제는 제대로 이루어졌다는 것이다.[37]

선제공격이라는 중국의 견해가 억제라는 서구 개념과 맞닥뜨리자, 하나의 악순환이 생겨났다. 중국에서 방어적 행위라고 간주되는 것이 외부 세계에서는 공격적인 것으로 취급될 수도 있으며, 서구의 억제적인 움직임이 중국에서는 포위 행위로 해석될 수 있기 때문이다. 냉전이 지속되는 동안 미국과 중국은 이 딜레마를 놓고 드잡이를 했다. 어느 면에서는 양측이 아직 그 딜레마를 뛰어넘는 방법을 찾지 못했다는 뜻이다.

한국 전쟁에 참여하겠다는 중국의 결정을 촉발한 것은, 1950년 초 미국이 38선을 건널 것을 결의하고 유엔군이 중국과 한반도 경계인 압록강으로 진격해 온 탓이라는 게 일반적인 통념이다. 또 다른 이론은 10년 전 유럽의 독재자들을 본뜬 공산주의 본연의 호전성 때문으로 풀이한다. 최근의 학자들은 이 두 가지 이론이 모두 옳지 않다는 것을 보여 준다. 마오쩌둥과 그의 동료들은 한국의 주권에 도전한다는 의미의 전략적 디자인을 전혀 갖고 있지 않았다. 전쟁이 터지기 전까지만 해도 그들은 러시아와 균형을 맞추는 데 관심을 두었다. 또 그들은 군사적으로 미국에 도전장을 던질 계획도 없었다. 그들은 기나긴 토의와 망설임 끝에 일종의 선제적 행동으로 참전했다.

미군을 최초로 한국에 급파한 데다 타이완 해협의 중립화까지 겹쳐져 그런 계획을 촉발하게 만들었다. 이때부터 마오쩌둥은 최소한 북한의 붕괴를 막는다는 목적으로, 그리고 때로는 한반도에서 미군을 완전히 축출한다는 혁명적 목적을 위해서 한국 전쟁 참전을 계획하라고 지시했다.[38] 미군이나 한국군이 38선 이북으로 움직이기 훨씬 전부터, 마오쩌둥은 중국이 개입하지 않는다면 북한은 미국의 손으로 넘어갈 거라고 가정했다. 압록강을 향한 미국의 진격을 저지하는 것은 부차적 요소였다. 그것은 기습 공격의 기회와 여론을 동원할 절호의 기회를 마오쩌둥의 마음속에 만들어 냈다. 하지만 그것이 주된 동기 요인은 아니었다. 일단 미국이 1950년 8월 북한의 첫 번째 공격을 물리치자, 중국이 개입할 가능성은 극도로 높아졌다. 그러다가 미국이 인천에서 북한군을 측면에서 공격한 다음 38선을 넘자, 중국의 개입은 불가피해 졌다.

중국의 전략은 일반적으로 세 가지 특성을 보인다. 장기적 추세의 꼼꼼한 분석과 전술적 옵션의 신중한 연구, 그리고 작전의 결정에 대한 냉정한 탐구가 그것이다. 저우언라이는 한반도에 미군이 배치된 지 2주가 지난 7월 7일과 7월 10일에 미국의 움직임이 중국에 미칠 영향을 분석하기 위한 중국 지도자들의 모임을 주재함으로써 그러한 전략 과정을 시작했다. 참석자들은 원래 타이완 공격을 위해 준비한 부대를 한국 쪽 국경에 재배치하기로 의견을 모았다. 아울러 이 부대를 북동 국경 수비군으로 재편하고, 북동부 국경을 방어하며 필요하다면 북한 인민군의 전쟁 수행 지원을 위한 준비라는 미션을 부여하기로 합의했다. 미군이 38선을 넘기까지 두 달도 더 남은 시점인 7월 말까지 25만이 넘는 중국군 병력이 한국과의 국경에 집결되었다.[39]

정치국과 중앙 군사 위원회는 8월 내내 모임을 가졌다. 인천 상륙 작전 6주 전인 8월 4일, 상황은 여전히 북한 침략군에게 유리했고 전선은 여전히 남한 저 아래쪽 부산 주변에 형성되어 있었지만, 북한의 능력에 회의를 품던 마오쩌둥은 정치국에게 이렇게 말했다. "미국 제국주의자들이 이 전쟁에서 이긴다면 그들은 승전의 기쁨에 흠뻑 빠진 나머지 우리를 위협할 입장에 놓일 것이다. 우리는 북한을 도와야 한다. 그들을 부축해 줘야 한다. 그것은 의용군의 형태일 수도 있고, 시점도 우리가 선택할 수 있지만, 어쨌든 우리는 준비를 시작해야 한다."[40] 바

로 이 모임에서 저우언라이 역시 동일한 기본 분석을 했다. "미국 제국
주의자들이 북한을 짓밟는다면, 그들은 자만심으로 부풀어 오를 것이
고 평화는 위협받을 것이다. 우리가 승리를 확보하고 싶다면, 중국 요
소를 증가시켜야 한다. 그렇게 되면 국제 정세에 변화가 올 수 있을 것
이다. 우리는 장기적인 견해를 지녀야 한다."[41] 다시 말해 중국은 미군
의 특정한 위치가 아니라, 진격 중인 북한의 패배를 막아야 한다는 것
이다. 이튿날 마오쩌둥은 고위 지휘관들에게 "이달 중으로 준비를 완
료하고 전쟁 수행의 명령을 기다리라고" 지시했다.[42]

8월 13일 제13군단은 상급 지휘관 회의를 열고 이 미션을 토의했다.
8월의 데드라인에 대해서는 의구심을 표명했지만, 회의 참석자들은 중
국이 "이니셔티브를 쥐고 북한 인민군과 협력하여 주저하지 말고 전
진함으로써 적군을 공격의 꿈에서 깨어나도록 해야" 한다는 결론을
내렸다.[43]

그러는 가운데 참모진의 분석과 도상 훈련(圖上訓練)이 실시되었다.
거기서 중국은 서구인들이 볼 때 직관에 어긋난다고 생각할 결론, 즉 중
국이 미군을 상대로 이길 수 있다는 결론에 이른다. 그 논리를 보면 이렇
다. 미국은 전 세계에 걸쳐 공약을 해 놓았기 때문에 많아 봤자 50만 명
의 병력밖에는 배치할 수 없을 것이지만, 중국은 이용할 수 있는 병력이
무려 400만에 달한다. 게다가 중국은 전장에서 가깝기 때문에 병참 면에
서 우위를 차지한다. 마지막으로 중국의 전략가들은 세계 인민들이 십중
팔구 중국을 지지할 테니 심리적으로도 중국이 유리하다고 생각했다.[44]

심지어는 핵 공격의 가능성조차 중국 전략가들에게 겁을 주지 못했
다. 틀림없이 그들에게 핵무기에 대한 직접 경험도 없었고, 핵무기를
손에 넣을 방법도 없었기 때문이었을 것이다. (뚜렷이 반대 의견을 개진
한 사람이 없진 않았지만) 그들은 소련의 핵 능력에 비추어, 또한 한반도

내 배치된 병력의 '지그소 패턴(jigsaw pattern)' 때문에 미국이 핵무기를 사용했다가는 중국군뿐 아니라 미군까지도 공격할 위험성이 있다는 점을 들어, 미국의 핵 대응 가능성은 대단히 낮다는 결론을 내렸다.[45]

저우언라이는 8월 26일 중앙 군사 위원회와의 대화에서 중국의 전략을 요약했다. 베이징은 한반도 문제를 단순히 "어느 형제 국가의 문제, 혹은 북동 아시아의 이해에 관련한 문제로만 취급해서는 안 된다." 그보다 한반도는 "아주 중요한 국제 문제로 간주되어야" 한다는 것이었다. "한반도는 사실 전 세계에서 벌어지는 투쟁의 초점이다. …… 미국은 한반도를 정복한 다음, 말할 것도 없이 베트남이나 다른 식민 국가를 향할 것이다. 따라서 한반도 문제는 최소한 동양의 주요 쟁점"이라는 게 그가 주장한 요지였다.[46] 이어 그는 최근에 북한의 상황이 역전되면서 "우리의 임무는 훨씬 더 무거워졌다. …… 최악의 경우를 대비하고 신속히 준비를 갖추어야" 한다고 결론지었다. 저우언라이는 "중국이 참전하여 적에게 기습의 일격을 가할 수 있게끔 비밀 유지가 무엇보다 필요"하다고 강조했다.[47]

이 모든 일이 (중국의 한 연구 팀이 예측했던) 맥아더의 인천 상륙 작전보다 불과 몇 주 전에, 그리고 유엔군이 38선을 넘기 한 달 전에 일어났다. 중국은 전략적 추세에 대한 신중한 고려와 평가를 바탕으로 참전한 것이지, 미국의 전술적 책동에 대한 반응으로 참전했다거나, 38선의 신성불가침을 수호하려는 법률적 결단에서 참전한 것도 아니었다. 중국의 공격은 아직 구체화되지 않은 위험에 맞서는 선제 전략이었으며, 중국에 대한 미국의 궁극적 목적을 잘못 해석했기 때문에 이루어진 판단이 그 기반이었다. 또한 그것은 중국의 장기적인 포석에서 한반도가 차지하는 중요한 역할을 표현하는 것으로, 그 당시 상황에는 이것이 훨씬 더 깊게 연관되어 있었다. 또 마오쩌둥이 자신의 노선을 고집했던 것은, 그것만이 김일성과 스탈린의 남침 전략을 묵인해 주었던 데 대한 유일한 구제책이란 믿음에 틀림없이 영향을 받았을 것이다. 그렇게라도 하지 않는다면 타이완 해협에 제7함대가 나타나고 중국 국경에 미군이 집결함으로써 중국의 전략적 상황이 고약하게 된 것을 두고 다른 지도자들은 그를 비난할 것이 아니겠는가?

하나 중국의 개입에 대한 장애는 너무나 엄청나, 동료들의 지지를 받아내려면 마오쩌둥의 리더십을 송두리째 걸어야 할 판이었다. 린뱌오를 포함한 두 명의 상급 지휘관이 이런저런 핑계를 대면서 북동 국경 수비군의 지휘를 고사했고, 결국 마오쩌둥은 이 임무를 기꺼이 맡아 줄 지휘관으로 펑더화이를 찾기에 이른다.

예전에도 주요 결정을 할 때마다 그랬듯이, 마오쩌둥은 뜻을 굽히지 않았고, 중국군의 한반도 진군을 위한 준비는 가차 없이 진행되었다. 10월이 되자 미군과 연합군은 압록강을 향해 움직였고, 한반도를 통일하여 유엔 결의하에 보호하겠다는 결의에 차 있었다. 그들의 목적은, 기술적 의미에서 유엔의 지휘 혹은 통솔로 간주되는 이 병력으로 새로운 현상을 지키는 것이었다. 그리하여 서로를 향한 양측 군대의 움직임에는 미리 정해진 숙명이 생겨났다. 중국이 일격을 준비하고 있는 동안, 미국과 연합군은 북진의 끝에 기다리고 있을 도전을 까맣게 모르고 있었으니 말이다.

한편 저우언라이는 외교 측면의 무대를 조심스럽게 준비하고 있었다. 9월 24일 그는 "한국에 대한 침략 전쟁을 확산하고, 타이완에서 무장 공세를 수행하며, 중국에 대해서도 더욱 침공의 범위를 넓히려는 미국의 시도"라고 자신이 규정한 것에 대해 맹렬히 항의했다.[48] 이어 10월 3일에는 인도 대사 파니카에게 미국이 38선을 넘을 것이라고 경고하면서 말했다. "만약 미군이 정말 그렇게 한다면, 우리도 수수방관하면서 모른 체할 수는 없습니다. 우리는 개입할 것입니다. 이 점을 귀국의 국무총리에게 보고해 주십시오."⁴⁹ 이에 대해 파니카는 38선 통과는 12시간 이내에 이루어질 것으로 예측되고, 인도 정부는 자신의 케이블을 받은 후 18시간이 지나야만 어떤 조치를 취할 수 있을 것이라고 답했다.⁵⁰ 이에 저우언라이는 응답했다. "그거야 미국 측이 알아서할 일이니, 오늘 대화의 목적은 네루 총리가 서한에서 제기했던 질문중의 하나에 대한 우리의 태도를 알려 주려는 것입니다."⁵¹ 이 대화는이미 결정된 일을 기록하자는 것이지, 흔히 사람들이 간주하듯이 평화를 위한 마지막 절박한 간청이 아니었다.

바로 이 시점에 스탈린이 다시 등장한다. 자신이 부추겼던 분쟁, 그리고 끝을 보고 싶지 않은 분쟁의 계속을 위한 '데우스 엑스 마키나'*로서 말이다. 북한군은 무너지고 있었으며, 소련의 정보기관은 인천과반대편 원산 근처에서 미군이 다시 한 번 상륙 작전을 시도할 것으로(잘못) 예상하고 있었다. 중국의 참전 준비는 상당한 진전을 보았지만,돌이킬 수 없을 정도는 아니었다. 그래서 스탈린은 마오쩌둥에게 보낸10월 1일의 서한에서 중국의 개입을 요구하기로 결심했다. 마오쩌둥이미국이 개입할 위험성을 들면서 결정을 미루자, 스탈린은 마무리 케이블을 보냈다. 그는 중국의 참전에 미국이 반응해 와 전면전이 벌어질경우, 소련은 군사적 지원을 약속할 각오가 되어 있노라고 주장했다.

물론 미국이 대규모 전쟁을 치를 준비가 안 되어 있음에도 불구하고체면을 생각해서 전쟁에 끌려 들어올 가능성, 그리고 연쇄적으로 중국도전쟁에 휘말리고, 그와 함께 상호 지원 협약으로 중국과 묶여 있는 소련

---

* deus ex machina: 예기치 않게 나타나 뒤틀어지고 꼬여서 절망적인 상황을 풀어 주고 결말로이끄는 인물.

까지 개입할 가능성을 저는 물론 고려했습니다. 그러나 우리가 그걸 두려워해야 할까요? 두려워해선 안 된다는 게 저의 의견입니다. 우리가 힘을 합치면 미국과 영국보다도 더 강할 것이고, 한편 유럽의 다른 자본주의 국가들은 (당장은 미국에게 어떤 형태의 도움도 줄 수 없는 독일을 제외하면) 심각한 군사력을 갖추지 못했습니다. 만약 전쟁이 불가피하다면, 차라리 지금 치르는 편이 낫습니다. 몇 년이 지나면 미국의 동맹인 일본의 군국주의가 되살아날 것이고, 미국과 일본은 '이승만이 통치하는 한반도 전체'라는 형태로 대륙을 향한 교두보를 이미 지니게 될 것입니다.[52]

이 범상치 않은 교신을 액면 그대로 보면, 스탈린은 한반도가 미국의 전략적 영역의 일부로 되는 것을 막기 위해서 미국과의 일전을 불사하겠다고 주장하는 것 같다. 그런 분석을 따르면 한반도가 친미 성향으로 통일된다면, 유럽에서 막 대두된 나토와 똑같은 위협을 아시아에서 당하게 되는 셈이었다. 이 두 가지 위협을 합친다면 소련이 어찌해 볼 수 없는 상황이 될지도 몰랐다.

하지만 정작 일이 벌어지자 스탈린은 마오쩌둥에게 호언장담했던 전면전 공약 혹은 어떤 형태로든 미국과의 직접 교전 공약도 지킬 뜻이 없음이 드러났다. 그는 두 개의 전선에서 벌이는 전쟁은 고사하고 마지막 한판을 벌이기에도 힘의 균형이 너무나 불리하다는 사실을 알았던 것이다. 스탈린은 아시아 역내 미국의 군사 잠재력을 꽁꽁 묶어 두면서, 중국이 소련의 지원에 의존한다는 것을 과대 포장해서 보여 줄 일에 중국을 개입시키고자 했다. 상당히 다른 이유 때문이긴 하지만 스탈린의 편지는 소련과 중국의 전략가들이 한반도의 전략적 중요성을 얼마나 심각하게 평가하고 있었는지를 여실히 보여 준다.

스탈린의 편지는 마오쩌둥을 궁지에 빠뜨렸다. 부분적으로는 혁명적 단합의 행사로서 추상적 개입을 계획하는 것과, 실제 참전을 실행하는 것, 특히 북한군이 해체될 위기에 처해 있을 때 뛰어드는 것은 전혀 다른 일이다. 중공군의 개입으로 소련의 물자, 특히 소련 공군의 엄호는 절대적으로 필요한 일이 되었다. 인민 해방군에는 내놓을 만한 근대 공군력이 전혀 없었기 때문이다. 그래서 참전이라는 이슈가 정치국에 상정되었을 때, 마오쩌둥은 여느 때와는 달리 찬반이 팽팽히 대립하는 반응을 보았고, 이 때문에 그는 최후의 답을 미루게 된다. 대신 마오쩌둥은 (건강을 이유로 들면서 중공군의 지휘를 거절했던) 린뱌오와 저우언라이를 러시아로 보내 소련의 지원에 대한 전망을 의논하게 했다. 마침 스탈린은 캅카스에서 휴가를 보내고 있었는데, 원래의 일정을 바꿀 이유는 없다고 생각했다. 그의 별장에서는 소련 채널을 통하지 않고서는 베이징과 교신할 방법이 없음에도(혹은 그랬기 때문일지도 모르지만) 스탈린은 저우언라이를 자신의 휴가지로 오게 만들었다.

저우언라이와 린뱌오는 소련이 물자 지원을 확실히 보장해 주지 않는 한 중국은 두 달 동안이나 준비해 왔던 일을 결국은 수행하지 않을 수도 있다고 스탈린에게 경고하라는 명령을 받았던 터였다. 중국은 스탈린이 벌여 온 분쟁의 주 무대가 될 터였고, 이 전쟁의 전망은 물자와 스탈린의 직접 지원에 달려 있을 테니 말이다. 이런 현실과 맞닥뜨린 마오쩌둥의 동지들은 찬반이 격하게 갈렸다. 반대파 중에는 우선순위를 국내 개발에 두어야 한다고 주장하기까지 하는 이들도 있었다. 이번만큼은 잠시 동안이나마 마오쩌둥도 망설이는 것 같았다. 중공군이 돌이킬 수 없이 전쟁에 개입하기 전에 스탈린으로부터 지원을 보장받기 위한 책동이었을까? 아니면 정말 마음을 잡지 못했던 것일까?

10월 2일 밤 마오쩌둥이 스탈린에게 발송한 전문은 중국의 내분을 보여 주는 하나의 징후이다. 이 전문은 베이징과 모스크바의 기록 보관소에 서로 엇갈리는 내용으로 보관되어 있다.

그중 마오쩌둥의 손으로 직접 초안한 것으로, 베이징 기록 보관소에 보관되어 내부용으로만 출간된 마오쩌둥의 원고 모음집에 포함되어 있지만 아마도 모스크바로 실제 송신되지는 않았을 가능성이 높은 버전을 보자. 마오쩌둥은 중국이 "미국과 미국의 종인 이승만을 상대로 싸우며 한국 동지들을 돕기 위해서 인민 의용군이라는 이름 아래 군대를 한반도에 파견하기로 결정했다."[53]라고 썼다. 마오쩌둥은 중국의 개입이 없는 경우의 위험성을 이렇게 들었다. "한반도의 혁명 군대는 뿌리째 패주하고 말 운명을 맞이할 것이며, 미국 침략자들은 일단 반도를 차지하고 나면 걷잡을 길 없이 날뛰게 될 것이다. 그것은 동아시아 전체를 위해서 불리한 노릇이다."[54] 그리고 이렇게 썼다. "우리는 미국의 선전 포고에 대비해야 할 것이다. 곧이어 미국은 공군력을 이용하여 중국의 주요 도시와 산업 기지들을 폭격할 것이며, 미 해군 역시 해안 지역을 공격할 것이다." 중국의 계획은 10월 15일 만주 남부에서 12개 사단 병력을 투입하는 것이었다. 마오쩌둥은 이들이 초기에는 우선 38선 이북에 배치되어 "단순히 국경을 넘는 적군에 대한 방어전만을 맡을 것"이라고 썼다. 그러면서 "그들은 소련의 무기 공급을 기다릴 것이고, 일단 제대로 무장이 되면 한국 동지들과의 협력하에 침략자 미군을 섬멸할 것"[55]이란 내용이었다.

마오쩌둥이 10월 2일에 보낸 전문의 또 다른 버전은 중국이 아직 군대를 파견할 준비가 되지 않았다고 스탈린에게 알리고 있다. 이 전문은 베이징 주재 소련 대사가 발송해 모스크바가 수령한 것으로 지금은 러시아의 대통령 기록 보관소에 보관되어 있다. 그러면서 모스크바와 추가 협의를 거쳐서 (또한 마오쩌둥이 암시하기로는, 소련의 추가적 군사 지원 약속을 받은 다음에) 베이징이 기꺼이 전쟁에 참여할 가능성은 여전히 남겨 두었다.

여러 해 동안 학자들은 첫 번째 전문 내용만이 유효한 것처럼 분석해 왔는데, 두 번째 전문 내용이 나타나면서 일부 학자들은 두 문건 중하나가 조작된 것이 아닐까 하는 의구심을 표하기도 했다. 어쨌거나가장 그럴듯한 설명은 중국 학자 션즈화가 제시한 것으로, 마오쩌둥이첫 번째 버전의 전문을 보낼 의도로 작성했으나, 이에 대해 중국 지도부의 의견이 너무나 분분하여 결국 좀 더 모호한 내용으로 대체되었다는 요지이다. 두 버전의 차이는 중공군이 한반도를 향해 움직이고 있는 중에도 중국 지도부는 돌이킬 수 없는 마지막 행동을 취하기 전에소련으로부터 확정적인 지원 약속을 받아 내려고 얼마나 오랫동안 더기다릴 것인지에 대해서 여전히 갑론을박하고 있었음을 암시한다.[56]

공산주의의 이 두 독재자들은 권력 정치의 혹독한 수업을 받았고, 여기서 배운 것을 서로서로에게 적용하고 있었던 것이다. 이 경우 스탈린은 속속들이 냉엄한 플레이어임이 드러났다. 그는 (저우언라이와 함께 보낸 전문에서) 중국의 망설임을 감안할 때, 살아남은 북한군을 중국으로 후퇴시켜 김일성이 망명 정부를 형성하도록 하는 것이 최선의선택으로 보인다고 마오쩌둥을 향해 냉정하게 말했다. 스탈린은 아시아 국경에 미군이 있다고 해서 개의치 않는다고 했다. 소련은 유럽의여러 분계선에서 이미 미국과 대치한 적이 있지 않느냐는 얘기였다.

중국 국경에 미군이 자리 잡고 있는 것보다 마오쩌둥이 한층 더 싫어할 시나리오는 만주에 북한의 임시 정부가 들어서 거기 사는 조선족과 접촉하고 일종의 주권을 주장하며 시도 때도 없이 한반도 쪽으로군사적 모험을 감행하는 것임을 스탈린은 알고 있었다. 그리고 마오쩌둥이 이미 돌아올 수 없는 지점을 통과했다는 것도 느꼈음에 틀림없다. 이 시점에서 중국의 선택은, 미군이 압록강까지 들어와 쉽게 접근할 수 있는 중국의 산업 지역 중 절반을 곧장 위협하게 두느냐, 아니면 소련이 툴툴거리면서 어물쩍 지원을 미루고 어쩌면 만주에서의 '권리'를 다시 주장하게 내버려 두느냐 둘 중 하나였다. 그것도 아니면 중국은 스탈린과 협상을 계속하면서, 마오쩌둥이 줄곧 추구해 왔던 노선을 그대로 밀고 나갈 수도 있었다. 그는 전쟁에 개입하지 않을 수 없는 입장에 있었다. 역설적이게도 소련의 간계에 대해 스스로를 보호하는 차원에서도 그래야 했다.

소련의 군수 물자 보장을 기다리면서 며칠을 연기한 끝에 10월 19일 드디어 마오쩌둥은 한반도 진격 명령을 내렸다. 스탈린은 상당한 병참 지원을 약속했지만, 그들이 미국과 직접 교전하지는 않는다는 조건하에서였다.(예컨대 만주 상공은 무방하지만 한반도 상공의 항공 엄호는 안 될 터였다.)

상호 불신임이 얼마나 걷잡을 수 없었던지, 저우언라이가 모스크바에서 돌아오자마자 스탈린은 다시 얼굴을 바꾸어 버린 것으로 보인다. 마오쩌둥의 계략으로 인해 소련이 한국 전쟁에서 미국을 얽어매는 이득도 못 본 채 인민 해방군을 무장해야 하는 손실을 보는 일을 방지하기 위해서, 스탈린은 중공군이 실제로 한반도에 투입되기 전에는 어떤 물자 지원도 할 수 없다고 저우언라이에게 통고했다. 마오쩌둥은 사실상 소련 측 지원의 약속도 없이 10월 19일 명령을 내렸다. 그 후 원래 약속한 소련의 지원은 실행되었지만, 여느 때처럼 신중한 스탈린은 공중 지원을 중국 상공으로 제한했다. 예전 마오쩌둥에게 보낸 서한에서 표명했던 바와 같이 한반도에서의 전면전도 불사하겠노라는 그의 각오는 그뿐이었다.

공산주의의 이 두 지도자는 상대의 필요와 불안을 이용했다. 마오쩌둥은 자신의 군대를 동원하기 위해서 소련의 군사 물자를 얻어 내는 데 성공했다. 몇몇 중국의 정보원은 한국 전쟁 동안 마오쩌둥이 64개 보병 사단 및 22개 항공 사단을 충족시킬 만한 물자를 지원받았다고 주장했다.[57] 이로써 스탈린은 중국을 한반도에서의 대미 분쟁 속으로 얽매어 넣는 데 성공했다.

중국과 미국의 대치

미국은 이 같은 공산주의 내부의 교묘한 책략을 수동적으로 지켜보았다. 38선에서의 진격 중단과 한반도 통일 사이의 중용을 추구하지도 않았고, 38선 침범의 결과에 대한 중국 측의 계속되는 경고도 무시했다. 애치슨은 기이하게도 그런 경고를 공식 커뮤니케이션으로 간주하지 않았고, 무시해도 되는 사안으로 생각했다. 아마도 마오쩌둥쯤이야 맞붙어 볼 만한 상대라고 생각했던 모양이다.

지금까지 여기저기서 발표한 모든 문건 가운데, 관련 당사자 중 어느 누구도 외교적 선택을 심각하게 논의했다는 내용은 하나도 없다. 저우언라이가 중앙 군사 위원회나 정치국을 상대로 수많은 회동을 가졌지만, 그런 의도는 어디에도 보이지 않는다. 보편적으로 인지하는 것과는 다르게, 베이징이 워싱턴을 향해 38선을 넘지 말라고 '경고'한 것도 거의 확실히 주의를 딴 데로 돌리려는 책략이었다. 이 시점에 이르면 마오쩌둥은 이미 북한을 지원하기 위해 인민 해방군 내 조선족 부대를 파견했고, 상당한 군사력을 타이완 쪽에서 빼내 한반도로 이동시킨 상황이었으며, 스탈린과 김일성에게 이미 중국의 지원을 약속했던 터였으니 말이다.

미국과 중국의 즉각적인 교전을 피할 수 있는 유일한 기회는, 당시 모스크바에 머물고 있던 저우언라이에게 마오쩌둥이 보낸 메시지에서 찾아볼 수 있다. 중공군이 국경을 넘어 한반도로 진격할 준비를 하고 있던 10월 14일의 전략적 아이디어에 대한 메시지였다.

우리 부대는 시간만 충분하다면 방어 작업을 계속해서 개선시킬 것이다. 적군이 끈덕지게 평양과 원산을 지키면서 향후 6개월 내에 북진하지 않는다면, 우리 병력도 평양과 원산을 치지 않을 것이다. 그들이 충분히 무장 훈련을 받은 다음, 그리고 공군 및 지상군 양면에서 적군보다 뚜렷한 우위를 확보한 다음에야 비로소 평양과 원산을 공격할 것이다. 간단히 말해서 우리는 앞으로 6개월간은 공격을 이야기하지 않을 거란 뜻이다.[58]

물론 중국이 6개월 안에 그 두 가지 측면에서 뚜렷한 우위를 확보할 가능성은 전혀 없었다.

미군이 한반도의 좁은 '목'에 해당하는 평양-원산 라인에서 진격을 중단했더라면, 마오쩌둥의 전략적 우려를 해소해 줄 완충 지대가 만들어졌을까? 베이징을 향한 미국의 어떤 외교적 접근이 조금이라도 다른 결과를 초래했을까? 마오쩌둥은 한반도 내에 들어간 것을 이용하여 자신의 병력을 재무장하는 것에 만족했을까? 마오쩌둥이 저우언라이에게 언급했던 그 6개월이란 기간은, 어쩌면 외교적 접촉이나 군사적 경고, 혹은 마오쩌둥이나 스탈린이 마음을 고쳐먹을 계기를 제공할 수도 있었다. 하지만 다른 한편, 지금까지 공산주의 영토였던 땅에 완충 지대를 갖는다는 것은 당연히 마오쩌둥이 생각하는 혁명과 전략 임무가 아니었다. 그렇지만 마오쩌둥은 손자의 충실한 제자였던지라, 일견 모순으로 보이는 전략을 동시에 추구했다. 그러나 그럴 능력이 없었던 미국은, 스스로의 병력과 외교력으로 한반도의 좁은 목을 얼마든지 지켜 낼 수 있었음에도 불구하고, 대신 유엔의 승인을 얻은 압록강 중심의 분계선을 택했다.

이런 식으로 삼각관계의 각 주체는 세계적 분쟁의 조짐이 있는 전쟁을 향해 나아가고 있었다. 전선은 밀고 밀렸다. 중공군이 서울을 점령했지만, 다시 밀려나 마침내 거의 2년을 끌게 된 휴전 협상의 틀 안에서 군사적 교착 상태가 교전 지역 안에 정착되었다. 이 기간 중 미군은 공격 행위를 자제했고, 이는 소련의 관점에서 볼 때 거의 이상적인 결과였다. 그때까지 소련이 줄곧 충고해 온 바는, 협상을 질질 끌고 그로써 전쟁을 되도록 지연시키라는 것이었으니 말이다. 1953년 7월 27일 마침내 휴전 협정이 그 모습을 드러냈으니, 기본적으로 전쟁 발발 이전의 38선을 따라 휴전하는 것이 그 요지였다.

전쟁에 참여했던 어느 누구도 모든 목적을 달성하지는 못했다. 미국으로 말하자면 휴전은 참전 당시의 목적, 즉 북한의 침공을 저지한다는 목적을 이루긴 했다. 그러나 동시에 너무나도 허약한 중국은 이 때문에 핵 강대국과 싸워서 이를 막고 가장 많이 진격했던 지점에서 다시 후퇴하지 않을 수 없도록 만들 수 있었다. 동맹을 보호한다는 점에서 미국은 신뢰성을 지켰지만, 그 대가로 다른 동맹국의 반발과 국내의 불화가 야기되었다. 이 전쟁의 목적이 과연 무엇이었던가에 대해 미국 내에서 촉발된 논쟁을 누구나 기억할 것이다. 맥아더 장군은 전통적인 격언을 따라 승전을 추구했으나, 이 전쟁이 미국을 아시아로 끌어들이게 하는 속임수(물론 스탈린의 전략)라고 해석한 행정부는 군사적인 '비기기'에 (그리고 장기적으로는 정치적 후퇴에) 만족할 용의가 있었다. 미국이 싸웠던 전쟁의 결과치고는 처음이었다. 이처럼 정치적 목적과 군사적 목적을 조화시킬 능력의 부재는, 아시아의 도전자들로 하여금 미국이 내부적으로 전쟁에 취약하면서도 똑 부러지게 명백한 군사적 결과도 얻지 못한다고 믿게 만들었을지도 모른다. 이러한 딜레마는 10년 뒤 베트남의 혼란 속에서 다시금 맹렬하게 나타난다.

베이징 또한 적어도 전통적인 군사의 측면에서는 모든 목적을 이루었다고 할 수 없다. 마오쩌둥은 애당초 중국의 프로파간다처럼 '미국 제국주의'로부터 한반도 전체를 해방시키지 못했다. 그러나 그는 좀 더 큰, 어떤 점에서는 좀 더 추상적이고 낭만적이기까지 한 목적을 위해 전쟁에 뛰어들었다. 불로써 '새로운 중국'을 시험하는 것, 그리고 그가 중국의 역사적 약점 혹은 수동성이라고 느꼈던 점을 씻어 내는 것, 아울러 중국도 이제 군사 강대국이며 국가 이해를 위해서라면 무력을 사용할 것임을 서구에게 (또 어느 정도는 소련에게) 보여 주는 것, 그리고 자신이 적절한 때라고 생각하는 시점에 (결국 중국 침공을 획책하고 있다고 믿었던) 미국을 타격하는 것 등이 바로 그런 목적이었다. 여기서 새로운 이념이 주로 공헌했던 바는, 그 전략적 개념이라기보다 스스로의 길을 개척하기 위해 세상에서 가장 강력한 국가한테도 저항할 수 있는 의지력이었다.

그처럼 폭넓은 의미에서 한국 전쟁은 단순히 비긴 게임 이상이었다. 그것은 새로이 건국된 중화인민공화국을 군사 강대국인 동시에 아시아 혁명의 중심으로 확립해 주었다. 아울러 두려워하고 존경해 마지않는 상대로서의 중국이 향후 수십 년에 걸쳐 이용하게 될 군사적 신뢰성을 공고히 해 주었다. 한국 전쟁에 중국이 개입했다는 기억은 후일 베트남에서 미국의 전략을 심각하게 제약했다. 베이징은 이 전쟁과 그에 따른 '미국 저항, 북한 지원(抗美援朝)'이라는 프로파간다와 숙청 운동을 이용해서, 공산당 통치에 대한 국내 반대파를 제거하고 민중 사이에 '혁명의 열정'과 국가적 자긍심을 심어 준다는 마오쩌둥의 두 가지 핵심 목표를 성공적으로 달성했다. 서구의 착취에 대한 증오를 키우면서 마오쩌둥은 이 전쟁을 '미국의 거만을 타파하는' 투쟁으로 규정했고, 전투에서의 성과는 수십 년 동안 나약하고 학대만 받던 중국을 위한 일종의 정신적 회춘으로 취급했다. 이 전쟁에서 중국은 스스로의 눈으로 보든 세계인의 눈으로 보든, 피곤하지만 의미를 다시 부여받은 국가로 태어난 것이다.

역설적이게도 한국 전쟁에서 최대의 패자는 스탈린이었다. 김일성에게 침략의 녹색 신호를 주었고, 마오쩌둥에게 대대적인 개입을 촉구하고 심지어 협박하기까지 했던 그였다. 중국에서 공산주의가 승리하는 것을 미국이 묵인했던 점에 자극을 받은 스탈린은, 김일성이 한반도에서도 그런 패턴을 반복해 주리라고 계산했던 것이다. 그는 또 중국의 개입이 중·미 간의 영속적인 적대 관계를 초래하고 중국이 소련에 더욱더 의존하도록 만들 것을 기대하면서 마오쩌둥을 다그쳤다.

스탈린은 전략적 예측에서는 정확했지만, 그 결과를 평가하는 데는 심각한 실수를 저질렀다. 소련에 대한 중국의 의존은 두 개의 날을 지닌 칼이었다. 소련이 책임졌던 중국의 재무장은 결국 짧은 시간 내에 중국이 스스로 움직일 수 있도록 만들었다. 스탈린이 부추겼던 중·미 관계의 간격은 중·소 관계의 개선으로 이어지지 않았고, 중국의 티토주의식 선택을 줄이지도 못했다. 오히려 마오쩌둥은 미국과 소련이란 강대국과 동시에 맞설 수 있으리라고 계산했다. 소련과 미국 사이의 갈등은 너무나 골이 깊어서, 마오쩌둥은 냉전 기간 중 소련의 지원에 대해서 아무런 대가도 치를 필요가 없으며, (이후 몇 차례 위기에서 그런 예가 있었던 것처럼) 소련이 동의하지도 않았을 때조차 소련이 지원할 거라는 것을 협박 수단으로 사용하기까지 했다. 한국 전쟁이 종결되는 시점에서부터 중·소 관계는 악화 일로를 치달았는데, 여기에는 스탈린이 김일성의 모험을 아리송하게 부추겼다는 점, 그가 중국이 개입하게끔 난폭하게 밀어붙인 점, 그리고 무엇보다 소련이 투덜대면서 결국에는 모두 상환해야 할 빚의 형태로 겨우 지원해 주었다는 점 등이 크게 작용했다. 10년도 채 되지 않아 소련은 중국의 첫 번째 적수로 변했다. 그리고 다시 10년이 지나기 전에 다시 한 번 동맹 관계의 역전이 이루어질 터였다.

6

미국과도 대치, 소련과도 대치

19세기 후반의 가장 위대한 외교관이라 할 만한 오토 폰 비스마르크는 이렇게 말했다. 다섯 국가로 이루어진 세계에서는 세 나라가 모인 그룹에 들어가는 편이 언제나 바람직하다. 세 나라의 상호 작용에 적용하자면, 항상 바람직한 일은 두 나라의 그룹에 들어가는 것이리라.

15년이나 지속된 중국–소련–미국 삼각관계의 주인공에게는 이 진리가 통하지 않았다. 전례를 찾아볼 수 없는 마오쩌둥의 책략이 그 이유의 하나였다. 외교 정책에서 정치인들은 종종 상호 이해의 융합을 이룩함으로써 목적을 이룬다. 그런데 마오쩌둥의 정책은 그 정반대에 기초했다. 그는 서로 겹치는 적대감을 이용하는 법을 배운 것이다. 미국과 소련의 갈등은 냉전의 전략적 정수였고, 워싱턴과 베이징의 적대감은 아시아 외교를 지배했다. 그러나 공산주의 양 대국은 미국을 향한 각자의 적대감을 전혀 합치시키지 못했다. 한국 전쟁 당시의 짧고 불완전한 합치를 제외하면 말이다. 이념의 주도권과 지정학적 전략 분석과 관련해서 모스크바를 향한 마오쩌둥의 경쟁의식이 커졌기 때문이었다.

전통적인 권력 정치의 관점에서 보면, 마오쩌둥은 물론 이 삼각관계에서 동등한 구성원으로 행동할 입장이 아니었다. 셋 중에서 가장 약하고 가장 불안했기 때문이다. 그러나 두 핵 강대국 사이의 적대감을 교묘히 이용하고, 핵의 치명적 타격에는 아랑곳하지 않는다는 인상을 줌으로써, 그는 중국을 위한 일종의 외교적 피난처를 이끌어 냈다. 마오쩌둥은 힘의 정치에 새로운 차원, 즉 내가 알기에 전례가 없는 새로운 차원을 부여했다. 두 강대국에게서 지원을 얻으려 하기는커녕 그는 미국과 소련에 동시에 도전함으로써 그들이 서로에 대해 느끼는 공포감을 이용했다. 전통적인 균형 세력 이론은 그렇게 하라고 조언했을 테지만 말이다.

한국 전쟁이 끝나고 1년도 지나지 않아 마오쩌둥은 타이완 해협 위기에서 미국과 군사적으로 충돌했다. 이와 거의 동시에 그는 이념적으로 소련과 갈등하기 시작했다. 그는 이 두 강대국 중 어느 누구도 상대가 중국을 패주시키는 모습을 보지 않을 거라고 계산했기 때문에, 이 두 노선을 동시에 추구하는 데 자신이 있었다. 그것은 앞서 설명했던 제갈량의 공성계를 영리하게 적용한 경우로, 물질적인 약점을 심리적 자산으로 변화시켰다.

국제 문제를 배우는 보통의 학생들이라면, 특히 서구 학자들이라면 한국 전쟁이 끝났을 때 마오쩌둥이 일단 한숨 돌리는 시간을 가지려 할 거라고 예상했을 것이다. 공산주의가 승리한 이래 겉으로 보기에나마 조용했던 기간은 채 한 달도 없었으니 말이다. 빈틈없이 짜인 드라마틱한 국내 문제만 해도 토지 개혁, 소련 경제 모델의 실행, 국내 반대파 제거 등이 포함되어 있었다. 그런데 여전히 미개발국에 머물고 있는 이 나라는 동시에 선진 군사 기술을 보유한 핵 강대국과의 전쟁을 치르고 있었던 것이다.

마오쩌둥은 자신이 이끄는 사회에 휴식을 줬던 인물로 역사에 남고 싶지 않았다. 오히려 그는 일련의 새로운 격변을 야기했다. 타이완 해협에서 미국과 두 차례 분쟁, 인도와의 분쟁 시작, 소련과의 이념적, 지정학적 갈등 심화······.

이와 대조적으로 미국에 대해 한국 전쟁의 종결과 아이젠하워 행정부 출범은 이후 몇 년간 계속될 국내 정치 '정상화'로의 회귀를 뜻했다. 국제적으로 보면 한국 전쟁은, 가능만 하다면 정치적 전복과 군사적 공격에 의해 확산을 추구한다는 공산주의 언약의 본보기가 되었다. 아시아 내 다른 지역도 이를 보강하는 증거를 제공했다. 말레이시아의 게릴라 전쟁, 싱가포르 좌파의 폭력적 권력 추구, 인도차이나 곳곳에서 점점 더 심해진 전쟁 등이 그 예이다. 미국의 인식이 어디에서 부분적으로 잘못된 것일까? 그것은 공산주의를 변화가 느린 단일체로 생각했던 것과, 공산주의 양 대국 사이의 의구심이 (이 초기 단계에서조차) 얼마나 깊었는지를 이해하지 못한 것에서였다.

아이젠하워 행정부는 유럽에서의 경험에서 체득한 방법을 이용하여 공격 위협에 대처했다. 마셜 플랜의 예를 따라 공산주의 세계와 국경을 맞댄 나라들의 생존 능력을 북돋워 주려 했으며, 나토 스타일의 군사 동맹을 건설했으니, 동남아시아에서 중국과 접경한 나라들 사이의 동남아 조약 기구(SEATO)가 그 예라 하겠다. 그러나 그들은 유럽의 상황과 아시아 변경의 상황이 어떻게 다른지, 그 본질적 차이를 충분히 고려하지 않았다. 전후 유럽 국가들은 정교한 제도로 건립되었다.

그들의 생존 능력은 2차 세계 대전의 파괴로 인한 기대와 현실 사이의 간극을 줄이는 데 달려 있었다. 하지만 그것은 비교적 짧은 기간 내에 이룩할 수 있었던 확대 프로젝트로 판명되었다. 그리고 국내의 안정이 상당히 확보되어 있었기에, 안보 문제는 이미 확립된 국제적 전선을 넘나드는 잠재적 군사 공격에 대한 방어로 변했다.

그러나 중국의 가장자리를 둘러싼 아시아 국가들은 여전히 틀을 갖추는 과정 중에 있었다. 그들이 도전해야 할 과제는 민족과 종교의 분리를 넘어서 정치 체제와 정치적 공감대를 만들어 내는 것이었다. 이것은 군사적이라기보다 개념적 임무였다. 그들에게 안보 위협은 군사적 전선을 침범하는 조직된 개체가 아니라, 국내의 반란이나 게릴라전이었다. 특히 인도차이나에서는 커다란 도전이었다. 프랑스 식민 정책이 끝나면서 월맹, 월남, 캄보디아, 라오스 등 4개국에게 국경 분쟁과 허약한 독립 국가 전통을 남겨 주었기 때문이었다. 이런 분쟁은 베이징, 모스크바, 워싱턴으로부터 세세하게 컨트롤할 수 없는 나름대로의 역동성이 있었지만, 이 전략적 삼각관계의 정책에 의해 영향을 받았다. 따라서 아시아에서는 순전히 군사적 도전이란 그리 많지 않았다. 군사적 전략과 정치, 사회의 개혁은 떼려야 뗄 수 없게 서로 엮여 있었던 것이다.

첫 번째 타이완 해협 위기

베이징과 타이베이는 동일한 중국의 국가 정체성에 대해 서로 경쟁하는 두 개의 버전을 선포했다. 국민당 관점에서 타이완은 독립 국가가 아니라 중화민국 망명 정부의 본거지로 공산주의 강도들에게 잠시 빼앗겼다. 하지만 국민당의 프로파간다가 일관되게 선포하듯, 언젠가 본토의 정당한 자리를 되찾을 것이라고 했다. 하지만 베이징이 인식하기에 타이완은 변절자들의 성(省)이요, 이들이 본토와 손을 끊고 외세와 동맹을 맺은 것은 중국의 마지막 '굴욕의 세기'의 잔재라는 것이었다. 양측은 타이완과 본토가 모두 동일한 정치 개체의 일부라는 데에는 의견을 같이한다. 서로 의견이 갈리는 지점은 둘 중 어느 중국 정부가 정당한 통치권을 갖느냐이다.

워싱턴과 그 맹방은 중화민국과 중화인민공화국을 각각 독립 국가로 인정하는 아이디어를 시시때때로 퍼뜨렸다. 이른바 '두 개의 중국 해법(two China solution)'이다. 베이징과 타이베이 양쪽은, 이 제안이 상대방을 해방시켜야 하는 성스러운 국가적 의무를 완수하지 못하게 가로막는다는 이유에서 격렬하게 반대했다. 최초의 판단과는 달리 미국은 중화민국이 '진정한' 중국 정부이며, 유엔과 기타 국제기구에서 중국의 의석을 차지할 자격이 있다는 타이베이의 입장을 지지했다. 후일 국무 장관을 역임하게 되는 딘 러스크 국무부 동아시아 담당 차관보는 1951년 트루먼 정부를 위해서 입장을 또렷이 밝혔다. 그는 겉보기에는 그렇지 않을지 모르나 "베이징 당국은 중국 정부가 아니다. …… 국가 공동체에서 중국을 대변할 자격이 없다."[1]라고 했다. 워싱턴에게 베이징에 수도를 둔 중화인민공화국은 세계 최대의 인구를 실질적으로 지배하고 있음에도 불구하고, 법적으로나 외교적으로 별 볼 일 없는 주체였던 것이다. 이것은 (사소한 변형만 더러 있을 뿐) 20년간이나 미국의 공식적 입장이었다.

이것의 의도하지 않았던 결과는 중국 내전에 미국이 개입한 사실이었다. 이는 베이징의 국제 문제 인식에서, 한 세기를 두고 중국을 분할하고 지배하기 위해 줄줄이 공모했던 외세의 마지막 본보기라는 딱지를 미국에게 붙여 주었다. 타이완이 외국의 정치적, 군사적 지원을 받는 별도 행정 당국으로 남아 있는 한 '새로운 중국' 건설이란 계획은 미완의 과제라는 것이 베이징의 입장이었다.

장제스의 주요 동맹인 미국에게 국민당이 본토를 다시 정복하는 데 대한 욕심은 없었다. 의회에서 친대만 정치인들이 가끔씩 백악관을 향해 "장제스를 풀어 주라"고 촉구하기는 했지만, 중국 내전에서 공산당의 승리를 되돌려 놓으려는 시도를 진지하게 고려하는 대통령은 아무도 없었다. 이 점은 공산주의 측이 지닌 심각한 오해의 원천이었다.

직접적인 타이완 위기가 처음으로 발생한 것은 한국 전쟁의 적극적인 적대 관계가 종결된 지 한 해가 조금 지난 1954년 8월이었다. 그 평계는 본토에서 물러난 국민당의 기이한 영토였다. 중국 해안을 껴안고 있으면서 튼튼하게 요새화된 몇몇 섬에 국민당 부대가 잔존하고 있었기 때문이다. 이들 연안 도서에는 타이완보다 본토에 더 가까이 위치한 진먼과 마쭈, 그리고 더 작은 크기의 몇몇 돌섬 등이 포함된다.[2] 어떤 견해로 보느냐에 따라 이들 연안 도서는 타이완 방어의 제1선, 혹은 국민당의 프로파간다가 선포하듯이, 궁극적인 본토 탈환을 위한 전진 기지였다.

이들 연안 도서는 10년 사이에 두 차례의 큼직한 위기로 변했던 사건의 기묘한 현장 자체였다. 그중 한 번은, 소련과 미국이 모두 핵무기 사용을 불사하겠다는 암시를 하기도 했다. 소련이든 미국이든 이 작은 섬에 무슨 전략적 이해관계가 있었던 것은 아니다. 나중에야 밝혀진 사실이지만, 중국 역시 그런 이해관계는 없었다. 하지만 마오쩌둥은 국제 관계에 대한 일반적인 의사표시를 하기 위해 이들 섬을 이용했다. 첫 번째 위기 때는 미국을 겨냥한 대전략의 일부분으로서, 그리고 두 번째는 소련, 특히 흐루쇼프에 맞서는 전략으로서 말이다.

가장 가까운 지점에서 보면 진먼은 중국의 샤먼 항구에서 겨우 3킬로미터 정도 거리이고, 마쭈도 푸저우에서 비슷한 거리였다.[3] 이 섬들은 본토에서 육안으로 식별 가능하며, 손쉽게 대포로 타격할 수 있는 위치였다. 타이완과는 160킬로미터가 훨씬 넘는 거리였다. 1949년 인민 해방군이 이 섬들을 급습했지만 강력한 국민당의 저항 때문에 밀려났다. 한국 전쟁 초기에 트루먼 대통령이 제7함대를 타이완 해협으로 파견하자 마오쩌둥은 계획하고 있던 타이완 침공을 무기한 연기해야 했으며, 모스크바는 타이완의 전면 '해방'을 위한 베이징의 지원 요청을 회피함으로써, 궁극적으로 관계가 소원해지는 첫 계기가 되었다.

아이젠하워가 트루먼에 이어 대통령에 취임하면서 사태는 한층 더 복잡하게 변한다. 1953년 2월 2일 그의 첫 번째 신년 국정 연설에서 아이젠하워는 제7함대의 타이완 해협 순시를 중단한다고 발표했다. 이 함대는 양 방향의 공격을 모두 방지해 왔기 때문에, 그 임무는 한반도에서 중공군이 미군을 죽이고 있는 동안에조차, 사실상 "미 해군이 공산주의 중국을 위한 방어벽으로 봉사해야 한다는 것을" 의미한다는 것이 아이젠하워의 논리였다. "한반도에서 미국과 전투를 벌이고 있는 나라를 미국이 보호할 의무가 없기 때문에" 이제 그는 해협에서 제7함대를 빼내라고 명령했던 것이다.[4]

중국에서는 제7함대의 해협 배치가 미국의 주요한 공격 행보로 간주되어 왔던 터였다. 이제 역설적이게도, 함대의 재배치가 새로운 위기의 무대를 마련했다. 타이베이는 수천 명의 추가 병력과 상당한 군비 투입으로 진먼과 마쭈를 보강하기 시작했다.

양측은 이제 하나의 딜레마에 맞닥뜨리게 되었다. 중국은 타이완 회복의 공약을 결코 포기할 수 없었지만, 제7함대와 같은 막강한 장애물 앞에서는 그 실행을 미룰 수 있었다. 그 함대가 물러나자 중국은 연안 도서에 관하여 그와 견줄 만한 장애물이 없어진 것이다. 미국 측으로 보면, 타이완 방어를 공약으로 내걸었던 터이지만, 존 덜레스 국무 장관이 "바위덩어리 몇 개"라고 표현했던 연안 도서를 두고 전쟁까지 벌이는 것은 별개의 문제였다.[5] 더욱 첨예하게 대치 국면이 변했을 때 아이젠하워 행정부는 타이완과 공식적인 상호 방위 조약의 협상을 시작했고, 이어 동남아 조약 기구가 창설되었다.

마오쩌둥은 도전에 직면하면, 대개 가장 의표를 찌르고 가장 정교한 노선을 택했다. 덜레스 국무 장관이 동남아 조약 기구 창립을 위해 마닐라로 날아가는 동안, 마오쩌둥은 진먼과 마쭈에 대한 대규모 폭격을 명령했다. 점차 강화되고 있던 타이완 자치에 대한 경고인 동시에, 아시아의 다자간 국방을 위한 워싱턴의 헌신을 시험하는 폭격이었다.

진먼에 대한 최초의 대포 공격으로 두 명의 미국 장교가 목숨을 잃었고, 미 해군의 3개 항모 전단이 즉시 타이완 해협 근해로 급파되었다. 더는 중화인민공화국의 '방어벽'이 되어 주지 않는다는 약속에 따라, 이제 워싱턴은 국민당 병력의 보복성 폭격과 본토에 대한 공습을 승인했다.[6] 그 가운데 합동 참모 회의에 참석한 이들은 위기가 고조되는 경우 전략 핵무기 사용을 위한 계획을 수립하기 시작했다. 아이젠하워는 적어도 당시에는 이의를 제기했지만, 유엔 안보 이사회에서 휴전 결의를 구하자는 계획을 재가했다. 아무도 원하지 않는 영토를 두고 벌어진 위기가 지구촌 이슈로 변한 것이다.

그러나 이 위기는 뚜렷한 정치적 목적을 지니고 있지 않았다. 중국은 직접 타이완을 위협한 것이 아니었고, 미국은 해협의 기존 상황이 변하는 것을 원치 않았다. 그것은 언론들이 제시한 것처럼 대치 국면을 향해 달려간 것이 아니라, 위기관리의 섬세한 실행이 되었다. 양측은 정치적 고려에서 떠들어 대고 있던 군사적 대치를 사실은 예방하기 위해 고안된 정교한 룰을 향하여 교묘하게 움직였다. 타이완 해협의 외교에서 손자는 생생하게 살아서 움직이고 있었던 것이다.

그 결과는 전쟁이 아니라 '교전하면서 공생하기'였다. 미국의 결의에 대한 오해가 불러온 공격을 한반도에서와 마찬가지로 저지하기 위하여, 덜레스와 워싱턴 주재 타이완 대사는 1954년 11월 23일 미국과 타이완이 오래 계획해 왔던 방위 조약 전문에 서명했다. 그러나 실제로 막 공격을 받았던 영토에 관해서 미국의 공약은 모호했다. 방위 조약은 타이완과 (타이완에서 40킬로미터 떨어진 좀 더 대규모의) 평후 군도에만 특별히 적용되기 때문이었다. 거기에는 중국 본토와 접한 진먼, 마쭈, 기타 영토가 언급되지 않아서, 후일 "상호 합의에 따라 결정되는"이라는 조항에 남게 되었다.[7]

마오쩌둥 쪽에서도 지휘관들에게 미군에 대한 공격을 전면 금지시키면서, 동시에 미국의 가장 위협적인 무기를 무색하게 만들 특성을 드러내 보였다. 그는 베이징 주재 핀란드 대사를 만난, 참으로 어울리지 않는 상황에서 중국은 핵전쟁의 위협에 주눅 들지 않을 것이라고 선포했다.

미국의 핵 위협에 중국 인민은 움츠러들지 않는다. 우리는 6억 인구와 960만 제곱킬로미터의 땅을 가진 나라이다. 미국은 자그마한 원자탄 막대기로써 중국인들의 나라를 섬멸시킬 수 없다. 설사 미국의 원자탄이 너무나도 강력하여 중국에 떨어져 지구 반대편까지 구멍을 낸다 할지라도, 아니, 지구를 날려 버린다 할지라도, 전체로서의 우주에는 아무런 의미도 갖지 못할 것이다. 물론 태양계의 중요한 사건은 되겠지만 말이다. …… 만약 미국이 전투기와 원자탄으로 중국에 대한 침략 전쟁을 감행한다면, 좁쌀과 소총밖에 없는 중국이 틀림없이 승자로 살아남을 것이다. 온 세상의

인민들이 우리를 지원할 테니까.[8]

공산당과 국민당 모두 웨이치의 룰에 의해서 게임을 하고 있었으므로, 본토 정부는 미국과 타이완의 조약이 빠뜨린 틈새를 파고들기 시작했다. 1월 18일 중국은 이 조약이 특별히 보호하지 않는 다천과 이장산 섬을 침공했다. 양측은 계속해서 신중하게 자신들의 영역을 규정해 나갔다. 미국은 소규모 도서들을 지키려고 애쓰지 않았고, 사실상 제7함대는 국민당 부대의 대피를 도왔다. 반대로 인민 해방군은 미군에 대한 사격을 금지당했다.

나중에야 밝혀진 일이지만 마오쩌둥의 수사법은 미국보다도 동맹국 소련에 더 큰 충격을 주었다. 왜냐하면 이 때문에 흐루쇼프가 러시아에게 전략적 이득이 전혀 없으면서 핵전쟁의 위험만 무릅써야 하는 명분을 위해 동맹국을 지원해야 하는 딜레마에 빠졌으니 말이다. 시간이 갈수록 흐루쇼프는 이를 수락할 수 없는 일이라 했다. 전쟁이 발발하여 인구의 절반이 희생되더라도 끝내 승리할 수 있다는 마오쩌둥의 배짱을 보고, 인구가 적은 유럽의 소련 동맹국들은 한층 더 경악을 금치 못했다.

미국은 어떠했을까? 아이젠하워와 덜레스는 재주꾼 마오쩌둥의 훌륭한 적수였다. 그들은 핵전쟁을 휘두르며 마오쩌둥의 인내심을 시험할 의도는 전혀 없었다. 하지만 그렇다고 국익의 보호를 포기할 뜻도 물론 없었다. 1월의 마지막 주 동안 그들은 타이완, 펑후 군도, 기타 타이완 해협 내 "이와 관련한 위치와 영토"를 방어하기 위해서 미군을 사용할 수 있는 권한을 아이젠하워에게 부여했던 미국 상·하원의 결의가 통과되도록 만반의 준비를 갖추었다.[9] 위기관리 기술은 상대가 따라오지 않을 곳에서 더 많은 것을 베팅하되, 앙갚음을 미연에 방지하는 방식으로 해야 한다. 1955년 3월 15일의 연설에서 덜레스는 이런 원칙에 입각하여, 공산주의의 새로운 대규모 공세가 있다면 미국은 중국이 지니지 못한 전략 핵무기로써 대응할 준비가 되어 있다고 천명했다. 바로 다음 날 아이젠하워는 그의 경고를 재확인하면서, 시민들이 해를 입지만 않는다면 미국이 "마치 총알 등을 이용하듯이" 전략 핵무기를 쓰지 못할 이유가 없다는 논리를 폈다.[10] 이는 위기가 계속되는 상황에서 미국이 처음으로 특정의 핵 위협을 가했던 경우였다.

마오쩌둥은 중국이 핵전쟁에 전혀 주눅 들지 않는다고 공언만 했을 뿐, 그러한 무관심을 실행에 옮길 뜻은 없었다. 그는 당시 인도네시아 반둥에서 열리고 있던 아시아-아프리카 비동맹국 회의에 참석한 저우언라이에게 후퇴의 나팔을 불 것을 명령했다. 1955년 4월 23일 저우언라이는 월계관을 내밀었다. "중국 인민들은 미합중국과의 전쟁을 원치 않는다. 중국 정부는 미국 정부와 협상 테이블에 앉아 극동 지역의 긴장 완화, 특히 타이완 지역의 긴장 완화에 대해 논의할 용의가 있다."[11] 그리고 바로 다음 주 중국은 타이완 해협에서의 폭격을 중단한다.

한국 전쟁과 마찬가지로, 결과는 서로 무승부였고, 거기서 양측은 단기적인 목표를 달성했다. 미국은 군사적 위협에 맞서 이를 저지했다. 적군이 힘을 합치는 경우 중국은 진먼과 마쭈를 점령할 능력이 없다는 사실을 잘 아는 마오쩌둥은, 후일 자신의 전략이 보기보다 훨씬 복잡했다고 해명했다. 그 연안 도서들의 점령을 추구할 뜻은 전혀 없었고, 다만 그 섬들에 위협을 가함으로써 타이완이 본토와의 끈을 단절하지 못하도록 막았던 것이라고, 마오쩌둥은 흐루쇼프에게 말했다.

우리는 우리의 잠재력을 보여 주고 싶었을 뿐이었소. 우리는 장제스가 우리한테서 너무 멀리 떨어져 있기를 원하지 않소. 우리가 손만 뻗으면

닿을 곳에 그가 있으면 좋겠다는 바람이오. (진먼과 마쭈에) 그를 묶어 두는 것은 우리의 단거리 포격과 공군력으로 그를 잡을 수 있다는 뜻이오. 우리가 그 섬들을 점령했다면, 언제든 우리가 원할 때 그를 불안하게 만들 수 없지 않겠소?[12]

이 말을 믿는다면 베이징이 진먼을 폭격했던 이유는 '하나의 중국'이란 주장을 재확인하려는 것이지만, 반대로 '두 개의 중국 해법'의 대두를 막기 위해 군사 행동을 자제했다는 의미이다.

모스크바는 전략과 핵무기 관련 실제 지식에 대해 좀 더 곧이곧대로 접근하는 경향인지라, 통치자가 다분히 상징적인 제스처를 하기 위해서 핵전쟁의 벼랑 끝까지 갈 수 있다는 것을 이해할 수 없었다. 흐루쇼프는 마오쩌둥에게 이렇게 불평했다. "일단 포격을 가하면, 그 섬들을 점령해야 합니다. 그게 필요하지 않다고 생각한다면, 포격이 무슨 소용이란 말입니까? 당신네의 정책을 도무지 이해할 수 없습니다."[13] 일방적이긴 하지만 심사숙고하게 만드는 측면도 많은 마오쩌둥의 일대기를 보면 심지어 이런 주장을 펼치기도 한다. 이 위기에서 마오쩌둥의 진짜 동기는 핵전쟁의 리스크를 대단히 첨예하게 만들어 소련의 지원에 대한 압력을 해소하려면 걸음마 단계인 중국의 핵무기 프로그램을 소련이 도와주지 않을 수 없도록 만드는 것이었다고 말이다.[14] 이 위기에는 직관에 반하는 측면이 많았는데, 그중 하나는 소련이 중국의 핵 방어를 중국의 손에 넘겨줌으로써 앞으로 어떤 위기가 조성되더라도 자신들과 이 말썽쟁이 동맹국 사이에 거리를 두기 위해서, 베이징의 핵 프로그램을 돕겠다고 분명히 결심했다는 사실이다.(두 번째 연안 도서 위기의 결과로 그 결정이 번복되긴 했지만 말이다.)

대미 외교의 간주곡

첫 번째 위기가 가져온 결과 중 하나는, 미국과 중국이 공식적으로 대화를 재개했다는 점이다. 프랑스와 공산주의자들이 이끄는 독립군 사이에 벌어진 1차 베트남전을 해결하기 위한 1954년 제네바 회의에서, 베이징과 워싱턴은 제네바 주재 영사 수준의 관리들을 통해 접촉을 유지할 것을 마지못해 합의한 바 있었다.

이 결정은 오해로 인한 대치를 방지하기 위한 일종의 안전망 같은 틀을 제공했다. 하지만 어느 쪽도 확신을 가지고 한 일은 아니었다. 오히려 그들의 확신은 반대 방향으로 치닫고 있었다. 한국 전쟁은 중국을 향한 트루먼 행정부 내의 모든 외교적 이니셔티브에 종지부를 찍었다. 한반도의 전쟁이 채 끝나지도 않았을 때 구성한 아이젠하워 행정부는 중국을 모든 공산주의 세력 중에서도 가장 고집불통이고 혁명적이라고 간주했다. 따라서 그들의 주된 전략 목표는 중국의 침략 잠재력을 억지하는 아시아의 안보 시스템을 구축하는 것이었다. 동남아 조약 기구처럼 아직 나약한 안보 시스템과 이제 막 싹을 틔운 한·일 동맹 관계를 위험에 빠뜨리지 못하도록, 중국에 대한 외교적 접근은 회피했다. 제네바 회의에서 덜레스가 저우언라이와 악수를 거부한 것은 도덕적 거부와 전략적 디자인을 모두 반영한 사건이었다.

마오쩌둥의 태도 역시 덜레스와 아이젠하워의 태도를 쏙 빼닮았다. 타이완 이슈는 영속적인 대치의 원인이 되었고, 특히 미국이 타이완을 중국 전체의 합법 정부로 취급하는 한 더욱 그랬다. 미국이 타이완에서 철수하지 않는 한 중국은 다른 어떤 주제도 논의할 뜻이 없었고, 중국이 타이완 문제 해결을 위해 무력 사용을 포기하지 않는 한 미국은 타이완에서의 철수를 논하고 싶지 않았으니, 중·미 외교는 태생적으로 교착 상태였다.

마찬가지로 첫 번째 타이완 해협 위기 이후 중·미 대화도 엉망이었다. 양측이 자신의 기본적 입장을 고집하는 한 이야기할 거리가 없었기 때문이었다. 미국은 타이완의 상황이 베이징과 타이베이의 협상을 통해 해결되어야 한다는 말을 반복했고, 거기에는 미국과 일본도 개입되어야 한다고 했다. 이 제안을 두고 베이징은 2차 세계 대전 중 타이완을 중국의 일부로 선언했던 카이로 회담의 결정을 새삼 거론하려는 시도로 해석했다. 그리고 무력 사용의 포기 역시, 국가 영토를 통제할 수 있는 중국의 주권을 침해하는 일이라고 거절했다. 10여 년 동안 중국 측 협상 책임자였던 왕빙난 대사는 자신의 회고록에서 이 교착 상태를 이렇게 요약했다. "돌이켜보면 당시 미국은 중국 정책을 바꿀 수 없었다. 그런 상황에서 우리는 직접 타이완 문제를 건드렸는데, 그것은 가장 어렵고 가장 해결의 가능성이 적었고 가장 감정적인 이슈였다. 대화가 도무지 진전되지 못한 것은 너무도 당연했다."[15]

이 논의에서 도출한 합의는 단 두 가지였다. 그중 첫째는 절차에 관한 것으로, 줄곧 영사 수준에 머물러 있던 제네바에서의 접촉을 대사급으로 격상하는 것이었다.(대사는 국가 원수의 개인적 대리인이며 추측컨대 좀 더 넓은 행동 반경과 영향력을 지녔다는 점에서 대사급의 지정은 의미심장했다.) 하지만 이것은 마비 상태를 고착화시켰을 따름이다. 이곳 미국과 중국 대사들은 1955년과 1971년 사이의 16년 동안 136차례의 회담을 가졌다.(그 대부분은 1958년 회담 장소로 지정된 바르샤바에서 열렸다.) 그중에서 유일하게 실질적인 합의는 1955년 9월에 이루어졌는데, 이때 중국과 미국은 내전으로 인해서 양국에 발이 묶인 자국민들의 귀국을 허용했다.[16]

그 후로 15년 동안 미국의 외교는 중국으로부터 공식적으로 무력 사용의 포기를 얻어 내는 데 초점이 맞춰진 채 이루어졌다. 1966년 3월 딘 러스크 국무 장관은 하원 외교 청문회에서 이렇게 증언했다. "우리는 문제 해결을 위해 행여나 공산주의 중국이 무력 사용을 포기할 준비가 되었을까 해마다 그 조짐을 찾으려 노심초사했다. 아울러 우리는 미국이 그들의 주적이라는 가설을 중국이 포기할 준비가 되었다는 암시를 찾아보려고도 했다. 중국의 태도와 행동은 줄곧 적대적이고 경직되어 있었기 때문이다."[17]

그 어느 나라에 대해서도 미국의 외교 정책이 무력의 일괄 포기와 같은 절박한 전제 조건에 의존했던 적은 한 번도 없었다. 러스크는 1960년대 내내 중국의 맹렬한 수사법과 비교적 절제된 국제 관계 수행 사이의 간격을 그냥 보아 넘기진 않았다. 하지만 그는 사실상 미국 정책이 그런 수사법에 기반을 두어야 한다는 것, 다시 말해서 행동보다는 이념이 의미심장하다고 주장했다.

우리는 중국 공산주의 지도자들이 말하는 것을 무시하고, 그들의 실제 행동에 의해서만 판단해야 한다고 말하는 사람도 더러 있다. 그들이 말보다 행동이 훨씬 조심스럽다는 것은 사실이다. 소련에게 하라고 촉구하는 것보다 그들 스스로 실행하는 것에서 알 수 있듯이 말이다. 하지만 그렇다고 해서 그들이 선포했던 미래의 의도와 계획을 무시해야 한다는 뜻은 아니다.[18]

1957년 미국은 이러한 태도를 기초로 하여, 중국이 타이완에 대해 무력 사용을 포기하지 않는다는 핑계 아래, 제네바 회의의 격을 대사급에서 차관급으로 강등시켰다. 중국은 대표단을 철수시켰고, 회의는 결국 중단되었다. 그로부터 얼마 지나지 않아 두 번째 타이완 해협 위기 사태가 일어났다. 누가 봐도 그 이유는 전과 달랐다.

마오쩌둥과 흐루쇼프, 그리고 갈라선 중 · 소

1953년 스탈린은 30년 권좌를 뒤로하고 사망했다. 짧은 과도기를 거친 다음에 들어선 그의 후계자는 니키타 흐루쇼프였다. 스탈린의 공포 정치는 흐루쇼프 세대에게 깊은 상처를 남겼다. 한 세대의 지도자들이 하나도 남김없이 희생되었던 1930년대의 숙청이라는 사다리에서 그들은 한 걸음 위로 올라갔다. 그들은 영구적인 정서적 불안이라는 대가를 지불하고서 권력에의 갑작스러운 부상(浮上)을 얻었다. 그들은 통치 그룹이 도매금으로 목이 잘리는 것을 목격했고 또 참여하기도 했다. 자신들에게도 같은 운명이 기다리고 있을지도 모른다는 사실을 잘 알고 있었다. 사실 스탈린은 임종을 앞두고 또 한 차례의 숙청을 감행하던 중이었다. 제도적인 공포를 형성했던 그 시스템을, 그들은 아직 수정할 준비가 되어 있지 않았다. 오히려 그들은 목숨을 바쳤던 핵심 신념을 재확인하면서 그 실행의 일부를 수정하려 시도했으며, 그것의 실패를 스탈린의 권력 남용 탓으로 돌렸다.(바로 이것이 다음에 논의할 '흐루쇼프의 비밀 연설'로 알려지게 된 것의 기반이었다.)

그들의 온갖 가식에도 불구하고, 새로운 지도자들은 소련이 궁극적인 의미에서 경쟁력이 없다는 사실을 마음속 깊이 깨닫고 있었다. 흐루쇼프의 외교 정책 중 상당 부분은 '응급조치 혹은 즉효약'을 얻으려는 노력으로 묘사할 수 있다. 1961년 초고성능 핵융합 기구의 폭발과 연속적인 베를린 최후통첩, 그리고 1962년 쿠바 미사일 위기 등 모든 것이 본보기이다. 이후 수십 년의 관점에서 보면 이러한 조치들은 소

런보다 훨씬 더 강한 것으로 흐루쇼프가 깊이 이해했던 나라와의 협상을 가능하게 만들어 주는 일종의 심리적 평형 상태를 추구하는 것으로 간주해도 좋다.

흐루쇼프가 중국에 대해 취했던 태도는, 혼자서 도도한 중국 지도자들이 모스크바의 이념적 지배에 도전장을 던진다고 해서 약간 짜증이 났으면서도 지레 겸손한 모습을 보인 것이었다. 그는 중국과의 동맹이 지닌 전략적 혜택을 파악하고 있었지만, 중국식 이념이 지닌 함의를 두려워했다. 그는 마오쩌둥에게 깊은 인상을 주려고 애썼지만, 그가 도대체 무엇을 심각하게 받아들이는지에 관한 어법을 끝내 배우지 못했다. 마오쩌둥은 소련의 우선순위에 주의를 기울이지 않은 채 소련의 위협을 이용했다. 결국 흐루쇼프는 중국과의 동맹을 지키겠다는 당초의 공약을 철회하고 무관심한 태도를 보였으며, 동시에 중국 국경을 따라 소련의 군사력을 증강하고, 후계자인 레오니트 브레즈네프가 중국에 대한 선제적 행동의 가능성을 타진하게끔 유도했다.

베이징과 모스크바가 손을 잡게 한 것도 이념이었고, 그들을 떨어지게 만든 것 또한 이념이었다. 그들이 공유한 너무나 많은 역사가 물음표를 던진다. 러시아 황제들이 중국 땅을 강제 징수했다든가, 2차 세계 대전 중 스탈린이 중국 공산당을 제쳐 놓고 기꺼이 장제스와 결말을 보려 했던 사실을 중국 지도자들은 잊을 수 없었다. 스탈린과 마오쩌둥의 첫 번째 회동은 순조롭지 못했다. 마오쩌둥이 스스로 모스크바의 안보 우산 아래 들어가려고 찾아갔을 때, 스탈린을 설득시키는 데 2개월이나 걸렸고, 동맹의 대가로 만주와 신장에서 경제적으로 적잖은 양보를 하면서 중국의 단일성에 상처를 입히기까지 했다.

출발점은 역사였지만, 당대의 경험은 언뜻 보아 끝없는 마찰을 야기했다. 소련은 공산주의 세계를 모스크바에 리더십을 둔 하나의 전략

개체로 간주했다. 그들은 동구에 위성 국가들을 세웠고, 소련의 군사적, 경제적 지원에 의존했다. 소련 정치국으로서는 아시아에서도 동일한 패턴의 지배적 위치를 누리는 처사가 너무나 당연했다.

하지만 중국은 어떤가? 그 역사와 중화사상, 그리고 자신들만의 공산주의 이념으로 볼 때, 마오쩌둥에게 그보다 더 불쾌한 것은 없었을 터이다. 문화적 차이는 숨어 있던 긴장을 더욱 악화시켰다. 특히 소련 지도자들이 중국의 역사적 민감성에 대체로 무지했기 때문에 더욱 그랬다. 중국에게 시베리아의 벌목 프로젝트를 위한 일꾼들을 제공해 달라는 흐루쇼프의 요청이 아주 적절한 본보기이리라. 이로써 그는 마오쩌둥의 신경을 건드렸고, 마오쩌둥은 1958년 그에게 이렇게 말했다.

흐루쇼프 동지, 중국이 저개발국이고, 인구가 과도하게 많으며, 실업이 만연하여, 값싼 노동력의 훌륭한 공급원이라는 견해가 여러 해 동안 널리 알려져 있다는 것을 당신은 알고 있소. 그러나 우리 중국인들은 이런 태도가 상당히 불쾌하다는 걸 아시오? 동지의 입으로 그렇게 말하니, 상당히 당혹스럽소. 우리가 당신의 제안을 받아들인다면…… 다른 사람들은 자본주의 서구가 지니고 있는 중국의 이미지를 소련도 함께 갖고 있을 것으로 생각하지 않겠소?[19]

마오쩌둥의 열정적인 중화사상 때문에 그는 모스크바가 움직이는 소련 제국이라는 기본적 가설에 참여할 수 없었다. 그런 제국의 안보와 정치적 노력의 초점은 유럽이었고, 마오쩌둥에게 유럽은 이차적인 관심사였다. 1955년 소련이 나토의 대항마로 바르샤바 조약을 만들었을 때, 마오쩌둥은 참여를 거절했다. 중국은 국가 이익의 방위를 일개 연합체에 종속시킬 뜻이 전혀 없었다.

대신 1955년 반둥에서 개최된 아시아-아프리카 회의에 저우언라이를 파견했다. 이 회의에서는 참신하고도 역설적인 그룹, 즉 비동맹국들의 이합집산이 이루어졌다. 미국이 아시아에서의 헤게모니를 추구하여 중국에 압력을 가할 가능성에 대한 균형추로서 소련의 지원을 요청했다. 그러나 동시에 그는 소련의 헤게모니에 대항하는 안전망으로 비동맹 그룹을 조직하려 했던 것이다. 바로 그런 의미에서 공산주의의 이 두 거인은 애초부터 서로 경쟁 관계였다.

이 여러 가지 근본적인 차이는 이 두 사회가 스스로에 대해 지니고 있던 이미지의 본질이었다. 거친 무력과 인내에 의해서 외세의 침략으로부터 살아남았던 러시아는, 다른 사회를 위한 보편적인 영감이기를 주장한 적이 한 번도 없었다. 러시아 인구 중에서 상당한 부분은 비(非)러시아인이다. 표트르 대제나 예카테리나 여제 같은 위대한 통치자들은 외국의 사상가와 전문가들을 초빙해서 선진 국가들로부터 배움을 구했다. 중국의 황궁에서는 도무지 상상조차 할 수 없는 일이었다. 러시아 통치자들은 백성들의 위대함이 아니라 그들의 인내심에 기대어 호소했다. 참으로 유별난 정도로 러시아의 외교는 탁월한 힘에 의존했다. 러시아는 군대를 주둔시키지 않았던 나라와 동맹을 맺는 경우가 거의 없었다. 러시아 외교는 군사력 지향이어서, 고정된 포지션을 집요하게 고집하는가 하면, 외교 정책을 참호전으로 바꾸고 만다.

마오쩌둥은 수백 년에 걸쳐 세상에서 가장 크고, 가장 잘 짜여 있으며 가장 자비로운 정치 제도였던 사회를 대표하고 있었다. 적어도 중국인들이 보기에는 그랬다. 그런 사회의 성과가 온 누리에 방대한 영향을 끼치리라는 것은 누구나 수긍하는 지혜였다. 중국 통치자가 국민들에게 부지런히 노력하여 세계에서 가장 위대한 민족이 되자고 호소할 때에는, 중국인들의 역사 해석에서 아주 최근 들어서야 잠시 잃어

버렸던 우월성을 다시 찾자고 촉구하는 것이었다. 그런 중국이 말단 파트너의 역할을 수행한다는 것을 말도 안 된다고 보는 건 불가피한 노릇이었다.

이념에 근거한 사회에서는 합법성을 규정할 수 있는 권리는 절대적으로 중요하다. 스스로를 저널리스트 에드거 스노의 스승이라 칭하고, 자신이 중요한 철학자라고 생각했던 마오쩌둥이었으니, 공산주의 세계의 지적인 리더십을 양보할 리가 없었다. 중국은 정통성을 규정하는 권리를 주장함으로써, 모스크바 제국의 응집력을 위협했고 마르크스주의에 대한 다분히 민족주의적인 해석의 봇물을 터놓았다. 해석상의 어감에 대한 마찰로 시작되었던 것이 관행과 이론에 대한 분쟁으로 이어졌고, 결국 실제 군사적 충돌로 악화되었다.

중화인민공화국은 1930년대 및 1940년대 소련 경제 정책을 모델로 삼았다. 저우언라이는 최초의 5개년 개발 계획에 관한 조언을 얻기 위해 1952년 모스크바를 방문하기에 이른다. 1953년 초 스탈린은 여기에 논평을 가하면서, 중국이 좀 더 균형 잡힌 접근법을 채택할 것과 계획 중인 경제 성장률을 연간 13~14퍼센트 이하로 조정할 것을 촉구했다.[20]

그러나 1955년 12월쯤에 마오쩌둥은 중국과 소련의 경제를 공개적으로 구분하면서, 소련과 달리 중국이 맞닥뜨렸고 극복했던 '독특하고 위대한' 도전을 하나씩 열거했다.

우리는 가장 기초적인 영역에서 20년의 경험을 쌓았고, 세 차례의 혁명 전쟁으로 단련되었다. 우리가 권력을 쟁취한 경험은 더할 나위 없이 다양하다. …… 따라서 한 국가를 신속하게 건립할 수 있었고, 혁명 과업을 완수할 수 있었다.(소련은 신생 국가이다. 10월 혁명 당시만 해도[21] 그들은 군대나 정부 기구조차 없었으며 당원들도 거의 없다시피 했다.) …… 우리 인구는 거대하고 우리 입장은 너무나 좋다. 우리 인민들은 부지런히 일하고 많은 역경을 견뎌 낸다. …… 우리는 어느 누구보다 더 많이, 더 훌륭하게, 더 빨리 사회주의를 이룩할 수 있다.[22]

1956년 4월 마오쩌둥은 경제 정책 관련 연설에서 실질적 차이를 철학적 차이로 변형시켰다. 그는 사회주의를 향한 중국의 길을 독특하고도 소련보다 우월한 것으로 규정했다.

우리는 소련이나 몇몇 동유럽 국가보다 잘해 왔다. 소련이 곡물 생산에서 오랫동안 10월 혁명 이전의 최고 수준을 회복하지 못한 점, 일부 동유럽 국가가 중공업 및 경공업 발전 사이의 불균형에서 비롯된 심각한 문제를 안고 있는 점 등의 문제들은 중국에서는 찾아볼 수 없다.[23]

1956년 2월 20차 소련 공산당 전당 대회에서 흐루쇼프가 연설을 했다. 연설 중에 흐루쇼프는 스탈린이 저지른 일련의 범죄 행위를 비난하고 그중 몇 가지를 소상히 밝히면서, 실질적으로 긴요한 것이 무엇인가에 대한 중국과 소련의 개념 차이가 이념 충돌로 번졌다. 그의 연설은 공산주의 세계를 뒤흔들었다. 수십 년의 경험으로 보아, 스탈린은 절대로 틀릴 수 없다는 것에 대한 의례적인 확인에 기반을 두었고, 중국도 예외는 아니었다. 맹방으로서 스탈린의 행실에 대하여 마오쩌둥이 아무리 꺼림칙하게 느꼈다 할지라도, 그의 특별한 이념적 공헌만큼은 마오쩌둥도 공식적으로 인정했으니 말이다. 중국을 포함한 비소비에트 국가 대표들은 흐루쇼프가 연설하던 회당의 입장을 거부당함으로써 굴욕적인 수모를 당했고, 모스크바는 형제 같은 동맹국에게조차 공식 연설문의 제공을 거부했다. 중국은 흐루쇼프의 발언을 간접적으로 들은 것을 그나마 불완전하게 옮긴 대표단의 쪽지에 기반을 두고 최초의 반응을 대충 꿰맞추었다. 결국 중국 지도층은《뉴욕 타임스》가 게재한 보고서의 중국어 번역본에 의존할 수밖에 없었다.[24]

베이징은 때를 놓치지 않고 '스탈린의 칼'을 '내던져 버린' 모스크바를 맹렬히 공격했다. 처음부터 스탈린이 두려워했던 중국의 티토주의는 이념적으로 중요한 스탈린의 유산을 중국이 방어하는 형태로 서서히 그 모습을 드러냈다. 중국은 흐루쇼프의 탈스탈린화를 일종의 '수정주의'로 낙인찍었다. 그것은 새로운 이념적 모욕이었고, 소련이 공산주의에게서 떠나 부르주아의 과거로 돌아가고 있음을 암시했다.[25]

어느 정도의 단합을 회복하기 위해 흐루쇼프는 모스크바에서 사회주의 국가들의 회담을 소집했다. 1957년의 일이었다. 마오쩌둥도 참석했다. 이것이 그가 중국을 떠난 것으로는 두 번째였으며, 동시에 그의 마지막 해외 체류가 될 숙명이었다. 소련은 최초의 인공위성인 스푸트니크를 막 쏘아 올렸던 터였고, 회의의 지배적인 분위기는 소련의 기술과 힘이 우세하다는 쪽으로 기울었다. 당시로는 서구의 많은 국가조차 그 분위기에 동조했다. 마오쩌둥은 이런 개념을 받아들이면서도, 이제 '동풍(東風)'이 '서풍(西風)'을 밀어내고 주도권을 잡을 것이라고 신랄하게 선언했다. 하지만 그는 동시에 미국의 힘이 상대적으로 쇠퇴하는 모습으로부터 소련 맹방에게는 불편한 결론을 이끌어 냈다. 즉 결론은 중국이 점점 더 자주를 주장할 수 있는 입장이 되었다는 것이다. 후일 그는 주치의에게 이렇게 말했다. "그들의 진짜 목적은 우리를 통제하는 것이다. 우리의 손발을 묶어 두려는 게지. 그러나 그거야 희망 사항일 뿐 마치 꿈을 이야기하는 바보들처럼 말이야."[26]

1957년의 모스크바 회의는 사회주의 블록에 대해 자본주의 세계와의 '평화적 공존'을 위해 노력하라는 흐루쇼프의 촉구를 재확인한 셈이었다. 원래는 흐루쇼프가 스탈린을 비판하는 비밀 연설을 했던 1956년의 모임에서 처음으로 채택한 목적이었다. 마오쩌둥은 흐루쇼프의 정책을 놀랍게도 정면 반박하면서, 이 기회를 이용하여 사회주의 친구들에게 제국주의와의 투쟁에 분연히 참가할 것을 촉구했고, 중국이 핵 위협 따위에는 주눅 들지 않는다는 그의 트레이드마크 연설도 빠뜨리지 않았다. 그는 "전쟁을 두려워해서는 안 된다."라고 선언했다.

우리는 원자탄과 미사일을 두려워해선 안 됩니다. 재래식 전쟁이든 핵 전쟁이든, 모든 종류의 전쟁에서 우리는 승리할 것이기 때문입니다. 중국으로 말씀드리자면, 제국주의자들이 우리에게 전쟁을 해 올 경우 우리는 3억 이상의 인명을 희생하게 될지도 모릅니다. 그래서 어떻단 말입니까? 전쟁은 어차피 전쟁입니다. 세월은 흐를 것이고, 우리는 다시 예전보다 더 많은 아이들을 낳을 것입니다.[27]

흐루쇼프는 그 연설을 '엄청 불편하게' 받아들였으며, 마오쩌둥이 핵 전쟁의 아마겟돈을 그처럼 변덕스럽고 속된 말로 묘사할 때 청중의 부자연스럽고도 불안한 웃음을 기억해 냈다. 마오쩌둥의 연설이 끝나자 체코슬로바키아 공산당 지도자 안토닌 노보트니는 이렇게 불평했다. "그럼, 우리는 어떡하란 거요? 체코슬로바키아 인구는 고작 1200만인데. 국민이란 국민은 모조리 죽을 것 아닌가? 다시 시작하고 싶어도 누가 남아 있어야 할 거 아니요?"[28]

이제 중국과 소련은 항구적으로 빈번하게 공공연히 분쟁에 휩싸였다. 하지만 공식적으로는 여전히 동맹 관계였다. 흐루쇼프는 소련이 몇 가지 새로운 이니셔티브만 보여 주면 동지애로 뭉친 관계는 회복되리라고 확신했던 것 같다. 그는 자신의 평화적 공존 정책이 (특히 핵전쟁의 공포를 함께 나타내는 경우) 마오쩌둥이 보기에 중·소 동맹과 양립할 수 없는 것임을 이해하지 못했다. 혹은 그것을 이해했다 하더라도 스스로에게 인정하려 들지 않았다. 왜냐하면 마오쩌둥은 위기가 찾아오면 핵전쟁에 대한 공포가 맹방에 대한 충성심을 능가하리란 것을 확신했기 때문이다.

이런 상황에서 마오쩌둥은 기회를 놓치지 않고 중국의 자주권을 주장했다. 1958년 흐루쇼프는 베이징 주재 소련 대사를 통해서, 소련 잠수함과의 교신을 위한 무선국을 중국에 설립하고, 소련 해군이 중국 항구를 사용하는 대가로 중국의 잠수함 건조를 도와주겠다고 제안했다. 중국은 공식 동맹국이었고, 또 소련은 중국에게 군사력 개선을 위해 상당한 기술을 이미 제공해 왔던 터라, 흐루쇼프는 마오쩌둥이 그 제안을 쌍수를 들고 환영할 것이라고 믿었다. 하지만 재앙 수준으로 잘못된 생각이었음이 드러났다. 마오쩌둥은 소련의 제안에 노발대발하면서 소련 대사를 질책하고 어찌나 요란스레 모스크바를 향해 경종을 울렸던지, 흐루쇼프가 동맹국의 상처 난 자존심을 달래느라 베이징까지 몸소 찾아왔을 지경이었다.

그러나 베이징에 도착한 흐루쇼프는 애초보다도 훨씬 매력이 떨어지는 두 번째 제안을 했다. 중국의 태평양 연안 부동항을 소련이 사용하는 대신, 북극해에 위치한 소련 잠수함 기지에 접근할 수 있는 특별 권한을 중국에 부여하겠다는 요지였다. "아니요." 마오쩌둥은 잘라 말했다. "거기에도 동의할 수 없습니다. 어느 나라든 자국 군대는 자국 영토에 두어야지, 다른 나라에 두어서는 안 됩니다."[29] 마오쩌둥은 회고하듯이, "우리는 여러 해 동안 영국을 비롯하여 외국인들을 우리 땅에 두었습니다. 이젠 절대로 어느 누구에게도 그들의 목적을 위해 우리 땅을 사용하게 놔두지는 않을 것입니다."[30]라고 말했다.

정상적인 동맹 관계에서는, 특정 이슈에 대해 이견이 생기면 통상 나머지 어젠더에 대한 차이점을 해소하려는 노력을 기울이기 마련이다. 하지만 재앙이 되어 버린 1958년 흐루쇼프의 베이징 방문 기간 중에는, 양측에서 끝이 없어 보이는 불평을 쏟아 내는 계기가 되었을 뿐이다.

우선 흐루쇼프는 해군 기지에 대한 논쟁을 소련 대사의 인가되지 않은 조치 탓으로 돌림으로써, 스스로 불리한 입장을 자초했다. 군사 채널과 민간 채널의 엄격한 분리와 함께 공산주의 국가의 조직 방식에 너무나 익숙했던 마오쩌둥은 그런 제안이 도무지 말도 안 된다는 것을 쉽사리 간파했다. 일련의 사건에 대한 장황한 설명은 대화의 연장으로 이어졌다. 여기서 마오쩌둥은 흐루쇼프를 꼬드겨, 갈수록 더 굴욕적이고 황당한 입장으로 밀어 넣었다. 스탈린의 이미지에 도전장을 던지는 모습으로 추정되는 지도자란 얼마나 믿을 수 없는지를 중국 간부들에게 보여 주려는 것일지도 모른다. 아마도 그게 요점이 아니었을까.

아울러 그것은 모스크바의 방만한 행동이 얼마나 깊은 상처를 주었는지를 전달하는 기회를 마오쩌둥에게 선사하기도 했다. 마오쩌둥은 1949~1950년 겨울 모스크바 방문 당시에 겪었던 스탈린의 거들먹거리는 행태에 불평을 터뜨렸다.

마오쩌둥: …… 우리의 혁명이 승리한 다음 스탈린은 그 성격에 대해 의심을 품었습니다. 그는 중국이 또 하나의 유고슬라비아라고 믿더군요.

흐루쇼프: 그렇습니다. 그는 그것이 가능하다고 생각했지요.

마오쩌둥: 내가 (1949년 12월) 모스크바를 찾았을 때, 그는 우리와 우호 조약을 체결하려 하지 않았고, 국민당과 맺었던 옛 조약을 파기하려 하지도 않았습니다.[31] (소련 측 통역관) 페도렌코와 (스탈린의 중국 특

사) 코발레프가 소련 각지를 여행하면서 좀 돌아보라는 스탈린의 충고를 나한테 전해 주었던 기억이 납니다. 하지만 나는 그들에게 말했지요. 내겐 오로지 먹고, 자고, 똥을 싸는 3가지 과제뿐이라고. 내가 단지 스탈린의 생일을 축하하려고 모스크바에 왔겠느냐고. 그러니까 당신들이 우호 조약 체결을 원하지 않는다면, 좋다, 맘대로 하라, 나는 나의 3가지 과제를 수행하겠노라고 말해 주었습니다.[32]

이처럼 서로의 신경을 긁는 일은 곧 과거사를 넘어서 현재의 분쟁으로 번졌다. 흐루쇼프가 마오쩌둥에게 중국 사람들은 정말로 소련을 "적색 제국주의자"로 간주하느냐고 묻자, 마오쩌둥은 이 동맹의 대가가 얼마나 마음을 상하게 했는지 똑똑하게 말해 주었다. "그건 적색이냐 백색이냐의 문제가 아니라오. 스탈린이라는 이름의 인물이 있었는데, 그는 뤼순을 차지하는가 하면 신장과 만주를 반쯤 식민지로 만들었고, 네 개의 합작 회사도 만들지 않았는가. 이 모두가 그의 선행이었단 말이오."[33]

그래도 마오쩌둥의 불평이 민족적인 측면에서야 어땠는지 모르지만, 그는 스탈린의 이념적 공헌만큼은 존경했다.

흐루쇼프: 당신은 스탈린을 옹호했습니다. 그리고 내가 그를 비난했다고 해서 나를 비난했지요. 한데 이제는 그 반대라.

마오쩌둥: 당신은 다른 일 때문에 그를 비난했잖습니까.

흐루쇼프: 나는 전당 대회에서 이것에 대해서도 연설을 했습니다.

마오쩌둥: 난 언제나, 지금도, 그때 모스크바에서도, 스탈린의 실수에 대한 비난은 정당하다고 말했습니다. 단지 우리는 비난에 엄격한 제약을 가하지 않는 것에 대해 의견이 다를 뿐이지요. 우리는 스탈린의

손가락 열 개 중에서 세 개는 썩었다고 믿고 있습니다.[34]

　다음 날 마오쩌둥은 예식을 위한 방이 아니라 자신의 수영장에서 흐루쇼프를 접견함으로써 회담 분위기를 정했다. 수영을 하지 못하는 흐루쇼프는 몸이 뜨도록 날개꼴 부낭을 착용해야 했다. 두 정치인은 헤엄을 치면서 대화를 이끌었고, 통역관들은 풀 측면을 오르내리면서 그들을 따라다녔다. 나중에 흐루쇼프는 불평을 터뜨렸다. "그건 스스로를 유리한 입장에 놓으려는 마오쩌둥의 방식이었다. 아, 나는 너무나 지루해져서…… 물에서 기어 나와 풀 가장자리에 앉아서는 물속에 발을 담갔다. 이젠 내가 위에 있고, 그는 저 아래서 헤엄을 치게 되었다."[35]

　다음 해인 1959년 10월 3일 흐루쇼프가 미국 여행에서 돌아오는 길에 베이징을 잠시 찾았을 때, 둘의 관계는 한층 더 악화되었다. 아이젠하워 대통령과의 정상 회담에 관해서 이 괴팍한 동지에게 브리핑을 하려는 목적이었다. 그런데 그의 미국 체류에 대해 이미 극도로 의구심을 품고 있었던 중국 지도자들은, 중국과 인도 국경의 히말라야 산맥에서 막 발생했던 첫 번째 충돌과 관련하여 흐루쇼프가 인도 편을 들자 한층 더 신경을 곤두세웠던 것이다.

　외교가 장기(長技)라고 할 수 없는 흐루쇼프는 어찌어찌 달라이 라마라는 민감한 이슈를 제기했다. 이보다 더 머리칼이 솟구칠 정도의 반응을 야기하는 이슈는 거의 없었다. 흐루쇼프는 그해 얼마 전 티베트에서 폭동이 일어나고 그 결과 달라이 라마가 인도 북부로 망명하는 사태로 번졌을 때 마오쩌둥이 좀 더 단호했어야 했다고 비난했다. "나는 손님이 해서는 안 되는 이야기를 당신에게 해 주려고 합니다. 티베트 사태는 당신의 잘못이었어요. 당신이 티베트를 통치하고 있으니, 당신이 거기에 정보망을 가져야 하며, 달라이 라마의 계획이나 의도를 당연히 알고 있었어야 하는 겁니다."³⁶ 이에 대해 마오쩌둥이 반대하자, 흐루쇼프는 이 주제를 붙들고 늘어지려고 고집을 피우면서 중국은 달라이 라마를 도망가도록 할 것이 아니라 제거해 버렸어야 했다고 들고 나섰다.

> 흐루쇼프: …… 달라이 라마가 티베트에서 달아난 것에 대해서는, 만약 우리가 당신네 입장이었다면, 절대 그를 놓치지 않았을 것입니다. 차라리 그가 관 속에 누워 있는 편이 더 낫지 않겠습니까. 그런데 이제 그는 인도에 가 있고, 틀림없이 미국으로 가겠지요. 이것이 사회주의 국가들에게 유리하겠습니까?
>
> 마오쩌둥: 그건 불가능한 일입니다. 당시 우리는 그를 체포할 수 없었지요. 중국을 떠나더라도 막을 수가 없었어요. 중국과 인도의 국경은 대단히 길고, 그는 어디서든 국경을 건널 수 있기 때문이지요.
>
> 흐루쇼프: 그를 체포하는 문제가 아닙니다. 단지 내가 말하고 있는 것은, 그를 가게 내버려 둔 게 잘못이었다는 뜻이에요. 그가 인도로 달아날 수 있다면, 네루는 어떻겠습니까? 우리는 티베트 사태가 네루의 잘못이 아니라 중국 공산당의 잘못이었다고 믿고 있습니다.³⁷

이로써 마오쩌둥과 흐루쇼프는 더는 만날 일이 없게 된다. 참으로 놀라운 것은, 이후 10년 동안 중·소 긴장은 생존의 싸움으로 변하고 있었음에도 세상은 그것을 공산주의 거인 사이에 벌어진 집안싸움 정도로 치부했다는 사실이다. 이처럼 소련과의 긴장이 고조되는 가운데 마오쩌둥은 미국과 또 한 번의 위기에 빠진다.

두 번째 타이완 해협 위기

1958년 8월 23일 인민 해방군은 연안 도서에 대한 또 한 차례의 대규모 포격을 시작하면서, 타이완 해방을 외치는 선전 캠페인도 함께 시도했다. 2주 후 포성이 잠시 멈추는가 싶더니 다시 29일간 계속되었다. 마침내 홀수 날에만 포격을 퍼붓는 변덕스러운 패턴으로 거의 굳어졌고, 섬 주민들에게 노골적인 경고를 보내면서도 군사적으로 중요한 지점은 회피하는 경우가 많았다. 마오쩌둥은 이러한 계략을 전통적인 군사 전략이 아니라 '정치 전투'의 행위라고 고위 측근들에게 설명했다.[38]

이번 위기에 작용했던 여러 요소에는 익숙한 것도 있었다. 베이징은 다시금 타이완 방위를 위한 미국의 의지가 어디까지인지 시험하려 했다. 또한 이 포격은 부분적으로, 첫 번째 위기 이후 중·미 협상을 미국이 격하시킨 것에 대한 반응이기도 했다. 그러나 가장 주된 요인은 중국을 위한 전 지구적 역할을 떠맡고 싶은 욕망이었던 것 같다. 이번 위기가 시작되었을 때 열렸던 한 리더십 수련장에서 마오쩌둥은, 진먼과 마쭈 포격이 레바논 사태에 미국이 개입한 데 대한 중국의 반응이라고 동지들에게 설명했다. 미군과 영국군은 그해 여름 레바논에 상륙했다.

솔직히 말해서 이번 진먼 포격은 고의적으로 우리가 국제적 긴장을 조성하려는 것이다. 미국에게 한 수 가르쳐 주려는 뜻이다. 미국은 여러 해 동안 우리를 괴롭혀 왔으니, 이제 우리에게 기회가 있을 때 그들을 곤경에 빠뜨리지 말란 법은 없잖은가? …… 미국은 중동에서 포성을 울렸고, 이제 우리는 극동에서 포성을 울리는 것이다. 그들이 어떻게 나올지 두고 볼 일이다.[39]

이런 의미에서 연안 도서 포격은 소련과의 경쟁에서 나온 중국의 일격이었다. 중동에서 미국의 전략적 움직임을 소련이 묵인한 것은, 이제 중국의 이념적, 전략적 각성과 대조를 이루고 있었다.

중국은 군사적 결의를 과시했으므로, 이제 미국과의 협상에 다시 참여할 것이고 '행동의 장'과 '대화의 장'을 모두 가질 수 있게 되었노라고 마오쩌둥은 설명했다.[40] 손자가 말한 공격에 의한 억제의 현대판에 나오는 '싸우면서 공존하기' 원칙인 셈이다.

이번 포격의 가장 중요한 차원은 초강대국인 미국을 조롱하는 것이라기보다 중국의 공식적 동맹인 소련에 대한 도전이었다. 마오쩌둥이 보기에 소련은 흐루쇼프의 평화로운 공존 정책 때문에 골칫거리 동맹, 혹은 어쩌면 잠재적 적이 되어 버린 것이다. 그리하여 타이완 해협 위기를 전쟁의 문턱까지 밀어붙인다면, 흐루쇼프는 어쩌면 평화로운 공존이란 새로운 정책이냐, 아니면 중국과의 동맹이냐의 갈림길에 서게 될지도 모른다. 마오쩌둥은 그렇게 추론했던 것 같다.

어떤 의미에서 마오쩌둥은 성공했다. 마오쩌둥의 책략을 특별히 날카롭게 만들어 준 것은, 온 세계가 보기에 중국의 해협 정책은 분명히 소련의 축복으로 수행되고 있었다는 점이다. 4년 전 첫 번째 타이완 해협 위기가 시작된 주에 그랬던 것처럼, 흐루쇼프는 두 번째 위기가 시작되기 3주 전 베이징을 방문했다. 그 방문은 잠수함 기지 이슈를 둘러싼 재앙의 만남이 되고 말았다. 두 번 모두 흐루쇼프의 방문 전과 방문 중에 마오쩌둥은 결코 자신의 의도를 그에게 밝히지 않았다. 각각의 경우 워싱턴은 마오쩌둥이 모스크바의 지원을 등에 업고, 아니 모스크바의 요청에 따라 행동하고 있는 것으로 가정했다. 아이젠하워는 흐루쇼프에게 보낸 편지에서 그렇게 주장하기도 했다. 베이징은 소련이 원하지도 않았지만 그들을 외교 라인업에 추가했고, 사실 모스크바는 이용당하고 있다는 사실을 깨닫지도 못했다.(심지어 마오쩌둥이 흐루쇼프를 베이징으로 오도록 만들어 그런 계략 안에서 그가 맡은 역할을 하게끔 '잠수함 기지 위기'를 꾸며 냈다고 주장하는 학파도 있다.)

두 번째 타이완 해협 위기는 첫 번째와 비슷했지만, 커다란 차이는 소련이 자신들을 모욕하려고 준비하고 있는 동맹을 위해서 핵 위협 카드를 꺼내는 데 참여했다는 사실이다.

1958년의 포격으로 대충 1000명 정도의 사상자가 발생했다. 최초의 타이완 해협 위기처럼, 베이징은 핵전쟁이란 도발적인 망령을 신중하게 계산된 수행 전략과 결합시켰다. 애당초 마오쩌둥은 지휘관들에게 미군의 희생자가 생기지 않게끔 포격을 수행하라고 지시했다. 지휘관들이 보장할 방도가 없다고 응답하자, 연안 도서 상공으로 넘어가지 말고 국민당 선박에 대해서만 포격을 가하면서 행여 미국 선박이 반격을 해 오더라도 대응 사격을 하지 말라고 명령했다.[41] 위기가 시작되기 전과 진행 중일 때 중공의 프로파간다는 "타이완을 해방하자!"는 슬로건을 떠들어 댔다. 그러나 막상 인민 해방군의 라디오 방송국이, 중공군의 상륙이 임박했으니 국민당 부대는 투항하여 "타이완 해방의 위대한 과업에 동참"하자고 꼬드기는 방송을 하자, 마오쩌둥은 그것을 "심각한 실수"라고 선언했다.[42]

마오쩌둥은 존 포스터 덜레스라는 '싸우면서 공존하는' 게임을 할 줄 아는 적수를 만났다. 1958년 9월 4일 덜레스는 타이완 방위에 대한 미국의 공약을 재천명했고, 여기에는 "진먼과 마쭈 등 관련 지역"도 포함되었다. 덜레스는 중국의 제한된 목표를 직감했고, 사실상 이 위기를 더는 확대시키지 않겠다는 미국의 의향을 알린 것이다. "그러나 중국 공산당의 발언이나 지금까지의 행동에도 불구하고, 그들의 목적이 정말 타이완과 연안 도서를 무력으로 정복하려는 전면적 노력을 하겠다는 것인지는 불투명하다."[43] 9월 5일 저우언라이는 이번 갈등에서 중국의 목적이 중·미 대화를 대사급으로 되돌리는 것이라고 발표함으로써, 중국의 궁극적 목표에는 한계가 있음을 확인해 주었다. 바로 그다음 날 백악관은 저우언라이의 발언에 주목하면서, 대화가 재개되는 경우 바르샤바 주재 대사가 미국을 대표할 준비가 되어 있음을 알리는 성명을 발표했다.

서로의 의사가 이쯤 교환되었으니, 위기는 해소되었어야 마땅했다. 마치 이제는 익숙해진 연극을 연습하듯이 양측은 케케묵은 위협을 되풀이했고, 난국을 타개할 친숙한 해결책, 즉 대사급 회담에 이르렀다.

이 삼각관계에서 사태를 파악하지 못한 것은 단지 흐루쇼프뿐이었다. 지난해 모스크바에서, 그리고 최근 베이징에서, 마오쩌둥이 핵전쟁 따위는 신경 쓰지 않겠다고 공언한 것을 들었던 그는, 핵전쟁에 대한 두려움과 중국을 지원하지 않는 경우 중요한 동맹을 잃어버릴지도 모른다는 걱정 사이에서 어쩔 줄을 몰랐다. 마르크스주의에 전적으로 헌신했던 그는, 소련의 이념적 동맹이 어떻게 전략적 맞수가 되는지 이해할 수 없었다. 하지만 핵무기에 대한 그의 지식은 너무나도 방대해서, 그것을 잘 통합하여 항상 핵무기 사용의 위협에 의존하는 외교를 편안하게 구사할 수 없었다.

낭패를 본 정치인이 딜레마에 빠지면, 온갖 행동을 동시에 추구하려는 유혹에 넘어가는 경우가 더러 있다. 흐루쇼프는 중국이 호락호락 받아들이지 않으리라는 것을 잘 알면서도 안드레이 그로미코 외무 장관을 베이징에 보내 자제를 촉구했다. 그러면서 그 요청에 균형감을 주기 위해서 그가 아이젠하워에게 보내고자 하는 서한의 초안을 중국 지도자들에게 보여 주었다. 그 서한에는 타이완 해협 위기가 고조되는 경우 소련은 중국을 위해 전폭적인 지원(핵 지원)을 하겠다고 위협하는 내용이 담겨 있었다. 또한 이 서한은 "우리의 위대한 친구이며 동맹이며 이웃인 중국에 대한 공격은 곧 소련에 대한 공격"임을 강조하면서, 소련은 "양국의 안보를 위해서라면…… 무엇이든지 할 용의가" 있다고 경고했다.[44]

이러한 이니셔티브는 이를 받는 두 사람 모두에게 먹히지 않았다. 9월 12일 아이젠하워는 흐루쇼프의 서한을 정중하게 거절했다. 중국이 대사급 회담에 기꺼이 복귀하겠다는 결정을 환영하고, 베이징은 타이완에 대한 무력 사용을 포기해야 한다는 워싱턴의 주장을 반복하면서, 아이젠하워는 흐루쇼프도 베이징에게 자제를 권해 달라고 촉구했다. 흐루쇼프가 다른 사람들이 준비한 연극에 등장한 배우라는 현실을 깨닫지 못한 아이젠하워는 "이 군사적 행동은 8월 23일, 그러니까 당신이 베이징을 방문한 지 약 3주 후에" 시작되었다고 하면서, 모스크바와 베이징 사이의 공모 가능성을 시사했다.[45]

이와 거의 동시인 1958년 9월 11일에 행해진 연설에서 아이젠하워는 연안 도서에 대한 미국의 개입을 거침없는 제스처로 정당화했다. 그리고 진먼과 마쭈의 폭격은 히틀러의 라인란트 점령, 무솔리니의 에티오피아 점령, 혹은 (특히 중국의 신경을 건드리지 않을 수 없었을 비유로서) 1930년대 일본의 만주 정복 등과 비슷한 일이라고 경고했다.

베이징에 도착한 그로미코 역시 조금도 나을 바가 없었다. 서한의 초안을 받은 마오쩌둥의 반응은, 핵전쟁의 가능성과 어떤 조건하에서 소련이 핵무기로써 미국에 보복해야 하는가를 공개적으로 말하는 것이었다. 전쟁의 위험은 이미 지나가 버렸음을 마오쩌둥이 알고 있었기 때문에 이런 위협을 꺼내 드는 일은 더욱더 안전했다. 그로미코는 자신의 회고록에서 마오쩌둥의 허장성세에 얼마나 "소스라치게 놀랐던가"를 이야기하면서 마오쩌둥의 말을 인용했다.

내 생각에 미국은 중국에 대해 전쟁을 일으키는 수준까지 갈지도 모른다. 중국은 이 가능성을 고려해야 하고, 우리는 그렇게 하고 있다. 하지만 우리는 머리를 조아릴 뜻은 조금도 없다. 미국이 핵무기로 중국을 공격한다면, 중국군은 국경 지역으로부터 물러나 내륙 깊숙이 퇴각해야 할 것이다. 우리 땅 안에서 미군을 족집게로 집어내듯 포획하기 위해서 그들을 깊숙이 끌어들여야 한다. …… 미군이 바로 중심부의 성으로 들어왔을 때, 우리는 젖 먹던 힘까지 다해 싸워야 할 것이다.[46]

마오쩌둥은 미군이 중국 내부로 깊이 끌려 들어왔을 때 비로소 소련에게 도와 달라고 요청했던 것이다. 물론 그는 이미 다 끝난 시나리오 안에서 그런 일은 절대 일어나지 않으리란 것을 알고 있었다. 그로미코가 베이징에서 보낸 보고서가 흐루쇼프를 경악시켰던 모양이다. 대사급 회담은 물론 워싱턴과 베이징 사이에서 이미 합의되었지만, 흐루쇼프는 핵전쟁을 막겠노라고 추가로 두 가지 조치를 취했다. 자신이 미국의 침공에 대한 베이징의 두려움이라고 이해했던 것을 완화시키기 위해서 그는 소련의 대공포(對空砲) 부대를 푸젠에 파견하겠다고 제안했다.[47] 이에 대해 베이징은 반응하지 않고 머뭇거리다가 이미 위기가 지나간 다음에야 제안을 수용하면서도, 소련군이 중국의 지휘권 아래 있어야 한다는 조건을 달았다. 도저히 있을 수 없는 결과였다.[48] 흐루쇼프는 9월 19일 아이젠하워에게 다시 한 번 서신을 보내 자제를 촉구하는 동시에 임박한 핵전쟁을 경고함으로써, 자신의 불안감을 한 차례 더 드러냈다.[49] 그의 이 두 번째 편지가 미국에 도착하기도 전에 미국과 중국은 벌써 사태를 해결했으니 말이다.

1959년 10월 3일의 회담에서 흐루쇼프는 타이완 위기 당시 소련의 태도를 이렇게 마오쩌둥에게 요약했다.

양국 사이에 은밀히 말하면, 우리는 타이완 때문에 전쟁을 치르지는 않을 것이지만, 외부의 소비에 관해서는 우리는 그 반대로, 타이완 때문에 사태가 악화된다면 소련이 중국을 지켜 줄 것이라고 약속합니다. 또 미국은 미국대로 타이완을 방위하겠다고 선포했으니, 따라서 일종의 전쟁 직전 상황이 벌어지고 있는 겁니다.[50]

흐루쇼프는 마오쩌둥에게, 한편으로 영리하면서 다른 한편으로는 냉소함으로써 자신을 너무나도 허망한 길로 끌어들일 수 있도록 만들어 주었다. 특히 전쟁과 평화에 관한 궁극적인 결정을 내려야 할 때, 전략가라면 상대가 허풍을 떨 수도 있음을 반드시 알아야 하고, 공허한 위협이 미래의 신뢰도에 미칠 영향도 참작해야 한다. 타이완에 관해서 마오쩌둥은 흐루쇼프의 양면성을 이용하여 그가 실제로 실행할 의도도 없다고 시인하는 핵 위협을 휘두르도록 유도했다. 그리고 이로써 흐루쇼프가 사소하다고 간주하는 이슈 때문에, 그리고 자신을 경멸하는 동맹국 지도자 때문에, 소련과 미국의 관계는 경색되고 말았다.

마오쩌둥이 즐거워하는 모습을 상상할 수 있으리라. 중국의 정치 무대 중에서도 본질적으로 군사적 성격이 없으며 지정학적으로도 세상에서 하찮은 땅덩어리 때문에, 모스크바와 워싱턴이 핵전쟁으로 서로에게 으름장을 놓도록 부추겼으니 말이다. 더구나 마오쩌둥은 자신이 원했던 때, 즉 중국이 미국이나 소련보다 훨씬 더 약할 때 그렇게 했다. 그뿐인가. 상당한 프로파간다 승리를 주장해도 좋을 만한 방식으로 그렇게 한 다음, 스스로 강자의 입장이라고 주장할 법한 입지에서 재개된 중·미 대사급 회담에 참가했다.

위기를 촉발시키기도 했고 종결시키기도 했던 마오쩌둥은 자신의 목표를 완수했다고 주장했다.

두 개의 국제 질서가 조우하다: 1793년 영국 대사를 영접하기 위해 준비하는 중국 황제. (Getty Image)

19세기 후반 중국의 최고위
외교관 이홍장. (CPRBIS)

1938년 부대원에게 연설하는 마오쩌둥. (Getty Image)

1957년 공산당 회의에 참석한 중국, 소련, 동유럽의 지도자들. (Getty Image)

소련과 중국이 상당한 긴장 관계에 있던 1958년 8월 베이징에서 흐루쇼프를 영접하는 마오쩌둥. (Getty Image)

1954년 베이징, 중국의 저우언라이 총리와 인도의 자와할랄 네루 총리. (CORBIS)

1962년 라다크를 순찰 중인 인도군:
히말라야 지역에 대한 인도와 중국의 주장이 충돌하면서 일련의 국경 분쟁으로 이어졌다. (CORBIS)

문화 혁명: 1966년 8월 베이징 주재 소련 대사관 앞에서 홍위병들이 마오쩌둥의 '어록'을 흔들고 있다. (AP)

광저우 거리: 중국의 군사적-이념적 각성을 선언하는 대자보들. (Getty Image)

베이징에서 저우언라이를 만난 저자: 중미 적대 관계가 20년 이상 계속된 후,
우리의 임무는 협력의 길을 탐구하는 일이었다.

(Library of Congress, Henry Kissinger Archives)

베이징에서 식사 중인 저우언
라이와 저자: 1971년의 비밀
방문 당시 저우언라이는 근대
적인 이념의 공약과 중국 외
교의 오랜 전통을 잘 조화시
켰다. (Library of Congress, Henry
Kissinger Archives)

1971년 10월 베이징 방문 당시 상하이 코뮈니케의 텍스트를 조정하던 도중
잠시 짬을 낸 저자와 조수 윈스턴 로드.
(White House Photo Office Collection)

1972년, 마오쩌둥과 닉슨. (Library of Congress, Henry Kissinger Archives)

우리는 이 전투를 수행했고, 미국으로 하여금 기꺼이 대화를 하도록 만들었다. 미국은 문을 활짝 연 것이다. 상황은 그들에게 좋아 보이지 않고, 지금 우리와 대화를 하지 않으면 그들은 매일을 불안스럽게 보낼 것이다. 오케이, 그렇다면 대화를 하자. 전반적인 상황을 위해서 미국과의 분쟁을 대화로써 혹은 평화적 방법으로 해결하는 편이 더 낫다. 왜냐하면 우리는 모두 평화를 사랑하는 민족이기 때문이다.[51]

저우언라이가 제시한 평가는 이보다 더 복잡하다. 그는 두 번째 타이완 해협 위기를 두 개의 중국이 반대되는 이념의 장벽을 넘어서 (더구나 핵 강대국들이 핵전쟁을 놓고 다투는 사이에) 서로 암묵적인 흥정을 할 수 있는 능력을 과시한 것으로 봤다. 15년여가 흐른 다음 리처드 닉슨이 1972년 베이징을 방문했을 때, 저우언라이는 당시 베이징의 전략을 풀어 놓았다.

1958년 덜레스 국무 장관은 장제스에게 진먼과 마쭈 섬을 포기하고 타이완과 본토 사이를 완전히 분리하는 것으로 일단락 지어 주기를 당부했다. 장제스는 그러고 싶지 않았다.[52] 게다가 우리도 그에게 진먼과 마쭈에서 물러나지 말라고 충고했다. 우리는 그들에게 포격을 가함으로써 후퇴하지 말 것을 종용했다. 무슨 말이냐 하면, 우리는 홀수 날에만 포격하고 짝수 날과 공휴일 등에는 포격을 중단하는 식으로 그렇게 했다는 얘기이다. 덕분에 그들은 우리의 의도를 알아차리고 물러나지 않았던 것이다. 다른 어떤 방법이나 메시지도 필요하지 않았다. 그런 독특한 포격 방식으로 그들은 이해했기 때문이다.[53]

그러나 이처럼 영리한 성과도 균형감을 잃지 말고, 이 사건이 지구촌에 끼친 영향과 더불어 평가해야 한다. 양측의 대사급 회담은 시작하자마자 암초에 부딪혔다. 사실 마오쩌둥의 모호한 계략은 중·미 관계를 적대적인 모습으로 얼어붙게 만들어, 이후 10년 넘게 회복할 수 없었다. 중국이 서태평양으로부터 단호히 미국을 몰아내려 한다는 생각은, 워싱턴에서 하나의 신념이 되어 좀 더 융통성 있는 외교적 선택을 양측에게서 앗아 갔다.

소련의 리더십에 끼친 영향은 마오쩌둥이 의도했던 것과는 정반대였다. 모스크바는 평화적 공존 정책을 포기하기는커녕 마오쩌둥이 떠벌리는 소리에 패닉 상태가 되었다. 그가 핵을 들먹거리며 겁을 주고, 핵전쟁이 발발할 경우 긍정적인 효과가 있을 것 같다는 언급을 되풀이하며, 모스크바와는 협의도 하지 않는 바람에 불안에 휩싸였다. 이 위기의 후유증으로 모스크바는 베이징과의 핵 협력을 중단했고, 1959년 6월에는 중국에 원자폭탄 견본을 제공하겠다는 약속도 파기했다. 이어 1960년 흐루쇼프는 중국에서 러시아 기술자들을 귀국시켜 모든 원조 프로그램을 취소했다. 그는 "우리는 그저 옆에서 멍하니 서서 소련 최고의 전문가들이 애써 도와준 대가로 괴롭힘이나 당하는 꼴을 지켜보고 있을 수"는 없었다고 주장했다.[54]

마오쩌둥은 국제 무대에서 중국이 국가 안보나 영토 보전에 위협이 감지되는 경우 얼마나 초강수로 대응하는지를 다시 한 번 과시했다. 덕택에 중국의 이웃들은 마오쩌둥이 바야흐로 자기 나라를 끌고 들어갈 국내 혼란을 이용하려는 시도를 쉽사리 할 수 없었다. 그러나 이것은 또한 10년 후 마오쩌둥으로 하여금 자신의 외교 정책을 재고하도록 할 고립 과정의 시발점이기도 했다.

7

위기의 10년

중화인민공화국이 수립된 후 최초의 10년 동안은 이 나라의 강인한 지도자들이 자기들이 정복한 낡아빠진 제국을 용케도 움직여 국제적인 강대국으로 변모시켰다. 그 후 두 번째 10년은 국내에서 지속적인 혁명에 속도를 붙이려는 마오쩌둥의 시도가 압도적으로 돋보인 시기였다. 이 지속적 혁명을 밀고나간 힘은 도덕적, 이념적 활기가 물리적인 한계를 극복한다는 마오쩌둥의 신념이었다. 이 10년은 중국의 지도자들 스스로 명령했던 국내의 혼란 가운데 시작되었고 끝났다. 그 위기는 너무나도 많은 것을 아우르는 것이었기 때문에 중국은 세계의 여타 국가로부터 완전히 고립되었고, 거의 모든 외교관은 본국으로 송환되었다. 중국이란 나라의 구조가 뿌리째 뒤바뀌는 일이 두 차례나 일어났다. 처음에는 그 10년이 시작된 때의 대약진 운동을 통해 경제 구조가, 두 번째는 그 10년이 끝날 즈음 문화 혁명으로 인해 사회 질서가 완전히 모습을 바꾸었다. 외교는 한물갔지만, 전쟁은 그렇지 않았다. 자신에게 준 고통으로 괴로워하고 있는 가운데 국가 이익이 도전을 받고 있음을 마오쩌둥이 느꼈을 때, 중국은 다시 한 번 분연히 일어나, 가장 서쪽 변경의 사람이 살기도 힘든 히말라야 산맥에서 전쟁을 치르게 되었다.

대약진 운동

흐루쇼프의 비밀 연설을 계기로 중국 지도자들은 무엇이(마오쩌둥 주석은 절대 틀릴 수 없다는 주장이 없다면 무엇이) 공산주의의 정치적 합법성을 가져다주느냐 하는 이슈와 맞닥뜨리지 않을 수 없었다. 1956년 2월의 연설 이후 여러 달 동안 그들은, 아마도 수정이라는 주기적인 충격의 필요성을 회피하기 위해서, 자신들의 통치를 좀 더 투명하게 만드는 방향으로 더듬어 나가는 것 같았다. 경의를 가득 담아 마오쩌둥을 언급하는 일도 공산당 당헌(黨憲)에서 삭제되었다. 당은 경제 분야의 '성급한 진보'를 경계하고 '계급 투쟁'의 주된 부분이 이제 끝나게 될 것임을 암시하는 결의를 채택했다.[1]

하지만 그런 평범한 접근법은 곧 마오쩌둥의 지속적인 혁명이란 비전과 충돌했다. 몇 달 안으로 마오쩌둥은 정치적인 수정을 향한 대안을 제시한다. 중국 공산당이 그 방법론에 대한 논쟁과 비판을 불러들였고, 중국의 지적인 삶과 예술적 삶을 활짝 열어젖혀 "백화(百花)가 만발하고 수많은 학파가 서로 겨루도록" 만들자는 것이었다. 마오쩌둥은 어떤 동기로 이런 방안을 내놓은 것일까? 그것은 여전히 논쟁의 대상으로 남아 있다. 백화제방 백가쟁명은 공산당이 관료주의적인 고립을 타파하고 인민의 말을 직접 들어야 한다는 진심 어린 촉구이거나, 아니면 적을 구슬려 정체를 드러내도록 만들기 위한 전략이거나, 둘 중 하나로 설명 가능했다. 그 참된 동기가 무엇이었든, 인민의 비판은 전략 수정을 위한 제안을 넘어서서 재빨리 공산주의 시스템에 대한 비판으로 변했다. 학생들은 베이징에 '민주장(民主牆)'을 세웠다. 비판에 나선 사람들은 지역 관리의 폭정과 소련식 경제 정책 때문에 걸머진 빈곤에 항거했다. 공산주의의 처음 10년을 그 전의 국민당 시절 10년과 비교해서 더 나쁜 것으로 치부하는 사람도 있었다.[2]

원래의 의도가 무엇이었든 마오쩌둥은 자신의 권위에 대한 도전을 오래 두고 보는 법이 없었다. 그는 서슬 퍼렇게 태도를 180도 바꾸면서, 그것이 자신의 변증법적 접근법의 한 측면이라고 정당화했다. 백화제방 운동은 반우파 운동으로 탈바꿈했고, 앞서 권장했던 논쟁의 한계를 오해했던 사람들은 숙청 대상이 되었다. 대규모의 숙청이 단행되었고 수천 명 지식인의 투옥과 재교육, 그리고 강제 추방이 이어졌다. 이렇게 자신의 비판자들을 말끔히 처치한 마오쩌둥은 아무도 이의를 제기할 수 없는 중국 지도자로 다시금 우뚝 섰다. 그리고 탁월한 지위를 이용해서 지속적인 혁명에 박차를 가하고 대약진 운동으로 바꾸었다.

1957년 모스크바 사회당 회의가 개최되었을 때 마오쩌둥은 중국의 경제 개발에 대해서 숙명적인 주장을 했다. 소련이 15년 이내 경제적으로 미국을 추월할 것이라는 흐루쇼프의 예측에 대한 반응이었다. 마오쩌둥은 즉흥 연설을 하면서 같은 기간 내에 중국은 철강 생산에서 영국을 능가할 것이라고 주장했다.[3]

이 같은 그의 말은 곧 공식적인 지시가 되었다. 15년이란 철강 분야의 목표는 야심만만한 농업 분야의 잇따른 목표와 짝을 이루었다. 이후 이 15년의 목표는 일련의 대체로 즉흥적인 발언에서 3년으로 줄었다.[4] 마오쩌둥은 중국의 지속적인 혁명을 좀 더 활발한 단계로 돌입시키고, 중국인들에게 엄청난 과제와 맞닥뜨리게 만드는 준비를 하고 있었던 것이다.

마오쩌둥이 추진했던 다른 일처럼 대약진 운동은 경제 정책과 이념적 열광, 그리고 외교 정책 등의 측면을 모두 합친 것이었다. 마오쩌둥에게 이들은 또렷이 구별되는 노력의 분야가 아니라, 중국 혁명을 위한 (서로 단단히 얽혀 있는) 거대한 프로젝트였다.[5]

곧이곧대로 이해해도 대약진 운동은 공업과 농업 개발에 대한 마오쩌둥의 전면적 아이디어를 수행하기 위해 고안된 것이었다. 소유 재산, 음식, 노동 등을 한군데에 모은 '인민의 코뮌'으로 온 나라가 재조직되면서, 그나마 남아 있던 사유 재산과 개인의 인센티브는 대부분 없어졌다. 농부들은 (상당수는 즉흥적으로 이루어진) 거대한 공공 프로젝트를 위한 준(準)군사 조직에 징집되었다.

이 프로젝트들은 국내뿐 아니라 국제적으로 반향을 일으켰는데, 특히 모스크바와의 갈등이란 점에서 더 그랬다. 성공적으로 이루어지기만 한다면 대약진 운동은 모스크바의 점진주의 처방을 일축할 터였고, 공산주의 세계의 중심을 효과적으로 중국으로 이동시킬 터였다. 1958년 흐루쇼프가 베이징을 방문했을 때, 마오쩌둥은 소련이 좀 더 느리고 관료주의적이며 밋밋한 개발 루트를 선택한 반면, 중국은 소련에 앞서서 완전한 공산주의를 이룩할 것이라고 주장했다. 소련에서 듣기에 이것은 참으로 충격적인 이념의 이단(異端)이 아닐 수 없었다.

그러나 이번만큼은 마오쩌둥이 객관적 현실의 영역을 너무나도 벗어난 도전을 했기 때문에, 중국 인민들조차 성취할 수 없었다. 대약진 운동의 생산 목표는 황당했고, 대열에서 이탈하거나 과제 수행에 실패한다는 것은 생각만 해도 너무나 끔찍한지라, 지역 간부들은 생산 수치를 조작하고 부풀린 총액을 베이징에 보고했다. 조작된 보고를 곧이곧대로 받아들인 베이징은 소련의 중공업 제품 및 무기의 대가로 계속해서 곡물을 수출했다. 이 재앙을 더 복잡하게 만든 것은, 마오쩌둥의 철강 목표가 너무나 직선적으로만 실시된 나머지, 할당량을 채우려고 유용한 도구까지 녹여 버리는 경우가 속출했다는 점이다. 하지만 자연과 경제의 법칙은 깨뜨릴 수 없는 법이다. 대약진 운동에 대한 심판은 잔혹했다. 1959년에서 1962년에 이르기까지 중국은 인류 역사상 가장 혹독한 기근을 겪었고, 이는 2000만 명 이상의 죽음을 가져왔다.[6] 마오쩌둥은 다시 한 번 중국 인민들에게 산을 움직이라고(移山) 외쳤지만, 이번에는 산이 움직여 주지 않았다.

히말라야 국경 분쟁과 1962년 중국 · 인도 전쟁

중화인민공화국 수립 이후 10년을 간신히 넘긴 1962년에 이르기까지, 중국은 한반도에서 미국과 한 차례 전쟁을 치렀고, 타이완의 연안 도서를 둘러싸고 미국이 개입한 군사적 대치를 두 번이나 감행했다. 또 신장과 티베트를 재점령함으로써 (몽골과 타이완을 제외하고는) 과거의 변경까지 회복했다. 대약진 운동으로 촉발된 기근은 아직도 완전히 극복되지 않은 때였다. 그런데도 중국이 규정하는 역사적 국경선을 인도가 침범했다고 생각되자, 마오쩌둥은 또 한 번의 군사적 충돌을 두려워하지 않았다.

중 · 인 국경 위기는 히말라야 산맥에 있는 두 개의 영토와 관련되어 있었다. 티베트와 인도 사이의 접근조차 하기 힘든 산 한가운데 길도 없고 대체로 사람이 살지도 않는 고원 지대의 땅이었다. 근본적으로 이 갈등은 식민 역사의 해석을 둘러싸고 일어났다.

중국은 히말라야 산맥의 남쪽 구릉을 따라서 제국의 경계를 주장했다. 여기에는 중국이 '남티베트'로 간주하지만 인도가 아루나찰프라데시 주(州)로 다스리고 있던 곳이 포함되어 있었다. 이에 대한 인도의 인식은 비교적 최근의 일이었다. 이것은 티베트를 향해 전진하는 러시아 제국과의 분리선을 그어 두려는 영국의 노력에서 진화한 것이다. 이와 관련한 최후의 문건은 영국과 티베트가 1914년에 서명하여 동쪽 지역에 국경선을 그렸는데, 영국 측 선임 협상자의 이름을 따서 맥마흔 라인으로 불린다.

중국은 티베트와 오랜 관계를 유지하고 있었다. 13세기에 몽골은 티베트와 중국의 농업 중심지를 동시에 정복하여, 그 둘이 정치적으로 가까이 접촉하도록 만들었다. 이후 청 왕조는 정규적으로 티베트에 간섭하여, 북쪽과 서쪽으로부터 티베트를 침공하던 비(非)한족 군대를 축출했다. 마침내 베이징은 '황궁이 보낸 거주민'이 라싸에서 일종의 종주권을 행사하는 쪽으로 가닥을 잡는다. 청 왕조 이래로 베이징은 티베트를 중국 황제가 통치하는 '천하'의 일부분으로 취급했고, 적대적 침입자들을 축출할 수 있는 권리를 지니고 있었다. 그러나 지리적인 거리와 티베트인들의 유목 문화 때문에 실제로 완전한 중국화는 어려웠다. 이런 식으로 티베트는 자신들의 일상생활에 대해서 상당한 정도의 자치권을 누리고 있었다.

1912년 청 왕조 말기에 이르러 중국의 통치가 어려워지면서 중국 정부의 티베트 내 존재감도 현저히 떨어졌다. 왕조가 붕괴한 직후 인도를 다스리던 영국 당국은 산간 피서지 심라에서 중국과 티베트 대표단이 참석한 가운데 회담을 개최했다. 인도와 티베트 사이의 국경을 분명히 그어 두자는 것이 회의의 목적이었다. 이런 사태가 전개되는 데 이의를 제기할 실질적인 힘이 없었던 중국은, 그들이 역사적으로 다스려 왔던 영토는 일체 양보할 수 없다는 원칙을 들어 반대했다. 이 회담에 대한 베이징의 태도는 (당시 영국의 인도 식민 통치를 위한 본거지였던) 콜카타에 왔던 루싱츠 대표의 말에서도 드러난다. "우리나라가 지금 힘이 약해진 상황이고, 우리의 대외 관계가 복잡하고도 어려우며, 우리 재정이 낯 뜨거운 것은 사실이다. 그렇지만 쓰촨 성이나 윈난 성 모두에게 티베트는 너무나도 소중하기 때문에 이번 회담에서 모든 노력을 아끼지 않아야 한다."[7]

회의에 참석한 중국 대표단은 그 결과로 만들어진 문서에 정식 서명은 하지 않고 이니셜만 남김으로써 딜레마를 해결했다. 티베트와 영국 대표단은 공식적으로 서명했다. 외교 관행으로 볼 때 이니셜은 텍스트를 굳히는 효과는 있다. 그것은 협상이 마무리되었음을 의미한다. 그러나 문서에 서명을 해야 비로소 효력이 발휘되는 것이다. 중국은 티베트 대표단이 국경에 관한 문서에 서명할 법적 자격이 없다고 주장했다. 티베트는 중국의 일부이며 주권을 행사할 수 없다는 뜻이었다. 그리고 인도가 맥마흔 라인 남쪽 영토를 관리하는 것에 대해서도(처음에는 그것에 항의하려는 노골적인 시도를 하지 않았지만) 그 유효성을 받아들이지 않았다.

서쪽 땅의 경우 분쟁 대상이 된 영토는 악사이 친으로 알려져 있었다. 인도에서는 거의 접근이 불가능한 곳이었다. 이 때문에 중국이 이 땅을 가로질러 신장과 티베트를 잇는 도로를 건설하고 있었다는 사실을 1955년에 인도가 알게 되기까지는 몇 개월이 걸렸다. 이 지역의 역사적 기원 역시 문제였다. 영국은 한 번도 이곳을 다스린 적이 없지만 공식 지도에는 대개 영국 땅으로 표시했다. 인도는 영국으로부터 독립을 선언했지만, 영국의 '영토 주장'에서 독립을 선언한 것은 아니었다. 그런 주장에는 악사이 친, 그리고 모든 지도에서 맥마흔이 그어 놓았던 선까지도 포함되어 있었다.

두 개의 구분선 모두가 전략적으로 중요했다. 1950년대 양측의 입장 사이에는 일종의 균형이 존재했다. 중국은 맥마흔 라인을 두고 티베트에 대한 중국의 지배를 완화하려는, 혹은 지배하려는 영국 측 계획을 상징하는 것으로 봤다. 인도의 자와할랄 네루 총리는 인도의 고전 불교 문화와 티베트 불교 간의 역사적 관련을 바탕으로 하여 티베트에 대한 문화적, 감성적 이해가 있노라고 주장했다. 그러나 그는 실질적인 자치가 유지되기만 한다면 티베트에 대한 중국의 주권을 인정할 태세였다. 이러한 정책을 추구한 네루는 티베트의 정치적 지위라는 이슈를 유엔에 상정하자는 결정을 지지하지 않았다.

그러나 1959년 달라이 라마가 중국을 탈출하여 인도에 망명하자, 중국은 분계선 이슈를 갈수록 전략적인 맥락에서 취급하기 시작했다. 저우언라이는 분계선 동쪽에 대한 중국의 주장을 포기하는 대신 서쪽에 대한 인도의 주장도 포기할 것을 제안했다. 다시 말해서 악사이 친에 대한 중국 주장을 인정해 준다면, 맥마흔 라인을 협상의 기초로 받아들이겠다는 것이었다.

식민 시대를 청산한 대부분의 나라들은 독립을 이루었을 당시의 국경을 주장했다. 그런 경계를 협상 대상으로 내놓는 것은 끊임없는 분쟁과 국내의 압력을 초래하는 짓이다. 반론의 여지 없이 인도에 속하는 것으로 간주된 영토를 흥정해서 내주기 위해 총리에 선출된 것이 아니라는 원칙을 고수했던 네루는 중국의 제안에 대답조차 하지 않고 거부했다.

1961년 인도는 이른바 전진 정책을 채택했다. 분쟁 대상이 된 영토를 애써 주장하지 않고 있다는 인상을 극복하기 위해서 인도는 전초 기지를 앞으로 이동시켰다. 중국이 기존의 분계선을 따라 이전에 설치했던 전초 기지와 가까운 곳이었다. 그리고 인도 지휘관들은 중국군에 대해 임의로 발포할 수 있는 권한을 부여받았다. 중국군은 인도 영토에 대한 침략자라는 이론이었다. 1959년 마오쩌둥이 위기 촉발을 피하기 위해서 자국 군대에게 20킬로미터 정도 후퇴를 명령했던 첫 번째 충돌이 있은 다음, 인도는 이 정책의 고삐를 한층 더 죄었다. 인도의 정책 입안자들은 인도의 전진에 중국이 저항하지 않을 것이라는 결론을 내렸다. 오히려 중국이 이를 핑계 삼아 철수하리라고 본 것이다. 그리하여 인도군은 인도의 공식 전쟁 기록에 적힌 것처럼 "기존 위치에서부터 인도가 인정하는 국경선 쪽으로 가능한 한 전진하여 수색하고…… 중국군이 더는 전진하는 것을 방지하며, 우리 영토에 이미 설치된 중국 전초 기지를 모두 탈취하라."라는 명령을 받았다.[8]

하지만 오산이었다. 마오쩌둥은 앞서의 퇴각 명령을 즉각 취소했다. 그래도 여전히 신중을 기한 그는 중앙 군사 위원회 회합에서 이렇게 말했다. "사소한 문제에 관용을 보이지 못하면 큰 계획을 그르칠 수 있다. 우리는 사태를 예의 주시해야 한다."[9] 그것은 아직 군사적 충돌의 명령은 아니었고, 오히려 전략적 계획을 준비하라는 일종의 경고였다. 그랬기에 그의 말은 낯설지 않은 중국 스타일의 전략적 의사결정을 초래했다. 즉 분석하고, 꼼꼼하게 준비하고, 심리적, 정치적 요인에 주목하며, 기습 공격을 추구하고, 신속한 결말을 보는 스타일 말이다.

마오쩌둥은 중앙 군사 위원회 회합이나 고위 지도자들 모임에서 네루의 전진 정책을 평하면서 다시 한 번 그의 경구를 써먹었다. "편안한 침대에 누워 자는 사람은 다른 사람이 코를 곤다고 해서 쉽사리 깨지 않는 법이다."[10] 다른 말로 바꾸면 인도의 전진 정책은 중국이 인식하기로는 중국 땅에서 일어나고 있었음에도 불구하고, 히말라야에 주둔했던 중국군은 이에 지나치게 수동적이었다는 것이다.(물론 바로 그 점이 논쟁의 본질이었다. 양쪽 모두가 상대방이 자기네 땅으로 발을 들이밀었다고 주장하고 있었으니 말이다.)

중앙 군사 위원회는 중국군의 퇴각을 멈추라고 명령하면서, 인도가 전초 기지를 새로이 설치하면 바로 근처에 중국의 전초 기지를 세워 그것을 에워쌈으로써 모두 저항해야 할 것이라고 선포했다. 마오쩌둥은 이렇게 요약했다. "그들이 총을 흔들면, 우리도 총을 흔든다. 우리는 물러나지 않고 얼굴을 맞댈 것이며, 각자 용기를 내 분발할 것이다." 마오쩌둥은 이런 정책을 '무장(武裝) 공존'이라고 정의했다.[11] 그것은 사실상 히말라야 산맥에서 바둑을 두는 것에 다름 아니었다.

여러 가지 세부 지시 사항이 내려졌다. 여전히 큰 갈등을 피하는 것이 그 목적이라고 발표했다. 인도군이 중국군 위치의 50미터 이내까지 접근하지 않는 한은 발포할 수 없었다. 그 한계를 넘어서는 경우에도 군사적 행동은 오로지 상부로부터의 명령 없이는 시작할 수 없었다.

인도의 정책 입안자들은 중국이 퇴각을 중단했다는 사실을 알았지만, 동시에 중국군이 발포를 자제하고 있음도 관측할 수 있었다. 그들은 또 다른 방식으로 찔러 보면 효험이 있으리라는 결론을 내렸다. 아무도 차지하지 않은 땅을 시험할 것이 아니라 "그들이 이미 차지하고 있는 중국 기지를 밀어내는" 것이 목표였다.[12]

중국이 내세운 정책의 두 가지, 즉 인도가 더는 전진하는 것도 막고 유혈 사태도 피한다는 목표가 성취되지 않고 있었다. 따라서 중국 지도자들은 한 차례 기습 공격을 가하면 인도가 협상 테이블로 불려 나와서 '맞받아치기'를 끝내 주지 않을까 하고 심각하게 생각했다.

그 목적을 추구하는 가운데 중국 지도자들은, 임박한 중·인 충돌을 핑계 삼아 행여나 미국이 타이완을 부추겨 본토에 맞서게 하는 것은 아닐까 걱정이었다. 걱정거리는 그뿐이 아니었다. 당시 미국은 라오스를 베트남전의 기지로 삼고자 하는 하노이의 노력을 저지하려 했는데, 그와 같은 미국의 외교가 어쩌면 끝내 미국이 라오스를 통해 중국 남부를 공격하는 전조가 될 수도 있기 때문이었다. 물론 그들은 미국이 겨우 국지적인 전략적 이해 때문에 인도차이나에서 했던 정도로 (또 설사 그렇다 하더라도 상당한 긴장이 고조되기도 전에) 개입하리라고 생각할 수는 없었다.

그러나 중국 지도자들은 이 두 가지 모두에 대해서 어떻게든 안심할 수 있게 되었다. 하지만 그 과정에서 중국의 정책이 입안되는 포괄적인 방식을 드러내 보였다. 타이완 해협에 관한 미국의 의도가 무엇인지를 알아내도록 선택된 자리가 바로 바르샤바 회담이었다. 이 회담에 참석한 중국 대사는 휴가 도중에 호출을 받고 회의를 소집하라는 명령을 받았다. 여기서 그는 타이완이 본토 상륙을 준비하고 있다는 조짐을 베이징이 감지했다고 주장했다. (실제로 그런 일은 일어나지 않았으므로) 그런 얘기가 금시초문이었던 미국 대사에게 본국은 미국이 평화를 원하고 있으며 '현재 상황에서는' 국민당의 공세를 지원하지도 않을 것이라고 대답할 것을 지시했다. 이 회의에 참석했던 중국 대사 왕빙난은 이러한 정보가 히말라야 산맥에서의 군사 작전을 진행시키자는 베이징의 최후 결정에 '대단히 큰 역할'을 했다고 회고록에 적었다.[13] 중국이 도대체 무슨 꿍꿍이속으로 그 특별 회담을 요청했을까를 미국이 궁금해했다는 증거는 어디에도 없다. 바로 그것이 정책 결정에 대한 부분적 접근과 포괄적 접근의 차이였다.

한편 라오스 쪽의 문제는 저절로 풀렸다. 1962년 제네바 회담에서 라오스의 중립화와 미군의 철수가 결정되면서 중국의 우려는 자연히 해소되었기 때문이다.

이렇게 양쪽의 안전이 확보되자, 마오쩌둥은 1962년 10월 초 지도자들을 소집해서 전쟁에 돌입하겠다는 최종 결정을 발표했다.

우리는 노쇠한 장제스와 전쟁을 치렀다. 일본이며 미국과도 싸웠다. 그 어떤 경우에도 우리는 두려워하지 않았다. 그리고 그 모든 전쟁에서 승리했다. 이제 인도가 우리와 일전을 겨루고 싶어 한다. 말할 것도 없이 우리는 두렵지 않다. 그리고 물러설 수도 없다. 일단 우리가 물러서면, 그들이 푸젠 성과 맞먹는 크기의 땅덩어리를 차지하는 것을 두고 보는 것과 마찬가지이다. 네루가 위험을 자초하면서까지 우리가 그들과 싸워야 한다고 고집을 피우고 있으니, 우리가 그를 대적해 주지 않는다면 친구의 도리가 아닐 것이다. 예절이란 주고받음을 강조하니까 말이다.[14]

10월 6일 하나의 결정이 원칙적으로 내려졌다. 당장 막강 화력으로 공세를 퍼부어 충격을 가함으로써, 인도가 협상에 응하지 않을 수 없도록, 혹은 적어도 가까운 장래에 인도군이 더는 모험을 하지 못하도록 만드는 것이 중국의 전략적 계획이었다.

최종 공격 명령을 내리기 전에 흐루쇼프에게서 전갈이 왔다. 전쟁이 발발할 경우 소련은 1950년의 우호 조약에 의거해서 중국을 지원하겠다는 내용이었다. 그것은 이전 몇 년 동안의 중·소 관계와도 전혀 어울리지 않았고, 중국과 인도 관계에 대해 지금까지 크렘린이 보여 주었던 중립성과도 전혀 아귀가 맞지 않았다. 왜 그랬을까? 한 가지 그럴듯한 이야기는, 소련이 쿠바에 핵무기를 배치한 데 대하여 미국과의 결전이 임박했음을 잘 아는 흐루쇼프가 카리브 해 위기에서 중국의 지지를 확보하고 싶어 했기 때문이라는 설명이다.[15] 그러나 일단 쿠바 사태가 종료되자 흐루쇼프는 이 제안을 일체 다시 언급하지 않았다.

중국의 공격은 두 단계로 진행되었다. 10월 20일에 시작되어 나흘간 계속된 예비 공격과 뒤이어 11월 중순 시작된 대규모 공세는 청 왕조 때부터 확립되어 온 분계선 근처 히말라야 산맥의 작은 언덕에까지 이르렀다. 그리고 인민 해방군은 이쯤에서 공격을 멈추고 출발점으로 되돌아와 중국이 주장하는 경계선 바로 뒤에 자리를 잡았다. 분쟁 대상이었던 영토는 오늘날까지도 분쟁 대상으로 남아 있다. 그러나 두 나라 중 어느 쪽도 기존의 경계를 넘어 자신들의 주장을 내세우지는 않았다.

중국의 전략은 연안 도서 위기 때와 크게 다르지 않았다. 중국은 맥마흔 라인 남쪽의 땅을 자기네 것이라고 계속 주장하면서도 1962년의 중·인 전쟁에서 그 어떤 영토도 정복하지 않았다. 여기에는 아마도 정치적인 판단, 혹은 병참 수송 측면의 현실이 반영되었을지도 모른다. 동쪽 영토를 정복한다 하더라도 험악한 지형을 아우르는 엄청나게 확장된 공급 라인 없이는 유지할 수 없을 터였으니 말이다.

국내에서는 기아 문제가 채 끝나지도 않았지만, 중·인 전쟁이 끝나면서 결과적으로 마오쩌둥은 또 한 번의 커다란 위기를 잘 견뎌 낸(아니, 이번에는 압도한) 셈이다. 중국에 대한 과소평가, 중국의 능력에 대한 독단적인 정보 당국의 예측, 게다가 중국이 안보 환경을 어떻게 해석하며 군사적 위협에 어떻게 대응하는가에 대한 심각한 파악의 실수 등 어떻게 보면 한국 전쟁에서 미국이 경험했던 것이 다시금 재연된 상황이었다.

한편 소련의 지원 약속은 마치 쿠바 사태 당시 소련의 핵 존재만큼이나 일시적인 것으로 드러났다. 그 때문에 소련과의 관계는 이미 돌이킬 수 없을 정도로 악화되었다. 그런 상황에서 1962년의 전쟁은 중국에 대한 또 하나의 적을 만들기도 했다.

히말라야 산맥에서의 군사적 충돌이 고조되자마자, 모스크바는 중립적인 입장을 취했다. 중국으로 보면 엎친 데 덮친 격으로 흐루쇼프는 그런 중립성을 정당화하면서, 중국이 끔찍이도 싫어하는 평화적 공존 원칙을 만방에 퍼뜨리고 있다고 말했다. 1962년 12월 중국 공산당 공식 기관지 《런민르바오》는 사설에서 이것이 공산주의 국가가 부르주아 국가와 투쟁하고 있는 데도 다른 공산주의 국가가 편을 들어 주지 않았던 첫 번째 사례라고 분통을 터뜨렸다. "공산주의자에게 요구되는 최소한의 태도는 피아(彼我)를 명백하게 구분하는 것과 적에게는 냉혹할 것이며 동지들에게는 친절해야 한다는 것이다."[16] 그리고 이 사설은 중국의 동맹에게 "자신들의 양심을 되돌아보고 자신의 마르크스 레닌주의가 어떻게 되었으며 프롤레타리아 국제주의는 어떻게 되었는지 스스로에게 물어보라"고 다소 애처로운 호소를 하고 있다.[17]

1964년에 이르면 소련은 중립성을 가장하는 짓까지 아예 내던져 버린다. 정치국원이자 당 이념 담당인 미하일 수슬로프는 쿠바 미사일 위기를 언급하면서, 소련이 가장 어려울 때 인도에 대해 공세를 펼친 중국을 비난했다.

카리브 해의 위기가 최고조에 달했을 바로 그 시점에 중국이 인도와의 국경에서 군사적 충돌을 일으킨 것은 사실이다. 그때 이후로 중국 지도자들이 당시의 행동을 정당화하려고 무진 애를 썼지만, 그러한 행동을 통해서 그들이 사실상 가장 반동적인 제국주의 무리들을 도와주었다는 사실에 대해서는 책임을 면하기 어려울 것이다.[18]

어마어마한 기근 사태를 간신히 넘겼던 중국은 이제 사방으로 적이 생긴 꼴이 되고 말았다.

문화 혁명

국가적 비상사태가 될 수도 있는 이 순간, 마오쩌둥은 중국이란 국가와 공산당을 두들겨 패기로 마음먹었다. 그는 이제부터 시작될 운동이 전통적인 중국 문화의 끈덕진 잔재에 대한 마지막 공격이 되기를 희망했다. 그 전통의 부스러기로부터 새롭고 이념적으로 순수한 세대, 안팎의 적들로부터 혁명이란 대의명분을 한층 더 잘 보호할 수 있도록 무장된 세대가 태어나리라. 그것이 마오쩌둥의 예언이었다. 그리하여 그는 10년간의 이념적 광기와 지독한 파벌 정치, 그리고 거의 내전이라고 해도 좋을 '프롤레타리아 문화 대혁명' 속으로 중국을 내던졌다.

이어지는 혼동의 거대한 파도에서 안전한 기구나 제도는 단 하나도 없었다. 베이징이 퍼뜨리는 프로파간다에 의해 내몰린 인민과의 난폭한 대치 속에서 중국 방방곡곡의 지방 정부는 해체되었다. 혁명 전쟁에 앞장섰던 이들을 포함한 공산당과 인민 해방군의 저명한 지도자들은 숙청되고 대중 앞에서 수모를 당했다. 오랫동안 중국의 사회 질서를 떠받치는 중추인 교육 체제는 완전히 멈추어 버렸다. 어린 세대가 온 나라를 떠돌아다니고 "혁명을 하면서 혁명을 배우라."[19]라는 마오쩌둥의 충고를 따를 수 있도록 수업은 무기한 연기되었다.

갑자기 고삐 풀린 이 젊은이 중 상당수는 열정적인 이념으로 똘똘 뭉친 젊은이의 민병대인 홍위병 파벌에 가담하여, 보통의 제도적인 구조 밖에서 법을 무시해 가며 움직였다. 마오쩌둥은 "반역은 정당하다.(造反有理)" "사령부를 폭격하라!(打司令部)" 따위의 모호하지만 자극적인 슬로건으로 이 젊은이들의 수고를 공개적으로 지지했다.[20] 그리고 공산당의 기존 관료성과 전통적인 사회 관습에 대한 그들의 폭력적인 공격을 승인했다. 마오쩌둥의 사상으로 볼 때 중국을 나약하게 만들어 왔던 저 끔찍스러운 '사구(四舊)', 즉 낡은 사상, 낡은 문화, 낡은 풍속, 낡은 습관 등을 타파하기 위해 싸울 때는 '혼란'을 두려워하지 말라고 격려했다.[21] 게다가 《런민르바오》는 '무법 상황을 찬양함' 같은 사설을 올림으로써 기름을 부어 댔다. 그것은 조화와 질서라는 중국의 수천 년 전통을 노골적으로, 그리고 정부까지 등에 업고서 반박하고 나서는 짓이었다.[22]

결과는 어마어마한 인명의 살상과 제도의 몰락이었다. 거기에는 공산당 내 고위 간부까지 포함되었다. 10대로 이루어진 '이념적 충격 부대'의 공격에 권력과 권위를 지닌 국가 기관이 하나씩 둘씩 무너졌다. 지금까지 면학(勉學)과 학식을 존경하는 풍토로 알려진 문화인 중국이 완전히 뒤집혀진 세상으로 변했다. 아이들이 부모를 배신하는가 하면, 학생들은 교사에게 폭력을 가하거나 책을 태워 버리고, 전문가와 고위 관리들은 농촌과 공장으로 내몰려 일자무식 농부들에게 혁명의 관습을 배우게 되었다. 눈곱만치라도 중국의 옛 '봉건' 질서로 돌아갈 조짐이 보이기라도 할라치면, 홍위병 및 그들과 손잡은 시민들이(이 폭풍 속에서 살아남으려는 희망으로 무작정 파벌을 택하는 이들도 많았다.) 이를 목표물로 삼았으니, 잔혹하기 짝이 없는 장면이 나라 도처에서 벌어졌다.

심지어 그런 '목표물' 중에는 이미 수백 년 전에 죽고 없는 사람도 있었지만, 공격의 불길은 좀체 수그러들지 않았다. 베이징의 혁명적인 학생과 교사들은 공자의 고향 마을까지 덮쳐서, 고서적을 불태우고 위패를 박살내며 공자와 후손들의 무덤까지 파괴함으로써 이번에야말로 중국 사회에 대한 옛 현자의 영향력을 뿌리 뽑겠다고 별렀다. 베이징의 경우 시가 지정했던 6843개에 이르는 '문화적, 역사적 명소' 가운데 4922개가 홍위병의 공격으로 파괴되었다. 자금성조차도 저우언라이가 직접 개입해서야 간신히 화를 면한 것으로 알려졌다.[23]

전통적으로 유교적 지식인 엘리트에 의해 통치되던 사회가, 이제는 무학자 농부들에게서 지혜를 찾는 꼴이 되었다. 대학은 모두 문을 닫았다. '전문가'라는 꼬리표를 단 사람은 누구나 의심의 대상이었고, 전문적 능력이란 위험한 부르주아 개념이 되었다.

중국의 외교적 입장은 완전히 혼란에 빠졌다. 소비에트 블록과 서구 열강, 그리고 자기 자신들의 역사와 문화에 대한 무차별적으로 분노하는 중국, 세계인의 눈앞에 펼쳐진 그 중국은 이해할 수 없는 광경이었다. 해외에 있던 중국 외교관과 지원 부서의 직원들은 혁명의 촉구와 '마오쩌둥 사상'에 대한 열변으로 주재국 시민들에게 장광설을 늘어놓았다. 홍위병 무리들이 베이징 내의 대사관을 공격하고, 특히 영국 대사관을 약탈하여 달아나는 직원들을 폭행했던 일은, 다분히 70년 전에 있었던 의화단 사건을 상기시키는 장면이었다. 영국의 외무 장관이 중국 외무 장관 천이 장군에게 서한을 보내 영국과 중국이 "외교 관계는 그대로 유지하되 당분간 양국의 수도에서 외교 사절과 직원들을 철수하자는" 제안을 했으나, 아무런 반응도 얻지 못했다. 천이 외무 장관 자신이 '투쟁'의 대상이 되어 있어서 회신할 형편이 되지 못했던 것이다.[24] 결국은 능력 출중하고 이념적으로도 흠집 하나 없는 황화 주이집트 대사만을 제외하고는 모든 해외 공관 대사들이 대사관 직원의 3분의 2와 더불어 전부 귀국 조치를 당하여, 농촌에서 재교육을 받거나 이런저런 혁명 활동에 참여해야 했다.[25] 이 시기의 중국은 10여 개 국가의 정부와 뜨거운 논쟁에 휘말렸다. 순수하게 긍정적인 관계를 유지했던 것은 오로지 알바니아인민공화국뿐이었다.

문화 혁명을 상징하는 것이 마오쩌둥의 어록(Little Red Book)이었다. 이것은 후일 마오쩌둥의 후계자로 지명되었으나 쿠데타를 시도했다가 실패했다는 소문 속에 모호한 비행기 사고로 사망한 린뱌오에 의해서

1964년에 출간되었다. 당시 모든 중국인은 이 '조그마한 빨간 책자'를 하나씩 들고 다녀야 했다. 이 어록을 휘두르는 홍위병들은 베이징의 승인 (혹은 적어도 묵인) 아래 전국의 공공건물을 '점거'했고, 지역 관료들에게 난폭하게 대들었다.

하지만 홍위병들 역시 자신들이 숙청해야 했던 간부들과 마찬가지로 스스로를 향해 달려들고야 말 혁명의 딜레마로부터 결코 자유롭지 못했다. 정식 훈련이 아닌 이념만으로 똘똘 뭉친 홍위병들은 자신들이 이념적, 사적으로 선호하는 것만을 추구하는 도당(徒黨)이 되고 말았다. 그러한 자중지란은 1968년에 이르러 너무나 심각해졌고, 마오쩌둥은 마침내 이들을 공식적으로 해체하고, 충직한 당과 군의 지도자들에게 지방 정부의 재건을 책임지도록 했다.

젊은이들을 산간벽지로 '내려보내어' 농민들에게 배우도록 한다는 새로운 정책이 발표되었다. 이즈음에 이르면 중국에서 지휘 체제가 아직도 확립되어 있는 주요 조직이라고는 군대밖에 없었다. 군은 통상적인 역량과는 전혀 상관없는 역할을 떠맡았다. 군 인력은 국가를 외침으로부터 보호한다는 원래의 책무는 말할 것도 없거니와, 거덜 난 정부 부서를 운영했고, 밭을 갈았으며, 공장을 관리하기도 했다.

문화 혁명의 직접적인 영향과 충격은 그야말로 재앙이었다. 마오쩌둥이 죽은 다음 두 세대의 지도자들은(그들 모두가 필시 희생자였겠지만) 이를 비난해 마지않았다. 1979년에서 1991년까지 중국의 최고 지도자였던 덩샤오핑은 문화 혁명이 공산당 체제를 하마터면 박살 낼 뻔했으며 적어도 임시적으로는 당의 신뢰도를 땅에 떨어뜨렸다고 주장했다.[26]

최근 몇 년 사이에는 개인적 기억이 흐려지면서 또 다른 관점이 잠정적으로 모습을 드러내기 시작했다. 이 견해도 물론 문화 혁명 당시의 어마어마한 잘못은 인정한다. 그러나 마오쩌둥의 해답은 재난이었음이 드러났지만, 그래도 그가 중요한 질문을 제기했던 것이 아닌가 하는 생각을 하게 한다. 마오쩌둥이 밝혀냈다고 하는 문제점은, 근대 국가(특히 공산주의 국가)와 피통치자인 국민 사이의 관계이다. 전반적으로 농업 기반 사회에서, 그리고 막 시작된 산업 사회에서도 통치란 일반 대중이 이해할 수 있는 능력 내의 이슈와 관련한다. 물론 귀족 사회의 경우에는 연관된 대중이 제한되어 있다. 그러나 공식적인 적법성이 무엇이든 간에, 지시하는 것을 수행하는 사람들에 의한 암묵적 합의가 필요하다. 통치가 완전히 의무의 부과에 의해서만 이루어진다면 모르지만 말이다. 하지만 그런 통치는 역사의 어느 시기에도 지속될 수가 없다.

근대의 과제는 인간의 이슈들이 너무나도 복잡하여 법률적인 틀이 갈수록 난공불락으로 변하고 있다는 것이다. 정치 체제가 지시를 내리긴 하지만, 그것을 수행하는 것은 정치 과정이나 대중과는 동떨어진 관료에게 점점 더 의존하게 된다. 그리고 그들을 지배하는 유일한 길은 (그런 게 있다면) 주기적인 선거뿐이다. 미국에서도 국회를 통과하는 주요 법안은 수천 쪽에 달하며, 좀 완곡하게 표현하더라도 그 법안을 꼼꼼하게 읽는 의원은 거의 없다. 더구나 공산주의 국가에서 관료 체제는 자신들의 법칙으로 스스로를 규제하는 단위에 의해서 움직이고, 그 절차도 자신들이 직접 규정하는 경우가 허다하다. 그래서 정치 계급과 관료 계급 사이, 또 그들 모두와 일반 대중 사이에 틈새가 벌어지게 마련이다. 이런 식으로 새로운 관리 계급은 관료주의적 모멘텀에 의해서 대두되는 위험성을 안게 된다. 이 문제를 단 한 번의 대규모 공세로 해결하려 했던 마오쩌둥의 시도는 중국 사회를 거의 난파시켰다. 중국의 학자이면서 정부 고문인 후안강은 최근 펴낸 책에서 문화 혁명이 실패작이긴 하나 1970년대 후반과 1980년대 덩샤오핑의 개혁을 위한 무대를 마련해 주었다고 주장했다. 그러면서 그는 중국의 기존 정치 체제 안에서 '의사 결정 시스템'을 좀 더 '민주적이고 과학적이며 제도적인' 것으로 만들기 위한 방법을 찾는 데 문화 혁명을 하나의 사례 연구로 활용하자고 제안했다.[27]

놓쳐 버린 기회가 있었던가?

돌이켜보면 궁금해진다. 미국은 어쩌면 10년쯤 더 일찌감치 중국과의 대화를 시작할 입장에 있지 않았을까? 중국 내부의 혼란이 진지한 대화의 출발점일 수도 있지 않았을까? 다시 말해 1960년대는 중·미화해를 위해 놓쳐 버린 기회였던가? 중국의 개방이 좀 더 일찍 이루어질 수 있었을까?

진실을 말하면, 미국이 좀 더 창의적인 외교 정책을 구사하지 못하게 만든 근본적인 장애물은 지속적인 혁명이라는 마오쩌둥의 개념이었다. 그때 마오쩌둥은 단 한순간의 고요함도 미연에 방지하겠다고 결의에 차 있었던 것이다. 평화적 공존이라는 흐루쇼프의 공약에 대해 마오쩌둥이 완고하게 반대하는 가운데, 자본주의 숙적과의 화해를 위한 시도는 상상할 수도 없었다.

미국 측이 중국을 좀 더 유연하게 인식하려는 조심스러운 움직임은 몇 차례 있었다. 1957년 10월 존 F. 케네디 상원 의원은 '소련권 내부의 권력 분열'을 언급하는 기사를 《포린 어페어스》에 기고하면서, 미국의 아시아 정책은 '필시 지나치게 경직되어' 있다고 묘사했다. 케네디의 주장은, 중국을 인정하지 않는 정책은 계속되어야 하지만, 상황의 전개에 따라서 미국은 "중국이 의욕도 주변머리도 없는 전체주의라는 허약한 개념"을 다시 들여다볼 태세를 갖추어야 한다는 것이었다. 그는 이렇게 충고했다. "우리는 무지 때문에 우리 정책을 꽁꽁 묶어 두고 객관적인 상황의 변화가 생길 때 이를 감지하지 못하는 일이 없도록 주의해야 할 것이다."[28]

케네디의 인식은 섬세했지만, 그가 대통령직에 오를 즈음 마오쩌둥의 변증법이 보인 새로운 변화는 오히려 정반대 방향으로 가고 있었다. 즉 그의 적대감은 줄어들기는커녕 한층 더 심각해졌으며, 국내 반대파를 점점 더 폭력적으로 제거하고 근대적 개혁이 아니라 체제 구조를 무효화하는 쪽으로 나아갔던 것이다.

케네디의 기사가 나간 직후 마오쩌둥은 1957년부터 반우파 운동(자신이 "미국에게 한 수 가르쳐 주려는"[29] 시도라고 묘사했던)과 1958년의 2차 타이완 해협 위기, 그리고 대약진 운동 등을 줄줄이 시작했다. 케네디가 대통령에 당선되자 중국은 미국 정부가 아시아에서 공산주의 대안으로 간주하고 있던 인도와의 국경 분쟁으로 군사적 공격을 감행했다. 이런 일들은 케네디가 미 국민들에게 익숙해지라고 충고했던 화해와 변화의 조짐이 전혀 아니었다.

케네디 정부는 대약진 운동으로 촉발된 기근의 와중에서 중국의 아슬아슬한 농촌 상황을 개선시켜 주려는 인도주의적 제스처를 보였다. 그러나 '평화를 위한 양식'을 확보하려는 노력으로 알려진 이 제안에는, 중국이 그런 원조를 "진지하게 희망한다는 것"을 명백하게 시인해야 한다는 조건이 붙어 있었다. 그러나 자급자족을 맹세한 마오쩌둥이 외국의 원조에 의존함을 인정한다는 것은 어떤 형태로든 불가능했다. 바르샤바 대사급 회담에서 중국 대표는 자기 나라가 '스스로의 노력으로 어려움을 극복하고' 있다고 대답했다.[30]

린든 존슨 대통령의 임기 말기에 고위 참모진은 대치 국면을 줄여 나가는 쪽으로 움직일 것을 고려했으며, 결국 대통령 자신도 그러했다. 국무부는 1966년 자국 협상 대표들에게 바르샤바 회담에서 좀 더 진취적인 태도를 견지하라고 지시했으며, 그들이 협상과는 별개로 비공식적인 접촉을 가져도 좋다고 허락했다. 1966년 3월 미국 측 대표는 "미합중국은 중화인민공화국과의 관계를 좀 더 발전시킬 의향이 있다고" 발표함으로써 '올리브 가지를 내밀었다.' 미국 정부 관리가 1949년 이후 중국의 공식 국가 명칭을 최초로 사용한 순간이었다.

그리고 마침내 존슨 대통령 자신이 아시아 정책에 관한 1966년 7월의 연설에서 평화적인 선택을 제시했다. 그는 이렇게 관측했다. "중국 본토의 7억 명의 인구가 그들의 지도자들에 의해서 외부 세계와 고립되어 있는 한, 아시아의 영구적인 평화는 결코 올 수 없다." 중국이 동남아시아에서 구사하는 '대리(代理) 공세 정책'에는 저항할 것을 약속하면서, 그는 궁극적으로 '평화적인 협력'과 '지금은 서로를 적이라 부르는 국가 사이의 화해'가 이루어질 시대를 기대했다.[31]

이들 견해는 중국의 태도에 아직 또렷하지 않은 변화를 겨냥한 추상적인 희망으로 제시되었다. 실질적 결론 또한 전혀 뒤따르지 않았다. 그럴 수도 없었다. 이런 성명이 발표된 것이 문화 혁명의 시발점과 거의 정확하게 일치하고 있었고, 당시의 중국은 반항적인 적대감으로 완전히 돌아섰기 때문이다.[32]

이 기간 동안 중국의 정책은 미국으로부터 유화적인 접근법을 이끌어 낼 도리가 없었다. 아니, 어쩌면 그런 접근을 저지시키기 위해서 고안된 정책일 수도 있었다. 한편 워싱턴으로서는 두 번째 타이완 해협 위기의 경우처럼 군사적 도전을 거부함으로써 상당한 전략적 기술을 과시했지만, 진화하고 유동적인 정치의 틀 안에서 외교 정책을 형성해 나가는 상상력은 그다지 보여 주지 못했다.

1960년도 미국의 국가 정보 평가서는 그 근저에 깔린 평가를 표현하고 있을 뿐 아니라 형성하는 데 도움을 주기도 했을 것이다.

이번 평가 기간 중에 공산주의 중국의 외교 정책을 지탱하는 기본 교리, 즉 극동에서 중국의 헤게모니를 확립한다는 교리는 거의 틀림없이 눈에 띄게 달라지지 않을 것이다. 중국 정부는 계속해서 폭력적으로 반미를 외칠 것이고, 지나친 대가를 치르지 않고 할 수만 있다면 언제 어디서든 미국의 이해를 계속 그르칠 것이다. …… 중국의 오만한 자신감과 혁명의 열정, 그리고 왜곡된 세계관은 베이징으로 하여금 리스크를 오판하게 만들 수도 있다.[33]

당시를 풍미했던 이 견해를 뒷받침하는 증거는 아주 많다. 그러나 이 분석은 중국이 과연 그처럼 방대한 목표를 어느 정도까지 성취할 수 있느냐 하는 질문에는 답을 주지 못했다. 대약진 운동의 결과로 만신창이가 된 1960년대의 중국은 기진맥진해 있었다. 1966년에 이르면 중국은 문화 혁명을 시작하고 있으며, 대부분의 외교관이 소환되어 사상 재교육을 받았다. 그것은 사실상 중국이 세상으로부터 물러난다는 의미였다. 그것은 미국 외교 정책에 대해 어떤 의미를 담고 있었을까? 통합된 아시아 블록을 어떻게 거론할 수 있을까? 전 세계가 모스크바와 베이징이 조종하는 음모와 맞닥뜨리고 있다는, 미국의 인도차이나 정책을 위한 기본 전제는 어떻게 되는가? 베트남전과 국내 혼란에 온통 정신이 팔려 있는 미국은 이러한 이슈를 들여다볼 겨를조차 없었다.

미국이 이처럼 외곬이었던 이유 중의 하나는, 1950년대 '누가 중국을 잃어버렸나'에 대한 이런저런 조사가 이루어지면서 주요 중국 전문가의 상당수가 국무부를 떠났다는 데 있다. 그 결과 (조지 케넌, 찰스

'칩' 볼런, 루엘린 톰슨, 포이 콜러 등을 포함한) 참으로 탁월한 소련 전문가들이 대칭 세력도 없는 가운데 국무부의 사고방식을 지배했고, 이들은 중국과 어떤 형태로든 화해 무드로 접어들면 소련과의 전쟁 리스크를 각오해야 한다고 확신했다.

그러나 설사 올바른 질문이 제기되었다 하더라도, 여러 대답을 테스트해 볼 기회가 전혀 없었을 터이다. 중국의 일부 정책 입안자들은 마오쩌둥에게 새로운 상황에 맞는 정책을 채택하라고 촉구했다. 1962년 2월 공산당 중앙 위원회 대외 연락부의 왕자샹 부장은 저우언라이에게 메모를 전달했다. 중국이 더 강력한 사회주의 국가를 건설하고 더욱 신속한 경제 발전을 이룩하기 위해서는, 지금처럼 사방팔방으로 대치하는 입장보다 평화로운 국제 정세를 조성해 훨씬 더 효과적으로 돕자고 촉구하는 내용이었다.[34]

그러나 마오쩌둥은 전혀 귀를 기울이지 않고, 이렇게 발표했다.

우리 당 내부에 '세 가지 온건과 한 가지 감축'을 옹호하는 사람이 더러 있다. 그들은 우리가 제국주의자들에게 좀 더 온건하고, 반동주의자들에게 좀 더 온건하며, 수정주의자들에게 좀 더 온건해야 한다고 말한다. 동시에 아시아, 아프리카, 라틴아메리카 인민들의 투쟁을 위해서는 우리가 지원을 감축해야 한다고 말한다. 이는 수정주의 라인이 아니겠는가.[35]

마오쩌둥은 모든 잠재적인 적에게 동시에 도전하는 정책을 고집했다. "중국은 모든 나라의 제국주의자와 반동주의자, 그리고 수정주의자들에 맞서서 투쟁해야 하며, 반제국주의자, 혁명 분자, 마르크스 레닌주의 정당과 파벌에게 더 많은 지원을 제공해야 한다." 그것이 마오쩌둥의 반론이었다.[36]

결국 1960년대가 무르익으면서 마오쩌둥조차도 중국에 대한 잠재적 위험이 몇 곱절로 늘어나고 있음을 깨닫기 시작한다. 중국의 방대한 국경을 따라 소련에는 잠재적인 적국이, 인도에는 수모를 겪은 상대가, 베트남에는 엄청난 미국의 배치와 고조되는 전쟁이, 타이베이에는 자칭 망명 정부가, 북인도에는 티베트 민족의 거주지가, 일본에는 역사적인 숙적이, 그리고 태평양 건너에는 중국을 고집불통 상대로 보는 미국이 각각 버티고 있었으니 말이다. 지금까지 그들이 함께 도전을 해 오지 않았던 유일한 이유는, 그들끼리도 서로 경쟁하는 형국이었기 때문이었다. 하지만 신중한 정치인이라면 이런 자제가 언제까지나 계속되리라고 믿으며 도박을 하지는 않을 터. 특히 소련이 갈수록 거세지는 베이징의 도전을 끝장내기 위한 준비를 하고 있는 것으로 보였으니 말이다. 이제 머잖아 마오쩌둥 주석은 자신이 대담할 줄도 알지만 동시에 신중할 줄도 안다는 것을 보여 주지 않을 수 없게 된다.

8

화해의 길

리처드 닉슨과 마오쩌둥이라는 오묘한 짝이 서로를 향해 움직이자고 결심할 즈음, 두 나라는 혼란의 와중에 놓여 있었다. 중국은 문화혁명의 소용돌이에 거의 침몰해 있었고, 미국의 정치적 합의는 갈수록 거세지는 베트남전 반대의 목소리에 억눌려 있었다. 중국은 사방팔방에서 전쟁의 조짐과 맞닥뜨리고 있었다. 특히 소련군과 중국군이 실제로 충돌하고 있던 북쪽 변경이 심했다. 닉슨은 베트남전 및 그 전쟁을 종결하라는 긴박한 과제를 물려받았으며, 그가 백악관에 입성한 것은 암살과 인종 갈등으로 얼룩진 10년의 끝자락이었다.

마오쩌둥은 이이제이의 전략이라든지, 먼 곳의 적으로 가까운 곳의 적을 공격한다는 원교근공(遠交近攻) 등 고전적인 중국식 책략으로 돌아감으로써 중국의 위험에 대처하려 했다. 자신이 속한 사회의 가치에 충실한 닉슨은 중국에게 세계 국가의 공동체로 돌아오라고 촉구하면서 윌슨 원칙을 상기시켰다. 그가 1967년 10월 《포린 어페어스》에 기고한 기사를 보자. "우리는 중국이 전 세계 국가의 품에서 언제까지나 떠나 있으면서, 그들의 환상을 키우고 증오를 보존하며 이웃들을 협박하도록 방치해 둘 수는 없다. 너무나도 거대한 능력을 보유하고 있을지도 모를 저 10억 인구가 분노에 찬 고립 속에 살아갈 공간은 이 작은 지구상에는 없다."[1]

닉슨은 단순한 외교 관계의 수정을 촉구하는 데 그치지 않고 화해를 호소했다. 그는 이 외교적 과제를 미국 내륙 도시들의 사회 개혁 문제와 비유했다. "두 경우 모두 대화의 물꼬를 터야 한다. 두 경우 모두 교육을 진행하면서 공격적 태도를 자제해야 한다. 그리고 또한 중요한 것은, 두 경우 모두 사회에서 스스로를 추방한 이들을 영원히 추방 상태로 놔둘 수는 없다는 점이다."[2]

필요성은 정책을 위한 추동력이 될 수는 있다. 그러나 그것이 자동적으로 수단을 결정하지는 않는다. 그리고 닉슨과 마오쩌둥은 중국과 미국 사이의 화해는 고사하고 대화를 시작하는 데에도 엄청난 장애물을 만났다. 양국은 무려 20년 동안 서로를 고집불통 적수라고 간주해 왔다. 중국은 미국을 '자본주의 제국주의 국가'로 분류했으며, 이는 마르크스주의 관점에서 자본주의의 궁극적인 형태다. 중국은 그것이 오로지 전쟁에 의해서만 그 '모순'을 극복할 수 있다는 이론을 내세웠다. 따라서 미국과의 갈등은 불가피했으며, 전쟁의 개연성은 높았다.

미국의 인식 또한 중국의 인식과 거울상이었다. 군사적 충돌로 이어질 뻔했던 사건으로 점철된 10년은, 세계 혁명의 원천으로 행세하는 중국이 미국을 서태평양에서 몰아낼 의지를 다졌다는 국내의 평가를 증명했다. 미 국민들에게 마오쩌둥은 소련 지도자들보다도 훨씬 더 고집불통으로 비쳤다.

이 모든 이유 때문에 마오쩌둥과 닉슨은 조심스럽게 움직여야 했다. 섣불리 첫걸음을 떼었다가는 국내 기본 유권자들의 기분을 상하게 하고 맹방의 신경을 건드릴 가능성이 컸다. 그리고 이것은 한창 문화 혁명의 소용돌이 한가운데 있던 마오쩌둥에게 특히 어려운 과제였다.

중국의 전략

당시에 눈치챈 사람은 거의 없었지만, 마오쩌둥은 1965년부터 미국에 대한 자신의 어조를 누그러뜨리기 시작했다. 거의 신적인 그의 지위를 감안한다면 미세한 어감의 차이조차 어마어마한 의미를 지닐 때였다. 마오쩌둥이 자신의 생각을 미국에게 전할 때 즐겨 쓰는 도구가 미국 저널리스트 에드거 스노와의 인터뷰였다. 두 사람은 1930년대 공산주의 기지였던 옌안에서 만났다. 스노는 『중국의 붉은 별』이란 책에 자신의 경험을 고스란히 녹여 냈는데, 이 책은 마오쩌둥을 일종의 낭만주의적인 농민 게릴라로 그리고 있다.

문화 혁명의 서곡이 울리던 1965년 마오쩌둥은 스노를 베이징으로 불러 몇 가지 깜짝 놀랄 코멘트를 했다. 혹은, 워싱턴에서 단 한 사람이라도 그들에게 관심을 기울였더라면 깜짝 놀랐을 코멘트라고 해야 할까? 마오쩌둥은 스노에게 말했다. "당연한 노릇이지만 나는 지난 15년 동안 미국과 중국 인민들이 역사의 요인 때문에 분리되어 실로 모든 형태의 의사소통으로부터 단절되어 있다는 사실을 개인적으로 몹시 유감스럽게 생각하오. 오늘날 그 간극은 어느 때보다 더 큰 것 같소. 그러나 나 자신은 이 사태가 전쟁이라든지 역사상 커다란 비극으로 끝

나지는 않을 것으로 믿소이다."³

이것이 15년을 두고 미국과의 핵전쟁도 받아들일 각오가 되어 있노라고 떵떵거렸던(그것도 어찌나 생생하게 그랬던지, 소련과 유럽의 맹방이 모두 겁을 집어먹고 중국과의 관계를 단절하게 만들었던) 바로 그 지도자의 입에서 나온 말이었다! 그러나 소련이 위협적인 자세를 취한 상태에서, 당시의 마오쩌둥은 어느 누구도 깨닫지 못할 정도로 멀리 떨어져 있는 적인 미국에 더 가까이 다가간다는 전략을 적용할 태세가 되어 있었던 것이다.

스노가 인터뷰를 하고 있던 바로 그때, 중국과 베트남의 국경에는 미군 병력이 집결되어 있었다. 이 문제는 15년 전 마오쩌둥이 한반도에서 경험했던 것과 비교할 만한 일이었지만, 이번에는 자제하는 쪽을 택했다. 지원을 비전투 분야에 국한시키면서, 중국은 군수품과 강력한 정신적 지원, 그리고 베트남 북부의 통신 및 인프라 스트럭처 부문을 손봐줄 10만 병력을 공급했다.⁴ 마오쩌둥은 스노에게 중국은 베트남이 아니라 오로지 중국 땅에서만 미국을 상대로 싸울 것이라고 명백하게 말했다. "우리 쪽에서 전쟁을 일으키는 일은 없을 것이오. 미국이 공격해 오는 경우에 한해서만 우리는 대응할 거요. …… 이미 내가 말했지만, 우리가 미국을 공격하지는 않을 터이니 안심해도 좋을 겁니다."⁵

행여 미국이 요점을 놓치지 않을까 하여 마오쩌둥은 되풀이했다. 중국으로서는 베트남이 자신들의 힘으로 '그들이 처한 상황'을 헤쳐 나가야 한다고 말이다. "중국은 국내 문제로 바빠서 정신이 없습니다. 국경 너머의 싸움에 개입한다는 것은 범죄 행위나 다름없소. 왜 중국이 그런 짓을 해야 하오? 베트남도 얼마든지 그들의 상황을 타개할 수 있지 않소."⁶

한걸음 더 나아가 마오쩌둥은 국경의 군사 분쟁을 처리하는 지도자가 아니라 마치 과학자가 무슨 자연 현상을 분석하듯이, 베트남전의 여러 가지 가능한 결과들을 놓고 억측을 했다. 한국 전쟁 당시 (한국과 중국의 안보 문제를 끊임없이 연결시켰던) 마오쩌둥의 심사숙고와 비교할 때 그 대조는 말할 수 없이 두드러졌다. "회담은 열리지만 미군은 한국에서처럼 사이공 부근에 계속 주둔할지도 모르는" 상황, 즉 두 개의 베트남이 계속 공존하는 상황은 상상할 수 있는 전쟁 결과 중에서 중국이 수긍할 수 있는 것이었다.[7] 베트남전을 어떻게든 처리해야 할 미국 대통령들은 누구나 그런 결과를 기꺼이 수용했을 것이다.

스노와의 인터뷰가 단 한 번이라도 존슨 행정부의 고위급 정책 회담에서 주제로 채택되었다든가, (닉슨을 포함하여) 베트남전을 추구한 어떤 행정부도 중국과 베트남 사이의 역사적 긴장을 이 전쟁과 관련 있다고 간주했다는 증거는 전혀 없다. 워싱턴은 계속해서 중국이 소련보다도 더 무서운 위협이라고 했다. 존슨 행정부에서 국가 안보 보좌관을 지낸 맥조지 번디는 1965년 중국에 대한 미국의 60년대 견해가 물씬 묻어나는 성명을 발표한 바 있다. "공산주의 중국은 (소련과는) 사뭇 다른 골칫거리다. 그리고 중국은 핵실험(1964년 10월 중국 최초의 핵실험)이나 주변국에 대한 공격적인 태도 때문에 평화를 사랑하는 모든 사람에게 중대한 문제가 되고 있다."[8]

1965년 4월 7일 존슨 대통령은 미국의 베트남전 개입을 정당화하면서 주로는 베이징과 하노이의 공동 책략에 대응하기 위함이란 평계를 댔다. "이 전쟁에는, 그리고 아시아 전체에는 또 하나의 진실이 있다. 바로 점점 더 어두워지고 있는 공산주의 중국의 그림자이다. 베이징의 지도자들이 하노이의 지도자들을 부추기고 있다. …… 베트남에서의 싸움은 공격적인 목적을 지닌 좀 더 폭넓은 패턴의 일부이다."[9] 또 딘 러스크 국무 장관은 1년 뒤 하원 외교 위원회에서 똑같은 주제를 되풀

이했다.[10]

마오쩌둥이 스노에게 말하려 했던 것은, 세계 혁명이라는 공산주의의 전통적 독트린에 대한 일종의 체념이었다. "우리는 혁명이 있는 곳에서라면 어디든지 성명을 발표하고 지원하기 위해 회의를 열 것이다. 제국주의자들이 분개하는 점이 바로 이것이다. 우리는 흰소리를 하거나 공포를 쏘아 대는 것은 좋아하지만, 실제로 부대를 투입시키지는 않을 것이다."[11]

마오쩌둥의 말을 돌이켜 생각해 보면, 만약 그걸 심각하게 받아들였더라면 과연 존슨 행정부의 베트남 전략에 영향을 주었을까 궁금해지지 않을 수 없다. 다른 한편 마오쩌둥은 그것을 절대로 공식적인 정책으로 옮기는 일은 없었다. 그렇게 하려면 15년에 걸쳐 인민들에게 주입해 왔던 이념을 뒤집어야 할 판이었으니까. 하물며 국내에서는 이념적 순수함이 그의 슬로건이었고, 소련과의 갈등은 흐루쇼프의 평화적 공존 정책을 거부한 데서 비롯되었던 때임에랴. 스노에게 했던 마오쩌둥의 말은 틀림없이 조심스러운 정찰의 제스처였다. 그러나 그런 정찰 비행을 위해서 스노는 이상적인 도구가 아니었다. 그는 베이징에서는, 적어도 미국인으로선 더할 나위 없이 신뢰를 얻고 있었지만, 워싱턴에서는 중국의 선전 도구쯤으로 간주되었다. 중국의 정책이 변하고 있다는 좀 더 구체적인 증거를 기다리는 것이 통상적인 워싱턴의 본능이었을 터이며, 사실 5년 후에도 그랬다.

아무리 냉철하게 전략적인 계산을 해 봐도 마오쩌둥은 중국을 엄청난 위험 속으로 끌고 들어갔다. 미국이나 소련 중 어느 한쪽이 중국을 공격했더라면 다른 한쪽은 방관했을지 모른다. 인도와의 국경 분쟁에서는 히말라야 산맥이 중국의 힘의 중심에서 너무 멀기 때문에 물자의 흐름은 인도에게 유리했다. 미국은 베트남 내에서 군사적 존재감을 확립해 나가는 중이었다. 반면 일본은 그 모든 역사적 앙금으로 인해 우호적이지 않았고 경제 부흥을 이루고 있었다.

그것은 마오쩌둥이 외교 정책에서 자신에게 어떤 선택권이 있는지를 확실히 모르는 것처럼 보였던 몇 안 되는 시기 중의 하나였다. 1968년 11월 E. F. 힐 호주 공산당 당수를 만난 자리에서, 그는 예의 훈계를 가장한 자신감이 아니라 당혹해 하는 모습을 보였다.(마오쩌둥의 책략은 항상 복잡했기 때문에, 이때 그의 타깃은 글로 기록된 회담 내용을 읽게 될 다른 지도자들이었으며, 그들에게 자신이 새로운 선택권을 찾고 있다는 것을 전하고 싶었다는 설명도 가능하다.) 두 차례의 세계 대전 사이의 기간보다도 2차 세계 대전 이후 흘러간 시간이 더 길었기 때문에, 마오쩌둥은 모종의 세계적 재앙이 다가오고 있을까 봐 염려하는 것처럼 보였다. "대체로 보아 이젠 전쟁도 혁명도 없다. 이런 기간이 오래 지속될 리가 없다."[12] 그는 이렇게 질문을 던지기도 했다. "제국주의자들이 어떻게 할지 당신은 알겠소? 내 말은, 그들이 세계 대전을 일으킬 것 같소? 혹은 지금 당장은 그러지 않겠지만 얼마 후에는 전쟁을 시작할 거라 생각하오? 당신 나라와 다른 나라에서 얻은 경험에 비추어 볼 때 당신은 어떤 느낌이오?"[13] 달리 표현하면, 중국은 지금 선택을 해야 하느냐, 아니면 사태 추이를 지켜보는 것이 더 현명한 길이냐 하는 뜻이었다.

무엇보다도 마오쩌둥이 알고 싶었던 것은, 그가 나중에 "하늘 아래 혼란"이라고 불렀던 것이 품고 있는 의미가 무엇인가였다.

우리는 인민들의 의식을 고려해야 한다. 미국이 베트남 북부에 폭격을 중단했을 때, 베트남에 주둔한 미군들은 기뻐했고 환호성을 지르기도 했다. 이건 그들의 사기가 높지 않았다는 뜻이다. 미군 병사들의 사기가 높은가? 소련군의 사기는 높은가? 프랑스, 영국, 독일, 일본 군대의 사기는 어떤가? 학생들의 수업 거부는 유럽 역사에서 처음 듣는 현상이다. 자본주의 국가의 학생들은 보통 수업을 거부하지 않는다. 그런데 지금은 하늘 아래 모든 것이 혼란스럽다.[14]

요컨대 중국과 그 잠재적 적국 사이의 힘의 균형은 어디에 있는가? 미군과 유럽군의 사기에 관해 질문했다는 것은, 중국 전략으로 볼 때 그들에게 주어진 역할(역설적이게도 미국 전략으로 볼 때 그들에게 주어진 것과 아주 흡사한 역할), 즉 소련의 확장주의를 견제하는 역할을 수행할 능력을 의심했다는 의미인가? 그러나 미군의 사기가 떨어져 있고 학생들의 수업 거부가 전반적인 정치 의지의 몰락을 나타내는 조짐이라면, 소련이 지배적인 강대국으로 부상할 수도 있을 터였다. 중국 지도부의 일부 인사들은 이미 소련과의 협상을 주장하고 있었다.[15] 냉전의 결과가 어떻게 나오든, 서구의 사기 저하는 혁명의 이념이 마침내 우위를 점하고 있음을 증명하는 게 아닐까? 중국은 자본주의를 전복시킬 혁명의 물결에 기대야 할까, 아니면 자본주의자들의 경쟁심을 조종하는 데 집중해야 할까? 상대방을 시험하고 있다는 복선도 없고, 답은 이미 알고 있지만 아직 밝혀지는 않기로 했음을 암시하지도 않는 질문을 마오쩌둥이 던지는 것은 극히 드문 일이었다. 통상적인 대화를 좀 더 나눈 다음, 그는 자신을 사로잡고 있던 질문으로 회담을 마무리했다.

내가 한 가지 질문을 하겠습니다. 나도 답해 보겠지만, 당신도 대답해 보세요. 나도 곰곰 생각해 보겠고, 당신도 심사숙고해 보길 부탁합니다. 이것은 세계적인 의미가 담긴 이슈, 전쟁에 대한 이슈, 전쟁과 평화에 관한 이슈입니다. 우리는 전쟁을 보게 되겠습니까, 아니면 혁명을 보게 되겠습니까? 전쟁이 혁명을 낳을 것 같습니까, 아니면 혁명이 전쟁을 방지할 것 같습니까?[16]

전쟁이 임박했다면, 마오쩌둥은 어떤 입장을 취해야 했다. 말이야 바른 말이지, 그 자신이 첫 번째 목표물일 수도 있으니까. 그러나 만약 혁명이 세상을 휩쓸 거라면, 마오쩌둥은 혁명이라고 하는 자기 삶의 신조를 실행에 옮겨야 했다. 삶의 마지막 순간까지도 마오쩌둥은 완전한 선택을 하지 못했다.

몇 달 후 마오쩌둥은 당장에 취해야 할 노선을 택했다. 그의 주치의는 1969년의 대화를 이렇게 보고했다. "마오쩌둥은 나에게 수수께끼를 냈다. 하루는 나에게 이렇게 말했다. '이걸 생각해 보게. 우리 북쪽과 서쪽으로는 소련이 있고, 남쪽으로 인도가 있으며, 동쪽으론 일본이 있어. 만약 이들이 모두 힘을 합해 사방에서 우리를 공격한다면, 우리가 어떻게 해야 한다고 생각하나?'" 마오쩌둥의 말 상대가 당혹감을 나타내자, 그는 계속 말을 이었다. "다시 생각해 보게. …… 일본 저 너머로는 미국이 있어. 우리 조상들은 가까이 있는 적과 싸울 땐 먼 나라와 손을 잡으라고 가르치지 않았던가?"[17]

마오쩌둥은 두 가지 행동으로써 20년에 걸친 공산주의 통치를 되돌리는 쪽으로 조심조심 걸어 들어갔다. 그중 하나는 상징적이었고, 다른 하나는 실질적이었다. 그는 미국에 대한 새로운 사고방식이 싹트고 있음을 국민들에게 암시하는 기회로 1969년 1월 20일 닉슨 대통령의 취임사를 이용했다. 취임식에서 닉슨은 이전에 자신이 기고했던 《포린 어페어스》 기사의 표현을 쉽게 바꾸어 중국에 대한 문호 개방을 미묘하게 언급했다. "우리 행정부의 의사소통 라인은 활짝 열려 있을 거라는 사실을 세계 만방에 알리자. 우리는 열린 세계를, 모든 사상에 열려 있고, 재화와 인간의 교류에 열려 있는 세계를, 그리고 크든 작든 그 어떤 인간도 분노의 고립 속에서 살지 않는 세계를 추구한다."[18]

중국 측의 응답은 베이징이 고립을 끝내고 싶긴 하지만 굳이 서둘러 쌓아 온 분노를 버리지는 않을 것임을 암시했다. 중국 언론들은 닉슨의 연설을 보도했다. 공산당이 들어선 이래로 미국 대통령의 연설이 주목을 받기는 처음이었다. 그렇다고 미국을 향한 욕설이 줄어들진 않았다. 1월 27일자 《런민르바오》의 한 기사는 미국 대통령을 조롱하고 있다. "벼랑 끝에 몰려서 그런 줄은 알겠지만, 닉슨이 감히 미래에 대해 이야기를 하다니 뻔뻔스럽다. …… 하긴 무덤에 한 발을 들여놓고 있는 자는 천국을 꿈꾸면서 스스로 위로하는 법이다. 이거야말로 죽어 가고 있는 계급의 환상이요, 몸부림이다."[19]

마오쩌둥은 닉슨의 제안을 익히 알고 있었으며, 국민들 앞에 내놓을 정도로 심각하게 받아들였다. 하지만 그는 훈계하는 식의 접촉에는 마음을 열지 않았다. 무언가 좀 더 실질적인 것이 필요했다. 특히 중국이 미국과 가까워지면 중·소 국경에서 매주 벌어지는 충돌을 훨씬 더 위협적인 것으로 악화시킬 수도 있기 때문에 더욱 그랬다.

이와 동시에 마오쩌둥은 문화 혁명의 와중에 숙청당하여 지방 공장의 '조사 연구'(노동의 완곡한 표현) 팀에 보내졌던 네 명의 인민 해방군 장군(천이, 네롱전, 쉬샹첸, 예젠잉)을 복귀시킴으로써, 자신의 전반적인 의사 결정에 담긴 실질적 함의를 탐구했다.[20] 마오쩌둥은 이들에게 중국에게 주어진 전략적 선택을 분석해 달라고 요청했다.

이것이 문화 혁명식 자기 교정 캠페인의 일부로서, 자아 비판을 하게 만들려는 책략이 아니란 사실을 장군들에게 설득시키기 위해서는 저우언라이가 나서서 보장해 주어야 했다. 1개월이 지나자, 그들은 중국이 스스로 재능 있는 사람들을 없애 버림으로써 얼마나 많은 손실을 입었는지를 뚜렷이 보여 주었다. 그들이 국제 정세에 대한 사려 깊은 평가를 내려 주었기 때문이다. 그들은 주요 국가들의 능력과 의도를 검토해서 중국의 전략적 과제를 요약했다.

미 제국주의자들과 소련의 수정주의자들에게 진정한 위협은 바로 그들 사이에 존재하는 위협이다. 다른 모든 나라에게 진짜 위협은 미 제국주의자들과 소련의 수정주의자들로부터 온다. 중국에 반대한다는 기치 아래 미 제국주의자들과 소련의 수정주의자들은 서로 협력하기도 하지만 동시에 서로 싸우기도 한다. 그러나 그들 사이의 모순은 협력으로 인해서 줄어들지 않는다. 오히려 서로에 대한 적대감은 그 어느 때보다 맹렬하다.[21]

이는 기존의 정책에 대한 긍정을 뜻할 수도 있다. 따라서 마오쩌둥은 계속하여 양쪽 강대국에게 동시에 도전장을 던질 수 있을 터였다. 이들 장군은 소련이 감히 침공해 올 수 없을 것이라고 주장했다. 전쟁을 위한 소련 국민들의 지지가 없고, 공급 라인이 너무 길며, 후방 지역이 불안한 데다 미국의 태도에 대한 의구심이 있기 때문이라 했다. 그들은 "산꼭대기에 앉아 호랑이 두 마리의 싸움을 지켜보다."라는 중국 속담으로 미국의 태도를 요약했다.[22]

그러나 몇 달이 지난 9월에 그들은 이러한 판단을 수정하여 닉슨이 거의 동시에 도달했던 결론과 동일하게 바꾸었다. 소련이 침공하는 경우 미국은 방관자 역할에만 머물 수 없을 것이라는 게 장군들의 새로운 견해였다. 미국은 확고한 입장을 선택해야 할 것이란 얘기였다. "중국과 소련 사이에 전쟁이 일어나는 경우 소련의 수정주의자들이 승리하는 시나리오만큼은 미 제국주의자들이 절대로 보고 싶어 하지 않을 것이다. 그렇게 되면 자원이나 인력에서 미국보다도 더 파워풀한 거대 제국을 소련이 건설할 수 있을 테니까."[23] 달리 표현하면 미국과의 교류는 국내에서는 제아무리 혹독한 비난을 당하더라도 중국의 방어를 위해서 꼭 필요하다는 것이었다.

이 민첩한 분석은, 문화 혁명 당시 중국 외교 정책의 기본적인 명제에 대한 도전이란 점에서는 대담하지만, 실질적으로는 다소간 신중한 결론처럼 읽히는 부분으로 끝맺고 있다. 1969년 3월 이들 장군은 중국이 고립 정책을 종결하고 '적극적 방어'라는 군사 전략과 능동적 공세라는 정치 전략을 채택'하며 '외교 활동을 적극적으로 수행'하고 '반제국주의, 반수정주의를 위한 세계 연합 전선을 확장함'으로써 미국과 소련의 모험을 좌절시켜야 한다고 촉구했다.[24]

중국이 국제 외교의 무대로 다시 돌아갈 수 있도록 마오쩌둥에게 허락해 달라는 이 전반적인 제안은 그의 좀 더 큰 비전을 위해선 충분치 못한 것으로 드러났다. 1969년 5월 마오쩌둥은 장군들을 다시 계획을 짜라고 돌려보내면서 더 많은 분석과 제안을 명령했다. 그즈음 중·소 국경 부근의 충돌은 몇 배로 늘어났다. 이처럼 커져 가는 위험에 중국은 어떻게 대응할 것인가? 마오쩌둥이 장군들의 수행 비서로 파견했던 베테랑 정보원이자 외교관인 슝샹후이는 그들이 "전략적 관점에서 소련이 중국을 대규모로 공격할 경우 중국은 미국 카드를 써야 하느냐"라는 문제를 숙의했다고 기록했다.[25] 그처럼 비정통적인 수법의 전례를 찾으면서 천이는 근대의 예로서 스탈린이 히틀러와 맺었던 불가침 조약을 검토해 봐야 한다고 제안했다.

한편 예젠잉은 역사에 나오는 삼국 시대, 즉 한 왕조의 몰락에 이어 제국이 패권을 겨루는 세 나라로 분열했던 시기에서 하나의 전례를 들었다. 이들 삼국의 다툼은 14세기 대하소설 『삼국지』에 기록되어 있는데, 당시 중국에서는 금서로 묶여 있었다. 예젠잉은 주요 등장인물 가운데 한 사람이 추구했던 전략을 하나의 본보기로 인용했다. "우리는 위, 촉, 오 삼국이 자웅을 겨루던 시절 제갈량 전략의 기본 원칙을 예로 삼을 수 있다. 동쪽으로 오와 동맹을 맺어 북쪽의 위에 맞선다는 전략이다."[26] 수십 년 동안 중국의 과거를 헐뜯어 왔던 마오쩌둥은 숙청당했던 장군들로부터, 중국의 선조들을 바라봄으로써 동맹 관계의 변화를 통한 전략적 영감을 얻으라는 충고를 들은 것이다.

한걸음 더 나아가 장군들은 미국과의 잠재적 관계를 전략적 자산으로 묘사했다. "중국에 대해 전쟁을 일으키려는 소련 수정주의자들의 결정은 다분히 미 제국주의자들의 태도에 달려 있다."[27] 그들은 교착 상태에 있던 미국과의 대사급 협상을 재개하라고 추천하면서, 지적으로 용감하고 정치적으로 위험한 승부수를 둔 것이다. 미국과 소련을 동등한 위협으로 취급한다는 이미 확립된 독트린을 존중하면서도, 장군들의 제안이 특히 소련을 주요 위험으로 간주한다는 데에는 의심의 여지가 없었다. 천이 장군은 동료들의 견해에다 부록까지 첨부했다. 그는 미국이 과거에는 중국의 접촉 시도를 거절했지만 신임 닉슨 대통령은 열심히 '중국의 환심을 사려고' 하는 것 같다고 지적했다. 그리고 자기 스스로 '무모한 아이디어'[28]라고 부르면서도, 중·미 대사급 회담의 격을 아예 적어도 장관급 혹은 그 이상으로 올리자는 제안까지 했다. 그러나 가장 혁명적 제안은 무엇보다 타이완 반환이 선결되어야 한다는 전제 조건을 포기하자는 것이었다.

먼저, 바르샤바 대사급 회담이 재개되면 우리는 중·미 회담을 장관급 혹은 그 이상으로 격상하자고 주도적으로 제안할 수 있을 것이다. 그렇게 되면 양국 관계에서 기본적으로 걸려 있는 문제가 풀릴 수 있다. …… 둘째로 격상된 중·미 회담은 전략적으로 중대한 의미를 갖는다. 우리는 그 어떤 전제 조건도 내세워선 안 된다. …… 타이완 문제는 고위 회담에서 단계적으로 해결할 수 있다. 게다가 우리는 전략적으로 중요한 다른 문제들도 미국과 협의할 수 있을 것이다.[29]

소련의 압박은 여기에 한층 더 자극을 주었다. 소련군의 집결이 강화되고 신장 국경에서의 대규모 전투까지 발발하자, 공산당 중앙 위원회는 8월 28일 모든 국경선 주변의 중국군 부대에 대해 동원 명령을 내렸다. 이제 미국과의 접촉 재개는 하나의 전략적 필수 요건이 되었다.

미국의 전략

닉슨 대통령이 취임했을 때 중국이 느끼고 있던 불안은 그에게 예사롭지 않은 전략적 기회를 제공했다. 물론 베트남 문제를 두고 둘로 나뉘어 있던 행정부가 언뜻 보기에 그 기회는 뚜렷한 것은 아니었다. 그러나 모스크바와 베이징의 협동 공격이라고 생각했던 것에 대응해 인도차이나를 수호하기로 결심한 미국의 엘리트 정책 입안자들은 생각을 고쳐먹었다. 효과적인 정책을 난처하게 만들기에 충분할 정도로 지도층의 '상당한' 부분은 베트남전이 이길 수 없는 전쟁이며 거기에는 미국 정치 시스템의 선천적인 도덕성 부재가 반영되어 있다는 견해에 도달한 상황이었다.

수많은 닉슨의 비판자들이 그렇게 하라고 요구했지만, 그는 무조건 철군을 감행한다고 해서 전임자가 50만 미군을 지구 반 바퀴 너머로 파견했던 전쟁을 끝낼 수 있다고는 믿지 않았다. 그리고 공화당이든 민주당이든 전임 대통령의 공약을 심각하게 받아들였다. 비록 그들의 결정이 지금 자신을 딜레마에 몰아넣긴 했지만 말이다. 베트남전 개입의 고통이 아무리 커도 미국은 여전히 전 세계 공산주의의 공격에 대항하는 동맹 가운데 가장 강한 국가이며, 미국의 신뢰는 너무나도 중요하다는 것을 닉슨은 알고 있었다. 그리하여 (내가 국가 안보 보좌관으로, 그리고 나중에는 국무 장관으로 봉직했던) 닉슨 행정부는, 이 지역 사람들에게 자신의 미래를 스스로 개척할 기회를 주고, 미국의 역할에 대한 세계의 신뢰를 유지하기 위하여 인도차이나로부터의 단계적 철수를 추구했다.

닉슨의 비판자들은 외교 정책에 대한 새로운 접근법을 하나의 동떨어진 이슈와 동등하게 생각했다. 즉 실제로는, 미국의 말만 믿고 전쟁에 뛰어든 수백만 명의 인도차이나 사람들과 미국의 간청에 못 이겨 힘을 보탰던 10여 개국을 깡그리 무시한 채, 무조건 베트남전으로부터 발을 빼는 것으로 본 것이다. 닉슨은 전쟁의 종결을 공약했지만, 조금씩 대두되고 있던 국제 질서를 형성하는 데 미국이 역동적인 역할을 하겠노라고 강력하게 약속하기도 했다. 닉슨에게는 공약과 철군이라는 두 극단 사이를 오가는 미국 정책을 자유롭게 해서, 정권이 교체되더라도 유지될 수 있는 국가 이익의 개념으로 정착시키려는 의도가 있었다.

이런 전략 안에서 중국은 핵심적인 역할을 맡았다. 두 나라의 지도자는 공동의 목표를 서로 다른 관점에서 바라보고 있었다. 마오쩌둥은 화해를 전략상 반드시 필요한 것으로 취급했고, 닉슨은 외교 정책과 국제적 리더십에 대한 미국의 접근법을 재정비하는 기회로 보았다. 그는 중국에의 개방을 이용하여, 미국은 인간을 피폐하게 만드는 전쟁의 와중에서도 장기적인 평화를 설계하는 위치에 있다는 사실을 미 국민들에게 과시하고자 했다. 그래서 그와 참모들은 동남아 한구석으로부터 어쩔 수 없이 어정쩡하게 철수해야 하는 아픔을 정리하고 완화하기 위해서 세계 인구의 5분의 1과 다시 접촉을 시도했다.

혁명의 옹호자인 마오쩌둥과 비관적 전략가인 닉슨이 만나는 점이 바로 여기였다. 마오쩌둥은 비전과 의지력이 모든 장애물을 극복하리라고 확신했다. 닉슨은 운명이 예측하지 못한 (아니, 예측할 수 없는) 방식으로 끼어들면 아무리 완벽한 계획도 어긋나 버릴지 모른다는 두려움에 떨면서, 신중한 계획에 온갖 공을 들였다. 어찌 되었든 그는 자신의 계획을 실행에 옮겼다. 마오쩌둥과 닉슨은 무엇보다 중요한 하나의 속성을 공유하고 있었으니, 자신들의 사고와 본능에 담긴 보편적 논리를 좇아서 최후의 결론까지 가겠다는 의지였다. 닉슨은 좀 더 실용적이었다. 그가 가장 즐겨 말하는 격언은 이것이다. "일을 반쯤 하든 완전하게 마치든, 똑같은 대가를 받는다. 그럴 바에는 완전하게 하는 편이 낫다." 마오쩌둥이 타고난 활력으로 수행했던 일을 닉슨은 운명의 장난 혹은 운명이 지워 준 임무로 인식하고 받아들여 추구했다. 그러나 일단 궤도에 오르면 그는 마오쩌둥과 맞먹은 의지로써 따랐다.

당시의 필요성을 감안하면 중국과 미국이 손잡을 방법을 찾는다는 것은 불가피한 일이었다. 두 나라를 누가 이끌든, 조만간 일어날 일이었다. 하지만 그것이 그처럼 단호하게 이루어졌고, 거의 에두르는 일 없이 진척되었다는 사실은, 그것을 가능하게 만든 리더십의 능력을 입증하는 것이었다. 리더는 자신들이 움직이는 정황을 창조할 수는 없다. 리더의 뚜렷한 공헌은 주어진 상황이 허락하는 최대 한도에서 능력을 발휘하는 데 있다. 이러한 한도를 넘어서거나, 필요한 것에 미치지 못한다면, 그들의 정책은 멈춰 서고 만다. 만약 그들이 건전하게 실적을 쌓는다면, 역사의 한 시대를 두고 지속될 일련의 관계를 만들어 낼 수 있을 것이다. 관련된 모든 당사자가 자신의 이해에 비추어 신중히 고려할 테니 말이다.

첫 단계: 우수리 강에서의 충돌

최종 결과는 화해였지만, 미국과 중국이 전략적 대화로 가는 길을 찾기란 쉽지 않았다.《포린 어페어스》에 실린 닉슨의 글과 네 명의 장군이 마오쩌둥을 위해 실시했던 연구는 서로 평행을 달리는 결과를 도출했다. 그러나 실제로 양측의 움직임은 국내의 복잡한 사정과 역사적 경험, 그리고 문화적 인식 등에 의해서 억제되었다. 양국 국민들은 20년 동안 적대감과 의심에 노출되어 왔던 터라, 외교적 혁명에 대해서는 별도의 준비가 필요했던 것이다.

닉슨의 전술적 문제는 마오쩌둥보다 더 복잡했다. 마오쩌둥은 일단 결심을 굳힌 다음에는 냉혹하게 밀어붙일 입장이었다. 그의 생각에 반대하는 사람들도 예전에 그를 비난했던 이들이 어떤 운명을 맞았는지 잘 기억할 터였다. 그러나 닉슨은 중국이 틈만 나면 미국의 입지를 약화시키고 아시아에서 미국을 몰아내려 한다는 가정하에 20년 전에 만든 외교 정책의 유산을 극복해야 했던 것이다. 그가 백악관에 입성할 즈음, 이러한 견해는 확고한 독트린으로 자리 잡고 있었다.

따라서 닉슨은 베이징의 태도에 진지한 변화도 없이 중국의 외교적 화해의 손짓이 그저 선전 도구로 전락하지 않도록 조심스레 발걸음을 떼야 했다. 지난 20년 동안 미국이 중국과 접할 수 있었던 유일한 통로라고 해야 바르샤바의 대사급 회담 정도였으니 그럴 가능성은 충분히 있었다. 게다가 136차례의 그 회담도 따분할 정도로 삭막한 리듬 외에는 두드러진 게 없지 않은가. 닉슨은 단계마다 20여 명의 의원에게 브리핑을 해야 했고, 그의 새로운 접근법은 바르샤바 회담에 대해 계속 정보를 제공해야 하는 15개국의 브리핑 요구와 갈등하면서 파묻힐 판국이었다. 그들 중에는 대부분의 국가가, 특히 미국이 여전히 중국의 합법적인 정부로 인정하는 타이완도 포함되어 있었다.

그러던 중 시베리아가 중국 국경과 만나는 우수리 강의 전바오 섬(러시아 명은 다만스키 섬)에서 소련과 중국의 군대가 충돌하게 되었는데, 그 결과 닉슨의 전반적인 전략은 하나의 기회로 변했다. 당시 소련 대사였던 아나톨리 도브리닌이 내 사무실을 무시로 찾아와 소련 측이 말하는 사건의 전말을 나한테 브리핑해 주지 않았던들, 이 사건은 그렇게 빨리 백악관의 관심을 끌지 못했을 것이다. 냉전이 한창이던 시절에 소련이 우리에게 통상의 대화와는 너무나도 동떨어진 사건을 (아니, 어떤 사건이라도) 이야기해 주었다는 것은 참으로 뜻밖이었다. 우리는 소련이 아마도 공세를 시작한 쪽이었고, 나에게 해 준 브리핑은 (체코슬로바키아 점령 이후 1년도 채 지나지 않은 시점에서) 더 큰 계획을 숨기려는 의도란 결론에 이르렀다. 이러한 의구심은 랜드(RAND) 연구소의 앨런 화이팅에 의한 우수리 강 사건 연구로 확인되었다. 화이팅은 이 사건이 중국 기지에서는 멀고 소련의 공급 기지에서는 가까운 데서 발생했기 때문에 아마도 공격을 시작한 것은 소련이었고, 다음 단계로 소련은 중국의 핵 시설을 공격할지도 모른다는 결론을 내렸다. 만약 중·소 전쟁이 임박한 상황이라면 미국은 모종의 입장을 선택해야 했다. 나는 국가 안보 보좌관 자격으로 부처 간 검토를 명령했다.

나중에 알고 보니 우수리 강 사건의 직접적 원인에 대한 분석은 잘못이었다. 적어도 전바오 섬 사태에 관해서는 잘못이었다. 하지만 분석은 잘못되었으나 판단은 제대로 했던 사건이었다. 최근의 역사적 연구를 통해 전바오 섬 사건은 사실상 도브리닌의 주장처럼 중국 측이 시작했음이 밝혀졌다. 중국이 부비트랩을 설치하여 소련 순찰병들이 심각한 피해를 입었던 것이다.[30] 그러나 중국의 목적은 방어였으며, 이는 앞서 설명했던 억제라는 중국식 개념과 일치했다. 중국은 소련 지도충에 충격을 주어, 틀림없이 소련이 시작했고 베이징에서는 소련이 애를 먹이고 있는 것으로 간주하는 일련의 국경 충돌을 종결하도록 유도하기 위해서 이 사건을 계획했다. 공격적인 억제 개념에는 기선을 제압하는 전략이 사용되는데, 이는 상대를 군사적으로 무찌르기 위한 것이라기보다 심리적인 타격을 주어 상대가 포기하도록 만들려는 것이다.

그런데 중국의 행동은 사실 정반대의 효과를 낳았다. 소련은 국경 전역에 걸쳐 도발을 한층 강화했고, 그 결과 신장 국경에서는 중국군 1개 대대가 완전히 섬멸되기도 했다. 이런 분위기 속에서 미국과 중국은 1969년 여름부터 해석을 달리할 수 있는 시그널을 주고받기 시작했다. 미국은 중국과의 교역에서 몇 가지 사소한 규제를 완화했다. 저우언라이는 요트를 타고 중국 해역으로 표류해 왔다가 줄곧 억류되어 있는 미국인 두 명을 석방했다.

1969년 여름 내내 중국과 소련 사이의 전쟁 발발 조짐은 점점 잦아졌다. 중국과의 국경에 배치된 소련군 병력은 42개 사단, 다시 말해 백만 명 수준으로 늘어났다. 소련의 중간 계급 관리들은 비슷한 지위에 있는 전 세계 지인들에게 만약 소련이 중국의 핵 시설을 선제공격한다면 그들 정부는 어떻게 반응할 것인지를 알아보기 시작했다.

이렇게 사태가 진전되자 미국은 중국에 대한 소련의 대규모 공격 가능성을 더욱 빠르게 심사숙고하게 된다. 소련이 반응을 체크하고 있다는 자체가 냉전 시대 외교 정책을 수행했던 사람들의 경험과는 어긋나는 것이었다. 한 세대가 흐르는 동안 중국은 공산주의의 두 거인 중에서 한결 더 호전적으로 비쳐 왔기 때문이다. 두 나라의 전쟁에 미국이 어느 한편을 들게 될지도 모른다는 것은 상상조차 하지 않았던 것이었다. 미국이 어떤 태도를 취할까를 중국이 강박적으로 연구했다는 사실은, 양측의 오랜 고립이 미국의 의사 결정 과정에 대한 중국의 이해를 얼마만큼 무디게 했는지를 잘 보여 주었다.

그러나 닉슨은 지정학적 고려에 의해서 정책을 수립하겠다는 결심이 확고했다. 그렇게 본다면 힘의 균형에 근본적 변화가 생길 경우 미국은 모종의 태도를, 혹은 중요한 경우에는 모종의 정책을 세워야 마땅했다. 설사 미국이 냉담하게 방관한다 할지라도, 그것은 으레 그래야 하기 때문이 아니라 선택에 의한 것이어야 했다. 1969년 8월 국가 안보 회의에서 닉슨은 (아직 정책 수준은 아니더라도) 하나의 태도를 선택했다. 당시로서는 충격적이었지만, 당시 주어진 상황에서는 소련이 한층 더 위험한 상대이며 따라서 만약 중·소 전쟁에서 중국이 '무참히 깨지게 되면' 미국의 이익에 반한다는 이론을 내놓은 것이다.[31] 이것이 의미하는 바를 그 당시에는 깊이 논의하지 않았다. 닉슨의 사고방식을 잘 아는 사람에게 그것이 암시하는 바는, 중국 이슈에 관한 한 지정학적 고려는 다른 모든 고려를 압도한다는 사실이다. 이 정책을 추구하면서 나는 소련과 중국이 대치할 경우 미국은 중립적 입장을 취하겠지만 그런 틀 안에서 가능한 한 최대로 중국 쪽으로 기울 것이라는 지시를 내린 바 있다.[32]

그것은 미국 외교 정책에서 하나의 혁명적 순간이었다. 20년간이나 접촉도 없었고, 한 차례의 전쟁과 두 차례의 군사적 충돌까지 치렀던 공산주의 국가의 생존에 미국이 전략적 이해관계를 갖는다고 미국 대통령이 선언했던 것이다! 이 결정을 대체 어떻게 저들에게 전해 줄 것인가? 바르샤바 회담은 몇 달째 열리지도 않은 상황이고, 격이 낮은지라 그런 중대한 견해를 제시할 자리도 아니었다. 따라서 행정부는 다른 극단의 방향으로 나아가기로 했다. 즉 미국은 공산주의 두 거인이 충돌하는 사태를 미국의 국익에 영향을 끼치는 사건으로 간주하기로 했음을 만천하에 공표하기로 했다.

전쟁을 들먹거리는 소련의 호전적인 성명이 다양한 포럼에서 터져 나오는 가운데, 미합중국은 이에 무관심하거나 수동적이지 않을 것임을 전달하라는 지시가 미국 관리들에게 떨어졌다. 리처드 헬름스 중앙 정보국 국장은 배경 설명을 위한 브리핑을 요청받고, 소련 관리들이 중국 핵 시설에 대한 선제공격에 대한 다른 공산주의 지도자들의 반응을 두루 알아보고 있는 것 같다고 밝혔다. 1969년 9월 5일 엘리엇 리처드슨 국무 차관은 미국 정치학 협회를 위한 연설에서 좀 더 노골적으로 말했다. "공산주의의 두 거인 사이에 존재하는 이념의 차이는 우리가 간여할 바가 아닙니다. 그러나 이들의 말다툼이 악화되어 세계 평화와 안보를 심각하게 훼손하게 된다면, 미국은 심각하게 우려하지 않을 수 없습니다."[33] 냉전의 코드로 본다면 리처드슨의 말은, 미국이 어떤 조치를 취하든 그것은 무관심일 수 없으며 미국은 반드시 전략적 이해에 따라 행동할 것임을 경고하는 것이었다.

이런 조치들이 고안되고 있을 때, 주된 목적은 중국에 대한 개방을 위한 심리적 프레임워크를 세우는 것이었다. 그때 이후로 주요 당사자들이 발표한 수많은 서류를 검토한 결과, 나는 이제 소련이 우리가 이해했던 것 이상으로 선제공격에 가까이 다가서 있었으며, 그들이 공격을 미루고 있던 주된 이유는 미국의 반응에 대한 불확실성이었다는 견해를 지지하는 쪽으로 기울었다. 예컨대 이제야 분명히 밝혀졌지만, 1969년 10월 마오쩌둥은 소련의 공격이 얼마나 임박했다고 생각했던지, (정부 운영을 책임지고 있던 저우언라이 외의) 모든 지도자를 전국 각지로 급파하여 당시로는 아주 소규모였던 중국의 핵 부대를 경계 상태에 돌입시키라고 명령했다.

미국의 경고 때문이었든 아니면 공산 세계 내부의 역동성 때문이었든 중·소 긴장은 이후 1년 동안 완화되었고, 전쟁의 위협은 사라졌다. 9월에 호찌민 장례식에 참석하기 위해 하노이를 방문했다가 중국을 거치지 않고 훨씬 먼 거리인 인도를 경유하여 귀국하던 알렉세이 코시긴 소련 총리는 도중에 느닷없이 기수를 돌려 베이징을 향했다. 어느 나라가 최후통첩을 하거나 전혀 새로운 국면을 만들고 싶을 때 취하는 드라마틱한 행동이었다. 하지만 최후통첩도 없었고 새로운 국면도 나오지 않았다. 보기 나름으로는 둘 다 있었다. 코시긴과 저우언라이는 베이징 공항에서 3시간 동안 회담을 가졌다. 이론적으로는 동맹국의 총리에게 도무지 따뜻한 영접은 아니었다. 저우언라이는 북방 경계선의 분쟁 지역에서 양국이 모두 철군하고 긴장 완화를 위한 추가 조치를 약속하는 양해 각서의 초안을 제시했다. 코시긴이 모스크바에 돌아가면 양측이 함께 서명하게 될 서류였다. 그러나 그렇게 되지 않았다. 마오쩌둥이 10월 고위 지도층에 베이징 철수를 명령하고 린뱌오 국방부장이 '전군 전투 태세 돌입' 명령을 내리면서 긴장은 극도에 달했다.[34]

그렇게 하여 중·미 화해의 장이 열릴 공간이 만들어졌다. 하지만 양측은 자신이 먼저 공식적으로 움직인 것으로 인식되지 않기 위해 비상한 노력을 기울였다. 미국의 경우 대통령의 전략을 공식 입장으로 전환할 수 있는 포럼이 전혀 없었기 때문이며, 중국의 경우는 이런저런 위협 앞에서 나약한 모습을 보이고 싶지 않았기 때문이다. 그 결과는 너무나도 정교한 미뉴에트로 나타나 두 나라 모두 언제나 자신들은 접촉을 하지 않는다고 주장할 수 있었다. 그것은 빈축을 살 수도 있는 이니셔티브의 책임을 어느 쪽도 질 필요가 없도록 양식화되어 있었고, 아직 쓰지도 않은 대본을 참고하지 않고서도 기존의 정치 관계가 지속될 수 있도록 한 함축적인 미뉴에트였다. 1969년 11월과 1970년 2월 사이에 여러 나라의 수도에 주재한 미국과 중국 외교관들은 열 차례도 넘게 만나서 대화를 나누었다. 이전까지 이들이 서로를 회피해 왔다는 점 때문에 한층 더 놀라운 일이었다. 마침내 우리가 주 폴란드 대사였던 월터 스토셀에게 다음번 사교 모임에서 중국 외교관들을 만나 대화의 의지를 전달하라고 명령하면서, 교착 상태는 완화되기 시작했다.

폴란드 수도에서 열렸던 유고슬라비아 패션쇼가 이런 만남의 장이 되었다. 여기 참석했던 중국 외교관들은 아무런 지시도 받지 못했던지라 자리를 떠 버렸다. 이 사건에 대한 중국 상무관의 해명은 양국 관계가 얼마나 경직되어 있었던가를 극명하게 보여 준다. 여러 해가 지난 다음 한 인터뷰에서, 그는 두 명의 미국인이 이야기를 나누면서 중국 대표단을 손가락으로 가리켰던 일을 회고했다. 그 때문에 자신들은 대화에 끌려 들어가기 싫어서 그 자리를 떴다는 것이었다. 하지만 명령을 이행하겠다고 결심한 미국 외교관들은 그들을 따라 나서기 시작했다. 다급해진 중국 외교관들이 발걸음을 빨리 하자 미국인들은 뒤를 따라 달려가면서 (양측이 서로 이해할 수 있는 유일한 언어인) 폴란드어로 소리쳤다. "우린 미국 대사관 직원들이요. 당신네 대사를 만나고 싶어요. …… 닉슨 대통령이 중국과의 대화를 재개하고 싶어 합니다."[35]

2주 후 바르샤바 주재 중국 대사는 스토셀을 중국 대사관으로 초대하여 바르샤바 회담 재개를 위한 회담을 가졌다. 대화의 장을 다시 열기 위해서는 불가피하게 근본적 이슈가 거론되었다. 양측은 과연 무슨 이야기를 할 것인가? 또 무슨 목적으로?

여기서 두 나라 지도층 사이에 존재하는 협상 전략과 스타일의 차이점이 드러났다. 적어도 아무런 소득도 없이 100여 차례 만나면서 바르샤바 회담을 주관해 왔던 미국의 외교 체제에서는 그러했다. 양측이 교착 상태를 자신들의 목적에 부합하는 것으로 믿는 한, 그러한 차이

점은 모호하게 가려져 있었다. 즉 중국은 타이완을 중국의 주권 안으로 돌려 달라고 요구했고, 미국은 두 개의 중국 간 분쟁으로 제시된 것을 두고 무력을 포기하라고 제안했으니 말이다.

이제 양쪽 모두 진전을 원했기 때문에, 협상 스타일의 차이가 중요했다. 중국의 협상 책임자들은 외교를 이용해서 전반적인 전략 디자인 속으로 정치, 군사, 심리적 요소를 모두 짜 넣으려 한다. 그들에게 외교란 전략적 원칙을 정교하게 완성시키는 것이다. 협상 과정 그 자체에는 특별히 의미를 부과하지 않으며, 협상 개최 자체를 변화를 위한 하나의 사건으로 간주하지도 않는다. 그들은 자신의 노력을 수월하게 만들기 위해 개인적인 끈을 이용할지는 몰라도, 개별적 관계가 그들의 판단에 영향을 끼치지는 않는다고 생각한다. 그들은 교착 상태를 감정적으로 어렵게 느끼지 않으며, 그것을 외교의 불가피한 메커니즘이라고 생각한다. 또 친선과 호의의 제스처는, 뚜렷이 규정할 수 있는 목적이나 전략에 도움이 될 때에만 소중하게 생각한다. 그리고 그들은 성급한 대화 상대방을 만나도 참을성 있게 장기적인 견해를 지님으로써 시간을 친구로 만든다.

미국 외교관들의 태도는 너무나 다양하다. 미국이란 보디 폴리틱(정치적 통일체) 안에서 지배적인 견해는 군사력과 외교를 뚜렷이 구별하는 (아니, 본질적으로 별개인) 행동 국면으로 간주한다. 군사 행동은 간간이 협상 조건을 만들어 주는 것으로 간주하지만, 일단 협상이 시작되면 그 자체의 내적 논리에 의해서 추진되는 것으로 본다. 그렇기 때문에 협상의 출발점에서 미국이 한반도 내에서 군사 작전을 줄이고, 베트남에서의 폭격 중단에 합의했다. 각각의 경우에 압박 대신에 안심을 시켰고 보이지 않는 인센티브 대신 물질적 인센티브를 줄인 셈이었다. 미국 외교는 일반적으로 전체적인 것보다는 구체적인 것을 선호하고, 추상적인 것보다는 실질적인 것을 좋아한다. '융통성'을 보이라는 주문을 많이 받고 새로운 제안으로써 교착 상태를 타파해야 할 의무를 느낀다. 새로운 제안을 이끌어 낸답시고 의도와는 달리 새로운 교착 상태를 초래하기도 한다. 이런 책략은 질질 끄는 전략을 단호하게 구사하는 상대방이 흔히 사용할 수 있는 것이다.

바르샤바 회담의 경우, 미국의 그런 성향은 반대의 효과를 나타냈다. 중국이 바르샤바 회담으로 돌아온 것은 마오쩌둥이 네 명의 장군이 해 준 조언을 따라 미국과의 고위급 회담을 추구하기로 전략적 결정을 했기 때문이었다. 그러나 미국 외교관들은 (대통령과는 달리) 그런 돌파구를 예견은커녕 상상조차 하지 못했다. 아니면 그들은 134차례나 미팅을 하면서 보듬어 왔던 과정에 생명을 불어넣어 주는 것을 돌파구로 정의했다고 하는 편이 낫겠다. 그러한 여정에서 그들은 양국 사이에 축적되어 온 실용적 이슈를 반영하는 어젠더를 개발했다. 양국이 서로에게 제기했던 재무적인 주장의 해결, 각국에 억류되어 있는 재소자들, 교역, 군축(軍縮), 문화 교류 등이 그것이다. 미국 협상 담당자들이 생각하는 돌파구는 중국이 이러한 어젠더를 토의할 준비가 된 것이었다.

1970년 2월 20일과 3월 20일에 다시 열린 바르샤바 회담의 두 차례 미팅에서는 귀머거리들의 대화가 이루어졌다. 나는 백악관 안보 보좌관으로서 협상 팀에게 도망가듯 달아나던 중국 외교관들에게 우리 사절이 말하고자 했던 것을 되풀이하라고 촉구했다. 그러니까 미국은 "중국 관리와의 직접 대화를 위해 대표를 베이징에 파견할 것을 고려할 용의가 있다. 혹은 중국 정부 대표를 워싱턴에서 맞이할 준비가 되어 있다."라고 이야기하라는 것이었다. 비록 온화한 태도이긴 했으나, 중국 협상단은 타이완에 대한 공식 입장을 되풀이했다. 하지만 형식적인 그 응답 속에는 일찍이 볼 수 없었던 움직임이 숨어 있었다. 중국은 "중·미의 긴장을 완화하고 근본적으로 관계를 개선하기 위하여" 바르샤바 채널 밖에서 대사급이나 다른 채널을 통하여 대화할 용의가 있다는 것이었다.[36] 그리고 그런 대화의 조건으로 타이완 이슈의 해결을 요구하지도 않았다.

미국 협상 팀은 이같이 좀 더 폭넓은 접근법을 피하려고 했다. 처음 그것을 시도했을 때, 중국이 전혀 반응해 오지 않았던 것이다. 나중에 그들은 양국 관계 전반을 검토하려는 중국의 제안을 살짝 피해서, 지난 20년간 두서없는 대화를 통해 미국이 개발해 온 어젠더를 다룰 수 있는 대화의 포인트를 만들었다.[37]

이런 접근에 대해 마오쩌둥도 물론 짜증이 났겠지만, 닉슨 또한 참을 수 없었다. "이 친구들, 아이가 태어나기도 전에 죽여 버릴 셈이군." 어느 협상 팀이 제시한 계획을 보고받고서 닉슨이 내뱉은 말이다. 그러나 중국의 태도가 분명히 드러나기도 전에 그런 브리핑 시스템이 폭풍우 같은 불길을 만들고 여기저기서 재확인을 받아야 하게 될 것이 두려워, 그는 지정학적 대화를 하라고 명령하기를 주저했다. 한편 마오쩌둥의 태도는 더욱 모호했다. 한편으로는 미국과의 화해를 추구하고 싶었지만, 이러한 교류가 일어난 시기는 1970년대 초였다. 당시 닉슨 행정부는 월남에 대한 하노이의 공세를 지원하는 기지들과 공급선을 방해하기 위해서 미군을 캄보디아로 파견한다고 결정했다가 어마어마한 반대 시위에 직면했던 터였다. 마오쩌둥에게 던져진 질문은 이것이었다. 그런 시위가 마르크스주의자들이 그토록 오래 기다렸으나 그때마다 실망만 안겨 주었던 순수한 세계 혁명의 시작을 뜻하는 것일까? 만약 중국이 미국에 다가간다면, 이제 막 세계 혁명의 어젠더가 이루어지려는 판국에 잘못을 저지르는 것일까? 이러한 전망을 지켜보며 기다리는 것이 1970년 마오쩌둥의 정책 입안의 상당 부분을 차지했다.[38] 그는 미국의 캄보디아 기습 공격을 핑계 삼아 1970년 5월 20일로 예정되어 있던 차기 바르샤바 회담을 취소했다. 그 후 다음 회담은 재개되지 않았다.

닉슨은 관료적인 제약이 덜하고 좀 더 자신이 직접 컨트롤할 수 있는 대화의 장을 찾고 있었다. 마오쩌둥은 확실한 결정을 내릴 때마다 미 정부의 최고위까지 뚫고 들어갈 수 있는 길을 추구했다. 괜히 설익은 발표를 했다가 소련의 맹공격을 야기한다든지, 어느 한쪽이 거절함으로써 애써 시작한 프로젝트 전체가 망가지는 일이 없도록, 두 사람 모두 신중하게 움직여야 했다. 바르샤바 회담이 물 건너가자, 미국 정부의 실무급 관리들은 베이징과의 협상이 주는 당혹감과 국내 리스크에서 벗어나 홀가분한 모습이었다. 닉슨과 마오쩌둥이 고위급 회담의 적절한 장소를 물색하는 한 해 동안, 미국 하급 외교관 층은 바르샤바에서 무슨 일이 있었는지에 대한 질문을 백악관에 제기하지도 않았고, 회담을 재개하자는 제안도 없었다.

5월 20일로 제안되었던 회담을 중국이 취소한 이후 거의 1년 동안 미국과 중국의 지도자들은 목표에는 합의를 보고서도 20년간의 고립이라는 간격으로 인해 좌절감을 맛보아야 했다. 이제 문제는 단순히 협상에 대한 중·미의 접근법이 보여 준 문화적 차이가 아니었다. 닉슨의 접근 방식은 마오쩌둥과 달랐지만, 그보다는 자기 휘하에 있는 외교관들의 방식과 더욱 큰 차이를 보였다. 닉슨 대통령과 나는 소련, 중국, 미국 간의 삼각관계가 낳은 전략적 상황을 파헤치고 싶었다. 우리는 짜증스러운 요소를 제거하기보다는 지정학적인 대화를 수행하려고 애썼다.

양측이 서로를 맴도는 가운데, 그들이 어떻게 중재자를 선택했는가를 보면 당면한 과제를 그들이 어떻게 인식하고 있는지에 대해 알 수 있었다. 닉슨은 1970년 7월 세계 일주 여행을 기회로 삼아 파키스탄과 루마니아의 지도자들에게 자신이 중국과의 고위 회담을 원하고 있으며 그런 의도를 베이징에 전달해도 좋다고 말했다. 안보 보좌관이었던 나 역시 여러 해 동안 알고 지낸 친구이자 하노이 주재 프랑스 대사를 역임했고 황전 주불 중국 대사를 잘 알고 있던 장 생트니에게 똑같은 이야기를 해 주었다. 다시 말해서 백악관은 중국의 비동맹 우호국(파키스탄)과 모스크바로부터의 독립을 갈구하던 바르샤바 조약 기구 회원국(루마니아), 그리고 전략적 독립을 추구하는 것으로 두드러진 나토 회원국(프랑스, 생트니가 프랑스 정부에 우리 메시지를 전달하게 된다는 가정하에) 등을 선택했다. 한편 베이징은 노르웨이(나토 동맹국) 수도 오슬로와, 좀 이상하게도 (어쩌면 회담 장소로서 너무나 말이 안 되기 때문에 미국의 관심을 끌기에 족하다는 이론에 의거해서) 아프가니스탄 카불에 주재한 대사관을 통해 우리한테 암시를 주었다. 우리는 오슬로는 무시했다. 그곳에 있는 미국 대사관은 인력 지원에 필요한 준비가 되어 있지 않았기 때문이다. 또 당연한 일이지만, 카불은 훨씬 더 외진 곳이었다. 게다가 우리는 또다시 대사관을 통한 대화를 시도하고 싶지 않았다.

중국은 파리를 통한 직접 접근을 무시했지만, 결국 루마니아와 파키스탄을 통한 조심스러운 접근에 반응을 보였다. 사실 마오쩌둥은 그전에도 우리와 소통을 했지만, 너무나 섬세하고 너무나 간접적이어서 우리가 요점을 놓치고 말았다. 1970년 10월 마오쩌둥은 닉슨의 백악관에서는 마오쩌둥의 동조자로 간주되던 스노와의 인터뷰를 다시 한 번 허락했다. 이 기회를 마오쩌둥이 얼마나 중요하게 생각하는지 보여 주기 위해서, 그는 10월 8일 공산당의 내전 승리를 축하하는 퍼레이드에서 스노를 사열대 자기 옆자리에 세웠다. 주석 바로 옆에 미국인이 서 있다는 사실 자체가 미국과의 접촉은 용인할 뿐 아니라 우선 과제라는 점을 상징했다. 혹은 중국인들에게 상징하려는 의도였다.

이번의 인터뷰는 아주 복잡하게 진행되었다. 스노는 오직 간접적인 인용문 형식으로만 사용할 수 있다는 조건과 함께 인터뷰 내용의 기록을 미리 받았다. 아울러 어떤 형태로든 인터뷰 내용을 3개월 동안은 공개할 수 없다는 지시도 받았다. 스노가 실제 텍스트를 미 행정부에 제출할 것이고, 그 요약이 발표되면 이미 진행 중인 과정을 강화할 것이라는 것이 중국 측의 논리였음에 틀림없다.

하지만 상황은 그렇게 전개되지 않았다. 1965년의 인터뷰가 미국 정부에게 아무런 영향을 끼치지 못했던 것과 동일한 이유에서였다. 스노는 중화인민공화국의 오랜 친구였고, 그 사실 자체가 미국 외교 정책 체계에서 그를 베이징의 선전 도구로 치부하게 만드는 요인이었다. 그가 했던 인터뷰 기록은 백악관은 말할 것도 없고 정부 고위층에도 전혀 전달되지 못했다. 몇 달 후 인터뷰 기사가 언론에 실릴 즈음 다른 의사소통에 묻혀 버렸다.

인터뷰 내용이 우리에게 도달하지 못한 것은 유감이었다. 마오쩌둥이 몇 가지 혁명적인 발표를 했기 때문이다. 중국은 거의 10년 가까이 외부 세계와 담을 쌓고 살았다. 그런데 이제 마오쩌둥은 어떤 정치적 견해를 가진 미국인이든 간에, 모두 중국을 찾아 달라고 조만간 초청할 것임을 발표한 것이다. "중국과 미국의 문제는 닉슨과 해결하게 될 것으로" 결론지었기 때문에, 닉슨은 "여행객으로서든 대통령으로서든" 환영받을 것이라고 했다. 2년 내 대통령 선거가 있음을 감안한 얘기였다.[39]

마오쩌둥은 미국 헐뜯기에서 미국 대통령과의 대화를 제안하는 쪽으로 돌아선 것이다. 게다가 그는 중국 국내 상황에 대한 깜짝 코멘트까지 덧붙였는데, 이는 그 대화가 새로운 중국과 이루어질 것임을 암시하는 것이었다.

마오쩌둥은 스노에게 자신이 문화 혁명을 종결할 것이라고 말했다. 도덕적, 지적인 혁신이 되리라고 의도한 것이 강압으로 변질되었다고도 했다. "외국인들이 중국은 혼란의 와중에 있다고 보도했는데, 그건 허튼소리가 아니었다. 사실이었다. 중국 내부의 싸움이 진행되고 있었다. …… 처음에는 창을 들고, 다음에는 총, 그리고 포를 쏴 가며 서로 싸웠다."[40] 스노의 보도에 의하면 마오쩌둥은 이제 자신을 중심으로 구축된 개인숭배를 개탄했다. "황제를 숭상하는 3000년 전통을 사람들이 극복한다는 것은 어려운 노릇이라고 주석은 말했다. 국가주석 등 그에게 부여된 칭호들은 조만간 없앨 것이며, 그가 보존하고 싶은 유일한 칭호는 바로 '스승'"이라고 했다.[41]

이러한 주장은 참으로 예사롭지 않았다. 공산당마저도 깨부수어 오로지 개인숭배만이 유일한 응집 요소로 남게 만든 대혼란으로 나라를 뒤흔들어 놓은 다음, 이제 마오쩌둥은 문화 혁명의 종말을 선언한 것이다. 마오쩌둥이 교조적이거나 관료적인 장애물 없이 통치할 수 있도록 하기 위해서 종말을 선포한 것이었다. 그것은 아직 남은 구조를 해체함으로써, 그리고 이제 마오쩌둥의 표현을 빌리면 "당원이나 권좌에서 쫓겨나 재교육을 받았던 다른 사람들 같은 '포로'를 가혹하게 처분함으로써"[42] 유지되었다.

이 모든 것으로 인해 중국의 통치는 어떻게 되는 것인가? 아니면 외국 저널리스트에게 마오쩌둥의 트레이드마크인 아리송하고 종잡을 수 없는 방식으로 말했던 것은, 그 첫 번째 목적을 추구하면서 변화된 모습의 통치를 보여 줌으로써 중·미·세계 관계의 새로운 국면을 촉진하기 위한 것인가? 스노의 기록처럼, 마오쩌둥은 이렇게 말했다.

"중국인과 미국인 사이에 편견이 있어야 할 필요가 어디 있는가. 상호 존경과 평등은 가능할 것이다. 나는 두 나라의 인민에 대하여 커다란 희망을 품는다."[43]

닉슨은 미국 외교 정책의 전통을 벗어나, 중국을 다시 국제적 체제 안으로 끌어들이기 위해서 지정학적 고려에 바탕을 둔 긴장 완화를 촉구했다. 그러나 중화 중심 사상의 마오쩌둥에게 주요한 비전은 국제적 시스템이 아니라 중국의 미래였다. 나라의 안보를 달성하기 위해서 그는 기꺼이 중국 정책의 중심축을 움직이고 동맹 관계의 반전을 야기하려 했다. 그러나 국제 관계 이론이라는 이름으로서가 아니라, 중국이 미국으로부터 배울 수도 있는 중국 사회의 새로운 방향이라는 이름으로서 그렇게 하고자 했다.

중국은 미국이 발전했던 방식, 즉 탈중앙집권화라든지 책임과 부를 50개 주 사이에 나누는 방식 등으로부터 배워야 한다. 중앙 정부가 모든 것을 다 할 수는 없다. 중국은 지역적, 국지적 이니셔티브에 의존해야 한다. (손을 펴면서) 하나에서 열까지를 모두 그(마오쩌둥)에게 맡겨서는 될 일이 아니다.[44]

간단히 말해 마오쩌둥은 도덕적 강직성이라는 유교 원칙으로 빚어낸 중국 통치의 고전적 바탕을 재확인한 것이다. 그는 거짓말하는 버릇을 크게 꾸짖는 데 인터뷰의 일부분을 할애했다. 그것은 미국에 대한 비난이 아니라 최근에 힘을 잃은 홍위병에 대한 비난이었다. "우리가 진실을 말하지 않는다면, 어떻게 다른 이들의 신임을 얻겠는가? 누가 우리를 믿을 것인가?"[45] 마오쩌둥은 그렇게 마무리했다. 스노는 기록했다. 불을 내뿜던 어제의 급진적인 이념주의자가 이제 유교를 신봉하는 현자의 옷을 입고 나타난 것이다. 그의 마지막 한마디는 언제나처럼 조롱하는 듯한 이중적 의미가 없진 않았지만 새로운 상황에 대한 체념의 느낌을 나타내는 것 같았다. "나는 단지 비가 새는 우산을 들고 세상을 걸어 다니는 외로운 중에 지나지 않는다."[46]

대약진 운동과 문화 혁명의 창시자를 본질적으로 철학적 소명 의식이 있는 외로운 스승으로 표현할 때 마오쩌둥은 언제나 조롱하는 느낌이 있었지만, 그 마지막 말에는 그 이상의 무언가가 담겨 있었다. 왜냐하면 후일 몇몇 논평자가 지적했듯이, 스노의 영어 텍스트에 들어 있는 이 인용문은 잘 알려진 중국 2행시의 첫 줄에 불과했기 때문이다.[47] 그 시를 모두 읊조리게 되면 조롱한다기보다 으스스한 기분이 들 것이다. 마오쩌둥이 말하지 않았든 스노가 번역을 하지 않았든 그 시의 둘째 행은 '무발무천(無髮無天)'이었다. 그대로 옮기면 '머리털도 없고, 하늘도 없다'는 뜻이다. 그러니까 중은 머리를 밀어 머리카락이 없고, 게다가 우산을 들었으니 하늘도 볼 수 없다는 얘기이다. 하지만 성조(聲調)가 풍부한 중국어에서 이 행은 일종의 말장난에 불과하다. 조금만 달리 발음하면 완전히 다른 뜻, 즉 '법도 없고, 천당도 없다(無法無天)'라는 뜻이 되기 때문이다. 그리고 약간만 의역하면, '인간과 하늘의 법칙을 거역한다'든지 '하늘 무서운 줄 모르고 법도 지키지 않는다' 혹은 '눈 하나 깜짝하지 않고 법을 어긴다'로 풀이할 수도 있다.[48]

다시 말해서 마오쩌둥의 이 마지막 '폭탄'은 그 반향이 널리 퍼졌고, 언뜻 보기와는 달리 좀 더 미묘했다. 마오쩌둥은 스스로를 방황하는 현자로, 그러나 동시에 관례를 무시하는 자로 비쳐지게 했다. 영어밖에 모르는 인터뷰 기자를 갖고 놀려는 것이었을까? 서양인이 듣기에 자신의 말장난은 도무지 알아들을 수 없는데, 그는 스노가 그 말장난을 이해하리라고 생각했을까?(서구에서는 그의 교묘함이 과장되곤 하지만, 마오쩌둥 역시 간혹 서구의 미묘함을 과대평가하곤 했다.) 앞뒤 문맥으로 보면 마오쩌둥의 말장난은 나라 안의 청중을 향하고 있었던 것 같다. 특히 지금까지 증오의 대상이었던 미국과의 화해를 반대할 수도 있는 지도층 인사들을 향했을 것이다. 후일 그들의 반대는 미국이 중국에 문을 개방한 직후 (쿠데타로 불리기도 하는) 린뱌오의 위기로 절정을 맞이했다. 사실상 마오쩌둥은 다시 한 번 세상을 뒤집어 버릴 거라고 선포한 것이다. 그런 미션에서 그는 '인간이나 하늘의 법칙'에 구속되지 않을 것이며, 심지어는 자기 자신의 이데올로기에도 구속되지 않을 거란 얘기였다.

마오쩌둥의 인터뷰 내용은 워싱턴에서는 무시를 당했지만, 베이징의 고위 인사들 사이에서는 널리 읽혔다. 스노에게 그 발표를 미루어 달라고 요청한 것은 중국이 공식적인 이니셔티브를 전개할 시간을 주기 위함이었다. 마오쩌둥은 미국 행정부 고위층을 직접 겨냥함으로써 제3자를 통한 의사소통이라는 미뉴에트를 잘라 버리겠다고 결심했다. 1970년 12월 8일 백악관에 있던 내 사무실에 저우언라이의 메시지가 전해졌다. 직접 손으로 쓴 서한을 이슬라마바드로 부쳤고, 파키스탄 대사가 그곳에서 가져온 것이었다. 이전 세기의 외교 관례를 부활시킨 셈이었다. 베이징의 서한은 중개인을 거쳐서 수령된 메시지를 공식적으로 인정했다. 아그하 모하마드 야히아 칸 파키스탄 대통령이 몇 주 전 백악관을 예방했을 때 닉슨 대통령은 그에게, 소련과의 협상에서 미국은 "중국에 맞서는 공동 통치"에 결코 참여하지 않을 것이며, 중국과 고위급 접촉을 주선하기 위해서 양측이 편리한 장소로 특사를 보낼 용의가 있다는 내용을 언급했는데, 서한은 이 언급을 인지하고 있었다.[49]

저우언라이는 이전 경우와는 달리 회신을 보냈다. 이번 메시지는 처음으로 "우두머리로부터, 우두머리를 통하여, 우두머리에게 온"[50] 것이기 때문이라고 그는 말했다. 자신의 회답은 마오쩌둥과 당시 그의 후계자로 지명되었던 린뱌오의 승인을 얻은 것임을 강조하면서, 저우언라이는 미국이 베이징으로 특사를 보내 "지난 15년 동안 미국 군대에 의해 점령당해 온 타이완이란 이름의 중국 영토 문제"를 논의하자고 요청했다.[51]

참으로 기묘한 서류였다. 저우언라이는 정확히 무엇을 논의하자고 제안한 것인가? 타이완을 중국에 돌려주는 것, 아니면 미군의 타이완 주둔? 상호 협력의 협약에 관한 언급은 없었다. 그 편지의 의도가 무엇이든, 타이완에 관한 한 지난 20년간 베이징으로부터 받은 것 중에서 가장 온화한 표현이었다. 타이완 주둔 미군은 대체로 베트남전을 위한 지원 병력인데, 그는 단지 그 미군만을 지적하고 있었던가? 아니면 좀 더 폭넓은 요구를 내포하고 있었을까? 어쨌거나 그들이 헐뜯던 "독점 자본주의자"[52]의 대표를 베이징으로 초대한다는 것은, 단순히 타이완 문제를 논하려는 욕심 이상의 어떤 심각하고 긴요한 일이 있음을 반영하는 사건임에 틀림없었다. 거기에는 필시 중국의 안보 문제가 개입되어 있었다.

백악관은 모든 대답의 가능성을 열어 둔 채 실제로 직접 접촉하는 방법을 택했다. 우리의 회신은 특사를 보낸다는 원칙만 수용하되, 그의 임무를 "중화인민공화국과 미국 사이에 놓여 있는 폭넓은 여러 이슈"라고 규정했다. 다시 말하면 미국 특사는 그 어젠더를 타이완에 국한시키는 데 동의하지 않으리란 얘기였다.[53]

저우언라이는 파키스탄 채널이 효과적으로 움직이지 않을지도 모르기에 어떤 일도 어정쩡하게 처리하고 싶지 않았다. 그래서 저우언라이는 루마니아를 통해서도 똑같은 메시지를 보냈는데, 어떤 연유에선

지 파키스탄이 전달한 것보다 한 달 늦은 1월에 도착했다. 우리는 이 메시지 역시 '마오쩌둥 주석과 린뱌오의 검토'[54]를 이미 거쳤다는 보고를 받았다. 거기에는 타이완이 중국과 미국 사이에 남아 있는 단 하나의 이슈로 표현되어 있었고, 또 완전히 새로운 요소가 덧붙여 있었다. 즉 닉슨 대통령은 이미 공산주의 국가의 수도인 베오그라드와 부쿠레슈티를 방문한 적이 있으므로, 베이징에서도 그를 환영할 것이라고 한 점이었다. 지난 15년간의 군사적 충돌에 비추어 볼 때, 타이완이 중국과 미국 사이의 유일한 이슈로 거론된 것은 중대한 의미였다. 그러니까 베트남은 화해가 필요한 장애물이 아니란 것이다.

우리는 루마니아 채널을 통해서 답을 보냈다. 특사의 원칙은 수용하되, 대통령의 초빙은 무시했다. 이 초기 단계의 접촉에서 대통령의 순방을 수용한다는 것이 너무 위험한 것은 말할 것도 없고 너무 성가시게 조르는 것처럼 보이기도 했다. 우리는 합당한 어젠더의 의미를 파키스탄을 경유한 메시지와 동일하게 (그래서 혼란이 없도록) 표현해서 보냈다. 미국은 타이완을 포함해서 양측에 관심사가 될 수 있는 모든 이슈를 논의할 용의가 있다는 내용이었다.

저우언라이는 10월에 파키스탄 대통령을, 11월에 루마니아 부총리를 만났다. 마오쩌둥은 10월 초에 스노를 접견했다. 이 모든 메시지가 몇 주 사이에 모습을 드러냈다는 것은, 외교가 단순한 전략 차원을 넘어서 하나의 중요한 대단원을 위해서 세심하게 조정되고 있다는 사실을 반영했다.

그러나 놀랍고도 불안스럽게도 이후 3개월 동안 중국에서는 아무런 반응이 없었다. 아마도 월남군이 미 공군의 지원을 업고 라오스 남부를 통하여 월맹군의 주 공급 루트인 호찌민 루트에 공세를 퍼붓고 있었기 때문이었으리라. 아울러 마오쩌둥은 반전 데모를 기반으로 한 미국의 혁명 가능성에 대해 생각을 고쳐먹었던 것 같기도 하다.[55] 베이징은 기껏해야 전술적인 고려 따위에는 꿈쩍도 하지 않음을 보여 주는 페이스로 움직이고 싶어 하고, 중국의 약점은 말할 것도 없거니와 중국의 열망도 전혀 드러내지 않으려 하는데, 어쩌면 이 점이 이유였는지도 모른다. 그러나 마오쩌둥이 자신의 국내 유권자들과 기조를 맞추기 위해 시간이 필요했다는 것이 가장 그럴싸한 이유일 것이다.

4월 초가 되어서야 우리는 다시 중국에게서 소식을 듣게 된다. 이번에 중국은 우리가 확립해 둔 채널은 전혀 사용하지 않고, 자신들의 방법을 썼다. 미국과의 관계를 개선하고자 하는 중국의 열망이란 공개적인 이슈로 밀어붙이고, 미국 정부의 행동에는 그다지 의존하지 않는 방법이었다.

바로 이것이 '핑퐁 외교'라는 이름으로 하나의 전설이 된 에피소드의 배경이었다. 중국의 탁구 팀이 일본에서 열린 국제 경기에 참가했는데, 이는 문화 혁명이 시작된 이래 처음으로 중국 스포츠 팀이 중국 땅 밖에서 경쟁했던 사례였다. 중국과 미국 팀 사이의 임박했던 경기가 중국 지도부 내에서 상당한 분쟁의 빌미가 되었다는 이야기가 최근 몇 년 사이에 대두되었다. 애당초 중국 외교부는 그 경기에 불참할 것을 권유했다. 혹은 적어도 미국 팀과는 거리를 두라고 권유했다. 하지만 저우언라이는 이 일을 재고해 달라고 마오쩌둥한테 요청했고, 그는 이틀 동안 심사숙고를 거듭했다. 주기적으로 격심한 불면증에 시달리고 있던 마오쩌둥은 어느 날 밤늦게 수면제를 먹고는 "탁자 위에 털썩 엎어져서" 비몽사몽이었다. 그러다가 갑자기 간호사에게 소리를 지르며 외교부장에게 전화를 걸라고 지시했다. "미국 팀이 중국을 방문하도록" 하라는 것이었다. 간호사는 "수면제를 복용하신 다음에 내리시는 명령도 유효합니까?"라고 물었다. 그러자 마오쩌둥은 대답했다.

"물론, 유효하지. 한마디 한마디 모두 유효해. 당장 움직여, 너무 늦기 전에!"[56]

마오쩌둥의 이 명령을 접하고, 중국 선수들은 이 기회를 이용하여 미국 팀을 중국으로 초청했다. 1971년 4월 14일 어리둥절한 미국 선수들은 저우언라이가 참석한 가운데 인민 대회당에서 중국 팀과 조우했다. 베이징에 주재하던 외국 대사들 거의 모두가 이만 한 성과를 이룩했던 적은 한 번도 없었다.

"여러분은 미국과 중국 인민들의 관계에 새로운 장을 열었습니다." 중국 총리는 공언했다. "양국 우호 관계의 이 같은 시작은 우리 모든 인민이 지지할 것으로 믿어 의심치 않습니다." 자신들이 느닷없이 고위급 외교 속으로 돌입하게 되었다는 사실에 깜짝 놀란 선수들은 아무런 반응도 하지 못했다. 이에 저우언라이는 "여러분도 그렇게 생각하지 않으세요?"라는 물음으로 말을 끝냈고, 그 물음은 한바탕 박수갈채를 이끌어 냈다.[57] 후일 우리는 이런 그의 어법을 그만의 특징으로 이해하게 되었다.

중국 외교가 늘 그렇듯이 마오쩌둥과 저우언라이는 여러 측면에서 움직이고 있었다. 한편으로 핑퐁 외교는 미국이 1월에 보낸 메시지에 대한 응답이었다. 그때까지는 가장 비밀스러운 외교 채널에만 국한되었던 방침을 중국이 공개리에 약속한 것이었다. 그런 의미에서 그것은 하나의 보장이었다. 하지만 그것은 동시에 비밀 의사소통이 좌절될 경우에 중국이 어떤 행동 방침을 추구할 수 있는지를 보여 주는 경고이기도 했다. 그다음 베이징은 마치 하노이가 베트남에 대한 그들의 목적을 추구할 때 그랬던 것처럼 공식적인 캠페인을 실시할 수 있었다. 지금이라면 '민간 외교'라고 불릴 법했을 것이다. 아울러 '또 한 번 잃어버린 평화의 기회' 때문에 미국에서 점차 거세지고 있던 반대 운동에 호소할 수도 있었다.

곧이어 저우언라이는 역시 외교 채널을 여전히 선호한다는 뜻을 밝혔다. 4월 29일 파키스탄 대사는 다시 한 번 손으로 적은 메시지를 우리에게 전했다. 4월 21일자 편지였다. 중국이 '당시의 상황'[58] 때문에 아무런 회답을 주지 못했다고 설명하고 있었지만, 그것이 국내 상황이었는지 국제 상황이었는지는 해명하지 않은 채, 특사를 보내 주었으면 좋겠다는 의사만 반복하고 있었다. 저우언라이는 나 아니면 윌리엄 로저스 국무 장관, 혹은 '심지어 대통령 본인'을 지목할 정도로 베이징이 생각하고 있는 특사에 대해 구체적이었다.[59] 또 관계 회복의 조건으로 미군이 타이완과 타이완 해협으로부터 철수할 것만을 요구했을 뿐, 타이완을 중국에 돌려 달라는 요구는 없었다.

그 당시 외교가 얼마나 비밀리에 이루어지고 있었는지, 이런 계획을 거의 망칠 뻔했다. 이전의 어떤 시대에도 베이징과의 교류는 그런 식이었다. 닉슨은 베이징과의 채널을 백악관으로 엄격히 국한시키겠다고 이미 결심했다. 12월과 1월에 있었던 저우언라이와의 교신에 대해서는 그 어떤 정부 기관도 알지 못했다. 그러다가 4월 28일 국무부 대변인이 타이완의 주권은 "미해결 과제이며 앞으로 국제적 해결에 달려 있다는" 것이 미국의 입장임을 선언했다. 그 후 런던의 외교 모임에 참석했던 국무 장관은 다음 날 텔레비전에 출연해서 스노와의 인터뷰를 언급하면서 닉슨 대통령 초빙은 '상당히 우연하게' 이루어진 것으로 '심각한' 사안이 아니라고 일축했다. 그는 중국의 외교를 '확장주의적'이고 '다분히 편집증적'이라고 표현했다. 협상의 진전과 닉슨의 중국 방문은 오로지 중국이 보편적 방식으로 국제 사회에 참여하고 "국제법의 규칙"을 준수하는 경우에만 가능하다는 것이었다.[60]

대화 재개를 향한 진척이 계속 이루어진 것을 보면 중국의 전략적 긴급 사안이 무엇인지를 알 수 있었다. 타이완을 두고 '미해결 과제'라고 한 것은 '사기'일 뿐 아니라 '중국 인민의 일에 대한 뻔뻔스러운 간섭'으로 정부 대변인의 혹독한 비난을 받았다. 하지만 그런 욕설과 함께 탁구 선수들의 방문은 중·미 인민의 우호 관계의 새로운 발전을 재확인시켜 주었다.

5월 10일 우리는 닉슨 대통령에 대한 저우언라이의 초청을 수락했지만, 어젠더는 포괄적이어야 한다는 주장을 반복했다. 우리의 통신문은 이런 내용이었다. "그런 회담에서 양측은 주요한 관심 사안을 마음 놓고 거론할 수 있어야 한다."[61] 정상 회담을 준비하는 과정에서 대통령은 내가 자신의 안보 보좌관으로서 저우언라이와의 비밀 회담을 갖고 그를 대리해 줄 것을 제안했다. 우리는 날짜를 지정하여 제시했다. 날짜를 지정한 이유는 딱히 정책적인 것이 아니었다. 늦봄과 초여름 사이에 내각과 백악관은 일련의 여행을 계획했는데, 그것으로 고위층 인사를 위한 항공기가 사상 처음으로 생기게 되었다.

6월 2일 우리는 중국의 회답을 받았다. 저우언라이는 닉슨의 초청 수락을 '너무나 기꺼운 마음으로'[62] 마오쩌둥에게 보고했으며, 제안한 날짜에 예비 대화를 위해 내가 베이징에 오게 된 것을 진심으로 환영한다고 했다. 이 서한에서 린뱌오의 이름이 빠져 있다는 사실에 거의 관심을 주지 않았다.

1년이 채 못 되어 중·미 외교는 도저히 화해할 수 없는 분쟁에서 대통령 특사가 베이징으로 날아가 대통령의 방문을 준비하는 단계로 진전되었다. 20년간의 수사법을 피하고 냉전 시대 국제 질서를 재구성하게 할 지정학적 대화라는 근원적인 전략 목표에 집중했기 때문에 가능했다. 만약 닉슨이 전문가들의 조언을 받아들였더라면, 그는 중국의 초청을 이용해서 전통적 어젠더로 돌아가 좀 더 고위급 대화의 조건으로서 심사숙고하는 데 더 속도를 올렸을 것이다. 그렇게 되었더라면 중국은 이를 초청의 거절로 취급했을 것이고, 중·미 접촉을 심화시키는 과정은 오롯이 양국의 국내외 압박에 의해서 틀림없이 좌절되고 말았을 것이다. 중·미의 새로운 상호 이해를 위한 닉슨의 공헌은 그것이 바람직하다는 것을 이해했다는 사실보다도, 오히려 중국식 사고로서도 이해가 되는 개념적 밑바탕을 제공할 수 있었다는 점이었다. 닉슨에게 중국에 대한 문호 개방은 서로를 짜증나게 하는 쇼핑 리스트가 아니라, 전반적 전략 수립의 한 부분이었다.

중국 지도자들 또한 유사한 접근법을 택했다. 자신들이 관여해서 이룩하지 못한 국제 질서 체계는 자신들과 무관하다고 간주했다는 이유만으로도, 기존 국제 질서로의 회귀를 기원하는 것은 그들에게 무의미했다. 중국은 자신들의 안보가 여러 주권 국가들이 모인 공동체의 법적 협의에 좌우된다고 생각한 적이 한 번도 없었다. 미국인들은 오늘날까지도 중국에 대한 개방을 하나의 고정된 우호 관계를 열어젖힌 것으로 취급하는 경우가 종종 있다. 그러나 중국의 지도자들은 '세'라는 개념, 즉 유동적인 사물을 이해하는 기술을 익히며 자라났다.

중·미 우호 관계의 재확립에 관한 글을 쓰면서 저우언라이는 양국 국민 사이 관계의 최종적 상황이 아니라 새로운 국가 간 평형을 조성하는 데 필요한 태도를 묘사하고 있다. 중국어로 된 이 글에서 법률적 국제 질서라는 거룩한 미국의 어휘는 거의 찾아볼 수 없다. 그보다는 중국이 일종의 전투적인 공존을 통해서 안보와 발전을 찾을 수 있는 세계, 기꺼이 싸우겠다는 의지가 공존의 개념과 마찬가지로 당당하게 자리를 차지할 수 있는 세계가 여기서 추구되었다. 미국은 공산주의 중국에 대한 최초의 외교 사절단과 함께 바로 이러한 세계 속으로 뛰어든 것이다.

9

다시 열린 관계

— 마오쩌둥, 저우언라이와의 첫 만남

닉슨 대통령 재임 기간 중 가장 극적인 사건은 조용히, 거의 드러나지 않은 채 일어났다. 닉슨은 베이징을 향하는 사절단이 성공하려면 비밀리에 이루어져야 한다고 결심했기 때문이다. 공개리에 사절단을 보냈다가는 미국 정부 내에서 복잡한 인허가 절차가 시작될 판이었고, 또 (여전히 중국 정부로 인정되던) 타이완을 비롯한 세계 각지에서 협의를 하자는 요구가 끈덕지게 이어질 게 불을 보듯 했다. 그렇게 되면 베이징의 태도를 알아내기 위해 파견되기 직전인 우리들의 전망이 저당잡히게 될 터였다. 투명성은 아주 중요한 목표이지만, 좀 더 평화적인 국제 질서를 건설하는 역사적 기회 또한 너무나 긴요한 일이다.

그리하여 우리 팀은 사이공, 방콕, 뉴델리, 그리고 라왈핀디를 거쳐 베이징을 향했다. 공식적으로 발표하기로는 대통령을 대신한 사실 조사를 위한 여정이었다. 우리 일행에는 나를 비롯한 다양한 배경의 미국 관리들과, 윈스턴 로드, 존 홀드리지, 딕 스마이저 등의 보좌관, 그리고 정보 요원 잭 레디와 게리 맥러드로 이루어진 베이징을 향한 핵심 그룹이 포함되어 있었다. 경유지마다 우리는 너무나 따분할 정도로 사무적이어서 언론이 우리 움직임의 추적을 포기할 정도로 지겨운 장소를 거쳐야 했다. 드라마틱한 대단원이었다. 라왈핀디에서 우리는 히말라야 산자락에 있는 피서지 마을에서 휴식을 취하기 위해(나는 병이 난 척했다.) 48시간 동안 '사라지기도' 했다. 워싱턴에서는 단지 대통령과 나의 수석 보좌관인 알렉산더 헤이그 대령만이 우리의 목적지를 알고 있었다.

1971년 7월 9일 미국 대표단이 베이징에 도착했을 당시, 우리는 중국 측 커뮤니케이션의 섬세함을 경험한 바는 있었지만, 그들이 실제로 협상에 임하는 모습은 본 적이 없었다. 하물며 방문객을 맞이하는 중국의 스타일은 더욱이 알 수 없었다. 공산권 외교에 대한 미국의 경험은 소련 지도자들, 특히 외교를 관료적 의지의 테스트로 만들어 버리는 경향이 있는 안드레이 그로미코와의 접촉에 그 기반을 두고 있었다. 그로미코는 협상에서 흠잡을 데 없이 정확했고 내용에 관해서는 완고하기 이를 데 없었다. 그 모습을 보고는 그가 안간힘을 써서 자기 수양을 하는 것으로 느끼는 사람도 있을 정도였다.

하지만 비밀 특사를 맞아들이거나 뒤이어 대화를 이끌어 가는 중국 측의 태도에는 긴장이라고는 찾아볼 수 없었다. 우리는 사전 단계 전략을 짤 때마다 그들의 메시지가 느닷없이 중단되는 데 당혹감을 느꼈다. 그때마다 이것이 문화 혁명과 관련이 있는 것으로 가정했다. 하지만 이제 초청국의 냉정한 침착함을 훼방하는 것이라곤 아무것도 없는 듯했고, 그들은 마치 중화인민공화국 사상 최초로 미국 대통령의 특사를 접대하는 것이 너무나도 당연하고 자연스러운 일인 양 행동했다.

다른 공산주의 국가들과의 협상에서 우리에게 익숙해진 지나치게 규칙만 찾는 어법보다는, 우리는 사실상 전통적 중국 외교에 더 가까운 외교 스타일을 만나고 있었던 것이다. 역사적으로 중국 정치인들은 호의와 의례와 세심하게 가꾸어진 개인적 관계 등을 국정 운영의 도구로 이용하는 데 탁월했다. 그것은 중국의 전통적인 국가 안보 과제에 안성맞춤인 외교였다. 그 과제란 힘을 합치면 막강한 군사력을 발휘할 수 있는 민족들이 주위를 둘러싼 가운데 한곳에 정착한 농업 문화를 보존하는 것이었다. 중국은 상벌을 잘 보정해서 결합하는 기술과 장엄한 문화적 수행을 터득함으로써 살아남았고, 또 대체적으로 승리했다. 이런 맥락에서 보면 친절은 전략의 한 측면이었다.

우리의 경우 그들의 배려는 우리가 베이징에 도착해서가 아니라, 이슬라마바드를 경유할 때부터 시작되었다. 놀랍게도 영어에 능숙한 중국 외교관들이 파키스탄까지 파견되어 우리를 에스코트했고, 우리가 알지도 못하는 목적지에 이르는 5시간의 비행 중 어떤 긴장도 느끼지 않도록 편하게 해 주었다. 그들이 우리보다 먼저 탑승하는 바람에, 마오쩌둥 제복을 입은 사람이면 무조건 적으로 취급하도록 훈련을 받은 우리 보안 요원들을 경악케 했다. 또한 그들은 여행 중에 자신들이 조사했던 사항의 일부를 테스트하기도 하고, 자신들이 취해야 할 행동을 미리 연습하기도 하고, 총리를 위해서 방문객들의 신상에 대한 정보를 얻기도 했다.

그 팀은 저우언라이가 2년 전, 네 명의 장군의 보고서 이후 미국과의 관계 개선이란 아이디어를 처음으로 고려할 때 뽑아 두었다. 거기에는 외교부 소속도 세 명 있었는데, 그중 탕룽빈은 후일 닉슨 방중 당시 의전 팀이 되었고, 장원진은 전직 대사로서 중국이 '서구, 미국 및 대양주 사안'이라 부르는 것에 정통했으며 알고 보니 굉장한 언어학자였다. 또 그 팀의 젊은 멤버들은 사실 마오쩌둥을 대표하고 있었으며 직접 마오쩌둥에게 보고했다. 그들은 마오쩌둥의 친척인 왕하이룽과 브루클린 출신으로 탁월한 능력의 통역관인 낸시 탕이었는데, 탕의 가족은 혁명에 참여하기 위해 중국으로 이주했고 그녀는 일종의 정치 고문으로 활약하기도 했다. 이 모든 사실은 우리가 나중에야 알게 되었고, 외교부 관리들도 우리가 처음 접근하자 장성들처럼 반응했다는 사실도 후에 알게 되었다. 그들에게 주어진 임무가 혁명에 대한 자신들의 충성을 시험하기 위한 것이 아니고 마오쩌둥의 지령에 의한 것임을 그들이 믿기 위해서는 저우언라이가 몸소 보장을 하고 나서야 했다.

군사 위원회 부위원장 예젠잉 원수는 마오쩌둥에게 중국의 전략 옵션을 분석해 달라고 요청받았던 네 장군 가운데 한 사람이었는데, 우리가 정오에 베이징 공항에 도착했을 때 우리를 영접했다. 인민 해방군이 새로운 중·미 외교를 지지한다는 상징적 제스처였다. 예젠잉 원수는 블라인드를 친 기다란 중국산 리무진으로 우리를 댜오위타이로 안내했다. 시내 서부에 담으로 둘러쳐진 공원 안에 있는 국빈관이었다. 또 예전에는 황제들이 낚시를 하던 호수이기도 했다. 예젠잉은 저우언라이 총리가 4시간 후면 국빈관으로 찾아와 영접하고 1차 회담을 갖게 될 터이니, 그때까지 대표단은 휴식을 취하라고 제안했다.

저우언라이가 우리를 찾아온다는 것은 상당한 예절을 뜻하는 제스처였다. 정상적인 외교 절차에 따르면, 방문하는 대표단이 초청국의 공공건물에서 영접을 받는 법이다. 특히 양측 우두머리의 의전 지위가 그처럼 큰 차이를 보일 때에는 더욱 그렇다.(총리인 저우언라이와 비교했을 때 안보 보좌관인 나의 의전 지위는 그보다 3단계 아래인 차관보와 같았다.)

우리는 중국 측이 도저히 상상할 수 없으리만치 여유작작한 스케줄을 짜 놓았다는 사실을 곧 알게 되었다. 마치 20년 이상의 고립에서 살아남았는데, 이제 실질적인 합의에의 도달을 굳이 서두를 필요가 어디 있느냐는 식이었다. 우리는 베이징에서 정확하게 48시간 동안 체류할 계획이었다. 파리에서 열릴 베트남 관련 회담에 참석하기로 되어 있어서, 우리는 체류 기간을 연장할 수도 없었고, 우리를 베이징까지 데려다 준 파키스탄 대통령 전용기의 스케줄도 우리의 통제 밖에 있었다.

그런데 우리 일정을 보니, 저우언라이 총리의 도착 전에 가진 휴식 외에도 4시간 동안의 자금성 방문까지 잡혀 있는 게 아닌가! 우리한테 주어진 시간 중 8시간은 이미 다른 일에 배정되어 있었다. 나중에 알고 보니 저우언라이는 다음 날 저녁, 북한에서 온 정치국 위원과의 회담을 재조정할 수가 없어서(혹은 우리의 비밀 방문을 공개하기 싫어서 재조정하지 않았기 때문에) 우리를 만날 수 없게 되었다. 2박 일정 가운데 모두 16시간을 취침 시간으로 배정한다고 가정하면, 20년간 딱히 외교적 접촉도 없이 전쟁 혹은 거의 전쟁 상태에 있었던 두 나라 사이에 처음으로 개최될 대화를 위해서 고작 24시간이 남을 뿐이라는 얘기였다.

실제로는 단지 두 차례의 공식 회담만이 가능했다. 우리가 도착한 날 오후 4시 30분부터 11시 20분까지의 7시간, 그리고 다음 날 정오부터 6시 30분경까지의 6시간 정도였다. 첫 번째 회담은 영빈관에서 열렸는데, 중국의 자만심 때문에 미국이 주최자 자격으로 임했다. 그리고 두 번째 회담은 인민 대회당에서 중국이 우리를 영접하는 식으로 열렸다.

누가 봐도 뚜렷한 중국의 냉담한 태도는 일종의 심리적 압박이라고 풀이할 수 있을 것이다. 물론 우리가 아무런 진전도 없이 떠났다면, 나의 미션을 그 어느 각료와도 논의한 바가 없었던 닉슨 대통령은 곤란한 상황에 빠졌을 것이다. 그러나 2년 동안의 중국 외교에서 계산한 것이 정확하다면, 마오쩌둥에게 닉슨을 초청하지 않을 수 없게 만들었던 그 긴박한 사정은 미국의 베이징 사절단을 소홀히 대함으로써 해결 불가능의 상황으로 변할 수도 있었다.

따라서 대치 상황은 양쪽 모두에게 말이 되지 않았다. 우리가 바로 대치 상황 때문에 베이징에 오지 않았던가 말이다! 닉슨은 베트남을 넘어 미국의 시야를 넓히고자 했다. 또 마오쩌둥의 결심은, 소련이 군사적으로 중국에 시비를 걸기 전에 망설이지 않을 수 없도록 만들겠다는 것이었다. 양쪽 모두 협상에 실패할 여유가 없었다. 거기에 무엇이 걸려 있는지를 잘 알고 있었기 때문이다.

참으로 보기 드문 공생(共生)의 분석으로 인해 양측은 모두 상대방이 국제 질서라는 것을 어떻게 인지하는지 애써 탐구하는 데 대부분의 시간을 사용하기로 결심했다. 지금까지 적대적이었던 두 나라의 외교 정책이 과연 조화를 이룰 수 있을까? 그것을 알아보는 과정의 시작이 우리 방문의 궁극적 목표였다. 경우에 따라 외교 실무진의 대화가 아니라 국제 관계 교수 두 명이 나누는 대화처럼 들리는 사실상 개념적 대화가 실용 외교의 마지막 형태였다.

1954년의 제네바 회담에서 존 덜레스 국무 장관이 저우언라이와의 악수를 거부했던 적이 있었고, 그게 무슨 대수냐고 중국이 수시로 항의를 표했지만 어쩔 수 없이 가슴에 사무친 모욕이었던지라, 총리가 도착했을 때 우리가 나눈 악수는 상징적인 제스처였다. 적어도 닉슨이 중국을 방문하여 만인이 보는 가운데 악수를 되풀이하기까지는 상징적이었다. 어쨌든 그다음 우리는 회의실로 옮겨, 당구대처럼 녹색 천이 깔린 테이블을 사이에 두고 마주 앉았다. 여기서 미국 대표단은 마오쩌둥의 곁에서 함께 일하며 거의 반 백 년의 혁명과 전쟁과 혼란과 외교 전술을 몸소 겪었던 독특한 인물을 처음으로 직접 만나게 된다.

저우언라이

　60여 년의 공직 생활에서 나는 저우언라이보다도 더 강렬한 인상을 준 사람을 만난 적이 없었다. 키는 작지만 우아한 자태며 표정이 풍부한 얼굴에 번득이는 눈빛으로, 그는 탁월한 지성과 품성으로 좌중을 압도했으며 읽을 수 없는 상대방의 심리를 꿰뚫어 보았다. 내가 처음 그를 만났을 때, 그는 22년 동안 총리직을 수행해 온 터였고, 40년간 마오쩌둥의 참모로 일했다. 주석의 방대한 어젠더를 위한 자료를 만들었던 사람들과 마오쩌둥 사이에서 그는 빠질 수 없는 핵심 중재자가 되었으며, 마오쩌둥의 광대한 비전을 구체적인 프로그램으로 옮기기도 했다. 동시에 그는 그런 마오쩌둥의 비전이 지닌 극단성을 (적어도 마오쩌둥의 열성에 절제의 가능성이 보일 때마다) 완화시켜 주었기 때문에 많은 중국인이 그에게 감사를 표해 왔다.

　지도자들 사이의 차이점은 그들 성격에 반영되어 있었다. 마오쩌둥은 어떤 모임이든 휘두르고 지배하는 편이었고, 저우언라이의 인성은 모임 속으로 스며드는 편이었다. 마오쩌둥의 열정은 반대를 압도하려고 애썼지만, 저우언라이의 지성은 반대를 설득하거나 허를 찔렀다. 마오쩌둥은 냉소적이었지만, 저우언라이는 좌중을 파고들었다. 마오쩌둥은 스스로를 철학자로 생각했고, 저우언라이는 자신의 역할이 관리 혹은 협상이라고 보았다. 마오쩌둥은 역사에 가속 페달을 밟으려고 안달이었지만, 저우언라이는 역사의 흐름을 이용하는 데 만족했다. 그가 종종 반복했던 말은 "마오쩌둥 주석은 시대의 흐름을 타야 한다."라는 것이었다. 두 사람이 같이 있을 때는 말할 것도 없이 위계의 차이가 있었다. 그러나 단순히 공식적인 의미에서뿐 아니라, 좀 더 깊게는 저우언라이의 놀랍도록 겸손한 행동이란 측면에서도 그러했다.

후일 저우언라이는 마오쩌둥의 일부 관행을 거부하지 않고 완화시키는 데 정신을 쏟았다고 해서 비난을 받았다. 미국 대표단이 그를 만났을 때, 중국은 이제 문화 혁명의 터널을 빠져나왔던 터였다. 그는 코즈모폴리턴인 데다 해외에서 교육을 받아 서구와의 실용적 교류를 옹호했으니 말할 것도 없이 탄핵 대상이었다. 그는 과연 문화 혁명을 가능케 했던 인물일까, 아니면 브레이크를 건 인물이었을까? 물론 저우언라이의 정치적 생존법에는, 당연히 개인적으로 싫어했을 정책의 실행을 위해 자신의 관리 또는 행정 기술을 빌려 주기도 했을 것이다. 그러나 어쩌면 바로 이것 때문에 1960년대 당시의 모든 지도자가 겪었던 숙명인 숙청을 피해 갈 수 있었는지도 모른다.(그러다 그 역시 점차 공격을 당했고 결국 1973년 공직에서 사실상 밀려나고 말았다.)

제후를 돕는 모신(謀臣)은 사태를 변화시킬 수 있는 능력이란 혜택과 어느 정책에 대한 자신의 반대가 수면으로 떠오르는 경우에 배척당할 가능성 사이의 균형을 잘 잡아야 하는 딜레마에 종종 처한다. 제후의 지배적인 행동 방식을 수정할 가능성은, 그의 정책에 동참하는 도덕적 책임과 어떻게 대비되는가? 지금 당장 절대적임을 주장하는 것과 오랜 시간에 걸친 미묘한 차이 요소를 어떻게 비교할 것인가? 온건한 동향의 누적된 영향과 야심만만한(그리고 틀림없이 실패하고 말) 제스처의 누적된 영향 사이의 균형은 어떻게 잡을까?

덩샤오핑은 자신과 가족이 상당히 고통을 겪었던 문화 혁명 당시 저우언라이가 수행했던 역할을 평가하면서, 이러한 여러 가지 딜레마의 핵심으로 곧장 파고들었다. "총리가 없었더라면 문화 혁명은 훨씬 더 고약했을 것이다. 또한 총리가 없었더라면 문화 혁명은 그토록 오랫동안 질질 끌지도 않았을 터이다."[1] 덩샤오핑은 적어도 공개적으로 저우언라이를 대신하여 이런 이슈들을 정리했던 것이다. 덩샤오핑은 추방 상태에서 복귀한 뒤인 1980년 이탈리아 저널리스트 오리아나 팔라치와 인터뷰에서 이렇게 말했다.

저우언라이 총리는 평생을 두고 불평불만 없이 열심히 일했던 사람이다. 그는 일생 동안 하루에 12시간꼴로 일했고, 16시간 이상 일한 적도 더러 있었다. 우리는 상당히 오래전에, 그러니까 우리는 1920년대 노동 학업 프로그램으로 프랑스에 있을 때, 서로 알게 되었다. 나는 그를 항상 형처럼 우러렀다. 우리는 거의 같은 때 혁명의 길로 접어들었다. 그의 동지들이나 다른 모든 이는 그를 진심으로 존경했다. 우리 모두가 녹다운되었던 '문화 혁명' 기간 중에 다행히 그는 살아남았다. 당시 그는 극도로 어려운 입장에 처했고, 하지 않았더라면 좋았을 일을 많이 했노라고 말했다. 그러나 사람들은 그를 용서했다. 그가 그런 일들을 행하고 말하지 않았더라면 그 역시 살아남지 못했을 것이고 손실을 줄여 주었던 완화의 역할도 수행하지 못했을 것이기 때문이다. 그는 상당히 많은 사람들을 보호해 줄 수 있었다.[2]

서로 어긋나는 견해들이 사람들에게 전해졌고, 저우언라이의 정치적 생존이라는 절박함에 대한 덩샤오핑의 최종 평가에 모든 분석가들이 다 동의하는 것은 아니다.[3]

내가 저우언라이와 함께 일을 해 보니, 그의 섬세하고 민감한 스타일은 예전에는 적대적이었던 두 강대국 사이의 새로운 관계에서 드러난 많은 함정을 극복하는 데 큰 도움이 되었다. 중·미 화해는 냉전의 전략적 측면으로 시작되었고, 새로운 지구촌 질서의 진화를 위해 중심적 위치로 발전했다. 우리 중 어느 누구도 상대의 기본 신념을 바꾸겠다는 따위의 환상을 갖지 않았다. 바로 그런 환상이 없었기 때문에 우리의 대화는 수월하게 진행되었다. 그러나 우리는 공동의 목표를 또렷하게 밝혔고, 그 목표는 우리 두 사람이 그 직책에서 물러난 이후에도 계속 유효했다. 그거야말로 정치인이 요구할 수 있는 가장 높은 보상이 아니겠는가!

어쨌든 저우언라이와 내가 녹색 천을 씌운 테이블에 둘러앉아 화해의 시작이 정말로 가능하기나 한지를 탐색하고 있을 때, 그 모든 것은 여전히 먼 미래의 일이었다. 저우언라이는 나에게 주빈으로서 회의를 시작하는 한마디를 해 달라고 청했다. 나는 두 나라를 분리시키고 있는 이슈들을 자세하게 언급하지 않고, 오히려 중·미 관계의 진화를 철학적 관점에서 조망하자고 다짐했다. 나는 다소 미사여구를 섞어 가며 첫 마디를 시작했다. "이미 많은 방문객이 이 아름다운 나라, 그리고 우리에게는 신비한 나라를 찾았습니다……." 바로 그때 저우언라이가 끼어들었다. "이제 그렇게 신비하지는 않다는 걸 곧 아시게 될 겁니다. 우리 나라와 좀 더 익숙해지시면 예전처럼 신비하지는 않을 것입니다."[4]

서로의 신비를 풀어 나가는 것은 우리의 과제를 규정하는 좋은 방법이었다. 하지만 저우언라이는 그보다 한걸음 더 나아갔다. 20년 만에 처음 대하는 미국 사절단에게 던진 첫 번째 코멘트에서 그는, 우호 관계를 회복하는 것이 장래 양국 관계의 주된 목적이라고 말했다. 미국 탁구 팀과 만났을 때 이미 했던 얘기였다.

3개월 뒤 내가 중국을 두 번째 방문했을 때, 저우언라이는 마치 우호 관계가 이미 기정사실인 것처럼 우리 일행을 맞아 주었다.

자, 겨우 두 번째 만남이지만 저는 벌써 제가 원하는 걸 스스럼없이 말하고 있습니다. 당신과 (윈스턴) 로드 씨는 이런 데 익숙하겠지만, 내 비서 매슈스 양이나 우리의 새 친구 분은 (내 무관인 존 하우 사령관을 가리키며) 그렇지 못하지요. 여러분들은 아마도 중국 공산당이 머리 셋에 팔이 여섯 개나 달린 괴물이라고 생각했을 겁니다. 하지만 보세요, 저도 여러분이랑 똑같아요. 여러분이 합리적으로 대화할 수 있고, 솔직하게 이야기를 나눌 수 있는 사람이랍니다.[5]

1973년 2월 나를 자신의 서재로 영접하면서 마오쩌둥 또한 동일한 요지의 말을 했다. "미국과 중국은 한때 '적국'이었지만, 지금 우리는 양국의 관계를 우호라고 말합니다."[6]

하지만 그런 우정의 인식은 옹고집에다 감정이 결여되어 있었다. 중국 공산당 지도부는 예로부터 전해오는 '야만인 다루기'의 잔재를 여전히 지니고 있었다. 그 접근법에서 상대방은 '오랜 친구'로서 '중국 클럽'에 가입했기 때문에 우쭐해진다. 동의를 해 주지 않으면 복잡해지고, 맞서 대치하면 아주 고통스러워지는 태도가 아닐 수 없다. 그들이 미들 킹덤 외교를 실시할 때, 중국 외교관들은 교묘한 수를 써서 중국이 선호하는 바를 상대방이 제안하도록 만든다. 그렇게 되면 그냥 묵인해 주는 것이 마치 상대방에게 무슨 혜택이나 베푸는 것처럼 보일 수 있기 때문이다.

동시에 개인적 관계를 중시하는 것도 전략의 수준을 넘어선다. 국제적 이슈에서는 뚜렷한 해법 하나하나가 통상 연관된 새로운 여러 가지 문제로 들어가는 입장권이라는 것을 중국 외교는 수천 년의 경험에서 터득했다. 그래서 중국 외교관들은 관계의 지속성을 하나의 중요한 임무로 간주하고, 어쩌면 그들에게는 관계를 지속하는 것이 공식 문서보다도 중요했다. 이와는 대조적으로 미국 외교는 이슈를 잘게 쪼개, 그 자체로 취급하는 독립적인 단위로 나누는 경향이 있다. 그 가운데 미국 외교관들 역시 개인 간의 관계를 소중히 여긴다. 다만 차이가 있다면 중국 지도자들이 '우정'이라는 것을 개인의 인품보다는 오히려 장기적인 문화-민족-역사의 유대 관계와 연관 짓는 반면, 미국 지도자들은 그들이 상대하는 사람들의 개인적인 인품을 강조한다는 점이다. 중국인들은 우정을 맹세할 때 보이지 않는 것을 배양함으로써 장기적인 관계를 위한 영속성을 추구한다. 미국인들은 사회적 접촉을 강조함으로써 진행되는 활동을 수월하게 만들려고 노력한다. 또한 중국 지도자들은 친구를 버리지 않는다는 명성을 위해서라면 약간의(한계는 있겠지만) 대가도 기꺼이 치른다. 닉슨이 대통령직에서 물러난 직후 여기저기서 외면당할 때 마오쩌둥이 그를 초청했던 경우가 바로 그런 예이다. 다나카 가쿠에이 일본 수상이 스캔들로 인해 1974년에 하야했을 때도 똑같은 제스처를 보여 주었다.

내가 1971년 10월 중국에 머무는 동안 저우언라이와 주고받은 대화는 중국인들이 눈에 보이지 않는 것들을 얼마나 중요시하는지를 잘 보여준다. 나는 대통령 순방을 위한 사전 준비 팀을 제안하면서, 처리해야 할 실질적 이슈가 너무나 많기 때문에 기술적 문제점이 방해가 되도록 방치하지 않을 것이라고 보장해 주었다. 그러자 저우언라이는 나의 업무적인 포인트를 문화적 패러다임으로 바꾸는 답을 했다. "맞아요. 상호 신뢰와 상호 존중, 이게 중요한 두 가지 포인트죠." 나는 기능성을 강조했고, 저우언라이는 전후 맥락에 방점을 찍은 것이다.

중국 지도자들이 수시로 일깨워 주는 한 가지 문화적 특성은 역사를 보는 관점이었다. 즉 서구와는 달리 다른 범주로 나누어 시간을 생각하는 능력, 아니, 그런 필요성이랄까. 중국의 한 지도자가 무엇을 성취하든, 그것은 사회의 전체 경험 중에서 세계의 그 어떤 지도자보다도 더 작은 일부분을 대표하는 시간의 틀 안에서 이루어진다. 중국 역사의 시간과 규모 때문에, 중국 지도자들은 거의 무한한 역사의 책임을 이용하여 상대방의 마음에 어느 정도의 겸손함을 불러일으킨다.(설사 무엇을 역사라고 내놓느냐 하는 것은, 종종 형이상학적 해석에 의해서 규정된다 할지라도 말이다.) 대화 상대가 외국인인 경우는, 자신이 자연의 길을 거역하고 있다는 느낌, 자신의 행동이 장대한 중국 역사에서 하찮은 일탈로 기록될 숙명이라는 느낌이 들 수 있다.

우리가 베이징에 도착했을 때 저우언라이는 우리와의 첫 번째 대화에서 중국 역사보다도 더 긴 역사를 미국에게 부여하려는 용감한 시도를 했다. 일종의 환영 선물이었다. 그러나 바로 다음 문장에서 그는 고리타분한 옛 관점으로 돌아갔다.

미국과 중국은 태평양을 사이에 두고 있으며, 미국은 200여 년의 역사를, 중국은 '뉴 차이나'를 설립하면서 이제 겨우 22년의 역사를 갖고 있다. 따라서 우리는 귀국보다도 더 젊다. 우리의 오랜 고대 문화를 이야기하자면, 어느 나라든 고대 문화를 보유하고 있다. 미국과 멕시코의 경우 인디언, 남미의 경우 잉카 제국이 있다. 그들의 역사는 중국보다도 훨씬 더 길다. 그들의 기록이 남아 있지 않은 것은 참으로 유감스러운 일이다. 중국의 오랜 역사에 관해서는 한 가지 좋은 점이 있으니, 바로 우리의 문자이다. 여러 가지 역사적 유물로 보건대 4000년의 유산이 담겨 있다. 이것은 우리 민족의 통일과 발전을 위해 유익한 일이다.[7]

모든 정황을 감안하면 저우언라이는 국제 관계에 대한 새로운 접근법을 개략적으로 설명하려는 것이었다. 그러면서 유교하에서 진화해 왔고 이제 공산주의의 덕택으로 불리는 특별한 도덕적 품격을 주장하는 것이었다.

기회가 있을 때마다 마오쩌둥 주석은 우리가 절대로 슈퍼파워가 되지는 못할 것이라고 이야기했다. 우리가 추구하는 바는 대소를 막론하고 모든 나라가 동등하게 되는 것이다. 단순히 두 나라 간의 평등 문제가 아니다. 물론 우리 두 나라가 동등한 기반에서 협상을 하고 견해를 나누며, 우리의 차이점을 솔직히 드러낼 뿐 아니라 공통된 점도 찾으려고 애쓴다면, 바람직한 일이다. 국제 무대에서 비교적 오랜 기간을 두고 진정으로 긴장 완화를 이룩하기 위해서는, 누구나 평등이란 기반 위에서 서로를 대해야 한다. 물론 말처럼 쉬운 일은 아니다.[8]

마키아벨리라면 이렇게 주장했을 것이다. 보장은 필요하지만 그걸 구하는 데 망설이는 나라에게는 우선 전반적인 명제를 추구한 다음 그것을 각각의 경우에 적용하는 편이 국익에 부합되는 일이라고 말이다. 중국은 아무리 강력해지더라도 전통적인 권력 개념을 피해 가는 국제 문제에 대해서는 중국만의 독특한 접근법을 유지할 것이라고 저우언라이가 주장했던 이유도 바로 그것이었다.

우리는 중국이 강대국이라고 생각지 않는다. 우리가 경제를 발전시키고는 있지만, 다른 나라들에 비하면 상대적으로 뒤처져 있다. 물론 귀국의 대통령도 중국이 향후 5~10년 내에 빠른 속도로 발전할 거라고 언급했다. 우리는 그렇게 빨리 될 것으로 생각지는 않지만, 그래도 온갖 방안을 동원해서 목표를 높게 잡고 우리의 사회주의 구조를 좀 더 훌륭하고, 좀 더 빠르고, 좀 더 경제적인 방법으로 발전시켜 나갈 것이다.

우리 대답의 두 번째 부분은 이렇다. 우리 경제가 한 단계 올라서더라도 우리는 여전히 스스로를 강대국으로 간주하지 않고 강대국의 반열에 애써 들어가려고 하지도 않을 것이다.[9]

중국은 모든 나라의 평등이라는 명제를 추구해 왔는데, 이는 '미들 킹덤'으로 묘사되던 중국의 제국주의 역사로부터의 이탈을 의미했을 터이다. 동시에 그것은 중국이 잠재적인 위협이라든지, 그래서 그걸 상쇄시키는 힘이 필요하진 않을 거라는 보장을 미국 측에 제공하는 방법이기도 했다. 중국은 국제 무대에서 권력의 주장을 초월하는 규범에 바탕을 두고 행동한다는 원칙을 세웠는데, 이는 공자에게로 거슬러 올라간다. 새로운 관계의 기초로서 시험대에 오르는 것은, 그러한 규범이 혼란기의 압력과 양립할 수 있는가 하는 것이다.

비밀 방문의 근저에 깔린 과제는, 최초의 회담을 하나의 과정으로 변환시키기에 충분한 자신감을 확립하는 일이었다. 거의 언제나 이 고위급 외교 회담은 일상의 이슈라는 덤불숲을 헤치고 나가면서 시작된다. 우리 비밀 방문의 특이한 측면은, 지난 20년간 아무런 접촉도 없었던 상황인지라 헤치고 나가야 할 일상의 문제들이 없다는 점이다. 예외가 있다면 타이완과 베트남이었는데, 단기간에는 해결 불가능한 것으로 인식했다. 문제는 어떻게 그것들을 옆으로 치워 놓느냐 하는 것이었다.

이 두 가지 이슈는 이례적이었다. 정확히 기억하기는 어렵지만 1971년 미국은 베이징을 중국의 수도로 인정하지 않았다. 중국과 미국은 상대방 수도에 외교관도 없었고, 서로 직접 의사소통을 할 수 있는 방법도 없었다. 주중국 미국 대사는 타이베이에 파견되었고, 주미 중국 대사는 타이완을 대표하고 있었다. 베이징에는 미국 외교관이나 관리가 한 명도 배치되지 않았다.(연락 사무소조차 18개월 이후가 되어서야 개설되었다.)

두 번째로 이례적인 일은 베트남전이었다. 중국 국경에서 중국의 맹방을 상대로 미국이 치르고 있는 전쟁을 중국 측이 이해하도록 만드는 것이 내가 맡은 임무 중의 하나였다. 내가 베이징에 와 있다는 사실 자체가 하노이에게는 심각한 타격이며, 그들이 고립되어 있다는 인상을 짙게 만든다는 사실을, 나나 저우언라이나 잘 알고 있었다. 하지만 우리는 절대 이런 식으로 그 이슈를 논의하지 않았다.[10]

타이완 이슈는 두 나라 국내에 만연한 태도 속에 깊이 각인되어 있었으며, 지금까지 외교적 움직임을 억눌러 왔던 두 가지 전제 조건에 의해서 규정되었다. 베이징의 입장은 '단 하나의 중국' 원칙을 미국이 수용하지 않고서는 어떤 진전도 이룰 수 없다는 것이었다. 미국의 전제 조건은 중국이 타이완 이슈의 평화적 해결을 공약해야만 그다음에 미국도 논의하겠다는 것이었다.

어젠더에 관한 첫 번째 의견 교환에서 저우언라이는 '고르디우스의 매듭'을 잘라 버렸다. 회담이 열리기 전의 대화에서 그는 양측 모두 어떤 주제라도 자유롭게 제기하자는 원칙을 이미 수용했지만, 우선 타이완 이슈를 논의하고 아마도 해결까지 할 필요가 있다는 조건만큼은 포기하지 않았다. 첫 회담에서 저우언라이는 내가 제안할 수 있는 어떤 토의의 시퀀스도 모두 환영하겠다는 뜻을 내비쳤다. 다시 말해서 타이완 이슈를 먼저 논의할 필요도 더는 없고, 하물며 해결해야 할 필요는 더더욱 없다는 얘기였다. 그는 또한 역방향의 연계도 흔쾌히 수락했다. 즉 타이완과 관련한 이슈의 해결을 인도차이나 같은 다른 이슈의 해결에 종속시켜도 좋다는 것이었다.

키신저: 총리께서는 회의를 어떻게 진행시키고자 하시는지 묻고 싶습니다. 두 가지 중 하나를 택할 수 있는데, 각자가 우리와 연관된 문제들을 언급하고 그에 대한 대답은 나중으로 미루거나, 아니면 하나씩 이슈를 제기하고 해결하는 수도 있습니다. 어느 편이 좋으신지요?

저우언라이: 당신의 의견은 어떻습니까?

키신저: 저는 딱히 의견이 없습니다. 한 가지 가능한 방법은 저우언라이 총리께서 타이완에 대한 견해를 표명하셨으니, 우리가 인도차이나에 대한 견해를 말할 수 있습니다. 그다음 제가 총리 견해에 대한 우리의 반응을 이야기해 줄 수 있고, 총리께서 우리의 인도차이나에 대한 견해에 응답해 줄 수 있을 것입니다. 아니면 각각의 이슈를 하나씩 차례로 취급할 수도 있습니다.

저우언라이: 어떤 방법이든 당신이 결정하십시오. 마음에 드는 것을 말해도 좋습니다. 먼저 타이완 이야기를 하든, 인도차이나 이야기를 하든, 혹은 함께 하든 상관없습니다. 어쨌든 그 둘은 서로 연결된다고 생각할 테니 말입니다.

키신저: 어느 정도는 연결된다는 게 제 생각입니다.[11]

결국 우리는 인도차이나 전쟁의 해결에 따라서 미군을 타이완에서 철수하는 것으로 합의를 보았다.

첫날 장시간의 최초 논의에서 또렷하게 밝히기도 했지만 타이완에 대한 저우언라이의 실질적 입장은 우리가 익히 아는 바였다. 136차례의 바르샤바 회담에서 들어 왔던 것이니까. "미국은 중화인민공화국을 중국의 유일한 합법 정부로 인정하고, 일체 예외를 두지 않아야 하며, 타이완이 중국의 분리될 수 없는 일부분임을 받아들여야 한다."[12]

'사태의 자연스러운 논리'로 보건대 미국은 '제한된 기간 내에 타이완 및 타이완 해협으로부터 모든 군대를 철수시키고 모든 군사 시설을 해체'하지 않을 수 없었다.[13] 이런 과정이 전개되면서 결국 베이징이 그 합법성을 인정하지 않는 미국-타이완 방위 조약은 '계속 존재할 수 없을' 터였다.[14]

우리가 중국을 비밀리에 방문할 즈음, 중국이 처한 상황의 본질에 관해서 베이징과 타이베이 사이에는 아무런 차이도 없었다. 양쪽 모두 '하나의 중국' 원칙을 고수했고, 타이완 당국도 독립을 위한 소요를 금지했다. 따라서 미국으로 보면 '하나의 중국' 원칙에 동의하는 것이 이슈가 아니라, 미국 내 필요성에 따라 줄 수 있는 타임 프레임 속에서 베이징을 통일 중국의 수도로 인정해 줄 것이냐가 이슈였다. 미국이 순서대로 '하나의 중국' 개념을 수용해 나가는 민감한 과정은 우리의 비밀 방문으로 시작되었다. 그리고 중국은 그 개념을 실행하는 타이밍에 융통성을 보였다. 두 정당(공화당과 민주당) 출신의 미국 대통령들은 계속해서 '균형 잡기'를 능숙하게 추구했다. 그들은 베이징과의 관계를 점진적으로 심화하는 한편, 타이완의 경제와 민주주의가 번영할 수 있는 환경을 만들어 주었다. 중국 지도자들 또한 '하나의 중국' 인식을 줄곧 고집스럽게 주장하면서도, 파국으로 몰고 가지는 않았다.

즉각적인 공약은 하지 않되 어느 모로 보나 긴박하다는 의미에서, 베트남에 관해 저우언라이가 따랐던 패턴은 타이완에 대해 내가 따랐던 패턴과 똑같았다. 저우언라이는 나의 프레젠테이션을 경청한 다음, 예리한 질문을 던졌다. 하지만 그는 협박은 고사하고 도덕적인 압박조차도 하지 않았다. 그는 중국이 베트남에 대해 어떤 지원을 하든, 거기에는 이념이나 전략 차원이 아닌 역사적 기원이 있다고 설명했다. "그들에게 빚을 진 것은 우리 조상이었다. 우리가 낡은 체제를 뒤엎었기 때문에 해방 이후로 우리에게는 아무런 책임이 없다. 하지만 여전히 그들에 대해서 깊고 충만한 연민의 정을 느낀다."[15] 물론 연민의 정이 정치적, 군사적 지원은 아니었다. 그것은 중국이 군사적으로 개입한다든지 우리를 외교적으로 압박할 의사가 없다는 뜻을 전하는 세심한 방식이었다.

둘째 날 인민 대회당에서의 오찬에서 저우언라이는 갑자기 문화 혁명이란 이슈를 들고나왔다. 의심의 여지없이 우리는 바깥에서 관측했지만, 이제 중국과 미국의 지도자들이 만날 수 있는 데까지 중국을 이끌어 온 여정을 손님들이 이해해 주었으면 좋겠다고 말했다.

마오쩌둥은 공산당을 정화하고 관료적 구조를 타파하려고 애썼다는 게 저우언라이의 설명이었다. 그 목적을 위해 그는 당과 정부 외부의 조직으로 홍위병을 만들었고, 그들의 임무는 체제를 진정한 이념과 이념적 순수성으로 되돌리는 것이었다. 그런데 뚜껑을 열고 보니, 여러 홍위병 부대들이 점차 독자적이며 양립할 수 없는 정책을 추구함에 따라, 그 결정은 혼란을 야기했다. 저우언라이의 설명에 따르면, 확산되고 있던 혼란 속에서 스스로를 보호하기 위해 끝내 여러 조직이나 심지어 여러 지방이 자체적으로 홍위병 부대를 만들어 내는 상황에 이르고 말았다. 이렇게 생긴 홍위병 분파들이 서로 싸워 대는 꼴은, 공산주의 신념이라는 보편적 진리와 통일 중국에 대한 믿음으로 자라온 민족에게 참으로 커다란 충격이었다. 이 시점에서 마오쩌둥 주석은, 관료주의를 타파하고 국가의 신념을 명백하게 밝히는 데 중국이 전반적으로 진척을 이루었으니 인민 해방군에게 질서를 회복하도록 지시했다.

이런 이야기를 하면서(물론 마오쩌둥의 지시에 따라서 그렇게 했겠지만) 저우언라이는 미묘한 입장에 놓여 있었다. 그는 문화 혁명으로부터 자신을 멀리 떼 놓으려는 의도가 역력했지만, 나중에 기록을 읽게 될 마오쩌둥에게는 여전히 충성심을 견지하려고 했다. 그때 나는 저우언라이가 말하려는 요지를 "다음과 같이 제한된 지지를 표명함으로써 마오쩌둥으로부터 어느 정도 거리를 두겠다는 것"으로 스스로 요약했다. 문화 혁명 중에 상당한 혼란이 있었다. 홍위병들은 한때 저우언라이를 사무실에 가두기도 했다. 다른 한편 저우언라이는 혁명에 새로운 활기를 불어넣을 필요성을 깨달았던 마오쩌둥처럼 원대한 시각을 갖지 못했다.[16]

20년 만에 처음으로 미국에서 찾아온 대표단에게 어찌 그런 이야기를 해 준 것일까? 왜냐하면 관계 정상화를 넘어서서 우리의 상대방이 우정이라고 했던 것으로 나아가는 것이 목적이었기 때문이다. 그러나 정확히 표현하면 전략적 협력이라고 해야 할 관계이다. 그러기 위해서는 중국을 자체적인 혼란을 극복했고 따라서 믿을 만한 나라라고 규정하는 것이 중요했던 것이다. 문화 혁명을 잘 헤치고 나온 중국은 하나 된 나라로서 어떤 외부의 적이라도 상대할 수 있으며, 따라서 소련의 위협에 대해서도 파트너가 될 수 있음을 저우언라이는 암시했다. 사실 뒤이어 열린 공식 회담에서 저우언라이는 이 주제를 노골적으로 밝혔다. 이 공식 세션은 인민 대회당 내 푸젠 홀에서 열렸는데, 대회당 안의 홀은 각 성의 이름을 따서 지었다. 베이징과 타이베이의 행정 구역상 푸젠은 타이완과 연안 도서들이 속해 있는 성이다.[17] 저우언라이가 애서 상징을 구사하려 한 것은 아니었고, 미국 사절단도 무시했다.

저우언라이는 설사 생각할 수 있는 모든 적이 힘을 모아 중국에 덤벼들더라도, 저항하리란 것을 개략적으로 설명하면서 회의를 시작했다.

여러분은 철학 이야기를 좋아합니다. 최악의 철학은 중국이 다시 분할되리라는 것입니다. 소련이 황허 강 이북의 모든 지역을 점령하고, 미국이 양쯔 강 이남의 모든 지역을 차지한 가운데, 여러분은 힘을 합칠 수 있으며, 이 두 개의 강 사이에 있는 동부 지역은 일본의 몫으로 남겨 둘 수도 있을 것입니다……

만약 그런 대규모 전술이 일어난다면, 중국 공산당과 마오쩌둥 주석은 무슨 준비가 되어 있겠습니까? 우리는 장기 투쟁과 최후의 승리를 위해서 인민 전쟁으로써 장기간 저항할 태세는 갖추어져 있습니다. 이것은 시간을 요하는 일이고 물론 우리는 생명을 희생하지 않을 수 없겠지만, 그래

도 우리가 고려해야 하는 것은 바로 이것입니다.[18]

　최근 중국의 역사 해설에 의하면, 마오쩌둥은 저우언라이에게 "비록 천하 만물이 엄청난 혼란 속에 있지만, 그래도 상황은 멋지다."[19]라고 '자랑할 것'을 구체적으로 지시했다. 마오쩌둥은 소련의 공세를 우려했지만, 걱정을 겉으로 드러낸다든지 하물며 도움을 청하는 듯한 모습을 보이기는 싫었다. 천하 만물이 혼란이라는 것은, 미국의 확고한 태도를 촉구함에 있어 우려를 내비치지 않으면서 미국의 확고한 태도를 이끌어 내는 그 나름의 방식이었다. 즉 상상할 수 있는 최대의 위협을 보여 주고, 동시에 그런 위협조차도 저항할 수 있는 중국의 불굴의 용기도 함께 보여 주는 것이다. 미국 정보기관의 그 어떤 예상도 그와 같은 재앙과도 같은 사태를 상상조차 하지 않았고, 미국의 그 어떤 정책 입안자도 그처럼 글로벌한 대치 국면을 고려하지 않았다. 하지만 그렇게 폭넓게 이야기하면서도 구체적인 주된 우려, 즉 소련의 공격은 지적하지 않았고, 그로써 중국은 도움을 간청하는 모습을 보이지 않아도 되었다.

　저우언라이의 연설은 누가 봐도 노골적이었지만, 전략적 협력의 논의를 향한 섬세한 접근이었다. 대서양 지역의 경우 우리는 막 대두되고 있던 위협 아래 우방국과 동맹을 맺고 있었다. 그들은 구두 약속을 법적인 의무로 바꿈으로써 보장을 얻어 내려 했다. 그런데 중국은 정반대의 길을 택했다. 설사 핵 위협을 받더라도 혼자의 힘으로 우뚝 서서 자력으로 주요국들의 연합에 맞서고 장기적인 게릴라전을 펼친다는 것은 이후 10여 년 동안 중국의 단골 레퍼토리였다. 그 아래 숨어 있는 목적은 자립을 하나의 무기로 바꾸는 것, 동일한 인식에 바탕을 둔 상호 지원 방법으로 바꾸는 것이었다. 중국과 미국 사이의 호혜 의무는 법적인 서류에는 규정되어 있지 않지만, 공동의 위협을 바라보는 인식의 공유에 담겨 있었다. 중국은 외부의 지원을 요청하지는 않았지만, 인식을 공유한다면 지원은 자발적으로 생길 터였고, 도전을 바라보는 중국의 견해에 상대가 동의하지 않거나 동의를 중단하는 경우 지원은 필요치 않을 터였다.

둘째 날 세션이 끝나는 순간, 북한 주요 인사의 방문으로 저녁에 합류할 수 없게 된 저우언라이는(변경할 수 없는 우리 출국 예정 시간보다 약 18시간 전에) 닉슨 대통령의 방문이라는 이슈를 제기했다. 저우언라이와 나는 지나가는 말로 언급한 적은 있지만, 구체적인 언급은 피해왔다. 왜냐하면 우리 두 사람은 모두 제안했다가 거절당하는 경우라든가, 나서서 간청하는 것으로 비치는 것을 원치 않았기 때문이다. 마침내 저우언라이는 절차상의 한 가지 이슈인 것처럼 그 주제로 옮아가는 우아한 해결책을 택했다.

저우언라이: 방문을 발표하는 데 대해서 어떻게 생각하십니까?

키신저: 무슨 방문 말입니까?

저우언라이: 당신의 방문만 발표하는 게 좋겠습니까, 대통령의 방문도 넣는 게 좋겠습니까?

키신저: 저의 방문을 발표하면서, 마오쩌둥 주석이 닉슨 대통령을 초청했으며 닉슨 대통령도 이를 수락했다고 말하면 되지 않겠습니까? 원칙적으로든 아니면 일정한 시각을 정해서든 오는 봄에 방문할 것이라고 말입니다. 총리께서는 어느 편이 좋습니까? 내 생각에는 둘 다를 발표하는 게 더 유리할 것 같습니다만…….

저우언라이: 그러면 양측이 몇 사람을 정해서 발표문 초안을 잡도록 할 수 있을까요?

키신저: 네, 우리가 지금까지 논의한 대로 초안을 만들어야 하겠습니다.

저우언라이: 두 분의 방문 모두를.

키신저: 그렇게 하면 될 것입니다.

저우언라이: 그렇게 해 보도록 하지요. …… 저는 6시에 약속이 있고 10시는 되어야 끝날 것입니다. 저의 사무실을 마음대로 사용하시지요. 아니면 숙소로 돌아가 논의를 계속하셔도 좋습니다만…… 식사를 하시고 좀 휴식을 취한 다음 영화라도 한 편 보시지요.

키신저: 아, 그럼 10시에 만나기로 하십시다.

저우언라이: 좋습니다. 제가 숙소로 가겠습니다. 밤늦게까지 작업하게 될 것 같습니다.[20]

그러나 공동 성명서는 그날 밤 완성되지 못했다. 누가 누구를 초청했다고 말할 것이냐를 두고 교착 상태에 빠졌기 때문이다. 양쪽 모두 자기네보다 상대방이 안달이 난 것으로 보이고 싶어 했다. 우리는 타협안을 찾았다. 초안은 마오쩌둥의 승인을 얻어야 했는데, 마오쩌둥은 이미 잠자리에 든 다음이었다. 결국 마오쩌둥이 동의한 표현은 이랬다. 저우언라이가 "중국을 방문하고 싶다는 닉슨 대통령의 공공연한 열망을 익히 알고 있었던지라" 닉슨 대통령에게 초청을 했고, 대통령이 이를 "기꺼운 마음으로" 수락했다.

우리는 일요일인 7월 11일 오후 출발 시각이 거의 되어서야 닉슨 대통령 방문의 세부 사항 조율을 마치고 초안을 완료했다. "우리의 발표문이 나가면 온 세상이 깜짝 놀랄 겁니다." 저우언라이는 이렇게 말했고, 우리 대표단은 세상이 깜짝 놀라기 전까지의 흥분을 용케도 숨긴 채 귀국길에 올랐다. 나는 닉슨 대통령의 샌클레멘테 '웨스턴 백악관'으로 가 중국 방문 결과를 보고했다. 그러고 나서 7월 15일 LA와 베이징에서 동시에 우리들의 비밀 방문과 중국의 초청 사실을 발표했다.

중국에 간 닉슨: 마오쩌둥을 만나다

우리가 비밀리에 중국을 방문하고 7개월이 지난 1972년 2월 21일, 몹시 추운 날씨 속에 닉슨 대통령이 베이징에 도착했다. 뿌리 깊은 반공주의자인 닉슨에게는 승리의 순간이었다. 하나의 지정학적인 기회를 보았고 그 기회를 대담하게도 놓치지 않았기 때문이다. 이 날이 있기까지 만난(萬難)을 헤쳐 왔던 그 불굴의 용기와 이제 그가 시작하려고 하는 새 시대를 상징한다는 의미에서, 그는 전용기 에어포스 원을 혼자서 내려와 저우언라이를 만나고 싶어 했다. 예의 말쑥한 마오쩌둥 제복을 입은 저우언라이는 바람이 심한 활주로 위에 서 있었고, 군악대는 미국 국가 「별이 빛나는 깃발」을 연주하고 있었다. 덜레스의 거만한 무시를 말끔히 씻어 내는 상징적인 악수가 당당하게 나누어졌다. 그러나 역사적 사건이었음을 고려할 때, 분위기는 이상하리만치 조용했다. 닉슨의 자동차 행렬이 베이징 시내로 진입할 때, 거리에는 관중도 없이 말끔했다. 그리고 저녁 뉴스 시간에도 그의 도착은 맨 마지막에 소개되었다.[21]

상호 개방 자체는 혁명적이었지만, 최종 코뮈니케는 아직도 완전히 합의되지 않았다. 특히 타이완에 대한 핵심 부분이 말썽이었다. 축하하기에는 아직 시간도 무르익지 않았거니와, 축하의 모습은 세심하게 계획된 평정이라는 중국의 협상 태도도 약화시킬 수 있었다. 그뿐 아니라 중국의 동맹국인 베트남은 중국이 닉슨에게 자국민들을 결집시킬 수 있는 기회를 제공했다고 해서 단단히 화가 나 있었는데, 중국 지도자들은 이를 잘 알고 있었다. 숙적 미국의 대통령이 베이징에 버젓이 나타난 것을 공개적으로 밝혔다가는, 허약하기 짝이 없는 중국 · 베트남 관계에 큰 부담이 될 게 뻔했다.

우리를 초대한 주인들은 드러내 놓고 떠들지 못하는 대신, 닉슨이 도착한 지 몇 시간 만에 마오쩌둥과 회동할 수 있도록 초대해 주었다. 하긴, 마오쩌둥과의 회담이 열린 양상을 보면 '초대했다'는 말은 정확한 표현이 아니다. 약속이란 미리 조정되는 법이 없었고, 상황이 전개됨에 따라 즉흥적으로 이루어졌다. 황제가 알현을 허락하던 옛 습관의 반영이었다. 우리가 도착한 직후 접견실에서 나를 만나고 싶어 한다는 저우언라이의 전갈을 받았을 때, 마오쩌둥이 닉슨 대통령을 초청할 수도 있다는 암시를 처음으로 느꼈다. 그는 "주석께서 대통령을 만나고 싶어 하신다"는 정보를 주었다. 닉슨이 '불려 간다'는 인상을 주지 않기 위해서 나는 그날 만찬에서의 행사 진행에 관해 몇 가지 기술적인 이슈를 제기했다. 여느 때와는 달리 성마른 모습의 저우언라이는 이렇게 응답했다. "주석께서 초청하시는 거니까, 상당히 신속하게 만나고 싶으실 겁니다." 우리 방문의 첫 단계에서부터 닉슨을 접견함으로써, 마오쩌둥은 회담이 시작도 되기 전에 자신의 권위로써 이를 지지한다는 신호를 국내외에 보내고 있었던 것이다. 저우언라이의 안내로 우리는 중국산 자동차를 타고 마오쩌둥의 관저를 향해 출발했다. 미국 측 보안 요원의 동행을 일체 허락하지 않았고, 언론도 나중에야 이 소식을 통보받았다.

마오쩌둥의 관저는 아주 널찍한 대문을 통해서 들어가게 되어 있었다. 공산 혁명 이전에는 오랜 성벽이 서 있던 곳에서부터 새겨진 축이 동서로 달리고, 그 위에 대문이 설치되어 있었다. 황궁 내부에는 호수에 바짝 붙어 도로가 나 있고, 호수 양쪽에는 고위 관리들의 관저가 나란히 서 있었다. 모두 중·소 우호 시절에 지어진 건물들이라, 영빈관과 마찬가지로 당대 스탈린 양식의 영향을 받아 지어졌다.

마오쩌둥의 관저는 다른 건물들과 약간 떨어져 있었지만, 크게 달라 보이지는 않았다. 경비병이라든지 다른 권력의 부속물은 눈에 띄지 않았다. 작은 대기실에는 탁구대가 놓여 있었는데, 공간을 모두 차지하고 있었다. 하지만 우리는 곧바로 마오쩌둥의 서재로 안내되었기 때문에 상관없었다. 서재는 적절한 크기의 방으로, 3면에 늘어선 서가에는 많은 원고가 상당히 어지럽게 가득 차 있었다. 테이블은 온통 책으로 덮여 있는가 하면, 바닥에도 책이 쌓여 있었다. 그리고 구석에 아주 조촐한 나무 침대가 놓여 있었다. 전 세계에서 가장 인구가 많은 나라의 전지전능한 통치자는 인습적인 위풍당당함의 상징으로 자신의 권위를 지탱할 필요가 없는 '철인 왕(philosopher king)'으로 인식되고 싶어 했다.

반원을 그리고 있는 여러 개의 안락의자 한가운데에서 마오쩌둥이 몸을 일으켰다. 옆에는 수행원이 필요할 때 그를 부축해 주기 위해서 서 있었다. 나중에 들어서 알게 된 일이지만, 그는 우리가 도착하기 전 몇 주 동안 심장 및 폐질환을 앓아서 몹시 쇠약해진 터라 거동하는 데도 어려움이 많았다. 그러나 그런 불편함에도 불구하고 마오쩌둥의 행동에서는 비범한 의지와 결심이 배어 나왔다. 그는 두 손으로 닉슨의 손을 잡고서 더할 나위 없이 자비로운 미소를 띠었다. 사진은 중국의 모든 신문에 실렸다. 중국 언론은 마오쩌둥의 사진을 이용해서 전반적 분위기나 정책의 방향을 알리는 재주가 출중했다. 마오쩌둥의 얼굴이 찌푸려지면 폭풍 전야란 뜻이었고, 그가 방문객에게 손가락을 흔드는 모습의 사진이 나오면 어딘지 혹사당한 스승의 의구심을 암시했다.

이 회담에서 우리는 처음으로 마오쩌둥의 격의 없는 농담과 함축적인 대화 스타일을 접하게 되었다. 정치 지도자들은 거의 모두 자신의 생각을 중요 항목 형태로 나타낸다. 마오쩌둥은 자신의 아이디어를 소크라테스 문답식으로 개진했다. 먼저 그는 질문을 던지거나 자신이 관찰한 것을 말하고 평을 해 달라고 요청했다. 그런 다음 그는 또 다른 의견을 내놓았다. 이처럼 신랄한 말과 의견, 그리고 질문의 거미줄로부터 하나의 방향이 드러나곤 했다. 물론 구속력 있는 공약은 거의 없었지만 말이다.

애초부터 마오쩌둥은 닉슨과 철학적 대화나 전략적 대화를 나눌 의향이 없었다. 닉슨 대통령은 자신의 일행을 상하이에서 베이징까지 경호하기 위해서 파견된 차오관화 외교부 부부장에게 마오쩌둥 주석과 철학을 논하게 되기를 기대하고 있다고 말했다.(대통령 전용기 에어포스 원은 중국 조종사를 탑승시키기 위해서 상하이를 경유했다.) 하지만 마오쩌둥은 어림도 없었다. 내가 좌중에서 유일하게 박사 학위 소지자라는 것을 지적하면서, 마오쩌둥은 덧붙였다. "저 양반더러 오늘의 주 연사가 되라고 하는 게 어떻겠소?" 마치 버릇인 양, 마오쩌둥은 손님들 사이의 '갈등'을 유발하는 게임을 하고 있었다. 이처럼 비꼬듯이 회피하는 전술은 대통령과 안보 보좌관 사이에 틈이 생길 여지를 만들 목적이라면 주효했을 수도 있었다. 안보 보좌관이 주위의 관심을 가로채면 대통령이란 대체로 즐거워하지 않는 법이잖은가.

마오쩌둥은 또한 닉슨 대통령이 열거한 몇몇 나라의 도전에 관해서 논의해 보자는 그의 암시도 받아들이지 않았다. 닉슨은 주요 이슈를 다음과 같이 표현했다.

우리들은 예컨대, 소련이 왜 서유럽과의 접경 지역보다 중국과의 접경 지역에 더 많은 군사력을 배치해 두고 있는지를 자문해 봐야 할 것입니다. 물론 당연히 이 방 안에서 말입니다만. 그리고 일본의 미래는 어떠

한가도 스스로에게 물어봐야 하겠지요. 여기서 물론 양측의 견해 차가 있다는 건 압니다만, 일본이 중립을 유지하며 완전히 국방을 위한 군사력이 없는 편이 더 나을까요, 아니면 일본이 당분간 미국과 모종의 관계를 갖는 게 좋을까요? …… 문제는 중화인민공화국이 어떤 위험에 직면해 있는가, 그러니까 그것이 미국의 공격이라는 위험인가, 아니면 소련의 공격이라는 위험인가 하는 것입니다.[22]

그러나 마오쩌둥은 미끼를 물지 않았다. "그 모든 골치 아픈 문제에 대해서는 제가 더 깊이 들어가고 싶지 않습니다." 그런 문제들은 총리와 논의를 하는 게 어떠냐는 의미였다.

그렇다면 마오쩌둥은 누가 봐도 두서없는 그 대화를 통해서 도대체 무엇을 전달하고 싶었던 것일까? 아마도 가장 중요한 메시지는 (뭔가 벌어지고 있는 일이 아니라) 일어나지 않는 일이었다. 무엇보다 먼저 타이완이란 주제는, 20년간 그 때문에 서로를 헐뜯고 있었지만, 사실상 거론되지 않았다. 타이완 문제에 할애된 논의의 총합계를 구하면 다음과 같은 정도였다.

마오쩌둥: 우리 모두의 친구인 장제스 장군은 이걸 받아들이지 않습니다. 그는 우리를 공산당 도적떼라고 부르지요. 그 사람, 최근에도 연설을 했는데, 보셨는지요?

닉슨: 장제스는 주석을 도적떼라고 부릅니다만, 주석께서는 장제스를 뭐라고 부르시는지요?

저우언라이: 일반적으로 말해서 우리는 장제스 패거리라고 부릅니다. 신문에서는 이따금 그를 도적이라고 부르기도 합니다만, 우리 또한 반대로 도둑떼라고 불리곤 합니다. 어쨌거나 우린 서로를 비방합니다.

마오쩌둥: 사실상 우리와 장제스의 우정은 귀국과 장제스 사이의 우정보
　　　　다도 훨씬 그 역사가 깊습니다.[23]

　협박도, 요구 사항도, 데드라인도, 과거의 교착 상태에 대한 언급도
일체 없었다. 한 차례의 전쟁, 두 차례의 군사적 대치, 136차례씩이나
진흙탕에 빠진 대사급 회담 등을 거치면서 타이완 이슈는 그 긴박함을
잃어버렸던 것이다. 비밀 회담 당시 저우언라이가 처음으로 제안했던
것처럼, 그 문제는 적어도 당분간은 옆으로 제쳐 놓은 상태였다.
　둘째로, 마오쩌둥은 닉슨 대통령의 방문을 진심으로 환영한다는 뜻
을 전하고자 했다. 그것은 사진으로써 잘 처리되었다. 셋째로, 마오쩌
둥은 미국이 느끼는 중국의 위협을 완전히 불식시키고 싶어서 안달이
었다.

　지금 이 순간 미국으로부터의 공격이나 중국으로부터의 공격이라는 문
제는 비교적 사소합니다. 그러니까, 그건 주요 이슈가 아니라고 말할 수
있습니다. 왜냐하면 우리 두 나라 사이에는 지금 전쟁 상황이 아니기 때
문입니다. 미국은 군대를 철수시켜 본국으로 돌려보내고 싶어 하며, 중국
군대는 해외로 나가지 않습니다.[24]

　중국 군대는 자국에 남아 있을 것이라는 이 수수께끼 같은 발언은,
베트남전이 중국군의 막대한 개입을 가져왔던 한국 전쟁과 똑같은 꼴
로 변하지 않을까 하는 우려를 없애 주었다.
　네 번째로, 마오쩌둥은 미국과의 문호 개방을 추구하면서 난관에 부
딪혔지만, 자신은 그것을 극복했다는 사실을 전하고 싶어 했다. 그는
쿠데타를 시도했다가 실패한 것으로 알려져 있고 1971년 9월 군용기

로 베이징을 빠져나갔다가 몽골에서 추락사했던 린뱌오에 대해서 냉소적인 추모사를 바치기도 했다.

우리나라에는 미국과의 교류를 반대했던 반동적인 집단도 있었습니다. 그 결과 그들은 비행기에 몸을 싣고 해외로 도망쳤지요. …… 소련은 또 어땠냐 하면, 그들은 마침내 도망자들의 시신을 발굴해 놓고도 그것에 대해 일언반구도 없었단 말입니다.[25]

다섯 번째로, 마오쩌둥은 양측의 협력이 좀 더 속도를 내기를 바랐고, 그 주제에 대한 실무적 회담을 촉구했다.

우리 쪽도 일 처리에서는 역시 관료주의적입니다. 예를 들면 미국은 개인 차원에서의 인적 교류, 뭐, 그런 것을 희망했습니다. 교역도 마찬가지였지요. 그런데도 우리는 그런 문제를 해결하지 않고, 주된 이슈를 풀지 못하면 사소한 이슈는 별로 소용이 없다는 입장을 고수했던 것입니다. 나 자신도 마찬가지로 그 입장을 고집했지요. 나중에 보니, 귀국의 입장이 옳았다는 것을 깨달았습니다. 그래서 탁구 경기를 했지요.[26]

여섯 번째로, 그는 닉슨에게 개인적 호의를 강조했다. 우익 정부들이 훨씬 더 믿음이 가기 때문에 그는 우익 정부와 일을 벌이는 편을 선호한다고 말했다. 대약진 운동과 반우익 운동을 만들어 냈던 장본인인 마오쩌둥이, 자신은 닉슨에게 "한 표를 던졌으며", 우익 성향의 사람들이 (적어도 서구에서) 권력을 잡으면 상대적으로 더 기뻤다는 놀라운 발언을 한 것이다.

닉슨: 주석께서 저에게 '한 표를 던졌다'고 말씀하시는 건, 둘 중에 비교적 덜 나쁜 쪽을 택하셨다는 말씀이겠지요?

마오쩌둥: 저는 우파를 좋아합니다. 대통령께서는 우파라고 사람들이 그러더군요. 또 공화당은 우파이며, 히스 총리[27] 역시 우익 경향이라고 말이지요.

닉슨: 드골 장군 또한 마찬가지입니다.[28]

마오쩌둥: 드골의 경우는 좀 다릅니다. 또 사람들은 서독의 기민당 역시 우익 성향이라고 하더군요. 저는 우익의 사람들이 정권을 잡으면 상대적으로 더 즐겁습니다.[29]

그런데도 그는 만약 미국에서 민주당이 정권을 잡게 되더라도 중국은 여전히 그들과도 교류를 계속할 것이라고 경고하기도 했다.

닉슨의 방문이 시작될 때 마오쩌둥은 바야흐로 벌어지게 될 구체적인 협상의 세부 사항까지는 아니지만, 이 방문이 암시하는 방향을 전적으로 지킬 각오는 되어 있었다. 다른 모든 이슈는 근본적으로 해결되었지만 타이완에 대해서는 어떤 공식이 도출될 수 있을지 분명하지 않았다. 그러나 그는 닉슨과 저우언라이가 하게 될 15시간의 대화에서 이루어질 상당한 협력의 어젠더를 지지할 준비가 되어 있었다. 그렇게 기본적인 방향이 정해진 가운데, 마오쩌둥은 인내심을 가지라고 충고하면서, 우리가 공동 성명서에 합의를 이루지 못하는 경우까지 염두에 두었다. 마오쩌둥은 그런 경우의 좌절을 실패로 취급하지 않고, 새로운 노력에 박차를 가해야 할 것이라고 피력했다. 가장 절박한 전략적 디자인 앞에서 다른 모든 사항은(심지어 타이완에 관한 교착 상태까지도) 문제가 되지 않는다는 것이었다. 마오쩌둥은 양측 모두에게 단 한 차례의 협상에 지나치게 많은 것을 걸지 말라고 충고했다.

서로 원만하게 대화를 하는 것은 좋습니다. 마찬가지로 어떤 합의를 이루어 내지 못한다 해도 역시 괜찮습니다. 왜냐하면 우리가 교착 상태에 빠져 있어도 아무런 소용이 없을 테니 말입니다. 지금 우리가 꼭 무슨 결과를 만들어 내야 할 필요가 어디 있겠습니까? 사람들은 그러겠지요. …… 만약 첫 번째 시도에서 실패하면, 사람들은 왜 우리가 뜻을 이루지 못했느냐고 수군대겠지요. 실패의 유일한 이유는 우리가 잘못된 길을 택했기 때문일 것입니다. 만약 두 번째 시도에서 우리가 성공한다면, 사람들은 뭐라고 말하겠습니까?[30]

다시 말해 무언가 예견하지 못한 이유 때문에 곧 시작될 협상이 교착 상태에 빠진다 하더라도, 중국은 끈덕지게 다시 노력하여 언젠가는 미국과의 전략적 협조라는 소기의 목적을 달성할 것이란 뜻이었다.

마오쩌둥과의 회견이 마무리 단계에 이르자, 지속적 혁명의 예언자인 그는 여태까지 자본주의-제국주의로 혹독한 비난을 받아 왔던 사회의 대통령에게 두 나라의 관계에 이념이란 아무 상관이 없다는 점을 강조했다.

마오쩌둥: (키신저를 가리키며) "시를 놓치지 말고, 날을 놓치지 마시오." 보편적으로 말하면 나 같은 사람들은 아주 허풍을 많이 떤다고 생각해요. (저우언라이가 웃음을 터뜨렸다.) 그러니까, "온 세상이 하나가 되어 제국주의와 수정주의, 그리고 모든 반동분자들을 무찌르고 사회주의를 건설해야" 한다는 식의 허풍 말입니다.[31]

중국 땅 온 천지 공공장소마다 수십 년씩 써 붙여 놓았던 슬로건을 심각하게 받아들였을지 모르는 사람이 단 하나라도 있었을지 모른다

는 말에 마오쩌둥은 너털웃음을 터뜨렸다. 그는 특유의 신랄하고 조롱
하는 듯하나 확신을 주는 한마디로 대화를 마무리했다.

그러나 아마도 당신 개인은 타도당할 사람들 가운데 하나가 아닐지 모
릅니다. 사람들 말로는, 저 양반(키신저) 또한 개인적으로는 타도될 사람
에 속하지 않는다고 합니다. 만약 여러분 모두가 타도되거나 전복되면 우
리에게는 친구라곤 하나도 남지 않을 것 아니겠소?[32]

그리하여 우리들의 개인적인 안전이 장기적으로 보장되고, 양국 관
계의 기반은 이념이 아니란 점을 최고 권력자가 직접 확인한 가운데,
닷새 동안의 대화와 연회를 마침내 시작했다. 간간이 관광을 위한 여
행도 물론 들어 있었다.

닉슨과 저우언라이의 대화

실질적 쟁점은 이미 세 개의 범주로 나뉘어졌다. 첫째는 양측의 장
기적 목표와 지배적 패권(이는 굳이 이름을 들먹거려서 심기를 불편하게
하는 일 없이 소련을 지칭한다.)에 맞서는 양측의 협력이었다. 이에 대한
협상은 저우언라이와 닉슨, 그리고 나를 포함한 소수의 동료들에 의해
이루어졌다. 우리는 매일 오후 3시간 정도 회의를 진행했다.
둘째, 경제 협력 및 과학과 기술 측면의 교류를 논의하기 위한 포럼
은 양측 외무부 장관이 이끌어 나갔다. 마지막으로, 최종 코뮈니케의 초
안을 작성하는 소그룹이 있었는데 차오관화 외교부 부부장과 내가 주
도했다. 초안 작성을 위한 회의는 연회가 끝난 다음 밤늦게 이루어졌다.

닉슨과 저우언라이의 회담은 당면 이슈를 단 하나도 취급하지 않았다는 점에서 행정부 수장들의 만남으로는 대단히 독특했다.(물론 닉슨은 국가원수이기도 했지만 말이다.) 당면 이슈들은 코뮈니케 초안 작성팀과 외무부 장관들의 패널에서 떠맡았다. 닉슨은 저우언라이와의 만남에서 미국 정책의 개념적 로드맵을 제시하는 데 모든 노력을 집중했다. 양측의 출발점을 고려한다면, 중국 측의 대화 상대방에게 미국의 목적에 대하여 권위 있고 신뢰할 만한 안내를 해 주는 것이 중요했다.

이 역할을 위해 닉슨 대통령은 더할 나위 없이 훌륭한 자질을 갖추고 있었다. 협상에 임하는 닉슨은 서로 머리를 들이밀고 대치하는 것을 꺼려했는데(아니, 회피했는데) 이 점이 애매하고 모호한 분위기를 만들어 내는 편이었다. 하지만 그는 무언가를 브리핑하는 데는 대단한 소질이 있었다. 내가 알고 있는 열 명의 대통령 가운데 그는 국제적인 흐름을 독특하게도 장기적으로 파악하는 사람이었다. 그는 15시간에 달하는 저우언라이와의 만남을 이용하여 중·미 관계의 비전과 그것이 국제 문제에 끼칠 영향을 그에게 제시했다.

내가 중국을 향하고 있는 동안 닉슨은 타이베이 주재 미국 대사에게 자신의 관점을 요약해서 설명했다. 그리고 대사는 향후 미국이 중국 정책의 중심축을 타이베이에서 베이징으로 옮기게 될 것임을 타이완에게 설명하는 고통스러운 임무를 떠안게 되었다.

우리는 앞으로도 중국 본토와 단계적이고 좀 더 정상적인 관계를 지속할 것이라는 사실을 염두에 두어야 하고, 그들(타이완)도 그 사실을 받아들일 각오를 해야 한다. 왜냐하면 우리의 이해관계가 얽혀 있기 때문이다. 우리가 그들을 사랑해서가 아니라, 그들의 존재를 거부할 수가 없기 때문에…… 그리고 지구촌 상황이 너무나 극적으로 변해 버렸기 때문이다.[33]

닉슨은 예견했다. 중국의 혼란과 궁핍에도 불구하고, 중국인들의 탁월한 능력은 끝내 중국을 가장 우수한 세계 열강의 대열로 이끌게 될 것이라고 말이다.

그냥 잠시 멈춰서 생각해 보라. 만약 괜찮은 정부 시스템을 갖춘 누군가가 저 본토를 장악한다면 무슨 일이 일어나겠는가? 하나님 맙소사 ⋯⋯ 도대체 지구상의 그 어떤 강대국이 감히 ⋯⋯ 그러니까 내 말은, 8억 인구가 어떤 괜찮은 시스템하에 일사불란하게 움직인다면 ⋯⋯ 그들이 온 세상을 이끌지 않겠는가 말이다.[34]

이제 베이징에 도착한 닉슨은 마음대로 뜻을 펼칠 수 있었다. 통치 시스템으로서의 공산주의에 대해 그가 얼마나 오랫동안 부정적인 견해를 키워 왔든 간에, 그는 중국 지도자들에게 민주주의와 자유 기업이라는 미국적 원칙을 전파하려고 중국을 찾은 것은 아니었다. 그런 수고는 쓸모없다고 판단한 것이다. 냉전 시대를 거치면서 닉슨이 추구했던 것은 핵무기가 넘쳐나는 세계를 위한 안정된 국제 질서였다. 그리하여 저 우언라이와의 첫 번째 회의에서 닉슨은 혁명가들의 성실함에 경의를 표했다. 이전에는 그들의 성공을 미국 정책의 전형적인 실패로 비난했지만 말이다. "여러분이 여러분의 원칙을 진심으로 믿는다는 것을 우리도 압니다. 우리 역시 우리의 원칙을 진심으로 믿습니다. 여러분은 우리에게 우리 원칙을 굽히라고 하지 않을 겁니다. 그와 마찬가지로 우리도 여러분에게 여러분의 원칙을 굽히라고 하지 않습니다."[35]
수많은 미국인과 마찬가지로 닉슨은 자신의 원칙 때문에 중국의 목적에 반대되는 정책을 옹호했음을 시인했다. 그러나 세상은 변했고, 이제 미국의 이해는 워싱턴이 그러한 변화에 적응할 것을 요구하고 있었다.

나는 아이젠하워 행정부에서 일했기 때문에, 나의 견해는 당시 덜레스의 견해와 비슷했습니다. 하지만 이후 세상은 변했고, 중국과 미국의 관계 역시 변해야 마땅합니다. 총리께서 키신저 박사와 대담할 때 말씀하셨듯이, 배의 키를 잡은 사람은 파도와 더불어 움직여야지 그렇지 않으면 파도 속에 가라앉을 것입니다.[36]

닉슨은 외교 정책을 이해관계의 조화라는 기초 위에 세울 것을 제안했다. 국가의 이익을 또렷하게 인식하고 또 안정의 추구에 대한 혹은 적어도 재앙을 피하는 데 대한 서로의 관심을 고려한다면, 그것은 중·미 관계를 제대로 예측할 수 있게 만들 것이었다.

여기서 말씀드리는데, 우의나 친선은, 개인적으로는 저도 우의를 느낍니다만, 확립된 국제 관계의 기반이 될 수 없다는 사실을 저나 총리께서도 잘 알고 있습니다. 그것 하나만으로는 안 되지요. …… 우리는 친구로서는 이런저런 멋들어진 말에 합의할 수 있겠지만, 그 말 안에 담긴 합의를 이행함으로써 국가 이익에 봉사하지 못한다면 의미가 없기 때문입니다.[37]

그런 접근법을 쓰려면 솔직함이야말로 순수한 협력의 전제 조건이었다. 닉슨이 저우언라이에게 말했던 바와 같이 "우리가 서로 완벽하게 솔직해지고, 우리의 이해에 부합한다고 간주하지 않는 한 어떤 일도 하지 않는다는 것을 인식하는 것이 중요합니다."[38] 닉슨을 비난하는 사람들은 이런 말이나 그와 유사한 말을 이기심의 발로라고 헐뜯었다. 하지만 중국 지도자들은 바로 그런 말이야말로 미국의 신빙성을 보장하는 것이라 해서 자주 인용한다. 그 말들은 정확하고, 헤아릴 수 있으며, 호혜적이기 때문이라는 것이다.

이러한 기반 위에서 닉슨은 미군의 상당 부분이 베트남에서 철수한 다음에도 아시아에서 미국의 지속적인 역할이 왜 필요한지 그 근거를 제시했다. 여기에서 특이한 점은 그가 그 근거를 마치 양측 모두에게 이득이 되는 것으로 제시했다는 사실이다. 중국의 프로파간다는 수십 년 동안 아시아 역내 미국의 존재를 일종의 식민주의 억압이라고 공격해 왔고, 인민들은 이에 항거해서 일어서야 한다고 촉구해 왔다. 그러나 베이징에 온 닉슨은 지정학적 요구가 이념을 뛰어넘는다고 주장한 것이다. 그가 베이징에 있다는 사실 자체가 이를 증명한다고 말이다. 소련의 백만 대군이 중국 접경에 집결해 있는 상황에서 베이징은 더는 '미 제국주의'를 타파하자는 구호 따위를 기초로 외교 정책을 펼칠 수 없다는 것이다. 닉슨은 중국으로 출발하기에 앞서 나에게 세계 속 미국의 근본적 역할을 강조했다.

세계 속 미국의 역할에 대해 우리가 과도하게 용서를 구할 필요는 없소. 과거든, 현재든, 미래든, 그럴 게 없단 말이오. 물론 미국이 무엇을 할 것인가에 대해 지나치게 노골적일 필요도 없지요. 달리 표현하면, 가슴을 때리며 후회한다든가 고행자처럼 머리를 숙일 건 없다는 거죠. 그리고 그냥…… 우린 철수하겠다, 뭐, 이렇게 하겠다, 저렇게 하겠다는 겁니다. 왜냐하면 내 생각에는 우리가 이렇게 말해야 한다는 거죠. "미국이 누구를 협박합니까? 당신네들은 누가 그 역할을 해 줬으면 좋겠소?"라고 말이죠.[39]

닉슨이 제시한 것처럼 국가 이익을 절대적 형태로 들먹거리는 것은 국제 질서를 구성하는 유일한 개념으로 적용하기가 어렵다. 국익을 정의하기 위한 조건들이 너무나 폭넓게 변하고, 해석할 때의 변동 가능성도 너무나 크기 때문에, 믿을 만한 단 하나의 행동 지침을 제공할 수 없는 것이다. 절제의 요소를 제공하려면 가치에 대한 어느 정도의 일치가 필요하다.

중국과 미국이 20년 만에 처음으로 서로를 대하기 시작하면서 양측의 가치관은 정반대는 아니었지만 그래도 사뭇 달랐다. 아무리 어려워도 국익에 대한 합의는 그나마 가장 의미 있는 절제의 요소였다. 이념을 내세웠더라면 양측을 대치 국면으로 몰아갔을 것이고, 방대한 주변부에서 힘 겨루기의 유혹을 느꼈을 터이다.

그러면 실용주의는 충분했었나? 실용주의는 서로의 이해를 해결하기도 쉽지만 마찬가지로 날카롭게 충돌하게 만들기도 쉽다. 어느 쪽이든 상대방의 목표보다는 자기네의 목표를 더 잘 알 것이다. 국내에서 입장이 얼마나 확고하느냐에 따라, 실용적 관점에서 필요하기 때문에 양보하는 것을 두고 반대파들은 나약함의 표현이라고 꼬집을 수 있다. 따라서 더 많은 리스크를 감수하려는 유혹이 언제나 있게 마련이다. 중국과 처음으로 대하면서 이해관계의 정의가 얼마나 일치했느냐, 혹은 일치할 수 있느냐가 이슈였다. 닉슨과 저우언라이의 대화는 그런 일치의 프레임워크를 제공했고, 거기에 이르는 교량 역할을 한 것이 바로 상하이 코뮈니케와 그 안에 담긴 타이완의 미래에 관한 말썽 많은 구절이었다.

상하이 코뮈니케

보통 코뮈니케는 수명이 짧다. 그것은 방향이 아니라 분위기를 규정한다. 하지만 닉슨의 베이징 방문을 요약한 이 코뮈니케는 그렇지가 않았다.

지도자들은 코뮈니케가 자신의 마음을 충분히 담고, 상대방과의 대화 내용도 충분히 담은 것이라는 인상을 창출하고 싶어 한다. 우두머리들은 자신이 구두점 하나에 이르기까지 직접 쓰거나 동의한다는 통념을 굳이 억누르지 않는다. 노회한 지도자들은 그렇게 해서는 안 된다는 것을 잘 안다. 닉슨과 저우언라이는 정상 회담에서 으레 그렇듯이 빡빡한 마감 시간에 맞춰 초안 작성을 하도록 밀어붙이는 게 얼마나 위험한지를 이해하고 있었다. 대저 의지가 강한 사람들은(의지가 강하지 않았더라면 이런 상황까지 오지도 않았을 것 아닌가) 시간이 없고 언론들이 손을 내밀게 되면 교착 상태를 풀지 못할 수도 있다. 그렇기 때문에 외교관들은 코뮈니케 내용을 초안으로 만들어 놓고서 주요한 회담에 임하는 경우가 종종 있다.

1971년 10월 닉슨은 바로 그 목적을 위해서 나를 베이징에 보냈다. 나의 두 번째 방문이었다. 그때부터 의견을 나누면서 이 여행의 암호명을 '폴로(Polo) 2'로 하기로 결정했다. 첫 번째 비밀 방문이 '폴로 1'이라 불렸으니, 우리의 상상력은 다 말라 버렸던 모양이다. 폴로 2의 주된 목적은 4개월 후에 있을 닉슨의 방문이 끝날 때 중국 지도부와 닉슨 대통령이 승인할 수 있는 코뮈니케 내용에 합의하는 것이었다.

우리는 중국 정부 구조가 커다란 변동을 겪고 있을 때 베이징에 도착했다. 우리가 도착하기 몇 주 전 마오쩌둥의 후계자로 지명된 린뱌오가, 충분한 내용을 절대 공식적으로 밝힐 수 없는 음모에 연루되어 기소되는 사건이 있었다. 이에 대해선 여러 가지 다른 설명이 있다. 그러나 당시의 지배적 견해는, 마오쩌둥 어록을 편찬했던 린뱌오가 미국과 전략을 펼치기보다는 문화 혁명의 원칙으로 돌아가는 편이 중국의 안전에 훨씬 더 낫다는 결론에 이르렀던 것 같다는 것이다. 또한 이 시점에 이르면 린뱌오는 저우언라이나 덩샤오핑의 실용주의에 더 가까운 입장에서 사실상 마오쩌둥에게 반기를 들었다는 것이나 그가 겉으로 이념적인 열성을 보인 것도 사실은 방어를 위한 전략이었다는 소문도 돌았다.[40]

10월 20일 나와 동료들이 도착했을 때, 위기의 남은 흔적은 도처에서 볼 수 있었다. 공항에서 들어오는 길에 우리는 "미 제국주의 자본주의 주구(走狗)들을 타도하자!"와 같은 낯익은 구호가 적힌 포스터를 볼 수 있었다. 영어로 된 포스터도 있었다. 비슷한 내용의 전단지가 우리 숙소가 있는 영빈관에도 남아 있었다. 나는 전단지를 모아서, 우리전에 왔던 사람들이 남겨 두었던 거라고 하면서 중국 의전 담당자에게보내 주라고 했다.

다음 날 인민 대회당에서 저우언라이를 만나기 위해 가는 길을 경호했던 외교부 부장 대행은 얼굴이 붉어질 수 있는 상황을 눈치챘다. 그는 나에게 한 벽보를 가리키며 보라고 했다. 불쾌한 내용의 포스터를 대체한 새 포스터에는 영어로 이렇게 적혀 있었다. "미국 탁구 팀 환영!" 우리가 지나는 길에 포스터는 모두 다 페인트로 덮어 버렸다. 저우언라이는 지나가는 듯한 말투로, 우리에게 웅변조의 '공허한 허풍'에 신경 쓰지 말고, 중국의 실제 행동을 잘 관찰해야 할 것이라고 했다. 몇 달 후에 마오쩌둥이 닉슨에게 하게 될 말을 미리 듣는 것 같았다.

코뮈니케에 대한 토론은 다분히 판에 박은 듯 시작되었다. 나는 부하 직원들과 내가 준비했고 닉슨이 승인했던 초안을 상정했다. 거기에는 양국이 평화를 위해서 헌신한다는 확인과, 현안 문제에 대한 협력의 약속이 명시되어 있었다. 타이완 관련 부분은 공란으로 남겨 두었다. 저우언라이는 우리의 초안을 논의의 기초로 수락했고, 이튿날 아침 중국 측의 수정이나 대안을 제시하겠다고 약속했다. 이 모든 것은 특별할 것이 전혀 없는 코뮈니케 작성 과정이었다.

그러나 그다음에 일어난 일은 아주 특별했다. 마오쩌둥이 저우언라이에게 "헛소리 같은 코뮈니케"의 초안 잡는 일은 그만두라고 지시하면서 직접 개입했던 것이다. 마오쩌둥은 공산주의 정설에 대한 자신의 훈계를 '허풍'이라고 불렀는지는 모르지만, 그래도 당 간부들을 위한 가이드라인으로서 그 훈계를 포기할 뜻은 없었다. 그는 공산주의 정설을 중국 측의 입장으로 재확인하는 코뮈니케를 만들라고 지시했다. 그와 동시에 미국 또한 마음대로 견해를 표명하라는 것이었다. 마오쩌둥은 평화란 오로지 투쟁을 통해서만 얻어지는 것이지, 평화 그 자체가 목적은 아니라는 명제를 삶의 주춧돌로 여기고 살았던 사람이다. 저우언라이가(그리고 내가) 만든 초안은 소련이 기꺼이 서명할 만한, 그러나 진심도 아니고 시행할 뜻도 없는, 그런 종류의 따분한 것이었다.[41]

저우언라이의 프레젠테이션은 마오쩌둥이 지시한 대로였다. 그는 도무지 타협이라곤 모르는 어조로 중국의 입장을 밝힌 코뮈니케 초안을 내놓았다. 우리들의 입장이 들어갈 몇 쪽은 공란으로 두었으며, 우리 입장은 그에 못지않게 강경할 것으로 예상되었다. 그리고 마지막 부분에 공동의 입장을 적게 되어 있었다.

나는 처음에는 깜짝 놀랐다. 하지만 곰곰 생각해 보니 그 특이한 포맷은 양쪽의 문제 모두를 풀어 주고 있는 것으로 보였다. 양측이 각각 자신들의 근본적 신념을 재확인하면, 그것은 자국민과 불안한 맹방에게 확신을 줄 터였다. 어차피 차이점은 20년간 익히 알려졌던 바이다. 이렇게 대조해 놓으면 나중에 합의되는 사항이 더욱 빛을 발하게 되고, 긍정적 결과도 훨씬 더 신뢰할 만하게 될 것이었다. 외교적인 교류도 없고 보안이 제대로 된 연락도 불가능했으므로, 나는 닉슨의 생각에 충분히 자신이 있어서 밀고 나가기로 했다.

이렇게 하여 중국 땅에서 발표하고 중국 언론이 공개한 이 코뮈니케는 미국에게 '세계의 모든 인민을 위한 개인의 자유와 사회 발전'에 헌신하겠다는 의지를 재천명할 수 있게 해 주었다. 아울러 맹방인 한국 및 일본과의 긴밀한 관계를 선언할 뿐 아니라, 어느 나라든 오류를 범할 수 있음을 인정하면서 각국이 외세의 간섭 없이 성장할 수 있도록 해 주는 국제 질서라는 견해를 또렷이 밝힐 수 있게 해 주었다.[42] 물론 중국 측의 코뮈니케 초안 역시 충돌하는 견해를 충분히 표현하고 있었다. 이는 중국인들에게 놀라움으로 다가올 수는 없었다. 그들은 온종일 언론에서 보고 들었던 것이다. 그러나 양측의 관점을 모두 담은 서류에 서명함으로써, 우리는 사실상 이념 전쟁의 휴전을 선언한 셈이었으며, 우리의 견해가 어디쯤에서 만나는지를 강조하고 있었던 것이다.

그중에서도 가장 의미심장한 합일은 헤게모니에 관한 조항이었다. 그 내용은 이랬다.

양측은 어느 쪽도 아시아 태평양 지역에서 헤게모니를 추구해서는 안 되며, 그처럼 헤게모니를 확립하려는 다른 어떤 국가나 국가 연합의 노력에도 반대한다.[43]

이보다 훨씬 더 빈약한 내용을 바탕으로 하여 동맹은 구축되었다. 그 숱한 현학적 표현에도 불구하고 놀라운 결론이었다. 불과 6개월 전만 해도 적국이었던 두 나라가 소련 측의 영토 확장에 함께 반대한다는 뜻을 공표했으니 말이다. 그다음 단계는 불가피하게 소련의 야망에 대응하는 전략을 논의하는 단계가 될 것이었으니, 진정 외교의 혁명이었다.

그 전략의 지속 가능성은 타이완에 관한 진전이 이루어질 수 있느냐에 달려 있었다. 닉슨의 방중 기간 중 타이완 문제가 논의 대상이 되었을 때, 양측은 7개월 전의 비밀 방문과 더불어 시작된 주제를 이미 충분히 탐색해 본 처지였다.

이제 협상은 외교관이 선택할 수 있는 지점까지 와 있었다. 우선 하나의 전술은 자신의 입장을 있는 대로 최대한 드러낸 다음 조금씩 실현 가능한 수준으로 후퇴하는 것이다. 이러한 전술은 특히 국내에서의 입장을 반드시 지키려는 협상자들이 아주 선호하는 방식이다. 하지만 처음부터 극단적인 요구 사항으로 시작하는 것이 '터프'하게 보이긴 해도, 전체 과정은 애초의 수를 포기함으로써 점진적으로 약해지는 것에 다름 아니다. 그렇게 되면 상대방은 각 단계마다 파고들어와 다음번 수정으로 또 무엇을 얻을 수 있는지 보고 싶은 마음도 생기고, 협상 과정을 아예 참을성의 시험장으로 변모시키고 싶은 유혹까지 생긴다.

실속보다도 과정 자체를 찬양하는 대신, 바람직한 태도는 가장 지속 가능한 결과라고 판단되는 것과 가까운 내용을 애초부터 제안하는 것이다. 추상적으로 '지속 가능'이라는 말은 '양측 모두가 지속시킬 이유가 있는'이라는 뜻이다. 타이완에 관한 한 '지속 가능'은 특별히 벅찬 과제였다. 양쪽 모두 양보할 수 있는 여지가 너무나 좁았기 때문이다. 따라서 우리는 처음부터 건설적인 진화를 위해서 필요하다고 판단되는 타이완 견해를 내놓았다. 닉슨은 이런 견해를 2월 22일 다섯 개의 원칙으로 제시했는데, 이는 7월과 10월에 내가 참석한 회담에서 이미 주고받았던 내용에서 추출한 것이었다. 이들 원칙은 포괄적이면서도 동시에 미국이 양보할 수 있는 한계를 보여 주었다. 미래는 그 틀 안에서 헤쳐 나가야 할 터였다. 이 다섯 개의 원칙은 ① '하나의 중국' 정책을 확인할 것, ② 미국은 타이완 국내의 독립 운동을 지지하지 말

것, ③타이완을 향한 일본의 어떤 움직임도 미국이 억지할 것(역사적 배경 때문에 특히 중국이 우려하는 사항), ④베이징과 타이베이 사이의 모든 평화적 해결책에 대한 지지, ⑤지속적인 관계 정상화를 약속할 것 등이었다.⁴⁴ 2월 24일 닉슨은 미국이 이러한 원칙을 추구하면서 타이완 이슈가 국내에서 어떻게 발전할 것인가를 설명했다. 그는 자신의 의도가 중임 기간 중에 관계 정상화를 마무리하고 거기에 맞추어 타이완에서 미군의 철수를 확인했다. 하지만 어떤 형태로든 공식적인 약속을 할 수는 없다고 경고했다. 저우언라이는 이에 대해 양쪽 모두 '어려움'은 있으며 '시간적인 제약'은 없다고 응답했다.

이렇게 원칙과 실용은 모호한 평형을 이룬 가운데 존재했으며, 나는 차오관화와 더불어 상하이 코뮈니케의 마지막 남은 부분을 손보고 있었다. 그중 핵심 부분은 단 한 구절이었지만, 작성하느라 하룻밤을 꼬박 새야 했다. 그 내용은 다음과 같다.

미국 측은 다음과 같이 밝혔다. 타이완 해협을 사이에 둔 모든 중국인이 중국은 단 하나밖에 없다고 주장한다는 것과 타이완은 중국의 일부라는 것을 미국은 인식하고 있다. 미국 정부는 그 입장에 이의를 제기하지 않는다. 타이완 문제가 중국인들의 손에 의해 평화적으로 해결되는 것에 관심을 가지고 있음을 미국은 재확인한다. 이러한 전망을 염두에 두고서 미국은 타이완으로부터 모든 미군과 군사 시설을 철수한다는 궁극의 목표를 확인한다. 그때까지 이 지역의 긴장이 감소함에 따라 미국은 타이완 주둔 군대와 군사 시설을 점진적으로 감축할 것이다.⁴⁵

바로 이 구절이 수십 년의 내란과 적개심을 종식시키고, 베이징과 타이베이, 그리고 워싱턴이 모두 지지할 수 있는 긍정적인 일반 원칙으로 옮아가게 만들었다. 미국은 중국을 둘로 나누고 있는 경계선 양쪽의 중국인들이 지닌 확신을 수긍함으로써, '하나의 중국' 정책을 껴안았다. 이 공식은 유동적이었기 때문에 미국은 이후 수십 년 동안 그들의 입장을 '인지'에서 '지지'로 바꿀 수 있었다. 또 타이완에게는 경제적으로나 내부적으로 발전할 수 있는 기회가 주어졌다. 한편 중국은 타이완과 본토 사이의 정치적 연계에서 자신들의 '핵심 이해관계'를 인정받는 성과를 거두었다. 그리고 미국은 평화적 해결이 자기네들의 관심사임을 확인했다.

종종 긴장이 없었던 것은 아니지만, 상하이 코뮈니케는 나름 쓸모가 있었다. 그것이 서명된 후 40년 동안 중국도 미국도 그 이슈 때문에 그들의 관계를 위한 모멘텀을 방해받은 적이 한 번도 없었다. 민감하면서도 가끔씩 팽팽한 긴장도 있었던 과정이었다. 전반적으로 미국은 평화적 해결이 중요하다는 견해를 재확인했고, 중국은 궁극적 통일이라는 절대적 과제에 대한 확신을 확인했다. 양측은 절제를 행사했고, 상대방의 의지력이나 힘을 테스트하게 만드는 사태를 용케도 피해 왔다. 중국은 핵심적 원칙을 들먹였지만, 이를 시행하는 타이밍에서는 융통성을 발휘했다. 미국은 경우에 따라 대처하면서 줄곧 실용주의적 태도를 보였지만, 미국 내의 압력에 깊은 영향을 받을 때도 있었다. 전체적으로 볼 때, 베이징과 워싱턴은 다른 무엇보다 중요한 중 · 미 관계에 우선순위를 부여했다.

하지만 그래도 우리는 분쟁을 피하기 위한 타협과 영속적 상황을 혼동하면 안 될 것이다. 중국 지도자 가운데 그 누구도 궁극적인 통일의 주장을 포기한 사람은 없었고, 그것을 기대할 수도 없다. 반대로 미래의 미국 지도자 중 어느 누구도 이 과정이 평화로워야 한다는 미국의 확신을 내던지거나, 그 주제에 대한 미국의 견해를 바꿀 사람은 없을 것이다. 상대의 신념이 얼마나 확고한지, 그 속성이 어떤지 테스트해야겠다고 느끼는 지점으로 흘러가는 것을 방지하려면 정치적 역량이 필요할 것이다.

후유증

여기서 묘사하고 있는 의전이나 환대는 이후 몇십 년에 걸쳐 상당한 진화를 해 왔다. 독자들은 이 점을 유념해야 할 것이다. 역설적이게도 초기 공산주의 지도자들이 손님을 환대하는 스타일은, 그다지 화려하지 않고 건배도 적으며 정부 측의 어조도 별로 야단스럽지 않은 현대적인 관습이라기보다는 오히려 중국 황궁의 전통에 비견될 만했다. 그다지 변하지 않은 것은 세심한 준비와 복잡한 논증의 사용, 장기적으로 계획하는 능력, 그리고 눈에 보이지 않는 것에 대한 섬세한 감각 등이었다.

국가원수의 공식 방문이 국제 문제를 변화시킬 씨앗을 심어 주는 흔치 않은 기회, 닉슨의 중국 방문은 그런 기회의 하나였다. 중국이 지구촌 외교 게임 속으로 다시 들어오고 미국이 선택할 수 있는 전략적 선택이 늘어나면서, 국제 체제에는 새로운 생명력과 융통성이 주어졌다. 닉슨의 방문에 뒤이어 다른 서구 민주주의 국가 및 일본 지도자들의 방문이 비슷하게 이루어졌다. 상하이 코뮈니케에 반(反)헤게모니 조항을 채택한 것은 사실상 동맹의 변화를 의미했다. 그러한 약속은 처음에는 아시아에 국한되었지만, 1년 후에는 전 세계로 확대되었다. 중국과 미국 사이의 협의는 정식 동맹국 간에도 보기 드물 정도로 격렬한 수준에 이르렀다.

몇 주 동안은 행복감이 넘치는 분위기였다. 많은 미국인은 중국이 애당초부터 속해 있었던(이것은 사실이다.) 세계 공동체로 되돌아올 수 있도록 만들어 준 중국 이니셔티브를 환영했다. 그리고 새로운 국제 정세를 국제 정치의 영속적인 모습으로(이것은 사실이 아니다.) 취급했다. 원래 의심이 많은 닉슨이나 나나, 이 책 앞에서 설명했던 중국의 옛 정책도 지금의 정책과 똑같은 확신으로 실행되었다는 사실을 잊지 않았다. 그리고 우리를 그처럼 우아하고 매력적으로 환영해 주었던 바로 그 지도자들이 불과 얼마 전만 해도 전혀 다른 방면에서는 고집스럽기 짝이 없었고 그럴싸하게 둘러댔다는 사실 또한 잊지 않았다. 또 마오쩌둥이나 그의 후계자가 평생토록 지켜 왔던 신념을 헌신짝처럼 내버릴 것이라는 가정도 있을 수 없었다.

향후 중국 정책의 방향은 이념과 국익의 합성물일 터였다. 중국에 대한 문호 개방이 가져다준 것은, 이해관계가 합치하는 데서는 협력을 강화하고 차이가 있을 때는 그 차이를 완화하는 기회였다. 긴장 완화가 이루어질 당시에 소련의 위협은 하나의 자극이 되었지만, 좀 더 심각한 과제는 협력에 대한 신념을 수십 년에 걸쳐 확립하여 새로운 세대의 지도자들이 동일한 명분에 의해 동기를 부여받을 수 있게 했다. 아울러 미국 측에도 동일한 종류의 진화를 조성하는 것이었다. 중국과 미국의 화해에서 얻은 보상은 영구한 우의나 가치의 조화 같은 상태가 아니라 지구촌 힘의 균형을 회복하는 것이다. 이는 끊임없는 보살핌을 필요로 할 것이며 세월이 흐르면 아마도 좀 더 큰 가치의 조화를 만들어 낼 수도 있을 것이다.

그러한 과정 속에서 양국은 각각 자신들의 이익을 지키는 수호자가 될 것이며, 모스크바와의 관계를 위한 지렛대를 제공하는 원천으로 상대를 이용하려 할 것이다. 마오쩌둥이 강조해 마지않았던 것처럼, 세상은 정적인 상태로 남아 있지 않을 것이며, 갈등과 불균형은 자연의 법칙이었다. 중국 공산당 중앙 위원회는 닉슨의 방문을 요약한 문서를 발표하면서, 이를 "모순을 이용하고 적들을 분열시켜 스스로를 고양하는"[46] 중국의 본보기로 내세웠는데, 그것은 이런 견해를 반영한 것이다.

양국의 이해관계가 진정으로 합치하는 날이 과연 도래할까? 그들은 충돌하는 감정의 혼란을 피하기에 충분할 정도로 자신들의 이해관계를 지배적 이념과 분리해서 생각할 수 있을까? 닉슨의 중국 방문은 이러한 과제들을 다루게 될 문을 활짝 열어젖혔다. 그리고 그 과제들은 여전히 풀리지 않은 채 우리에게 남아 있다.

10

준동맹

—마오쩌둥과의 대화

비밀리에 이루어진 중국 방문은 중·미 관계를 다시 확립했다. 닉슨 대통령의 방문으로 전략적 협력의 시대가 열렸다. 그러나 그 협력의 원칙이 모습을 드러내는 동안, 그 프레임워크는 여전히 미해결로 남아 있었다. 상하이 코뮈니케의 내용은 일종의 동맹을 암시했다. 하지만 중국의 자립이라는 현실 때문에 형식과 실질을 관련짓기는 어려웠다.

역사가 국제 문제를 기록한 것만큼이나 오랫동안 동맹은 존재해 왔다. 동맹은 여러 가지 이유 때문에 이루어졌다. 즉 각국의 힘을 모으기 위해서, 상호 지원의 의무를 지우기 위해서, 그 순간의 전술적 고려를 넘어서서 억제의 요소를 공급하기 위해서 등의 이유로 말이다. 중·미 관계의 특별한 양상은 공식적 의무를 부과하는 일 없이도 양국이 스스로의 행동을 원활하게 조정하려고 했다는 점이다.

그런 정세는 국제 관계를 바라보는 중국의 인식 속에 내재되어 있는 속성이다. 중국이 '떨치고 일어섰다'고 선언했던 마오쩌둥은 미국에 손을 뻗치기는 하겠지만, 중국의 힘이 어떤 도전이든 받아들일 정도로 충분치 않을지 모른다는 점은 결코 인정하지 않을 터였다. 또한 그는 국익이 요구하는 바를 넘어서까지 언제라도 지원해야 하는 추상적 의무도 받아들이지 않을 것이었다. 마오쩌둥이 리더십을 장악했던 초기의 중국에게 동맹은 단 하나뿐, 즉 소련과의 동맹이었다. 이는 중국이 국제적 지위를 조금씩 다지면서 지원이 필요했던 인민공화국 초기의 일이었다. 또 북한과는 1961년 우호, 협력, 상호 지원을 위한 조약을 맺었다. 조약에는 외부의 공격에 대한 상호 방위를 규정한 조항이 실려 있었고, 이 책을 집필하고 있는 이 순간에도 그 조약은 여전히 유효하다. 하지만 그 성격은 중국 역사에서 익히 보았던 조공 관계에 가까웠다. 베이징은 북한에게 안보를 제공했고, 북한의 호혜는 그 관계와 무관했다. 소련과의 동맹은 마오쩌둥이 눈곱만치라도 굴복의 기미만 있으면 거절했기 때문에 처음부터 힘을 잃었다.

닉슨이 중국을 방문한 후에는, 하나의 파트너십이 대두되었지만 서류상으로 규정된 상호 안전 보장 같은 공식적 방법이 아니었다. 아니, 그것은 비공식적 합의를 기반으로 하는 암묵적 동맹조차도 아니었다. 그것은 일종의 준동맹으로서, (1973년 2월과 11월) 마오쩌둥과의 대화, 그리고 1973년 여러 시간에 걸친 저우언라이와의 회담에서 모습을 드러낸 상호 이해에서 생겨난 것이었다. 그때부터 (닉슨 대통령의 방문 이전과는 달리) 베이징은 더는 미국의 힘이 투영되는 것을 억누르거나 통제하려 들지 않았다. 그 대신 중국이 공언한 목표는 노골적인 전략 디자인을 통해서 미국을 '북극 곰'에 대한 대항마로 이용하겠다는 것이다.

이러한 대치는 중국과 미국의 지도자들이(특히 소련과 관련해서) 공통의 지정학적 목표를 공유하게 될 것인가에 달려 있었다. 중국 지도부는 소련의 의도를 논하는 사적인 세미나에 미국 지도자들을 초청했다. 그들답지 않게 무뚝뚝한 말투로 초청하는 경우도 종종 있었다. 마치 이 주제는 너무나 중요해서 보통의 경우처럼 섬세하고 간접적으로 다루어서는 안 될 것처럼 말이다. 미국은 이에 대한 응답으로 미국의 전략적 디자인에 관한 상세한 브리핑을 제공해 주었다.

새로운 관계가 이루어진 처음 몇 년 동안 중국 지도자들은 예전처럼 미국의 제국주의를 향해 이념의 '대포'를 종종 쏘곤 했다. 아주 잘 연습된 웅변도 더러 있었다. 그러나 개별적으로는 미국 관리들이 외교 정책에서 오히려 지나치게 자제하는 모습이라고 꼬집었다. 사실상 1970년대 전반에 걸쳐 베이징은 미국이 소련의 획책에 대항하여 강력하게 대응하는 모습을 미국민이나 국회보다도 훨씬 더 선호했다.

수평 방어선: 견제에 대한 중국의 접근 방식

한 해 동안 고안된 계획에도 누락된 것이 있었으니, 바로 마오쩌둥의 공식 허가였다. 그는 닉슨과의 대화에서 전반적인 방향을 전폭적으로 지지하기는 했지만, 전략이나 전술을 논의하는 것은 보란 듯이 거절해 왔다. 아마도 상하이 코뮈니케로 알려지게 될 문건이 아직 해결되지 않았기 때문이었으리라.

그러던 마오쩌둥은 나와 두 차례의 폭넓은 대화를 나누면서 이 간격을 메워 주었다. 첫 번째는 1973년 2월 17일 늦은 밤, 11시 30분에서 다음 날 새벽 1시 20분까지 계속되었고, 두 번째 대화는 1973년 11월 12일 오후 5시 40분부터 저녁 8시 45분까지 이어졌다. 이 대화의 맥락을 잘 살펴보면 그 범위를 알 수 있다. 처음 대화가 이루어진 것은 월맹의 협상 주역이었던 레둑토와 내가 파리 평화 협정에 서명함으로써 베트남전을 끝낸 지 한 달이 채 지나지 않아서였다. 덕분에 중국은 하노이와의 공산주의 연대를 과시할 필요성을 더는 느끼지 않아도 되었다. 두 번째 대화는 1973년의 중동 전쟁에서 미국이 결정적 역할을 수행했고, 뒤이어 아랍권, 특히 이집트가 소련 의존에서 미국 의존으로 전환된 다음에 이루어졌다.

두 차례 모두 언론이 집결한 가운데 마오쩌둥은 중·미 관계를 열성적으로 승인해 주었다. 2월에는 미국과 중국이 한때는 '숙적'이었지만 "이제는 서로의 관계를 우정"[1]이라고 부른다고 말하기도 했다. 그렇게 새로운 관계를 우정이라고 선포한 다음, 마오쩌둥은 한걸음 더 나아가 실무적 정의도 내려 주었다. 그는 우화를 이용해서 말하기를 좋아했기 때문에, 우리한테 조금도 걱정을 끼칠 일이 없는 주제를 택했다. 중국을 방문 중인 미국 관리들에 대한 중국 정보기관의 업무가 그 주제였다. 상대에게 대가를 요구하지 않는 일종의 파트너십을 간접적으로 공표한 것이다.

그러나 거짓말을 하거나 속임수를 쓰진 맙시다. 우린 당신들의 서류를 훔치거나 하진 않아요. 일부러 그런 걸 어디 놔두고 우릴 시험해도 좋습니다. 우린 또 도청이나 그런 짓거리도 안 합니다. 그런 자질구레한 트릭이 무슨 소용이겠어요? 아니 뭐, 커다란 작전이라고 해도 아무 소용이 없긴 마찬가지요. 난 당신에 특파원인 에드거 스노한테도 그 말을 했지요.……우리 또한 정보기관이 있지만 그들도 마찬가지랍니다. 그 친구들 일을 잘 못해요. (저우언라이 총리가 웃었다.) 예를 들면 린뱌오에 관한 것도 전혀 몰랐거든. (저우언라이 총리가 다시 웃었다.) 하긴, 당신이 오고

싶어 한다는 것도 몰랐으니까 ⋯⋯²

중국과 미국이 상대방에 대한 정보 캐내기를 포기한다는 것은 도무지 있을 수 없는 가당찮은 상상이었다. 미국과 중국이 정말로 새로운 관계의 국면에 돌입한다면, 양측이 상대방에게 투명해지고 똑같은 계산을 정확히 하는 것이 중요했다. 하지만 정보 활동을 제약함으로써 시작하는 것은 말이 안 되는 노릇이었다. 마오쩌둥은 투명성을 제안했지만, 동시에 자신을 속일 생각은 하지 말라는 경고 신호를 보냈다. 마오쩌둥은 이 점을 11월의 대화에까지도 가지고 왔다. 도입부에서 그는 유머와 경멸과 전략을 뒤섞어, 자신이 소련에 맞서서 만년토록 이념 투쟁을 벌이겠다는 약속을 어떻게 수정했는지 이야기해 주었다.

마오쩌둥: 그들은 루마니아의 차우셰스쿠를 통해서 화평을 시도했고, 우리한테 이념의 측면에서 더는 투쟁을 하지 말라고 설득하려 했지요.
키신저: 네, 그가 여기에 왔던 걸로 기억합니다.
마오쩌둥 · 저우언라이: 오래전 일입니다.
저우언라이: (영어로) 그로선 최초의 중국 방문이었지요.
마오쩌둥: 그리고 두 번째로는 코시긴 소련 총리가 직접 왔는데, 그게 1960년의 일일 거요. 나는 그 사람한테 우리가 만년토록 소련을 상대로 투쟁하겠노라고 선포를 해 버렸지. (웃음)
통역: 주석께서는 만년 동안의 투쟁이라고 하셨습니다.
마오쩌둥: 그리고 이번에는 코시긴한테 양보를 했어요. 원래는 내가 만년에 걸쳐 투쟁이 계속될 거라고 말했지만, 이렇게 몸소 날 보러 왔으니까 천년으로 깎아 주겠다고 말이지. ⋯⋯ (웃음) 당신, 내가 얼마나 관대한지 알아야 할 거요. 난 일단 양보를 할 거면 천년 정도로 양보한

다니까요.[3]

기본적인 메시지는 동일했다. 가능하다면 협력하고, 전술적 움직임은 하지 말 것으로 요약된다. 상상할 수 있는 온갖 종류의 갈등을 다 겪은 이 베테랑을 속인다는 것은 불가능할 테니까. 그 속을 좀 더 깊이 파고들어가 보면, 이는 화해의 노력이 좌절될 경우 중국은 끈덕지고 무시무시한 적으로 변할 것이라는 경고였다.

그보다 한 해 전 닉슨과 이야기할 때 마오쩌둥은 타이완에 관한 실질적인 언급은 쏙 빼고 하지 않았다. 이제 위협 요소라고는 모두 제거하기 위해서 마오쩌둥은 전반적인 중·미 관계에서 타이완 이슈와의 연계는 노골적으로 제외시켰다. "우리와 미국의 관계라는 문제는 우리와 타이완 사이의 문제와 분리되어야 합니다." 마오쩌둥은 이렇게 제안했다. "미국은 일본이 (비공식적으로 사회적, 경제적 관계는 유지하면서도) 강행했던 것처럼 타이완과의 외교 관계를 단절해야 합니다. 그래야만 우리 두 나라가 외교 관계를 해결하는 것이 가능해집니다." 그러나 베이징과 타이완 사이의 관계에 대해서는 이렇게 경고했다. "이것은 상당히 복잡한 문제요. 평화적인 전환은 가능하다고 생각지 않습니다." 그다음 그는 지펑페이 외교부장에게 물었다. "당신은 그게 가능하다고 믿나?" 그는 그 자리에 있던 다른 중국 관리들과 좀 더 대화를 나누더니, 요점을 이야기했다. 어떤 종류의 시간적 압박은 없다는 것이다.

마오쩌둥: 그들은 반혁명 분자들의 집단이에요. 그들이 어떻게 우리랑 협조를 하겠어요? 난 당분간 타이완 없이 할 수 있다는 얘깁니다. 100년쯤 지난 다음에 끼워 주면 될 것 아닙니까! 세상사 모든 걸 너무 급히 서두르지 맙시다. 그렇게 서두를 필요가 어디 있겠어요? 1200만 명

남짓 살고 있는 자그만 섬에 지나지 않는걸.

저우언라이: 지금은 1600만이나 됩니다.

마오쩌둥: 하지만 미국과 우리의 관계를 말하자면, 100년씩이나 걸릴 게 없다고 생각해요.

키신저: 그 말씀을 믿고 싶습니다. 그보단 훨씬 더 빨리 이루어질 거라고 생각합니다.

마오쩌둥: 하지만 그건 당신네가 결정할 문제입니다. 우린 서두르지 않을 거예요. 미국이 필요성을 느낀다면 할 수 있습니다. 미국이 지금은 할 수 없다고 느낀다면, 우린 후일로 미루어도 괜찮습니다.

…….

키신저: 그건 필요한가의 문제가 아니라 실제로 가능하냐의 문제이겠죠.

마오쩌둥: 그건 같은 말이잖소. (웃음)[4]

마오쩌둥 특유의 역설적인 스타일 속에는 두 개의 똑같이 중요한 포인트가 들어 있었다. 첫째, 베이징은 타이완에 대해 무력을 사용하는 선택을 배제하지 않을 것이며, 실제로는 언젠가 무력을 사용하지 않을 수 없을 것으로 예상된다는 것이다. 둘째, 하지만 적어도 당분간은 그런 날을 미루고 있으며, 마오쩌둥은 사실 100년이라도 미룰 용의가 얼마든지 있다는 것이다. 이 농담은 그날의 핵심 테마로 나아가기 위해 장애물을 치우려는 의도로 고안되었다. 그 핵심 테마는 조지 케넌의 견제 이론을 군사적으로 적용하는 것으로, 소련 체제의 확장을 사전에 차단하면 그 체제는 내부 긴장의 결과로 붕괴할 것이라는 요지였다.[5] 그러나 케넌이 그의 원칙을 주로 외교 정책이나 국내 정책에 응용했던 데 비해 마오쩌둥은 가동할 수 있는 압력의 모든 범위에 걸쳐서 직접 대치할 것을 주장했다.

소련은 전 세계적인 위협이며, 거기에는 온 세계가 저항해야 한다고 마오쩌둥은 말했다. 다른 나라들이야 어떻게 대응하든 상관없이, 중국은 공격에 저항할 것이며 설사 내륙으로 달아나 게릴라전을 펼쳐야 하는 상황이라 해도 마찬가지일 것이라고 했다. 그러나 미국이나 미국과 뜻을 같이하는 다른 나라들과 협력한다면, 투쟁의 승리는 좀 더 빨리 올 것인즉, 그 결과는 소련이 장기적으로 얼마나 허약할 것인가에 의해서 미리 결정될 터였다. 중국은 도움을 청하지 않을 것이고 중국의 협력은 다른 나라의 협력에 좌우되지도 않을 것이었다. 하지만 중국은 (특히 미국과) 유사한 전략을 채택할 준비가 되어 있었다. 중국과 다른 나라를 묶어 줄 끈은 공식적인 의무가 아니라 공동의 신념일 것이었다. 소련의 야망은 그들의 능력을 넘어서는 것이므로, 소련에 대한 전 세계의 단호한 견제는 승리할 수밖에 없으리라는 것이 마오쩌둥의 이야기였다.

마오쩌둥: 그들은 너무나도 많은 적수를 상대해야 합니다. 태평양도 처리해야 하고 일본도 처리해야 하고 중국도 손을 봐야 하지요. 다수의 국가로 이루어진 남아시아 또한 처리해야 합니다. 그런데 여기에 그들이 가지고 있는 군대는 백만 명뿐이라, 그것으로는 다른 나라의 공격은커녕 스스로를 방어하기조차 벅찹니다. 하지만 우리가 그들을 들여놓기 전에는 공격을 할 수 없잖아요. 그런데 여러분이 먼저 중동과 유럽을 그들에게 주어 그들은 동쪽으로 군사를 배치할 수 있습니다. 그리고 그것만 해도 100만 명 이상이 필요할 겁니다.

키신저: 그런 일은 일어나지 않을 것입니다. 유럽과 일본과 미국이 힘을 합친다면 중국에 대한 공격 위험은 상당히 줄어들 것이라는 주석의 말씀에 동의합니다. 지난번 주석께서 저와 논의하셨던 것을 우리는

지금 중동에서 하고 있는데요.

마오쩌둥: 그뿐 아니라 우리는 그들 부대의 일부를 묶어 두고 있는데, 그
건 유럽과 중동에서 미국이 움직이는 데 도움이 되지요. 예를 들어
소련은 외몽골에 부대를 주둔시키고 있는데, 흐루쇼프 때까지만 해
도 그런 일은 없었습니다. 그때만 해도 소련은 외몽골에 군대를 둔
적이 없었어요. 전바오 섬 사건은 흐루쇼프 이후에 터졌으니까 말입
니다. 브레즈네프 시절이거든요.

키신저: 네, 1969년의 일이었습니다. 그렇기 때문에 서구와 중국과 미국
이 지금 이때 일사불란한 조치를 추구하는 것이 중요합니다.

마오쩌둥: 맞아요.[6]

마오쩌둥이 독려했던 그 협력은 아시아 이슈에만 국한된 것이 아니
었다. 역설이나 냉소가 전혀 배어 있지 않은 어조로 마오쩌둥은 미국
이 중동에 개입해서 소련의 대항마가 되어 주기를 촉구했다. 예전에는
중국의 프로파간다가 어김없이 비난의 목소리를 높였을 바로 그 '제
국주의 침략'을 말이다. 1973년 중동 전쟁(아랍 · 이스라엘 분쟁)이 끝난
직후, 그리고 사담 후세인의 모스크바 방문에 이어서 이라크가 중국의
관심을 끌었고 그의 세계 전략의 일부분으로 제시되었다.

마오쩌둥: 자, 이제 엄청나게 중요한 이슈가 하나 있는데, 바로 이라크 문제
입니다. 우리는 미국이 그 지역 내에서 무언가를 해 줄 수 있을지 잘 모
르겠습니다. 하지만 우리의 경우 그럴 가능성은 별로 크지 않습니다.

저우언라이: 그렇게 하기는 비교적 어렵습니다. 그들과 접촉할 수는 있겠
지만, 그들이 성향을 바꾸려면 시간이 필요합니다. 아마 소련 때문에
고통을 당하고 나면 자신들의 성향을 바꾸는 게 가능하겠지요.[7]

저우언라이의 말에는, 이라크가 소련에 의존하려면 너무나 커다란 대가를 치르도록 만들어(이집트가 그랬던 것과 상당히 유사하게) 성향을 바꾸지 않을 수 없도록 할 일사불란한 정책이 필요하다는 뜻이 담겨 있었다.(아울러 중국처럼 동맹국도 모스크바의 거들먹거리는 태도에 결국은 질려 버릴 것이라는 냉소적인 코멘트이기도 했다.) 이런 식으로 마오쩌둥은 중동의 여러 나라를 두고 강점과 약점을 두루 짚어 보았다. 그는 소련의 확장주의에 대한 방어벽으로서 터키, 이란, 파키스탄의 중요성을 강조했다. 그는 또 이라크 외에도 남예멘을 불안스럽게 바라보았다.[8] 그래서 인도양 내에서 미국이 좀 더 힘을 보태라고 촉구했다. 그는 골수 냉전의 전사였다. 미국 보수파들이 쌍수로 그를 환영했을 것이다.

마오쩌둥이 말하는 일사불란한 전략에서 일본은 주된 요소의 하나였다. 1971년의 비밀 회담에서 중국 지도자들은 미국과 일본의 결탁에 관해 여전히 상당한 의구심을 드러냈다. 저우언라이는 우리에게 일본을 조심하라고 경고했다. 일단 일본이 경제 회복을 통해 미국에 도전장을 던질 입장이 되면, 지금의 우의는 시들어 버릴 것이라는 뜻이었다. 1971년 10월에는 일본의 "날개에 무성한 털이 완전히 나서 곧 하늘로 날아오를 태세"라고 힘주어 말했다.[9] 나는 일본이 고립된다면, 미국과의 동맹을 비롯한 국제 질서 속에 들어와 있을 때보다도 훨씬 더 문제아가 될 것이라고 응수했다. 그리고 닉슨 대통령은 중국 방문 중에 이 점을 상세히 설명하기도 했다. 1973년 11월 우리가 대화를 나눌 즈음, 마오쩌둥은 이미 그 관점을 수락한 상태였다. 그래서 이제 그는 나에게 일본에 대해 좀 더 많은 관심을 갖고, 일본 지도자들 양성에 좀 더 많은 시간을 보내라고 촉구했다.

마오쩌둥: 일본에 대해 좀 논의를 해 봅시다. 이번에는 일본에 가서 며칠

더 머물 계획이지요?

키신저: 주석께서는 언제나 일본에 관해 저를 꾸짖으십니다. 저는 그 말씀을 신중하게 받아들여 이번에는 이틀 반을 머물 예정입니다. 네, 그의 말은 아주 옳습니다. 일본이 고립되었다는 느낌을 갖지 않고 외톨이로 남겨지지 않는 것이 대단히 중요합니다. 그리고 그들에게 요령을 피워야겠다는 유혹을 너무 많이 주면 안 될 것입니다.

마오쩌둥: 그러니까 소련 쪽으로 넘어가도록 만들지 말자는 게지요.[10]

미국과 중국 사이의 전 지구적인 협응이 과연 어떻게 이루어질까? 마오쩌둥은 양측이 각자의 국익이란 개념을 명확하게 확립하고 각자의 필요성에 따라서 협력하는 것이 어떻겠냐고 제안했다.

마오쩌둥: 똑같은 상황에서 우리도 역시 말합니다. (손으로 제스처를 취하면서) 닉슨 대통령이 여기 앉아서 했던 바로 그 이야기 말입니다. 그러니까 각자는 나름대로의 수단이 있고 자신의 필요에 따라 행동한다는 거죠. 거기서 두 나라가 손을 잡고 함께 움직이는 결과가 나왔잖아요.

키신저: 네, 우리 모두 동일한 위험에 맞닥뜨리고 있습니다. 서로 다른 방법을 써야 할 때도 있겠지만 목적만큼은 똑같습니다.

마오쩌둥: 그거 좋습니다. 목적이 동일한 이상 우리는 미국을 해치지 않을 것이고, 미국 역시 우릴 해치지 않을 겁니다. 그리고 함께 나쁜 놈들을 처치하도록 협력할 수 있어요. (웃음) 사실 우리는 미국을 잠시 비난하고 싶을 때가 있고, 또 미국도 마찬가지일 것입니다. 닉슨 대통령의 말로는 그게 이념의 영향이라고 하더군요. 미국은 공산주의자 물러나라, 중국은 제국주의자 물러나라, 그렇게 말하는 거죠. 더러는 그

렇게 말할 때도 있답니다. 그러지 않으면 안 될 테니까.[11]

　다시 말해 양측은, 소련의 위험에 맞서서 협력하는 일만 방해하지 않는다면, 국내 정치의 필요성을 만족시키는 그 어떤 이념의 슬로건으로 무장하든 상관없다는 것이다. 이념은 외교 정책과는 작별을 고하고, 내정의 관리 도구로 전락하는 것이다. 물론 이념의 휴전은 목적이 서로 화합할 수 있는 한에서만 유효했다.

　정책의 실행에서 마오쩌둥은 실용주의적이었지만, 그 구상에서는 항상 주도적인 원칙을 찾으려 했다. 그는 이미 50년 가까이 이념적 운동의 지도자가 되지 못했다가, 이제 갑자기 순수한 실용주의로 전향하고 있었다. 케넌의 견제 이론은 주로 유럽과 대서양 관계에 적용되었지만, 마오쩌둥의 견제 이론은 전 지구적이었다. 마오쩌둥의 개념으로 볼 때, 소련의 확장주의로 위협을 느끼는 나라들은 "미국-일본-파키스탄-이란…… 터키-유럽 하는 식으로 수평적 방어선을 그어야 한다."[12](바로 이 때문에 이라크가 전번 대화에 등장했다.) 마오쩌둥은 1973년 2월 나에게 자신의 이 개념을 소개하면서, 이렇게 몇 나라를 묶는 것이 어떻게 소련과의 투쟁을 수행할 것인지 설명해 주었다. 나중에 그는 일본 외상과 더불어 전선을 따라 위치한 국가로 구성된 '대규모 지역'이란 관점에서 그 개념을 면밀히 조사하기도 했다.[13]

　우리는 분석의 요지에 동의했다. 그러나 언급을 피하려 했던 중·미 간 국내 시스템의 여러 차이점이, 시행이라는 문제를 두고 다시 불거졌다. 그처럼 상이한 두 정치 체제가 하나의 정책을 수행할 수 있겠는가? 마오쩌둥에게는 정책의 구상이나 실행이나 똑같았다. 그러나 미국의 경우는 당시 워터게이트 사건으로 대통령의 권위가 위협을 받고 있었던지라, 자국민들 사이의 합의와 동맹국들 사이의 합의를 이끌어 내는 데 어려움이 있었다. 소련에 맞서서 수평적 방어선을 유지하는 전략은 감정에 좌우되지 않는 중국의 국제 정세 분석을 반영하고 있었다. 전략적인 필요성이 유일한 정당화가 될 터였다. 그러나 그것은 주로 국익을 기반으로 하는 정책에 내재되어 있는 모호함을 드러내 보였다. 그것은 모든 당사자가 경우마다 비슷한 계산을 지속적으로 할 수 있는 능력에 달려 있었다. 미국, 중국, 일본, 유럽이 연합하면 소련에 대하여 우세할 수밖에 없었다. 하지만 그 파트너 가운데 몇몇, 특히 정식적으로 의무를 부과하지 않은 상태에서 서로 다른 계산을 한다면 어떻게 될 것인가? 중국이 걱정하듯이, 만약 파트너 가운데 누군가가 세력 균형의 가장 좋은 방법은 미국이나 유럽이나 일본이 (소련과 대치하는 것이 아니라) 소련과 화해하는 것이라고 결론 내린다면? 만약 그 삼각관계의 한 요소가, 그 관계를 안정시키는 게 아니라 변화시킬 기회를 포착한다면? 간단히 말해 다른 나라들도 중국의 냉정한 자주 원칙을 스스로 적용한다면 그들은 어떻게 할까? 그렇게 중·미 간의 가장 훌륭한 협력의 순간에도 준동맹의 지도자들은 여러 멤버들이 자신의 목적을 위해 행여 그 순간을 이용하려는 유혹에 빠지면 어떻게 되는가를 논의하게 되었다. 중국이 지닌 자주독립이라는 개념은 역설적이게도, 중국 지도자들이 파트너들도 기꺼이 동일한 리스크를 무릅쓸 거라고 믿기 힘들게 하는 결과를 낳았다.

자기 모순의 전문가인 마오쩌둥은 자신의 수평 방어선 개념을 적용하면서 불가피하게 일련의 모순과 맞닥뜨렸다. 그중 하나가 그 개념은 중국의 자주독립 아이디어와 잘 맞지 않는다는 사실이었다. 협력은 독립적 분석을 어떻게 하나 되게 하느냐에 달려 있었다. 모든 게 중국과 합치된다면 문제 될 것이 없었다. 그러나 당사자 간의 이견이 생기면 중국의 의구심은 극복하기 어려운 독특한 것이 될 터였다.

수평 방어선 개념에는 서구에서 말하는 집단 안보 개념의 '근육질' 버전이 내포되어 있다. 그러나 사실상 집단 안보는 가장 미묘한 지정학적 디자인을 지닌 국가의 확신을 기반으로 움직이는 게 아니라, 오히려 가장 공통 분모가 적은 상태에서 잘 작동된다. 이는 과거 미국이 리더십을 추구했던 동맹에서 경험했던 바가 증명해 준다.

전 지구적 안보 시스템에 내재된 이러한 어려움은 마오쩌둥의 경우에는 한층 더 복잡했다. 미국에 대한 개방이 미·소 관계에 대해 원래 계산했던 것과 같은 충격을 주지 못했기 때문이다. 마오쩌둥이 미국에게 화해의 제스처를 취했던 것은, 미·소의 차이가 결국은 이 두 핵 강대국 사이의 의미 있는 타협을 예방해 주리라는 믿음에 기반을 두었다. 어떤 의미에서 그것은 1930년대와 1940년대 공산주의의 '통일 전선' 전략을 적용한 것이었다. 그것은 닉슨의 방문이 끝난 후 발표된 슬로건에도 잘 드러난다. "반목을 이용하여 적을 각개 격파함!" 마오쩌둥은 미·중 관계가 재개되면 소련의 의구심이 증폭되고 미·소 간의 긴장은 확대되리라고 가정했다. 그런데 전자는 실현되었지만, 후자는 일어나지 않았던 것이다. 미·중이 화해하자 소련은 오히려 워싱턴의 호의를 얻어 내려고 중국과 다투기 시작했다. 미국과 소련 사이는 더욱 가까워지고 있었다. 미국은 중국이 국제 질서의 중요한 요소라고 간주하고 중국이 위협을 받으면 지원하겠다는 뜻을 명백히 드러내면서도, 미국이 별도로 더 많은 전략적 선택을 쥐고 있다는 사실 자체만으로도 노회한 혁명가의 전략적 본능을 거슬러 가고 있었던 것이다.

마오쩌둥도 검토를 시작했듯이, 수평적 방어선의 문제는 이런 것이었다. 권력의 계산이 모든 행동을 결정한다면, 중국은 상대적인 군사력 약세 때문에 미국의 지원에 (적어도 당분간은) 어느 정도 의존할 수밖에 없다.

협력을 위한 대화의 모든 단계에서 마오쩌둥과 중국 지도부가 중국의 자유로운 움직임과 자주독립을 보존하기 위해 고안된 명제를 고집했던 것도 바로 그 때문이었다. 그 명제란, 중국이 보호를 필요로 하는 것은 아니며, 그리고 중국은 예측할 수 있는 모든 위기를 필요하다면 혼자서 처리할 수 있다는 것이었다. 그러니까 그들은 집단 안보의 수사학을 쓰면서도, 그 내용을 규정하는 권리를 유보하고 있었다.

1973년 내가 마오쩌둥과 대화할 때마다, 그는 중국이 어떤 형태의 압박에도, 심지어는 핵 위협에조차도 굴하지 않는다는 점을 누누이 강조했다. 핵전쟁이 서른 살 이상의 모든 중국인을 전멸시킬지라도, 장기적으로는 언어 측면의 통일을 도와줌으로써 중국에게는 득이 되리라는 것이었다. "소련이 핵무기로 서른 살 이상의 중국인들을 모조리 죽인다 해도, 그것은 수많은 방언이 존재했던 중국의 언어 문제를 해결해 줄 따름이다. 나처럼 늙은이들이야 공용 중국어를 다시 배울 수도 없으니.(죽으면 언어 통일에 도움이 될 것 아닌가.)"[14]

누구든 중국을 침략하면 자신은 내륙 깊숙이 후퇴해서 적대감에 불타는 인민들이 입을 떡 벌리고 있는 함정 속으로 끌어들일 수 있다는 얘기를 시시콜콜 해 대는 마오쩌둥에게, 나는 이렇게 물어보았다. "그러나 침략자가 군대를 보내는 것이 아니라 폭탄을 퍼부으면 어떡하시겠습니까?" 마오쩌둥의 대답은 이랬다. "그럴 땐 우리가 어떡하겠소? 당신이 위원회라도 구성해 해결책을 좀 찾아주시구려. 그들이 우릴 신나게 두들겨 패도록 놔둬야겠지. 그들은 모든 자원을 잃게 될 것이고."[15] 중국이 행동하면 미국은 연구에 몰두하는 경향이 있다는 이 야릇한 어감에서 마오쩌둥이 한편으론 수평적 방어선을 옹호하면서도 다른 한편으로는 그런 준동맹이 실패하면 중국은 독야청청하겠다는 극적인 말을 하는 까닭을 알 수 있다. 마오쩌둥과 저우언라이는 (그리고 나중에 덩샤오핑은) 중국이 '땅굴을 파고' 있으며, '소총 들고 좁쌀만 먹으며' 수십 년이라도 견딜 태세가 되어 있다고 강조했다. 어떻게 보면 그런 허장성세는 중국의 취약성을 숨기려는 의도였을 테지만, 중국이 세계 대전이라는 실존적 악몽에 어떻게 대처할 것인지에 대한 신중한 분석을 반영한 것이기도 했다.

핵전쟁에서 중국이 살아남는 길에 대한 (가끔씩 유쾌한 유머까지 곁들인) 마오쩌둥의 거듭된 생각을 읽고(핵전쟁으로도 죽일 수 없을 만큼 중국인이 많다고 하니 말이다.) 서구의 관측통들은 이를 정신착란의 조짐으로 보았다. 이는 핵전쟁에 대한 두려움을 조장했기 때문에, 어떤 의미에서 서구의 단호한 결심을 약화시키기도 했다.

그러나 마오쩌둥이 정말로 걱정했던 것은 미국과 서구 안보 개념의 기반이 되는 원칙과 맞닥뜨리는 것이었다. 상호 확증 파괴(Mutual Assured Destruction)의 보복 핵전략이라는 주된 이론은 일정 부분의 파괴를 이행할 수 있는 능력에 달려 있다. 그리고 적은 우리와 비견될 만한 능력을 지닌 것으로 가정한다. 어떻게 전 지구적 자살이란 위협이 허풍으로 변하는 것을 막을 수 있을까? 마오쩌둥은 미국이 상호 확증 파괴에 의존하는 것을 자국 군사력에 대한 자신감의 결여가 반영된 것이라고 보았다. 그것은 1975년 대화의 주제였는데, 여기서 마오쩌둥은 냉전 시대 미국이 지닌 핵 딜레마의 요체를 간파했다. "당신네들은 핵무기에 대한 자신감과 신념이 있어요. 그런데 당신네들의 군대에 대해선 자신감이 없어요."[16]

그럼 당분간은 충분한 보복 수단을 갖추지 못한 채 핵전쟁에 노출된 중국은 어떤가? 마오쩌둥의 대답은 중국이 과거의 수행 실적과 성서적 인내심에 기반을 둔 내러티브를 창조하리란 것이었다. 수억 명이 사망하고 도시란 도시는 거의 쑥대밭이 되거나 점령당한 다음에도 끝내 이기겠다는 의지로써 믿을 만한 안보 정책을 달성할 수 있는 사회가 이 세상 또 어디에 있겠는가. 그 차이 하나만으로도 안보에 대한 서구와 중국의 인식 차이가 드러났다. 중국의 역사는 다른 나라들이 감히 상상도 못할 파괴까지 극복하고, 정복자들에게조차 그 문화와 그 방대함으로 옭죄어서 결국 이길 수 있는 능력을 증명했다. 중국인의 나날의 생활에 대해 가끔은 혐오의 눈길을 보내는 마오쩌둥의 생각 이면에는 이처럼 자국민과 문화에 대한 믿음이 있었다. 그저 중국인의 숫자가 많다는 것뿐 아니라, 그들의 끈질긴 문화와 응집된 인간관계가 요점이었다.

그러나 자국민들과 좀 더 조화를 추구하고 그들에게 좀 더 예민하게 반응하는 서구의 지도자들은 (전략적 원칙을 통해 간접적이기는 하지만) 그처럼 단정적인 방식으로 제시할 마음의 준비는 없었다. 그들에게 핵전쟁이란 정상적인 대응 절차가 아니라 그야말로 최후의 의존 수단으로 비쳐야만 했던 것이다.

거의 편집증적인 중국의 자주독립을 미국 측이 항상 충분히 이해했던 것은 아니다. 안보 의식에 의한 유럽과의 유대 강화에 익숙해 있던 우리는, 그와 비슷한 말들이 중국 지도자들에게 미치는 영향을 언제나 올바르게 판단하지는 못했다. 닉슨 방중에 앞서 준비 팀을 이끌었던 알렉산더 헤이그 대령은 1972년 1월 저우언라이와 만났을 때, 닉슨 행정부가 중국을 포위하려는 소련의 노력을 저지할 것이라고 말하면서 나토 식의 표준 어법을 사용했다. 그때 마오쩌둥의 반응은 강력했다. "중국을 포위해? 그 사람들, 날 좀 구해 줘야겠군, 어떻게 그게 가능하지? …… 그들이 날 걱정해 준다고? 이거야 '고양이가 죽은 쥐를 슬퍼해 주는' 격이로구먼!"[17]

나는 1973년 11월 말 중국 방문을 마치면서 저우언라이에게 우발적 전쟁 위험 감소 합의의 일환으로 워싱턴-베이징 핫라인을 제안했다. 군축 협상이 중국에게 참여의 기회를 제공함으로써 중국을 고립시키려는 미·소의 공동 획책이라는 중국의 의심을 참작해 주자는 것이 목적이었다. 그런데 마오쩌둥은 그것을 다르게 받아들였다. "누군가가 우리에게 우산을 받쳐 주려고 합니다만, 우린 그 보호용 핵우산이란 것, 원치 않아요."[18]

중국은 핵무기에 대한 우리의 전략적 견해를 공유하지 않았고, 하물며 우리의 집단 안보 원칙은 더욱 그러했다. 중국은 주변국을 분열시키기 위해서 전통적인 고사성어 '이이제이'를 적용하려 했다. 오랑캐들이 그런 식으로 '이용당하는' 것을 거부하고 저희들끼리 힘을 합쳐 중국을 아예 정복하거나 몇 개의 봉토로 분할하는 사태는, 중국 역사에 아로새겨진 악몽이었다. 소련과 인도와는 적대 관계인 데다 미국에도 나름 의구심이 없지 않은 채 갇혀 버린 중국의 관점에서 악몽은 완전히 사라지지 않았던 것이다.

소련에 대한 접근법의 밑바닥에는 차이가 있었다. 중국은 타협을 모르는 대치 입장을 선호했다. 미국은 국제적인 힘의 균형에 대한 위협을 거부함에 있어 똑같이 타협을 불허했다. 그러나 우리는 다른 이슈에서 관계 개선의 가능성을 열어 두자고 했다. 중국과의 화해는 소련을 뒤흔들어 놓았다. 우리가 중국과 손을 잡았던 이유 중 하나가 바로 그런 효과였다. 말이야 바른 말이지, 우리는 여러 달에 걸쳐 비밀 방문을 준비하면서, 동시에 닉슨과 브레즈네프의 정상 회담을 모색했다. 베이징 정상 회담이 먼저 이루어진 것은 주로 소련이 모스크바 방문에 조건을 달려고 했기 때문이었다. 소련은 닉슨이 베이징을 방문하자 그런 수작을 즉시 포기했다. 물론 중국은 중국과 소련의 거리보다는 미국과 모스크바 혹은 미국과 베이징 사이의 거리가 훨씬 더 가까움을 눈치챘다. 그랬기 때문에 중국 지도자들로부터 중·미 데탕트에 관한 신랄한 코멘트가 터져 나오곤 했다. 중·미 관계가 정점에 이르렀을 때조차, 마오쩌둥과 저우언라이는 미국이 어떻게 전략적 융통성을 행사할 것인지에 대해 종종 우려를 표명했다. 미국의 의도는 "중국의 어깨에 올라타고 소련과 손을 잡으려는"[19] 것인가? '안티 헤게모니'를 지지한다는 미국의 공약은 하나의 전술인가? 일단 중국이 경계 태세를 풀면, 워싱턴과 모스크바는 힘을 모아 베이징을 묵사발로 만들 것인가? 서구가 중국을 기만하고 있는가, 아니면 서구가 스스로를 기만하고 있는가? 어떤 경우이든 실질적인 결과는 '소련이라는 흙탕물'을 동방의 중국 쪽으로 밀어내는 것은 아닌지? 1973년 저우언라이의 발언이 그 주제를 담고 있었다.

저우언라이: 어쩌면 그들(유럽 국가들)은 소련의 흙탕물을 반대쪽으로, 동쪽으로 밀어내고 싶은 것 아닐까요?

키신저: 소련이 동쪽을 치든 서쪽을 치든, 미국에게 위험하긴 마찬가지입니다. 소련이 동쪽을 치면 미국이 득을 볼 일은 하나도 없습니다. 아니, 사실 소련이 공격한다면, 그래도 서방을 공격하는 편이 우리에겐 좀 더 유리합니다. 왜냐하면 그런 경우 저항하더라도 국민들의 지지를 더 얻을 수 있으니까요.

저우언라이: 맞아요. 그렇기 때문에 소련을 동방으로 밀어내려는 서구의 열망 또한 하나의 환상이라고 믿습니다.[20]

아이디어마다 궁극적인 결과까지 밀고 가고야 마는 마오쩌둥은 가끔씩 자신이 실행했을 법한 변증법적 전략을 미국 탓으로 돌리곤 했다. 미국은 국지전 간섭이 참전 강대국의 힘을 소진시킨다는 베트남전의 교훈을 적용하여 공산주의의 문제를 일거에 해결하자는 생각을 할수 있다는 주장이었다. 그렇게 해석한다면 수평적 방어선 이론이나 집단 안보라는 서구의 개념은 중국에 대한 함정이 될 수도 있다.

마오쩌둥: 베트남전에 발이 빠진 이래로 미국은 많은 어려움을 겪었으니까, 이제 미국이 중국에 발을 빠뜨리면 소련이 흐뭇해할까요?

키신저: 소련이 말입니까?

낸시 탕: 소련 말씀이십니다.

마오쩌둥: 그런 다음에 미국은 소련이 중국에 발이 빠지도록 할 수 있지요. 반 년, 일 년, 이 년, 삼 년, 혹은 사 년 동안. 그런 연후에 미국은 소련의 등을 손가락으로 찌를 수 있습니다. 그럴 때 슬로건은 평화가되겠지요. 그러니까, 평화를 위해서 소련 제국주의를 무너뜨려야 한다고 말이요. 그러고는 그들이 비즈니스를 할 수 있게 돕기 시작할수 있어요. 당신네들이 필요한 건 뭐든지 중국과 맞서서 도와주겠다고 말하면서요.

키신저: 주석 각하, 우리가 서로서로의 동기를 이해하는 게 정말이지 대단히 중요합니다. 중국에 대한 공격을 우리가 알면서도 돕는 일은 결코없을 겁니다.

마오쩌둥: (말을 가로막으며) 아니요. 그건 그렇지 않소. 그렇게 할 때 미국의 목적은 소련을 무너뜨리는 것일 테니까요.[21]

마오쩌둥의 말에 일리가 있었다. 미국에게 이론적으로 가능한 전략이었다. 다만 누락된 것이 있다면 그것을 품어 줄 지도자나 밀어 줄 대중이 없다는 것이었다. 미국에서 추상적으로 교묘하게 처리한다는 것은 불가능했고, 바람직한 일도 아니었다. 미국 외교 정책의 기반은 결코 권력 정치 하나만으로 이룩될 수 없기 때문이다. 닉슨 행정부는 중국의 안보에 부여한 중요성에 대해서 진지했다. 실제로 미국과 중국은 상당히 많은 정보를 교환했고, 많은 분야에서 협력했다. 그러나 워싱턴은 자국 안보를 확보하는 전략의 결정권을 다른 나라에게 (그 나라가 아무리 중요하다 할지라도) 넘겨줄 수는 없었다.

워터게이트 사건의 충격

미국과 중국의 전략적 사고가 합치점을 찾고 있을 때, 워터게이트 사건은 지정학적 도전에 맞설 수 있는 미국의 능력을 잠식함으로써 관계 개선의 진전을 방해할 뻔했다. 중국과의 화해를 생각해 냈던 대통령의 파멸은 베이징에서는 상상조차 할 수 없었다. 1974년 8월 8일 닉슨 대통령 사임, 그리고 제럴드 포드 부통령의 대통령직 승계는 뒤이은 1974년의 총선에서 적극적 외교 정책에 대한 의회의 지지를 무색케 했다. 국방 예산은 논쟁의 대상이었다. 주요 동맹국인 터키에 금수 조치가 내려지고, 정보기관에 두 차례의 특위가 공개 조사를 시작하여 극비로 분류되던 정보의 씨를 말렸다. 상원에서는 처치(Church) 특위, 하원에서는 파이크(Pike) 특위가 열렸다. 개도국에 대한 소련의 전진을 방지할 수 있는 미국의 능력은 전쟁 권한법(War Powers Act)이 통과되면서 크게 줄어들었다. 미국은 국내적으로 (국민이 선출하지 않은 대통령이 적대적 의회와 맞서는) 마비 상태에 빠져, 소련에게 기회를 제공하고 있었다. 애당초 일부 중국 지도자들이 미국의 의도라고 믿고 싶어 했던 바로 그 상황이었다. 1975년 초 캄보디아에 연합 정부를 세우려던 중·미의 노력을 중단시켰던 의회의 조치는, 베이징에서 보기에 소련이 중국을 에워싸는 가운데 노출된 미국의 약점으로 해석되었다.[22] 중국 측이 볼 때, 데탕트 정책은 그런 분위기에서 마오쩌둥이 '새도 복싱'이라고 불렸던 것으로 변할 조짐을 보이면서 외교적 진전이란 현실이 아닌 환상을 만들어 냈다. 중국 지도자들은 미국(그리고 서구의 많은) 지도자들에게 유화 정책의 위험성을 가르쳤다. 헬싱키 안보 협력 회의는 안정과 평화라는 환상을 빚어낸다고 해서 특히 중국의 비난 대상이 될 만했다.[23]

준동맹의 기반은 세계 안보에 대한 미국의 기여가 필수 불가결이라는 중국의 믿음이었다. 베이징은 워싱턴을 소련 확장주의에 맞서는 방어벽으로 우러러보면서 관계 개선에 돌입했던 것이다. 이제 마오쩌둥과 저우언라이는 워싱턴이 나약해 보이지만 사실 그 저변에는 하나의 게임이 도사리고 있는 것이 아니냐는 암시를 흘리기 시작했다. 소련과 중국이 서로 적대하도록 만들어 둘을 파멸시키려 한다는 것이었다. 그러나 중국은 점차 미국을 향해 배반보다도 더 고약한 '무능력'을 저질렀다고 비난했다. 바로 이것이 1973년 말 중국 국내의 어려움이 우리 미국의 어려움과 필적하면서 모든 것이 중단되는 지점이었다.

11

마오쩌둥 시대의 종말

중국 외교에 혁명이 생길 때마다, 마오쩌둥은 중화사상에 기반을 둔 실용주의와 혁명의 열정 사이에서 고민했다. 그는 필요한 선택을 했고, 만족스럽지는 않았지만 실용주의를 냉철하게 채용했다. 우리가 1972년 처음으로 그를 만났을 때, 그는 이미 병중이었고 (무신론을 맹세한 사람치고는 역설적이게도) '하나님의 초청장'을 받아들었다는 말을 했다. 그는 공산당까지 포함한 국내의 거의 모든 체제를 박살냈거나 급진적으로 바꾸었으며, 갈수록 자기 개인의 매력과 반대파들의 교묘한 조종을 통해서 통치하고 있었다. 이제 그의 통치가 종말에 다가가면서, 마오쩌둥의 권력 유지와 조종 능력은 빠르게 쇠퇴하고 있었다. 린뱌오 사건으로 인해 그가 점찍었던 후계자도 파멸했다. 이제 마오쩌둥에게 널리 인정받는 후계자도 없었고, 마오쩌둥 이후의 중국을 위한 청사진도 없었다.

계승 위기

마오쩌둥은 새로운 후계자를 선택하는 대신 그 자신의 반대 감정을 제도화하려 했다. 중국의 운명에 대한 자신의 비전 양쪽에 있는 관리들을 모두 승진시킴으로써, 그는 극도로 복잡한 정치적 경쟁 구도를 유산으로 남겨 주었다. 특유의 속을 알 수 없는 난해함으로, 그는 각 캠프를 조성하고 그들이 서로 경쟁하도록 부추겼다. 그러면서 동시에 각 당파 안에 (저우언라이와 덩샤오핑 사이에서 보였던 것과 같은) '갈등'을 심어 놓아 어느 한 사람도 자기 자신의 권위와 하나가 될 만큼 독보적인 존재가 될 수 없도록 만들었다. 한쪽에는 저우언라이가 이끌고 나중에 덩샤오핑이 이어받았던 실용적 캠프가 있었고, 다른 한편에는 후일 마오쩌둥이 사인방(四人幇)이라 부르며 비웃었던 장칭 및 상하이 기반의 급진주의자들을 중심으로 한 순수 이념파가 있었다. 이들은 마오쩌둥의 사상을 곧이곧대로 적용해야 한다고 고집했다. 이 두 캠프 사이에 마오쩌둥의 직속 후계인 화궈펑이 있었는데, 그에게는 마오쩌둥이 신주처럼 모셔 두었던 '모순과 갈등'을 마스터해야 하는 어마어마한 (결국은 해결되지 않을) 임무가 떨어졌다. 그의 짧은 경력은 다음 장에서 언급할 것이다.

두 개의 큰 파벌이 문화, 정치, 경제 정책, 권력에 따르는 특권을 놓고, 다시 말해 국가를 다스리는 방법을 두고 많은 논쟁을 벌였다. 그러나 근본적인 서브텍스트는 19세기 및 20세기 초 중국 최고의 지성을 사로잡았던 철학적 질문, 즉 중국과 외부 세계와의 관계를 어떻게 규정할 것인가와 중국이 외국에게서 무엇을 배울 수 있는가라는 질문이었다.

사인방은 중국 내부로 눈을 돌리는 것을 옹호했다. 그들은 중국 문화와 정치에서 (외국의 것이거나, '수정주의적'이거나, 부르주아의 것이거나, 전통적이거나, 자본주의적이거나, 반공산당의 혐의가 있다고 간주되는 것 등을 포함하여) 미심쩍은 영향력을 제거하고, 혁명 투쟁과 급진 평등주의라는 중국의 윤리를 되살리며, 마오쩌둥에 대한 종교적 숭배를 사회생활의 중심으로 만들려 했다. 한때 배우였던 마오쩌둥의 부인인 장칭은 경극(京劇)의 개혁과 급진화, 그리고 1972년 닉슨 대통령 앞에서 공연하여 미국 대표단을 깜짝 놀라게 했던 홍색낭자군(紅色娘子軍) 같은 혁명 모범극(revolutionary ballets)의 개발을 주도했다.

린뱌오가 실각한 다음 장칭과 사인방은 살아남았다. 그들이 조종하는 이론가들은 중국 언론, 대학, 문화 분야 등을 좌지우지했고, 그 영향력을 이용해서 저우언라이, 덩샤오핑, 그리고 '수정주의'로 기울고 있는 중국의 경향을 혹독히 비난했다. 그러나 문화 혁명 중에 드러난 그들의 행태 때문에 강력한 적들이 생겨났고, 마오쩌둥을 승계할 가능성은 낮아졌다. 군이나 대장정의 베테랑들과 유대 관계가 없어서 고위직을 꿈꾸기도 어려웠다. 중국 역사를 통틀어 여성에게 주어진 일이 별로 없는 지위를 노리는 배우이자 경극 제작자 장칭, 저널리스트이자 정치 이론가 장춘차오, 좌익 경향의 문학 평론가 야오원위안, 그리고 권력 기반이라곤 없다가 공장 경영진에 맞서 동요를 일으킨 다음 갑자기 부상한 전직 경호원 왕훙원 등이 그들이었다.[1]

사인방 반대편에는 이에 비해 실용주의자들의 캠프가 있어, 저우언라이 및 덩샤오핑과 연대를 맺고 있었다. 저우언라이 자신은 공산주의자를 신봉하면서 수십 년 동안 마오쩌둥을 위해 헌신했지만, 많은 중국인에게는 질서와 절제의 상징으로 비쳐졌다. 비판하거나 경애하는 사람들 모두에게, 저우언라이는 온화한 관리라는 중국의 오랜 전통을 상징했다. 점잖고 학식이 높으며, 개인적인 거동이나 (중국 공산주의의 스펙트럼 내의) 정치적 성향에서 절제된 모습을 보여 주었기 때문이다.

그에 비해 덩샤오핑은 무뚝뚝하고 세련되지 못했다. 대화를 하다가도 갑자기 타구에 침을 뱉어서 황당한 순간이 종종 연출되곤 했다. 하지만 그 역시 질서나 번영의 추구로 혁명의 원칙을 조화시키자는 저우언라이의 비전을 공유했을 뿐 아니라 때로는 뛰어넘었다. 그는 결국 급진적 이념과 전략 기반의 개혁이란 접근법 사이를 오갔던 마오쩌둥의 모호함을 해결해야 할 터였다. 두 사람 모두 서구 민주주의 원칙을 믿지는 않았다. 두 사람 모두 마오쩌둥이 일으킨 첫 번째 대혼란에는 비판하지 않고 참여했다. 하지만 마오쩌둥이나 사인방과는 달리 저우언라이와 덩샤오핑은 중국의 미래를 지속적인 혁명 때문에 망치고 싶진 않았다.

중국을 오랑캐들에게 '팔아먹었다'는 비난에 시달렸던 19~20세기 개혁가들은 서구의 기술과 경제 혁신을 이용해서 중국의 힘을 끌어올리고, 동시에 중국의 본질을 보존하고자 했다.[2] 저우언라이는 중 · 미 데탕트와도 깊이 연관되고, 문화 혁명 이후 국내 정세의 정상화 노력과도 깊이 연관되어 있었는데, 사인방은 그 두 가지 모두를 혁명 원칙의 배반이라고 반대했다. 덩샤오핑과 뜻이 같은 후야오방이나 자오쯔양 같은 관리들은 경제적 실용주의에 연관되어 있었으며, 이 역시 자본주의 시스템의 양상을 복구하는 것이라 하여 사인방에게 공격을 받았다.

마오쩌둥이 점차 힘을 잃자 중국 지도부는 권력 투쟁에 휩싸이면서 중국의 숙명에 대한 논쟁이 이어졌고, 이는 중 · 미 관계에 심각한 영향을 끼쳤다. 중국의 급진파가 득세했을 때는 중·미 관계가 냉각되었고, 미국 내 혼란 때문에 행동의 자유가 제한되었을 때는 (중국의 안보를 돕기는커녕 스스로가 분쟁에 휩싸인 미국에 중국의 외교 정책을 연계시킴으로써 이념의 순수성을 쓸데없이 희석시킨다는) 급진파의 주장에 힘이 실렸다. 종국에는 마오쩌둥이 지속적 혁명이라는 자신의 유산을 보존하는 동시에, 여전히 중국 안보에 중요하다고 여기는 미국과의 전략적 화해를 확보하는 모순을 처리하려고 했다. 그는 국익 때문에 어쩔 수 없이 미국과의 새로운 관계를 유지하지 않을 수 없었고, 또 그 때문에 여론이 분열되어 낭패를 보긴 하지만, 그래도 급진파를 동정한다는 인상을 남겼다.

한창 때의 마오쩌둥이었더라면 내부 갈등을 극복할 수 있었을 것이다. 하지만 노회한 마오쩌둥은 스스로 만든 복잡함 때문에 점차로 피폐해졌다. 마오쩌둥의 오랜 충복이었던 저우언라이는 이 모순의 희생자가 되었다.

저우언라이의 몰락

전제 정치 체제에서 2인자가 정치적으로 살아남기란 애당초 어려운 노릇이다. 지도자 옆에 바짝 붙어서 경쟁자가 끼어들 틈을 주지 않으면서, 동시에 지도자가 위협을 느끼지 않을 정도로 거리를 두어야 하니 말이다. 마오쩌둥의 넘버 투 가운데 어느 누구도 그런 줄타기를 제대로 해내지 못했다. 1959년에서 1967년까지 국가주석이란 직위로 2인자가 되었고 문화 혁명 중에 투옥된 바 있던 류사오치라든가 린뱌오는 모두 정치적으로 파멸했고 그 와중에 목숨까지 잃었다.

저우언라이는 우리와의 회담에서 언제나 우리의 주된 대화 상대였다. 1973년 11월의 방중에서 우리는 그가 여느 때보다 좀 더 주저하고 평상시보다 마오쩌둥에 대해서 더 공손하게 말하는 것을 눈치챘다. 그러나 그런 느낌은 거의 3시간에 달하는 마오쩌둥과의 대화에 의해서 상쇄되었다. 그때까지는 그처럼 폭넓게 외교 정책을 그와 검토한 적이 한 번도 없었다. 그다음 마오쩌둥은 손수 나를 대기실로 안내했고, 자신과 내가 '화기애애한 분위기에서 광범위한 논의'를 가졌다고 공식적으로 발표했다.

틀림없이 마오쩌둥이 허락한 가운데 모든 협상은 신속하고도 호의적으로 마무리되었다. 마지막 코뮈니케에서 헤게모니에 대한 중·미 양국의 반대는 (1972년 상하이 코뮈니케 내용처럼) '아시아·태평양 지역'에서 전 세계로 확대되었다. 그것은 양국이 '책임질 수 있는 선에서의' 협의를 한층 더 심화시킬 필요가 있음을 확인해 주었다. 교류와 교역도 늘어나고, 연락 사무소의 업무 영역도 확대될 터였다. 저우언라이는 워싱턴의 연락 사무소를 소환해서 양국이 합의한 긴밀한 대화의 성격을 알려 주었다.

오늘날 중국 역사가들은 저우언라이를 향한 당시 사인방의 비난은 위기 수준에 달했다고 지적한다. 당시 반유교 캠페인이 벌어지고 있었음을 우리는 언론 보도를 통해 알고 있었지만, 그것이 외교 정책이나 중국의 지도부 문제에 직접 영향을 끼친다고 이해하지는 않았다. 저우언라이는 미국을 대할 때 항상 불굴의 자신감을 드러내 보였다. 그가 평정심을 잃은 것은 단 한 번뿐이었다. 1973년 11월 인민 대회당에서 열린 만찬에서 전반적인 대화가 오가는 도중, 나는 중국이 유일하고 보편적이며 널리 통용되는 진리를 개인의 행위나 사회 응집력의 기준으로 믿는다는 점에서 기본적으로는 여전히 유교적이라는 의견을 피력했다. 그리고 공산주의가 이룩한 것은 마르크스주의를 그 진리의 내용으로 확립한 것 아니겠느냐고 넌지시 말했다.

그때 내가 무슨 의도로 그런 말을 했는지는 잘 기억나지 않지만 아무튼 그 말이 정확한 이야기라 할지라도 마오쩌둥이 자신의 정책을 방해한다고 유교 신봉자들을 공격한다는 사실을 고려하지 않은 발언이었다. 저우언라이는 폭발했다. 그의 이성을 잃는 모습은 처음이자 마지막이었다. 그는 유교란 계급적 억압의 교조이며 공산주의는 해방의 철학을 대표한다고 말했다. 그는 그답지 않은 고집스러움으로 자기 주장의 강도를 높였다. 물론 어느 정도는 자신의 발언을 공식화하여, 장칭과 가까운 통역관 낸시 탕과 마오쩌둥의 손녀뻘로 항상 저우언라이의 일행에 포함되어 있던 왕하이룽에게 과시하려는 심산이었다.

얼마 지나지 않아 우리는 저우언라이가 암에 걸려 병석에 누워 있어 일상적 관리에서 조금씩 손을 떼고 있다는 사실을 알게 되었다. 극적인 혼돈이 뒤따랐다. 그 중국 방문은 드라마틱한 절정으로 끝났다. 마오쩌둥과의 회의는 지금까지의 모든 대화 중에서 가장 실속 있었으며 그 상징성은 중요도를 강조하기 위해서 고안된 것이었다. 내가 귀국길에 오를 때, 저우언라이는 비밀 방문이 이루어진 이래로 이번 대화가 가장 의미 있었다고 말했다.

저우언라이: 성공을 기원합니다. 대통령께서도 마찬가지고요.

키신저: 감사합니다. 언제나처럼 저희들에게 베풀어 주신 환대에 감사드립니다.

저우언라이: 마땅히 환대를 받으셔야지요. 1971년처럼 일단 길이 정해지면, 우리는 꾸준히 그 길을 갈 것입니다.

키신저: 저희도 그렇게 할 것입니다.

저우언라이: 마오쩌둥 주석과 당신의 만남을 선견지명이라고 묘사하는 것이 바로 그런 이유 때문이지요.[3]

코뮈니케에서 허용되었던 대화는 결국 이루어지지 않았다. 재정적인 이슈에 대한 협상은 거의 마무리 단계에서 맴돌았다. 연락 사무소장은 베이징으로 귀환했다가, 4개월 동안이나 돌아가지 않았다. 국가 안보 위원회 중국 담당 관리는 쌍방의 관계가 '옴짝달싹 못하고 멈춰 섰다'[4]고 보고해 왔다. 한 달이 채 안 되어 저우언라이의 운명은 모두의 눈에 드러나고 말았다. 정도는 확실히 알 수 없었지만.

그 이후 드러난 바로는, 여기서 기술한 사건이 생긴 지 채 한 달이 안 된 1973년 12월 마오쩌둥은 저우언라이가 정치국에서 '비투(批鬪)'를 거침으로써 낸시 탕이나 왕하이룽이 지나치게 협조적이라고 표현했던 자신의 외교 정책을 정당화하지 않을 수 없도록 만들었다. 한때 추방당했다가 복귀해서 저우언라이를 대체할 수도 있는 입장이었던 덩샤오핑은 이 과정에서 저우언라이에 대한 지배적 비난을 이렇게 요약했다. "당신의 지위는 주석으로부터 불과 한 발자국 밖이요. …… 다른 사람들에게는 주석의 자리가 보이긴 하지만 손에 닿지는 않소. 그러나 당신에게는 눈에 보일 뿐 아니라 손에 닿기도 하오. 당신이 언제나 이 점을 기억하기 바라오."[5] 바꿔 말하면 저우언라이는 권력 남용으로 비난을 받고 있었던 것이다.

비투가 끝나자 저우언라이는 정치국 회의석상에서 공개적으로 비판을 받았다.

전반적으로 저우언라이는 미국과의 동맹을 추진하면서 '우익 성향'을 미연에 방지한다는 원칙을 망각했다. 이것은 주석의 지시를 잊어버린 결과다. 그는 적의 힘을 과대평가했고 인민의 힘을 평가절하했다. 그는 또한 외교 라인과 이를 지원하는 혁명을 결합한다는 원칙을 파악하지 못했다.[6]

1974년 초쯤 저우언라이는 정책 입안자로서 더는 모습을 드러내지 않았는데, 표면상으로는 암이 그 이유였다. 그러나 그가 그처럼 망각의 늪으로 빠진 것은 병세만으로는 설명할 수 없었다. 중국 관리들은 일체 그의 이름을 입에 담지 않았으니 말이다. 1974년 초 내가 덩샤오핑을 처음으로 만났을 때, 그는 마오쩌둥의 이름만 줄곧 되풀이할 뿐, 내가 저우언라이의 이름을 언급해도 모두 무시했다. 협상 기록이 필요할 때도, 중국 측 상대방은 1973년 마오쩌둥과의 두 차례 대화만을 앵무새처럼 인용할 뿐이었다. 나는 한 번 더 저우언라이를 만났다. 내가 공식 방문차 가족과 함께 베이징에 갔던 1974년 12월이었다. 그 만남에는 우리 가족 모두가 초대받았다. 병원이라고는 했지만 오히려 영빈관 같은 곳이었는데, 저우언라이는 정치와 외교 관련 주제는 일절 피했다. 의사들이 절대 과로하지 말라고 금했다는 것이었다. 우리의 만남은 20분 남짓 계속되었다. 그것은 중·미 관계에 대한 저우언라이와의 대화는 이제 종말을 고했다는 사실을 상징적으로 보여 주기 위해서 세심하게 연출된 만남이었다.

마오쩌둥에 대한 궁극적인 충성심에 의해서 그런 인물의 종말이 결정된다는 사실에는 적잖은 통렬함이 배어 있었다. 저우언라이는 노쇠한 마오쩌둥 곁에서 꿋꿋하게 위기를 넘겼다. 그런 위기 때문에 그는 마오쩌둥의 혁명적 리더십에 대한 경애심과 자기 자신의 실용적이고 인도적인 품성을 애써 조화시키려 노력하지 않으면 안 되었다. 그는 꼭 필요한 인물인 데다, 결국 지나친 충성심 때문에 살아남았다고 더러는 비난하기도 했다. 이제 폭풍이 가라앉고 안전한 육지가 시야에

들어올 즈음 그는 권좌에서 물러났다. 그는 마오쩌둥의 정책과 다르지 않은 생각을 가졌고, 그것은 10년 전 덩샤오핑과 마찬가지였다. 그와 교류했던 미국인들이라면 누구든 저우언라이가 마오쩌둥의 말에서 한 치라도 벗어나는 일을 본 적이 없었을 것이다.(하긴 마오쩌둥도 저녁마다 회담 기록을 읽음으로써 모니터링을 하고 있었던 것 같다.) 그렇다. 저우언라이는 미국 대표단을 맞이할 때마다 냉담하면서도 성심을 다해 예절을 갖추었다. 그건 중국의 난처한 안보 상황이 요구하는 미국과의 파트너십으로 다가가기 위한 전제 조건이었다. 나는 그의 언행을 나나 다른 미국인에 대한 양보의 표시가 아니라, 중국이 절박하게 필요로 하는 것을 수월하게 얻을 수 있는 하나의 방법으로 해석했다.

마오쩌둥이 대미 관계를 하나의 전술적 측면으로 취급한 데 반해, 저우언라이는 영속적 특성으로 보기 시작했을지도 모른다. 가능한 상상이다. 그는 문화 혁명의 폐허에서 회복 중인 중국이 고립 정책을 끝내고 국제 질서의 진정한 일부분이 되지 않는 한, 발전할 수 없다고 결론지었을 수도 있다. 그러나 이는 내가 그의 거동에서 짐작한 것일 뿐, 그가 말한 적은 없다. 우리의 대화는 사적인 의견 교환의 단계에까지는 이르지 못했던 것이다. 저우언라이의 후계자 중에는 그를 "미스터 키신저의 친구인 저우언라이"라고 부르는 이들도 있었다. 설사 그 말에 냉소적인 의도가 있다 하더라도, 말 그대로 그를 내 친구라고 생각해 준다면야, 나에게는 영광이다.

정치적으로 다리를 잘린 데다 몸도 여위었고, 불치병까지 얻은 저우언라이는 1975년 1월 마지막으로 공석에 모습을 나타냈다. 문화 혁명이 시작된 이래 처음으로 소집된 전국 인민 대표 대회에서였다. 명목상으로는 총리였기에, 그는 조심스러운 표현으로 문화 혁명과 반유교 캠페인을 찬양하면서 개회를 선언했다. 그 두 사건 모두 자신을 거의 파멸시켰지만, 이제 그는 그것을 '위대하고 중요하며 만방에 영향을 끼친' 일이라고 치켜세웠다. 그가 40년간 모셨던 마오쩌둥 주석에 대한 충성심을 공개적으로 선언한 마지막 자리였다. 그런데 연설이 반쯤 진행되자, 저우언라이는 마치 이 프로그램의 당연한 연장선에 있다는 듯이 완전히 새로운 방향을 제시했다. 그는 문화 혁명 이전에 나왔다가 오랫동안 잠자고 있던 제안을 다시 끄집어냈다. 중국은 농업, 제조업, 국방, 그리고 과학과 기술 등 4개 핵심 분야에서 '포괄적인 근대화'를 이룩하도록 노력하자는 제안이었다. 그러면서 저우언라이는 따지고 보면 문화 혁명의 목적을 거부하는 노력을 "마오쩌둥 주석의 지시에 의해서" 촉구하는 것이라고 지적했다. 다만 언제 어떻게 지시가 있었는지는 끝내 밝히지 않았다.[7]

저우언라이는 그 '4대 근대화'를 '금세기가 끝나기 전에' 달성하라고 촉구했다. 청중은 그가 살아 있는 동안 이 목표가 실현되기가 어렵다는 것을 모를 리가 없었다. 그리고 저우언라이의 연설 전반부가 증언했듯이, 만약 4대 근대화가 이루어진다 해도 그것은 더 이상의 이념 투쟁이 사라진 후에야 가능할 터였다. 그러나 참석자들은 20세기 말까지는 "중국 경제가 세계의 선두주자로 나설 것"[8]이라는, 예측이기도 하고 도전이기도 한 그의 평가를 기억했다. 이후 여러 해 동안 저우언라이의 이 촉구에 귀를 기울여 기술 개발과 경제 자유화의 명분을 위해 (심각한 정치적, 개인적 위험을 무릅쓰면서까지) 싸우는 사람들도 있었다.

마오쩌둥과의 마지막 회견: 제비와 폭풍 전야

저우언라이가 사라진 후인 1975년 초, 우리와의 교섭 담당자는 덩샤오핑으로 바뀌었다. 그는 유배지에서 막 돌아왔지만, 중국 지도자들이 타고난 것처럼 보이는 그 냉정함과 자신감으로 모든 사안을 잘 처리했다. 오래지 않아 그는 부총리로 임명되었다.

이 시기 수평적 방어선의 개념은 불과 1년 만에 파기되었다. 전통적인 동맹의 개념과 지나치게 가까워 중국에게는 행동의 자유를 제약했기 때문이었다. 그 대신 마오쩌둥은 '3개의 세계 이론(三個世界的理論)'을 제시했고, 덩샤오핑에게 이를 1974년 유엔 총회 특별 회의에서 발표하라고 명령했다. 이 새로운 접근법은 세 개의 세계라는 비전으로써 수평적 방어선을 대체하는 것이었다. 먼저 미국과 소련이 제1세계, 일본이나 유럽 국가들이 제2세계를 구성하고, 나머지 모든 미개발국이 제3세계를 이루는데, 중국도 여기 속한다는 요지였다.[9]

그의 이 비전에 의하면, 세계 정세는 두 개의 핵 강대국이 충돌하는 그늘에서 이루어지고 있었다. 덩샤오핑이 유엔 연설에서 주장했듯이 말이다.

그 두 강대국이 세계의 헤게모니를 장악하기 위해 다투고 있어서, 둘 사이의 갈등은 풀 길이 없다. 한쪽이 압도하거나 압도당하는 수밖에 없기 때문이다. 그들의 절충과 협력은 단지 부분적이고 잠정적이며 상대적인 반면, 그들의 대결은 전면적이고 영속적이며 절대적이다. …… 그들이 합의를 이끌어 낼지는 몰라도, 그런 합의는 단지 표면적이고 속임수에 불과하다.[10]

개발 도상국들은 이런 갈등을 자신들의 목적에 이용해야 한다. 두 강대국은 "제3세계와 세계 인민들 사이에 강렬한 저항심을 불러일으킴으로써 스스로의 적을 만들었다."[11] 진정한 권력은 미국이나 소련에 있지 않다. "진정 강력한 것은 제3세계이며, 힘을 합쳐 싸워서 대담하게 이기려는 모든 국가의 인민들이다."[12]

3개의 세계 이론은 적어도 이념이라는 관점에서는 중국에게 행동의 자유를 회복시켜 주었다. 일시적인 편의상 미·소의 구별을 허락해 주었다. 또 개발 도상국 사이에서 수행하는 역할을 통해 중국에게 적극적이고 독립적인 역할을 위한 수단을 제공했고, 이로써 중국은 전술적 융통성을 얻었다. 하지만 이것으로 중국의 전략적 과제가 해결된 것은 아니니, 그것은 1973년 마오쩌둥이 두 차례의 오랜 대담에서 밝힌 바 있다. 소련은 아시아와 유럽에서 다 같이 위협을 가하고 있었으며, 중국이 경제 개발에 속도를 얻으려면 세계 공동체에 참여해야만 했다. 그리고 중·미의 준동맹은 설사 양국의 국내 정세 변화가 정부로 하여금 반대 방향으로 나아가도록 압박을 가한다 할지라도 지속되어야만 했다.

급진 분자들이 마오쩌둥에게 많은 영향력을 발휘해서 저우언라이의 실각을 초래한 것일까? 아니면 마오쩌둥이 그들을 이용해서 저우언라이의 선임자들에게 했던 것과 같이 자신의 오른팔을 잘라 버린 것일까? 그에 대한 답이 무엇이든, 마오쩌둥은 삼각 구도를 유지해야 했다. 그는 급진파에 공감했지만, 스스로 너무나 중요한 전략가였으므로 미국이란 안전망을 포기할 수는 없었다. 오히려 반대로 그는 미국이 효율적인 파트너로 보이기만 한다면 그 안전망을 더 강화하려 했다.

1974년 미국은 포드 대통령과 브레즈네프 서기장의 정상 회담에 어설프게 동의함으로써 미·중 관계를 더욱더 복잡하게 만들어 놓았다. 그 결정은 순전히 실용적인 이유 때문이었다. 새로 취임한 포드가 단순히 소련의 국가원수를 만나고 싶었던 것이다. 그런데 유럽에 가면서 자신과 관계를 확립하기를 열망하던 유럽 지도자 몇 명을 만나지 않을 수는 없었고, 그것이 포드의 일정을 빡빡하게 만들었다. 한편 일본과 한국에 대한 대통령 순방은 이미 닉슨 시절에 일정이 잡혀 있었으므로, 24시간에 걸친 블라디보스토크 추가 여행이 시간적으로 가장 부담이 적었던 것이다. 그 과정에서 우리는 두 가지를 간과했다. 우선 블라디보스토크는 중국에서 시시때때로 혹독하게 비난받는 '불평등 조약'에 의하여 불과 한 세기 전에 러시아가 획득한 땅이라는 사실과 둘째는 몇 년 전 미국의 중국 정책 재평가를 야기했던 중·소 군사 충돌이 발발한 극동 러시아에 위치해 있다는 사실이었다. 기술적 편의 때문에 상식이 짓밟히도록 내버려 둔 셈이 되고 말았다.

블라디보스토크 미팅의 여파로 워싱턴에 대한 중국의 짜증 난 모습은 누가 봐도 명백했다. 1974년 12월 내가 블라디보스토크에서 베이징으로 여행했을 때의 일이다. 마오쩌둥이 손수 나를 접견하지 않았던 유일한 방문이었다.(누구든 마오쩌둥과의 면담을 요구할 수는 없었으므로, 이런 무시는 나를 퇴짜 놓은 게 아니라 누락된 것으로 치부할 수 있었다.)

중국과 미국의 국내 정세가 어떤 변화를 겪더라도, 미국은 닉슨 행정부가 시작했던 전략을 계속 믿고 따르기로 했다. 만약 소련이 중국을 침공한다면, 내가 모셨던 닉슨과 포드 두 대통령은 강력하게 중국을 지원했을 것이며, 소련의 그런 모험을 격파하기 위해 모든 노력을 경주했을 것이다. 또한 우리는 국제적인 힘의 균형도 수호할 결심이 서 있었다. 그러나 우리는 미국이 공산주의의 두 거인 모두와 대화할 수 있는 능력을 유지하는 것이 미국의 국익에 가장 잘 부합하는 것이라고 판단했다. 중·소 간의 거리보다도 더 가깝게 미국이 두 나라와 각각 관계를 유지함으로써 최대의 외교적 융통성을 확보할 것이었기 때문이다. 베트남전과 워터게이트 사건, 그리고 국민이 선출하지 않은 대통령의 취임 등 혼란의 여파 속에서 외교 정책을 위한 합의를 구축하기 위해서, 닉슨과 포드는 마오쩌둥이 '새도 복싱'이라고 표현한 것이 필요하다고 확신했다.

국제적으로나 국내적으로 환경이 이러한 가운데, 1975년 10월과 12월 두 차례에 걸쳐 나는 마오쩌둥과 마지막 대화를 가졌다. 포드 대통령이 처음으로 중국을 방문했을 때였다. 첫 번째 미팅은 두 지도자의 정상 회담을 준비하기 위한 것이었고, 두 번째 미팅은 두 사람의 실제 대화 내용에 관한 것이었다. 그 대담에서 마오쩌둥은 임종을 앞둔 자신의 마지막 견해를 요약했을 뿐 아니라 의지력도 과시했다. 그는 닉슨을 만났을 때부터 건강이 좋지 않았지만, 이번에는 지병이 중했다. 의자에서 일어서는 데도 두 명의 간호사가 부축해야 했고, 말도 제대로 하지 못했다. 중국어는 성조(聲調)가 있는 언어인지라, 병중인 마오쩌둥은 노쇠한 자신의 거구에서 쌕쌕거리며 나오는 소리를 통역이 어떻게 이해했는지 우선 종이에 쓰게 했다. 그다음 마오쩌둥은 그 종이를 보고 통역이 시작되기 전 자기 뜻과 일치하는지 아닌지를 고갯짓으로 알려 주었다. 그처럼 중한 병에 걸려 있었지만, 마오쩌둥은 두 차례의 대담을 놀랄 정도로 명징하게 마쳤다.

죽음이 멀지 않은 상황에서 이루어진 그 대화들이 마오쩌둥의 내부에서 일어나고 있는 혼란을 고스란히 보여 준 것은 더더욱 놀라운 일이었다. 신랄하면서도 예리하고, 조롱하는 것 같으면서도 협조적인 말에는 전략이라는 복잡한 의미와 투쟁하는 혁명의 확신이 마지막으로 배어 있었다. 마오쩌둥은 1975년 10월 21일 대화를 시작하면서, 내가 전날 덩샤오핑에게 했던 (중국이나 미국은 서로에게 원하는 것이 없다는 요지의) 진부한 얘기를 걸고넘어졌다. "만약 양측이 서로 요구할 것이 없다면, 당신은 왜 베이징을 찾아왔소? 양쪽이 전혀 바라는 게 없다면, 베이징에 올 이유가 없지 않겠소? 그리고 우리 역시 왜 당신이나 대통령을 영접하겠소?"[13] 다시 말해서 지속적 혁명을 주창하는 이에게 호의의 추상적 표현 따위는 무의미하다는 것이었다. 그는 여전히 공통 전략을 추구했다. 전략가로서 그는 설사 중국의 역사적 목표를 일시적으로 어느 정도 희생하더라도 우선 긴박한 것을 얻어야 한다는 필요성을 인식했다. 그래서 그는 이전 회담에서 논의한 보장을 자발적으로 제시했다. "자그마한 이슈는 타이완이요, 큰 이슈는 세계입니다."[14] 엉뚱하고도 냉담한 인내심과 은근한 위협이 뒤섞인 특유의 태도와 심중을 헤아릴 수 없는 것은 아니지만 모호한 어투로 마오쩌둥은 버릇처럼 꼭 필요한 것을 극단으로 밀어붙였다. 닉슨과의 만남에서나 그 이후 나와 면담을 하면서 암시했듯이, 마오쩌둥은 여전히 참을성이 강했을 뿐 아니라, 타이완에 대한 논쟁을 지구의 세력 균형 보호 전략과 뒤섞고 싶어 하지 않았다. 그는 2년 전이었더라면 도저히 믿을 수 없었을 만한 주장을 했다. 즉 중국은 당분간 타이완을 원하지 않는다고 말한 것이다.

마오쩌둥: 타이완이 미국의 손 안에 있는 편이 더 나아요. 지금 나한테 돌려주겠다고 한다면, 난 달갑지가 않소. 왜냐하면 갖고 싶지 않거든. 그곳에는 반혁명 분자들이 너무나 많단 말이요. (손짓을 하면서) 우린 지금부터 100년쯤 지나면 타이완을 원할 테고, 그러면 그것을 두고 서로 가지려고 싸울 것이오.

키신저: 설마 100년이란 말씀이십니까?

마오쩌둥: (손을 들어 제스처를 취하고 숫자를 헤아리며) 꼬집어 말하기는 어렵지요. 5년, 10년, 20년, 아니면 100년. 뭐라고 하기 어려워요. (천장을 가리키며) 그리고 내가 천국에 가서 하나님을 뵙게 되면, 하나님에게 그럴 거요, 지금은 타이완을 미국의 보호 아래 두는 편이 더 낫다

고요.

키신저: 주석께서 그렇게 말씀하신다면, 하나님이 깜짝 놀랄 것입니다.

마오쩌둥: 아니요, 하나님은 우리가 아니라 당신네를 축복하니까, 놀라진
않을 거요. (손을 흔들며) 내가 호전적인 장수인 데다 공산주의자라
서, 하나님은 우릴 좋아하지 않아요. 맞아, 그래서 날 안 좋아한다니
까. (세 명의 미국인들을 가리키며)[15] 그분은 당신, 당신, 그리고 당신
을 좋아해요.[16]

그러나 국제 안보라는 이슈를 바로잡는 일은 긴박했다. 마오쩌둥은
미국의 우선순위에서 중국 세계 5대 권력 중심 가운데 맨 꼴찌였다고
주장했다. 소련이 맨 첫 자리를 차지했고, 유럽과 일본이 그 뒤를 잇고
있다는 것이다. "우리가 볼 때 미국이 하고 있는 짓은, 우리 어깨를 타
고서는 모스크바를 향해 훌쩍 뛰어넘는 거요. 그러고 나니 어깨는 이
제 쓸모가 없게 되었고. 자, 봐요, 우리가 다섯 번째잖아요. 중국은 새
끼손가락이라니까."[17] 더군다나 유럽 국가들은 권력에서 중국을 앞서
는 데도 소련에 대한 두려움 때문에 기가 질려 있다고 주장하기도 했
다. 마오쩌둥은 이런 우화로 요약했다.

마오쩌둥: 세상은 조용하지 못하고, 폭풍우가 닥쳐오고 있습니다. 그리고
비바람이 가까워지니 제비들이 바빠집니다.

낸시 탕: 주석께서는 '제비'를 영어로 뭐라고 하는지, 그리고 'sparrow(참
새)'가 무슨 뜻인지를 물어보셨습니다. 그래서 제가 그 둘은 서로 다
른 새라고 말씀드렸습니다.

키신저: 맞습니다. 하지만 저는 제비가 비바람에 끼칠 수 있는 영향보다도
우리가 폭풍우에 좀 더 많은 영향을 줄 수 있기를 바랍니다.

마오쩌둥: 비바람이 들이닥치는 것은 미룰 수가 있어요. 하지만 언젠가 오는 것을 완전히 막기란 몹시 어렵지요.[18]

폭풍우가 들이닥치는 것에는 우리도 동의하지만, 거기서 살아남을 가장 좋은 입지로 움직이고 있노라고 내가 대답하자, 마오쩌둥은 잘 연마된 보석같이 정교한 한마디로 대답했다. "됭케르크(Dunkirk)!"[19]

마오쩌둥은 자세히 설명했다. 유럽에 주둔한 미군은 그 지역의 소련 지상군에 맞설 만큼 강력하지 못했고, 또 여론 때문에 핵무기를 사용할 수도 없었다는 것이다. 미국은 유럽 방어를 위해서라면 핵무기를 사용할 것이라는 나의 주장을 마오쩌둥은 일축했다. "가능성은 두 가지예요. 하나는 당신이 말한 가능성이고, 다른 하나는 《뉴욕 타임스》의 가능성이지."[20] 마오쩌둥은 《뉴욕 타임스》의 드루 미들턴 기자가 쓴 『다음 전쟁에서 미국이 이길 수 있을까』라는 책을 말하고 있었다. 미국이 유럽을 두고 소련과 전면전을 벌인다면 상대를 압도할 수 있을까에 대해 회의를 나타낸 책이었다. 마오쩌둥은 덧붙였다. "어쨌거나 상관없소. 왜냐하면 어느 경우든 중국은 다른 나라 결정에 의존하지는 않을 테니까."

우리는 됭케르크의 전략을 채택할 거요. 그러니까 그들이 베이징, 톈진, 우한, 그리고 상하이를 점령하도록 내버려 둘 것입니다. 그러한 전술을 통해서 우리는 승리할 것이고 적은 패주할 것이오. 두 차례의 세계 대전도 그런 식으로 이루어졌고, 승리는 한참 후에야 쟁취되었소.[21]

한편 마오쩌둥은 국제 정세의 바둑판에 몇 개의 돌이 놓인 모습을 스케치했다. 유럽은 '지나치게 여기저기 흩어져 있고 느슨했으며'[22] 일본은 헤게모니의 야심을 드러냈고, 독일 통일은 바람직한 일이지만 오로지 소련이 허약해졌기 때문에 가능한 일이었다. 그리고 소련은 '전쟁을 치르지 않고서는 약해질 이유가 없다'[23]는 것이었다. 미국으로 말하자면, "워터게이트 사건을 군이 그런 식으로 처리할 필요가 있었을까?"[24] 다시 말해 국내의 갈등이 있다고 해서 강력한 대통령을 파멸시킬 필요가 있었느냐는 것이다. 마오쩌둥은 제임스 슐레진저 국방 장관의 중국 방문을 청했다. 포드 대통령의 방문에 일행으로 와도 좋다고도 했다. 그러면 신장이나 만주처럼 소련과 가까운 국경 지역을 돌아볼 수 있을 거라고 했다. 추측컨대 그렇게 되면 소련과 대치하게 되는 리스크를 미국이 기꺼이 무릅쓰겠다는 의지를 과시하게 될 것이라는 뜻이리라. 아울러 슐레진저가 중·미 데탕트 정책에 반기를 들었던 것으로 보도되었기 때문에, 이것은 미국의 국내 문제에 중국이 끼어들겠다는 그다지 섬세하지 못한 시도이기도 했다.

관점의 문제도 어려움 가운데 하나였다. 마오쩌둥은 자신이 오래 살지 못하리란 것을 잘 알았기에, 자신이 죽은 후에도 자신의 비전을 보장받기 위해 안달이었다. 그는 나이 든 사람답게 구슬프게 이야기했고 지적으로 한계를 느끼는 것 같았다. 하지만 자신이 선택할 폭은 좁으며 그것을 시행할 수단도 사라지고 있다는 사실을 충분히 받아들일 준비는 되어 있지 않은 듯했다.

마오쩌둥: 이제 난 여든둘이요. (키신저를 가리키며) 그래, 당신은 몇 살
　　　이오? 쉰 정도겠지, 아마.
키신저: 쉰하나입니다.
마오쩌둥: (덩샤오핑을 가리키며) 이 사람은 일흔하나요. (손을 휘저으면
　　　서) 나나 저 사람이나, 저우언라이, 그리고 예젠잉, 우리 모두 죽은

다음에도, 당신은 여전히 살아 있을 겁니다. 알겠어요? 우리 늙은 것들로는 안 된다니까. 우리가 뭘 이룩할 것 같지는 않아요.[25]

마오쩌둥은 이렇게 덧붙였다. "알잖아요, 내가 손님들에게 보여 주기 위한 진열장 같은 존재라는 걸."[26] 그러나 육신은 아무리 피폐해졌다고 하더라도, 이 노쇠한 주석은 절대로 수동적 입장에 머물러 있을 수는 없었다. 보통은 화해나 회유의 제스처가 나오기 마련인 회담이 끝나 갈 즈음 마오쩌둥은 느닷없이 저항의 말을 쏟아 냄으로써 도저히 변할 수 없는 그의 혁명가적 기질을 확인시켜 주었다.

마오쩌둥: 당신은 내가 얼마나 괴팍한지 몰라요. (언성을 높이고 의자를 손으로 치면서) 난 다른 사람들이 날 욕하는 게 좋거든. 당신은 마오쩌둥 주석이 늙어 빠진 관료주의자라고 말해야 해요, 그러면 난 서둘러서 당신을 만나게 돼요. 그런 경우엔 서둘러서 당신을 봐야 한다니까. 만약 나한테 욕을 하지 않으면, 당신을 보는 일도 없이 그냥 편안하게 잠잘 거라고요.

키신저: 우리가 어떻게 그런 짓을 하겠습니까, 어려운 일입니다. 주석께서 관료주의자라고 말하는 건 특히 어렵습니다.

마오쩌둥: (손으로 의자를 쾅 치면서) 그렇게 말해도 좋다니까요. 외국인들이 모두 탁자를 내리치면서 나한테 욕을 해도 난 정말 행복할 거라니까요.

마오쩌둥은 한걸음 더 나아가 한국 전쟁 당시 중국의 개입에 관하여 나를 조롱하듯 위협의 수위를 한층 더 높였다.

마오쩌둥: 유엔은 미국이 후원하는 결의안을 채택했고, 거기서 중국이 한국에 대해 침공을 감행했다고 선언했잖아요?

키신저: 그건 25년 전의 일입니다.

마오쩌둥: 맞아요. 그러니까 당신과는 직접 연관된 일이 아니지. 트루먼 대통령 시절 이야기니까.

키신저: 그렇습니다. 오래전 일이고, 저희들의 인식은 이미 변했습니다.

마오쩌둥: (머리를 손으로 만지며) 하지만 그 결의안은 여전히 취소되지 않은 채 남아 있죠. 나는 지금도 '침공자'라는 모자를 쓰고 있거든. 하지만 난 그걸 다른 무엇보다도 명예로운 모자라고 생각해요. 멋진 모자야, 아주 좋다고요.

키신저: 그러시다면 유엔 결의안은 바꾸지 말아야 하겠군요?

마오쩌둥: 그럼, 그럼, 바꾸지 마요. 우린 그런 요청한 적도 없어요. ……그걸 부정할 도리는 없으니까. 말이야 바른 말이지, 우리는 중국 (타이완)에 대해서나, 또 한국에 대해서나 공격을 감행했으니까. 당신이 이 이야기를 공식적으로 만들 수 있게 도와주시겠소? 그러니까, 브리핑할 때 집어넣는다든지…….

키신저: 제 생각에는 주석께서 직접 공표하시는 게 좋을 것 같습니다만…… 저로서는 역사적으로 정확한 진술을 하지 못할 수도 있으니까 말입니다.[27]

마오쩌둥은 여기서 적어도 세 가지 요점을 이야기했다. 첫째, 중국은 한국 전쟁에서 미국과 맞서거나 1960년대 소련과 맞섰던 것처럼, 홀로서기를 할 준비가 되어 있다는 점이다. 둘째, 강대국들에게는 얼마나 볼썽사납게 비칠는지 몰라도, 이런 대치 국면에서조차 영속적인 혁명의 원리는 진행되었다는 점이다. 마지막으로, 마오쩌둥 자신은 현재 추구하는 길이 좌절된다면 그 혁명의 원리로 돌아갈 만반의 태세가 갖추어져 있다는 점이다. 마오쩌둥에게 미국에 문호를 개방하는 것은 이념의 종말을 의미하는 것이 아니었다.

마오쩌둥의 장광설은 상반된 감정의 뿌리 깊은 공존을 반영했다. 중국이 지정학적으로 무엇을 긴급하게 요하는지를, 노쇠한 마오쩌둥 주석보다도 잘 이해하는 사람은 아무도 없었다. 역사 위의 이 시점에, 그런 긴박한 필요성은 자급자족이라는 중국의 전통적 개념과 갈등을 일으켰다. 데탕트 정책에 대하여 마오쩌둥이 뭐라고 비판을 가하든, 소련과 정면으로 대치하고 있는 것은 미국이었으며 비공산권 군사 비용의 거의 대부분도 미국이 감당하고 있었으니 말이다. 이러한 것들은 중국의 안보를 위한 전제 조건이었다. 당시 우리는 중국과 외교를 재개한 지 4년을 넘기고 있었다. 우리는 전략에 대한 마오쩌둥의 전반적인 견해에는 동의했다. 하나 그 실행을 마오쩌둥에게 맡겨 두는 것은 불가능했고, 마오쩌둥도 그 사실을 알고 있었다. 그러나 마오쩌둥이 반대한 것은 바로 그 융통성의 넓이였다.

이와 동시에 온 세상이 우리의 지속적인 유대 관계를 이해하고 올바른 결론을 이끌어 내도록 만들기 위해서, 중국은 "마오쩌둥이 우호적인 분위기 속에서 키신저 박사와 대담을 가졌다는" 성명서를 발표했다. 이 글과 함께 발표한 사진은 긍정적인 성명서 내용에 하나의 미묘한 관점을 부여했다. 마오쩌둥이 우리 부부와 함께 미소를 띠고 서 있는 사진이었다. 동시에 그는 손가락을 흔들고 있어서 마치 미국이 정말로 무언가 자애로운 가르침을 받아야 한다는 것 같은 모습이었다.

과감한 생략과 격언 같은 특성을 지닌 마오쩌둥의 이야기를 요약한다는 것은 수월한 일은 아니었다. 아니, 이해하기조차 힘든 때도 있었다. 포드 대통령에게 구두 보고를 하면서 나는 마오쩌둥의 자세가 "다소 감탄할 만한" 것이라고 표현했지만, 동시에 이들은 대장정을(내전 중 험난한 지형을 뚫고 수시로 공격을 받으면서 중국 공산당의 이념을 보존했던 그 1년의 전략적 후퇴를)[28] 이끌었던 바로 그 지도자들임을 상기시켜 주었다. 마오쩌둥의 말 속에 담긴 요지는 데탕트 자체가 아니라, 일단 위기가 시작되면 삼각관계를 이루고 있는 세 당사자 중 누가 그 소용돌이를 피할 수 있느냐에 관한 것이었다. 내가 포드 대통령에게 보고했듯이 말이다.

우리가 만약 소련과 대치 국면으로 접어들면, 중국은 미국과 소련을 공격할 것이며 제3세계를 모두 끌어들일 것입니다. 자신 있게 말할 수 있습니다. 중국과의 최선의 관계를 위해서는 소련과도 좋은 관계를 유지해야 합니다. 그 반대도 마찬가지입니다. 우리의 약점은 우리가 SALT*나 데탕트로 인해 골치가 아프다는 것을 저들이 보고 있다는 겁니다. 그것이 그들에게 유리하게 작용합니다.[29]

당시 국무부 정책실장으로서 우리의 비밀 방문과 후일 대중국 정책을 위해 나와 함께 주로 기획을 맡았던 윈스턴 로드는 마오쩌둥의 모호한 발언에 대한 미묘한 해석을 덧붙였고, 나는 이를 대통령에게 전했다.

마오쩌둥이 전하려는 기본 메시지와 핵심 주제는 분명하다. 그들은 키신저의 방문을 위해, 아니, 지난 몇 해 동안 양국 관계의 진전을 위해서, 전략적 프레임워크를 또렷하게 만들어 놓았다. 그럼에도 암호처럼 모호

---

* SALT(Strategic Arms Limitation Talks): 1969년에 시작된 미국과 소련의 전략 무기 제한을 위한 협상.

한 부분도 있었다. 그럴 때마다 우리는 마오쩌둥의 간결하고도 담백한 문장 뒤에 숨은 그 교묘한 뜻과 좀 더 깊은 의미를 찾아 파고든다. 대개의 경우 좀 더 큰 의미가 담겨 있다. 하지만 딱히 중요한 뜻이 담겨 있지 않은 경우도 더러 있고, 늙은이가 그저 한동안 목적도 없이 헤맸던 경우도 있었다. ……모호한 발언의 한 가지 예를 들면 이렇다. "지금 내가 또렷하게 말을 하지 못하는데, 당신이 이걸 어떻게든 좀 도와줄 수 있겠소?" 근본적으로 이것은 단순히 자신의 건강 상태에 대한 사소한 이야기일 가능성이 다분하다. 정말 진지하게 의학적 도움을 요청하고 있다고 보기는 어렵다는 얘기다. 그러나 마오쩌둥은 중국 내에서 (혹은 세계 무대에서) 자신의 목소리가 그냥 묻히고 있음을 말하고 싶었던 것은 아닐까? 자신의 영향력이 제한받고 있다든지, 또 미국이 정책적으로 자신의 입장을 좀 강화해 줄 것을 원한다는 말은 아닐까? 좀 더 넓은 의미에서 그는 자신이 "또렷하게 말할 수 있도록" 우리가 도와주기를 원하는 것일까?[30]

당시에 나는 로드의 코멘트가 좀 억지라고 생각했다. 하지만 그 후 중국인들의 내부적 전술을 좀 더 알게 되면서, 이제 나는 마오쩌둥의 말에는 좀 더 넓은 의미가 담겨 있었다고 생각한다.

어쨌든 포드 대통령의 방중을 사전 준비하는 10월의 여행은 대단히 싸늘한 분위기에서 이루어졌다. 거기에는 중국 내부의 긴장이 반영되었다. 상황이 너무나 절망적으로 보였기에 우리는 대통령의 방문을 5일에서 3일로 줄이고 수도 베이징 외의 방문을 취소하고 대신 짤막하게 필리핀과 인도네시아 방문을 계획했다.

내가 중국에서 돌아오던 날, 슐레진저 국방 장관이 해임되고 그 자리는 도널드 럼스펠드로 대체되었다. 나는 이 사실을 사후에야 통보받았는데, 정말이지 일어나지 않았으면 좋을 일이 일어났다고 생각했다.

그 사건은 당시 우리가 추진하던 외교 과정에 도전하는 주장과 함께, 워싱턴 내에서 외교 정책에 분쟁을 일으킬 게 뻔했기 때문이다. 사실 슐레진저의 해임은 그에게 중국을 방문해 달라는 마오쩌둥의 초청과는 아무 상관이 없었다. 포드의 해임 조치는 임박한 정치 캠페인에서 위기에 대비하려는 시도였고, 어차피 그는 어투가 신랄한 슐레진저를 불편해했다. 그렇지만 중국 지도부 일각에서는 그의 해임을 두고 중국의 비웃음을 반박하는 과시용으로 해석했다.

몇 주 후인 12월 첫째 주, 포드 대통령은 처음으로 중국을 방문했다. 방문 기간 중 중국 내부의 분열은 명백히 드러났다. 마오쩌둥의 아내이자 문화 혁명을 설계했던 장본인 중 한 사람인 장칭은 스포츠 행사를 위한 리셉션에 단 몇 분간 모습을 드러냈다. 여전히 막강한 권력을 쥐고 있던 그녀는 잠시 머물면서 냉담하고 싸늘한 태도로 좌중을 대했다.(닉슨 방문 당시 그녀는 자신의 혁명 모범극 공연에 딱 한 번 등장했다.)

마오쩌둥은 거의 두 시간 가까운 포드와의 회담을 이용해서 중국 지도부의 분열상을 노골적으로 드러냈다. 5주 전 나를 접견했을 때보다 마오쩌둥의 건강은 다소 악화되어 있었다. 하지만 그는 미국과의 관계가 좀 더 따뜻해져야 한다고 생각해서, 그 뜻을 전하기 위해서 익살스러운 투로 대화를 시작했다.

마오쩌둥: 귀국의 국무부 장관이 저희 내부 문제에 간섭해 오고 있었습니다.
포드: 말씀해 보시지요.
마오쩌둥: 그 양반, 내가 이제 그만 하나님을 만나는 걸 허락지 않습니다. 심지어는 하나님이 내게 내리신 명령을 어기라고까지 말하는군요. 하늘이 저에게 이미 초대장을 보냈는데 저 키신저란 양반은 날더러 가지 말라고 합니다.

키신저: 주석께서 거기 하나님과 같이 계시면, 너무나도 강력한 콤비가 탄생하지 않겠습니까?

마오쩌둥: 저 양반은 무신론자입니다. 하나님을 반대해요. 그리고 나와 하나님과의 관계도 해치고 있답니다. 아주 맹렬한 양반인지라, 저로서는 그의 명령을 따를 수밖에 다른 방법이 없습니다.[31]

마오쩌둥은 계속해서 자기 생각을 말했다. 앞으로 2년 동안 미·중 관계에는 '그리 대단한 일이' 일어나지 않을 것으로 기대한다고 했다. 1976년의 미국의 대선과 그 이후의 기간을 가리키는 말이었다. "그 후에는 상황이 조금 나아질 수도 있겠지요."[32] 좀 더 일사불란한 미국이 될 것이라는 의미였을까, 아니면 중국의 내부 투쟁이 극복될 것이라는 의미였을까? 그의 이야기는 당시의 위태위태한 양국 관계가 포드의 임기 내내 지속할 것으로 예상된다는 의미였다.

미·중 관계의 단절을 좀 더 의미 있게 설명하려면, 중국의 내부 상황을 이야기해야 한다. 포드가 워싱턴 주재 베이징 연락 사무소장의 업적을 고맙게 생각하며 그가 계속 주재하기를 희망한다고 언급하자, 마오쩌둥은 이렇게 대꾸했다.

그 사람(황전 대사)[33]에 대해서 더러 헐뜯고 있는 젊은 축들이 있습니다. 그리고 이 두 사람(왕하이룽과 낸시 탕)만 해도 차오관화 경에 대해 좀 비판적이지요. 그런데 이런 사람들을 얕잡아 봐서는 안 된다는 겁니다. 그랬다가는 그들 손에 어려움을 겪게 될 테니까 말입니다. 그러니까 내전이 터질지도 모른다는 겁니다. 지금 저 밖에는 대자보 운동이 한창입니다. 여러분이 칭화 대학이나 베이징 대학에 가 보시면 그런 대자보를 볼 수 있을 겁니다.[34]

낸시 탕, 그리고 마오쩌둥의 아내와 가까웠던 왕하이룽은 마오쩌둥의 통역이었는데, 만약 그들이 외교부장이자 사실상의 주미 대사인 사람에게 반대하고 있었다면, 상황은 참으로 걱정스러운 단계에 와 있었고, 내부 분열은 극도의 수준에 달해 있었다는 것이다. 마오쩌둥이 외교부장을 '차오관화 경'이라고(그가 유교주의자임을 암시하면서) 부른 것 또한 국내 정치 분열을 보여 주는 위험 신호였다. 문화 혁명 당시 커다란 글씨체로 쓴 선언문을 통하여 이념적 캠페인을 실행한 것이 대자보인데, 대자보가 대학 교정에 올라오고 있다면, 그것은 문화 혁명의 일부 방법론, 그리고 일부 논리까지도 다시 나타나고 있다는 것이다. 사정이 그렇다면 마오쩌둥이 내전 가능성 운운한 것은 단순한 비유를 넘어선 것일 수 있었다.

미국 중서부 특유의 단순함과 직설이라는 얼굴 뒤에 재빠른 상황 판단 능력을 감추고 있던 포드는 분열의 조짐을 무시하기로 했다. 대신 그는 저우언라이가 활동하던 때의 중·미 관계를 뒷받침한 전제들이 여전히 유효한 것처럼 행동했고, 세계 전역에서 벌어지고 있는 문제를 그때그때 상황별로 논의했다. 근본적으로 그가 관심을 보인 주제는 소련의 헤게모니를 막기 위해 미국이 취하고 있는 조치였고, 중국 측에게 특정의 도움을 (특히 아프리카 지역에서) 요청했다. 마오쩌둥은 3년 전 닉슨과 대화 중 그보다 훨씬 보잘것없는 내용을 호되게 비난한 바 있었다. 그런데 포드가 겉으로 정직해 보여서 마오쩌둥이 마음을 놓았음인지, 아니면 마오쩌둥이 내내·전략적 대화를 준비해 왔음인지, 이번에는 마오쩌둥도 뜻을 모아 그 특유의 신랄한 코멘트를 더했다. 특히 아프리카에서의 소련의 움직임에 대해서 더욱 그러했는데, 이는 그가 지금도 세세한 사항까지 훤히 꿰뚫고 있음을 증명해 보이는 것이었다.

대화가 종결되기 직전, 이상하게도 마오쩌둥은 중·미 관계에 대하여 국민들에게 좀 더 나은 모습을 보여 줄 수 있도록 도와 달라고 부탁했다.

마오쩌둥: 지금 우리 두 나라의 관계를 아주 나쁜 상황으로 묘사하는 신문 보도들이 더러 있습니다. 괜찮다면 그들에게 자세한 이야기를 접하게 하든가, 그들에게 브리핑이라도 좀 할 수 있지 않을까요?

키신저: 양측이 다 같이 그렇게 해야 할 겁니다. 베이징에서도 그들이 더러 이야기를 들으니까요.

마오쩌둥: 하지만 그것도 우리한테서 나오는 얘기가 아니잖아요. 외국인들이 그런 브리핑을 하더구먼.[35]

어떤 외국인들이 중국 미디어가 믿을 만한 브리핑을 할 입장인지, 자세한 사안을 물어볼 시간이 없었다. 그것은 마오쩌둥이 긍정적인 코뮈니케를 만들라고 명령만 하면 전통적으로 해결할 수 있는 문제였다. 그가 자기 의지를 자신의 파벌에게 강요할 수 있는 힘을 여전히 갖고 있다는 가정하에서 말이다.

그런데 그에게는 그럴 힘이 없었다. 실질적으로 아무런 성과도 따르지 않았다. 차오관화 외교부장이 감독했을 것으로 추측되는 코뮈니케 초안은 도발적이진 않더라도 도움이 되지 않았다. 그래서 우리는 그 초안을 거부했다. 틀림없이 상당한 정도의 권력 투쟁이 중국에서 벌어지고 있었다. 덩샤오핑은 소련에 대한 우리의 전술을 비판적으로 봤지만, 저우언라이와 마오쩌둥이 확립한 미국과의 관계를 유지하고 싶어 했다. 하지만 권력 구조 내의 일부 인사들이 그런 방향에 도전장을 내밀고 있다는 것 역시 명백했다. 덩샤오핑은 (중국 공산당의 집행 위원회 격인) 정치국 상임 위원회 상임위원 자격으로 포드의 방문과 중·미 우호 관계의 중요성을 확인하는 성명서를 발표함으로써 이 교착 상태를 극복했다.

우리의 회담 이후 몇 달 동안 중국의 분열은 삼척동자가 봐도 알 수 있을 정도였다. 총리라는 직위를 받지도 못한 채 저우언라이의 후임이 된 덩샤오핑은 다시 한 번 공격을 당하고 있었다. 10년 전에 그를 축출했던 바로 그 세력에 의한 것으로 추정되었다. 저우언라이는 정치계에서 완전히 사라졌다. 외교부장 차오관화의 행동은 허다한 분쟁을 야기했다. 저우언라이가 협력으로 가는 길을 닦았던 그 부드러운 스타일은 조롱하는 듯한 고집으로 바뀌고 말았다.

대치 국면이 될 수도 있던 혼란은 덩샤오핑이 미국과의 긴밀한 관계의 중요성을 보여 주는 기회를 마련한 덕분에 마무리되었다. 예컨대 1975년 10월 나의 방문을 축하하는 만찬석상에서, 차오관화는 미국의 텔레비전 방송이 나가는 와중에 소련에 대한 미국 정책을 혹독히 비판하는 독설이 가득한 축배를 제의한 적이 있었다. 외교상의 의전을 무시한 처사였고, 그때까지 미국 대표를 세심하게 배려했던 태도와는 완전 딴판이었다. 이에 대해 내가 날카롭게 응수하자, 그들은 내 목소리가 방영되지 못하도록 텔레비전 방송을 위한 조명을 꺼 버렸다.

다음 날 덩샤오핑은 중국 지도자들이 거주하는 서산(西山)에서 열리는 피크닉에 미국 대표를 초대했다. 원래 스케줄에는 없던 행사였다. 여기서 덩샤오핑은 중국과의 개방 이래로 모든 회담의 특징이었던 세심한 배려로 우리를 대했다.

1976년 1월 8일 저우언라이가 세상을 떠나면서, 사태는 하나의 전기를 맞이했다. 4월의 청명절을 전후해서 수십만의 인파가 저우언라이의 명복을 빌기 위해서 텐안먼의 인민 영웅 기념비를 찾아와 헌화하고 시를 지어 바친 것이다. 이 추모 행사는 저우언라이에 대한 심심한 경애심을 드러냈고, 저우언라이가 대표했던 질서와 절제의 원칙을 갈구하는 모습을 보여 주었다. 사람들이 지은 시 중에는 한 풀만 살짝 벗겨도 마오쩌둥과 장칭에 대한 (역사적인 유추라는 인기 있는 기법을 이용한) 비난이 담긴 내용도 있었다.[36] 추모의 물결은 밤새 깨끗이 치워졌고, 경찰과 추모객들 사이의 대치 상황으로 번졌다. (이는 1976년의 '톈안먼 사건'으로 알려져 있다.) 사인방은 덩샤오핑의 개혁 성향이 반혁명주의 시위를 가져왔다고 설득했다. 다음 날 사인방은 이에 항거하는 데모를 조직했다. 저우언라이의 추모 물결이 있은 지 이틀 후, 마오쩌둥은 덩샤오핑에게서 모든 당내 지위를 빼앗아 버렸다. 총리 대행의 직위는 후난 출신의 이름도 없는 지방 당 간부에게 돌아갔으니, 그가 바로 화궈펑이었다.

중국의 대미 관계는 한층 더 얼어붙었다. 조지 부시가 CIA 국장에 취임하고, 국방 장관을 역임했던 톰 게이츠는 베이징 연락 사무소장에 임명되었다. 화궈펑은 그를 넉 달 동안이나 만나 주지 않았고, 결국 만났을 때는 공식적일지는 몰라도 틀에 박힌 말밖에 하지 않았다. 한 달 후인 7월 중순, 대체로 지도부 안에서 가장 강한 세력가이자 사인방의 핵심 멤버로 간주되는 장춘차오 부총리는, 휴 스콧 상원 소수당 원내총무를 만난 자리에서, 마오쩌둥이 여태 우리에게 해 왔던 말과는 사뭇 달리 타이완에 관하여 극도로 호전적인 입장을 보여 주었다.

타이완에 대한 우리 입장은 대단히 명백합니다. 타이완 이슈가 생긴 이래로, 이는 미국의 목에 걸린 올가미와도 같은 겁니다. 그 올가미를 벗어 던지는 게 미국인들에게 유리할 것입니다. 그게 미국이나 중국의 인민들에게 다 같이 좋은 일일 것이며(우리는 관대합니다.) 또한 우리는 미국이 그 문제를 해결하는 데 총검으로써 도와줄 용의가 있습니다. 그리 즐겁게 들리지는 않겠지만 사실이 그러합니다.[37]

사인방은 문화 혁명을 생각나게 하는 방향, 흐루쇼프에 대한 마오쩌둥의 도발적인 스타일을 상기시키는 방향으로 중국을 밀어붙이고 있었다.

1976년 9월 9일 마침내 마오쩌둥은 오랜 병에 굴복하고 만다. 그리고 자신이 성취한 것과 어두운 예감을, 웅장하면서도 잔혹한 유산과 자기 탐닉으로 왜곡된 위대한 비전이라는 유산을 후세에 남겼다. 그의 뒤에 남은 중국은 수백 년간 이루지 못했던 통일을 이루었고, 이전 정권의 흔적은 거의 다 사라졌으며, 자신이 결코 의도하지 않았던 개혁을 위해 모든 덤불이 깨끗이 치워졌다. 만약 중국이 통일을 유지하고 21세기의 강대국으로 등장한다면, 중국인들에게 마오쩌둥은 자신이 존경해마지 않았던 진시황과 똑같이 모호하면서도 존경받는 역할을 하게 될지도 몰랐다. 왕조를 건설한 독재자, 그리고 거대한 국가의 노력에 인민들을 징용함으로써 중국을 다음 시대로 끌고 갔던 독재자, 또한 그의 지나침이 후세 사람들에게 필요악으로 인정되기도 했던 전제 군주. 하지만 또 다른 사람들에게 마오쩌둥의 업적은 그가 인민에게 지웠던 그 끔찍스러운 고통 때문에 훨씬 더 왜소해 보일 수 있을 것이다.

마오쩌둥이 통치하는 동안의 대혼란을 거치면서 두 가닥의 정책이 서로 경쟁해 왔다. 먼저 중국을 도덕적, 정치적 세력으로 보는 혁명의 추진력이 있어, 그 독특한 계율을 경외심에 가득 찬 세상에 전파해야 한다고 고집했다. 그리고 냉정하게 사태를 평가해서 스스로의 이익을 위해 그런 추세를 이용하는 지정학적인 중국이 있었다. 역사상 처음으로 연합을 추구하는 동시에 전 세계에 맞서 도전장을 내민 중국이 있었다. 마오쩌둥은 전쟁으로 너덜너덜해진 나라를 이끌고 나라 안에서 싸워 대는 파벌들, 초강대국들, 상반된 감정을 지닌 제3세계, 그리고 의심의 눈초리를 보내는 주변 국가들 사이를 교묘하게 헤쳐 나갔다. 그는 중국으로 하여금 서로 겹치는 동심원에 참여하면서도 그 어느 것에도 헌신하지 않도록 만들었다. 중국은 그 영향력을 키워 나가면서도, 전쟁과 긴장과 의심을 이기고 살아남았다. 그리하여 결국 스스로 초강대국으로 발돋움했으며, 공산권의 몰락에도 불구하고 그 정부의 공산주의 형태는 여전히 살아남았다. 마오쩌둥은 중국인들의 끈기와 인내에 의존하고, 너무나 빈번하게 자신을 절망시켰던 그들의 참을성과 결집을 조직 기반으로 이용함으로써, 어마어마한 희생을 딛고 이 모든 것을 이룩했던 것이다.

인생의 종말에 다가가면서 마오쩌둥은 미국이 설계한 세계 질서에 도전하는 쪽으로 조금씩 기울었고, 큰 틀의 전략뿐 아니라 구체적인 전술까지 규정할 것을 주장했다. 그의 후계자들도 마오쩌둥처럼 중국의 힘을 믿긴 했지만, 의지와 이념적 신념만으로 그 독특한 잠재력을 구현할 수 있다고 생각하지는 않았다. 그들은 자급자족을 추구하면서도, 영감만으로는 부족함을 깨달았고, 그래서 국내 개혁에 에너지를 쏟아부었다. 이 개혁의 새로운 물결은 저우언라이가 수행했던 외교 정책을 중국이 다시금 채택하게 할 터였으니, 그 특징은 오랜 역사상 최초로 지구촌의 경제 및 정치 추세에 중국을 연관시키려는 노력이라 하겠다. 이 정책은 10년 동안 두 번씩이나 숙청되었다가 세 번째 다시 권좌에 복귀하는 한 사람의 리더에 의해서 구체화될 터였으니, 그가 바로 덩샤오핑이다.

12

난공불락 덩샤오핑

마오쩌둥의 중국을 경험해 본 사람이 아니라면, 덩샤오핑이 이룩한 변화를 충분히 이해할 수 없을 것이다. 중국의 북적거리는 도시들, 건설 붐, 엄청난 교통 체증, 그리고 종종 인플레이션 때문에 위협을 받는 동시에 서구 민주 국가들이 세계적인 경기 침체를 막아 주는 방어벽으로 간주하기도 하는 성장 속도라는 공산주의답지 않은 딜레마. 이 모든 것은 농업 공동체와 정체된 경제, 그리고 어디를 가나 똑같은 재킷을 걸치고 마오쩌둥 어록에 실린 이념의 열정을 쏟아 내는 인민들로 대표되는 마오쩌둥 시대의 황량한 중국에서는 도저히 상상할 수도 없었다.

마오쩌둥은 전통의 중국을 박살 냈고, 그 부스러기들은 궁극적인 근대화를 이룩하기 위한 기반으로 남겨 두었다. 덩샤오핑은 용감하게도 중국인 한 사람 한 사람의 이니셔티브와 탄력성을 기반으로 하여 근대화를 추진했다. 그는 공동체를 없애고 자신이 "중국적 특성을 지닌 사회주의"라고 한 것을 도입하기 위해서 지역별 자치권을 조성했다. 오늘날 우리가 보는 중국, 세계에서 두 번째로 큰 경제와 최대 규모의 외화 보유고와 엠파이어 스테이트 빌딩보다 높은 마천루를 자랑하는 수많은 도시를 지닌 중국은, 덩샤오핑의 비전과 끈기와 상식에 대한 생생한 증언이다.

덩샤오핑의 첫 번째 복권

덩샤오핑이 권력에 이른 길은 들쭉날쭉하고 도무지 도달할 것 같지 않아 보였다. 1974년 덩샤오핑이 대미 협상의 주역이 되었을 때, 우리는 그에 관해 아는 바가 별로 없었다. 주자파(走資派)*로 고발당하여 1966년 체포되기까지 그는 공산당의 핵심 중앙 위원회 총서기를 역임했다. 1973년에는 마오쩌둥이 직접 나서서 정치국 내의 급진파 세력이 반대했음에도 불구하고 그를 중앙 위원회에 복귀시켰다는 사실도 알게 되었다. 그가 베이징으로 돌아온 직후 장칭이 공개리에 그를 무시했음에도, 마오쩌둥에게는 그가 틀림없이 중요했던 모양이다. 마오쩌둥은 문화 혁명 당시에 덩샤오핑이 겪었던 수모에 대해서 (마오쩌둥답지 않게) 사과했다. 아울러 우리는 덩샤오핑이 호주에서 온 과학자들을 접견하는 자리에서 후일 그의 트레이드마크가 된 주제를 언급했다는 사실도 알게 되었다. 중국은 과학적 교류가 필요하고 호주 같은 선

---

* 자본주의를 추종하는 무리라는 의미이다.

진국에서 배워야 하는 가난한 나라라고 말했던 것이다. 지금까지 중국 지도자라면 절대로 인정하지 않았을 내용이었다. 덩샤오핑은 그들에게 여행하면서 중국이 이룩한 성취만 보지 말고 낙후된 지역도 돌아보라고 충고하기도 했는데, 이 역시 중국 지도자로서는 전례를 찾을 수 없는 발언이었다.

덩샤오핑은 1974년 4월 중국 대표단의 일원으로 뉴욕에 왔다. 형식상 외교부장이 이끄는 이 대표단은, 경제 개발을 다루기 위해 열린 유엔 총회 특별 회의 참석이 목적이었다. 내가 중국 대표단을 만찬에 초대했을 때, 그들 중 진짜 선임자가 누구였는지가 곧바로 밝혀졌다. 더 중요하게는 덩샤오핑이 (우리 정보기관의 보고처럼) 저우언라이의 부담을 덜어 주기 위해 복권된 것이 아니라, 저우언라이를 대체하고 어떤 의미에서는 그를 몰아내기 위해서 복권되었다는 사실도 알게 되었다. 저우언라이에 대한 몇 차례의 우호적인 언급은 무시되었고, 저우언라이가 했던 말을 암시하자 마오쩌둥과 내가 했던 대화에서 인용한 비슷한 말들이 응답으로 돌아왔다.

오래지 않아 덩샤오핑은 외교 담당 부총리에 임명되었고, 다시 국내 정책 전반을 감독하는 국무원 부총리로 승진했다. 이로써 주로 상징적 의미의 총리직만을 지낸 저우언라이를 덩샤오핑이 비공식적으로 대체한 것이었다.

1966년 마오쩌둥이 문화 혁명을 시작한 직후, 덩샤오핑은 당과 정부 내의 모든 직위를 박탈당했다. 이후 7년을 군 기지에서 보냈고, 그다음에는 장시 성에서 텃밭을 가꾸며 트랙터 수리 공장의 파트타임 육체노동자로 지냈다. 그의 가족은 이념적으로 불온하다 해서 홍위병들의 공격으로부터 전혀 보호받지 못했다. 그의 아들인 덩푸팡은 홍위병들의 고문 끝에 베이징 대학교 건물 옥상에서 밀려 떨어졌다. 척추에 손상

을 입었지만, 덩푸팡은 병원에서 치료도 받지 못했고, 하반신 마비의 몸이 되어 고난을 겪었다.[1]

중국인들에게는 참으로 비상한 기질이 많지만, 그중 하나가 사회로부터 아무리 고통을 받고 상처를 입어도 그 사회에 대한 헌신의 태도를 저버리지 않는다는 점이다. 내가 알게 된 문화 혁명의 피해자들도 많지만 어느 누구도 자발적으로 겪었던 고통을 나에게 말한 적이 없었고, 내가 물어봐도 극도로 말을 아꼈다. 문화 혁명은 마치 견뎌 내야 할 자연재해, 그러나 사후에 개인 삶의 결정 요소로서 곱씹어 보지 않는 자연재해쯤으로 생각했던 것이다.

마오쩌둥도 마찬가지여서, 똑같은 태도를 보여 주었다. 마오쩌둥이 안겨 준 고통과 그의 명령이 가져온 아픔은 반드시 피해자들에 대한 그의 최종 판단이 아니라, 사회 정화를 위한 그의 견해에 어쩌면 임시적일지는 몰라도 꼭 필요한 것이었다. 마오쩌둥은 이때 숙청당했던 많은 사람을 일종의 전략적 예비군처럼 다시 봉사할 수 있는 인력으로 간주했던 것 같다. 예컨대 그는 1969년의 국제 위기를 맞아 중국의 자리매김에 대한 충고가 필요하자 숙청당했던 네 명의 장군을 다시 불렀다. 덩샤오핑이 고위직에 돌아온 것도 마찬가지였다. 저우언라이를 실각시키기로 결심했을 때, 국정 운영을 위해 가용한 전략적 자원으로는 덩샤오핑이 최선의, 어쩌면 유일한 선택이었다.

마오쩌둥의 철학적 글이나 간접적 암시, 그리고 저우언라이의 우아한 프로페셔널리즘에 점차 익숙해진 나는, 덩샤오핑의 통렬하고 사무적인 스타일과 그의 신랄한 감탄사라든가 각별히 실용적인 것을 좋아해 철학적인 것을 경멸하는 태도 등에 적응하기까지 얼마의 시간이 필요했다. 자그마하고 강단 있는 그는 무언가 보이지 않는 힘에 밀리듯이 방으로 들어와 곧장 업무에 임했다. 덩샤오핑은 인사말 등으로 시간을 낭비하는 일이 거의 없었고, 마오쩌둥의 습관처럼 하고자 하는 말을 우화나 비유로 돌려 부드럽게 말하지도 않았다. 저우언라이처럼 배려하는 태도로 말을 포장하는 법도 없었고, 마오쩌둥처럼 나를 개인적 관심을 보일 만한 가치 있는 몇 안 되는 철학 친구로 대하지도 않았다. 우리 두 사람 모두 나랏일을 처리하기 위해 모인 것이며, 다소 불편한 국면이 있어도 사적으로 받아들이지 않을 정도로 모두 충분히 성숙한 사람이라는 것이 덩샤오핑의 태도였다. 저우언라이는 통역 없이도 영어를 이해했고 종종 영어로 말하기도 했다. 그러나 덩샤오핑은 스스로를 '촌사람'으로 묘사하면서 이렇게 고백했다. "언어란 힘든 겁니다. 프랑스 유학 중에도 저는 프랑스어를 배우지 못했지요."

시간이 흐르면서 나는 이 작은 체구에 우울한 눈빛을 지닌 용감한 사람에 대해 엄청난 존경심을 지니게 되었다. 그는 자신의 신념을 고수했고, 범상치 않은 우여곡절에도 불구하고 균형 감각을 잃지 않았으며, 때가 오면 조국을 재건할 사람이었다. 문화 혁명의 폐허를 빠져나온 1974년 이후 덩샤오핑은 (마오쩌둥이 여전히 권좌에 있었기 때문에 개인적으로 리스크가 없지 않았지만) 하나의 근대화를 형성하기 시작했으며, 바로 이 근대화가 21세기 들어와 중국을 경제 대국으로 변모시키게 된 요인이었다.

덩샤오핑이 첫 번째 숙청에서 복권된 1974년, 그는 언젠가 역사적으로 중요한 인물이 될 것이라는 분위기를 거의 내색하지 않았다. 그는 거창한 철학을 말하지 않았다. 마오쩌둥과는 달리 중국인의 독특한 숙명을 폭넓게 주장하지도 않았다. 그의 말은 상상력이 부족해 보였고, 내뱉는 말은 대부분 시시콜콜한 실용적인 사항이었다. 그는 군의 기강이 얼마나 중요한지, 야금(冶金) 공업부의 개혁이 얼마나 중요한지를 이야기했다.[2] 그는 매일 적재되는 철도 차량의 수를 늘리고, 운전자들의 근무 중 음주를 금지하며, 점심시간을 정규화하라고 촉구하기도 했다.³ 이것은 기술적 발언이지, 초월적 연설이 아니었다.

문화 혁명의 여파가 가라앉지도 않았고 마오쩌둥과 사인방이 버젓이 영향을 끼치고 있을 때였으니, 평범한 실용주의 자체가 하나의 대담한 진술이었다. 마오쩌둥과 사인방은 10년이 넘도록 무정부 상태를 사회 조직의 수단으로 옹호했고, 끝없는 '투쟁'을 국가 정화의 수단으로 혹은 경제적, 학문적 노력에서 일종의 난폭한 도락(道樂)으로 옹호했다. 문화 혁명이 이념적 열정의 추구를 권위의 상징으로 격상시켰기 때문에 (선진국에서는 너무도 지당한 말씀인) 질서와 프로페셔널리즘과 효율로 돌아가자는 덩샤오핑의 호소는 참으로 용감무쌍한 명제였다. 덩샤오핑의 경력과 그의 가족을 거의 파멸로 몰아갔던 어린 민병대의 광란을 중국은 10년 남짓 견뎌 왔다. 그의 실용적이고 객관적인 스타일은 역사를 단절하고자 하는 꿈에서 중국을 일깨워, 야망은 방대하더라도 실용적인 단계를 밟아 역사를 이룩하는 세상으로 나아가자고 말하고 있었다.

1975년 9월 26일 '과학 연구에 우선권을 주자'는 제목의 글에서 덩샤오핑은 후에 자신의 트레이드마크가 될 몇 가지 주제를 언급했다. 중국의 경제 발전에서 과학과 기술을 강조해야 할 필요성과 중국 노동력을 다시금 전문화하는 일, 그리고 개인의 재능과 이니셔티브(정치적 숙청, 문화 혁명 기간 중 대학 폐쇄, 이념으로 인한 무능한 인력의 승진 따위로 마비가 된 바로 그런 자질)를 북돋우는 일이 주제였다.

무엇보다 덩샤오핑은 19세기 이래로 끊이지 않았던 논쟁, 즉 중국이 외국에게서 배울 것이 있는지, 있다면 무엇인지에 대한 모든 논쟁을 완전히 종결시키고자 했다. 그는 중국이 정치적 올바름보다도 전문적 능력을 (심지어 '괴짜' 개인의 전문성 추구를 격려할 정도로) 강조해야 하고, 개인이 선택한 분야에서 탁월한 업적을 이루면 보상해 주어야 한다고 주장했다. 정부 관리와 작업 단위가 수십 년 동안 개인의 교육, 직업, 사생활의 가장 세세한 부분까지 좌지우지했던 사회에서 급진적인 패러다임의 변화가 아닐 수 없었다. 마오쩌둥이 이러한 이슈를 이념의 우화라는 추상적인 부문으로 보냈다면, 덩샤오핑은 이념의 추구를 전문적 능력의 아래에 종속시켰다.

지금 과학 연구를 위한 인원 중에는 파벌 싸움에 푹 빠져서 연구 활동에는 신경조차 쓰지 못하는 사람이 더러 있다. 일부는 마치 범죄 행위라도 저지르는 것처럼 사적으로 연구를 하기도 한다. …… 전 세계적으로 인정받는 그런 재능을 중국이 1000명만 가진다면, 유익한 일일 것이다. …… 그들이 중화인민공화국의 이익을 위해 노력하는 한, 이들은 파벌주의에 눈이 멀어 다른 사람들이 일하는 것조차 방해하는 자들보다도 훨씬 더 가치가 있을 것이다.[4]

덩샤오핑은 종래 중국이 우선적으로 중시하는 것을 "통합과 안정과 통일을 성취할 필요성"이라고 규정했다.[5] 마오쩌둥이 여전히 활동하고 있는 데다 사인방도 여전히 영향력을 행사하고 있어서 절대 권력을 누린다고는 할 수 없었지만, 덩샤오핑은 당대의 혼란을 극복하고 "만사를 질서 정연하게" 할 필요성을 노골적으로 언급했다.

지금 당장 우리는 모든 분야에서 질서를 찾아야 할 필요가 있다. 농공업은 질서를 찾아야 하고 문학이나 예술 정책도 조정해야 한다. 사실상 조정이란 질서를 찾는다는 뜻이기도 하다. 모든 일에 질서를 찾음으로써 우리는 농촌 지역과 공장과 과학 기술 분야와 다른 모든 영역에서 문제를 해결하고자 한다. 정치국에서 회의가 있을 때마다 나는 몇 가지 분야에서 그렇게 해야 한다는 것을 논의해 왔다. 내가 마오쩌둥 동지에게 보고를 드렸을 때, 그 역시 이를 허락했다.[6]

마오쩌둥이 이른바 '허락'을 했다고 하지만 실제로 그가 무엇을 허락했는지는 모호한 채로 남아 있었다. 덩샤오핑의 복권이 저우언라이에 대한 좀 더 이념적인 대안을 제공하자는 뜻이었는지는 모르지만, 결과는 정반대였다. 질서와 안정이란 것을 덩샤오핑이 어떻게 규정했는지는 사인방의 격렬한 도전의 대상으로 남아 있었다.

지도자들의 죽음: 화궈펑

덩샤오핑이 개혁 프로그램을 충분히 펼치기도 전에 중국의 권력 구조는 한차례 혼란을 겪게 되고, 덩샤오핑도 두 번째로 숙청을 당하게 된다.

1976년 1월 8일 저우언라이는 오랜 암 투병 끝에 사망한다. 그의 죽음은 인민공화국 역사에서 일찍이 볼 수 없었던 인민들의 애도를 불러일으켰다. 덩샤오핑은 1월 15일 저우언라이의 장례식에서 그의 품성을 칭송했다.

그는 솔직하고 숨김이 없었으며, 우리 모두의 이익에 관심을 쏟았고, 당의 원칙을 준수하고, 자신의 속내를 '해부하는' 데 엄격했으며, 그 많은 간부를 하나로 뭉치는 데 탁월했다. 그리고 당의 통일과 결속을 지탱해 주었다. 그는 대중과도 폭넓고 긴밀한 관계를 유지했으며, 모든 동지와 인민들을 향해 끝 모를 따뜻한 마음씨를 보여 주었다. …… 그의 훌륭한 모습에서 우리는 온건하고 신중할 것과, 잘난 체하지 않고 개방적일 것과, 행실로써 모범을 보일 것과, 간소하며 근면하게 사는 것 등 많은 것을 배워야 할 것이다.[7]

이 모든 자질의 거의 대부분, 특히 통일과 기강을 위한 헌신은 저우언라이의 (직함은 유지되었지만) 권력이 모두 박탈당한 계기가 된 1973년 12월의 정치국 회의에서 비난받았던 내용들이다. 그런 의미에서 덩샤오핑의 추모사는 상당히 용기 있는 행동이었다. 저우언라이를 기념하는 시위가 벌어진 다음, 덩샤오핑은 다시 한 번 모든 관직에서 숙청당한다. 인민 해방군이 (처음에는 베이징, 나중에는 중국 남부의) 기지에 있던 그를 보호해 주었기 때문에 가까스로 체포를 면했다.

5개월 후, 마오쩌둥이 세상을 떴다. 그의 죽음에 앞서 탕산에서는 지진 대재앙이 발생했다. 일부 중국인들이 보기에는 흉조였다.

린뱌오의 실각, 저우언라이와 마오쩌둥의 잇따른 사망 등이 연달아 일어나면서, 당과 국가의 미래에 무슨 일이 일어날지 알 수 없게 되었다. 마오쩌둥 사후에는 그에 비견할 만한 권위를 휘두를 사람이 전혀 없었다.

마오쩌둥이 사인방의 야망도 믿지 못하고 그들이 적절하다고 생각조차 하지 않으면서, 화궈펑의 부상을 의도적으로 꾸몄다. 화궈펑은 어딘지 모르게 하찮은 사람으로 남아 있었다. 그는 마오쩌둥을 승계하는 것 이외에는 이렇다 할 정도로 의미 있는 직책을 오랫동안 지니지 못했다. 저우언라이가 사망하자 마오쩌둥은 그를 총리로 임명했다. 얼마 후 마오쩌둥이 죽고 나자 화궈펑은 당 대표 겸 중앙 군사 위원회 주석이라는 직책을 물려받았지만, 그렇다고 마오쩌둥의 권위까지 물려받은 것은 아니었다. 중국 지도부의 서열을 따라 승진하면서, 그는 마오쩌둥이 그랬던 것처럼 개인숭배 방식을 채택했지만, 전임자의 개인적 마력을 거의 보여 주지 못했다. 화궈펑은 자신의 경제 프로그램을 '바깥으로의 대약진 운동'이라 불렀다. 파국으로 끝난 마오쩌둥의 1950년대 농공업 정책에 대한 불행한 되풀이였다.

마오쩌둥 사후 중국 정치 이론에 대한 화궈펑의 가장 큰 공헌은, 이른바 '두 개의 범시(凡是)'* 이론의 제창이었다.[8] 즉 "마오쩌둥 주석이 추진한 모든 정책은 우리가 끝까지 지켜 내야 하고, 마오쩌둥 주석의 지시는 무엇이든 시종 변하지 않고 준수해야 할 것"**이라는 논리였다. 도무지 자발적인 참여를 이끌어 내는 원칙이라고 볼 수 없었다.

나는 화궈펑을 두 번 만났다. 처음은 1979년 4월 베이징에서, 두 번째는 그의 프랑스 국빈 방문 중이던 1979년 10월이었다. 두 번 다 업무 수행이 탁월했기에, 그가 끝내 사람들의 기억에서 사라져 버렸다는 것은 도무지 이해가 되지 않는다. 그가 카터 행정부에서 국가 안보 담당 보좌관을 지냈던 즈비그뉴 브레진스키와 나누었던 대담에 대해서도 같은 평가를 내려야 할 것이다. 화궈펑은 중국 고위 관리들이 외국인들과 만날 때마다 영락없이 과시하는 자신감으로 모든 대화에 임했다. 저우언라이보다도 어딘지 세련되지 않았고 마오쩌둥과 같은 통렬한 풍자는 상상도 못했지만, 대화 내용을 사전에 잘 숙지하고 있었으며 어딘가 모르게 자신만만했다. 그의 느닷없는 등장처럼 느닷없는 퇴장도 추정할 만한 이유는 전혀 없었다.

그러나 그에게는 정치적 지지층이 없었다. 그가 권력의 자리에 갑자

---

* 범시는 '무릇', '모든'의 뜻으로, 이 양개범시론은 마오쩌둥의 결정과 지시를 절대적으로 따르는 것이다.

** 凡是毛主席作出的決策, 我們都堅決維護. 凡是毛主席的指示, 我們都始終不渝地遵循.

기 내던져졌던 이유는, 바로 사인방이나 저우언라이와 덩샤오핑의 온건파처럼 경쟁하던 주된 파벌의 어느 쪽에도 속하지 않았기 때문이었다. 그러나 일단 마오쩌둥이 없어지고 나자, 그는 집단화와 계급 투쟁이라는 마오쩌둥의 명제를 무조건적으로 추종하면서 경제, 기술의 발전이라는 덩샤오핑의 아이디어를 결합해야 한다는 엄청난 모순에 걸려 넘어졌다. 사인방 추종자들은 그에게 급진성이 부족하다고 반대했고, 덩샤오핑과 그의 지지자들은 실용주의가 박약하다고, 갈수록 그리고 점차 공개적으로 그를 거부하고 나섰다. 결국 그는 덩샤오핑의 전술을 넘지 못하고, 명목상으로는 지도자의 지위를 유지하고 있으면서도 국가의 운명과는 점점 더 무관하게 가고 말았다.

그러나 화궈펑은 정상에서 물러나기 전에, 시간을 뛰어넘는 행동을 보여 준다. 마오쩌둥이 죽고 나서 한 달이 되기 전 그는 온건파와 (문화 혁명의 피해자 중에서 고위직에 있던 사람들과) 손을 잡고 사인방을 잡아들인 것이다.

덩샤오핑의 부상: 개혁과 개방

이처럼 극도로 유동적인 상황에서, 1977년 덩샤오핑은 두 번째 유배에서 돌아와 중국의 근대화를 위한 비전을 또렷하게 펼쳐 보이기 시작했다.

덩샤오핑은 관료주의적 관점에서 볼 때 더없이 불리한 위치에서 시작했다. 모든 핵심 지위는 화궈펑이 마오쩌둥과 저우언라이에게 물려받아서 차지하고 있었다. 그는 공산당 당 대표 겸 총리였고 중앙 군사위원회 주석이기도 했다. 마오쩌둥이 명백하게 승인했다는 혜택까지 업고 있었다.(마오쩌둥이 그에게 "자네가 있어 주어야 안심이 되겠네."[*9]라고 했다는 말은 유명하다.) 이에 비해 덩샤오핑은 정치 및 군사 조직 내의 예전 지위를 회복하긴 했지만, 어느 모로 보나 공식적으로 화궈펑보다 아래였다.

외교 정책에서 두 사람의 견해는 비교적 같았지만, 중국의 미래에 관한 한 그들의 비전은 천양지차였다. 나는 1979년 4월 베이징 방문 중에 이 두 지도자와 별도의 회담을 가졌다. 두 사람 모두 경제 개혁에 관한 자신의 아이디어를 피력했다. 중국의 지도자들을 대하면서 철학적 차이와 실용적 불협화음이 노골적으로 드러난 것은 이번이 유일한 경우였다. 화궈펑은 전통적인 소련 방식으로 생산을 제고하는 경제 정책을 제시하면서, 중공업을 강조하고 공동체 기반의 농업 생산 개선과 5개년 계획의 틀 안에서 비료의 사용 등을 강조했다.

하지만 덩샤오핑은 모든 정통 방식을 거부했다. 그는 인민들에게 그들이 생산한 것에 대한 지분을 주어야 한다고 말했다. 소비재가 중공업보다 우선해야 하며, 중국 농민들의 독창성을 자유롭게 풀어 주어야 하고, 공산당은 간섭을 줄여야 하고, 정부 권력은 분산되어야 한다는 것이었다. 대화는 몇 개의 원탁이 놓인 만찬석상에서 계속되었다. 나는 덩샤오핑과 가까운 자리에 앉았다. 본질적으로 만찬 대화였지만, 나는 권력 집중과 권력 분산의 균형이라는 문제를 제기했다. 엄청난 인구에다 지역 간 차이가 상당한 거대 국가에서 권력 분산이 얼마나 중요한지를 힘주어 말했다. 그는 이렇게 덧붙였다. "그러나 가장 주된 과제는 이게 아닙니다." 근대 기술이 중국에 도입되어야 하고, 수만 명의 중국 학생들이 해외로 나갈 것이며("서구의 교육에 대해 우리가 겁낼

---

* 辦事 我放心.

것은 하나도 없어요.") 문화 혁명의 폐해는 완전히 끝장을 봐야 한다는 것이었다. 덩샤오핑은 언성을 높이지는 않았지만, 좌중은 숙연해졌다. 만찬에 참석한 다른 중국인들은 안절부절 못하고 있었으며, 노정치가가 미래에 대한 비전을 제시하는 동안 짐짓 그의 말을 듣지 않는 양 꾸미지도 못했다. "이번에야말로 우린 제대로 해야 합니다." 덩샤오핑이 결론지었다. "이미 너무 많은 실수를 저질렀으니까요." 그로부터 얼마 지나지 않아 화궈펑은 지도부에서 사라졌다. 덩샤오핑은 1979년의 그 만찬에서 묘사했던 전략을 이후 10년에 걸쳐 시행했다.

덩샤오핑이 중국을 지배한 것은, 수십 년 동안 당(특히 인민 해방군)과 돈독한 관계를 쌓아 온 덕분이었고, 화궈펑보다는 훨씬 더 정치적으로 능수능란했기 때문이었다. 수십 년간 당 내부의 투쟁을 겪어 온 베테랑으로서 그는 이념적 논리들이 정치 목적에 부합하는 방법을 터득했던 것이다. 이 기간 중 덩샤오핑의 연설은 이념적 융통성과 정치적 모호함의 걸작이었다. 그의 주된 전술은 '사실에서 진리 찾기'라는 개념과 '이론과 실질의 합일'이란 개념을 '마오쩌둥 사상의 근본 원칙'으로 격상시키는 것이었다. 마오쩌둥이 죽기 전에는 거의 개진한 적이 없었던 명제였다.

권력을 추구하는 중국인이라면 누구나 그렇겠지만, 덩샤오핑은 자신의 아이디어를 마오쩌둥이 했던 말의 완성이라고 조심스럽게 제시하면서, 마오쩌둥이 했던 연설에서 풍부하게 (더러 맥락에 어울리지도 않는데도 억지로) 인용을 하기도 했다. 마오쩌둥은 실질적으로 국내에서 적용할 계율을 딱히 강조한 적이 없었다. 대체로 이념이 실제 경험보다 더 중요하며 때로는 압도할 수 있다고 주장했다. 마오쩌둥의 통설이 지닌 이질적인 파편을 결집한 덩샤오핑은 마오쩌둥의 지속적 혁명을 던져 버렸다. 덩샤오핑의 이야기 속에서 마오쩌둥은 실용주의자로 모습을 드러냈다.

동지들이여, 한 번 생각해 봅시다. 사실에서 진리를 찾는 것, 현실에서 출발하여 이론과 실질을 하나로 만드는 것이야말로 마오쩌둥 사상의 근본 원칙을 형성하는 것 아닙니까? 이 근본 원칙이 시대에 뒤떨어졌단 말입니까? 그것이 시대에 뒤떨어질 수도 있다는 말입니까? 우리가 사실에서 진리를 찾고 현실에서 출발하여 이론과 실질을 하나로 만드는 것을 반대한다면, 어떻게 마르크스 레닌주의와 마오쩌둥 사상에 충실할 수 있겠습니까? 그렇게 되면 우린 어디로 가는 겁니까?[10]

마오쩌둥의 정설을 수호한다는 명분으로 덩샤오핑은 화궈펑의 '두 개의 범시' 논리를 비판했다. 주석 자신조차도 감히 주장하지 않았는데, 화궈펑은 그가 결코 틀릴 수 없다는 암시를 했기 때문이다.(다른 한편 마오쩌둥도 틀릴 수 있다는 것은 그가 살아 있을 때는 거의 주장하는 이가 없었다.) 덩샤오핑은 마오쩌둥이 스탈린을 판단할 때 사용했던 (그는 70퍼센트 옳았고 30퍼센트 틀렸다는) 공식을 들먹이면서, 마오쩌둥 자신도 70-30 점수를 받을 만하다고 은근히 지적했다.(곧 당의 공식 정책이 되었고 오늘까지도 유효하게 남아 있다.) 그러는 와중에 덩샤오핑은 마오쩌둥이 지명한 후계자 화궈펑을 비난할 수 있었다. 마오쩌둥의 유산을 곧이곧대로 적용하자고 주장함으로써 위조했다는 이유였다.

'두 개의 범시'는 받아들일 수 없다. 이 원칙이 옳다면, 나의 복권은 결코 정당화될 수 없고, 1976년 톈안먼 광장에 모였던 민중의 행동이, 즉 저우언라이의 죽음에 이은 추모와 시위가 합당한 것이었다는 말도 절대로 정당화할 수 없을 것이다. 마오쩌둥 동지가 특정 문제에 관해 했던 말을 다른 문제에도 기계적으로 적용할 수 없다. …… 마오쩌둥 동지 스스로 여러 번 말하지 않았던가. …… 사람의 행위가 70퍼센트의 성취와 30퍼센트의 실수로 이루어진다면 훌륭하다고 말이다. 또한 자신이 죽고 나서 미래의 세대가 자신에게 70-30이란 점수를 준다면 대단히 행복할 것이라고 말이다.[11]

간단히 말해 변할 수 없는 정설이란 없다는 것이다. 중국의 개혁은 대체로 '먹혀들어가는 것'에 기반을 두게 될 터였다.

덩샤오핑은 점점 더 절박성을 가지고 자신의 기본 주제를 타진했다. 1977년 5월의 연설에서 그는 중국을 향해 도전했다. 19세기 일본의 드라마틱한 근대화 운동인 메이지 유신보다도 "더 잘해 보자고" 말이다. 덩샤오핑은 시장 경제라고 봐도 좋을 것을 촉진하기 위하여 공산주의 이념을 들먹이면서, '프롤레타리아'로서의 중국인들은 '이제 모습을 드러낸 일본의 부르주아 계급'이 추진했던 계획을 능가할 수 있을 것이라고 말했다. (사실상 중국인의 자긍심을 불러일으키기 위한 시도였으리라고 짐작할 수 있지만) 시공을 뛰어넘는 찬란한 미래의 비전을 이용해서 인민들에게 호소했던 마오쩌둥과는 달리, 덩샤오핑은 자신의 낙후성을 극복하는 중대한 서약을 하도록 도전장을 내민 것이다.

근대화의 열쇠는 과학 기술의 발전이다. 그리고 우리가 교육에 각별한 관심을 기울이지 않는다면 과학 기술의 발전은 불가능할 것이다. 알맹이 없는 탁상공론은 우리의 근대화 프로그램을 한 치도 진행시키지 못할 것이다. 우리는 지식을 가져야 하고 훈련된 인원을 확보해야 한다. …… 지금 중국은 과학, 기술, 교육 측면에서 선진국에 비해 20년은 족히 뒤처져 있다.[12]

덩샤오핑이 권력을 결집시킴에 따라 이들 원칙은 세계의 강대국이 되고자 하는 중국의 노력을 위한 실무적 금언으로 변했다. 마오쩌둥은 중국의 국제 교역 증대라든가 자국 경제의 국제 경쟁력 제고 등에는 거의 관심을 보이지 않았다. 마오쩌둥이 죽었을 당시 미국의 대중 교역은 3억 3600만 달러 규모로서, 온두라스와의 교역량보다 조금 낮았고 중국 인구의 1.6퍼센트에 불과한 타이완과의 교역량에 비하면 10분의 1밖에 되지 않았다.[13]

오늘날 경제 대국으로서의 중국은 덩샤오핑의 유산이다. 그가 자신의 목표를 달성하기 위한 특정 프로그램을 고안했던 것은 물론 아니다. 오히려 그는 지도자의 궁극적 임무, 즉 자신이 이끄는 사회를 지금 현재의 상태에서 일찍이 상상조차 못했던 곳으로 인도하는 임무를 완수했다. 사회는 평균적 수행의 기준에 의해서 움직인다. 그것은 익숙한 것의 실행을 통하여 스스로를 지탱한다. 그러나 사회의 진보는 꼭 필요한 것에 대한 비전을 지닌 지도자, 처음에는 주로 그 비전 안에 혜택이 있는 조치를 취할 수 있는 용기를 지닌 지도자를 통해서 이루어진다.

덩샤오핑이 마주한 정치적 도전은 공산주의 통치의 첫 30년 동안 압도적인 한 지도자가 중국을 이끌었는데, 그 지도자는 중국에게 통일과 국제적 존경은 선사해 주었지만 동시에 지속 불가능한 국내의 사회적 목표를 지향하게 만들었다. 마오쩌둥은 나라를 통일했고, 타이완과 몽골을 제외하고는 역사적인 국경선까지 회복했다. 그러나 그는 중국의 역사적인 특수성에 반하는 노력을 요구했다. 중국의 위대함은 그 사회가 지탱할 수 있는 속도에 맞추어 문화의 모델을 발전시킴으로써 가능했다. 그런데 마오쩌둥의 지속적 혁명은 중국의 그 엄청난 인내심조차도 극한으로 몰아붙였다. 그것은 국제 사회가 진지하게 받아들이는 중국의 정체성을 되찾는 자긍심을 이끌어 냈다. 하지만 중국이 발작적인 이념에의 도취가 아닌 다른 방법으로 어떻게 발전할 것인가를 발견하지는 못했다.

마오쩌둥은 장대하고 경외심을 불러일으키는 전통적 황제로서 나라를 이끌었다. 그는 하늘과 땅 사이의 연결 고리가 되어 주고 땅보다는 신성에 가까웠던 제국의 통치자라는 신화를 몸으로 보여 주었다. 한편 덩샤오핑은 또 다른 중국 전통의 정신으로 통치했다. 그것은 통치자가 어디에나 존재하지만 보이지는 않는다는 사실을 절대 권력의 기반으로 삼은 것이다.

많은 문화가 (서구의 모든 문화도 마찬가지로) 피통치자들과의 과시적 접촉에 의해서 통치자의 권위를 떠받쳐 준다. 바로 이러한 이유 때문에 아테네와 로마, 그리고 서구 다원적 국가의 대부분에서는 웅변술을 정치의 커다란 자산으로 간주했다. 그러나 중국에는 웅변술이라는 일반적인 전통이 없다. 마오쩌둥은 다소 예외적인 존재였다. 전통적으로 중국 지도자들은 권위의 기반을 웅변술이나 대중과의 물리적 접촉에 두지 않았다. 만다린 전통에서 관리들은 인민이 보지 않는 데서 일하고 실적에 의해서 적법성을 얻는다. 덩샤오핑은 중요한 직책을 하나도 맡지 않았고 일체의 경칭을 거절했다. 텔레비전에도 거의 모습을 드러내지 않았고, 막후에서만 정치를 행했다. 그는 황제처럼 통치한 것이 아니라, 주된 관리로서 통치했다.[14]

마오쩌둥은 자신의 개인적 비전이 안겨 준 고통을 견뎌 내는 인민들의 인내심에 기대어 통치했다. 이에 비해 덩샤오핑은 미래에 대한 스스로의 비전을 이끌어 내는 중국인들의 창의성에 채워진 족쇄를 풀어 줌으로써 통치했다. 마오쩌둥은 순전히 의지력과 순수한 이념에 의해서 어떤 장애라도 극복할 수 있는 중국 '민중'의 힘에 대한 신비로운 믿음으로 경제 개발을 추구했다. 반면 덩샤오핑은 중국의 빈곤이라든가 생활 수준이 선진국보다 얼마나 뒤떨어지는지에 대해 솔직담백했다. "빈곤한 게 사회주의는 아니다."라고 선언하면서 덩샤오핑은 중국이 부족한 부분을 개선하려면 외국의 기술, 전문성, 자본을 획득해야 한다고 밝혔다.

덩샤오핑은 1978년 12월 중국 공산당 11기 중앙 위원회 3차 총회에서 자신의 복권에 마침표를 찍었다. 이후 펼쳐질 덩샤오핑의 모든 정책이 지닌 특색을 요약한 슬로건이 이 총회에서 발표된다. "개혁과 개방." 중앙 위원회는 마오쩌둥 사상의 정설과 작별을 고하면서 저우언라이의 4대 근대화에 화답하는 실용적인 '사회주의적 근대화' 정책을 승인했다. 농업 분야에서는 개인이 다시 이니셔티브를 취할 수 있게 되었다. 저우언라이를 추모했던 군중에 대한 판결은 번복되었고(그들은 이미 '반혁명 분자'로 낙인찍혔다.) 한국 전쟁 중에 중국군을 지휘했으며 나중에 대약진 운동을 비판했다는 이유로 마오쩌둥에 의해 숙청당한 베테랑 지휘관 펑더화이는 사후에 복권되었다. 회의를 마무리하면서 덩샤오핑은 "우리의 마음을 해방시키고, 머리를 쓰며, 사실에서 진리를 찾고 하나로 뭉쳐 미래를 바라보자."라는 내용의 연설로 또렷한 메시지를 전했다. 그야말로 삶에 관한 모든 질문에 마오쩌둥이 해답을 제시했던 10여 년이 지난 다음, 덩샤오핑은 이념의 속박을 풀고 '스스로 모든 일을 신중하게 생각하자'고 격려했던 것이다.[15]

덩샤오핑은 사인방과 마오쩌둥의 여러 측면에 대한 은유로서 린뱌오의 경우를 들면서, '지적인 금기 사항'과 '관료주의'를 맹렬히 비난했다. 공적이나 실력이 이념적 합당성을 대체해야 했다. 가장 저항이 적은 길을 택해서 만연한 정체 상태로 빠져든 사람들이 너무나 많기 때문이었다.

관습이 진리의 유일한 시금석인가 하는 논쟁은, 사실 사람들의 마음이 해방되어야 하는가 하는 논쟁이기도 하다. …… 만사를 이론대로 한다든지, 사고가 경직되고 맹신이 유행하면, 당이나 국가가 진보하기란 불가능하다. 그 생명은 멈출 것이며, 당이나 국가는 파멸할 것이다.[16]

독립적이고 창의적 사고가 미래의 주된 가이드라인이 되었다.

머리를 쓰고 철저하게 사고하는 당원이나 인민이 많으면 많을수록, 우리의 명분도 더 많은 혜택을 받을 것이다. 혁명을 수행하고 사회주의를 건설하기 위해서는 용감하게 사고하고 새로운 길을 탐구하며 새로운 아이디어를 만들어 내는 개척자들이 많이 필요하다. 그렇지 못할 경우 우리는 빈곤과 낙후성을 면치 못할 것이며, 선진국을 능가하기는커녕 따라잡을 수조차 없을 것이다.[17]

그러나 마오쩌둥의 정설과 작별을 고하는 것은 개혁가의 딜레마를 드러내 보이기도 했다. 혁명가의 딜레마는, 대부분의 혁명이 권력 남용으로 인지되는 것의 반대편에서 일어난다는 사실이다. 기존의 의무가 해체되면 될수록, 새로이 의무감을 만들어 내기 위해 더 많은 힘을 사용해야 한다. 그렇기 때문에 혁명의 결과가 흔히 중심 세력의 확대로 나타나는 것이다. 혁명의 폭이 넓으면 넓을수록, 한층 더 뚜렷해진다.

개혁가의 딜레마는 그 반대이다. 선택의 범위가 확장되면 될수록, 그것을 각각 구분하는 것은 더 어려워진다. 덩샤오핑은 생산성을 추구하기 위해 '스스로 모든 일을 신중하게 생각하는' 것의 중요성을 강조했고, 마음의 '완전한' 해방을 옹호했다. 그렇지만 그 마음이 일단 해방된 다음 정치적 다원주의를 요구한다면 어떻게 될까? 덩샤오핑의 비전은 "용감하게 사고하고 새로운 길을 탐구하며 새로운 아이디어를 만들어 내는 개척자가 많이 나오기"를 요구했다. 하지만 개척자들의 노력이 번영하는 중국을 건설하는 실질적 방법을 찾아내는 데 국한하고 궁극적인 정치 목적을 개척하는 것은 삼가야 한다는 가정이 깔려 있었다. 덩샤오핑은 어떻게 사고의 해방과 정치 안정이라는 긴박한 요구를 조화시킬 생각을 했을까? 중국에게는 더 나은 대안이 더는 없다는 판단에 근거를 둔 하나의 계산된 리스크였을까? 아니면 중국의 전통에 따라서 정치 안정에 대한 어떤 도전의 가능성도 거절했던 것일까? 특히 자신은 중국 인민들이 더 잘 살고 훨씬 더 자유롭도록 만들어 주려는 의도이니까? 경제를 자유화하고 국가에 다시 활기를 불어넣는다는 덩샤오핑의 비전에는, 서구에서 볼 때 다원적 민주주의라고 인식할 체제를 향한 의미 있는 움직임이 없었다. 덩샤오핑은 일당(一黨) 통치를 유지하려 했는데, 그가 권력의 특전을 좋아해서가 아니라 (마오쩌둥과 장칭이 누렸던 호사를 그가 대부분 포기한 것은 유명하다.) 그렇지 못하면 무정부 상태가 올 것이라고 믿었기 때문이었다.

오래지 않아 덩샤오핑은 이런 문제들과 맞닥뜨리지 않을 수 없었다. 1970년대 그는 개개인이 문화 혁명 중에 겪은 고통에 관해 불만을 토로할 것을 촉구했다. 하지만 이 새로운 개방성이 다원주의의 시초로 발전하자, 덩샤오핑은 1979년 직접 나서서 자유의 본질과 그 한계를 자신이 어떻게 이해하고 있는지 자세하게 논의하지 않을 수 없었다.

최근 얼마 안 되는 사람들이 몇몇 장소에서 사건을 일으켰다. 당과 정부의 고위 관리들이 제공하는 안내와 충고와 설명을 받아들이지 않고, 지금 당장 들어줄 수 없거나 전혀 합리적이지 않은 잡다한 요구를 하는 악성 분자들이 있다. 그들은 일부 대중을 선동하거나 속여서 당과 정부 기관을 습격한다든지, 사무실을 점거하기도 하고, 연좌데모나 단식 투쟁을 벌여 교통을 방해하고, 그로써 생산 활동과 기타 업무, 공공질서를 심각하게 어지럽혔다.[18]

이들 사건이 각각 별도로 일어난 것도 아니고 드문 일도 아니었다는 사실은 덩샤오핑에게 보고된 일련의 사건만 봐도 금방 알 수 있었다. 미국 대통령에게 중국 내 인권 상황에 관심을 표명해 달라고 요청했던 중국의 인권 보호 집단을 그는 이렇게 묘사하기도 했다. "우리는 과연 중국 내정에 간섭해 달라는 이런 공개적 요구까지도 허락해야 한단 말인가?"[19] 덩샤오핑의 목록에는 (그의 말을 따르면) 자본주의로의 회귀를 주장하는 상하이 민주주의 포럼도 포함되어 있었다. 덩샤오핑의 이야기대로라면 이들 집단 중에는 타이완 국민당 당국과 암암리에 접촉하는 조직도 있었고, 해외 정치적 망명을 추구한다는 조직도 있었다.

이처럼 덩샤오핑은 깜짝 놀랄 정도로 정치적 도전을 시인했다. 그리고 그런 도전에 어떻게 대응하느냐보다는 그 도전의 범위를 좀 더 뚜렷이 알고 있었다.

개인에 맞서 투쟁하는 것은 쉽게 해결할 수 있는 간단한 문제가 아니다. 우리는 반혁명 분자 및 불순분자들을 (대다수가 순진한 젊은이들인) 보통 사람들과 명백히 구분하도록 노력해야 한다. 그들은 다른 사람들을 속여 왔으므로, 우리는 그들을 법에 따라 엄준하게 다스려야 할 것이다…….

오늘날 중국 인민들에게는 어떤 종류의 민주주의가 필요할까? 그것은 오로지 사회주의적 민주주의, 부르주아가 아닌 인민의 민주주의, 그리고 개인 위주의 민주주의가 될 수밖에 없다.[20]

덩샤오핑은 비록 권위적인 정책 수행을 주장했지만, 개인적 컬트를 포기하고 전임자인 화궈펑의 숙청을 거부했으며(대신 그가 아무 의미 없는 존재로 물러나도록 했다.), 자신의 후임에 대해서도 질서 정연한 승계 절차를 계획했다. 이렇게 권력을 통합한 다음 덩샤오핑은 당의 위계질서 가운데 공식적인 최고위 직책은 모두 고사했다.[21] 1982년 베이징에서 만났을 때, 그는 나에게 이렇게 설명했다.

덩샤오핑: ……나는 이제 고리타분한 노인네가 될 단계로 다가가고 있습니다.

키신저: 당 대회 문서를 읽어 보니까, 그런 것 같지도 않습니다.

덩샤오핑: 이제 난 자문 위원회에 속해 있어요.

키신저: 자신감의 표현으로 간주하겠습니다.

…….

덩샤오핑: 지도부가 노화함에 따라 이렇게 하지 않을 수 없었지요. 우리가 역사적인 경험과 교훈을 얻을 수 있도록 말입니다…….

키신저: 저는 각하에게 어떤 칭호를 사용해야 할지 모르겠습니다.

덩샤오핑: 감투야 몇 개 쓰고 있지요. 정치국 상임 위원회 위원, 자문 위원회 위원장, 인민 정치 협상 회의 의장 등 이런 것은 모두 다른 이들에게 넘겨주고 싶습니다. 직함이 너무 많거든…… 너무 많아요. 난 가능하면 일을 좀 줄이고 싶답니다. 내 동료들도 내가 일상적인 업무에서 손을 좀 놓았으면 합니다만, 내가 일을 하는 유일한 목적은 좀 더 오래 살기 위해서입니다.

덩샤오핑은 자신을 어느 특별한 분야의 천재로 내세우지 않고 자신의 전문성을 대수롭잖게 대함으로써 마오쩌둥이 세웠던 전례를 타파했다. 그는 부하들에게 혁신을 맡기고, 성과가 나오면 지지해 주었다. 외국인 투자에 대한 1984년의 어느 회의에서 그는 단순 명쾌하게 설명했다. "경제 분야에서 나는 문외한입니다. 그 주제에 대해서 몇 마디 언급은 했지만, 모두 정치적 관점에서 한 말이지요. 예를 들어 난 중국이 외부 세계에 경제를 개방하는 정책을 쓰자고 제안했지만, 그것을 어떻게 시행할 것인가에 대한 세부 사항은 사실 아는 바가 거의 없습니다."[22]

국내적인 비전을 다듬어 나가면서, 덩샤오핑은 서서히 중국의 얼굴로 세계에 비쳐졌다. 1980년쯤에 그의 부상은 완벽하게 마무리된다. 1980년 2월 공산당 중앙 위원회 5차 총회에서 화궈펑의 지지자들은 강등되거나 직위에서 물러나고, 덩샤오핑의 동지인 후야오방과 자오쯔양은 정치국 상임위원회 위원에 임명되었다. 덩샤오핑이 이룩한 어마어마한 변화에는 상당한 사회, 정치적 긴장이 수반되었고, 결국 1989년의 톈안먼 사건으로 그 긴장은 절정에 달했다. 그러나 자강을 내세웠던 19세기 개혁가들의 약속이 무산된 지 한 세기 만에 덩샤오핑은 마오쩌둥의 유산을 잘 다스려 재창조했으며, 중국이 그 업적과 역사로 누릴 자격이 있는 영향력을 되찾아 줄 개혁의 길로 저돌적으로 나서게 만들었다.

13

"호랑이의 엉덩이를 만지다"

— 3차 베트남전

1979년 4월 여전히 총리직을 맡고 있던 화궈펑은 중국이 베트남을 침공했다가 6주 후에 퇴각했던 3차 베트남전의 결과를 요약하면서, 소련의 역할에 대해 경멸하는 조로 이렇게 비꼬았다. "그들은 감히 옴짝달싹도 하지 못했다. 그래서 결국은 우리가 그래도 호랑이의 엉덩이를 만질 수 있었다."[1]

중국은 "따끔한 교훈을 주기 위해서" 베트남을 침범했다. 1975년 캄보디아를 양도받았던 크메르 루주와의 몇 차례 국경 충돌에 대응하여 (또한 궁극적으로는 인도차이나 연방 결성이라는 하노이의 목적을 추구하는 뜻에서) 베트남이 캄보디아를 점령한 다음의 일이었다. 중국은 한 달 전에 하노이와 모스크바가 조인했던 상호 방위 조약에 항거하는 뜻에서 침공했다. 이 전쟁은 아직 문화 혁명의 약탈로부터 충분히 회복하지 못했던 중국 군대에게 지극히 많은 비용을 치르게 했다.[2] 그러나 이 침략 전쟁은, 소련이 중국의 공격에 반응하지 못한다면 그들의 전략적 영향력의 한계를 만방에 보여 준다는 근본적 목표만큼은 이루었다. 그런 관점에서 본다면 냉전의 전환점으로 간주해도 좋을 것이다. 물론 그 당시에는 충분히 이해되지 않았지만 말이다. 3차 베트남전은 또한 냉전 기간 중 중·미의 전략적 협조의 정점이었다.

베트남: 열강을 어리둥절하게 만드는 나라

중국이 3차 베트남전에 연루된 것은, 미국이 2차 베트남전에 개입한 것과 비견할 만한 요소 때문이었다. 거의 광적인 베트남의 민족주의에 담긴 무엇인가가 다른 사회들로 하여금 균형 감각을 잃게 만들고, 베트남의 동기와 자신들의 능력을 오해하게 만든 것이다. 지금 역사가들이 2차 베트남전으로 다루고 있는 전쟁에서(1차는 프랑스와의 반식민 전쟁이었다.) 미국의 운명이 확실히 그런 것이었다. 미국은 이 중간 크기의 개도국이 기껏해야 자신들의 지역주의 명분을 그토록 맹렬하게 신봉할 수 있다는 사실을 참으로 받아들이기가 어려웠다. 그래서 미국은 베트남의 행동을 좀 더 심오한 계획의 상징으로 해석했다. 하노이의 호전성은 중국과 소련이 손발을 맞춰 적어도 아시아를 지배하자고 꾸민 음모의 선봉으로 취급했다. 그래서 워싱턴은 일단 하노이의 초기 공격을 저지한다면 외교적 타협도 가능할 것이라고 믿기도 했다.

그런 평가는 두 가지 측면에서 모두 잘못이었다. 하노이는 다른 어떤 나라를 위한 대리인도 아니었다. 베트남은 독립이라는 자신들의 비전을 위해서, 그리고 궁극적으로는 인도차이나 연방을 위해 싸웠다.

그 연방은 베트남에게 중국이 동아시아에서 수행했던 역할을 부여했다. 수백 년에 걸친 중국과의 갈등을 넘어 왔던 이 외곬의 생존자들에게 자신들이 생각하는 독립이란 아이디어와 다른 국외자들의 안정이란 개념 사이에 타협이란 상상도 할 수 없는 일이었다. 2차 베트남전의 매서운 점은 타협을 갈망하는 미국과 오직 승리만을 고집하는 월맹 사이의 상호 교감이었다.

그런 의미에서 베트남전에 뛰어든 미국의 가장 중대한 실수는, 미 정부가 외교적 성과를 위해 충분히 헌신적이냐의 여부를 놓고 미 국민들의 의견이 갈렸던 것이 아니다. 오히려 미국 양대 정당이 계속하여 그렇게 열심히, 그렇게 필사적으로 추구해 왔던 외교적 성과를 얻으려면, 하노이의 완전한 패배에 맞먹는 압박을 해야 한다는 사실(그리고 모스크바와 베이징은 지도하는 역할이 아니라 단지 상황을 쉽게 해 주는 역할을 한다는 사실)을 받아들이지 못하는 무능력이 미국의 실수였다.

그보다는 좀 덜했지만, 베이징 역시 똑같은 오해를 했다. 베트남 내 미군의 증강이 시작되자, 베이징은 이를 웨이치 식으로 해석했다. 한 반도에서 타이완에 이르기까지 중국을 둘러싸던 미국이 이제는 인도차이나까지 기지를 확보하는 또 하나의 예로 해석한 것이다. 중국은 월맹의 게릴라전을 지원했는데, 이는 한편으로 이념 때문이기도 했고, 다른 한편으로는 미국의 기지들을 중국 국경에서 가능한 한 멀리 밀어내기 위함이었다. 1968년 4월 저우언라이는 월맹의 팜반동 총리에게, 중국이 전략적 포위를 당하는 일을 막기 위해서 월맹을 지원한다고 말했다. 이에 대해 팜반동은 모호한 대답을 했다. 중국의 포위를 예방하는 것은 베트남의 목적이 아니며, 베트남의 목적은 국가적인 것이라는 게 주된 이유였다.

저우언라이: 미국은 오랫동안 중국을 반 정도 에워싸고 있습니다. 이제 소련까지도 중국을 에워싸고 있지요. 우리를 둘러싼 원은 베트남 쪽만 빼고는 점점 완전한 모습이 되어 가고 있습니다.

팜반동: 바로 그런 이유로 우리 영토 내의 미 제국주의자들을 무찔러야겠다는 우리의 결심은 더욱 굳건해지고 있습니다.

저우언라이: 그래서 우리가 당신들을 지원하는 것입니다.

팜반동: 우리가 승리하면 아시아에서 긍정적인 영향을 끼칠 것입니다. 우리 승리는 예견하지 못했던 결과를 가져올 것이니까요.

저우언라이: 당연히 그렇게 생각하셔야 하겠지요.[3]

팜반동이 조심스럽게 거리를 두려 했던 중국의 전략을 위해서 중국은 10만 명 이상의 비전투 병력을 보내 월맹의 인프라와 물류를 지원했다. 미국은 베트남이 중·소가 꾸미는 계략의 선봉이라 하여 반대했다. 중국은 아시아를 지배하려는 미국의 취지를 감지하고, 이를 꺾기 위해 하노이를 지원했다. 둘 다 잘못 생각했다. 하노이는 자신들의 나라를 위해서 싸울 뿐이었다. 1975년의 2차 베트남전에서 승리하고 공산주의 통치하에 통일을 이룩한 베트남은 중국에게 미국보다도 훨씬 더 큰 전략적 위협 요인이 되었다.

베트남은 북쪽 이웃을 거의 편집증에 가까운 의심의 눈초리로 바라보았다. 중국이 지배했던 오랜 세월 동안 베트남은 중국의 한자 체계와 정치, 문화적 형태를 흡수해 왔다.(예전 수도인 후에의 황궁이나 능에서 그 증거는 가장 현란하게 두드러진다.) 그러나 베트남은 이런 '중국적' 체제를 이용해서 독립된 국가를 세우고 나름의 독립을 강화했다. 지리적 환경 때문에 베트남은 (동시대의 일본이 그러했듯이) 고립을 택해 물러나 있을 수도 없었다. 2세기에서 10세기에 이르기까지 베트남은 다소 직접적인 중국의 통치 아래 있었고, 907년 당나라가 멸망했을 때에야 비로소 독립 국가로 완전히 설 수 있었다.

베트남의 국가 정체성은 어느 정도 서로 충돌하는 두 개의 힘이 남긴 유산을 반영한다. 중국 문화의 흡수가 그 하나요, 중국의 정치적, 군사적 지배에 대한 반대가 다른 하나이다. 중국에 대한 항거는 베트남 독립에 대한 열정적인 자긍심과 막강한 군사 전통을 형성하는 데 도움이 되었다. 중국 문화의 흡수는 중국식 유교 엘리트를 가져다주었고, 그들은 주변국과 견주었을 때 '변두리 미들 킹덤'이라는 콤플렉스가 있었다. 20세기 들어 인도차이나에 전쟁이 터질 때마다 하노이는 라오족과 캄보디아의 중립 지역을 (마치 그럴 권리라도 있는 것처럼) 마음대로 이용함으로써(또 전쟁이 끝나면 이들 국가의 공산주의 운동과 '특별한 관계'를 맺어 베트남의 지배를 이룩함으로써) 정치적으로나 문화적으로나 충분한 자격이 있다는 의식을 과시했다.

베트남은 일찍이 볼 수 없었던 심리적, 지정학적 도전 정신으로 중국에 맞섰다. 하노이의 지도자들은 손자의 『손자병법』을 익히 알고 있었으며, 프랑스와 미국에 대항했을 때는 그 원칙을 채택하여 상당한 효과를 보기도 했다. 베이징과 하노이는 (첫 번째는 2차 세계 대전 후 식민지를 되찾으려는 프랑스를 상대로, 두 번째는 1963년에서 1975년까지 미국을 상대로 한) 기나긴 베트남전이 채 끝나기도 전에, 다음번 싸움은 인도차이나와 동남아를 놓고 바로 자신들 사이에서 벌어지리라는 것을 깨닫기 시작했다.

두 나라가 문화적으로 가깝기 때문에, 베트남전 당시 중국의 정책을 주로 이끌었던 전략적 분석에 확고한 터치가 비교적 없었을지도 모른다. 역설적이게도 베이징의 장기 전략적 이해관계는 아마도 미국의 전략과 닮아 있었다. 즉 인도차이나 4개국(월남, 월맹, 캄보디아, 라오스)이 서로 균형을 유지하는 결과를 원한 것이었다. 1965년 마오쩌둥이 에드거 스노에게 전쟁의 예상 결과를 간단히 설명하면서, 월남을 그대로 유지하는 것이 가능한 (따라서 수긍할 수 있는) 결과로 들었던 이유도, 어쩌면 이것으로 설명할 수 있을지 모르겠다.[4]

1971년 내가 비밀리에 베이징을 방문했을 때, 저우언라이는 인도차이나에서 중국의 목표가 전략적인 것도 아니요, 이념적인 것도 아니라고 설명했다. 그러니까 중국의 인도차이나 정책은 선대 왕조들이 초래한 역사적 부채에 오롯이 그 기반을 두고 있다는 것이다. 아마도 중국 지도자들은 미국이 패배할 리는 없다고 가정하고, 분단된 베트남 북부가 중국의 지원에 의존하게 되리라고 예상했던 모양이다. 한국 전쟁 이후의 북한이 그랬던 것과 마찬가지로 말이다.

전쟁이 해를 거듭하면서 중국이 하노이의 승리에 내키지는 않지만 대비하고 있다는 몇 가지 조짐이 나타났다. 정보 당국은 라오스 북부에서 중국이 도로를 건설하고 있는 낌새를 알아챘다. 이 지역은 당시 벌어지고 있던 미국과의 갈등에는 아무런 상관도 없었지만, 전후 베트남과 균형을 맞춘다든가 라오스를 두고 갈등이 불거지는 경우의 전략을 위해서는 쓸모가 있을 것이었다. 파리 평화 협정으로 베트남전이 끝난 다음인 1973년 저우언라이와 나는, 베이징에 망명하여 살고 있던 전 캄보디아 통치자 노로돔 시아누크와, 당시 프놈펜 정부와 크메르 루주 사이의 연합을 기반으로 한 전후 캄보디아 문제 해결을 협상하고 있었다. 하노이가 인도차이나를 접수하지 못하도록 장애물을 만드는 것이 목적이었다. 그런데 미 의회가 이 지역 내에서 미국이 더는 군사적 역할을 하지 못하도록 사실상 금지함으로써 미국의 역할이 무관하도록 만들어 버렸기 때문에, 결국 합의는 이루어지지 못했다.[5]

당시의 동맹국을 향한 하노이의 숨어 있던 적대감은, 내가 1973년

2월 불과 두 주일 전에 조인했던 파리 평화 협정의 시행을 위해 하노이를 방문했을 때 아주 생생하게 내 마음속에 새겨졌다. 레둑토가 나를 하노이의 국립 박물관에 데려갔는데, 중국이 여전히 형식적으로는 베트남의 맹방이지만 역사적으로는 베트남이 얼마나 중국과 투쟁해 왔는지를 보여 주려는 목적이었다.

1975년 사이공 함락과 더불어 내재된 역사적 경쟁 심리는 동시에 드러났고, 이념을 억누른 지정학적 승리로 이어졌다. 베트남전의 의미를 잘못 평가했던 것은 비단 미국뿐이 아니었음이 밝혀진 것이다. 미국이 이 전쟁에 처음 개입했을 때, 중국은 제국주의의 마지막 발악쯤으로 보았다. 중국은 하노이와 거의 일상적으로 운명을 같이해 왔다. 그래서 미국의 간섭을 중국 포위를 향한 또 한걸음이라고 해석했던 것이다. 10년 전 미국의 한국 전쟁 개입을 바라봤던 것과 다름없었다.

역설적으로 베이징과 워싱턴의 장기적 이해관계는 지정학적 관점에서 봤을 때 동일해야 마땅했다. 양국 모두 인도차이나가 4개국으로 분할되어 있는 현상 유지를 선호했어야 마땅했다. 워싱턴이 하노이의 인도차이나 지배를 반대했던 것은 기존 국가들의 민족 자결권이라는 윌슨의 국제 질서 개념과 전 세계에 걸친 공산주의의 음모라는 개념 때문이었다. 베이징도 전반적으로는 동일한 목적이 있었지만, 지정학적 관점에서는 그렇지 않았다. 남쪽 국경에 동남아 블록이 대두되는 것을 원하지 않았기 때문이다.

잠시 동안 중국은 공산주의 이념만 있으면 천년을 두고 중국의 압도적 우세에 반대해 왔던 베트남의 역사를 능가할 수 있으리라고 믿는 것 같았다. 그게 아니라면 미국이 완벽하게 패배하는 일이 가능하리라고는 생각하지 않았던 모양이다. 사이공이 함락된 이후 베이징은 자신들의 정책이 의미하는 바를 똑바로 쳐다보지 않을 수 없게 되었다. 그리고 그 의미 앞에서 그들은 움찔했다. 인도차이나에서의 결과가 '포위당한 중국'이라는 씻을 수 없는 두려움과 어우러졌기 때문이다. 인도차이나에서 소련과 손을 잡은 블록의 탄생을 막는 일은 덩샤오핑이 통치하는 중국을 사로잡는 집착임과 동시에 미국과의 협력을 강화하는 계기가 되었다. 하노이, 베이징, 모스크바, 워싱턴의 네 명이 바둑을 두고 있는 셈이었다. 캄보디아와 베트남에서 벌어지는 사태는 베이징과 하노이 중 누가 종내 포위를 당하며 누가 중립이 되느냐를 결정할 판이었다.

적대적 열강에 의해 포위당한다는 베이징의 악몽은 바야흐로 현실이 되고 있는 것처럼 보였다. 베트남 하나만 해도 충분히 벅찬 상황이었다. 하물며 베트남이 만약 인도차이나 연방이란 목표를 성취한다면, 인구 1억 명의 블록에 접근할 것이고 태국과 다른 동남아 국가들에게 상당한 압력을 행사할 수 있는 입장이 될 터였다. 이런 맥락에서 하노이를 견제해 줄 캄보디아의 독립은 중국의 중요한 목적이 되었다. 사이공이 함락된 후 3개월이 지난 1975년 8월 덩샤오핑은 중국을 방문한 크메르 루주 지도자 키우 삼판에게 말했다. "하나의 강대국(미국)이 인도차이나로부터 철군을 실시하지 않을 수 없게 되자, 다른 강대국(소련)이 그 기회를 놓치지 않고 …… 그 사악한 손길을 동남아로 뻗쳐 …… 거기서 확장을 도모하고 있습니다."[6] 덩샤오핑은 캄보디아와 중국이 "모두 …… 제국주의와 패권주의에 맞서 싸워야 할 임무를 눈앞에 두고 있으며 …… 중국은 두 나라의 인민들이 한층 더 긴밀하게 힘을 모아 공동의 투쟁으로 새로운 승리를 쟁취하도록 전진할 것이라고 굳게 믿는다."라고 말했다.[7] 또 1976년 3월 라오스의 폼비하네 카이손 총리가 베이징을 방문했을 때는, 당시 중국 총리였던 화궈펑이 소련에 대해 이런 요지의 경고를 하기도 했다. "특히 한쪽으로는 '데탕트'를 외치고 다니면서 다른 한쪽으로는 여기저기 탐욕의 손길을 뻗치고 있는 강대국이 무력 확장과 전쟁 준비를 강화하고 있으며, 더 많은 나라를 자기네 영향권 아래로 끌어들이고 패권을 잡은 군주 행세를 하려고 합니다."[8]

미 '제국주의'에 맞서서 공산주의로 결속하는 척 꾸밀 필요가 없게 된 두 적대국은 1975년 4월 사이공 함락 직후 노골적인 상호 비난으로 돌아섰다. 인도차이나 전체가 붕괴한 지 6개월 이내에 베트남의 15만 군대는 캄보디아에서 철수할 수밖에 없게 되었다. 동시에 이와 비슷한 숫자의 중국계 월남인들이 베트남을 떠나야 했다. 1976년 2월 중국은 베트남에 대한 원조 프로그램을 모두 종료하고, 1년 뒤에는 남아 있는 프로그램에 의한 모든 물자 공급도 끊어 버렸다. 이와 동시에 하노이는 소련 쪽으로 움직였다. 1978년 6월에 열린 베트남 정치국 회의에서 중국을 베트남의 '주적(主敵)'으로 규정했다. 같은 달 베트남은 소련이 주도하는 무역 블록인 코메콘(Comecon)에 가입했다. 1978년 11월 소련과 베트남은 우호 협력 조약에 서명했는데, 군사 관련 조항도 들어 있었다. 1978년 12월에는 베트남군이 캄보디아를 침공하여 크메르 루주를 전복시킨 다음 친베트남 정부를 수립했다.

이런 갈등 속에서 이념은 자취를 감추고 말았다. 공산주의 세력의 핵심이 이념이 아니라 국익에 바탕을 둔 '힘의 균형 콘테스트'를 실시하고 있었던 것이다.

베이징에서 볼 때는, 전략적으로 악몽 같은 일이 국경을 따라 벌어지고 있었다. 북쪽에서는 소련이 군사력 증강에 혈안이 되어 있었다. 그들은 중국과의 국경에 거의 50개 대대 병력을 배치했다. 서쪽의 아프가니스탄에서는 마르크스주의자들이 쿠데타를 일으켜 갈수록 노골적인 소련의 영향력 아래로 들어가고 있었다.[9] 결국 1979년 1월 16일

팔레비 왕의 망명으로 끝났던 이란 혁명에도 소련의 손길이 닿아 있었다. 모스크바는 중국을 저지하겠다는 것 외에는 그럴듯한 명목도 없이 계속해서 아시아 집단 안보 체제를 지원했다. 그러는 가운데 소련은 워싱턴과도 SALT II*를 계속 논의했다. 베이징은 그런 협정이 '소련의 나쁜 물을 중국을 향해 동쪽으로' 밀어붙이려는 의도라고 인식했다. 이미 중국은 특별히 취약한 입장에 처한 것처럼 보였다. 그런데 이제 베트남까지 소련 캠프에 가담했다. 1968년 팜반동이 저우언라이에게 예측했던 '예견할 수 없는 결과들'에는 소련이 중국을 에워싸는 것도 포함되었다. 게다가 사태를 복잡하게 만드는 또 하나의 요소는 덩샤오핑이 두 번째로 복권되어 아직도 입지를 완전히 구축하지 못한 상태에서(그 과정은 1980년에야 완료되었다.) 이 모든 난제가 터졌다는 사실이었다.

외교 전략에서 중국과 서구의 주된 차이점은 취약성을 인지했을 때 어떻게 반응하느냐에 있다. 미국과 서구의 외교관들은 중국에 대한 도발을 피하기 위해서 신중하게 움직여야 한다는 결론에 이르렀다. 그러나 중국은 저항을 더욱 확대하는 쪽으로 반응할 공산이 컸다. 서구의 외교관들은 힘의 균형이 자기네에게 불리할 때 외교적 해결책을 추구하는 경향이 있어서, 상대방을 '잘못된' 것으로 만들어 도덕적으로 고립시키되 무력 사용은 자제할 것을 촉구한다. 베트남이 캄보디아를 침공하여 점령했을 때, 미국이 중국에게 충고했던 것이 바로 이러한 전략이었다. 반면 중국 전략가들은 상대방의 물질적 우위에 대항하여 용기와 심리적 압박으로 맞선다는 입장을 더욱 공고히 할 것으로 보인다. 그들은 선제공격이라는 형태의 억지력을 굳게 믿었다. 상대방이

---

* 미국과 소련이 1972년 11월부터 개시한 제2단계 '전략 무기 제한 협정(Strategic Arms Limitation Talks)'을 말한다.

받아들일 수 없는 우위를 점하고 있으며 전략적 추세가 자신들에게 불리하다는 결론에 도달하면, 중국의 정책 입안자들은 적군의 자신감을 훼손시키고 중국이 (물질적 우세는 아니더라도) 심리적 우세를 되찾을 수 있게 만들려고 반응한다.

사방팔방에서 위협에 맞닥뜨린 덩샤오핑은 외교적, 전략적 공세를 취하기로 결심한다. 베이징을 완전히 장악하지는 못했지만, 그는 해외에서 몇 개의 다른 수준으로 모험을 감행했다. 우선 그는 소련에 대한 입장을 '견제'에서 명백한 '전략적 적대 관계' 혹은 사실상의 '롤백(roll-back)'으로 전환했다. 중국은 미국에게 더는 소련의 견제에 대해 충고만 할 것이 아니라, 이제부터 특히 아시아 지역에서 반소련, 반베트남 연맹을 구축하는 데 적극적인 역할을 수행하겠노라고 나섰다. 그리하여 하노이와의 최후 결전을 위한 모양새가 차츰 갖추어지고 있었다.

덩샤오핑의 외교 정책: 미국과의 대화 및 정상화

덩샤오핑은 1977년 두 번째로 복권된 다음, 마오쩌둥의 국내 정책을 뒤집었지만 외교 정책은 대체로 건드리지 않았다. 두 사람 모두 강력한 국민 정서를 공유하고 있었던 데다, 중국의 국익을 바라보는 견해 또한 비슷했기 때문이다. 또한 외교 정책은 국내 정책보다도 마오쩌둥의 혁명 충동에 훨씬 더 많은 절대적 제약을 가해 왔기 때문이기도 했다.

그러나 마오쩌둥의 비판과 덩샤오핑의 비판 사이에는 상당한 차이가 있었다. 마오쩌둥은 미국의 대소 정책에 담긴 전략적 의도가 무엇인지를 캐물었다. 이에 비해 덩샤오핑은 양측의 전략적 이해관계가 동일하다고 가정했으며, 이를 똑같이 시행하는 데 집중했다. 마오쩌둥은 소련의 협박이 중국뿐 아니라 전 세계에 적용되기 때문에 소련을 일종의 추상적인 전략적 위협으로 다루었다. 하지만 덩샤오핑은 중국에 대한 특별한 위험을 인식했고, 그중에서도 특히 남부 국경에 대한 당시의 위협이 북부의 잠재적 위협을 더 악화시킨다는 점에 주목했다. 따라서 대화는 좀 더 실무적인 특성을 띠게 되었다. 마오쩌둥은 좌절한 선생님처럼 행동했고, 덩샤오핑은 까다로운 파트너처럼 행동했던 셈이다.

실질적인 위험에 맞닥뜨리자 덩샤오핑은 대미 관계에 대하여 마오쩌둥의 말년에 볼 수 있었던 상반된 감정에 마침표를 찍었다. 세계 혁명을 대표할 기회에 대한 중국의 향수 따위는 이제 없었다. 덩샤오핑은 복귀 후의 모든 대화에서, 중국과 일본은 유럽을 향한 소련의 추진력에 맞서기 위해 세계적인 큰 그림 안으로 들어가야 한다고 주장했다.

중국과 미국의 협의가 아무리 긴밀해졌다 하더라도, 미국이 타이완을 합법적인 중국 정부로, 타이베이를 중국의 수도로 공식 인정한다는 변칙 상황은 계속되었다. 북쪽과 남쪽 국경에 위치한 중국의 적들은, 중국이 미국의 인정을 받지 못하는 것을 기회로 오해할지도 모를 일이었다.

지미 카터가 취임하면서 양국 관계의 정상화는 중·미 어젠더의 맨 위로 올라갔다. 1977년 8월 사이러스 밴스 신임 국무장관의 첫 번째 방중은 성과가 그다지 좋지 못했다. 그가 회고록에 남긴 내용이다.

워싱턴을 출발할 때 나는 파나마 문제(파나마 운하의 운영권을 넘겨주는 조약의 비준 문제를 말한다.)가 해결되기 전에 대중 관계 정상화처럼 정치적으로 논란의 소지가 많은 이슈에 덤벼드는 것은 현명하지 못하다고 믿었다. 중국 측이 우리 제안을, 그런 일이 생기리라고는 기대하지도 않았지만 전부 수용하는 일이 있다면 모르지만 말이다. 나는 정치적 이유 때문에 타이완 이슈에 관하여 중국 측에 최대한의 입장을 제시하려 했다. …… 따라서 나는 중국이 우리 제안을 수락하지 않을 것으로 예상했지만, 설사 우리가 끝내 포기를 하게 될지라도 일단 제안은 하는 것이 현명하다고 느꼈다.[10]

타이완에 관한 미국의 제안에는 미국이 제한된 형태로라도 타이완에 외교관을 계속 주둔시키는 사안이 포함되어 있었다. 이는 포드 대통령 재임 기간에 이미 제시했다가 거절당한 것이었다. 덩샤오핑은 이 제안을 '뒷걸음질'이라 부르면서 다시 거부했다. 1년 후 카터 대통령이 대중 관계 정상화에 최우선순위를 부여하면서, 미국 내부의 논쟁은 종결되었다. 아프리카와 중동에서의 소련의 압력은 사실상 전략적 동맹 관계를 추구해서라도 중국과의 신속한 정상화를 택해야 한다는 확신을 새로운 대통령에게 심어 주었다. 1978년 5월 17일 카터는 브레진스키 안보 보좌관을 베이징으로 보내면서 이런 지시를 내렸다.

물론 미·소가 어느 정도 협력하는 측면도 있지만, 나는 소련을 근본적으로 미국의 경쟁자로 간주한다는 사실을 강조할 것…….

아주 간명하게 표현해서, 점차 커져 가는 소련의 군사력과 막강 세력의 야망이 부추기는 근시안적인 정치가 결합할 때, 소련은 정치적 우위 또는 궁극적으로 정치적 주도권을 얻기 위해서 (특히 제3세계의) 지역적 혼란을 악용하고 우리의 맹방을 협박할 것이라는 게 나의 우려임.[11]

아울러 브레진스키는 1972년 닉슨이 저우언라이에게 밝혔던 다섯 개 원칙을 재확인해도 좋다는 허락까지 받았다.[12] 중국과의 전략적 협력을 오랫동안 강력하게 지지해 왔던 브레진스키는 대통령의 지시를 열정적으로 그리고 능숙하게 수행했다. 1978년 5월 관계 정상화를 위해서 베이징을 찾았을 때 그는 대단한 환대를 받았다. 덩샤오핑은 세계 도처에서 벌어지고 있는 소련의 전진을 (덩샤오핑의 표현을 빌리면 "현실적이고 튼튼하고 견실한 작업을 통해"[13]) 저지하도록 워싱턴을 연합 관계로 확실히 끌어들이기 위해서 정상화를 추진하고 싶었다.

중국 지도자들은 자신들을 둘러싸고 있는 전략적 위험을 익히 알고 있었다. 그러나 자신들이 분석한 바를 국가적 이슈가 아니라 지구촌 상황에 대한 폭넓은 견해로 제시했다. '하늘 아래 혼란', '수평 방어선', '3개의 세계 이론' 등은 모두 국가의 뚜렷한 인식이 아니라 국제 관계에 대한 일반 이론을 보여 준다.

국제 정세에 대한 황화 외교부장의 분석은 탁월한 자신감을 드러내 보였다. 중국에게는 상당히 어려운 상황에서 애원하는 모습으로 비치기보다, 황화는 유교 스승의 태도를 취하여 전반적인 외교 정책을 어떻게 수행할 것인가를 가르쳤다. 먼저 그는 미국과 소련이라는 초강대국 사이의 '갈등'을 전체적으로 평가하고, 소련과의 협상은 쓸모없으며 세계 대전은 불가피하다고 설파했다.

소련은 가장 위험한 전쟁의 원천이다. 각하께서는 소련이 여러 가지 어려움을 안고 있다고 언급한 적이 있다. 맞는 말이다. 세계의 헤게모니를 잡으려 노력하는 것은 소련의 사회주의적 제국주의의 전략 목표로 고정되어 있다. 여러 차례 좌절을 겪긴 하겠지만, 소련은 그 야망을 결코 포기하지는 않을 것이다.[14]

황화는 다만 우려를 표명했지만, 미국 전략 연구가들의 심사를 건드리기도 했다. 특히 전략에 대한 전통적 사고방식에 핵무기를 연관 지으려는 부분들이 그랬다. 핵무기에의 의존은 핵무기를 저지하려는 위협과 실행하려는 의지 사이에 있는 간격을 더 벌려 놓을 터였다. "서구의 핵 공격이 두려워서 소련이 감히 재래식 무기를 사용하지 못할 것이라는 주장이 있지만, 이것은 단지 희망 사항에 불과하다. 이런 생각을 기반으로 전략적 자세를 결정한다는 것은 위험할 뿐 아니라 신빙성도 없다."[15]

'유럽의 옆구리'인 동시에 '미래 전쟁을 위한 에너지원'이라는 중동에서 미국은 소련의 전진을 저지하는 데 실패했다. 일찍이 미국은 소련과 함께 (포괄적인 팔레스타인 문제 해결의 가능성을 탐구하기 위해 이 지역 국가들을 초청하여) 중동 관련 공동 성명서를 발표함으로써 "소련이 중동에 한층 더 침투할 수 있는 문"을 활짝 열어 주었다. 워싱턴은 ('대담한 행동'으로 소련에 불리한 상황을 만들었던) 이집트의 안와르 사다트 대통령을 위험 속에 남겨 두고, 소련에게 "이 기회를 이용해 아랍 국가들 사이의 심각한 분열을 획책할 수 있게" 만들었다.[16]

황화는 해묵은 중국 격언을 인용하면서 이 상황을 요약했다. "모스크바를 달래는 것은 호랑이에게 날개를 달아 주는 것과 다름없다." 그러나 소련은 '내적으로는 약하면서 단지 외적으로만 강하게 보이기 때문에' 손발을 잘 맞추어 압력을 가하는 정책이 대세가 되리라고 했다. 소련이 약자는 괴롭히고 강자는 두려워하기 때문이다.[17]

이 모든 것이 인도차이나를 위해 전후 사정을 이어 주려는 것이었다. 황화는 '지역적 헤게모니라는 문제'를 언급했다. 물론 미국도 10여 년 전에는 바로 그런 길을 걸어갔다. 베트남은 캄보디아와 라오스를 압도하여 인도차이나 연방을 건설하려는 목적이 있었고, 그 뒤에는 소련이 있었다. 라오스에서는 하노이가 이미 지배적인 입지를 구축하여 군대를 주둔시키고 "라오스 정부의 각 부서 및 각 직위마다 고문을 두었다." 하지만 캄보디아에서는 베트남의 이 지역 내 야망을 반대하는 저항 세력에 부닥쳤다. 베트남과 캄보디아 간의 긴장은 '단순히 간간이 벌어지는 국경 분쟁 정도'가 아니라 '장기간 지속될 수도 있는' 주요 갈등이었다. 하노이가 인도차이나를 제패하려는 목적을 포기하지 않는 한 "문제는 단기간에 해결되지 않을" 터였다.[18]

같은 날 뒤늦게 덩샤오핑은 황화의 비난을 마무리해 주었다. 그는 브레진스키에게 소련이 양보와 합의를 통해 억제된 적은 한 번도 없었다는 점을 경고했다. 15년에 걸친 군비 통제 합의는 소련에게 전략적으로 미국과 대등한 위치에 점하도록 해 주었다. 소련과 교역을 한다는 것은 "소련이 약점을 극복하게끔 미국이 도와주고 있는" 꼴이라 했다. 덩샤오핑은 제3세계에서 소련이 모험을 감행하는 데 대한 미국의 반응을 조롱하듯 평가하면서, 왜 모스크바를 '즐겁게 해 주려고' 애쓰는지 모르겠다고 미국을 비난했다.

당신의 대변인은 소련의 행동을 정당화하고 그것에 대해 사과했습니다. 자이르와 앙골라의 경우 소련과 쿠바가 간섭하고 있다는 증거는 전혀 없다는 말을 할 때도 있습니다. 당신들이 그렇게 말해 봐야 아무 소용이 없습니다. 솔직히 말하면, 미국이 소련과 무슨 합의를 이루어 내려고 할 때마다, 그건 소련 측을 기분 좋게 만들려고 미국이 양보한 결과입니다.[19]

그건 탁월한 퍼포먼스였다. 소련의 주된 타깃인 국가가 우리에게 공동 행위를 제안하면서, 양국 사이의 협상으로서도 아니요, 부탁을 하는 것은 더더구나 아니고, 하나의 개념에 의한 의무 사항으로 제안하고 있었으니 말이다. 자기 자신들의 분석이 보여 주고 있는 것처럼 국가가 큰 위기에 처해 있는데도, 중국은 (유럽 동맹국들이 흔히 그러듯이)

미국의 처방을 받아들이는 소비자로 행동하는 것이 아니라, 오히려 전략을 가르치는 강사처럼 행동하고 있었던 것이다.

국제법, 다자간 해결책, 국민 합의 등 미국에서 벌어지는 수많은 논쟁의 주된 요소는 중국의 분석에서는 쏙 빠져 있었다. 그것은 합의된 목표를 위한 실제 도구로서만 쓰였다. 덩샤오핑이 브레진스키에게 지적했듯이 그 목적은 "북극곰을 다루는 것이며, 단지 그뿐"이었다.[20]

하지만 미국의 경우 사회의 근원적 가치에서, 이른바 현실적 접근법에는 한계가 있었다. 그리고 캄보디아를 통치하고 있는 포악한 크메르 루주가 바로 한계를 의미했다. 그 어떤 미국 대통령도 크메르 루주를 그저 바둑 전략에 쓰이는 또 하나의 돌처럼 취급할 수 없었다. 프놈펜 사람들을 정글로 내몰고, 무고한 시민들을 대량 학살한 그들의 만행은 단순히 묵과할 수 없었다.(물론 앞으로 우리가 보게 되듯이, 필요는 종종 원칙을 유산시키기도 하지만 말이다.)

여전히 총리직을 맡고 있던 화궈펑은 다음 날 회의에서 한층 더 단호했다.

우리는 다른 많은 친구들에게도 전쟁의 주된 위험이 소련에게서 비롯된다고 이야기했습니다. 그렇다면 우리는 거기에 어떻게 대처해야 할까요? 무엇보다 먼저 대비를 해야 합니다. …… 준비된 상태에서 전쟁이 발발하면, 불리한 입장에 빠지지는 않을 것입니다. 둘째로는 공격하는 소련의 전략적 전개를 뒤흔드는 일이 반드시 필요합니다. 왜냐하면 소련이 세계의 헤게모니를 장악하려면 먼저 세계 각 지역에 공군 및 해군 기지를 확보해야 되는데, 그러기 위해서는 전략적 전개를 해야 하기 때문입니다. 그리고 우리는 그들의 전개 계획을 방해하는 데 힘을 모아야 합니다.[21]

대서양 동맹의 그 어떤 회원국도 (본질적으로 선제적인) 연합 행동을 이와 같이 폭넓게 촉구한 적이 없었으며, 자체 평가를 기반으로 독자적 행동을 할 태세가 되어 있다고 암시한 적도 없었다.

중국 지도자들은 실무적으로 볼 때 여러모로 대서양 동맹보다도 훨씬 더 긴밀하고 더 위험천만인 일종의 협력을 제안했다. 그들은 12장에서 설명했던 공격적인 억제 전략의 시행을 추구하고 있었다. 그리고 덩샤오핑이 공식적인 구조나 장기적인 의무 등을 전혀 제안하지 않았다는 사실은 특이했다. 공동의 평가는 공동의 행동을 위한 추동력을 제공하겠지만, 그 평가가 엇갈리기 시작하면 사실상의 동맹은 살아남기 어려울 것이었다. 중국은 극도의 위험에 빠질 때조차도 자립을 고집했다. 중국이 미국의 몇몇 정책에 대해서는 날선 비판을 가하면서도 굳이 공동으로 행동할 것을 주장했다는 사실은, 미국과의 안보 협력이 절대적으로 필요하다고 인식하고 있음을 보여 주었다.

관계 정상화는 공동의 세계 정책으로 나아가는 첫걸음으로 대두되었다. 1971년 7월의 비밀 방문 때부터 정상화를 위한 중국의 조건은 노골적이고 변하지 않았다. 타이완으로부터 모든 미군의 철수, 타이완과의 방위 조약 종결, 베이징 정부와 독점적으로 외교 관계 수립 등이 그 조건이었다. 그것은 상하이 코뮈니케에 담긴 중국 입장의 일부이기도 했다. 닉슨과 포드 대통령 모두가 그 조건들에 동의했다. 닉슨은 자신의 두 번째 임기 중에 그런 조건을 충족시켜 주겠다는 의사를 표명하기도 했다. 닉슨이나 포드는 모두 타이완의 안보를 위한 모종의 지속적인 지원을 포함하여, 그 이슈에 대한 평화적 해결을 위한 미국의 우려를 강조했다. 그러나 워터게이트 사건의 충격으로 인해 두 사람 모두 약속을 지킬 수 없었다.

카터 대통령은 임기 초기에, 1972년 2월 닉슨이 저우언라이에게 했던 타이완 관련 약속을 모두 재확인해 주었다. 보기 드문 초당적(超黨的) 외교 정책을 실행한 것이었다. 1978년 그는 양국이 자신들의 확립된 원칙을 유지할 수 있도록 하는 특별한 정상화 공식을 제안하기에 이른다. 닉슨과 포드가 수락했던 모든 원칙의 재확인, 평화적인 변화를 국가적으로 공약한다는 미국의 성명서, 미국의 대타이완 무기 판매 일부에 대한 중국의 묵인 등이 그 내용이었다. 카터는 차이쩌민 중국 대사와의 대화에서 그런 아이디어들을 개인적으로 개진했다. 여기서 그는 미국의 무기 판매가 없는 경우(마치 미국이 타이완의 계획이나 행동에 아무런 영향도 미치지 못하기라도 한 것처럼) 타이완이 핵무기 개발에 의존하지 않을 수 없게 될 거라고 으름장을 놓았다.[22]

결국 카터가 덩샤오핑을 워싱턴으로 초청하여 데드라인을 설정하면서 관계 정상화는 이루어지게 되었다. 덩샤오핑은 타이완에 대한 미국의 불특정 무기 판매에 동의했고, 워싱턴이 궁극적으로 타이완 문제를 평화적으로 해결할 것으로 기대한다는 선언에 반대하지 않았다. 물론 중국은 그런 식의 공식적인 의무를 일체 지지 않을 것이라는 장황한 기록을 이미 확립해 두었다. 하지만 덩샤오핑이 브레진스키에게 힘주어 말했다시피, 타이완 해방은 중국의 국내 문제이며 그 어떤 다른 나라도 간섭할 권리가 없다는 것이 베이징의 입장이었다.[23]

정상화는 미국 대사관이 타이베이에서 베이징으로 옮겨 간다는 것과, 워싱턴에 주재하는 타이완 대표는 베이징의 외교관으로 대체된다는 것을 뜻했다. 이에 대한 반응으로 미 의회는 1979년 4월 대만관계법(Taiwan Relations Act)을 통과시켰다. 이 법은 미국인들에게 구속력을 지닌 법으로, 미래에 대한 미국의 우려를 표명하고 있다. 물론 중국에게는 구속력이 전혀 없었다.

미국과 중국이 꼭 필요로 하는 것들 사이의 이러한 균형은, 모호함이 어째서 종종 외교의 생명줄이 되는지를 보여 준다. 이 정상화의 대부분은 이후 40여 년간 일련의 모호함에 의해서 지탱되어 왔다. 그러나 언제까지나 그렇게 될 수는 없는 노릇이었다. 이 과정을 진일보시키려면 양측의 지혜로운 정치 수완이 필요하다.

덩샤오핑의 여정

덩샤오핑은 훈계에서 실행 단계로 넘어가면서 중국이 미국의 결정을 수동적으로 기다리고만 있지 않도록 만전을 기했다. 가능한 곳이면 어디에서든, 특히 동남아에서 그가 지지하던 정치적 프레임워크를 만들고자 했다. 마오쩌둥은 마치 황제처럼 외국의 지도자들을 자신의 거소로 불러들였지만, 덩샤오핑은 정반대의 접근법을 택하여 동남아, 미국, 일본 등을 돌면서 자기만의 극도로 눈에 띄는 노골적이고도 가끔 으름장도 놓는 외교 정책을 구사했다. 1978년과 1979년 덩샤오핑은 중국의 이미지를 혁명 전사에서 소련과 베트남이 꾸민 지정학적 계략의 동반 희생자로 탈바꿈하는 일련의 여정을 시작했다. 베트남전 당시에 중국은 반대편에 있었다. 또 태국과 말레이시아에서 중국은 한때 화교 및 소수 민족들의 혁명을 부추기곤 했다.[24] 그 모든 것이 목전의 위협에 대처하는 일에 우선권을 빼앗겼다.

1979년 2월 《타임》과의 인터뷰에서 덩샤오핑은 중국의 전략적 계획을 좀 더 큰 규모의 대중에게 알렸다. "만약 우리가 정말로 북극곰을 컨트롤하고 싶다면, 우리가 할 수 있는 단 하나의 현실적인 일은 뭉치는 것이다. 우리가 미국의 힘에 의존하기만 한다면 충분치 못하다. 우리가 유럽의 힘에 의존하기만 한다면 역시 충분치 못하다. 우리는 힘도 없고 가난하지만, 우리가 힘을 합친다면, 아마도 무게가 실릴 것이다."[25]

여행 내내 덩샤오핑은 중국의 상대적인 낙후성과 선진 산업 국가로부터 기술과 전문성을 습득하고자 하는 열망을 강조했다. 그러나 중국이 미발전국이라고 해서, 소련과 베트남의 확장에(필요하다면 혼자의 힘으로라도) 저항하려는 결의가 변할 리는 없다는 점도 주장했다.

덩샤오핑의 해외 순방, 그리고 중국의 빈곤에 대한 거듭된 언급은 중국의 국정 운영 전통에서 완전히 탈피한 것이었다. 외국을 방문한 중국 지도자는 거의 없었다.(하긴 그들의 전통적 개념에서 볼 때 중국은 천하의 모든 이를 통치하고 있었으니, 기술적으로 '해외'로 나갈 수도 없었다.) 또한 중국의 낙후와 다른 나라로부터 배워야 할 필요성을 공개적으로 강조한 덩샤오핑의 의지는, 외국인들을 다룰 때 중국 황제들과 관리들이 보여 준 무관심과는 날카로운 대조를 이루었다. 해외에서 만든 물건이 필요하다는 것을 외국인에게 밝힌 중국의 통치자는 단 한 명도 없었다. 청 왕조는 외국의 혁신을 제한적으로 받아들였지만(예컨대 예수회 소속의 점성가와 수학자들을 환영했다.) 외국과의 교역은 중국이 필요로 하는 게 아니라 중국의 호의에 의한 것이라고 주장했다. 마오쩌둥 역시 설사 빈곤과 고립이라는 대가를 치르는 한이 있어도 자급자족을 중요시했다.

덩샤오핑의 여정은 일본에서 시작되었다. 두 나라의 외교 관계 정상화 협상 결과로 이루어진 조약의 비준이 계기였다. 덩샤오핑의 전략적 의도는 단순한 정상화가 아니라 화해를 필요로 했다. 그래야만 일본이 소련과 베트남을 고립시키는 데 도움이 될 수 있었기 때문이다.

이 목적을 위해 덩샤오핑은 일본이 중국에 가했던 반세기의 고통을 마무리할 준비가 되어 있었다. 덩샤오핑은 생기 넘치는 태도를 보이면서 "내 가슴은 기쁨으로 가득합니다."라고 선언하고, 일본의 지도자를 끌어안기도 했다. 일본 지도자들은 일본 사회에서도 그런 제스처를 본 전례가 거의 없었을 뿐 아니라, 중국에서도 볼 수 없었다. 덩샤오핑은 중국의 경제적 후진성을 조금도 숨기려 하지 않았다. "만약 얼굴이 흉측하다면, 내가 미남인 체하는 게 무슨 소용이겠습니까?" 방명록에 서명해 달라는 부탁을 받자, 그는 일본이 이룬 업적에 대해 전례 없는 찬사를 적어 넣었다. "우리는 위대하고 근면하며 용감하고 이지적인 일본인에게 배우고 또 그들을 존경합니다."[26]

1978년 11월 덩샤오핑은 동남아의 말레이시아, 싱가포르, 태국을 방문했다. 그는 베트남에게 '동방의 쿠바'라는 딱지를 붙여 주었고 새로이 체결된 소련 · 베트남 조약을 세계 평화에 대한 위협이라고 했다.[27] 1978년 11월 8일 태국에서 덩샤오핑은 소련 · 베트남 조약이 아시아와 태평양, 나아가 전 세계의 안보와 평화를 위협한다고 강조하면서 이렇게 말했다. "이 조약은 중국만을 겨냥한 것이 아닙니다. …… 전 세계에 대한 소련의 아주 중요한 책략입니다. 이 조약의 의미가 중국을 에워싸자는 것이라고 믿으실지 모르겠습니다. 저는 우방국들에게 중국은 누군가에게 에워싸이는 걸 두려워하지 않는다고 말해 왔습니다. 그것은 아시아와 태평양에 대해 대단히 중요한 의미를 지닙니다. 아시아와 태평양, 나아가 전 세계의 안보와 평화가 위협받고 있기 때문이지요."[28]

덩샤오핑은 싱가포르를 방문하여 탁월한 리콴유 총리라는 마음이 맞는 동지를 만나게 된다. 그리고 중국에게 가능한 미래의 모습을 얼핏 보게 되었다.[29] 나중에 덩샤오핑이 경애하는 마음으로 '엄격한 행정'과 '우수한 공중 질서'라고 부른 것에 의해서 번성하는 중국인 위주의 사회 말이다. 당시 중국은 지독하게 가난한 나라였고 그들의 '공공질서'도 문화 혁명에서 가까스로 살아남았을 정도였다. 리콴유는 기억에 남는 대화를 들려준다.

그는 나에게 중국을 다시 한 번 찾아달라고 초청했다. 나는 중국이 문화 혁명에서 충분히 회복되었을 때 방문하겠노라고 답했다. 그것은 너무 시간이 오래 걸릴 거라고 그가 말했다. 그래서 나는 우리야 무식하고 땅도 없는 푸젠, 광둥의 농부들이지만, 중국인들은 고향을 지킨 학자며 관리며 지식인들의 후손이니까 문제없이 싱가포르보다도 훨씬 더 잘 해낼 것이라고 응수했다. 그는 잠자코 있었다.[30]

리콴유는 덩샤오핑의 실용주의와 경험에서 기꺼이 교훈을 얻으려는 자세에 경의를 표했다. 아울러 그는 이 기회를 이용해서 중국의 관료와 외교 장막을 통과하지 못할 수도 있는 동남아 국가들의 우려를 일부 표명했다.

중국은 동남아 국가들이 힘을 합쳐서 '러시아 북극곰'을 고립시키기를 원했다. 그러나 사실 우리 이웃들은 힘을 합쳐 '중국이란 용'을 고립시키고 싶었다. 중국 공산당의 부추김과 지원을 등에 업고 태국, 말레이시아, 필리핀, 그리고 어느 정도는 인도네시아에서까지 위협을 주는 '중국 교민'은 있었지만, 동남아에서 소련의 후원하에 공산주의 반란을 시도하는 '러시아 교민'은 하나도 없었기 때문이다. 그뿐인가, 중국은 혈연이라는 이유로 해외 중국 교민과의 특별 관계를 노골적으로 주장했으며, 그들이 시민권을 누리고 있는 나라들의 정부는 제쳐 놓고 그들의 애국심에 직접 호소하고 있지 않은가! …… 나는 이런 문제의 해결 방안을 논의하자고 제안한다.[31]

결국 리콴유가 옳았다. 싱가포르를 제외한 동남아 국가들은 소련이나 베트남과 대치하는 문제에는 극도로 신중하게 행동했다. 하지만 그렇다 하더라도 덩샤오핑은 자신의 근본적인 목적은 달성했다. 그의 허다한 공식 성명은 필요하다면 중국이 나서서 상황을 고쳐 보겠다는 경고가 되었기 때문이다. 또한 그런 발언들은 미국의 주목을 끌 수밖에 없었고, 바로 그것이 덩샤오핑의 전략을 이루는 핵심 요소였다. 그 전략의 디자인을 위해서는 미국과의 관계가 좀 더 확고하게 규정되어야만 했다.

덩샤오핑의 미국 방문과 맹방의 새로운 정의

덩샤오핑의 미국 방문은 양국 관계 정상화를 축하하고 상하이 코뮈니케를 좀 더 다듬어 주로 소련에 적용할 공동의 전략을 출범시키기 위함이었다.

그것은 또한 중국 외교의 특별한 재주를 과시하기도 했다. 중국을 지원하는 역할에 사실상 동의한 적도 없고, 심지어 그런 역할을 해 달라고 부탁받은 적조차 없는 국가들이 중국을 지원한다는 인상을 만들어 내는 재주였다. 이러한 패턴은 20년 전 중국 연안 도서를 두고 벌어졌던 위기 상황 때 시작되었다. 마오쩌둥은 1958년 흐루쇼프의 긴장감 넘치는 베이징 방문 3주 후에 진먼과 마쭈 포격을 시작하여, 모스크바가 사전에 그런 행동에 동의했던 것 같은 인상을 주었지만, 사실은 그렇지 않았다. 아이젠하워는 심지어 이 위기를 촉발하는 데 도움을 주었다고 흐루쇼프를 비난하기까지 했다.

덩샤오핑은 똑같은 전술을 이용하여, 베트남과의 전쟁에 앞서 미국을 방문함으로써 세간의 이목을 끌었다. 어떤 경우에도 중국은 다가올 군사 행동을 위해 도움을 요청하지 않았다. 흐루쇼프는 틀림없이 1958년의 작전에 대해 통보를 받지 못했고, 그래서 핵전쟁의 위험에 맞닥뜨리게 된 것을 분하게 생각했다. 워싱턴은 덩샤오핑이 미국에 도착한 다음 1979년의 침공에 대한 통보는 받았지만 딱히 지원 요청을 받은 것은 아니며, 미국의 역할을 정보 공유와 외교적 협조로 국한시켰다. 두 경우 모두 베이징은 어느 강대국이 그들의 행동을 허락한 것 같은 인상을 내비쳤으며, 그로써 다른 강대국이 간섭할 생각조차 하지 못하도록 만들었다. 이 섬세하고도 대담한 전략 덕택에 1958년의 소련은 중국의 연안 도서 공격을 방지할 힘이 전혀 없었으며, 베트남은 덩샤오핑의 방미 중 어떤 합의가 이루어졌는지를 몰라 자신들의 관점에서 최악의 상황을 가정할 수밖에 없었다.

그런 의미에서 덩샤오핑의 방미는 일종의 그림자극이라 할까, 그 목적의 하나가 소련을 겁주려는 연극이었다. 일주일에 걸친 그의 방문은 한편으로 외교적 절정이요, 동시에 업무를 위한 출장이기도 했고, 한편으로 활기 넘치는 정치 캠페인이요, 동시에 3차 베트남전을 위한 심리전이기도 했다. 이 여정에서 그는 워싱턴, 애틀랜타, 휴스턴, 시애틀 등을 방문했고, 마오쩌둥 치하에서는 상상도 하지 못할 광경을 연출했다. 1월 29일 백악관에서 열린 국빈 만찬에서 '레드 차이나'의 지도자는 코카콜라, 펩시, GM 등의 최고 경영자들과 자리를 같이했다. 케네디 센터에서 개최된 경축 행사에서 왜소한 체구의 부총리는 할렘 글로브트로터스 농구 팀 선수들과 악수도 했다.[32] 그리고 텍사스 주 사이먼턴의 로데오 및 바비큐에서는 카우보이 모자를 쓰고 마차를 탄 채 군중과 만나기도 했다.

방미 기간 내내 덩샤오핑은 중국이 외국 기술을 습득하고 경제를 개발해야 한다는 것을 강조했다. 스스로 요청하여 조지아 주 헤이프빌에 있는 포드 자동차 조립 공장, 휴스턴에 있는 휴스 공작소(여기서 덩샤오핑은 해양 원유 개발에 쓰이는 드릴 비트를 견학했다.), 그리고 시애틀 외곽의 보잉 공장 등 제조 및 기술 시설을 돌아보았다. 휴스턴에 도착했을 때는 "석유 산업과 기타 분야에서 여러분의 선진 경험을" 배우고 싶다고 언약했다.[33] 덩샤오핑은 또 희망적인 중·미 관계를 예상하면서 "미국인들의 삶에 관한 모든 것을 알고 싶으며 우리에게 혜택이 될 것은 모두 흡수하고 싶다는" 열망을 드러내기도 했다.[34] 휴스턴에 있는 존슨 우주 센터에서 그는 우주 왕복선 비행 시뮬레이터 안에 잠시 들어가 보기도 했다. 뉴스 기사가 그 장면을 이렇게 포착했다.

미국 방문을 이용하여 선진 기술에 대한 중국의 열정을 극적으로 보여 주고 있는 덩샤오핑은 오늘 여기 있는 비행 시뮬레이터 조종석으로 올라가 미국의 이 신형 우주선을 10만 피트 상공에서 착륙시키는 기분을 만끽했다.
중국 부총리는 이 경험에 너무나 매료된 듯, 착륙 과정을 두 번씩이나 시도한 다음에도 시뮬레이터를 떠나고 싶지 않은 것 같았다.[35]

이것은 청 황제가 매카트니의 선물이며 교역의 약속에 대해 계산된 무관심을 보인 것이나, 마오쩌둥이 경제적 자급자족을 고집했던 것과는 달라도 너무나 달랐다. 덩샤오핑은 1월 29일 카터 대통령과의 회담에서 저우언라이가 마지막 공식 석상에서 제안했던 중국의 4대 근대화 정책을 설명했다. 농업, 제조업, 과학 기술, 그리고 국방 분야를 근대화하겠다고 약속했던 정책이다. 이 모든 것은 덩샤오핑의 방미에서 가장 중요한 목적인 미국과 중국 사이의 사실상 동맹 관계 수립에 비하면 부차적인 것이었다. 그는 이렇게 요약했다.

대통령 각하, 각하는 우리 전략의 개략적 모습을 요청했습니다. 우리의 4대 근대화를 실현하려면, 우리는 장기간의 평화로운 환경이 필요합니다. 그러나 지금도 우리는 소련이 전쟁을 일으킬 것이라고 믿습니다. 하지만 만약 우리가 올바르게 움직인다면 그 전쟁을 미룰 수도 있습니다. 중국은 앞으로 22년간 어떤 전쟁도 미루고 싶습니다.[36]

그런 전제하에서 우리가 공식적인 동맹 관계의 수립을 제안하는 것은 아니지만, 각국은 우리들의 입장에 기반을 두고 행동해야 하며 양국의 행동을 합치시키고 필요한 조치를 택해야 할 것입니다. 이러한 목표는 이룰 수 있습니다. 우리들의 노력이 수포로 돌아간다면, 상황은 더욱더 공허해질 것입니다.[37]

동맹 관계를 맺지도 않은 채 맹방으로 행동한다는 것은 현실을 지나친 극단으로 몰고 가는 것이었다. 모든 지도자가 유능한 전략가이고 전략에 대해 심각하고도 체계적으로 생각한다면, 누구나 동일한 결론에 이를 것이다. 그들의 분석이 논리적이라면 응당 동일한 방향으로 가게 될 것이므로, 동맹은 불필요할 것이다.

그러나 역사와 지리가 사뭇 다른 경우, 유사한 처지에 있는 지도자들도 반드시 동일한 결론에 이르는 것은 아니다. 스트레스를 받고 있는 상황이라면 더욱 그렇다. 분석은 상황의 해석에 달려 있고, 사실을 구성 요소에 대한 판단은 다양하며, 특히 사실에 담긴 그 의미에 대해서는 더욱 다르다. 그러므로 여러 나라가 동맹을 맺어 왔고, 그것은 공동의 이해관계를 가능한 한 외부적 상황이나 국내의 압력으로부터 보호하는 공식적인 도구이다. 그러한 동맹은 국익의 계산에 추가되는 의무도 만들어 낸다. 또한 공동 방위를 정당화해야 하는 법적인 의무도 제공하는데, 위기 상황에서는 그런 의무에 호소할 수도 있다. 마지막으로 동맹은 (그것을 진지하게 추구하는 정도만큼) 잠재적인 적이 상황을 오산할 위험을 줄여 주며, 따라서 외교 정책의 수행에 계산 가능성이라는 요소를 부여해 준다.

덩샤오핑은 (그리고 대부분의 중국 지도자들은) 중·미 관계에서 공식적인 동맹이 불필요하다고 간주했고, 전반적으로 외교 정책을 수행하는 데 쓸모없는 것이라고 생각했다. 그들은 암묵적 이해에 의존할 태세를 갖추고 있었다. 그러나 덩샤오핑의 마지막 한마디에는 경고의 뜻도 숨어 있었다. 만약 공동의 이해관계를 규정하거나 시행하는 것이 불가능하다면 양국 관계는 '허망하게' 될 것, 즉 시들어 버릴 것이란 얘기였고, 중국은 아마도 초강대국들 사이를 헤쳐 나갈 수 있도록 마오쩌둥의 '3개의 세계' 개념으로(당시에도 공식 정책이긴 했지만) 돌아가리란 뜻이었다.

그 공동의 이해관계란, 덩샤오핑의 관점에서 보면, 유럽의 나토와 동일한 목표를 지닌 정치적, 군사적 협력에 의해서 아시아 내 소련 활동을 억제하는 비공식적 합의 속에서 그 모습을 드러낼 것이었다. 그것은 단단치 못한 구조일 것이며 주로 중·미 쌍방의 정치적 관계에 달려 있었다. 또한 그것은 다른 지정학적 원칙에 기반을 두고 있었다. 나토는 무엇보다도 그 구성원들을 하나로 묶어 소련의 실질적 공격에 저항할 것을 추구했다. 그리고 군사적인 선제공격 개념은 무엇이든 회피하는 것을 누가 봐도 알 수 있었다. 외교적 대치 상황을 피해야 한다는 우려 때문에 나토의 전략 원칙은 철두철미하게 방어적이었다.

덩샤오핑이 제안한 것은 본질적으로 선제 정책이었고, 그것은 공격적으로 억지한다는 중국의 원칙이 지닌 일면이었다. 소련은 그 주변 전체에서, 특히 그들이 최근에야 존재감을 높였던 동남아와 아프리카 지역에서 압박을 받아야 한다는 것이었다. 필요하다면 중국은 소련의 획책을 저지하기 위해서 (특별히 동남아에서는) 군사 행동에 앞장설 준비가 되어 있었다.

소련은 맞대응하는 힘이라는 언어만 이해하기 때문에, 덩샤오핑은 결코 합의에 의해서 구속받지 않을 것이라고 경고했다. 로마 정치인 카토는 모든 연설을 "카르타고는 멸망해야 한다!"라는 분명한 메시지로 마무리한 것으로 유명하다. 덩샤오핑 역시 나름대로 "우리 모두 소련에 맞서야 한다!"라는 전매 특허 훈계를 덧붙였다. 그는 프레젠테이션을 할 때마다 '조금만 틈이 생기면 비집고 들어가는 것'이 소련의 변하지 않는 본성이라는 요지의 훈계를 조금씩 바꾸어 가면서 집어넣었다.[38] 그리고 덩샤오핑이 카터 대통령에게 말했듯이, "소련이 손을 대는 곳이라면 어디에서든 그 손가락을 잘라 버려야" 한다는 말도 잊지 않았다.[39]

전략적 상황에 대한 덩샤오핑의 분석에는, 베트남의 욕심이 캄보디아에서 멈출 리가 없다는 결론에 이르렀으므로 중국은 베트남과 전쟁을 치르고자 한다는 통보가 들어 있었다. 덩샤오핑은 "이른바 인도차이나 연방은 3개국 이상을 포함하게" 될 것이라고 경고했다. "호찌민이 이 아이디어를 소중히 생각했다. 세 나라는 시작에 불과하다. 그 후에는 태국도 포함될 것이다."[40] 그래서 중국은 행동해야 할 의무가 있다고 선언했다. 사태의 전개를 기다릴 수 없으며, 일단 일어나면 때는 이미 늦을 거란 얘기였다.

덩샤오핑은 카터에게 '최악의 가능성'을 고려했다고 말했다. 최악의 가능성은 소련의 대규모 개입을 가리킨다. 모스크바와 하노이가 막 체결한 방위 조약이 소련의 대규모 개입을 요구하는 것으로 보였다. 사실 언론 보도에 의하면 베이징은 북쪽 국경 지역에서 30만 시민들을 소개(疏開)시켰고, 중 · 소 국경에 주둔한 부대에게 최고 경계 태세를

명했던 것으로 보였다.[41] 그러나 짤막하고 국한된 전쟁은 소련에게 '대규모 반응'을 할 시간을 허락지 않을 것이며, 혹한기 조건 때문에 소련이 중국 북방을 치는 것은 어려울 것으로 판단한다고도 말했다. 또 덩샤오핑은 중국은 두려워하지 않지만 워싱턴의 '정신적 지원'[42]이 필요하다고 언급했다. 여기서 정신적 지원은 소련에게 망설이게 할 미국의 전술이 충분히 모호했으면 좋겠다는 뜻이었다.

전쟁이 터지고 한 달 후에 화궈펑은 나에게 전쟁에 앞서 실행되었던 신중한 전략 분석을 설명해 주었다.

우리 역시 소련의 이러한 반응 가능성을 고려했다. 첫째 가능성은 우리에 대한 대규모 공격이었다. 하지만 낮은 가능성이었다. 국경을 따라 백만 대군을 배치했지만 중국에 대한 대규모 공격을 위해서는 충분치 않다. 그들이 유럽에서 군사력 일부를 빼 오면, 시간도 걸릴 것이고 또 유럽에 대한 걱정도 될 것이다. 중국과의 전투는 중대한 사안이고 단기간에 결론지을 문제가 아니란 것을 그들도 잘 알고 있다.

덩샤오핑은 원칙과 공식 태도 모두에 도전하면서 카터와 만났다. 카터는 원칙적으로 선제적 전략을 승인하지 않았다. 특히 국경선을 넘나드는 군사 행동이 개입되었기 때문이다. 동시에 그는 베트남의 캄보디아 점령에 담긴 전략적 함의에 대한 브레진스키의 견해도 (완전히 공감을 못하는 경우에조차) 신중하게 고려했다. 그것은 덩샤오핑의 견해이기도 했다. 카터는 원칙을 들먹이면서도 상황에 따라 조정할 수 있는 여지를 남겨 둠으로써 딜레마를 해결했다. 미약하게 반대한 것을 모호하고 암묵적인 승인으로 슬그머니 바꾼 것이다. 그는 베이징이 베트남을 공격하면 잃어버리게 될 도덕적 원칙에 주의를 환기시켰다. 중국은 이제 평화를 사랑하는 국가로 널리 인식되고 있는데, 호전적이라는 딱지를 얻게 될 위험을 무릅써야 하느냐는 것이었다.

이것은 심각한 이슈이다. 중국은 북방에서 군사적 위협을 당할 뿐 아니라, 세계의 태도에도 변화를 초래할 것이다. 중국은 지금 침략을 반대하고 평화를 사랑하는 국가로 다들 알고 있다. 유엔뿐 아니라 아시아 국가들도 소련, 베트남, 쿠바를 규탄했다. 지금 중국이 고려하고 있는 징벌이 무엇인지 알 필요는 없지만, 그것은 폭력의 확대로 이어질 것이며 전 세계의 입장도 베트남에 대한 반대에서 부분적 지원으로 변할 수 있다.

우리는 폭력을 부추길 수는 없다. 단 중국에게 정보 브리핑을 해 줄 수는 있다. 우리가 알고 있는 한 최근 중국 국경을 향한 소련의 움직임은 없었다.

나에게 다른 대답은 없다. 우리는 다 같이 베트남을 규탄했지만, 베트남을 침공하는 것은 안정을 교란하는 대단히 심각한 행위가 될 것이다.[43]

폭력을 인정하지 않으면서 소련군의 움직임에 대한 정보를 제공하는 것은 상반된 감정의 공존에 새로운 차원을 부여하는 일이었다. 기본적으로 소련의 위협이 있다는 덩샤오핑의 견해를 카터가 공유하지 않았다는 의미일 수도 있다. 혹은 소련의 있을 수 있는 반응에 대한 중국의 두려움을 줄임으로써, 공격을 조장하는 것으로 해석할 수도 있었다.

다음 날 카터는 덩샤오핑을 단독으로 만나, 미국의 입장을 요약한 메모(아직까지도 공개되지 않았다.)를 전했다. 브레진스키의 말을 빌리면 이렇다. "대통령은 덩샤오핑에게 보낼 편지를 몸소 친필로 썼다. 어조는 온건했고 내용은 냉철했으며, 자제의 중요성을 강조하고 세계 무대에서 있을 법한 불리한 결과를 요약하는 편지였다. 나는 그것이 올바른 접근 방법이라 느꼈다. 우리가 중국과 공식적으로 손을 잡고서 노골적인 군사 행동에 다름 아닌 짓을 후원할 수는 없는 노릇이니 말이다."[44] 비공식적인 결탁이라면, 또 다른 문제다.

(통역 한 사람만 동석하여) 사적인 대화가 오간 자리의 한 메모에 의하면, 덩샤오핑은 전략적 분석이 카터가 언급한 세계 여론보다도 더 중요하다고 주장했다. 무엇보다도 중국이 호락호락하게 보여서는 안 된다는 요지였다. "그래도 중국은 베트남에게 한 수 가르쳐 줘야 한다. 소련은 쿠바와 베트남을 이용할 수 있고, 그런 다음 아프가니스탄이 소련의 대리인으로 진화할 것이다. 중화인민공화국은 힘이라는 입장에서 이 이슈에 접근하고 있다. 행동은 대단히 제한적일 것이다. 만약 베트남이 중국을 물렁하게 본다면, 상황은 더욱더 악화될 것이다."[45]

1979년 2월 4일 덩샤오핑은 미국을 떠났다. 귀국길에서 그는 바둑판에 마지막 돌을 놓았다. 그는 임박한 군사 작전에서 일본의 지원을 확보하고 소련을 더욱더 고립시키기 위해서 6개월 사이에 두 번이나 도쿄에 들렀다. 덩샤오핑은 오히라 마사요시 총리에게 베트남이 캄보디아를 침공했으니까 '벌을 받아야' 한다는 중국의 입장을 되풀이한 후, 이렇게 서약했다. "세계의 평화와 안정이라는 장기적 전망을 지탱하기 위해서······ 중국 인민은 세계인에 대한 의무를 단호히 완수할 것이며, 필요하다면 희생을 감수하는 것도 망설이지 않을 것이다."[46]

미얀마, 네팔, 태국, 말레이시아, 싱가포르, 일본(두 차례), 미국 등의 순방을 마친 덩샤오핑은 중국을 세계 무대에 올리고 하노이를 고립시킨다는 목적을 완수했다. 이후 그는 다시 중국을 떠나지 않고, 말년에는 중국의 전통적 지도자들처럼 스스로를 격리시키고 접근을 허락지 않았다.

3차 베트남전

2월 17일 중국은 남부의 광시 성과 윈난 성에서부터 베트남 북부에 대한 공격을 여러 곳에서 동시에 시작했다. 투입된 인민 해방군의 규모는 20만 명 이상, 어쩌면 40만에 이른 것으로 추산되었는데, 중국이 이 작전에 부여한 중요성이 그 수치에 반영되었다.[47] 한 역사학자는 "정규 지상군, 민병대, 해군 및 공군 부대 등이 포함된 공격 부대는 그 규모에서 1950년 11월 한국 전쟁 때 중국이 참전하면서 충격을 주었던 때와 비슷했다."라고 결론지었다.[48] 중국 내 공식 언론은 '베트남에 대한 자위성 반격' 혹은 '중 · 베트남 국경에서의 자위를 위한 반격'이라고 발표했다. 그것은 중국식의 저지였으며, 베트남의 다음번 움직임을 미연에 방지하기 위해 미리 알린 침공이었다.

중국 군대의 타깃은 동지인 공산주의 국가였고, 최근까지 동맹이었으며 오랫동안 중국의 경제적, 군사적 지원을 받았던 나라였다. 목적은 (중국이 보기에) 아시아에서 전략적 균형을 유지하는 것이었다. 더구나 중국은 정신적 지원과, 외교적 배경과, 불과 5년 전에 중국의 도움으로 인도차이나에서 쫓겨난 '제국주의 세력' 미국이 제공한 정보를 이용해 군사 작전을 수행했다.

중국이 발표한 이 전쟁의 목적은 "베트남의 난폭한 야망을 억제하고 그들에게 적절한 어느 정도의 교훈을 주겠다는" 것이었다.[49] '적절한'이란 말은 미래를 위한 베트남의 옵션과 계산에 영향을 줄 정도로 충분한 상처를 입힌다는 의미였고, '어느 정도의'라는 표현에는 외부 개입이나 다른 요소가 상황을 통제 불능 상태로 몰고 가기 전에 전투가 끝나리라는 뜻이 담겨 있었다. 그것은 소련을 향한 노골적인 도전이기도 했다.

소련이 중국을 공격하지 않을 것이라는 덩샤오핑의 예측은 들어맞았다. 중국이 공격을 개시한 다음 날, 소련 정부는 중국의 '범죄' 행위를 규탄하면서 "베트남의 영웅들은······ 이번에도 스스로 일어나 싸울 수 있다는" 점을 강조하는 미적지근한 성명서를 발표했을 뿐이었다.[50] 소련의 군사적 대응은 남중국해에 해군 기동 부대를 보내고, 하노이에 제한적으로 무기를 공수하며, 중·소 국경에 공중 정찰을 강화하는 것으로 국한되었다. 무기 공수는 지리적으로도 제약을 받았고, 소련 내부에서도 망설이기도 했다. 결국 소련은 20년 전 타이완 해협 위기에 처해 당시의 맹방 중국에게 베풀었던 지원과 같은 정도를 1979년 새로운 동맹 베트남에게도 베풀었다. 그리고 두 경우 모두 소련은 전쟁 확산의 위험을 무릅쓰지 않았다.

이 전쟁이 끝난 직후 화궈펑은 소련 지도층을 멸시하는 함축적인 말로 결과를 요약했다. "우리를 위협한 것으로 말하면 소련은 국경 부근의 움직임과 남중국해에 대한 군함 파견을 통해서 그렇게 했다. 하지만 그들은 감히 나서지 못했다. 따라서 우리는 결국 호랑이의 엉덩이를 만질 수 있었다."

덩샤오핑은 신중해야 한다는 미국의 충고를 신랄하게 거절했다. 1979년 2월 말 베이징을 방문한 마이클 블루먼탈 재무 장관은 "베이징이 불필요한 리스크를 안고" 있으므로 중국군은 베트남에서 "되도록 빨리" 철수하라고 촉구했다.[51] 덩샤오핑은 이의를 제기했다. 그는 블루먼탈과의 미팅에 앞서 미국 기자들과 환담하면서, 자신은 사람들이 얼버무리는 것을 경멸한다고 하면서, '동방의 쿠바'를 언짢게 만들까 봐 '두려워하는 어떤 사람들을' 놀렸다.[52]

중·인 전쟁의 경우처럼, 중국은 제한된 '징벌적' 공격을 실시한 다음, 곧이어 퇴각했다. 29일 안에 모든 게 끝났다. 인민 해방군이 국경에 인접한 베트남 3개 성의 주요 도시를 장악해서 (보도된 바로는) 초토화해 버린 다음, 중국은 몇몇 분쟁 중인 지역을 제외하고서 베트남에서 철군하겠다고 발표했다. 베이징은 하노이 정부를 전복하거나 어떤 자격으로든 캄보디아로 진입하려는 시도는 전혀 하지 않았다.

중국군이 철수하고 한 달이 지난 다음, 덩샤오핑은 베이징을 방문한 나에게 중국의 전략을 설명해 주었다.

덩샤오핑: 내가 미국에서 돌아온 다음, 우리는 즉시 전쟁을 치렀습니다. 하지만 우린 사전에 미국의 의견을 물었지요. 난 이 문제를 카터 대통령과 이야기했고, 그는 아주 공식적이고 근엄하게 대답했습니다. 그는 서류에 적힌 글을 나에게 읽어 주었지요. 나는 그에게 말했습니다. 중국은 이 문제를 독립적으로 처리할 것이고, 만약 조금이라도 리스크가 있다면 중국이 혼자서 그 리스크를 안겠다고. 돌이켜보면 우리가 베트남을 징벌하면서 내륙 깊숙이 진격했더라면 훨씬 더 좋지 않았을까 하는 생각이 듭니다.

키신저: 그럴 수도 있었겠지요.

덩샤오핑: 우리 군은 하노이까지도 얼마든지 밀고 들어갈 수 있었거든요. 하지만 그렇게 멀리 가는 것은 바람직하지 않았을 테지요.

키신저: 물론입니다. 그랬더라면 계산할 수 있는 한계를 넘어갔을 겁니다.

덩샤오핑: 당신 말이 맞아요. 하지만 우린 30킬로미터 정도는 더 들어갈 수도 있었을 겁니다. 그들이 요새화해 놓은 방어 지역을 모두 점령했거든요. 하노이에 이르기까지 방어선이라고는 하나도 없었습니다.

역사가들의 통념으로 볼 때 이 전쟁은 중국이 값비싼 대가를 치른 실패작이었다.[53] 문화 혁명 중 인민 해방군을 정치화했던 결과는 이 전쟁에서 뚜렷이 드러났다. 낡아빠진 무기는 방해가 되었고, 병참은 문제투성이에다 인원도 부족하고 전술은 경직되어 있어, 중국군은 많은 비용을 들이고도 달팽이걸음을 했다. 일부 분석가들의 계산으로는, 3차 베트남전에서 한 달간의 전투 중 사망한 인민 해방군의 숫자는 미국이 여러 해의 2차 베트남전 중 치렀던 희생과 맞먹는다.[54]

그러나 그런 통념은 중국의 전략을 오해해서 생긴 것이다. 수행을 하는 데 어떤 결함이 있었든 간에, 중국의 캠페인은 심각한 장기 전략 분석을 반영했기 때문이다. 중국 지도부는 미국 지도부에게 설명하면서, 인도차이나에서 소련의 지원을 등에 업은 베트남 세력이 응집되는 것은 전 세계적인 소련의 '전략적 배치'에서 첫걸음이라고 묘사했다. 소련은 이미 군대를 동유럽과 중국 북방 국경을 따라 집결시켜 놓았으며, 이제부터는 인도차이나, 아프리카, 중동에 '기지를 얻기 시작하고 있는' 것이라고 중국은 경고했다.[55] 소련이 만약 이 지역에서 입장을 강화하고 있다면, 극히 중요한 에너지원을 통제하고 주요 항로(가장 두드러지게는 태평양과 인도양을 잇는 말라카 해협)를 봉쇄할 수도 있을 것이었다. 그렇게 되면 소련은 앞으로 어떤 갈등이 생겨도 전략적 이니셔티브를 잡을 수 있을 터였다. 좀 더 넓은 의미에서 이 전쟁은 손자가 말했던 '세' 개념, 즉 전략적 풍경의 트렌드와 '잠재적 에너지'에 대한 베이징의 분석에서 비롯되었다. 덩샤오핑의 목적은 자기가 수긍할 수 없는 소련 전략의 모멘텀이라고 봤던 것을 저지하는 것, 그리고 가능하다면 역전시키는 것이었다.

중국은, 일부는 군사적 모험을 통해서, 일부는 미국을 전례 없이 긴밀한 협력 관계에 끌어들임으로써, 이 목적을 달성했다. 중국 지도자들은 그들의 전략 선택과, 대담한 실행과, 능숙한 외교를 꼼꼼하게 분석함으로써 3차 베트남전을 이끌었다. 하지만 미국의 협조가 없었더라면, 그 모든 특성을 가졌더라도 '호랑이의 엉덩이를 건드릴' 수는 없었을 것이다.

3차 베트남전은 냉전 기간 중 중국과 미국의 가장 긴밀한 협력을 가능하게 만들어 주었다. 미국 특사의 두 차례에 걸친 중국 방문은 범상치 않은 정도의 공동 행위를 확립시켰다. 1979년 8월 월터 '프리츠' 먼데일 부통령은 덩샤오핑의 방미에 이은 외교를 (특히 인도차이나나 관련하여) 창안하기 위해서 중국을 방문했다. 그것은 복잡한 문제였고, 전략적 고려와 도덕적 고려가 심각하게 충돌했다. 미국과 중국은 하노이의 컨트롤 아래 인도차이나 연방의 구성을 방지하는 것이 양국의 국익에 부합한다는 데 합의했다. 그러나 인도차이나 내에서 유일한 경쟁 지역이 캄보디아였고, 그곳은 수백만 명의 동포를 학살한 형편없는 폴 포트가 통치하고 있었다. 그리고 크메르 루주는 캄보디아의 반베트남 저항군 중에서도 가장 탁월한 조직을 가진 알짜배기였다.

카터와 먼데일은 오래전부터 인권이란 요소를 정치 속에 반영하는 데 헌신한 지도자로 알려져 있었다. 사실 그들은 대선 캠페인 때도 포드가 인권 이슈에 충분히 관심을 쏟지 않는다고 공격했다.

베트남 침략군에 맞선 캄보디아 게릴라 저항군에게 지원을 해 주자는 이슈를 덩샤오핑이 처음으로 제기한 것은 카터와 사적으로 베트남 침공에 관한 대화를 나눌 때였다. 공식 보고에 의하면, "대통령은 태국이 그것을 받아들이고 캄보디아에게 전해 줄 수 있는지를 물었다. 덩샤오핑은 가능하다고 하면서, 자신은 경(輕)무기들을 생각하고 있노라고 답했다. 태국 측은 통신을 좀 더 확보하기 위해서 지금 태국·캄보디아 국경에 고급 장교들을 보내고 있다."[56] 태국을 통한 캄보디아 지원에 관하여 워싱턴과 베이징이 사실상 협력하는 것은, 크메르 루주 잔당들을 간접적으로 지원하는 효과가 있었다. 미국 관리들은 미국이

'폴 포트를 지원할 수는' 없다고 중국에게 조심스럽게 강조했으며, 폴 포트가 더는 크메르 루주를 완전히 통제하지 않는다는 것을 중국이 보장해 주면 좋겠다고 했다. 양심을 어루만지려는 이 뇌물도, 워싱턴이 물질적, 외교적 지원을 캄보디아 저항군에게 (크메르 루주에게 혜택을 주리란 것을 행정부가 모를 수 없도록) 제공한다는 현실을 바꿀 수는 없었다. 로널드 레이건 행정부 내의 카터 후계자들은 동일한 전략을 답습했다. 말할 것도 없이 미국 지도자들은 캄보디아 저항군이 이기면 그들이나 그 후계자들이 장차 크메르 루주 분자에 맞서리라는 것을 예상했다. 10년이 더 지나 베트남이 철수한 다음 실제로 그런 일이 일어났다.

미국의 이상이 지정학이란 현실의 긴박한 필요성과 맞닥뜨린 것이다. 이러한 태도를 만든 것은 냉소주의도 아니요, 위선은 더욱더 아니었다. 카터 행정부는 전략적 필요와 도덕적 확신 중 하나를 택해야 했던 것이다. 그들은 궁극적으로 도덕적 확신이 서려면 먼저 지정학적 투쟁에서 이겨야 한다고 판단했다. 미국 지도자들은 정치 수완의 딜레마에 직면했던 것이다. 지도자란 역사가 그들에게 허락하는 옵션을 선택할 수 없고, 옵션이 불분명할 때는 더더욱 그렇다.

해럴드 브라운 국방 장관의 방중으로, 몇 년 전만 해도 상상하기 어려웠던 중·미 협력 관계는 한걸음 더 진전했다. 덩샤오핑은 그를 반기며 이렇게 말했다. "당신이 중국을 찾았다는 사실 자체가 중요한 의미를 가집니다. 당신은 국방 장관이기 때문이죠."[57] 과거 포드 행정부의 몇몇 베테랑은 슐레진저 국방 장관의 초청에 담긴 암시를 이해했지만, 포드가 그를 해임하면서 무산되었다.

주요 어젠더는 중·미 군사 관계를 규정하는 일이었다. 카터 행정부는 중국의 기술 및 군사 능력 증강이 세계의 힘의 균형과 미국의 국익에 중요하다는 결론에 도달했다. 워싱턴은 이미 "소련과 중국 사이를 구분"했으며, 소련에게는 제공하지 않는 군사 기술의 일부를 중국에 이전해 줄 용의가 있다고 브라운 국방 장관은 설명했다.[58] 나아가 미국은 '무기'는 아니더라도 (초계 장비나 차량 등의) 군 장비를 중국에 판매할 용의도 있다고 했다. 더욱이 나토 동맹국들이 중국에 무기를 판매하더라도 미국은 그러한 결정에 간섭하지 않을 것이라고도 밝혔다. 카터 대통령이 브레진스키에게 전한 지시에도 나와 있다.

미국은 기술상 민감한 부문에서의 대중국 교역과 관련하여 동맹국들이 좀 더 진취적인 태도를 택하더라도 반대하지 않는다. 강하고 안전한 중국은 미국의 이해에도 부합한다. 그리고 우리는 그런 이해를 인식하고 존중한다.[59]

결국 중국은 크메르 루주를 구할 수도 없었고, (그 후 10년 동안) 하노이를 윽박질러 캄보디아에서 철군하게 만들 수도 없었다. 어쩌면 베이징도 이를 인식했기 때문에 이 전쟁의 목적을 훨씬 제한된 조건으로 책정했을 것이다. 그러나 베이징은 베트남에게 무거운 대가를 치르게 했다. 전쟁 전, 전쟁 중, 전쟁 후 중국의 동남아 외교는 하노이를 고립시키려는 결의로써 능숙하게 이루어졌다. 국경을 따라 막대한 군사력을 유지했고, 분쟁 대상이 된 몇몇 지역을 유지했으며, 하노이에게 '두 번째 따끔한 교훈'을 주겠다는 협박도 계속했다. 그 후 여러 해에 걸쳐 중국이 또 한 번 공격해 올 가능성에 대비하여 북쪽 국경 지역에 상당한 병력을 지원하지 않을 수 없었다.[60] 1979년 8월 덩샤오핑이 먼데일에게 말했다.

그런 크기의 나라에서 백만 이상의 상주군을 유지하려면 노동 인력은 어디서 구할 수 있겠습니까? 그리고 백만 상주군이면 필요한 병참 지원도 만만치 않을 것이요. 지금은 그들이 소련에 의존하고 있습니다. 소련에게 서 매일 200만 달러를 받고 있다는 추정도 있고, 250만 달러라는 이야기 도 있어요. …… 상황은 점차 어려워질 것이고 소련이 감내하는 부담도 더 욱 커질 것입니다. 더욱더 어려워질 게 뻔해요. 시간이 지나면 베트남도 깨닫겠지요. 소련에 요청하는 것이 모두 이루어질 수 없다는 것을 말이요. 그런 형편이 되면 아마도 새로운 상황이 대두될 것입니다.[61]

10년이 좀 더 지나 소련과 그 재정 지원이 붕괴되어 베트남이 캄보 디아에서 후퇴할 수밖에 없게 되면서, 그가 말했던 새로운 상황이 일 어났다. 결국 민주 사회의 지탱이 더 어려웠던 기간 동안, 중국은 동남 아에서의 전략적 목표를 상당 부분 달성했다. 덩샤오핑은 남아시아와 말라카 해협에 대한 소련의 우위를 꺾겠다는 목적을 이룩하기에 충분 한 전술적 공간을 얻었다.

카터 행정부는 전략 무기 제한에 대한 협상을 통해 소련에 대한 옵 션도 유지하면서, 동시에 전략상 주된 적국은 여전히 소련이라는 인식 에다 아시아 정책의 기반을 두는 줄타기를 잘 해냈다.

이 갈등에서 결국 손해를 본 측은 세계를 아우르는 야망 때문에 사 방팔방 경보음이 울리도록 만들었던 소련이었다. 소련에게는 가장 요 란스럽고 가장 전략적으로 노골적인 적국, 모스크바에 맞서서 억제를 위한 동맹을 만들자고 대놓고 떠들어 대던 적국에 의해서 소련의 맹 방이 공격을 받았으니 말이다. 그것도 소련 · 베트남 동맹이 결성된 지 한 달도 채 안 되어 말이다! 돌이켜보면 모스크바가 3차 베트남전에서 비교적 수동적이었던 것은 소련 몰락의 첫 번째 조짐으로 볼 수도 있다. 1년 뒤 아프가니스탄에 개입하기로 한 소련의 결정은 중국에 맞서 베트남에게 효과적인 지원을 해 주지 못한 데 대한 보상 심리에서 비롯된 것이 아닌지 궁금해진다. 어쨌거나 두 경우 모두, 소련의 오판은 지구촌 강대국들의 상관관계가 얼마나 자신들에게 불리하게 변했는지를 깨닫지 못한 것이었다. 3차 베트남전은 이렇듯 중국 정치인들이 상대방에 비견할 수 있는 군사 조직의 도움 없이도 큰 틀에서의 장기적, 전략적 목표를 이룩한 또 하나의 본보기로 간주할 수 있을 것이다. 크메르 루주 잔당들에게 숨 쉴 여유를 준 것은 도덕적 승리라고 자랑할 수는 없지만, 중국은 훈련과 장비 면에서 자신들보다 우월한 소련과 베트남에 맞서 좀 더 큰 지정학적 목적을 달성했던 것이다.

물질적으로 우월한 세력과 맞서도 침착할 수 있는 특성은 중국의 전략적 사고에 깊이 새겨져 왔다. 한국 전쟁에 개입하기로 결정했던 데서도 뚜렷이 드러난다. 중국이 내린 결정은 두 번 모두 그들이 쌓여 가는 위험이라고 인식했던 것(중국 주변 여러 곳에 기지를 집결하고 있는 적대 세력)을 겨냥했다. 두 경우 모두 베이징은 만약 그 적대 세력이 그들의 획책을 완성하도록 내버려 둔다면 중국은 포위를 당하여 영구히 취약한 상태에서 벗어날 길이 없을 것이라고 믿었다. 그러면 상대방은 원하는 때에 전쟁을 일으킬 수 있는 입장이 되고, 이런 우위를 알게 되면 (도쿄에서 카터 대통령을 만난 화궈평의 말처럼) '거리낌 없이'[62] 행동하게 될 것이었다. 따라서 미국이 북한을 일축했던 첫 번째 경우와 베트남이 캄보디아를 점령했던 두 번째 경우 등 얼핏 보기에 지역적 이슈는 (저우언라이가 한국을 표현했던 것처럼) "전 세계 투쟁의 초점"으로 취급했다.[63]

두 차례의 전쟁 개입 모두 중국을 자기보다 강한 나라와 (중국이 인식하는 안보를 위협하는 강대국과) 맞서게 했다. 그러나 두 차례 다 중국이 선택한 땅에서 중국이 선택한 시간에 그렇게 했다. 겅뱌오 부총리는 나중에 브레진스키에게 말했다. "베트남을 위한 소련의 지원은 그들의 세계 전략을 구성하는 한 요소지요. 그 전략은 태국뿐 아니라 말레이시아, 싱가포르, 인도네시아, 그리고 말라카 해협 등을 향하고 있습니다. 그들이 성공한다면 아시아에 치명적인 일격이 될 것이고, 일본과 미국의 통신 라인을 방해하기도 할 것입니다. 우리는 그렇게 되지 않도록 무언가 할 결심입니다. 우리는 소련과 맞붙을 능력이 없을지도 모르지만, 베트남과는 능력이 있거든요."[64]

이 모든 것은 우아한 사건이 아니었다. 중국은 어마어마하게 값비싼 전투에 군대를 투입했고, 서구 세계에서는 도무지 받아들일 수 없는 규모의 희생을 견뎌 냈다. 중·베트남 전쟁에서 인민 해방군은 많은 결함을 지닌 채 임무를 수행했던 것으로 보이며, 그것은 중국의 피해 규모를 크게 증대시켰다. 그러나 두 번의 개입 모두 괄목할 만한 전략적 목적을 성취해 냈다. 냉전 시대의 중요한 두 기회에 베이징은 공격적 억제라는 원칙을 성공적으로 적용했던 것이다. 중국은 베트남에서 소련의 하노이 방위에 대한 약속의 한계를 드러냈지만, 그보다는 자신들의 전반적인 전략 범위가 지닌 한계도 보여 주었다는 점이 더 중요하다. 중국은 소련의 존재나 그들의 남쪽 측면 때문에 겁먹지 않을 것임을 증명하기 위해서 소련과 맞장 뜰 용의가 있었다.

싱가포르의 리콴유는 이 전쟁의 궁극적 결과를 이렇게 요약한 바 있다. "서구 언론은 중국의 징벌적 행위를 실패작이라고 깎아내렸다. 나는 그것이 동아시아의 역사를 바꾸었다고 믿는다."[65]

14

레이건, 그리고 도래한 정상 관계

미국 외교 정책의 지속성을 가로막는 장애물 가운데 하나는 폭넓게 이루어지는 행정부의 정기적인 변화이다. 임기의 한계 때문에 차관보에 이르기까지 대통령이 임명하는 모든 직책은 적어도 8년에 한 번씩 주인이 바뀐다. 이는 5000명에 달하는 핵심 지위를 포함하는 인사이다. 이때 후임자는 기나긴 검증 과정을 거쳐야 한다. 실제로 새로 행정부가 들어서고 9개월까지는 공백이 생기게 마련이다. 그럴 경우에는 즉흥적으로 움직이거나 유임된 사람들의 권고에 따라 업무를 수행하면서, 자신들의 권위를 행사하는 데 서서히 적응한다. 새 행정부는 인계받은 모든 문제가 내재적 문제가 아니라(그건 주어진 시간 내에 해결 가능한 문제로 간주된다.) 전임자들의 정책 오류 때문이라고 주장하면서 자신들의 임명을 정당화하기 때문에, 이 불가피한 학습 기간은 한층 더 복잡해진다. 정책의 지속성은 남의 심기를 건드릴 주장은 아닐지라도 부차적인 고려 사항이 된다. 또한 새로 취임한 대통령은 이제 막 선거 유세를 성공적으로 마쳤기 때문에, 객관적 상황이 허락하는 융통성의 범위를 과대평가하거나 그 힘에 지나치게 의존할 수도 있다. 민주적 권한 이양이라는 이 영속적인 심리 드라마는 미국의 정책에 의존하는 국가들이 언제나 '분산 투자로 위험을 막도록' 부추긴다.

이러한 경향은 중국과의 관계에 특별히 부담이 된다. 지금 이 글에서도 볼 수 있듯이, 미국과 중화인민공화국 사이의 화해가 이루어진 처음 몇 년은 서로를 발견해 나가는 기간이었다. 그러나 이후 몇십 년간은 국제 정세에 대해 같은 평가를 내릴 수 있는 양국의 능력에 의존해 왔다.

리더십이 항상 유동적일 때는 눈에 보이지 않는 요소를 조화시키는 것이 특히 어려워진다. 1970년대에는 미국이나 중국이나 드라마틱한 리더십 변화를 지켜봐야 했다. 중국 측의 변화는 앞서 13장에서 설명했다. 미국의 경우 중국과 개방을 시작했던 대통령은 18개월 후에 사임했지만, 주요 외교 정책은 그대로 유지되었다.

중국 지도부에게 카터 행정부는 정당 자체가 처음으로 바뀐 것을 의미했다. 카터가 후보일 때부터 중국은 그가 새로운 개방과 인권의 중요성을 껴안는 미국 외교 정책의 변화를 약속하는 모습을 지켜보았다. 하지만 중국에 관해서는 별로 언급하지 않았다. 이미 확립된 관계 중에서 '반헤게모니' 측면을 카터가 계속 유지해 줄 것인가에 대해 베이징에서는 어느 정도 우려가 있었다.

후에 밝혀졌지만 카터와 그의 고위 측근들은, 닉슨이 베이징을 방문했을 때 손수 확인했던 타이완 관련 원칙을 포함해서 양국 관계의 기본 원칙을 재확인했다. 동시에 덩샤오핑의 부상과 사인방의 몰락은 중·

미 대화에 새로운 실용적 차원을 제공했다.

미국과 중국 사이의 가장 심도 있는 전략적 대화가 막 이루어지려는 때, 공화당 대통령이 압승을 거두면서 또 한차례 정권의 변화가 이루어졌다. 중국의 입장에서, 새 대통령에 대한 전망은 불안감을 조성했다. 중국의 주도면밀한 조사 담당자들에게조차 로널드 레이건은 분석하기가 어려웠다. 그는 지금까지 확립된 범주 가운데 어디에도 들어맞지 않았다. 영화배우였고 미국 배우 조합장을 역임했으며 강인한 의지로 정치 권력을 잡은 레이건은 내성적이고 이지적인 닉슨이나 차분한 중서부 출신 포드와는 전혀 다른 성격의 미국 보수주의를 상징했다. 위기로 물든 시대에도 미국의 가능성에 대해 교만할 만큼 낙관적인 레이건은 존 포스터 덜레스 이래로 그 어떤 미국 고위 관리보다도 더 심하게 공산주의를 공격했다. 공산주의란 여러 세대에 걸쳐 억제해야 할 위협 정도가 아니라, 기간을 정해 놓고 뿌리를 뽑아야 할 악의 무리라고 했다. 하지만 그는 이 같은 혹독한 비난을 거의 전적으로 소련과 그 위성 국가들에게만 쏟아부었다. 그는 1976년 공화당 후보 경선에서도 소련과의 데탕트 정책을 공격함으로써 제럴드 포드와 경쟁했다. 그러면서도 중국과의 화해에 관해서는 비난을 자제했다. 소련의 의도에 대한 레이건의 비난은 덩샤오핑이 복권한 이래로 줄곧 미국 고위 관리들에게 가르치려 했던 것과 공통된 점이 많았다. 그러나 레이건의 경우, 타이완 내 기존 정치 질서에 대해 개인적으로 느끼는 강력한 애착이 함께 들어 있었다.

1971년 10월 닉슨은 당시 캘리포니아 주지사였던 레이건에게 대통령 특사 자격으로 타이완을 방문하여 워싱턴과 베이징 사이의 관계 개선이 타이완 안보에 대한 미국의 기본적 이해를 바꾸지는 않았다는 점을 확인해 달라고 촉구했다. 타이완을 떠나면서 레이건은 그 지도자들에게 따뜻한 정을 느꼈고, 양국 국민들의 관계를 위한 확고한 믿음을 갖게 되었다. 이후 레이건은 베이징과의 기존 이해에 도전장을 던지는 데까지 가지는 않았지만, 그래도 타이완과의 관계를 단절하고 주 타이완 미국 대사관을 비공식적인 '미국 기관'으로 격하시키려는 카터 행정부의 움직임에 대해 극히 비판적이었다. 1980년 카터에 맞서 대선 캠페인을 벌일 때, 그는 자신이 당선된다면 더는 '타이완이나 베트남 같은 경우'도 없을 것이요, 더는 미국이 '배신하는' 일도 없을 것이라고 공약했다.

엄밀히 말해서 타이베이에 있던 대사관은 중국 주재 미국 대사관이었다. 따라서 대사관을 베이징으로 옮기겠다는 (카터 행정부에서 완전히 결말을 본) 미국의 결정은, 국민당이 더는 '본토 회복'을 할 수 있는 입장이 아니라는 것을 뒤늦게 인정한 것이었다. 타이완 해협을 사이에 둔 양쪽 모두를 별개의 독립국으로 인정하는 '두 개의 중국' 해법의 일부로서 미국은 타이베이 대사관을 그대로 유지했어야 옳았다는 것이 레이건의 암시적인 비난이었다. 그러나 닉슨, 포드, 카터 행정부와의 협상에서 (그리고 외교 관계 인정의 조건을 다른 나라와 협상할 때도 마찬가지로) 중국은, 그것을 고려하는 것만큼은 일관되게 그리고 고집스럽게 거부해 왔다.

그렇게 로널드 레이건은 이미 존재하는 미국의 상반된 감정을 상징했다. 베이징과의 새로운 관계에 대한 굳건한 약속은, 타이완에 대한 정서적 지원의 강력한 잔재와 공존했던 것이다.

레이건의 여러 테마 가운데 하나는 타이완과의 '공식적 관계'를 옹호하는 것이었는데, 그래도 공식 석상에서는 한 번도 그 의미를 정확하게 설명한 적이 없었다. 1980년 대선 캠페인 동안 레이건은 불가능해 보이는 일을 시도했다. 부통령 후보인 조지 부시를 베이징에 보낸 것이다.

부시는 베이징에서 대사관 역할을 대행했던 미국 연락 사무소를 훌륭하게 이끈 적이 있었다. 부시는 덩샤오핑에게 레이건의 말은 타이완과의 공식 외교 관계를 승인하자는 뜻이 아니며, 레이건이 두 개의 중국 해법으로 돌아가려는 의도도 아니라고 설명했다.[1] 이에 대한 덩샤오핑의 싸늘한 응답으로 인해 (부시가 베이징에 있는 동안에도 레이건이 타이완과의 공식 관계를 옹호한다고 되풀이했던 사실에 물론 영향을 받았지만) 레이건이 나에게 한 가지 요청을 했다. 내가 중재인이 되어 차이쩌민 중국 대사에게 자신을 대신하여 부시가 전했던 것과 비슷하지만 좀 더 자세한 메시지를 전달해 달라는 요청이었다. 무리한 요구였다.

나는 워싱턴에서 차이쩌민과 만났다. 그 자리에서 나는 레이건 후보의 캠페인 슬로건에도 불구하고, 레이건은 닉슨, 포드, 카터 행정부가 확립해 놓았으며 상하이 코뮈니케 및 외교 관계 정상화를 선언한 1979년의 코뮈니케에서 윤곽이 잡혀 있는 중·미의 전략적 협력을 위한 전반적 원칙을 지지한다고 확인시켜 주었다. 레이건은 특히 자신이 '두 개의 중국' 정책이나 '하나의 중국, 하나의 타이완' 정책을 추구하지 않을 것임을 전해 달라고 나에게 신신당부했다. 나는 차이쩌민 대사와 중국 정부가 레이건 주지사의 이력을 면밀히 검토했을 터이고, 그 과정에서 레이건이 타이완에 가까운 친구를 많이 두고 있다는 것도 이미 알고 있을 것이 아니냐고 덧붙였다. 이 점을 인간적으로 풀기 위해서 나는 레이건도 사적인 친분 관계를 내던질 수는 없는 노릇이고, 만약 그랬다가는 중국 지도자들도 레이건을 존경하지 못할 것이라는 논리를 폈다. 그러나 레이건이 대통령직을 맡게 되면 기존 중·미 관계의 틀을 지킬 것이고, 그것이 '헤게모니'(즉 소련의 우월)를 방지하려는 중국과 미국의 공동 노력의 기반이 될 것이라고 했다. 대통령으로서 레이건은 친구들도 지킬 것이고 동시에 미국의 공약도 지킬 것이란 뜻이었다.

중국 대사가 변함없는 열정으로 이 정보를 받아들였다고 말할 수는 없다. 11월 레이건의 승리를 예상하는 우호적인 여론 조사 결과를 잘 알고 있던 그로서는 의견을 표명하는 리스크를 무릅쓰지는 않았다.

대타이완 무기 수출과 세 번째 코뮈니케

레이건 행정부 초기는 언뜻 보기에는 양립할 수 없는 두 개의 입장 사이에 있는 간극을 조정함으로써 줄일 수 있다는 신념이 돋보였다. 실제로 두 개의 입장 모두를 동시에 수행할 수 있다는 의미였다. 관계 정상화가 타이완의 최종 법적 지위 해결보다도 우선했기 때문에 다소 긴박한 사안이었다. 전에 카터는 미국이 타이완에 대한 무기 공급을 계속할 의향이 있다고 천명했다. 적어도 미국이 지원한다는 모양새라 도 갖추고서 베트남과 대치할 수 있도록 관계 정상화 과정을 완료하고 싶어 안달이었던 덩샤오핑은 카터의 일방적인 무기 공급 발표를 사실 상 무시한 채 정상화를 유지했다. 그 가운데 미 의회는 1979년 미국 외 교단의 타이베이 주재를 종료하는 것에 대응해서 타이완 관계법을 통 과시켰다. 이 입법은 미국과 타이완 간 경제, 문화, 안보 측면의 유대를 튼튼하게 지속하기 위한 프레임워크를 담고 있었고, "미국은 타이완이 충분한 자위 능력을 유지하는 데 필요한 종류의 방위 품목과 방위 서 비스를 필요한 만큼의 물량으로 제공할 것"이라고 천명했다.[2] 레이건 행정부가 들어서자마자 중국 지도부는 다시 타이완 무기 이슈를 제기 했고, 이를 관계 정상화 가운데 미완성 부분으로 취급하는 동시에 미 국의 내부 갈등을 절정에 이르게 했다. 레이건은 타이완에 대한 어느 정도의 무기 수출이 진행되었으면 좋겠다는 희망을 숨기지 않았다. 헤이그 국무 장관은 이에 반대했다. 닉슨이 백악관 주인이었을 당시 헤이그는 나의 참모로서 1971년 비밀 방문을 계획했다. 그는 닉슨의 방중에 앞선 기술 팀을 이끌었고, 당시 그는 저우언라이와도 깊이 있는 대화를 나누었다. 냉전 초기를 경험했던 세대의 일원으로 헤이그는 반소련 캠프에 중국을 끌어들이면 전략적 평형이 얼마나 변하는지를 절절히 깨닫고 있었다. 그는 중국이 미국의 사실상 동맹으로서 수행할 역할을 최고의 우선순위로 보존해야 할 돌파구라고 간주했다. 그 결과 헤이그는 베이징과의 상호 이해에 이르는 길을 찾아, 그로써 미국이 중국과 타이완 모두에게 무기를 공급하기를 바랐다.

그 계획은 양쪽에서 모두 어긋나 버렸다. 레이건은 공식적인 대중국 무기 판매에 동의할 뜻이 없었고, 베이징은 원칙을 팔아먹고 그 대가로 군비를 얻는 거래는 고려하지 않겠다고 했다. 사태는 통제 불능 상태로 향하고 있었다. 미 정부 내의 협상과 베이징 측과의 협상에 모두 땀을 흘리고 있던 헤이그는 양쪽 모두 최종 결정을 연기하도록 하면서 미래의 로드맵을 확립하는 합의를 이끌어 냈다. 그처럼 막연하고 부분적 결과를 덩샤오핑이 묵인하고 넘어갔다는 사실은, 미국과의 긴밀한 관계 유지가 그에게 얼마나 중요했는지를 (그리고 그가 헤이그를 얼마나 신임했는지를) 보여 준다.

1982년 8월 17일 발표한 '3차 코뮈니케'는 중 · 미 관계 기본적 구조의 일부가 되었고, 뒤를 잇는 고위급 회담이나 공동 코뮈니케에 담긴 거룩한 언어의 일부가 되었다. 3차 코뮈니케가 닉슨 방문 당시의 상하이 코뮈니케 및 카터 시절의 정상화 합의와 더불어 그러한 지위를 누렸다는 것은 참으로 기묘한 일이다. 왜냐하면 그 코뮈니케는 상당히 모호하고, 따라서 미래를 위해서는 참으로 어려운 로드맵이었기 때문이다.

양측은 예전처럼 기본 원칙을 되풀이했다. 중국은 타이완이 중국의 국내 사안이고 거기 외국인이 간여할 여지는 없다는 입장을 고수했다. 반면 미국은 평화적 해결에 대한 우려를 재차 표명하면서 "중국이 평화적 해결을 추구하는 정책을 전개한다면 고맙겠다고" 내세우기까지 했다. 이러한 공식은, 평화적 해결이 불가능하다면 무력을 사용할 수 있는 행동의 자유를 유보한다는 중국 측의 일관된 (그리고 빈번하게 되풀이되는) 주장을 따돌리는 것이었다. 핵심 실무 부분은 타이완에 대한 무기 수출에 관련한 것으로 아래와 같다.

미 정부는 타이완에 대해 장기적인 무기 판매 정책을 추구하지 않으며, 타이완에 판매하는 무기는 (양적이나 질적으로) 미국과 중국의 외교 관계가 확립된 이래 최근 몇 년간 공급된 수준을 넘지 않고, 일정 기간에 걸쳐 타이완에 대한 무기 판매를 점진적으로 줄여 최종적으로 중단할 것임을 천명한다. 아울러 미국은 이 사안의 철저한 해결에 대한 중국 측의 일관된 입장을 인식한다.[3]

위의 조건 중 정확하게 규정된 것은 단 하나도 없다. 아니, 전혀 규정되지 않았다고 해야 할 것이다. '점진적으로'가 정확히 무슨 뜻인지도 분명치 않고, 벤치마크가 되어야 할 카터 임기 중에 공급된 무기 '수준'이 무엇인지도 밝히지 않았다. 미국이 장기적인 무기 판매를 포기한다고는 했지만, '장기'를 어떻게 이해해야 할지에 대해서도 언급이 없다. 중국이 궁극적인 해결을 고집하는 것은 재확인되었지만, 중국은 아무런 기한도 제시하지 않았고 어떤 위협도 하지 않았다. 국내의 긴박한 사정이 양측에 제약을 가했다. 중국은 자기네 땅이라고 생각하는 곳에 외국이 무기를 공급한다는 원칙을 받아들이지 않으려 했고, 미국의 정치는 타이완 관계법이 의회를 너끈히 통과했기 때문에 대타이완 무기 수출의 중단을 허락하지 않았다. 이 같은 사태가 지금 우리가 논의하고 있는 일들이 일어난 후에도 거의 30년이나 계속되었으니, 양국 정치인들의 수완에 찬사를 보내지 않을 수 없다.

3차 코뮈니케 직후의 파장을 보면, 그 의미가 미국 대통령에게조차 뚜렷하게 전해지지 않았음을 알 수 있다. 그는 《내셔널 리뷰》 편집자에게 이렇게 말했다. "당신 친구들에게 말해도 좋아요, 난 타이완에 관해서 눈곱만치도 생각을 바꾼 게 없다고 말이요. 그들이 공산주의 중국의 공격이나 침범에 맞서서 자위용으로 무슨 무기를 필요로 하든, 미국은 공급해 줄 거란 말이요."[4] 이 주제에 대한 레이건의 입장은 너무나 확고해서, 그는 당시 CBS 이브닝 뉴스 앵커였던 댄 래더에게 전화해서 자기가 더는 타이완을 지원하지 않는다는 보도를 부인하고, 이렇게 선언했다. "나는 뒤로 물러난 적이 없소. …… 우린 계속해서 타이완에게 군비를 대 줄 것입니다."[5]

대통령의 확신을 행동으로 보여 주기 위해 백악관은 비밀리에 타이완과 이른바 '여섯 가지 보장'을 협상하여, 중국과 막 체결한 코뮈니케의 시행에 제약을 가했다. 이 여섯 가지 보장은 미국이 대타이완 무기 판매를 종료하는 시점을 정하지 않았다는 것, 그런 판매에 대해 베이징과 협의할 의무가 없다는 것, 타이완 관계법을 수정하지 않는다는 것, 타이완의 정치적 지위에 관한 입장을 바꾸지 않았다는 것, 타이베이에게 베이징과의 협상을 강요하지 않을 것, 그리고 중재자의 역할을 하지도 않을 것 등을 확인했다.[6] 이러한 보장은 코뮈니케의 준수를 중국·타이완 차이의 평화적 해결과 결부시키는 국가 안보 위원회의 메모로 인해 한층 더 강화되었다. 미 행정부는 또한 코뮈니케에서 말하는 '감축'과 '무기 판매' 개념에 대해 자유로운 해석을 가했다. (엄밀히 말하면 '무기 판매'에 속하지 않는) 기술 이전이라든가 여러 가지 무기 프로그램의 '수준'에 대한 창의적 해석을 통해서 워싱턴은 타이완에 대한 군사 지원 계획을 확대했다. 베이징은 그 계획의 지속 기간이나 내용 등을 예상하지 못했던 것 같았다.

물론 타이완 관계법은 대통령도 따라야 하는 법이다. 미국의 입법이 대타이완 무기 수출에 관한 의무 조항을 만들 수 있다든지, 타이완 이슈의 평화적 해결에 대한 미국의 외교적 인정을 위해 조건을 만들 수 있다는 명제를 수긍하지 못하는 중국 지도자들은 타이완 관계법을 한 번도 인정하지 않았다. 현재의 상황을 묵인해 주는 것과 언제까지나 합의해 주는 것을 혼동한다면 위험한 일이다. 어떤 행동의 패턴을 몇 년 동안 받아들여 준다고 해서 그것의 장기적인 리스크가 없어지는 것은 아니다. 2010년 봄 미국의 무기 판매에 대한 베이징의 격렬한 반응이 잘 보여 주었다.

따라서 레이건 행정부의 중국-타이완 정책은 도무지 이해할 수 없는 모순 덩어리였다. 서로 다투는 사람들, 아귀가 맞지 않는 정책 목표들, 베이징과 타이베이에 제공하는 상반되는 보장들, 도덕과 전략이란 측면에서 비교할 수 없는 긴요한 사항 등이 모두 갈등 요소였다. 레이건은 이 모든 것을 동시에 지원하겠다는 인상을 주었다. 모두가 심각한 확신의 문제인 데도 말이다.

학자들이나 전통적인 정책 분석가들이 볼 때, 중국과 타이완에 대한 레이건 행정부의 초기 접근법은 일사불란한 정책의 온갖 기본 법칙을 다 어기는 것이었다. 그러나 말썽도 많고 파격적인 레이건의 수많은 다른 정책이 그랬던 것처럼, 이어지는 10년 동안에 훌륭하게 먹혀들어 갔다.

대통령으로서 레이건의 탁월한 측면은, 기본적으로 변함없는 자기 신념을 확인할 때조차도 분쟁의 거친 가장자리를 무디게 하고 완화하는 능력이었다. 그는 아무리 자신이 동의할 수 없는 일이 있어도, 절대로 개인적 갈등으로 만들지 않았다. 자신에게 강렬한 이념적 확신이 있다고 해서 미사여구로 활용할지는 몰라도 절대로 그것 때문에 성전(聖戰)을 치르지는 않았다. 따라서 그는 실용이라든가 호의라는 기반 위에서 이념의 간격조차 극복할 수 있는 입장이었다. 레이건과 조지 슐츠 국무 장관이 핵무기 제한을 위해 소련의 미하일 고르바초프와 예두아르트 셰바르드나제를 상대로 했던 일련의 탁월한 협상이 그 점을 잘 보여 준다. 중국으로 말하면, 그 지도부는 레이건이 자기 신념이 허락하는 한도까지 나아갔으며, 미국 정치의 틀 안에서 자신이 성취할 수 있는 최대 한도까지 밀고 나갔다는 것을 이해했다. 그랬기 때문에 좀 더 공식적인 상황에서 혹은 다른 대통령에 의해서 제기되었더라면 어쩌면 분노로써 중국이 거부했을 반대 입장을 표명할 때조차도 레이건은 호의에 가득 찬 평판을 얻게 되었다.

이들은 언뜻 보기에 모순 같지만 결국 지금 즉시 해야 할 일과 미래의 과제로 남겨 둘 일이라는 두 개의 타임라인을 확립했다. 덩샤오핑은 이 코뮈니케가 하나의 전반적인 방향을 잡은 걸로 이해했던 것 같다. 레이건 행정부 초기에 장애가 되었던 콘텍스트가 이런저런 조건으로 변화하기만 하면 그 방향의 여정은 바로 시작될 터였다.

1982년 슐츠가 국무부를 인계받은 후, 불편한 대화와 흠집 난 자아도 있었지만 미국과 중국, 그리고 타이완은 각자의 핵심 이해관계를 대체로 만족시킨 채 1980년대 초반을 넘겼다. 베이징은 코뮈니케에 대한 워싱턴의 유동적 해석에 실망했지만, 경제력과 군사력, 그리고 국제 문제에서 독립적인 역할을 수행할 수 있는 능력을 쌓아 올리면서 또다시 10년간 미국의 지원을 받을 수 있었다. 미국은 타이완 해협의 양쪽 모두와 우호적 관계를 추구하고, 중국과는 소련에 대항하는 공통의 긴급한 사안(예컨대 아프간 반군을 위한 정보 공유와 지원)을 협력할 수 있었다. 타이완은 베이징과 교섭하기 위한 입지를 확보할 수 있었다. 결국 먼지가 다 가라앉고 나자, 닉슨 이래로 가장 요란스럽게 반공 성향, 친(親)타이완 성향이었던 대통령은 별다른 위기 없이 중화인민공화국과의 '정상적인' 관계를 유지하며 통치할 수 있었다.

중국과 초강대국들: 새로운 평형

1980년대의 진짜 드라마는 중·미 상호 관계가 아니라 각국이 모스크바와 유지한 관계에 있었다. 전략적인 풍경 안에서 생긴 일련의 중요한 변화가 그 자극제였다.

중국의 정책을 평가하는 데 통상 배제하는 한 가지 사태가 있으니, 중국의 정책 입안자들이 쉬이 발견할 수 있는 사실을 간과했다는 점이다. 그래서 중국이 3차 코뮈니케에 담긴 타이완 조항의 모호한 표현과 유동적 해석을 그냥 따라간 것은, 미국과의 협력이 다른 국가적 목표를 만족시킬 것이라 생각했기 때문이다.

레이건이 취임했을 때, 소련이 1970년대에 시작한 전략적 공격은 자연스럽게 이루어지지 않았다. 인도차이나에서 미국의 입지가 약화된 이후 몇 년 동안 소련과 그 대리인들은 앙골라, 에티오피아, 아프가니스탄, 인도차이나 등 미개발 지역에서 전례 없는 (그리고 거의 무차별적인) 일련의 전진을 시작했다. 그러나 중·미 화해는 더 이상의 확장에 맞서는 상당한 방어벽을 구축했다. 마오쩌둥이 구상했던 수평적 방위선은 덩샤오핑과 그 동료들의 확신, 그리고 미국 양당 관리들의 능수능란한 협조 덕분에 힘을 얻어 실제로 그 모습을 갖추게 되었다.

1980년대 중반에 이르러 소련은 거의 모든 국경 지역에서 공조된 방어 세력과 많은 경우 적극적인 저항 세력과 맞닥뜨리게 되었다. 미국, 서구, 동아시아 등지에서 거의 모든 산업국이 참여하는 느슨한 형태의 동맹이 소련과 대항해서 구축되었다. 이미 개발이 이루어진 지역의 경우 소련에게 남은 유일한 맹방은 군대를 주둔한 동유럽 위성 국가들뿐이었다. 한편 개도국들은 소련과 쿠바의 무기 아래 이루어지는 민중 '해방'의 혜택에 대해 회의적이란 게 드러났다. 아프리카, 아시아, 라틴아메리카 등에서 소련의 확대 노력은 값비싼 교착 상태로 돌아서거나 실패로 끝나고 있었다. 아프가니스탄에서 소련은 미국이 베트남에서 겪었던 것과 같은 시련을 경험했다. 이 경우 그런 어려움 뒤에는 무장 저항을 후원하고 훈련시키는 미국, 중국, 걸프 국가들, 파키스탄 등의 조직적인 노력이 있었다. 베트남 자체에서는 하노이의 지도 아래 인도차이나를 통합해 소련의 영향권으로 불러들이려는 시도가 미국과의 협력으로 수월해진 중국의 막강한 반대에 부딪혔다. 덩샤오핑이 카터에게 너무나도 생생하게 묘사했듯이, 베이징과 워싱턴은 소련의 손가락을 '잘라 버리고' 있었다. 동시에 미국의 전략 증강, 특히 레이건이 옹호하는 전략 방위 구상(Strategic Defense Initiative)은 침체되고 지나치게 많은 부담을 지고 있는 소련 경제로서는 도저히 감당할 수 없는 기술적 도전이었다.[7] 소련 경제는 각국의 GDP에 대한 퍼센트로 볼 때 이미 미국의 세 배에 해당하는 국방비로 허덕이고 있었다.

이처럼 중·미 협력이 절정에 달했을 때, 레이건의 백악관과 중국 고위 지도부는 소련의 약점에 대해 거의 동일한 평가를 내렸다. 하지만 이 새로운 사태가 지니는 정책적 함의에 대해서는 양국이 너무나도 다른 결론을 이끌어 냈다. 레이건과 그의 고위 참모들은 소련의 지리멸렬한 태도를 공세 기회로 인식했다. 주된 군사력 증강과 새로운 이념적 자신감을 짝지은 그들은 재정적으로나 지정학적으로 소련을 압박하여 냉전에서 승리나 다름없는 것을 향해 매진하고자 했다.

중국 지도부도 소련의 약점에 대해서 비슷한 개념을 가졌지만, 이들은 정반대의 교훈을 얻었다. 그들은 소련의 약점이 지구촌의 세력 평형의 눈금을 다시 매기라는 요청이라고 인지했다. 그들은 1969년부터 중국의 아슬아슬한 지정학적 입지를 시정하기 위해서 워싱턴 쪽으로 방향을 잡았던 터였다. 그들은 레이건이 궁극적 목적이라고 선언했던 미국 가치관 및 서구 자유 민주주의의 전 지구적 승리에는 전혀 관심이 없었다. 베트남에서 '호랑이의 엉덩이를 만졌던' 베이징은 소련 위협의 정점을 잘 견뎌 냈다고 결론지었다. 이제 중국은 좀 더 커진 움직임의 자유를 향해 나아가야 마땅했다.

그래서 1980년대 원래의 개방이 가져온 극도의 기쁨은 자연스럽게 이어졌고, 최근 몇 년간의 냉전에 대한 우려는 극복되었다. 중·미 관계는 주요 강대국들 사이에 유지되는 상호 관계로 자리를 잡고, 정점이나 골이 없이 다소 판에 박힌 듯 지속되었다. 소련의 파워가 쇠퇴의 길을 걷기 시작한 것도 하나의 역할을 했지만, 미국과 중국의 주요 인물은 냉전의 패턴에 너무나 길들여져 있어서 그걸 알아차리기까지 약간의 시간이 걸렸다. 중국의 베트남 침공에 대한 미약한 소련의 반응은 처음에는 점진적이었으나 갈수록 속도가 빨라져 소련의 몰락이 시작되었다는 표시였다. 1982년 브레즈네프에서 유리 안드로포프로, 1984년 안드로포프에서 콘스탄틴 체르넨코로, 그리고 1985년 체르넨코에서 고르바초프로 이어지는 세 차례의 권력 이양은, 최소한 소련이 국내 위기에 대처하기조차 힘겹다는 사실을 의미했다. 카터 시절에 시작되어 레이건 시절에 가속화되었던 미국의 재무장은 조금씩 힘의 균형을 바꾸어 놓았고, 주변 일에 간섭하려는 소련의 태세에 제약을 가했다.

1970년대 소련이 얻었던 이득은 대부분 역전되고 말았다. 그런 현상의 일부는 조지 부시 행정부가 들어설 때까지 일어나지 않았지만 말이다. 베트남의 캄보디아 점령은 1990년 종료되었고, 1993년에 선거가 있었으며, 난민들이 귀향할 준비를 하고 있었다. 쿠바군은 1991년까지 앙골라에서 철수했고, 공산주의를 등에 업은 에티오피아 정부는 1991년에 무너졌다. 1990년 니카라과의 산디니스타 반군은 자유 선거를 수락했는데, 이는 세계 어디에든 통치 중인 공산당이 단 한 번도 감내할 용의가 없었던 리스크였다. 그리고 1989년 소련군이 아프가니스탄에서 철수한 것이야말로 아마도 가장 중요한 사건이었다.

소련의 퇴각으로 인해 중국 외교는 전술상 새로운 융통성을 얻게 되었다. 이제 중국 지도자들은 군사적 억제를 언급하는 대신, 모스크바와의 새로운 외교를 위한 영역을 탐구하기 시작했다. 그들은 계속해서 소련과의 관계 개선을 위한 세 가지 조건을 들먹였으니, 캄보디아에서의 철수, 북부 국경 지역인 시베리아 및 몽골의 소련군 집결 종료, 그리고 아프가니스탄 철수가 그것이었다. 힘의 균형이 역전되어 소련의 전진 배치가 더는 지속할 수 없게 되어 철군 결정이 불가피해짐으로써, 이러한 요구들은 대체로 이루어지고 있는 중이었다. 미국은 중국이 모스크바 쪽으로 움직일 준비가 되지 않았다는 보장을 받았고, 중국은 양측이 삼각 외교를 펼칠 수 있음을 보여 주었다. 어쨌거나 그런 보장에는 두 가지 목적이 있었다. 즉 소련의 확장을 방지하는 확립된 전략을 계속 지킬 것을 확인하는 동시에, 갈수록 늘어나는 중국의 옵션을 미국의 눈앞에 펼쳐 보이는 역할도 했다.

중국은 오래지 않아 이들 옵션을 전 세계적으로 행사하기 시작한다. 나는 1987년 덩샤오핑과 대화를 나누었는데, 이때 덩샤오핑은 당시 5년

째로 접어든 채 식을 줄 모르던 이란-이라크 전쟁에 새로운 분석 틀을 적용했다. 미국은 적어도 테헤란의 혁명 정권에 의해 패배하는 일 만큼은 없을 정도로 이라크를 지원했다. 덩샤오핑은 중국이 이 전쟁을 끝낼 외교에서 좀 더 중요한 역할을 할 수 있도록 이란에 대해서 한층 더 '융통성 있는 입장'을 견지할 '여유'가 필요하다고 주장했다.

덩샤오핑은 소련과 대치하고 있던 기간에는 마오쩌둥의 수평적 방위선 개념을 실행해 왔던 터였다. 하지만 이제 중국은 초강대국의 경쟁에서 떨어져 나와 독립적 외교 정책을 준수함으로써 초강대국, 선진국 서클, 제3세계 등 세 개의 범주에서 중국이 선호하는 바를 추구할 수 있는 '3개의 세계' 이론으로 되돌아갔다.

덩샤오핑의 총애를 받은 후야오방 당서기는 1982년 9월 12차 전인대에서 당시 중국의 외교 정책 개념을 설명했다. 그 가운데 핵심 조항은 마오쩌둥이 했던 '중국이 떨치고 일어섰다'는 말의 반복이었다. "중국은 그 어떤 강대국이나 세력 집단에도 추종한 적이 없었고, 강대국의 압박에 굴한 적도 없다."[8] 후야오방은 미국과 소련 모두의 외교 정책에 대한 중국의 분석적 평가와 이들이 선의 성실을 보여 줄 수 있는 행동에 대한 몇 가지 요구의 윤곽을 드러내면서 개관을 시작했다. 타이완 이슈를 해결하지 못한다면 중국과 미국 사이의 '관계에 온통 먹구름이 끼는' 것을 의미하고, 그 관계는 중국이 순전히 국내 문제로 간주하는 사안에 미국이 간섭을 멈출 때 비로소 '건전하게 발전할 수' 있을 것이란 내용이었다. 그러면서 후야오방은 의기양양하게 말했다. "우리는 소련 지도자들이 중국과의 관계를 개선하고 싶다는 열망을 여러 차례 표명한 것을 알고 있다. 그러나 말보다는 행동이 더 중요하지 않겠는가."[9]

한편 중국으로서는 제3세계에서 입지를 굳히면서, 두 강대국으로부터 거리를 두었고 어느 정도는 그들에 맞서는 입장을 취했다. "오늘날 세계 각국의 평화적 공존을 위험에 빠뜨리는 주된 세력은 제국주의와 패권주의, 그리고 식민주의이다. …… 지금 세계의 인민에게 가장 중요한 임무는 패권주의에 맞서서 세계 평화를 지키는 일이다."[10]

사실 중국은 초강대국 경쟁을 넘어서서 '중립' 세력 가운데 가장 거대한 힘으로서 독특한 도덕규범을 주장했다.

> 우리는 초강대국 사이의 군비 확장 경쟁을 항상 단호하게 반대해 왔고, 핵무기 사용의 금지와 완전한 파괴를 지지해 왔으며, 초강대국들이 앞장서서 핵무기 및 재래식 무기 규모를 파격적으로 삭감해 줄 것을 요구해 왔다…….
>
> 중국은 다른 제3세계의 국가들과 힘을 모아 제국주의와 패권주의, 그리고 식민주의에 단호하게 맞서 투쟁하는 것을 거룩한 임무라고 생각한다.[11]

초강대국의 야망을 부정하겠다는 신념과 함께 어우러진 자결주의, 도덕적 냉철함, 우월성은, 공산당 대회에서 내어놓는 중국의 전형적인 외교 정책이었다.

1984년 국무부가 레이건 대통령에게 보낸 메모는 중국의 입장을 이렇게 설명했다.

> 중국은 소련의 확장에 대응하는 미국의 군사력 증강을 지지하면서도 동시에 초강대국의 경쟁을 세계적인 긴장의 주원인이라고 공격하는 입장이다. 그 결과 중국은 미국과 동일한 전략적 이해관계를 따르면서도, 동시에 떠오르는 제3세계 블록과의 관계를 강화할 수 있다.[12]

1985년 CIA의 한 보고서는 중국을 이렇게 묘사했다. 일련의 고위급 회담 및 중·소 갈등 이래 일찍이 볼 수 없었던 의전 수준과 빈발한 공산당 간 교류를 통해 소련과의 긴밀한 유대를 키워 나가는 "삼각 전술을 쓰고" 있다. 이 분석은 중국 지도자들이 소련의 상대를 가리켜 다시 '동지'라 칭하고, 소련을 (수정주의가 아니라) '사회주의' 국가로 부르고 있음을 지적했다. 중국과 소련의 고위 관리들은 (이전 20년 동안에는 상상할 수도 없는 일이었지만) 무기 통제에 관해 실질적 협의를 했으며, 1985년 중국 부총리 야오이린이 모스크바를 일주일간 방문했을 때는 양국이 상호 교역과 경제 협력에 관한 획기적인 합의에 이르기까지 했다.[13]

중첩 원 개념은 마오쩌둥이 임기 말년에 개진했던 것과 닮았다. 그러나 그 실질적 결과는 제한적이었다. 제3세계는 두 강대국과의 뚜렷한 구별에 의해서 정의된다. 만약 강대국 하나를 구성원으로 받아들이는 것처럼 가장하더라도 확실히 어느 한편으로 기운다면 그 지위를 잃게 될 것이다. 실질적으로 중국은 초강대국으로 가는 길에 있었고, 이제 개혁을 시작할 단계에 불과한데도 이미 초강대국 행세를 하고 있었다. 요컨대 제3세계는 초강대국 가운데 하나가 가담해 줘야 주된 영향력을 행사할 것이고, 그렇게 되면 의미상 제3세계이기를 그만두는 셈이 될 것이다. 소련이 핵강대국이고 소련과의 관계가 위태로울수록, 중국은 미국과 멀어질 이유가 없을 것이다.(소련이 붕괴함으로써 단지 두 개의 원만이 남았고, 이제 궁금한 것은 중국이 과연 도전자로서 소련의 빈자리로 들어갈 것이냐, 아니면 미국과의 협력을 택할 것이냐 하는 것이었다.) 1980년대의 중·미 관계는 냉전 패턴에서 중·미 파트너십에 대한 새로운 도전을 만드는 국제 질서로 옮겨 가는 과정이었다. 이 모든 것은 소련이 기본적으로 여전히 안보 위협이라고 가정하고 있었다.

대중국 개방의 설계자인 리처드 닉슨 역시 세상을 똑같은 식으로 이해했다. 1982년 사적으로 중국을 방문한 다음, 그는 레이건 대통령에게 보낸 메모랜덤에서 이렇게 썼다.

중국으로 하여금 제3세계에서 더 큰 역할을 맡게 하는 것은 우리의 이해에 상당히 부합한다고 믿습니다. 그들이 더 큰 성공을 거둘수록 소련은 성공에서 멀어질 테니까요…….

1972년 우리 두 나라를 묶어 준 것은 소련의 공격적 자세라는 위협에 대한 공통된 우려였지요. 지금 그 위협은 1972년 당시보다 훨씬 더 큰 반면, 향후 10년간 우리 두 나라를 더 가깝게 해 줄 주된 요소는 경제적 상호 의존일 것입니다.[14]

닉슨은 더 나아가 다음 10년간 미국과 서구 맹방과 일본은 힘을 합쳐 중국의 경제 개발에 속도를 붙여 주어야 할 것이라고 촉구했다. 그는 기본적으로 중국의 영향력을 이용해서 제3세계를 반소련 연합으로 구축하는 데 기반을 두는 전혀 새로운 세계 질서의 대두를 비전으로 삼았다. 그러나 이러한 닉슨의 선견지명조차도 소련이 붕괴되고 한 세대 이내에 전 세계 경제의 건전성이 중국의 경제 실적에 의존하는 세상까지 확대해서 보지는 못했다. 혹은 중국의 부상이 국제 관계를 다시 양극화하지 않을까를 묻게 되는 세상까지 보진 않았다.

레이건의 경외할 만한 국무 장관이요, 경제학자의 배경을 지닌 조지 슐츠는 또 하나의 미국적 동심원 개념을 생각해 냈는데, 단순한 갈등을 넘어서는 맥락에서 미·소 관계를 보게 했다. 그는 소련의 위협을 다루기 위해서 중국이 불가피하다는 점을 지나치게 강조하는 것이 중국에게 과도한 협상의 우위를 준다고 주장했다.[15] 중국과의 관계는 엄격히 호혜 원칙에 입각해야 한다는 것이었다. 그런 외교에서 중국은 자국의 국익만을 위할 것이다. 중국의 호의는 공동의 이해관계 속에서 함께 추진하는 프로젝트에서 얻어져야 한다. 대중국 정책의 목표는 공동의 이해를 세세하게 따져 보는 것이라야 한다. 이와 동시에 미국은 몇 년 전 마오쩌둥이 미국 관리들에게 더 시간을 투자하라고 촉구했던 일본과의 동맹 관계에 새로운 힘을 불어넣도록 해야 할 것이다. 일본은 민주주의의 형제 국가이며 2차 세계 대전 이후 수십 년간의 급속한 성장 덕분에 이제 지구촌의 주요 경제 대국이잖은가.(1980년대에는 일본의 경제력이 중국을 크게 앞지를 뿐 아니라 많은 분석가들이 미국까지도 넘볼지 모른다고 했지만, 그간 경제적 어려움 때문에 그런 사실은 관심 밖으로 밀려나 있었다.) 양국의 관계는 레이건과 일본의 나카소네 야스히로 총리 사이에 맺어진 개인적 동지애로 인해, 혹은 언론의 표현처럼 '론과 야스의 쇼'로 인해 새로운 토대를 얻게 되었다.

미국과 중국은 모두 스스로를 같은 실존적 위협에 맞선 전략적 파트너로 간주했던 이전의 노선에서 조금씩 벗어나고 있었다. 소련의 위협이 사라지기 시작했으니, 중국과 미국은 사실상 편의상의 파트너로서 양측의 이해가 일치하는 이슈만 골라서 협력했다.

레이건 임기 중에는 새로운 근본적인 긴장은 전혀 생기지 않았고, 타이완처럼 물려받은 이슈들은 조용하고 무난하게 처리되었다. 레이건은 1984년 중국을 국빈 방문했을 때 특유의 활력과 생기를 과시했고, 몇몇 지점에서는 심지어 고전적인 중국 시나 고대의 역서인 『역경(易經)』의 구절까지 들먹이면서 양국의 협력 관계를 설명했다. 그 어떤 전임자들보다도 만다린어를 더 많이 구사하려 했던 레이건은 '힘을 합쳐 함께 일하다.'라는 뜻을 지닌 '통리허주어(通力合作)'라든가 '서로 존경하고 서로 혜택을 보다.'라는 뜻의 '후징후후이(互敬互惠)' 등의 중국 관용어까지 동원해서 양국 관계를 이야기했다.[16] 그렇지만 레이건은 그 어떤 중국 측 상대방과도 나카소네 야스히로와 가졌던 긴밀한 교감을 일구어 내지는 못했다. 하기야 그 점에서는 다른 미국 대통령들도 마찬가지였다. 또한 그의 방문은 그것으로 해결해야 할 중대한 이슈도 없었고, 국제 정세의 검토 정도에 국한되었다. 레이건이 중국 국경에 군대를 집결시키고 그 주변을 위협한다고 해서 어떤 '주요 강대국'을 그 이름도 거론하지 않은 채 비난했을 때, 중국 내 언론 보도에서 이 부분만큼은 빠져 있었다.

레이건의 임기가 끝날 즈음, 아시아의 정황은 수십 년 이래 가장 고요했다. 중국, 일본, 한국, 인도차이나, 그리고 해양 지역인 동남아 등에서 벌어졌던 반세기의 전쟁과 혁명은 기본적으로 1648년 30년 전쟁이 끝나면서 유럽에 등장했던 주권 국가들의 패턴을 따른 베스트팔렌 노선을 본뜬 아시아 체제에 길을 내주었다. 시시때때로 터지는 헐벗고 고립된 북한의 도발이나 소련의 아프가니스탄 점령에 대항하는 반군 등만 제외한다면, 아시아는 이제 주권을 가진 정부, 공인된 국경, 각국 내부의 정치, 이념적 노선에는 서로 간섭하지 않는다는 일반적이고 암묵적인 합의를 공유한 별개의 국가로 이루어진 세계였다. 중국, 북한, 월맹 등이 차례로 열렬하게 시도했던 공산주의 혁명의 수출이란 프로젝트는 끝나 있었다. 다양한 권력 중심 간의 평형은 변함없이 유지되었는데, 여기에는 당사자들이 지쳐 버렸다는 이유도 있었고, 미국이 (나중에는 중국이) 우위를 점하려고 싸우는 경쟁자들을 포기시키려고 노력했다는 이유도 있었다. 이러한 맥락에서 아시아의 경제 개혁과 번영이라는 새로운 시대는 뿌리를 내리고 있었다. 그것은 21세기가 되면 세계에서 가장 생산적이고 번창했던 대륙이라는 역사 속의 역할을 이 지역에 되돌려줄 시대였다.

덩샤오핑의 개혁 프로그램

덩샤오핑이 '개혁 개방'이라고 이름 붙인 것은 경제적 노력일 뿐 아니라 영적인 운동이기도 했다. 우선 경제적 몰락에까지 내몰렸던 사회의 안정, 그리고 공산주의나 중국 역사에서 유례를 찾아볼 수 없는 새로운 방식으로 전진할 수 있는 내적인 힘을 찾는 일이 포함되어 있었다.

덩샤오핑이 물려받은 경제 상황은 가히 절망적이었다. 중국의 집단 농업 구조는 어마어마한 인구의 수요를 간신히 따라잡고 있는 형편이었고, 1인당 음식 소비량은 마오쩌둥 통치 초기와 거의 같은 지경이었다. 지도부의 한 관리는 1980년 미국 인구의 거의 절반에 해당하는 1억 명에 이르는 중국 농민들이 충분한 식량을 얻지 못하고 있는 실정을 털어놓았다.[17] 문화 혁명 기간에는 학교 시스템을 폐쇄함으로써 재앙에 가까운 상태를 만들어 놓았다. 1982년 현재 중국 노동력의 34퍼센트가 초등교육밖에 받지 못했고, 28퍼센트는 '문맹 또는 반문맹'으로 간주되었고, 전체 노동력의 0.87퍼센트만이 대학 교육을 받았다.[18] 덩샤오핑은 신속한 경제 성장기를 주문했다. 하지만 그는 교육도 못 받고 고립되고 여전히 궁핍한 생활을 하는 일반 국민이 어떻게 세계 경제 속에서 생산적이고 경쟁적인 역할을 할 수 있으며 간헐적인 어려움을 감당할 수 있는 노동력으로 탈바꿈시킬 것인가 하는 과제에 직면했다.

개혁을 책임진 사람들에게 주어진 전통적 도구 역시 과제를 어렵게 했다. 바깥세상에 문호를 개방함으로써 중국을 근대화해야 한다는 덩샤오핑의 주장은, 19세기 후반 처음으로 시도되었을 때부터 줄곧 좌절된 노력이었다. 당시에는 중국인들이 자기네를 특별한 정체성으로 규정하는 것과 연관된 생활 방식을 포기하지 못한다는 것이 걸림돌이었

1975년 12월, 새로이 복권한 덩샤오핑과 대담하는 제럴드 포드 대통령. 낸시 탕이 통역을 맡았다. (Getty Image)

1979년 1월 워싱턴에서 덩샤오핑을 맞이하는 지미 카터 대통령. (Getty Image)

1979년 3월 베이징 주재 미국 연락 사무소가 미국 대사관으로 승격할 당시 마이클 블루먼탈 재무 장관과 스테이플턴 로이 사절단장 대행. (AP)

1979년 미국 방문 도중 텍사스 로데오를 둘러보는 덩샤오핑. (Getty Image)

1980년대의 덩샤오핑과 저자. 덩샤오핑의 개혁은 놀라운 경제 성장으로 가는 문을 활짝 열어젖혔다. (저자 소장)

1984년 시안의 병마용(兵馬俑)을 돌아보는 로널드 레이건 대통령 부부. (Getty Image)

1997년 6월 30일 홍콩에서 영국 국기가 마지막으로 하강된 다음
국기를 받아드는 크리스 패튼 영국 총독. (Getty Image)

1990년대 장쩌민 주석과 악수하는 저자.
(저자 소장)

2000년 중국에게 최혜국 대우를 허락하는 문서에 서명하는 빌 클린턴 대통령. (Getty Image)

Pres. Jiang Zemin   Dr. H. Kissinger

1997년 위싱턴에서 즐거운 한때를 보내고 있는 장쩌민과 저자. (Getty Image)

2006년 11월 베트남에서 열린 APEC 정
상 회의에 참석 중인 조지 부시 미국 대
통령, 블라디미르 푸틴 러시아 대통령, 후
진타오 중국 국가주석. (Getty Image)

새로운 시대를 열다: 2008년 베이징 올림픽 개막식. (Getty Image)

베이징에서 후진타오 국가주석을 만난 저자. (저자 소장)

2009년 중국 국빈 방문 도중 자금성을 찾은 버락 오바마 대통령. (Getty Image)

다. 이제는 어떻게 해야 모든 공산주의 사회를 움직여 온 관행을 뒤집어엎으면서도, 마오쩌둥 이래로 사회 응집력의 기반이 되어 온 철학적 원칙을 유지할 것인가가 걸림돌이었다.

1980년대 초기만 해도 모든 공산주의 사회의 작동 방식은 중앙 계획이었다. 그 방식이 실패했다는 것은 명백한 사실이었지만 고쳐 나갈 방법이 묘연했다. 상당히 발전된 단계에서 공산주의의 인센티브는 전부 반생산적이어서, 정체(停滯)에 상을 주고 이니셔티브는 억눌렀다. 중앙 집권적인 계획 경제에서는 재화와 용역이 관료의 결정에 의해서 배분된다. 시간이 지나면 행정부의 지시로 확립된 가격은 비용과는 아무 상관이 없게 된다. 가격 시스템은 국민에게서 자원을 착취하여 정치적 우선순위를 세우는 수단으로 전락한다. 권위를 확립해 준 공포가 잦아들고 나면, 가격은 보조금으로 변하고 공산당을 위한 인민의 지지를 얻는 수단으로 변한다.

개혁 공산주의는 경제의 법칙을 폐지할 수 없다는 게 드러났다. 진짜 비용을 누군가가 대어야 하는 것이다. 중앙 계획과 보조금에 의한 가격에 대한 페널티는 한심한 유지 보수, 이노베이션의 결여, 과도한 고용 등 다시 말하면 1인당 소득의 정체와 하락으로 나타난다.

더구나 중앙 계획은 품질이나 혁신을 강조하기 위한 동기를 거의 주지 못했다. 관리자가 생산하는 모든 것은 유관 부서에서 다 구매해 주기 때문에, 품질은 고려 사항이 아니었다. 그리고 혁신은 전반적인 기획의 모습을 망칠까 봐 억제하기 일쑤였다.

선호하는 것들의 균형을 잡아 줄 시장이 없으므로, 계획을 세우는 사람들은 다소 자의적인 판단을 할 수밖에 없었다. 그 결과 원하는 재화는 생산되지 않았고, 생산된 재화는 아무도 원하지 않았다.

무엇보다도 중앙 계획으로 움직이는 국가는 계급 없는 나라를 창조하기는커녕, 결국 계층화를 한층 더 고이 떠받들게 했다. 재화가 구매가 아닌 배급되는 곳에서는 특별 상점, 병원, 간부를 위한 교육 기회등 직위에 따라오는 특권이 진짜 보상이었다. 관리들의 손에 쥐어진어마어마한 재량권은 불가피하게 부패로 이어졌다. 일자리와 교육, 그리고 대부분의 특권은 일종의 사적인 관계에 달려 있었다. 계급 없는사회를 가져온다고 선전했던 공산주의가 가히 봉건적 수준에 이르는특권 계급을 낳는 경향이 있다는 사실은 역사의 아이러니가 아닐 수없다. 중앙 계획으로는 근대 경제를 운영할 수 없음이 드러났지만, 그어떤 공산주의 국가도 중앙 계획 없이 운영된 적은 없었다.

덩샤오핑의 개혁 개방은 이러한 붙박이 정체를 극복하기 위해 고안되었다. 그와 참모들은 시장 경제, 분권적인 의사 결정, 그리고 바깥 세계에 대한 개방을 시작했다. 모두 다 전례 없는 변화였다. 그들은 중국인의 재능을 해방시키는 데에다 혁명의 기반을 두었다. 중국인의 타고난 경제적 활력과 기업가적 기질은 전쟁, 이념적 도그마, 개인 투자에대한 극심한 제약 등으로 인해 오래토록 억눌려 왔다.

덩샤오핑의 개혁에는 두 명의 협력자가 있었다. 후야오방과 자오쯔양이었다. 나중에 그들이 경제 개혁의 원칙을 정치 분야에까지 끌고들어가려 했을 때, 덩샤오핑은 두 사람과 소원해지긴 했다.

대장정의 참여자 가운데 가장 어린 축에 속했던 후야오방은 덩샤오핑이 가장 아끼는 후배로 등장했다가 후일 문화 혁명 중에 덩샤오핑과사이가 멀어졌다. 덩샤오핑이 복권되면서 그를 공산당 내 최고위 직책가운데 하나로 승진시켰고, 이후 총서기에 임명함으로써 절정에 이르렀다. 임기 중 후야오방은 정치 및 경제 문제에 관해 비교적 자유주의적인 입장을 견지했다. 그는 직선적인 태도로 당과 사회가 수용할 의지가 있는 한계를 밀어붙였다. 그는 양복을 입고 자주 나타난 최초의 공산당 지도자였고, 중국인들에게 젓가락을 버리고 나이프와 포크를 사용하라고 제안함으로써 논쟁을 불러일으키기도 했다.[19]

1980년 총리에, 1987년 1월 공산당 총서기에 임명된 자오쯔양은 쓰촨 공산당 서기를 역임하면서 농업의 탈집단화 선구자가 되었다. 성공적으로 생활수준을 대폭 높임으로써 농민들에게 막강한 지지를 얻었는데, 이것은 그의 성을 이용한 간결하고 함축적인 말장난에서도 나타난다. 그의 성 자오(趙)가 '찾다'라는 의미의 자오(找)와 발음이 같았기 때문에 사람들은, "곡식이 필요하면 쯔양을 자오 해(찾아가)!"라고 농담했던 것이다. 후야오방과 마찬가지로 그 역시 정치적으로 정통파는 아니었다. 결국 그는 톈안먼 사건이 한창이었을 때 덩샤오핑에게 총서기직을 박탈당하고 만다.

덩샤오핑과 그의 동료들은 무엇보다도 문화 혁명을 공통적으로 거부하고 비난해야 했다. 중국을 통치했던 지도자들은 예외 없이 수모를 겪고 살아남았으며, 신체적 피해를 입은 사람도 많았다. 문화 혁명의 경험은 중국 지도자들의 대화 구석구석에 스며 있었다. 1982년 9월 나는 사적인 일로 중국을 찾았을 때, 덩샤오핑과 아쉬움이 남는 대화를 나눈 적이 있다.

키신저: 나는 1974년 4월 당신이 6차 유엔 특별 총회에 왔을 때 당신을 만났고 또 마오쩌둥과도 만났는데, 당신은 한마디도 하지 않았습니다.
덩샤오핑: 그 후 1974년 11월 베이징에서는 우리 두 사람이 가장 많은 말을 했지요. 그때 저우언라이는 병중이었고, 내가 국무원을 이끌었으며, 이듬해 내가 당과 정부의 살림살이를 맡았으니까요. 단 한 해 동안 내가 쓰러져 있었어요. 그때를 돌이켜보면 참 흥미롭지 않습니까! 우리의 눈을 뜨게 해 준 것은 그처럼 좌절했을 때였으니까. …… 1979년부

터 1981년까지 우리의 경험은 우리 정책이 옳았음을 증명해 줬습니다. 당신은 중국에 3년 반 만에 왔는데, 뭐 변한 거라도 봤습니까?

키신저: 제가 마지막 방문했을 때, 글쎄, 제가 무지해서 그랬는지 모르지만, 자문 위원회 위원장(덩샤오핑)께서는 높은 자리에 적이 무척 많았던 것으로 느꼈습니다…….

덩샤오핑: …… 외국에 있는 사람들은 중국이 혹시 정치적으로 안정되어 있나, 종종 궁금하게 여기는 모양입니다. 우리나라가 정치적으로 안정되었는지를 판단하려면, 8억 중국인들이 살고 있는 지역에 안정이 있는지를 봐야 합니다. 오늘날 농민들은 가장 행복합니다. 도시에도 어느 정도 변화는 있지만 농촌에 비할 바는 안 되지요. …… 사람들은 사회주의 경제 체제를 좀 더 신임하고, 당과 정부에 대해서도 더 큰 믿음을 갖고 있습니다. 이것은 대단히 폭넓은 의미를 지닙니다. 문화 혁명 이전의 당과 정부는 위엄과 명망이 있었는데, 문화 혁명으로 인해서 그 명망을 모두 잃고 말았지요.

개혁의 노력을 위해서 끌어다 쓸 수 있을 만한 경험은 거의 없었다. 자오쯔양은 1987년 내가 다시 방문했을 때, 그해 10월 당 대회에 제출할 프로그램을 나한테 미리 설명해 주었다. 중국은 자본주의와 사회주의를 함께 엮어 내는 복잡하고도 아주 기나긴 과정에 들어가 있음을 강조했다.

우리가 다루고 있는 핵심 이슈는 사회주의와 시장 세력 간의 관계를 여하히 합리화하느냐 하는 것이다. 보고서는 사회주의 계획이 시장 세력의 이용을 포함시켜야지 배제해서는 안 된다고 언급할 것이다. 케인스 이래로 자본주의 국가를 포함한 모든 나라는 경제 활동에 어느 정도의 정부

간섭을 행사해 왔다. 미국과 한국이 좋은 예이다. 정부는 기획이나 시장을 통하여 규제하는데, 중국은 그 두 가지를 모두 사용할 것이다. 기업은 시장 세력을 마음대로 이용하고, 국가는 거시 정책을 통해서 경제를 이끌어 나갈 것이다. 또한 필요하다면 계획도 할 것이지만, 미래의 규제는 한 가지 수단일 뿐, 사회주의의 본성으로 간주되지는 않을 것이다.

덩샤오핑은 이러한 목적을 점진적으로 추구하고자 했다. 중국식으로 표현하면, 지도부는 "돌을 더듬어 가면서 강을 건널" 것이었다. 무엇이 효과가 있는지를 봐 가면서 진척한다는 뜻이었다. 마오쩌둥의 지속적 혁명은 유토피아적 전환이라는 비전과 함께 사실상 포기 상태였다. 중국 지도부는 이념이 개혁을 옥죄는 일이 없도록 하려 했고, 대신 '중국적 특색을 지닌 사회주의'를 다시 정의하여 중국에 번영을 가져다주는 것이라면 무엇이든 '중국적 특색'이라고 부르고자 했다.

그 과정을 수월하게 만들기 위하여 중국은 외국인 투자를 환영했다. 투자의 일부는 해안에 구축한 경제특구를 통해서 이루어졌으며, 거기서 기업들은 좀 더 폭넓은 자유를 누렸고 투자자들은 특별한 조건을 허락받았다. '외국 투자자들'에 대한 중국의 부정적 경험이 있었음을 감안한다면(그리고 그런 경험이 민족주의자들의 구호에 미친 두드러진 영향을 감안한다면) 상당히 대담한 조치였다. 또 그것은 국제적 경제 질서에 참여함으로써 수백 년 묵은 중국의 경제 자립 아이디어를 기꺼이 포기한다는 (거의 전례를 찾아볼 수 없는) 의사 표시였다. 1980년 중국은 IMF와 세계은행의 구성원이 되었고, 해외 차관도 중국 내로 유입하기 시작했다.

체계적인 권력 분산이 뒤따랐다. 실제로 가족 단위 농사를 가리키는 이른바 '책임 중심'을 독려함으로써 농업 공동체는 포기했다. 다른 기업에 대해서는 소유와 경영이 점차 뚜렷이 구분되었다. 소유권은 국가의 손에 남게 되고 경영은 대체로 관리자들의 몫이 되었다. 관리 당국과 관리자들 사이의 합의에 의해서 각자의 기능이 규정되었고, 관리자들에게는 상당한 자유가 주어졌다.

이런 변화들은 가히 눈부신 결과를 가져왔다. 최초의 경제 개혁이 발표된 1978년과 1984년 사이에 중국 농민들의 수입은 배로 늘어났다. 개인의 경제적 인센티브에 의해 탄력을 받은 민간 부문은, 거의 전적으로 정부 지시에 의해 좌지우지되었던 경제에서 전체 산업 생산의 거의 50퍼센트를 차지할 정도로 커졌다. 중국의 GDP는 1980년대 내내 연평균 9퍼센트 이상 성장했다. 이러한 성장은 전례가 없었을 뿐 아니라 내가 이 책을 쓰고 있는 지금까지도 거의 중단되지 않고 계속되어 온 경제 성장이었다.[20]

이러한 규모의 노력은 무엇보다도 개혁을 수행하는 관리자들의 자질에 달려 있었다. 바로 이것이 1982년 내가 덩샤오핑과 주고받았던 내용이었다. 내가 인적 자원에 활기를 불어넣은 것이 희망했던 방향으로 움직이고 있는지를 물었을 때, 덩샤오핑은 이렇게 답했다.

덩샤오핑: 네, 그래요. 난 그렇게 생각합니다. 하지만 끝난 건 아니지요. 우린 계속해야 해요. 농업의 문제는 아직 해결되지 않았습니다. 참을성 있게 기다려 왔어요. 2년 전에 우리는 자오쯔양 총리와 후야오방을 일선 업무에 투입했지요. 아마 당신도 눈치챘겠지만, 지금 당 위원회 구성원의 60퍼센트는 예순 살 이하이고, 40대도 상당히 많습니다.

키신저: 네, 저도 그 점을 알고 있습니다.

덩샤오핑: 그 정도론 충분치 않습니다. 예전의 동지들이 다시 돌아오도록 해야 합니다. 우린 그런 식으로 지도 위원회를 구성했어요. 나 스스로

위원회의 우두머리가 되겠다고 자청했는데, 나 자신이 점차로 공식적인 직위를 벗어 던지고 자문하는 입장에 서고 싶다는 뜻이랍니다.

키신저: 위원장님보다도 더 연로한 몇몇 동료도 계시던데, 그분들도 모두 지도 위원회에 참여했더군요.

덩샤오핑: 아, 그건 우리 당이 늙었기 때문이죠. 그리고 더러는 늙은이들을 일선에 둬야 합니다. 그러나 이 문제는 서서히 풀릴 것입니다.

키신저: 문화 혁명의 문제는 통상적으로 필요한 만큼 전문 교육을 받지 못한 많은 사람이 간부 위치에 올랐다는 것이라는 얘기를 들었습니다. 그게 과연 문제인가요, 또 그렇다면 위원장께서 해결할 수가 있을까요?

덩샤오핑: 물론입니다. 책임 있는 간부들을 간택하는 우리의 기준은 이렇습니다. 그들은 혁명가여야 합니다. 젊은이여야 합니다. 많은 교육을 받은 사람이라야 하고요. 전문적인 능력도 있어야 합니다. 내가 말했듯이, 12차 당 대회는 새로운 정책의 지속성을 보여 주기만 한 게 아니라 그걸 확보해 주기도 했고, 인원의 배치 역시 그런 지속성을 보장했습니다.

5년이 흐른 뒤에도, 덩샤오핑은 여전히 어떻게 하면 당을 젊게 만들까 고민 중에 있었다. 1987년 9월 그는 10월로 계획된 당 대회를 위한 자신의 계획을 나에게 미리 보여 주었다. 햇볕에 검게 타고 충분히 휴식을 취한 덩샤오핑은 여든셋의 나이에도 왕성한 정력을 과시하며, 다가오는 대회를 '세계를 향한 개혁 개방의 회의'라 이름 붙이고 싶다고 말했다. 자오쯔양에게는 공산당 총서기라는 핵심 직위를 주어 후야오방을 대체하고 새 총리 선출이 필요하도록 만들 계획이었다. "후야오방은 몇 가지 실수를 저질렀어요." 덩샤오핑은 (아마도 1986년 일련의 학생 시위를 방치한 것을 가리키면서) 그렇게 말했지만, 정치국에는 그대로 유임하게 될 것이라 했다. 예전에는 고위직에서 물러나면 정책 과정에서도 함께 밀려났지만, 이번에는 그게 달라진 점이었다. 공산당의 집행 위원회 성격인 상임 위원회 구성원은 누구도 두 개의 직책을 겸임하지 못하므로, 다음 세대 고위 관리들로의 이전에 속도를 낼 것이었다. 다른 '연로한 인사들'은 은퇴할 터였다.

덩샤오핑은 자신이 이제 경제 개혁에서 정치 개혁으로 나아갈 것이라고 설명했다. 그것은 "수백만 명의 이해관계가 개재되어 있기 때문에" 경제 개혁보다 훨씬 더 복잡할 것이었다. 공산당과 정부의 업무 분담에도 변화가 생길 것이다. 전문적인 관리자들이 당 서기직에 앉게 되면 다른 일자리를 찾아야 할 당원들도 많을 것이었다.

그러나 정책 입안과 행정을 구분하는 경계선은 어디에 있는가? 이에 대해 덩샤오핑은 이념에 관한 이슈는 당의 일이고, 업무 방침은 관리자의 몫이라고 답했다. 예를 들어 보라고 하자, 덩샤오핑은 동맹의 방향이 소련 쪽으로 기우는 것은 분명히 이념의 이슈가 될 거라고 했다. 내가 그와 나누었던 많은 대화에서 나는 이런 주제를 자주 다루게 되지는 않을 거라고 판단했다. 그러나 좀 더 숙고해 보면 궁금해진다. 단순히 예전에 생각할 수 없었던 그런 개념을 끄집어냄으로써 덩샤오핑은 중국이 좀 더 자유로운 외교 전술로 돌아갈 것을 고려한다는 사실을 통지하고 있는 게 아닐까.

정치적으로 덩샤오핑이 제안한 것은 공산주의 경험상 그 전례가 없었다. 공산당은 나라의 경제와 정치적 구조에서 전반적인 감독 역할을 유지할 것이라고 암시하는 것 같았다. 그러나 중국인의 일상생활을 세세한 부분까지 일일이 통제했던 이전의 위치에서는 물러서고, 개개 중국인의 이니셔티브에는 폭넓은 자유가 주어질 것이었다. 그리고 이처럼 광범위한 개혁은 '질서 정연하게' 이루어질 거라고 덩샤오핑은 주장했다. 중국은 이제 안정되었고, '앞으로 발전을 하려면 안정을 유지해야 한다'는 것이었다. 중국 정부와 인민은 '문화 혁명의 혼란을 기억하고' 다시는 그런 일이 되풀이되지 않도록 할 것이었다. 중국의 개혁은 '전례가 없었고' 그것은 불가피하게 '약간의 실수도 생길 것'임을 의미할 것이다. 국민의 절대 다수는 진행 중인 개혁을 지지하고 있으며 성공을 확보하려면 '용기'와 '신중함'이 필요하다고 덩샤오핑은 말했다.

나중에 밝혀진 사실이지만 이는 추상적 이슈가 아니었다. 머잖아 덩샤오핑은 그의 '질서 정연한' 개혁 프로그램에 내재되어 있는 긴장과 맞닥뜨리지 않을 수 없게 된다. 폭증하는 중국의 경제 성장률과 해외로 나가는 수만 명의 학생들, 나라 안 생활수준의 변화 등을 온 세계가 경탄의 눈으로 보고 있었지만, 그 속으로 새로운 흐름이 용솟음치고 있다는 의미심장한 징표가 나타나고 있었던 것이다.

개혁 과정의 초기 단계는 계획 문제를 시장 문제와 합치는 경향이 있었다. 가격에 진짜 비용을 반영하려는 시도는, 적어도 단기적으로는 어쩔 수 없이 가격 인상으로 이어졌다. 가격 개혁의 결과로, 가격이 더 뛰기 전에 물건을 사두려는 심리 때문에 은행 인출 사태가 벌어지고, 이는 다시 사재기와 더 심한 인플레이션이라는 악순환을 몰고 왔다.

1987년 9월의 한 회의에서 자오쯔양은 GDP의 절반가량에 대하여 시장 세력 의존으로 방향을 틀겠다는 계획을 제시했다. 기술적인 경제 이슈를 넘어서서 명령 체계의 상당한 재조정을 요구하는 일이었다. 유럽 국가들처럼 화폐 공급 조절이나 불경기의 사전 차단을 위한 개입 등을 통한 경제의 간접 통제에 좀 더 방점이 찍히게 된 것이다. 중국의 수많은 중앙 기구는 해체되어야 했고, 다른 기구들은 그 기능을 다시 정해야 했다. 이런 과정을 수월하게 만들기 위해 당원 자격의 검토와 관료 체제의 간소화라는 명령이 떨어지기도 했다. 그런 명령에는 3000만 명의 개인이 연루되어 있고, 그 행동이 수정되어야 하는 바로 그런 사람들에 의해 수행되었기 때문에 많은 장애를 넘어야 했다.

경제 개혁이 비교적 성공을 거두면서, 이후 불만의 핵심에 유권자 층이 형성되었다. 그리고 정부는 개혁 때문에 일자리를 위협받는 간부들의 충성심이 떨어지는 것을 지켜봐야 했다.

이중 가격 시스템의 시행으로 부패와 정실(情實) 인사가 고개를 들었다. 실제로 시장 경제로 이행한 후 부패가 넘쳐났다. 적어도 당분간은 그랬다. 두 개의 경제 부문이, 줄어들고는 있지만 여전히 거대한 공공 부문과 성장하는 시장 경제가 공존한다는 사실은 두 가지 가격 체계를 만들었다. 그렇게 해서 원칙도 없는 관료와 기업가들은 개인적 이득을 위해 이 두 부문 사이에서 자원을 주고받을 수 있는 입장에 있었다. 중국 내 민간 부문 이익의 상당 부분은 만연한 부패와 족벌주의의 결과였다.

족벌주의 혹은 정실 인사는 중국처럼 가족 중심의 문화에서는 어쨌든 특별한 문제이다. 중국인들은 때가 혼란해지면 가족에 의지한다. 본토, 타이완, 싱가포르, 홍콩 등 중국 사회라면 예외 없이 궁극적으로는 가족에 기댄다. 그리고 그 가족은 추상적 시장의 힘이 아니라 가족 기준에 의해 결정되는 방식으로 다시 혜택을 보게 된다.

시장은 그 자체의 불만을 낳았다. 시간이 흐르면 시장 경제는 전반적인 복리를 증대시켜 주겠지만, 경쟁의 본질은 누군가가 이기면 누군가는 진다는 데 있다. 시장 경제의 초기 단계에서는 승자가 한쪽으로 편중될 가능성이 크고, 패자는 자신의 실패가 아니라 '시스템'을 탓하려는 유혹을 받게 된다. 그들의 비난은 종종 정당한 경우가 많다.

일반 국민의 수준에서, 경제 개혁은 생활수준이나 개인의 자유에 대한 중국인들의 기대치를 높였던 반면, 동시에 갈등과 불평등을 야기했다. 많은 중국인은 그런 문제가 오로지 좀 더 개방적이고 참여형인 정치 체제에 의해서만 시정될 것이라고 느꼈다. 중국 지도부 역시 중국의 정치적, 이념적 노선에 대하여 갈수록 분열되었다. 고르바초프의 소련 개혁이 남긴 선례는 그 논쟁에 더 많은 의미가 실렸다. 중국의 일부 지도자들에게 글라스노스트*와 페레스트로이카**는 위험한 이단이었고, 흐루쇼프가 '스탈린의 칼'을 내던져 버린 것에 비견할 만한 것이었다. 반면 젊은 세대의 학생들과 당원들을 포함한 다른 사람들에게 고르바초프의 개혁은 중국 자신의 길을 위해 있을 수 있는 모델이었다.

덩샤오핑, 후야오방, 자오쯔양 등이 주도했던 경제 개혁은 중국인들의 일상생활을 완전히 바꾸어 놓았다. 동시에 소득 격차, 화려하고 도발적이기까지 한 의상, 그리고 '럭셔리' 아이템의 노골적인 찬양 등 마오쩌둥 시대에 근절되었던 현상이 다시 등장하면서, 전통적인 공산당 간부들은 중국이 존 포스터 덜레스가 전에 예측했던 자본주의를 향한 무시무시한 '평화로운 진화'에 무릎을 꿇고 있다고 탄식했다.

중국 관리와 지식인들이 종종 이 논쟁을 ('부르주아 해방'의 위협에 대항하는 요란스러운 전투 같은) 마르크스식 도그마라는 틀에 집어넣었지만, 그런 분열은 결국 19세기 이래로 중국을 쪼개 놓았던 바로 그 질문으로 돌아갔다. 외부로 눈길을 돌림으로써 중국은 그 숙명을 완수하고 있는가, 아니면 그 도덕의 본질을 타협하고 있는가? 중국은 서구 사회 및 정치 체제로부터 (배울 게 있기나 하다면) 무엇을 배우도록 해야 하는가?

---

* glasnost: '개방', '정보 공개', '열림' 등을 뜻하는 러시아어로 고르바초프가 실시한 정보 개방 정책을 말한다.

** perestroika: '개혁' 또는 '경제 개혁'을 뜻하는 러시아어로 고르바초프가 추진한 사회주의 개혁 정책을 말한다.

1988년 언뜻 보기에 소수의 사람들만이 이해할 성싶은 TV 미니시리즈를 둘러싸고 위와 같은 논쟁은 또렷이 모습을 드러냈다. CCTV에서 방영한 6부작 다큐멘터리 「허샹(河殤)」은 탁하고 도도하게 흐르는 황허의 비유를 통해 중국 문화 자체가 고립되고 정체되었다는 주장을 펼쳤다. 전통적인 중국 유교 문화를 고발하면서 좀 더 최근에 나타난 정치적 변화를 은근히 비난하는 이 작품은, 중국이 서구 문화를 포함한 바깥세상의 '블루 오션'을 바라봄으로써 스스로를 새롭게 해야 한다는 암시를 담고 있었다. 이 시리즈는 중국 정부 고위층의 논의를 포함하여 전국적 논쟁의 불씨가 되었다. 전통적인 공산주의자들은 이 작품을 '반혁명적'이라고 간주하여, 이미 방송이 되긴 했지만 추가 방영을 금지시켰다.[21] 중국의 숙명과 서구와의 관계에 대한 여러 세대에 걸친 논쟁이 다시 살아난 것이다.

15

톈안먼

소련이라는 거대한 돌기둥에 금이 가기 시작한 것은 1989년 초 동유럽에서의 일이었고, 이는 11월 베를린 장벽의 붕괴로 이어졌으며 끝내 소련 자체가 해체되고 말았다. 그러나 중국은 안정을 누리는 것으로 보였다. 세계 각국과의 관계도 1949년 공산당의 승리 및 중화인민공화국 선포 이래로 가장 좋았다. 특히 미국과의 관계는 괄목할 만한 성과를 이루었다. 양국은 힘을 모아 소련의 아프가니스탄 점령을 저지했고, 미국은 의미 있는 수준의 무기를 중국에 판매했으며, 교역은 증가 일로였고, 각료에서부터 군함에 이르기까지 교류 또한 왕성했다.

여전히 소련을 주재하고 있던 미하일 고르바초프는 5월에 베이징 방문을 계획했다. 모스크바는 중·소 관계 개선을 위해서 중국이 제시한 세 가지 조건을 상당한 정도까지 충족시켰으니, 그 세 가지 조건은 첫째, 아프가니스탄에서 소련군 철수, 둘째, 중국 국경에서 소련군 후퇴 및 재배치, 셋째, 캄보디아에서 베트남군 철수 등이었다. 베이징에서는 국제회의가 수시로 개최되고 있었으며, 그중에는 그해 4월 열린 아시아 개발 은행 이사회도 있었다. 중국은 3년 전 이 다자간 개발 기구에 가입했는데, 그것이 예기치 않게 하나의 드라마가 펼쳐진 배경이 되었다.

후야오방의 사망에서 모든 것이 시작되었다. 덩샤오핑은 1981년 후야오방이 공산당 내 최고의 지도부 직위인 총서기로 승진하도록 조치해 주었다. 1986년 학생 시위가 일어나자, 보수파들이 후야오방을 우유부단하다고 비판하면서, 이때 그의 자리는 또 다른 덩샤오핑의 애제자인 자오쯔양이 차지했고 정치국 위원직은 유지하면서 총서기직을 내놓았다. 그리고 1989년 4월 8일 정치국 회의 도중 일흔세 살의 후야오방은 심장마비로 쓰러졌다. 소스라치게 놀란 동료들이 응급 처치 후 급히 병원으로 옮겼지만, 다시 한 번 심장 발작을 일으킨 후 같은 달 15일 사망했다.

1976년 사망한 저우언라이의 경우처럼, 후야오방의 죽음은 정치적으로 격한 애도의 물결을 불러왔다. 그러나 그사이 몇 년 동안 어떤 연설이 허용되느냐에 대한 제약은 많이 완화된 터였다. 1976년 저우언라이를 애도했던 군중이 고대 황궁 정치에 대한 은유를 써 가며 마오쩌둥과 장칭의 비난을 슬그머니 가렸던 데 비해서, 후야오방을 애도하며 시위를 벌인 1989년의 군중은 이름을 하나씩 들어 가면서 비난했다. 5·4 운동(민족주의적인 중국인들이 중국 정부의 나약함과 베르사유 조약의 불평등에 항거했던 1919년의 민중 운동) 70주년 기념일이 다가오고 있었기 때문에 분위기는 이미 긴장 상태였다.[1]

후야오방을 경애했던 사람들이 톈안먼 광장의 인민 영웅 기념비에

꽃다발과 애가(哀歌)를 바치는가 하면, 정치적 자유화에 헌신했던 총서기를 칭송하고 앞으로의 개혁에서 그의 정신이 살아남아야 한다고 외치는 이들도 많았다. 베이징과 다른 도시의 학생들은 이 기회를 이용해서 부패, 인플레이션, 언론 억압, 대학 사정, 그리고 막후에서 비공식적으로 끈질기게 통치하고 있는 당의 '원로'에 대한 좌절감을 쏟아냈다. 베이징의 경우 여러 개의 학생 그룹은 일곱 가지 요구 조건을 제시하면서, 정부가 요구 조건을 들어줄 때까지 시위하겠다고 으름장을 놓기도 했다. 모든 그룹이 일곱 가지 조건을 모두 지지한 것은 아니었다. 다만 별개의 불만들이 전례 없이 한꺼번에 모여서 폭동으로 번진 것이었다. 시위로 시작한 것이 톈안먼 광장의 점령으로 확산되면서 정부의 권위에까지 도전장을 던지게 되었다.

　이달 초만 해도 지켜보는 이들이나 참가한 이들이나 가능하다고 상상치 못했던 방식으로 사태는 악화되어 갔다. 6월이 되자 다양한 규모의 반정부 시위들이 전국 341개 도시로 확산되었다.[2] 시위 군중은 열차와 학교를 점령했고, 수도의 간선 도로들은 차단되었다. 학생들은 톈안먼 광장에서 단식 투쟁을 선언함으로써, 국내외 옵서버 및 다른 시민 집단의 관심을 널리 끌었고, 지켜보던 사람들도 시위에 참여하기 시작했다. 중국 지도자들은 고르바초프 환영식을 톈안먼 광장에서 다른 곳으로 옮겨 진행해야 했다. 굴욕적이게도 환영식은 베이징 공항에서 군중 없이 이루어졌다. 인민 해방군의 일부가 수도로 진격해서 시위를 진압하라는 명령을 거부했으며, 공무원들까지 시위대에 참여해 시가를 행진했다는 보도도 있었다. 티베트족과 위구르 회교도 소수 민족이 자신들의 문화적 이슈를 기반으로 동요하기 시작한 중국 서부 변방의 상황은 이러한 정치적 도전을 더욱 두드러져 보이게 했다.(위구르의 경우 출간된 지 얼마 안 되는 한 권의 책이 회교도의 감정을 자극했다고 한다.)[3]

사태가 주연들의 통제권을 슬그머니 벗어나면서 폭동은 대체로 그 자체의 추진력을 얻는데, 그 주연들은 더는 각본을 알 수 없는 연극의 등장인물이 된다. 덩샤오핑에게는 이런 시위가(시위대가 어떤 목적을 천명하느냐에 상관없이) 혼란에 대한 중국의 오랜 두려움과 문화 혁명의 아픈 기억을 불러일으켰다. 앤드루 네이션은 이런 교착 상태를 자못 웅변적으로 요약했다.

학생들은 자신들이 위험하다고 알고 있는 정권에 치명적인 도전을 하려고 나선 것이 아니었다. 또 정권도 학생들에게 신이 나서 폭력을 행사한 게 아니다. 양쪽이 공유한 목적도 많았고, 공통의 언어를 갖고 있었다. 의사소통의 오류와 판단의 잘못으로 인해 그들은 타협의 가능성이 자꾸만 적어지는 입장으로 서로를 밀어 넣었다. 몇 번인가 바로 코앞에 해결책이 보이는 듯했지만, 마지막 순간에 수포로 돌아가곤 했다. 처음에는 재앙을 향해 천천히 미끄러지다가, 양쪽 모두 분열이 심각해지면서 가속도가 붙었다. 우리는 결과를 알고 있기에, 진짜 비극에서 받는 공포감으로 그 이야기를 읽는다.[4]

이 책은 톈안먼의 비극으로 귀결되는 일련의 사건을 검토하려고 쓴 게 아니다. 양측은 위기에 참여한 여러 가지 (종종 마찰을 빚는) 연유에 따라 서로 다른 인식을 가지기 때문이다. 학생 소요는 특정의 불평에 대한 시정을 요구하는 것에서 시작되었다. 그러나 평화로운 때조차 한 나라 수도의 주요 광장을 점령한다는 것은 정부의 무능을 드러내고, 정부를 무력화하고, 정부가 무모한 행동을 함으로써 스스로를 불리하게 만들도록 유도하는 전술이 되기도 한다.

그러나 대단원의 결말에 대해서는 이론의 여지가 없다. 폭력을 사용할 것인가의 여부에 대해서 7주 동안이나 망설이고 내부적으로 심각한 분열만 보이다가, 지도부는 마침내 6월 4일 결정적 진압에 나선다. 공산당 총서기 자오쯔양은 실각된다. 여러 주 동안의 내부 논쟁을 거쳐, 덩샤오핑과 정치국의 대다수는 인민 해방군에게 톈안먼 광장을 소탕하라는 명령을 내렸다. 낱낱이 텔레비전에 방영되었던 것처럼 과격한 시위 진압이 뒤따랐고, 이는 고르바초프와 중국 지도부의 역사적 회담을 취재하기 위해 전 세계에서 모여든 언론에 의해서 각국으로 퍼져 나갔다.

미국의 딜레마

세계의 반응은 냉혹했다. 중화인민공화국은 서구 스타일의 민주주의로 움직인다고 주장한 적이 한 번도 없었다.(아니, 중국은 그런 암시조차 일관되게 거부해 왔다.) 이제 중국은 인권을 갈망하는 인민을 짓밟는 자의적 국가로 전 세계의 언론에 비치게 되었다. 이전까지만 해도 개혁가로 널리 칭송을 받았던 덩샤오핑은 폭군으로 비난받게 되었다.

이런 분위기에서 양국의 정기적 협의라는 확립된 관행을 포함하여 중·소 관계 전반은, 각양각색의 정치 영역으로부터 공격을 면할 수 없었다. 전통적인 보수파는 공산당이 이끄는 중국이 역시 신뢰할 만한 파트너가 될 수 없다고 판단한 자신들의 신념이 옳았음을 확인했다. 갖가지 정치 성향을 띤 인권 운동가들은 일제히 격노하고 나섰다. 자유주의자들은 미국이 톈안먼 사건의 후유증으로 민주주의 전파라는 궁극적 임무를 완수하는 의무를 떠안게 되었다고 주장했다. 비난하는 사람들의 의도는 제각각 다양했지만, 베이징에 압력을 행사해 국내 체제를 수정하고 인권의 관행을 격려하기 위한 제재의 필요성에 대해서는 의견이 일치했다.

취임한 지 5개월이 채 안 되었던 조지 부시 대통령은 그런 제재의 장기적인 영향에 대해서 마음이 편치 않았다. 부시와 안보 담당 보좌관이었던 브렌트 스코크로프트 장군은 모두 닉슨 행정부에서 일한 바 있다. 당시 이들은 덩샤오핑을 만난 적이 있었고, 그가 개인의 더 큰 자유를 위해 사인방의 교묘한 술책에 대항하면서 미국과의 관계를 유지하던 모습을 잘 기억하고 있었다. 그들은 덩샤오핑의 경제 개혁을 찬양했고, 군중을 억압한 것에는 혐오감을 표했지만 중국의 개방으로 인해 세계가 어떻게 바뀌었는지에 대한 존경심도 잃지 않았다. 두 사람은 미국의 적이라면 누구나 중국의 지원을 기대할 수 있었던 시절의 외교 정책, 아시아의 모든 나라가 고립된 중국을 두려워했던 시절의 외교 정책, 소련이 다른 방향을 걱정할 필요 없이 서구를 압박하는 정책을 펼 수 있었던 시절의 외교 정책 등의 시행에 모두 참여했다.

부시 대통령은 10여 년 전 양국이 긴장 국면이었을 때, 베이징의 미국 연락 사무소장으로 근무했던 적도 있었다. 대장정에 참여했고, 옌안의 동굴 속에서 살아남았으며, 1960년대 소련과 미국에 동시에 대치했던 지도자들이라면, 외세의 압력이나 고립의 위협에 절대로 굴복하지 않을 것임을 이해할 수 있을 정도로 부시는 경험이 풍부했다. 게다가 무슨 목적으로 압박을 가한단 말인가? 중국 정부를 전복하려고? 무슨 대안이 있기에 그 구조를 변경시키려고? 일단 개입한다면 그 과정을 어떻게 끝낸단 말인가? 그리고 그러기 위해 치러야 할 대가는?

톈안먼 사건이 있기 전의 미국은 민주주의의 확산을 위해 미국의 외교가 맡은 역할이 무엇인가 하는 논쟁에 익숙해 있었다. 간단하게 말해 그 논쟁은 이상주의자들과 현실주의자들을 겨루게 했다. 이상주의자들은 국내 체제가 외교 정책에 영향을 끼치기 때문에 외교의 어젠더에 당연히 들어가야 할 사안이라고 주장했다. 반면 현실주의자들은 그런 어젠더는 어떤 나라의 능력도 미치지 못하기 때문에 외교는 주로 대외 정책에 초점을 맞추어야 한다고 주장했다. 도덕적 계율이라는 절대치는 국익의 균형에서 외교 정책을 도출해 내는 만일의 사태에 비추어 저울질을 당했다. 실제로 그 구분은 훨씬 더 미묘하다. 이상주의자들은 가치관을 적용하고자 할 때, 특정한 상황의 세계를 고려하지 않을 수 없게 될 것이다. 사려 깊은 현실주의자들은 가치라는 것이 현실의 중요한 요소임을 잘 안다. 의사 결정을 할 때 이런 구분이 절대적인 경우는 거의 없다. 뉘앙스의 문제로 귀결되기 십상이기 때문이다.

중국에게 중요한 것은 미국이 민주주의적 가치관의 우세를 선호하느냐 아니냐가 아니었다. 미 국민의 압도적 대다수는 그 질문에 긍정적으로 대답할 것이고, 대중국 정책 관련 논쟁에 참여하는 모든 사람도 그러할 것이다. 진짜 이슈는 그들이 구체적으로 어떤 대가를 치를 각오가 되어 있느냐 하는 것이지, 의도한 결과를 가져오기 위해서 어떻든 얼마나 시간이 걸릴까 혹은 그들의 능력이 어느 정도이냐 하는 것이 아니었다.

독재 정권에 대응하는 전략을 두고 대중의 논쟁이 벌어지면 두 가지 폭넓은 실무 정책이 나타났다. 그중 한쪽 그룹은 대치를 주장하면서, 어떤 대가를 치르더라도 미국이 줄 수 있는 혜택을 주지 말고 비민주적 행위나 인권 침해에 맞서야 한다고 촉구했다. 극단적인 경우에는 민주 원칙을 위반하는 정권 교체까지 촉구했으며, 중국의 경우는 민주주의를 향한 뚜렷한 움직임을 보여야만 상호 혜택을 고려하라고 주장했다.[5]

이에 반대하는 측은 인권의 진보가 보통 포용 정책에 의해 달성하는 편이 낫다고 주장했다. 일단 충분한 자신감이 생기면, 시민들의 관

습에 생기는 변화들이 공통의 목적이란 이름 아래 혹은 적어도 공통의
이익을 보존한다는 명목 아래 옹호될 수 있다.

둘 중 어느 접근법이 적절한가는 어느 정도 상황에 달려 있다. 인권
의 침해가 너무나 가혹해서 관계를 지속해 봐야 무슨 득이 될지 상상
도 못할 경우도 있다. 예를 들면, 캄보디아의 크메르 루주나 르완다의
대량 학살이 있다. 공식적으로 압력을 가하면 정권 교체나 퇴위 형태
로 이어지기 때문에, 미국 안보를 위해 지속적 관계가 중요한 나라들
에게는 적용하기가 어렵다. 서구 사회의 치욕적인 간섭에 대한 기억이
너무나도 강력한 중국의 경우가 특히 그러했다.

톈안먼 사건의 직접적인 결과가 무엇이든 간에, 중국은 국제 정치에
서 중요한 요소가 될 터였다. 지도부가 결속한다면 중국은 경제 개혁
프로그램을 재개하고 점점 더 강력해질 것이었다. 그렇게 되면 미국과
여타 국가들은 새로운 강대국과 협력 관계를 회복하려 할 것이냐, 아
니면 중국을 고립시켜서 미국적 가치관과 일치하는 국내 정책을 채택
하도록 회유할 것이냐를 결정해야 할 터였다. 외부의 지원이라고는 유
일했던 소련이 1959년 원조를 끊었을 때조차 굴하지 않았던 중국인데,
그 중국을 고립시키면 기나긴 대치 국면이 시작될 수밖에 없었다. 부
시 행정부는 처음 몇 달 동안 여전히 냉전 원리로 움직였고, 중국은 소
련과의 균형을 위해 필요했다. 그러나 소련의 위협이 줄어들면서 중국
은 점차 독자 노선을 걷는 점차 강력한 입지를 가지게 될 터였다. 미국
과 중국이 손을 잡게 한 소련에 대한 두려움이 사라지기 때문이었다.

대치를 추구하든 화해를 추구하든, 중국 국내 체제에 대한 미국의
입김에는 객관적으로 한계가 있었다. 중국 같은 크기와 인구와 복잡성
을 지닌 나라의 내부적 발전을 좌지우지할 노하우가 미국에게 있었던
가? 중앙 권력의 붕괴가 19세기 외세의 간섭 때문에 악화되었던 내전

의 재발을 가져올 위험은 없었나?

텐안먼 사건 이후 부시 대통령의 입장은 미묘해졌다. 예전에 베이징 주재 미국 연락 사무소를 지휘했던 그는 외세의 간섭에 대한 중국의 감성을 잘 이해하고 있었다. 동시에 그는 미국 정치에서의 오랜 경력으로 인해 미국 내 정치 현실도 민감하게 이해했다. 워싱턴의 대중국 정책은 당시 캘리포니아 출신 민주당 의원 낸시 펠로시의 표현처럼, "베이징 지도자들에게 분명하고도 원칙적인 메시지를 보내야"[6] 한다고 미국인들 대부분이 믿고 있음을 그는 잘 인식하고 있었다. 그러나 부시는 미국과 중국의 관계가 중국 통치 시스템과는 관계없이 미국의 필수적인 이익에 부합된다는 사실도 알게 되었다. 그는 거의 20년에 걸쳐 냉전 세계의 가장 근원적 안보 이슈에서 미국과 협력해 왔던 정부와 반목한다는 데 극도로 조심했다. 후일 그는 이렇게 적었다. "자긍심을 가져 마땅하고, 오랜 역사를 자랑하며, 국민들은 내향적인 이 나라에게, 외국의 간섭은 (그들이 여전히 '오랑캐'이며 중국 방식도 모르는 식민주의자라고 받아들이는 사람들로부터의 간섭은) 수치였으며 그들에 대해 취해지는 조치는 과거의 강압으로 돌아가는 것이었다."[7] 진보와 보수 양측에게서 좀 더 강력한 조치를 취하라는 압박에 맞서 부시는 줄곧 이렇게 주장했다.

인권이나 정치 개혁에 관한 한 우리는 모른 척 고개를 돌릴 수 없었다. 하지만 끝도 없이 비난의 화살을 퍼붓는 대신, 그들의 진척 속도를(마오쩌둥이 죽은 이후로 그 속도는 빨랐다.) 독려하는 차원에서 우리 견해를 또렷이 밝힐 수는 있었다. …… 나에게 주어진 질문은, 어떻게 해야 우리 관계가 '일시 중단' 상태일 때라도 여전히 중국과 교류하면서, 우리가 목격하는 일을 잘못이라고 비난하고 적절하게 대응하느냐 하는 것이었다.[8]

부시는 이런 줄타기를 능숙하고도 우아하게 해냈다. 의회가 베이징에 징벌적 조치를 했을 때도 그는 그 날카로운 테두리를 어느 정도 무마했다. 동시에 그 자신의 확신을 나타내기 위해서 6월 5일과 20일 두 차례 고위급 정부 교류를 잠정 중단시켰고, 군사 협력 및 경찰, 군, 군민 양용(軍民兩用) 장비의 판매를 중단했으며, 세계은행 및 다른 국제 금융 기관의 중국에 대한 신규 대출에 반대를 표명했다. 미국의 제재 조치는 유럽 공동체, 일본, 호주, 뉴질랜드 등이 감행한 조치와 비교할 수 있고, 전 세계 정부의 유감 및 비난의 표현과도 어울리도록 이루어졌다. 의회는 대중의 압력을 반영하여, 입법에 의한 제재라든지 당시 미국에 체류 중인 중국 유학생들의 비자를 자동적으로 연장하는 등 한층 강력한 조치를 밀어붙였다.[9]

지난 10년의 대부분 동안 사실상의 동맹으로 행동해 왔던 미국과 중국 정부는 소원해졌고, 고위급의 접촉이 뜸한 가운데 통분(痛憤)과 비난은 양쪽 모두에서 커져 갔다. 돌이킬 수 없는 단절을 피하기 위해서 부시는 덩샤오핑과의 오랜 교분에 호소하기로 했다. 그는 6월 21일 장문의 사적인 편지를 썼고, 여기서는 관례를 무시하고 자신이 내린 고위급 교류 금지도 무시한 채 덩샤오핑을 '친구'로 불렀다.[10] 부시는 '중국의 역사와 문화와 전통에 대한 끝없는 존경심'을 표현하면서, 자신이 덩샤오핑에게 중국을 어떻게 통치하라는 등 훈수를 두고 있다는 느낌을 줄 만한 표현은 일체 쓰지 않았다. 명민하고 외교적인 업적이었다. 동시에 그는 중국의 최고 지도자에게 미국 국민들의 분노를 미국 이념주의의 자연스러운 표출로 이해해 달라고 부탁했다.

저는 당신이 젊은 나라 미국 건립의 기초가 된 원칙을 기억해 주십사하고 아울러 부탁드리는 바입니다. 그 원칙이란 민주주의와 자유입니다.

언론의 자유, 집회의 자유, 자의적 권위로부터의 자유. 미국인들이 다른 나라에서 일어나는 일을 바라보고 반응하는 방식에 어쩔 수 없이 영향을 끼치는 것이 바로 그런 원칙을 존중하는 마음입니다. 그것은 거만함도 아니요, 우리 신념을 믿으라고 다른 사람들을 윽박지르는 것도 아니며, 단지 그런 원칙이 지니는 영원한 가치를 믿는 것이요, 그 원칙이 누구에게나 적용된다는 믿음입니다.[11]

부시는 자기 자신도 국내의 정치적 영향력에 의해 제약을 받으며 움직이고 있다는 뜻도 넌지시 알렸다.

후에 일어난 일들은 역사책의 몫으로 남겨 두겠습니다. 하지만 다시 말씀드리거니와 전 세계인들은 그 혼란을 목격했고 시위를 끝낸 유혈 사태를 눈으로 똑똑히 보고 말았습니다. 많은 나라가 제각각 다른 방식으로 이에 반응했습니다. 제가 미국 대통령으로서 취했던 행동은 위에서 묘사한 원칙에 의거하여 피할 도리가 없었습니다.[12]

부시는 또 덩샤오핑에게 연민의 정을 보여 달라고 호소했다. 왜냐하면 연민은 미국 국민들에게도 영향을 줄 것이고, 은연중 부시 자신의 운신의 폭도 넓게 해 줄 것이기 때문이었다.

시위에 나선 사람들과의 분쟁을 평화적으로 해결한다는 앞서의 성명을 이어받아 중국이 어떤 형태의 성명이라도 좋으니 이와 유사한 내용을 발표해 주기만 한다면, 미국에서는 호응을 얻을 것입니다. 시위에 가담한 학생들에게 어떤 식으로든 사면을 해 준다면 세계적으로 큰 박수를 받을 것입니다.[13]

이러한 생각을 한 단계 더 구체화하여, 부시는 '완벽하게 비밀리에' 고위급 특사를 베이징으로 보내서 "이번 사태에 대한 저의 간곡한 신념을 대신하여 당신에게 완전히 마음을 터놓고" 대화를 하면 어떻겠냐고 제안하기도 했다. 부시는 양국 간의 시각 차이를 표현하는 것을 두려워하지 않았지만, 기존의 협력 관계를 계속하자고 호소하면서 편지를 마무리했다. "우리는 최근의 이 비극적인 사태가 가져온 후유증 때문에 지난 17년 동안 인내심으로 쌓아 왔던 중요한 관계가 망가지게 해서는 안 됩니다."[14]

덩샤오핑은 바로 다음 날 부시의 이런 접근에 응답하면서, 미국 특사를 환영하겠다고 밝혔다. 톈안먼의 폭력이 있은 지 3주 후인 7월 1일 그가 안보 담당 보좌관 브렌트 스코크로프트와 국무 차관 로런스 이글버거를 베이징에 파견한 것만 봐도, 부시가 얼마나 대중국 관계를 중요시했으며 얼마나 덩샤오핑을 신뢰했는지, 그 깊이를 가늠할 수 있다. 그들의 임무는 극비에 부쳐 워싱턴의 몇몇 고위 관리와 제임스 릴리 주중 대사에게만 통보되었다. 릴리 대사는 임박한 방문에 대하여 직접 브리핑을 듣기 위해 베이징에서 돌아와 있었다.[15] 스코크로프트와 이글버거는 C-141 군용 수송기를 타고 베이징에 도착했고, 그들의 도착 소식이 얼마나 베일에 가려져 있었던지, 중국 공군은 양상쿤 국가주석에게 전화를 걸어 이 알 수 없는 비행기를 추락시켜야 하느냐고 물었을 정도다.[16] 그들의 비행기는 도중에 기착할 필요가 없도록 공중급유를 위한 장비가 마련되어 있었고, 자체 통신 장비까지 갖추어 백악관과 직접 교신할 수 있었다. 회담이나 만찬에서는 국기조차 게양되지 않았고, 이 방문은 언론에 보도되지도 않았다.

스코크로프트와 이글버거는 덩샤오핑, 리펑 총리, 그리고 첸치천 외교부장을 만났다. 덩샤오핑은 부시를 칭찬하면서 우정의 표시에 응답했지만, 관계가 긴장된 것에 대해서는 미국을 탓했다.

이것은 땅을 뒤흔드는 사건이었으며, 미국이 거기에 너무 깊게 연루된 것은 참으로 유감입니다. …… 두 달도 더 지났습니다만 이 사건이 시작될 때부터 우리는 미국 외교 정책의 여러 측면이 실제로 중국을 코너에 몰아붙였다는 느낌을 지울 수 없었습니다. 그게 여기 우리들의…… 느낌입니다. …… 왜냐하면 반혁명 폭동의 목적은 중화인민공화국 정부와 우리 사회주의 체제를 전복하는 것이었으니까요. 그들이 그 목적을 달성했더라면 세상은 달라져 있을 겁니다. 솔직히 말해서 심지어 전쟁으로 이어질 수도 있었습니다.[17]

덩샤오핑은 내전을 의미했을까, 불만을 품거나 보복을 노리는 이웃 나라와의 전쟁을 뜻했을까, 아니면 둘 다였을까? 덩샤오핑은 이렇게 경고했다. "미·소 관계는 대단히 미묘한 상황이고, 심지어 위험한 지경이라고 말해도 될 정도입니다." 그는 미국과의 관계가 보존되기를 희망하지만, 미국의 징벌적 정책이 관계의 악화를 가져올 것이라고 주장했다.[18] 그다음 덩샤오핑은 전통적 저항의 자세로 돌아가면서, 중국이 외세의 압력에 결코 굴하지 않는다는 것과 전쟁으로 강인해진 지도부의 독특한 결의를 장황하게 이야기했다. 미국 특사에게 그는 이렇게 말했다. "우리는 제재에는 신경 쓰지 않아요. 그런 것에 겁을 먹진 않습니다.[19] 미국인들은 역사를 이해해야 합니다."

우리는 승전했고, 그것은 2000만 명의 목숨을 바치면서 22년의 전쟁을 치름으로써 중화인민공화국을 건립함으로써 나타났습니다. 공산당의 지도 아래 중국 인민들이 싸웠던 전쟁이지요. …… 중국 공산당이 대표하는 중화인민공화국을 대체할 수 있는 힘은 어디에도 없습니다. 이건 허투루 하는 말이 아닙니다. 그것은 수십 년의 경험을 통해서 이미 증명되고 실험된 것이니까요.[20]

덩샤오핑은 관계 개선이 미국 하기 나름이라고 강조하면서, 중국 격언을 인용했다. "매듭을 묶은 자가 풀어야 한다(結者解之)."[21] 덩샤오핑은 베이징으로서는 "그 폭동을 사주한 자들을 처벌하는 데 주저하지 않을" 셈이라고 선언했다. "그렇게 하지 않으면 중화인민공화국이 어떻게 생존할 수 있겠습니까?"[22]

스코크로프트는 이에 대한 응답으로 부시가 덩샤오핑에게 보낸 편지에서 강조한 주제를 역설했다. 중·미의 튼튼한 유대 관계는 양국의 전략적, 경제적 이해관계를 반영한다는 것, 그러나 그 관계는 또한 "서로 다른 문화와 배경, 그리고 시각"을 지닌 두 사회를 가깝게 묶어 준다는 것, 그리고 이제 베이징과 워싱턴은 중국의 국내 관행이 TV에 비쳐지면 미국의 여론에도 심각한 영향을 끼치는 세상에서 살고 있다는 것을 말이다.

이런 미국의 반응은 깊숙이 간직된 가치들을 반영한다고 스코크로프트는 주장했다. 이 미국적 가치들은 "우리네 신념과 전통"을 반영하고, 그것은 중국이 외국의 간섭에 민감한 것처럼 "우리 두 사회의 차이점" 가운데 하나라고 했다. 미국인들이 시위에서 인지했던 것을, 그들은 하나의 표현, 즉 미국 혁명에서 비롯되어 그들이 가장 소중히 여기는 신념을 대변하는 가치의 표현이라고 간주했다."[23]

시위 군중에 대한 중국 정부의 대응은 "온전히 중국의 내정"이라고 스코크로프트는 인정했다. 하지만 그런 대응이 미 국민의 반응을 촉발시킨 것은 '엄연한 사실'이고, 그 반응은 "생생한 현실이기에 대통령은 대처해야 한다." 부시는 미국과 중국이 장기적 관계를 유지하는 것이 중요하다고 믿었다. 그러나 그는 '미국인들의 감정'을 존중해야 했고, 그 감정은 정부가 어느 정도 구체적으로 비난할 것을 요구했다. 이 교착 상태를 헤쳐 나가려면 양측의 세심함이 요구되었다.[24]

어려웠던 점은 양쪽 모두가 옳았다는 것이다. 덩샤오핑은 그의 정권이 포위를 당한 느낌이었고, 부시와 스코크로프트는 미국의 심오한 가치들이 도전받고 있다고 간주했다.

리펑 총리와 첸치천 역시 비슷한 점을 강조했고, 양측은 구체적인 합의를 이루지 못한 채 헤어졌다. 스코크로프트는 외교관들이 난관에 봉착하면 흔히 그러하듯이 교착 상태를 의사소통 라인을 계속 열어 놓는 데 성공하는 일로 설명했다. "양측은 솔직했고 마음을 터놓았다. 우리는 서로의 차이를 표명했고 서로에게 귀를 기울였지만, 차이를 극복하기에는 아직 부족함을 알게 되었다."[25]

사태를 그렇게 내던져 둘 수는 없었다. 1989년 가을이 되자 중·미 관계는 1971년 접촉이 재개된 이래로 가장 삐걱대고 있었다. 양쪽 정부 모두 단절을 원하지 않으면서도, 둘 다 피할 수 있는 입장이 아니었다. 일단 단절 상태가 되면, 그 자체의 모멘텀이 생기는 법이다. 중·소 분쟁이 사소한 전술에 관한 일련의 논란에서부터 전략적 대치로 확대되었던 것과 마찬가지이다. 그렇게 되면 미국은 외교의 융통성을 잃을 것이었다. 중국은 경제적 추진력이 느려지거나, 어쩌면 상당한 기간 동안 추진력을 아예 포기해 국내 안정이 심각한 결과에 봉착할 수도 있었다. 그렇게 되면 양국은 1980년대 말에 대폭 늘어났던 상호 협력의 많은 분야를 키워 나간다든지, 힘을 모아 세계의 다른 지역을 위협하고 있는 혼란을 극복할 기회를 잃어버릴 터였다.

이러한 긴장 속에서 나는 중국 지도부의 초청을 받았다. 그해 11월 베이징을 방문하고 나 자신의 견해를 구축해 달라는 것이었는데, 나는 그 초청을 수락했다. 이 사적인 방문에 대해서 대통령과 스코크로프트 장군도 통보를 받았다. 내가 베이징으로 떠나기 전에 스코크로프트는 우리의 중·미 관계 현황에 대해 브리핑을 해 주었다. 그것은 내가 중국 관련 사안에 오랫동안 개입했던 이력 때문에 새 행정부가 들어설 때마다 내게 해 주었던 절차였다. 스코크로프트는 자신이 덩샤오핑과 나누었던 대화를 알려 주었다. 그는 딱히 어떤 메시지를 전해 달라고 하진 않았지만, 기회가 생긴다면 행정부의 견해를 좀 더 확고히 전해 주길 바란다고 말했다. 나는 언제나 그랬듯이 내가 받은 인상을 워싱턴에 보고할 것이었다.

대부분의 미국인들과 마찬가지로, 나도 톈안먼 시위가 종결된 방식에 경악을 금치 못했다. 그러나 대부분의 미국인들과는 달리, 나는 덩샤오핑이 자기 나라를 새로운 모습으로 태어나게 만들기 위해서 15년 동안이나 짊어지고 있던 어마어마한 임무를 지켜볼 수 있는 기회를 누렸다. 공산주의자들을 움직여 권력 분산과 개혁을 받아들이도록 만드는 일, (중국이 거부하기 일쑤였지만) 중국의 전통적인 고립을 근대화와 지구촌으로 변한 세상을 향해 움직이는 일 등이 바로 그런 임무였다. 그리고 나는 중·미 관계의 개선을 위해 그가 지속적으로 해 온 노력을 직접 눈으로 봐 왔다.

이번 방문 길에 본 중국은 예전 방문 때 봐 왔던 자신감을 상실한 모습이었다. 마오쩌둥 시대에는 저우언라이로 대표되는 중국 지도자들의 이념이 가져다준 자신감과 수천 년에 걸친 역사의 기억에 의해 단련된 국제 문제에 대한 판단력으로서 행동했다. 하지만 덩샤오핑이 이끌던 초기의 중국은 문화 혁명으로 고통받은 기억을 극복하는 것이 개인의 이니셔티브에 기반을 둔 경제, 정치적 진보를 향한 가이드를 제공할 것이라는 거의 순진한 신념을 보여 주었다. 그렇지만 1978년 덩샤오핑이 개혁 프로그램을 처음으로 선포한 이래로 10년 동안 중국은 성공의 기쁨과 함께 어느 정도의 희생도 경험했다. 중앙 계획에서 좀 더 분산된 의사 결정으로 전환하는 일은 두 방향에서 끊임없이 위험을 만나는 것으로 드러났다. 하나는 현재 상황에서 기득권을 누리는 견고한 관료들의 저항이요, 다른 하나는 개혁 과정이 너무 지지부진하다고 생각하는 성급한 개혁론자들의 압력이다. 경제 권력의 분산은 정치적 의사 결정에서 다원주의의 촉구를 가져왔다. 그런 의미에서 중국의 혼란은 개혁 공산주의가 지니고 있는 참으로 다루기 힘든 딜레마를 반영했다.

텐안먼에 관하여 중국 지도부는 정치적 안정을 택했다. 그들은 내부적으로 6주 동안이나 논쟁을 벌인 끝에 주저하며 결정한 것이다. 나는 6월 4일 사태를 감정적으로 정당화하는 말을 들어 본 적이 없다. 그 사건은 느닷없이 그들에게 닥친 불행한 사고처럼 취급되었다. 중국 지도자들은 외부 세계의 반응과 자신들의 분열에 소스라치게 놀랐고, 국제적 입지를 다시 확보하는 데 대해 걱정했다. 외국 사람들을 수세에 몰아넣는 중국의 전통적인 재주를 감안하더라도, 상대방은 진정으로 이해하기 어려워했다. 미국의 물질적 이해를 조금도 손상시키지 않았던 사건, 중국이 자기 영토 밖에서는 타당성을 전혀 주장하지도 않았던 사건에 미국이 왜 그렇게 분개했는지 그들은 이해할 수 없었기 때문이다. 인권에 대한 미국의 역사적 신념 때문이라고 설명해 봤자, 서구의 '약자 괴롭히기' 또는 자기네도 나름 인권 문제가 있는 나라의 쓸데없는 정의의 상징으로 일축되고 말았다.

우리의 대화에서 중국 지도자들은 미국과의 실무 관계를 회복한다는 기본 전략 목표를 추구했다. 어떤 의미에서 그 대화는 저우언라이

15 텐안먼 509

와의 초기 회담이 가졌던 패턴으로 돌아갔다. 양측 사회는 협력할 방법을 찾을 것인가? 그리고 그럴 수 있다면, 어떤 기반 위에서? 이제 맡은 역할은 뒤바뀌었다. 처음 회담에서 중국 지도자들은 공산주의 이념의 독특함을 강조했다. 하지만 이제 그들은 양립할 수 있는 견해를 위한 근거를 찾고 있었다.

덩샤오핑은 기본적인 주제를 확립했는데, 그것은 세계 평화가 상당한 정도 중국의 질서에 달려 있다는 것이었다.

눈 깜짝할 사이 혼란에 빠지는 것은 어려운 일이 아니다. 단 질서와 평화를 유지하는 것은 쉽지 않을 것이다. 중국 정부가 톈안먼에서 결정적 조치를 취하지 않았더라면, 중국 전역에 내란이 일어났을 터이다. 그리고 중국에는 전 세계 인구의 5분의 1이 살고 있으므로, 중국의 불안정은 전 세계의 불안정을 야기할 것이며, 이것은 강대국조차 끌어들일 수 있다.

역사의 해석은 한 나라의 기억을 표현한다. 그리고 지금 이 세대의 중국 지도자들에게 중국 역사의 비극적 사건은 19세기 중국 중앙 권력의 붕괴였다. 그것이 외부 세계에게 중국 침범이나 유사 식민화, 식민지 쟁탈 같은 유혹을 하게 만들었고, 태평천국의 난에서 겪었던 바와 같은 대학살 수준의 내란 희생을 낳았기 때문이다.

안정된 중국을 목표로 하는 이유는 새로운 국제 질서에 건설적으로 공헌하기 위함이라고 덩샤오핑은 말했다. 미국과의 관계는 거기서 핵심이었다. 덩샤오핑이 나에게 말했다.

이것이야말로 내가 은퇴한 후에 다른 사람들에게 뚜렷이 밝혀야 할 일입니다.[26] 내가 감옥에서 풀려난 후 맨 처음 한 일은 중·미 관계 추진에 매진하는 것이었습니다. 또한 가까운 과거에 종지부를 찍는 것과 중·미 관계가 정상화할 수 있도록 하는 것 역시 나의 열망입니다. 나는 친구인 부시 대통령에게 말해 주고 싶습니다. 그의 임기 중에 중·미 관계가 더 진전되는 것을 우리는 보게 될 거라고 말이지요.

(당의 이념가이자 분석가들이 자유주의적 인사로 간주하는) 리루이환의 말을 빌리면, 걸림돌이 되는 것은 "미국인들이 중국인들보다도 오히려 중국을 더 잘 이해한다고 생각하는 것"이었다.

1840년 이래로 중국인들은 외세에 휘둘렸다. 당시 중국 사회는 반봉건 사회였다. …… 마오쩌둥은 평생을 두고 말했다. 중국은 우리를 동등하게 대해 주는 나라에 대해 우호적이어야 한다고 말이다. 1949년 마오쩌둥은 이렇게 말했다. "중국인들이 떨치고 일어섰다." 일어섰다는 말은 중국인들이 다른 나라들과 동등한 지위를 누리게 될 것이란 뜻이었다. 우리는 남들이 이래라 저래라 시키는 것을 듣고 싶지 않다. 그러나 미국인들은 다른 사람들에게 이래라 저래라 하는 것을 좋아하는 경향이 있다. 중국인들은 다른 사람들의 지시에 따르고 싶어 하지 않는다.

나는 외교 정책을 담당하는 첸치천 부총리에게 미국 내부의 압력과 미국의 행동을 강요하는 가치관에 대해 설명하려 했다. 하지만 그는 들으려 하지 않았다. 중국은 자신들의 국익을 바탕으로 그들만의 페이스로 행동할 것이며, 그 국익은 외국인들에 의해서 규정될 수 없다는 것이었다.

첸치천: 우리는 정치와 경제의 안정을 유지하며, 개혁을 추진하고, 외부

세계와 교류하기 위해 애를 쓰고 있습니다. 우리는 미국의 압력을 받으며 움직일 수는 없어요. 어찌 되었든 우리는 그 방향으로 나아가고 있습니다.

키신저: 하지만 바로 그게 제가 말씀드리는 것입니다. 중국이 바로 그 방향으로 나가고 있으므로, 그것은 남들에게 보여 주기에 유익한 측면이 있을 수 있습니다.

첸치천: 중국은 중국 자체의 이익 때문에 개혁을 시작했지, 미국이 원하는 것 때문에 시작한 게 아닙니다.

중국이 보기에 국제 관계는 국익과 국가의 목표에 의해서 결정되는 것이었다. 만약 양측의 국익이 양립할 수 있다면 협력은 가능했고, 심지어 필요하기도 했다. 이해관계의 합치를 대신할 수 있는 것이라고는 아무것도 없었다. 국내 구조는 이 과정과는 전혀 무관했고, 이는 이미 우리가 크메르 루주에 대한 태도를 놓고 서로 다른 견해를 경험했던 이슈였다. 덩샤오핑의 말에 의하면 중·미 관계는 이 원칙이 지켜졌을 때는 원활했다.

당신과 닉슨 대통령이 중국과의 관계를 부활시키려고 결심했을 당시, 중국은 사회주의뿐 아니라 공산주의를 위해서도 노력하고 있었습니다. 사인방은 가난하더라도 공산주의 시스템을 더 좋아했어요. 그때 당신들도 우리의 공산주의를 수긍했지요. 따라서 지금 중국의 사회주의를 받아들이지 못할 이유가 없습니다. 국가 간의 관계가 사회 체제를 기반으로 해서 다루어지던 시절은 이미 지나갔어요. 서로 다른 사회 체제를 지닌 나라들도 이제 얼마든지 친구가 될 수 있습니다. 우리는 중국과 미국 사이에 많은 공통된 관심사를 찾을 수 있지 않습니까.

중국 지도자가 공산주의 이념을 위해 십자군 역할을 포기하면, 이를 민주주의 국가들이 유익한 진화의 징표라고 환영하던 때도 있었다. 마오쩌둥의 후계자들이 이념의 시대는 지나갔으며 국익이 모든 것을 결정한다고 주장하던 당시, 미국의 유명 인사들은 국익의 양립을 보장하기 위해서는 민주주의 체제가 필요하다고 주장했다. 미국 내 수많은 분석가에게는 거의 하나의 신조와도 같은 이 명제를 역사적 경험에서 보여 주기란 어려운 노릇이었다. 1차 세계 대전이 발발했을 당시 (영국, 프랑스, 독일을 포함한) 유럽의 대다수 국가들은 본질적으로 민주주의 체제를 채택하고 있었다. 그런데도 유럽이 완전히 회복되지 못했던 재앙적인 1차 세계 대전은 국민이 선출한 모든 의회로부터 열렬한 승인을 얻어 내지 않았던가.

그러나 국익의 계산이란 것도 자명하지 않은 법이다. 국가 권력이나 국가 이익은 정확하게 계산되지 않는 국제 관계의 가장 복잡한 요소일지 모른다. 대부분의 전쟁은 권력 관계와 국내 압력을 잘못 판단한 결과로 일어난다. 지금 논의하고 있는 시대의 경우, 미국 행정부는 미국적 정치 이상과 평화적이고 생산적인 중·미 관계의 추구라는 둘 사이의 균형을 맞춘다는 수수께끼에 대해 여러 가지 해결책을 내놓았다. 조지 부시 행정부는 화해를 통하여 미국이 선호하는 바를 개진하려 했고, 초기의 빌 클린턴 정부는 압박을 가하려 했다. 그러나 외교 정책에서 한 국가의 가장 높은 열망은 완벽하게 한 단계씩 충족되는 법이 결코 없다는 현실을 두 사람 모두 직시해야 했다.

한 사회의 기본 방향은 그 궁극의 목표를 규정하는 가치관에 의해 정해진다. 동시에 자기 능력의 한계를 받아들이는 것은 정치 수완의 테스트 가운데 하나이다. 가능한 일이 무엇인지를 판단한다는 뜻이니까. 철학자들은 자신의 직관에 책임을 진다. 정치인들은 시간이 흘러도 자신의 개념을 유지할 수 있는 능력에 의해서 판단된다.

중국 같은 덩치 큰 나라의 국내 구조를 밖에서 바꾸려는 시도는 의도치 않은 엄청난 결과를 가져올 수 있다. 미국 사회는 절대로 인간의 존엄에 대한 신념을 버려서는 안 된다. 하지만 서구의 인권 개념과 개인의 자유가 (서구의 정치 사이클 및 뉴스 사이클에 맞춘 일정한 기간 내에) 수천 년 동안 다른 개념을 중심으로 구축되어 온 문화로 곧장 옮겨질 수는 없다는 사실을 인정한다고 해서, 그러한 신념의 중요성이 줄어들지는 않는다. 또 정치 불안에 대한 중국의 오랜 두려움을 시대착오적 부적합성으로 일축하면서 서구의 계몽을 통해 '수정'해 주기만 하면 된다고 말할 수도 없다. 특히 지난 2세기의 중국 역사는 정치적 권위가 무너질 때 (더 많은 자유를 누릴 것이라는 높은 기대감으로 시작된 경우도 있었지만) 사회적, 윤리적 혼동을 초래하기 쉽다는 실례를 수없이 보여 주고 있다. 그리고 그럴 때마다 우세한 것은 가장 자유주의적인 편이 아니라 가장 공격적인 편이었다.

마찬가지로 미국과 관계를 맺는 나라들은, 우리나라의 기본적 가치관 속에 빼앗을 수 없는 인권의 개념이 들어 있다는 것과, 미국의 판단은 민주주의 실행을 인지할 수 있느냐의 여부와 떼려야 뗄 수 없다는 것을 이해해야 한다. 미국의 반응을 촉발하지 않을 수 없는 인권의 유린이 있으며, 이 때문에 전반적인 관계가 희생되더라도 어쩔 수 없다. 그런 사태는 미국의 외교 정책을 국익의 계산 차원 너머로 밀어붙일 수 있다. 그 어떤 미국 대통령도 국익을 무시할 수는 없지만, 그것을 규정하는 데는 신중해야 하고 의도하지 않았던 결과가 올 수 있음을 알아야 한다. 외국의 그 어떤 지도자도 그것을 묵살해서는 안 된다. 그 균형을 어떻게 규정하고 어떻게 이룩하느냐가 중·미 관계의 속성을, 어쩌면 세계의 평화를 결정할 것이다.

양국의 정치인들은 1989년 11월 바로 이 선택의 기로에 섰다. 여느 때처럼 실용적인 덩샤오핑은 새로운 국제 질서 개념을 만들기 위해 노력하자고 제안했다. 내정 불간섭을 외교 정책의 일반 원칙으로 확립시키자는 것이었다. "새로운 국제 정치 질서의 확립을 제안해야 한다고 믿습니다. 우리는 국제 경제의 새 질서를 확립하는 데 그다지 많은 진척을 보지 못했습니다. 그러니까 지금은 새로운 정치 질서, 평화 공존의 다섯 가지 원칙을 지키는 새로운 정치 질서를 구축해야 합니다." 그 다섯 가지 중의 하나는, 말할 것도 없이 다른 나라의 내정에 간섭하는 일을 금하는 것이었다.[27]

이 모든 전략적 원칙 너머로 하나의 중요한 무형의 요소가 떠올랐다. 국익의 계산은 단순히 하나의 수학 공식이 아니었다. 국가의 위엄과 자존심에도 주의를 기울여야 했다. 덩샤오핑은 미국과 어떤 합의에 도달하고 싶은 자신의 욕망을 부시에게 전해 달라고 나에게 간곡히 부탁했다. 요지는 더 강한 나라인 미국이 먼저 움직여야 한다는 것이었다.[28] 협력의 새로운 국면을 추구한다면 인권 문제를 완전히 피할 수는 없을 것이었다. 새로운 대화를 누가 먼저 시작해야 할 것인가에 대한 덩샤오핑의 물음에는, 결국 덩샤오핑 자신이 대답했다. 그는 한 개인의 숙명, 팡리즈라는 이름의 반체제 인사의 운명을 놓고 대화를 시작했다.

팡리즈를 둘러싼 논란

1989년 11월 내가 중국을 방문했을 즈음, 반체제 물리학자 팡리즈는 미국과 중국 사이의 분열을 상징하는 인물이 되어 있었다. 팡리즈는 유려한 화술로 서구 의회 민주주의 및 개인의 권리를 옹호하며 공권력의 인내심의 한계를 건드렸던 오랜 경력의 소유자였다. 1957년 그는 반우익 캠페인의 일환으로 공산당에서 축출되었으며, 문화 혁명 중에는 '반동적' 행위로 1년간 옥살이를 하기도 했다. 마오쩌둥이 사망한 다음 복권된 팡리즈는 성공적으로 학계에서 경력을 쌓았고, 정치적자유의 확대를 외치기도 했다. 1986년의 민주 시위에 이어서 팡리즈는다시 질책을 받았지만, 계속해서 개혁 요구를 알렸다.

1989년 2월 부시 대통령이 중국을 방문했을 때, 대통령이 베이징에서 주최하는 만찬에 초대해 달라고 백악관에 건의한 미 대사관 리스트에는 팡리즈의 이름이 들어 있었다. 레이건이 모스크바를 방문했을 때스스로를 반체제 인사로 부르는 사람들을 만났던 전례가 있었으므로, 대사관은 그 리스트대로 손님을 초대했다. 백악관도 리스트를 이미 승인했지만, 아마도 팡리즈에 관한 중국의 견해가 얼마나 극심했는지는몰랐을 수도 있다. 초대자 리스트에 팡리즈의 이름이 올라 있었기 때문에 미국과 중국 정부 사이에, 그리고 막 들어선 부시 행정부 내부에서 언쟁이 일어났다.[29] 결국에는 팡리즈가 중국 관리들과 멀리 떨어진곳으로 자리 잡게 하는 것으로 대사관과 중국 정부 사이에 마무리가되었다. 하지만 만찬이 있던 날, 중국 공안은 팡리즈의 자동차를 멈추게 하고 그가 만찬회장에 들어가는 것을 막았다.

팡리즈는 톈안먼 시위에 직접 참여하지는 않았다. 하지만 시위 학생들은 그가 옹호하는 원칙에 공감했고, 팡리즈는 정부의 보복 대상으로 지목된 것으로 알려졌다. 6월 4일의 진압이 있은 직후, 팡리즈와 그의 아내는 미국 대사관으로 피신했다. 며칠 후 중국 정부는 "최근 소요사태의 전후에 역선전 및 선동을 한 죄로" 팡리즈와 그의 아내에 대한체포 영장을 발부했다. 정부 간행물들은 미국에게 '폭력을 야기한 죄인'을 인도하라고 요구하면서, 그렇지 않으면 중·미 관계의 악화라는 결과를 초래할 것이라고 했다.[30] 부시는 일기에 이렇게 결론지었다. "우리는 그를 받아들이는 수밖에 없었다. 하지만 중국 측에 정말 눈엣가시 같은 일이 될 것이다."[31]

팡리즈가 대사관에 은신하고 있어서 긴장 상태는 계속 이어졌다. 중국 정부는 가장 저명한 반체제 인사가 해외에서 소요를 일으킬 것이 두려워 그가 중국을 빠져나가게 내버려 둘 수 없었다. 또 워싱턴은 그가 혹독한 보복을 당할 게 뻔한 상황에서 자유 민주주의를 신봉하는 반체제 인사를 넘겨줄 수는 없었다. 제임스 릴리 대사는 워싱턴으로 보내는 전문에 팡리즈를 이렇게 묘사했다. "그는 언제나 '부르주아 자유주의'에 대한 우리의 연관을 상기시키는 인물로서 우리와 함께 있으며, 그것이 이곳 정권과의 불편한 관계를 야기하고 있습니다. 그는 인권을 두고 벌어지는 우리와 중국의 갈등을 상징합니다."[32]

부시는 덩샤오핑에게 보낸 6월 21일의 편지에서 '팡리즈 문제'를 제기했고, 이 문제는 "양국 사이에 너무나도 잘 보이는 쐐기를" 떡하니 박아 넣은 것이라며 유감을 표했다. 부시는 팡리즈에게 은신처를 제공한 미국의 결정을 옹호하면서(그는 이 결정이 "우리의 널리 인정되는 국제법 해석에" 기반을 두었다고 주장했다.) "이제 우리는 그가 신체적 위험을 당하지 않는다는 모종의 보장 없이는 대사관 밖으로 내보낼 수 없다고" 잘라 말했다. 부시는 다른 정부들이 '추방'이란 형식으로 조용히 떠나보냄으로써 유사한 이슈를 풀었다고 지적하면서, 이 문제를 은밀하게 해결할 가능성을 제안했다.[33] 그러나 이 문제는 협상으로 풀리지 않는 것으로 드러나면서, 팡리즈 부부는 계속 대사관에 머물렀다. 내가 베이징으로 떠나기 전 스코크로프트 장군의 브리핑에서, 그는 내가 그 사건을 충분히 숙지할 수 있게 해 주었다. 그는 나에게 그 이슈를 제기하지 말라고 간곡히 부탁했다. 행정부가 할 수 있는 이야기는 이미 다 했기 때문이었다. 하지만 기존 정책의 틀 안에서 중국 측이 자진해서 이야기를 꺼내면 대답하는 것은 무방했다. 나는 그때까지 팡리즈 이슈를 제기한 적이 없었고, 나의 중국 측 상대도 그 문제를 꺼낸 적이 없었다. 내가 작별을 고하기 위해 덩샤오핑을 찾았을 때, 그는 개혁의 문제점에 관해 몇 마디 종잡을 수 없는 말을 한 다음, 갑자기 그 주제를 건드렸다. 그러고는 일종의 패키지 딜을 제안했다. 이에 관련한 대화의 좀 더 긴 요약을 보면 톈안먼 사건이 발생한 지 6개월 후 베이징의 분위기를 맛볼 수 있을 것이다.

덩샤오핑: 부시 대통령과 팡리즈 사건에 관해 이야기를 나누었어요.

키신저: 아시다시피 대통령께서는 사건이 일반 대중에게 알려지고 나서야 만찬 초청 건을 들으시게 되었습니다.

덩샤오핑: 네, 대통령께서 그렇게 말했습니다.

키신저: 팡리즈 문제를 거론하셨으니까 드리는 말씀입니다만, 저는 한 가지 고려 사항을 말씀드릴까 합니다. 저는 여기서 다른 사람들과의 대화에서는 일체 이 문제를 거론하지 않았습니다. 그것이 대단히 미묘한 사안인 데다 중국의 존엄에 영향을 끼치는 일이란 것을 제가 잘 알기 때문이지요. 그러나 만약 팡리즈를 대사관에서 나오게 하고 중국을 떠날 수 있도록 하는 모종의 방법을 찾을 수만 있다면, 미국 내 각하의 가장 좋은 친구들은 마음이 놓이리라 생각합니다. 소요가 지나치게 생기기 전에 그렇게 하는 것보다도 미국인들에게 감명을 줄수 있는 한 가지 조치는 없을 겁니다.

이때 덩샤오핑은 자리에서 일어나 자신과 나 사이에 있던 마이크의 나사를 풀어 제거해 냈다. 그가 사적으로 은밀히 이야기하고 싶다는 표시였다.

덩샤오핑: 어떤 제안을 할 수 있습니까?

키신저: 제가 제안 드리는 것은, 각하께서 팡리즈를 중국에서 추방하고 우리가 하나의 정부로서 절대 그를 정치적으로 이용하지 않는다는 데동의하는 것입니다. 어쩌면 그를 잘 설득하여 미국 의회나 언론과는상당히 멀리 떨어진 스웨덴 같은 나라로 가게 할 수도 있을 것입니다. 이처럼 주선해 주신다면, 다른 어떤 기술적인 주제에 대한 움직임보다도 미국 대중에게 깊은 인상을 줄 수 있을 겁니다.

덩샤오핑은 구체적인 보장을 좀 더 많이 원했다. 미국 정부가 "팡리즈에게 요청해서 자신이 중국 법률에 정한 범죄 행위를 저질렀다고 자백하도록" 만들 수 있는가? 아니면 "그를 중국에서 추방한 다음……팡리즈가 중국을 거스르는 어떤 말이나 행동도 하지 않을 것임"을 미국 정부가 보증할 수는 없는가? 덩샤오핑은 이를 확대해서 워싱턴이 "팡리즈나 현재 미국에 체류 중인 시위 참가자들로부터 더는 허튼소리가 나오지 않도록 방지해 줄" 것을 요청하기도 했다. 덩샤오핑은 출구를 찾고 있었다. 그러나 그가 제안한 조치는 미국 정부의 법적 권한밖에 있었다.

덩샤오핑: 만약 그가 범죄를 자백하는 내용을 서면으로 남긴 다음 우리가그를 추방한다면, 당신은 어떻게 생각하시오?

키신저: 팡리즈가 그렇게 한다면 저로선 깜짝 놀랄 것입니다. 오늘 아침대사관에 다녀왔는데, 팡리즈를 만나진 못했습니다.

덩샤오핑: 하지만 미국 측이 고집한다면, 그로서도 그렇게 할 수밖에 없을 거예요. 이 문제는 미 대사관 사람들이 시작한 것인데, 거기에 당신의 가까운 친구들도 있고 내가 친구로 생각했던 이들도 끼어 있어요.[34]

미국 측이 팡리즈에게 자백서를 쓰라고 요구하고, 그다음 우리가 그를 일반 범법자로서 추방하고, 이어 그는 자기가 원하는 곳으로 갈 수 있다면 어떻겠소? 이게 불가능하다면 다른 아이디어는 어떨까요? 그의 추방 후에 팡리즈가 중국에 반대하는 언행을 일체 하지 않는다는 책임을 미국이 지는 겁니다. 미국이든 다른 나라든, 그가 중국을 반대하기 위해서 이용해서는 안 됩니다.

키신저: 첫 번째 제안에 대해 한 말씀 드리겠습니다. 우리가 팡리즈에게 자백서에 서명하라고 시킨다 하더라도, 우리가 그렇게라도 할 수 있다 해도 말입니다. 그가 대사관 안에서 하는 말이 문제가 아니라 그가 중국을 벗어난 다음에 하는 말이 문제입니다. 만일 미국 정부가 자백을 강요했다고 그가 말한다면, 아예 자백을 하지 않는 것보다도 모든 사람에게 더 고약한 상황이 될 겁니다. 그를 풀어 준다는 것은 중국의 자신감의 징표이므로 중요합니다. 미국에 있는 많은 적들이 만들어 놓은 중국의 캐리커처가 틀렸음을 보여 주자는 겁니다.

덩샤오핑: 그렇다면 둘째 제안을 생각해 봅시다. 그가 중국을 떠난 다음에 절대 중국에 반대하는 말을 하지 않는다고 미국이 말하는 거요. 미국이 그런 보장을 할 수 있을까요?

키신저: 글쎄요, 저는 지금 친구로서 말씀을 드리는 것입니다.

덩샤오핑: 알아요. 내가 당신에게 그 합의를 책임지라고 부탁하는 것은 아닙니다.

키신저: 미국 정부가 예를 들어 '미국의 소리'나 혹은 대통령이 컨트롤할 수 있는 다른 어떤 수단으로든 그를 이용하지는 않을 거라는 데 동의하는

것은 아마도 가능할 것입니다. 또한 그에게 자신의 의지로 그런 일을 하지 말아 달라고 충고하는 정도는 약속드릴 수 있습니다. 우리는 그가 미국 대통령의 접견을 받지 않을 것이며, 그 어떤 정부 기관에 의해서 공식 직함을 부여받지 않을 것이라고 동의할 수도 있습니다.

이 말에 덩샤오핑은 부시에게 막 받은 편지에 대해서 나한테 이야기해 주었다. 미국이 특사를 파견하여 임박한 고르바초프와의 정상 회담을 브리핑해 주고, 중·미 관계를 검토하는 것이 어떻겠냐는 제안을 담은 편지였다. 덩샤오핑은 이 제안을 수락했고, 그것을 팡리즈 문제의 논의와 연계하여 전반적인 해결책을 찾는 방안으로 삼았다.

팡리즈 문제를 해결하는 과정에서, 모든 이슈에 대한 '패키지' 해결책을 찾기 위하여 다른 사안을 제기해도 좋을 것입니다. 이제 상황은 이렇게 되는군요. 나는 부시에게 먼저 움직여 달라고 요청했고, 부시는 되레 나한테 먼저 움직여 달라고 부탁합니다. 내 생각에 만약 우리가 패키지를 얻을 수 있다면, 조치의 순서에는 문제가 없을 겁니다.

이른바 '패키지 딜'은 첸치천 중국 외교부장이 회고록에서 사용한 표현이다.

① 중국은 팡리즈와 그의 아내가 베이징의 미국 대사관을 나와 미국이나 제3국으로 가는 것을 허락한다. ② 미국은 적절한 방법으로 중국에 대한 제재 조치를 종료할 것이라는 명백한 발표를 해야 한다. ③ 양측은 중대한 경제 협력 프로젝트 한두 가지에 대해서 계약을 성사시키도록 노력해야 한다. ④ 미국은 (자오쯔양에 이어 공산당 총서기에 임명된) 장쩌민

을 다음 해에 공식 초청해야 한다.[35]

팡리즈의 가능한 출국 형식에 대해 좀 더 의견을 나눈 다음, 덩샤오핑은 우리 대화의 이 부분을 마무리했다.

덩샤오핑: 부시가 기꺼이 이 제안에 동의해 줄까요?
키신저: 그가 기뻐할 것이란 게 저의 의견입니다.

나는 부시가 중국의 관심과 융통성을 과시한 것은 환영하리라고 기대했지만, 관계 개선의 속도가 덩샤오핑의 생각만큼 빠를 수 있으리라고는 생각지 않았다.

갈수록 격화되는 소련과 동구의 혼동이 기존의 삼각관계라는 전제를 잠식하고 있는 것으로 보였기 때문에, 중·미 간의 새로운 이해는 더더욱 중요해졌다. 소련 제국이 해체되고 있는 상황에서 미국과 중국 사이의 원래 화해를 위한 동기는 어떻게 되었는가? 내가 덩샤오핑과 대담을 가졌던 날 저녁 베이징을 떠나, 미국 내 첫 기착지에서 베를린 장벽이 무너지면서 냉전의 외교 정책을 위한 전제가 산산조각 났다는 소식을 듣게 되자, 긴박감은 한층 심해졌다.

동유럽의 정치 혁명은 '패키지 딜'을 거의 집어삼킬 만했다. 나는 사흘 뒤 워싱턴으로 돌아와 백악관에서의 만찬 석상에서 덩샤오핑과 나누었던 대화를 부시와 스코크로프트, 그리고 제임스 베이커 국무 장관 등에게 보고했다. 그런데 막상 알고 보니 중국은 주요 안건도 아니었다. 이날의 호스트에게 무엇보다 중요했던 주제는 베를린 장벽의 붕괴가 남긴 충격과 1989년 12월 2~3일 몰타에서 열리기로 한 고르바초프와의 회담이었다. 그 두 가지 이슈 모두 전술과 장기 전략에 관해 즉각적인 결정이 필요했다. 동독에는 소련의 스무 개 대대가 여전히 주둔하고 있는데 위성 국가 동독의 붕괴가 임박한 것인가? 동독이 비공산주의 국가라 하더라도 어쨌든 이제 두 개의 독일이 생기는 것인가? 만약 통일이 목적이라면 어떤 외교를 통해서 추구하게 될까? 그리고 예측할 수 있는 상황에서 미국의 태도는 어떠해야 하는가?

동구에서 소련의 붕괴를 둘러싼 드라마가 진행되는 가운데, 덩샤오핑의 '패키지 딜'은 혼란이 좀 덜한 때였더라면 이끌어 낼 수 있었을 법한 우선순위에서 밀려났다.

내가 덩샤오핑과 논의했던 특별 미션은, 스코크로프트와 이글버거가 6개월 안에 두 번째로 베이징을 방문했던 12월 중순까지 일어나지 않았다. 이번 방문은 7월처럼 비밀리에 이루어지지는 않았지만(7월의 방문은 지금까지도 비밀에 부쳐 있다.) 의회나 언론의 분쟁을 피하기 위해서 조용하게 진행되었다. 그러나 중국 측은 첸치천을 위해 축배를 드는 스코크로프트의 사진을 대대적으로 과시함으로써 미국 내에 상당한 경악감을 불러일으켰다. 스코크로프트는 후일 이렇게 이야기했다.

외교부장이 주최한 만찬이 끝날 무렵 흔히 하는 건배가 시작되었을 때, 텔레비전 촬영 팀이 다시 나타났다. 나에게는 상당히 난처한 상황이었다. 그대로 건배 의식을 행하면 언론들이 '톈안먼의 살육자들'이라고 불렀던 사람들을 위해 건배하는 모습으로 비칠 것이었고, 만약 건배를 거부한다면 중국 방문의 모든 목적을 위험에 빠뜨릴 판국이었다. 나는 전자를 택했고, 너무나 통한스럽게도 순식간에 유명 인사가 되어 버렸다. 극도로 부정적인 의미의 유명 인사 말이다.[36]

이 에피소드는 양측이 가장 긴요하다고 보는 사항이 서로 갈등하는 경우를 잘 보여 주었다. 중국은 그들의 고립이 끝났다는 것을 국민들에게 과시하고 싶었고, 워싱턴은 가능한 한 주목을 받지 않고 어떤 합의가 이루어질 때까지는 국내의 분쟁을 피하고 싶었던 것이다.

소련에 관한 논의는 어쩔 수 없이 스코크로프트와 이글버거 방문의 상당 부분을 차지했다. 하지만 관례와는 정반대의 방향으로 흘러, 그 주제는 이제 소련의 군사적 위협이 아니라 갈수록 심해지는 소련의 허약함이었다. 첸치천은 소련의 해체를 예측하면서, 고르바초프가 톈안먼 사건이 한창이던 5월에 방문했을 때 중국에게 경제 지원을 요청해서 너무나 놀랐다고 설명해 주었다. 스코크로프트는 나중에 이 일련의 사태에 대한 중국 측 이야기를 이렇게 들려주었다.

소련은 경제 문제를 제대로 파악하지 못했고, 고르바초프는 경제 측면에서 자신이 무엇을 원하는지도 모르는 경우가 흔했다. 첸치천은 그들의 경제가 무너질 것이라는 점과, 다민족 문제가 혼란을 가져올 것이란 점을 예측했다. "고르바초프가 어떤 조치라도 취하는 모습을 보지 못했다."라고 덧붙였다. 그는 "고르바초프는 중국에게 생필품을 공급해 달라고 청했다." 그리고 그는 이렇게 말했다. "…… 우리는 소비재를 제공하고 그들은 원자재로 상환할 수 있다. 그런데 그들은 차관까지도 원했다. 그 문제를 처음 제기했을 때 우린 너무나 놀랐다. 결국 우린 얼마의 차관을 제공하기로 동의했다."[37]

중국 지도자들은 '패키지' 해결책을 스코크로프트에게 내놓으면서 팡리즈의 석방을 미국의 제재 조치 종결과 연결 지었다. 행정부는 팡리즈 사건을 별개의 인권 이슈로 취급하고 그 자체로서 해결하기를 원했는데 말이다.

루마니아 공산 지도자 니콜라에 차우셰스쿠의 유혈 전복을 포함하여 소비에트 블록 내 혼란이 더욱더 거세지자, 포위되어 옥죄임을 당하는 느낌이 중국 공산당 내에도 팽배했다. 동구 공산 국가들의 해체는 불가피하게 보이는 베이징 정부의 몰락을 미국은 기다려야 한다고 주장하는 워싱턴 인사들의 견해를 더욱 견고하게 만들기도 했다. 이런 분위기 속에서 미국과 중국 어느 쪽도 기존의 확립된 입장에서 움직일 형편이 아니었다. 팡리즈의 방면에 관한 협상은 미 대사관을 통하여 계속되었고, 양측은 1990년 6월에서야 비로소 합의에 이르렀다. 팡리즈와 그의 아내가 대사관으로 피신한 지 1년이 넘고, 덩샤오핑이 그의 패키지 제안을 내놓은 지 8개월 후의 일이었다.[38]

그러는 가운데 해마다 중국의 최혜국 대우(이민 송출 관행에 따라서 최혜국 대우를 결정하도록 만든 1974년의 잭슨-바닉 수정법안 조항에 의거해 '비시장 경제' 국가들에게 요구되는 것이었다.) 여부를 결정하는 자리는, 의회에서 중국의 인권 기록을 비난하는 포럼으로 변했다. 논쟁의 근저에 깔린 가정은 중국과 체결하는 합의는 예외 없이 하나의 혜택이며, 그것도 미국의 민주주의 이상으로 보면 불쾌한 상황에서 주어지는 혜택이며, 따라서 교역상의 특전은 중국이 인권과 정치적 자유에 대한 미국적 개념 쪽으로 움직여 줄 때만 허락되어야 한다는 것이었다. 베이징에는 고립감이 자리 잡기 시작했으며, 워싱턴에는 승리의 무드가 자리 잡았다. 1990년 봄 동독, 체코슬로바키아, 루마니아 등의 공산주의 정부가 무너지면서, 덩샤오핑은 당원들에게 냉엄한 경고의 말을 던졌다.

지금과 같은 국제 환경에서 우리 적들의 모든 관심은 중국에 집중되어 있을 것임을 모든 사람은 명백히 깨달아야 할 것이다. 그들은 우리들 사이에 분란을 일으키고 어려움과 압박을 초래하기 위해 온갖 핑계를 다 댈 것이다. (그러므로 중국은) 안정, 안정, 그리고 또 안정이 필요하다. 향후 3~5년은 우리 당과 조국에게 지극히 어렵지만 또한 지극히 중요한 시기가 될 것이다. 우리가 굳건히 서서 그 어려움을 딛고 살아남는다면 우리의 대의명분은 재빨리 구축될 것이며, 우리가 무너진다면 중국의 역사는 다시 수십 년을, 아니 백 년을 후퇴하는 꼴이 될 것이다.[39]

12자와 24자로 이루어진 지도서

드라마틱했던 한 해를 마감하면서 덩샤오핑은 자신이 오래 계획했던 은퇴를 실행하기로 마음먹는다. 그는 오로지 현재 권력자가 죽는다든지 '천명'을 상실해야만 (두 경우 모두 정해진 한계도 없고 혼란만 초래했다.) 비로소 중앙 권력의 종결이 시행되는 전통적 관습을 끝내기 위해서 1980년대에 이미 여러 가지 조치를 취했다. 그는 종신직에 있는 지도자들을 은퇴하게 하여 연장자들로 구성된 자문 위원회를 구성했다. 그는 나를 포함한 방문객들에게 자신도 곧 은퇴하여 그 위원회의 우두머리가 될 생각이라고 말했다.

덩샤오핑은 1990년대 초부터 고위직에서 점차 물러나기 시작했다. 근대에 들어와 그렇게 행동한 최초의 중국 지도자였다. 톈안먼 사건으로 인해 그의 결정이 앞당겨졌는지도 모르겠다. 새로운 지도자가 자리를 잡는 동안 덩샤오핑이 과도기를 감독할 수 있게 말이다. 1989년 12월 그를 방문했던 스코크로프트는 결국 덩샤오핑이 접견한 최후의 외국인이 되었다. 동시에 덩샤오핑은 공식 행사 참석도 중단했다. 1997년 세상을 뜰 즈음에는 이미 은둔자가 되어 있었다. 덩샤오핑은 정치 일선에서 물러나면서, 자신의 가르침과 다음 세대 지도자들의 가르침을 위한 일련의 금 언을 남김으로써 후계자를 지원하기로 했다. 공산당 간부들에게 지시를 내리는 데 덩샤오핑은 중국 고전에서 인용한 한 가지 방법을 채택했다. 그의 지시는 냉엄하면서도 간결했다. 중국 고전 시형으로 적은 지시문은 24자로 된 지시 사항과 고위 관리에게만 국한된 12자의 설명서 등 두 개 의 문서로 되어 있다. 먼저 24자 지시 사항을 살펴보자.

신중하게 관찰하라. 우리 입지를 확보하라. 사태에 침착하게 대응하라. 우리 능력을 감추고 때를 기다려라. 저자세를 유지하는 데 능숙해지라. 절 대로 리더십을 주장하지 마라.[40]

이 뒤를 잇는 12자의 정책 설명은 지도자 가운데 훨씬 더 적은 숫자 의 사람들에게만 제한적으로 주어졌다.

적군이 성 밖에 있다. 그들은 우리보다 더 강하다. 우리는 주로 방어에 힘써야 한다.[41]

도대체 누구를, 혹은 무엇을 상대로 그렇다는 것일까? 다수의 한자 로 이루어진 이 글들은 그 점에 대해선 말이 없다. 아마도 덩샤오핑은 이 글을 보는 사람들이 본능적으로 조국의 입장이 국내적으로나 국제 적으로도 위태로워졌다는 사실을 이해하리라고 가정했기 때문이 아닐 까 한다.

덩샤오핑이 남긴 격언은 (어느 한 단계에서 보면) 적대적일 수 있는 군대에 둘러싸인 과거의 중국을 상기시켰다. 융성할 때의 중국은 주변 을 압도했다. 쇠퇴기의 중국은 자신의 문화와 정치 원칙이 너무도 당연한 중국의 위대함을 되찾을 수 있도록 해 주리라는 자신감으로 시간을 벌기 위해 움직였다. 12자의 진술은 중국 지도자들에게 위태로운 시절이 왔음을 말해 주었다. 바깥 세계는 중국이라는 이 독특한 유기체, 냉담하면서도 우주적이고 장엄하면서도 종종 한바탕 혼란에 나가 떨어지는 이 유기체를 대하면서 언제나 어려움을 겪었다. 이제 옛사람들을 이끌던 연로한 지도자들이, 스스로를 개혁하고자 애쓰면서도 사방으로 포위된 듯한 느낌을 갖는 이 사회에 마지막 부탁의 말을 하는 것이다.

덩샤오핑은 국민의 정서나 중국적 민족주의에 호소함으로써 인민을 단결시키려 하지 않았다. 그가 원했다면 어렵지 않았을 것이다. 대신 그는 고대의 미덕을 상기시켰다. 역경에 처해서도 침착할 것, 맡은 바 임무에는 고도의 분석적 능력을 사용할 것, 공통의 목표를 추구함에 있어 기강을 지킬 것 등이다. 그가 봤을 때 가장 심각한 도전은 12자로 묘사한 시련에서 살아남는 게 아니라, 당면한 위험이 극복된 다음의 미래를 위해 준비하는 것이었다.

24자 지시 사항은 약해졌을 때를 위한 안내서였을까, 아니면 영구불변의 격언으로 만들어졌을까? 당시 중국의 개혁은 내부의 혼란과 외부의 압박 때문에 위협을 받고 있었다. 그러나 개혁이 성공한 다음의 단계에서 중국의 성장은 세계가 또 다른 측면을 우려하도록 촉발할지도 모를 일이었다. 그때는 국제 사회가 압도적인 강대국으로 향하는 중국의 발걸음을 가로막으려 할지도 모른다. 엄청난 위기의 순간을 덩샤오핑은 이미 예견했던 것일까, 중국에게 가장 심각한 위험은 중국이 궁극적으로 부활한 다음에 생긴다는 것을? 그렇게 해석한다면, 덩샤오핑은 국민들에게 "능력을 감추고 때를 기다리며, 절대로 리더십을 주장하지 말라고" 촉구했던 것이 이해가 된다. 다시 말해, 지나치게 자기 주장을 함으로써 불필요한 두려움을 야기하지 말라는 뜻이다.

혼란과 고립으로 점철된 내리막길에서 덩샤오핑은, 중국이 목전의 위기에만 너무 정력을 낭비할지 모른다는 점과, 다음 세대 지도자들이 지나친 자신감의 위험성을 인식하기 위한 균형 감각을 얻을 수 있느냐 에 중국의 미래가 달려 있다는 점을 걱정했다고 해도 무리는 아닐 것 이다. 그의 글은 중국이 당면한 고충을 이야기하고 있었을까, 아니면 중국이 24자 원칙을 지키지 않아도 좋을 정도로 강력해졌을 때도 중국 이 그 원칙을 지킬 것인가의 여부를 이야기하고 있었을까? 중·미 관 계의 상당 부분은 이들 질문에 대한 중국의 대답에 달려 있다.

16

덩샤오핑의 마지막 업무,
남순강화(南巡講話)

1989년 6월, 공산당 지도부의 의견이 분열되어 있는 가운데, 3년 전 덩샤오핑이 당 총서기에 임명했던 자오쯔양은 그의 위기 대처 방법 때문에 숙청당했다. 그리고 상하이 당 서기였던 장쩌민이 승진하여 공산당 최고 직위에 올랐다.

장쩌민이 맞닥뜨린 위기는 중국 역사상 가장 복잡한 위기 중 하나였다. 중국은 고립되어 있었으며, 국외에서는 무역 제재로, 국내에서는 전국적인 소요의 후유증으로 도전에 직면해 있었다. 공산주의는 북한과 쿠바, 그리고 베트남을 제외하면 전 세계에서 해체 중에 있었다. 저명한 반체제 인사들은 해외로 도피하여 망명자의 지위도 얻고, 그들을 동정하는 대중도 얻고, 반체제 운동을 조직적으로 펼칠 자유도 얻었다. 티베트와 신장은 부글부글 끓고 있었다. 달라이 라마는 해외에서 찬양을 받고 있었으며, 톈안먼 사건이 일어난 해에 티베트 독립 운동에 대한 세계의 관심이 고조되는 가운데 노벨상까지 받았다.

모든 사회적, 정치적 혼동 다음으로 국정 운영의 가장 심각한 과제는 어떻게 하면 국민 결집의 느낌을 되살리느냐 하는 것이었다. 도대체 무슨 원칙을 내세워 그렇게 한단 말인가? 외국의 제재 조치보다도 위기에 대한 국내의 반응이 중국 개혁을 더욱 위협했다. 톈안먼 사건 때 덩샤오핑이 지원을 받아야 했던 정치국 내 보수파 위원들은, 위기 처리를 위한 덩샤오핑의 '점진 정책'을 탓하면서 장쩌민에게 전통적인 마오쩌둥주의의 진리로 돌아가라고 압력을 가했다. 그들은 문화 혁명의 비판처럼 일견 제대로 확립되어 있는 정책조차도 되돌리려고 할 정도였다. '작은 덩샤오핑'이란 별명을 지닌 덩리췬이라는 위원은 이렇게 주장했다. "우리가 자유화라든지 자본주의 개혁 및 개방에 대항해서 단호한 투쟁을 벌이지 못한다면, 우리의 사회주의 운동은 망가질 것이다."[1] 덩샤오핑과 장쩌민은 정반대의 견해를 가지고 있었다. 그들이 인식하기로, 중국의 정치 구조는 오로지 개혁 프로그램에 속도를 더함으로써만 새로운 추동력을 얻을 수 있었다. 그들은 생활수준의 개선과 생산성 제고에서 사회적 안정을 위한 가장 확실한 보증을 보았다.

이러한 분위기 속에서 1992년 덩샤오핑은 다시금 모습을 드러내면서 생애 최후의 공식적 제스처를 보여 주었다. 그는 남중국 전역에 대한 '순시(巡視)'라는 형태를 택하여 경제 자유화를 지속하고 장쩌민의 개혁 리더십에 대한 국민의 지지를 구축해 달라고 촉구했다. 개혁의 노력은 지지부진하고 자신의 후계자는 당 내 위계질서 때문에 입지를 잃고 있는 상황에서 여든일곱 살의 덩샤오핑은 그의 딸 덩난과 몇몇 가까운 동지를 대동하고, 1980년대 개혁 프로그램 아래 설립된 선전과 주하이 경제특구를 포함한 남부 중국의 경제 허브를 둘러보는 여정에 나섰다. 그것은 자유 시장에 역할을 부여하고, 외국인 투자에 기회를 주며, 개인의 이니셔티브에 호소하는, 이른바 '중국적 특성을 지닌 사회주의'를 대신하는 개혁을 위한 성전(聖戰)이었다.

당시 덩샤오핑에게는 아무런 공식 직함도 공적인 기능도 없었다. 그렇지만 그는 마치 돌아다니는 전도사처럼 학교, 하이테크 시설, 모범 기업, 기타 중국 개혁이란 자신의 비전을 상징하는 곳에 모습을 드러내 국민들에게 노력을 배가할 것을 촉구함과 동시에 중국의 경제적이고 지성적인 발전을 위한 원대한 목표를 설정했다. 당시 보수파에 의해 통제를 받고 있던 중국 언론은 처음에는 그런 연설을 무시했다. 그러나 홍콩 언론들의 보도가 마침내 본토로 흘러들어 갔다.

시간이 흐르면서 덩샤오핑의 '남순(南巡)'은 신화에 가까운 의미를 띠게 되고, 그의 연설은 다시 한 번 20년간 중국 정치와 경제 정책을 위한 청사진이 되었다. 오늘날까지도 중국의 많은 게시판에는 '발전이야말로 절대적인 원칙'이라는 그의 유명한 금언을 포함해 그가 남순 중에 했던 말과 이미지들이 그려져 있다.

개혁이 중국의 사회주의 유산을 배반하고 있다는 공격에 맞서서, 덩샤오핑은 개혁 프로그램의 정당성을 입증하기 위해 나선 것이었다. 경제의 개혁과 발전은 근본적으로 '혁명적' 행위라고 그는 주장했다. 그리고 개혁을 포기하는 일은 중국을 막다른 골목으로 내몰게 될 것이라고 경고했다. "인민의 신임과 지지를 얻기 위해서는" 경제 자유화의 계획이 '백 년에 걸쳐' 계속되어야 한다고도 했다. 개혁과 개방은 인민 공화국에게 1989년의 내란을 피할 수 있도록 해 주었다고 덩샤오핑은 주장했다. 그러면서 문화 혁명의 비판을 되풀이했고, 그것은 단순한 실패를 넘어서 하나의 내란이었다고 묘사했다.[2]

마오쩌둥이 남긴 중국의 후계자는 시장 원칙, 위험의 각오, 개인의 이니셔티브, 그리고 생산성과 기업가 정신의 중요성 등을 옹호하고 있었다. 그의 생각을 따르면 이익 추구의 원칙은 마르크스주의의 대안적 이론을 반영하는 것이 아니라 인간 본성을 관찰한 결과였다. 정부가 기업가의 성공을 벌로써 다스린다면, 대중의 지지를 잃고 말 것이다. 덩샤오핑의 충고는 중국이 "좀 더 대담해야" 한다는 것, 중국이 두 배의 노력을 하고 "과감하게 실험해야" 한다는 것이었다. "우리가 두 발을 꽁꽁 묶인 여자들처럼 행동해서야 되겠는가? 무언가를 해야 한다고 일단 확신이 서면 우리는 용감하게 실험해야 하고 새로운 길을 개척해야 한다. …… 어느 누가 감히 100퍼센트 성공을 확신하며, 위험은 절대 무릅쓰지 않겠다고 감히 주장하는가?"[3]

덩샤오핑은 자신의 개혁이 중국을 '자본주의의 길'로 이끌어 간다고 하는 비난을 일축했다. 덩샤오핑은 수십 년에 걸친 마오쩌둥의 세뇌를 거부하면서, 결국 중요한 것은 결과 자체이지, 그것을 성취하는 데 기반이 된 원칙은 중요하지 않다는 익숙한 명제를 상기시켰다. 중국은 외국인 투자도 두려워하지 말아야 한다고 했다.

지금 단계에서 외국 자금으로 이루어진 중국 기업도 현존하는 법률과 정책에 의거해서 약간의 이익을 실현하도록 만들어 주어야 한다. 그러나 정부는 그런 기업들에게 세금을 거둬들이고, 노동자들은 임금을 받으며, 우리는 기술과 경영의 기술도 배운다. 그뿐이랴, 우리는 더 많은 시장으로 진출하는 데 도움을 주는 정보도 그들에게 얻을 수 있다.[4]

농업 공동체를 창설하는 일에 마오쩌둥의 '집행자' 역할을 했던 덩샤오핑이었기에, '좌 경향'은 어떤 의미에서 자신의 예전 경력의 한 부분이었지만, 결국 덩샤오핑은 공산당 내의 '좌파'를 겨누어 공격했다.

"지금 우리는 우파 경향과 좌파 경향 모두에게 영향을 받고 있다. 하지만 가장 깊은 뿌리를 지닌 것은 '좌파' 경향이다. …… 당의 역사에서 그런 경향들은 몹시 나쁜 결과를 초래했다. 아주 멋진 것들이 삽시간에 파괴되고 말았다."[5]

국민들의 자존심에 호소함으로써 그들을 부추겼던 덩샤오핑은, 주변 국가들의 성장률을 따라잡아 보라고 중국에게 과제를 던져 주었다. 남순이 있은 지 20년이 채 안 되어 중국이 얼마나 진보했는지를 보여 주는 징표가 있다. 1992년 덩샤오핑은 농촌 소비자들에게 공급하는 것이 꼭 필요했던 '네 가지 대단한 상품', 자전거, 재봉틀, 라디오, 손목시계를 치켜세웠다. 중국 경제는 "몇 년마다 새로운 단계에 접어들 것"이며, 중국인들이 여러 가지 도전에 대응하는 데에 "과감히 마음을 해방시키고 자유로이 행동한다면" 중국은 성공하리라고 그는 선언했다.[6]

과학과 기술이 열쇠였다. 1970년대 혁신적인 연설을 반영하여, 덩샤오핑은 "지식인들은 노동자 계급의 한 부분"이라고 주장했다. 다시 말해 지식인도 공산당원이 될 자격이 있다는 의미였다. 톈안먼 사건의 지지자들을 향한 유화의 몸짓으로, 덩샤오핑은 망명 중인 지식인들에게 중국으로 돌아올 것을 촉구했다. 만약 그들이 특별한 지식이나 기술이 있다면, 과거의 태도를 묻지 않고 환영할 것이라고 했다. "그들이 조국에 공헌하고 싶다면, 돌아오는 편이 더 나을 것임을 알려야 한다. 중국의 과학, 기술, 교육 등의 과제들이 더 빨리 성과를 내도록 일사불란한 노력을 기울여 줄 것을 바란다. …… 우리 모두 조국을 사랑하고 조국이 발전하도록 도와야 할 것 아닌가."[7]

지금 그가 해체하려고 하는 경제 체제를 구축하는 데 (냉혹할 정도로) 힘을 보탰던 팔순의 혁명가가 지닌 신념이 이처럼 뒤집혀지다니 얼마나 놀라운 일인가! 내란 기간 중 마오쩌둥과 함께 옌안에서 복무하던 덩샤오핑은, 50년이 지난 후 전국을 순회하며 그 자신이 집행했던 바로 그 혁명을 개혁하자고 촉구하게 되리라는 조짐을 전혀 보여주지 않았었다. 그가 문화 혁명과 충돌하여 갈등을 빚기까지만 해도 그는 마오쩌둥의 주된 보조자였고, 그 외곬으로 인해 두드러진 인물이었다.

그 후 수십 년이 지나면서 점진적 변화가 일어났다. 덩샤오핑은 보통 사람의 '웰빙'과 발전이라는 면에서 좋은 통치 기준을 재정의하기에 이르렀다. 이처럼 신속한 개발에 헌신하는 데에는 상당한 정도의 국민주의도 역시 개입되었다. 과거에 혹독한 비판을 받던 자본주의 세계에서 우세한 방법을 채택할 수밖에 없었지만 말이다. 후일 덩샤오핑의 자녀 중 하나가 미국 학자이며 미·중 관계에 대한 국가 위원회 위원장인 데이비드 램턴에게 말했듯이 말이다.

1970년대 중반 아버님은 중국의 주변을 둘러보셨고 싱가포르, 홍콩, 타이완, 한국 등 네 마리 작은 용의 경제도 살펴보셨습니다. 그 나라들은 연 8~10퍼센트의 성장을 기록했고, 중국에 비해서 상당한 기술적 우위도 확보하고 있었지요. 우리가 그들을 능가하여 이 지역 내에서, 그리고 나아가 전 세계에서 우리의 자리를 되찾으려면 그들보다 훨씬 더 빨리 성장해야만 했습니다.[8]

이러한 비전에 도움이 될 수 있도록 덩샤오핑은 자신의 개혁 프로그램의 일부로서 미국의 여러 가지 경제적, 사회적 원칙을 옹호했다. 그러나 그가 사회주의적 민주주의라고 불렀던 것은 다원적 민주주의와 달라도 너무나 달랐다. 그는 여전히 서구의 정치 원칙이 중국에서는 혼란을 야기하고 개발을 저해할 것이라는 확신을 지니고 있었다.

하지만 덩샤오핑은 전제적인 정부의 필요성에 찬성하면서도, 다음 세대에게 권력을 넘겨주는 것을 자신의 궁극적 임무로 보았다. 그의 개발 계획이 성공한다면, 다음 세대는 정치 질서에 대한 그들 나름의 개념을 갖추게 될 터였다. 덩샤오핑은 자신의 개혁 프로그램이 성공하면 민주주의적 진화를 위한 인센티브도 없어지기를 희망했다. 하지만 결국은 그가 일으키고 있던 변화가 아직은 예측조차 할 수 없는 차원의 정치적 결과를 가져오리라는 것을 틀림없이 잘 알고 있었다. 이런 것들이 덩샤오핑의 후계자들에게 닥쳐온 과제였다.

1992년 덩샤오핑은 가까운 미래를 위해서 비교적 온건한 목표를 언급했다.

> 우리는 중국 스타일의 사회주의로 나아가는 길을 따라 열심히 달릴 것이다. 자본주의는 몇백 년 동안 발전되어 왔다. 이에 비해 우리는 얼마나 오랫동안 사회주의를 구축해 왔던가? 게다가 우리는 20년을 허송세월했다. 인민공화국이 건설된 이후 100년 내에 우리가 중국을 제법 발달한 나라로 만들 수 있다면, 그것만으로도 탁월한 업적일 것이다.[9]

100년 후라면 2049년이 될 것이다. 사실 중국은 그보다 더 잘해 왔다. 한 세대 정도는 더 빨리 진척을 이룬 것이다.

마오쩌둥이 죽은 후 10년에 걸쳐 그의 지속적 혁명이란 비전은 다시 모습을 드러냈다. 그러나 그것은 이념적 행복감이 아니라 개인의 이니셔티브를 기반으로 한 전혀 다른 종류의 지속적 혁명이었다. 경제적 자립이 아니라 바깥 세계와의 연결을 바탕으로 한 것이었다. 또한 그것은 마오쩌둥이 생각했던 것과는 정반대 방향이긴 했지만, 마오쩌둥이 추구했던 바와 꼭 같은 정도로 중국을 근본적으로 바꾸려는 것이었다. 바로 그 이유 때문에 덩샤오핑은 남순을 마감하면서 자신들만의 새로운 관점을 지닌 새 세대의 지도자들이 등장하기를 희망했다. 공산 당의 기존 지도부는 너무 늙어 버렸다고 말했다. 다들 예순이 넘어 그는 의사 결정보다는 대화에나 적절하다는 것이었다. 자기 나이의 사람들은 옆으로 비켜서 줄 필요가 있었다. 언제나 그처럼 활동가였던 덩샤오핑으로서는 참으로 고통스러운 고백이었을 것이다.

내가 굳이 은퇴를 고집한 이유는 이 나이가 되어 실수를 저지르고 싶지 않기 때문이었다. 늙은이들도 힘은 있지만 역시 약점이 많다. 예컨대 고집이 센 편이다. 늙은이들은 그 점을 알아야 한다. 나이가 들수록 더욱 겸손해야 하고 말년에 실수를 하지 않도록 더욱 신중해야 한다. 우리는 계속해서 젊은 동지를 뽑아서 승진시키고 훈련시키도록 도와주어야 한다. 나이가 많다는 것만으로 신뢰해서는 안 된다. ……그들이 원숙한 경지에 이르면, 우리는 편안하게 쉴 것이다. 하지만 당장은 여전히 걱정스럽다.[10]

덩샤오핑이 내린 처방에 담긴 사무적 느낌에도 불구하고, 자신이 옹호하고 계획했던 것들이 열매 맺는 모습을 볼 수 없다는 의식 때문이었을까, 거기에는 노년의 비애가 스며 있었다. 그는 너무나도 많은 혼란을 봤고 때로는 혼란을 야기하기도 했기에, 안정된 한 시대를 유산으로 남겨야 했다. 그의 자신감의 표현에도 불구하고, 그의 말처럼 그에게 '푹 잠들 수 있게' 하기 위해서는 새로운 세대가 필요했다.

남순은 덩샤오핑의 마지막 공식 업무였다. 이들 원칙의 실행은 장쩌민과 그 동료들의 책임이었다. 이후 덩샤오핑은 사람들이 접근할 수 있는 범위에서 더욱더 멀어졌다. 그는 1997년 사망했으며, 그때 장쩌민은 자신의 입지를 이미 확고히 다진 후였다. 탁월한 주룽지 총리의 도움으로 장쩌민은 덩샤오핑의 남순이 남긴 유산을 너무나도 능숙하게 완수했다. 때문에 2002년 그의 임기가 끝날 즈음의 논쟁은 중국이 가고 있는 길이 올바른 길인가에 대한 것이 아니라, 새로 등장한 다이내믹한 중국이 세계 질서와 지구촌 경제에 끼칠 영향이 무엇인가에 대한 것이었다.

17

또 다른 화해를 향한 롤러코스터 타기

─ 장쩌민 시대

텐안먼 사건의 여파로 인해 중·미 관계는 사실상 출발점으로 되돌아왔다. 1971~1972년 중국과의 관계는 평화로운 국제 질서 확립에 핵심적이며 중국의 급진적 통치를 보는 미국의 의구심을 뛰어넘는 것이라고 확신한 미국은 문화 혁명의 마지막 단계에 있던 중국과의 화해를 추구했다. 이제 미국은 중국에 제재 조치를 취해 놓은 상태였고, 반체제 인사 팡리즈는 베이징 주재 미국 대사관의 보호 아래 있었다. 그리고 자유 민주주의 제도가 전 세계적으로 포용되고 있는 상황에서 중국의 내정 구조는 미국의 중요한 정책 목표로 변하고 있었다.

나는 장쩌민이 상하이 시장으로 있을 때 그를 만난 적이 있었다. 나는 그가 재앙에서 출발한 자기 나라를 이끌고, 중국의 부상을 특징짓는 놀라운 에너지와 창의력의 폭발을 이룩할 지도자로 등장하리라고는 기대하지 않았다. 처음에는 의심의 눈으로 봤지만, 그는 인류 역사상 가장 큰 1인당 국민 소득의 증대를 주관했고, 홍콩의 평화로운 회귀를 완성했으며, 미국을 비롯한 기타 세계와의 관계를 재정립했고, 중국을 지구촌 경제의 파워하우스로 올려놓았다.

장쩌민이 승격한 직후인 1989년 11월, 덩샤오핑은 나에게 신임 총서기를 자기가 얼마나 높게 평가하는지를 강조하느라 공을 들였다.

> 덩샤오핑: 당신은 이미 장쩌민 총서기를 만났겠지요. 앞으로 또 그를 만날 기회가 많이 있을 겁니다. 그는 자신만의 아이디어와 탁월한 능력을 지닌 사람이에요.
> 키신저: 저도 그에게 깊은 감명을 받았습니다.
> 덩샤오핑: 정말 지적인 사람이라오.

외부의 관측통 가운데 장쩌민이 성공하리라고 생각했던 이들은 거의 없었다. 상하이 당 서기였던 그는 그곳에서 일어났던 시위를 침착하게 처리하여 좋은 평을 얻었다. 그는 사태의 초기에 막강한 영향력을 지닌 자유주의 성향의 신문을 폐간했지만 계엄령 선포에는 반대했다. 그리고 상하이의 시위는 유혈 사태 없이 진정되었다. 그러나 총서기로서의 그는 많은 사람이 과도기적 인물로 가정했고, (당의 이데올로기를 책임지고 있던 리루이환을 포함한) 비교적 자유주의적인 파벌과 (리펑 총리 같은) 보수파 사이의 중간쯤에 타협안으로 나온 인물이었을 법했다. 그는 자신만의 대단한 권력 기반이 없었고, 전임자들과 비교할 때 지휘자의 후광 같은 것을 뿜어내지도 못했다. 그는 혁명이나 군사적인 면에서 신임을 얻지 못한 최초의 중국 공산당 지도자였다. 후계자처럼, 그의 리더십은 관료적 혹은 경제적 성과에서 나온 것이었다.

그런 리더십은 절대적인 것이 아니었고 정치국 내 어느 정도의 합의를 필요로 했다. 예컨대 그는 총서기가 되고서 8년이나 지난 1997년까지만 해도 외교 정책에서 우세한 입지를 세우지 못했다.[1]

예전 공산당 지도자들의 몸가짐에는, 새로운 마르크스적 물질주의와 중국 유교 전통의 흔적이 뒤섞인 사제직(司祭職)에 어울리는 분위기가 있었다. 하지만 장쩌민은 전혀 다른 패턴을 만들었다. 철학자 왕인 마오쩌둥, 고급 관료인 저우언라이, 혹은 산전수전 다 겪은 국익의 수호자 덩샤오핑과 달리, 장쩌민은 사근사근한 가족처럼 행동했다. 그는 따뜻했고 격이 없었다. 마오쩌둥은 상대방을 대할 때, 마치 넉넉한 철학적 통찰력을 얻기 위해 시험을 치르고 있는 학생인 양, 올림포스의 신처럼 처신했다. 저우언라이는 힘도 들이지 않고 우아하게, 그리고 유교의 현자다운 탁월한 지식으로 대화를 이끌었다. 덩샤오핑은 이런저런 논의를 끊어 실용적인 측면으로 이끌면서 거기서 벗어나는 것을 시간 낭비로 취급했다.

장쩌민은 철학적으로 우월함을 주장하지 않았다. 그는 미소 짓고, 크게 웃고, 에피소드를 들려주고, 상대방과 접촉하면서 유대를 확립했다. 그는 자신의 외국어 실력과 서구 음악에 대한 지식을 경우에 따라 활기 넘치게 자랑으로 여겼다. 방문객이 중국인이 아닌 경우, 요점을 강조하기 위해서 자신이 하는 말 속에 시시때때로 영어와 러시아어, 그리고 심지어 루마니아어 표현까지 섞어 넣었다. 그리고 풍부한 중국 고전의 격언과 "춤을 추려면 두 사람이 필요해."와 같은 미국의 구어적 표현 사이를 느닷없이 오가기도 했다. 또 기회만 찾아오면 그는 공적인 회담을 진행하는 도중에, 불편한 이야기를 누그러뜨리거나 동료의식을 강조하기 위해서 갑자기 노래를 부르기도 했다.

통상 중국 지도자들과 외국 손님들 사이의 대화는 여러 명의 참모

진과 말도 하지 않고 상사에게 노트를 보여 주는 일도 없는 속기사들이 동석한 가운데 이루어진다. 하지만 장쩌민은 이와는 대조적으로 그의 수행원들을 그리스의 합창대로 바꾸어 버리는 경향이 있었다. 먼저 그가 한 가지 생각을 시작한 다음, 참모에게 넘겨주어 너무나도 자발적인 방식으로 결론이 나는 바람에, 마치 장쩌민이 우두머리로 있는 하나의 팀과 논의하고 있다는 인상을 줄 정도였다. 공부도 많이 하고 교육도 잘 받은 장쩌민은 자신을 둘러싸고 있는 듯한 호의의 분위기 속으로 대화의 상대를 끌어들이려 했다. 적어도 외국 손님을 대할 때는 그랬다. 그는 상대방의 견해, 혹은 심지어 부하들의 견해까지도 자신의 견해와 꼭 같은 중요성을 인정받을 가치가 있는 것으로 취급하는 대화를 이끌어 내곤 했다. 그런 의미에서 장쩌민은 내가 만나 본 중국 지도자들 가운데 중화(中華) 타입과는 가장 거리가 먼 인물이었다.

장쩌민이 중국 지도부의 최고 지위에 오르자, 국무부 내부의 한 보고서는 그를 "세련되고, 활동적이며, 종종 현란한" 사람으로 묘사했다. 또 "1987년 상하이 건국 기념행사 도중 그가 VIP 석상에서 벌떡 일어나 교향악단을 몸소 지휘하여 불빛이 번쩍이고 연기가 자욱한 가운데 인터내셔널가(歌)를 떠들썩하게 연주했던" 에피소드를 기록했다.[2] 1989년 닉슨이 개인적으로 베이징을 방문했을 때, 장쩌민은 아무 예고도 없이 자리에서 일어나 영어로 게티즈버그 연설을 낭독하기도 했다.

중국이든 소련이든 이 같이 격식을 차리지 않는 지도자는 전례가 없었다. 많은 외부인은 장쩌민을 과소평가하고, 아저씨 같은 스타일을 진지함의 결여라고 착각했다. 사실은 그 반대이다. 장쩌민의 친밀함은 (그가 선을 그어야 할 때) 그만큼 더 확실하게 선을 그으려는 의도에서 나오는 것이다. 자기 나라의 중요한 이해가 얽혀 있다고 믿을 경우에는, 거인과도 같은 자신의 선임자들과 마찬가지로 단호할 수가 있는 것이다.

장쩌민은 중국이 중화사상의 고고함이나 고자세를 통해서가 아니라 국제 시스템의 내부에서 움직여야 한다는 것을 알 정도로 '코즈모폴리턴'이었다. 저우언라이도 역시 그 점을 이해했고, 덩샤오핑도 마찬가지였다. 그러나 저우언라이는 목을 죄는 마오쩌둥의 존재 때문에 자신의 비전을 오직 단편적으로만 시행할 수 있었고, 덩샤오핑의 비전은 톈안먼 때문에 불발로 끝나 버렸다. 장쩌민의 친밀함은 중국을 새로운 국제 질서 속에 구축하고, 국제 사회의 신임을 회복함으로써 중국의 내부적 상처도 아물게 하고 중국의 국제적 이미지도 부드럽게 하려는, 진지하고도 잘 계산된 시도의 표현이었다. 종종 현란한 태도로 비판자들을 무장 해제시켜 버리는 장쩌민은 국제적 고립에서 벗어나 소련과 같은 운명을 피하기 위해 노력하는 정부에게 효과적인 얼굴이었다.

국제적 목표에서 장쩌민은 내가 아는 한 가장 수완이 뛰어난 외교부장 첸치천과, 비상한 지성과 끈기를 지닌 경제 정책 입안자인 주룽지 부총리(나중에는 총리)를 옆에 두는 축복을 누렸다. 이 두 사람은 모두 중국의 현 정치 제도야말로 중국의 이해에 가장 부합한다는 개념을 거리낌 없이 주장했다. 또한 두 사람은 모두 중국이 지속적으로 발전하려면 국제 체제 및 (중국의 국내 정치 관행을 소리 높여 비판하는 서구 세계를 포함하는) 세계 경제와의 연결을 심화해야 한다고 믿었다. 첸치천과 주룽지는 장쩌민의 공격적인 낙관주의 코스를 따라서 폭넓은 해외 순방을 실시했다. 국제회의, 인터뷰, 외교나 경제에 대한 대화 등이 이어졌으며, 회의적이고 비판적인 청중을 단호한 결의와 탁월한 유머로 마주하는 일도 잦았다. 이를 지켜보는 중국인 중에는 중국의 현실을 무시하는 것으로 인지하는 서구 세계와의 교류 프로젝트를 달갑게 보지 않는 이들도 있었고, 이를 지켜보는 서구인 중에는 서구의 정치적 기대치에 미치지 못하는 중국과의 교류 노력을 곱게 보지 않는 이들도 있었다. 정치인의 수완은 절대적인 것이 아니라 모호한 것을 어떻게 관리하느냐에 의해서 판단되어야 한다. 장쩌민, 첸치천, 주룽지, 그리고 그들의 고위 관리들은 중국을 고립에서 빠져나오게 하고, 중국과 회의적인 서구 세계 사이의 나약한 연결고리를 회복시킬 수 있었다.

장쩌민은 1989년 11월 취임한 직후 나에게 이야기를 나누자고 청했다. 이 대화에서 그는 전통적 외교로 회귀하는 렌즈를 통해 여러 사태를 설명해 주었다. 그는 어째서 중국 내부 문제에 대한 정부의 반응이 미국과의 관계를 망쳐 버렸는지 이해할 수 없었다. "타이완을 제외하면 미국과 중국 사이에는 별 문제가 없었지 않습니까?" 그는 그렇게 주장했다. "무슨 국경 분쟁이 있는 것도 아니고, 타이완 문제에 대해서 상하이 코뮈니케가 훌륭한 공식을 확립해 주었고요." 중국은 자국 내 원칙이 국외에서도 적용해야 한다고 주장하지 않는다는 점을 강조했다. "우리는 혁명을 수출하지 않습니다. 각 나라의 사회 체제는 그 나라가 선택해야 합니다. 중국의 사회 체제는 우리의 역사적 입지에서 비롯되는 겁니다."

어찌 되었든 중국은 경제 개혁을 계속할 것이었다. "중국에 관한 한, 문은 언제나 열려 있습니다. 미국의 긍정적인 제스처라면 그 어떤 것이든 우리는 대응할 태세가 되어 있어요. 우리는 공통의 관심사가 아주 많습니다." 그러나 개혁은 자발적이어야지, 외부로부터 지시를 받아 이루어질 수는 없다는 요지였다.

압력이 거세면 거셀수록 저항도 커진다는 것을 중국 역사는 보여 주고 있습니다. 나는 자연 과학을 공부하는 학생일 때부터 사물을 자연 과학의 법칙에 의거해서 해석하려 노력했습니다. 중국의 인구는 11억 명입니다.

중국은 거대하고 엄청난 탄력을 지니고 있습니다. 그런 나라를 앞으로 나아가게 하는 것은 어려운 노릇입니다. 오랜 친구로서 당신한테 이야기하는 겁니다.

장쩌민은 톈안먼 사건에 대한 자신의 생각도 들려주었다. 중국 정부는 '그러한 사건에 대응할 정신적 준비가' 안 되어 있었고, 초기에는 정치국도 의견이 분분했다고 설명했다. 그가 설명하는 톈안먼 사건에 영웅이란 없었다. 학생 지도자도, 당도 영웅이 아니었으며, 특히 당은 전례 없는 도전에 직면해 비효율적이고 지리멸렬했다고 안타깝다는 듯 묘사했다.

거의 1년이 지나서 1990년 9월에 그를 다시 만났을 때, 미국과의 관계는 여전히 팽팽했다. 우리가 제재 조치를 푸는 것과 팡리즈의 방면을 묶어 줄 패키지 딜은 신속히 실행되지 못하고 지지부진했다. 주어진 문제의 정의를 생각할 때, 어떤 의미에서 실망은 놀라운 일도 아니었다. 인권을 옹호하는 미국인들은 자기네가 보편적이라고 간주하는 가치관을 고집했다. 중국 지도자들은 중국의 이해관계라고 인지하는 것을 기반으로 약간의 수정을 가했다. 미국의 운동가들, 특히 몇몇 비정부 기구는 부분적 조치를 했다고 해서 자신들의 목적이 성취된 것으로 선언하고 싶은 마음이 없었다. 베이징이 양보라고 간주하는 것도, 그들에게는 자기네 목표가 흥정의 대상이며 따라서 보편적이 아니라는 의미를 담고 있었다. 그들은 정치적 목표가 아니라 도덕적 목표를 강조했으나, 중국 지도자들은 지속적인 정치 프로세스에만(무엇보다 당장 긴장을 해소하고 '정상적' 관계로 복귀하는 것에만) 신경을 곤두세웠다. 하지만 운동가들은 정상 관계로 복귀하는 바로 그것을 거부하거나 조건을 달려고 했다.

최근의 논쟁에는 경멸적인 형용사 하나가 등장해서 전통적인 외교를 '흥정'이라고 일축했다. 그 견해로 볼 때 비민주 국가와의 건설적이고 장기적인 관계는 애당초 유지할 수 없다. 이런 노선을 옹호하는 축은, 참되고 지속적인 평화는 민주 국가의 커뮤니티를 전제 조건으로 한다는 가설에서 출발한다. 바로 이 때문에 20년 후 포드 정부와 클린턴 정부는 (소련과 중국이 모두 양보할 태세를 보였음에도 불구하고) 잭슨-바닉 수정 법안의 시행에 대해서 의회의 타협을 이끌어 내는 데 실패했다. 운동가들은 부분적 조치를 거부하면서, 집요하게 계속하면 궁극적인 목표를 달성할 것이라고 주장했다. 장쩌민은 1990년 나에게 이 이슈를 제기했다. 중국은 최근 "상당히 많은 조치를" 취했는데, 중요한 것은 그렇게 한 동기가 미국과의 관계 개선을 향한 열망이었다고 했다.

그런 조치 중 일부는, 베이징과 티베트의 계엄령 해제처럼 순전히 중국의 국내 이슈에 관한 것도 있습니다. 우리는 이런 사안에 관해서 두 가지를 고려해 진행했습니다. 첫째는 그들이 중국 국내 안정을 증명하는 것이란 점, 둘째는 우리가 중 · 미 관계를 좀 더 잘 이해하도록 만들기 위해 이런 조치들을 이용한다는 것을 숨기지 않는다는 거죠.

장쩌민이 보기에는 이런 움직임에 대해서 미국의 화답이 없었다. 덩샤오핑이 제안했던 패키지 딜 가운데 베이징 쪽의 의무는 다했지만, 미 의회로부터는 갈수록 요구만 거세졌다는 거다.

민주주의 가치와 인권은 미국이 스스로에 대해 지닌 신념의 핵심이다. 그러나 모든 가치관처럼 그것들은 절대적 특성을 지니는데, 이것이 미묘한 뉘앙스라는 요소에 도전하는 것이다. 그런데 일반적으로 외교 정책은 이런 뉘앙스에 의해서 작동되기 마련이다. 만약 미국의 통치 원칙을 채택하는 것이 양국 관계의 다른 모든 부분에서 진척을 이루기 위한 핵심 조건이 된다면, 불가피하게 교착 상태에 빠지게 될 것이다. 그렇게 되면 양측은 모두 국가 안보의 주장과 통치 원칙의 요구 사항 사이에 균형을 찾아야만 한다. 베이징 측이 완강하게 원칙을 거부하자, 클린턴 정부는(나중에 우리가 보겠지만) 입장을 수정하는 쪽을 택했다. 그렇게 되면 문제는 미국과 그 상대방 사이의 우선순위를 조정하는 것으로 돌아간다. 다시 말해 '거래와 같은' 전통적 외교로 돌아가는 것이다. 그렇지 않으면 마지막 한판 승부가 될 것이다.

그것은 선택해야 할 문제이고, 얼버무릴 수도 없다. 나는 미국적 가치의 확산이 기필코 이루어져야 한다는 견해를 위해서 목숨 걸고 싸울 준비가 된 사람들을 존경한다. 그러나 외교 정책이란 목표뿐 아니라 수단도 규정해야 하고, 만약 그 사용하는 수단이 국제적인 프레임워크가 용인하는 범위를 넘어선다든지, 국가 안보를 위해 필수적이라고 간주하는 관계가 용인하는 범위를 넘어서면 선택을 해야 한다. 우리는 그 선택의 속성을 최소화하는 일만큼은 하지 말아야 한다. 미국 내 논쟁에서 얻을 수 있는 최선의 결과는 두 가지 접근법을 결합하는 것이다. 즉 이상주의자들은 원칙이란 것이 시간을 두고 이루어져야 하며 따라서 상황에 따라 때때로 조정되어야 한다는 사실을 인식하고, 현실주의자들은 가치란 것이 그 자체의 현실을 갖고 있으며 업무 방안 속에 구축되어야 함을 받아들이는 것이다. 그런 접근법을 택하면, 각 캠프에 존재하는 많은 '회색'을 인식하게 되고, 그런 회색을 서로 어우러지게 만드는 노력이 있어야 할 것이다. 실제로 이런 목표는 분쟁의 열기에 의해 압도당하기 십상이다.

1990년대 미국 내 논쟁은 중국 지도자들과의 논의에서 재현되었다. 자기네 나라에서 공산당이 승리를 거둔 지 40년이 지나, 중국 지도자들은 다른 나라에게 가치관을 투영해서는 안 된다고 거부하는 국제 질서를 대변하여 주장을 펼치고, 반면 미국은 압력과 회유에 의해서, 즉 다른 나라의 내정 간섭에 의해서 자신들의 가치를 범세계적으로 적용할 수 있다고 고집하게 된 것이다. 마오쩌둥의 후계자들이 주권 국가를 기반으로 하는 국제 질서의 속성에 대하여 나를 가르치게 되다니 (내가 이미 수십 년 전에 연구했던 주제인데) 대단한 아이러니가 아닐 수 없었다.

장쩌민은 바로 그런 담론을 위해서 나의 1990년 중국 방문을 이용했다. 그와 다른 중국 지도자들은 5년 전이었다면 통념이라고 해도 좋았을 내용을 줄곧 고집했다. 즉 중국과 미국은 1648년 이래 유럽의 전통적 국가 시스템에 비견할 만한 원칙을 기반으로 해서 새로운 국제 질서를 함께 만들어야 한다는 것이었다. 바꾸어 말하면 국내 문제는 외교 정책의 범위 밖에 있다는 얘기였다. 국가 간의 관계는 국익이란 원칙에 의해 지배당하고 있었다.

서구에서 새로이 대두된 정치 제도는 바로 그 명제를 내던지고 있는 중이었다. 새로운 개념은 세상이 '주권 이후' 시대로 접어들었다고 주장하고 있으며, 그 안에서 인권이란 국제 규범은 주권 정부의 특권을 압도한다고 했다. 이와는 대조적으로 장쩌민과 그의 동료들은 중국만의 하이브리드 사회주의와 '인민의 민주주의'를 받아들이는 다극적(多極的) 세계를 추구했고, 그 안에서 미국은 중국을 강대국으로 동등하게 취급해야 했다.

그다음 1991년 9월 내가 베이징을 방문하는 동안 장쩌민은 전통적 외교의 격언으로 돌아갔다. 국가의 이익이 중국의 국내 문제에 대한 반응을 압도한다는 것이었다.

우리 두 나라 사이에는 근본적 이해의 충돌이 없습니다. 관계를 다시 정상으로 돌려놓지 못할 이유가 없어요. 상호 존중하고 서로 내정 간섭을 삼간다면, 또 평등과 상호 혜택의 기반 위에서 우리 관계를 이끌어 간다면, 공통의 이해를 찾을 수 있습니다.

냉전의 경쟁 관계가 사라지는 가운데, 장쩌민은 "오늘날의 상황에서 이념의 요소들은 국가 관계에서 중요하지 않다."라는 주장을 폈다.

장쩌민은 나의 1990년 9월 방문을 이용해서 자신이 덩샤오핑의 모든 역할을 물려받았음을 전달했는데, 베이징 권력 구조 안에서 정확하게 어떤 조율이 이루어졌는지는 언제나 불확실했기 때문에 이 점은 아직 명확하지 않았다.

덩샤오핑은 당신의 방문을 알고 있습니다. 그분은 저를 통해서 당신에게 환영의 뜻을 표하며 인사를 전하는 바입니다. 그리고 그분은 부시 대통령에게 받은 편지에 대해서도 언급하셨는데, 이에 대해 두 가지 말씀을 하셨습니다. 먼저, 당신을 통하여 부시 대통령에게 안부의 말씀을 전해 달라고 총서기인 저에게 요청하셨습니다. 둘째로, 작년에 은퇴하신 이후로 그분은 이런 사안들에 대한 모든 처리를 총서기인 저에게 일임하셨습니다. 부시 대통령이 그분에게 보낸 편지에 대해 제가 답신할 생각은 없습니다만, 제 입을 통해 말씀드리더라도 제가 당신에게 말하는 것은 그분이 말하고 싶었던 것의 정신에 부합한다는 것입니다.

장쩌민이 나에게 전해 달라고 부탁한 요지는, 중국이 이미 충분한 양보를 했다는 것과 이제 관계 개선의 책임은 미국에 있다는 것이었다. 그는 이렇게 말했다. "중국에 관한 한 우리는 언제나 우리 두 나라의 우의를 소중히 여겨 왔습니다." 그는 더는 중국이 양보할 수는 없는 노릇이라고 선언했다. "중국으로서는 할 만큼 모두 했습니다. 우리는 무진 애를 썼고 최선을 다했어요."

중국은 외세의 압력에 굴하지 않으며, 외국이 괴롭히려는 낌새만 있어도 무섭게 저항할 것이라는 등 이제는 고전이 된 마오쩌둥과 덩샤오핑의 주제를 되풀이했다. 그리고 워싱턴과 마찬가지로 베이징은 국민들로부터 정치적 압박을 받고 있다고 주장했다. "한 가지만 더 지적하겠습니다. 우리는 미국 측이 이 사실을 알아주었으면 합니다. 만약 중국이 상응하는 미국의 움직임 없이 일방적인 조치를 취한다면, 중국인들이 용인할 수 있는 범위를 넘어설 것입니다."

중국과 해체 중인 소련

이 모든 논의의 근저에 깔린 것은 소련의 해체였다. 고르바초프는 톈안먼 위기가 시작될 때 베이징에 있었지만, 중국이 국내 갈등으로 갈기갈기 찢기고 있는 중에도 소련 통치의 기반은 전 세계의 텔레비전 화면에서 마치 슬로모션인 양 실시간으로 무너지고 있었다.

고르바초프의 딜레마는 베이징의 딜레마보다도 훨씬 더 애간장을 태웠다. 중국의 골칫거리는 공산당이 어떻게 통치해야 할 것인가 하는 문제였다. 소련의 논쟁은 과연 공산당이 통치해야 하는가에 대한 것이었다. 경제의 구조 조정(페레스트로이카)보다도 정치 개혁(글라스노스트)에 우선권을 줌으로써, 고르바초프는 공산주의 통치의 적합성 여부에 대한 분쟁을 불가피하게 만들었다. 그는 곳곳에 만연한 정체 상태를 알아차렸지만, 틀에 박힌 경직성을 타파할 상상력도 재주도 없었다. 체제 내의 다양한 감독 기관은 시간이 흐르면서 문제의 한 부분이 되어 버렸다. 정교한 공산주의 시스템 안에서, 한때 혁명의 도구였던 공산당은 스스로 이해하지 못하는 근대 경제의 관리라는 것을, 즉 자기네가 이른바 컨트롤하고 있는 것과 공모함으로써 해결하는 문제를 감독하는 일 외에는 아무런 기능도 하지 못했다. 공산주의 엘리트는 특권 관료 계급이 되어, 이론적으로는 국가 정통성을 책임지면서 자기들의 특권 보존에만 혈안이 되어 있었다.

글라스노스트는 페레스트로이카와 정면 충돌했다. 고르바초프는 결국 자신을 만들었던 시스템, 자신에게 명성을 가져다주었던 시스템이 붕괴하도록 만들 수밖에 없었다. 그러나 그렇게 하기 전에, 그는 평화적 공존의 개념을 재정의했다. 이전의 지도자들은 그것을 확인했고, 마오쩌둥은 그것을 두고 흐루쇼프와 설전을 벌인 바 있다. 그러나 고르바초프의 전임자들은 궁극적인 대치와 승리를 향해 가는 도중에 잠시 한숨 돌리는 것으로서 평화적 공존을 옹호했다. 1986년 27차 전당대회에서 고르바초프는 평화적 공존을 공산주의와 자본주의 간 관계의 영속적인 고정 개념으로 선포했다. 그것은 소비에트 이전 시대의 러시아가 참여했던 국제 체제로 다시 들어가는 나름의 방식이었다.

내가 중국을 방문할 때마다 중국 지도자들은 중국과 러시아 모델, 특히 고르바초프를 구분 짓느라고 공을 들였다. 1990년 9월 장쩌민은 나를 만난 자리에서 이렇게 강조했다.

중국의 고르바초프를 찾느라 애써 봐야 헛일입니다. 우리와 의논해 보면 당신도 알 수 있지요. 당신의 친구 저우언라이는 평화적 공존을 위한 우리의 다섯 가지 원칙을 이야기하곤 했습니다. 그런데 그것은 지금도 여전히 유효합니다. 세상에 단 하나의 사회 체제만이 존재한다면 안 될 일입니다. 우리는 우리 시스템을 다른 나라에 강요하고 싶지 않고, 다른 나라들이 우리에게 그렇게 하는 것도 싫습니다.

중국 지도자들도 고르바초프와 동일한 공존의 원칙을 내세웠다. 다만 고르바초프처럼 서구와의 화합을 위해 그 원칙을 사용하는 것이 아니라, 자기 주위에 장막을 쳐서 서구와 격리시키려고 이용했다. 베이징에서 고르바초프는 오해를 받았을 뿐 아니라 '별 볼 일 없는' 존재로 취급되었다. 그의 근대화 프로그램은 정치 개혁을 경제 개혁보다 앞세웠기 때문에 애당초 잘못된 것이라고 일축당했다. 중국 측에서 보기에 정치 개혁은 충분한 시간이 필요하고, 경제 개혁부터 선행되어야 했다. 리루이환은 가격 개혁이 어째서 소련에서는 먹힐 수 없는지를 설명했다. 거의 모든 원자재가 공급 부족 상태이므로, 가격 개혁은 영락없이 인플레이션과 공황으로 이어진다는 것이다. 1990년 미국을 방문한 주룽지는 '중국의 고르바초프'라고 거듭 칭송을 받았다. 하지만 그는 애써 이렇게 강조했다. "나는 중국의 고르바초프가 아니라 중국의 주룽지입니다."[3]

1992년 내가 다시 중국을 찾았을 때, 첸치천은 소련의 붕괴를 "사방팔방으로 충격파를 내보내는 폭발의 여파"와도 같다고 묘사했다. 말이야 바른 말이지만 소련의 붕괴는 새로운 지정학적 콘텍스트를 만들어 냈다. 미국과 중국은 이 새로운 풍경을 평가하면서, 양국이 거의 동맹이었던 때만큼 서로의 이해가 더는 합치하지 않는다는 사실을 발견했다. 그때는 주로 소련의 헤게모니에 저항하는 전술에 대해서만 불화가 있었다. 하지만 이제는 공동의 적이 시들어 버린 상황에서 양대 리더십의 가치관 및 세계관 차이가 표면화될 것이었다.

냉전의 종말로 인해 베이징에서는 안도의 한숨과 두려움이 뒤섞였다. 한편으로 중국 지도자들은 적대국 소련의 해체를 환영했다. 적극적 (심지어 공격적) 억제라는 마오쩌둥과 덩샤오핑의 전략이 맞아떨어진 것이었다. 하지만 동시에 그들은 소련의 운명과 중국 자체의 국내 문제를 비교하지 않을 수 없었다. 그들 역시 다인종 제국을 물려받아 근대 사회주의 국가로 운영하고자 했다. 중국에서 한족 이외의 인구가 차지하는 부분(약 10퍼센트)은 러시아에서 러시아인 외의 인구가 차지하는 부분(약 50퍼센트)보다도 적었지만, 뚜렷한 전통을 지닌 소수 민족이 있었다. 더구나 이들 소수 민족은 베트남, 러시아, 인도 등에 인접한 전략적으로 민감한 지역에 살고 있었다.

1970년대의 어떤 미국 대통령도, 소련이 전략적 위협으로 떠오르고 있는 한 중국과의 대치라는 위험을 무릅쓰지는 않았을 것이다. 그러나 미국 쪽에서는 소련의 해체가 민주주의 가치관의 영속적이고 범세계적인 승리쯤으로 간주되었다. 양당의 정서는 전통적인 '역사'가 대체되고 있다는 것이었다. 즉 동맹과 적대국이 모두 다수당 의회 민주주의 및 개방 경제를(미국이 보기에 불가분의 관계에 있는 두 제도를) 채택하는 쪽으로 가차 없이 움직이고 있다는 것이었다. 그것을 가로막는 그 어떤 장애물도 제거되고 말 것이었다.

국민 국가는 그 중요성을 잃고 이제부터 국제 체제는 초국가적인 원칙에 기반을 두게 되리라는 새로운 개념이 생겨났다. 민주주의는 태생적으로 평화로운 반면, 전제 정치는 폭력과 국제 테러로 기우는 경향이 있으므로, 정권 교체는 내정 간섭이 아니라 외교 정책의 합법적 행위로 간주되었다.

중국 지도자들은 서구의 자유 민주주의가 범세계적으로 승리할 거라는 미국의 예측을 거부했지만, 그들 역시 개혁 프로그램이 미국의 협조를 요구한다는 사실은 알고 있었다. 그래서 그들은 1990년 9월 나를 통하여 부시 대통령에게 '구두 메시지'를 전했는데, 그 말미에서 미국 대통령에게 호소했다.

중국인들은 100년이 넘도록 줄곧 외세의 괴롭힘과 수모를 당해 왔습니다. 우리는 이 상처가 다시 재발되는 것을 보고 싶지 않습니다. 대통령 각하, 중국의 오랜 친구로서 각하는 중국인들의 정서를 잘 이해하시리라 믿습니다. 중국은 손쉽게 얻은 것이 아닌 우호적인 중·미 관계와 협력을 소중히 여깁니다. 그러나 중국은 독립과 주권과 존엄을 그보다 더욱 소중하게 생각합니다.

이제 새로운 환경에서 중·미 관계의 지체 없는 정상화는 한층 더 필요합니다. 각하께서 그 목표를 향해 가는 길을 찾을 수 있으리라고 확신합니다. 그리고 더 나은 중·미 관계를 감안하여 각하께서 취해 주실 긍정적 행동에 대해서는, 그것이 어떤 것이든 우리도 필요한 반응을 할 것입니다.

장쩌민이 나에게 개인적으로 말했던 것을 한층 더 다지기 위해서 중국 외교부 관리들은 나에게 부시 대통령에게 전할 서면상의 메시지까지 전해 주었다. 서명이 없는 이 서류는 글로 옮긴 구두 메시지라고 부를 만한 것으로, 대화보다는 좀 더 공식적이고 공문서보다는 덜 노골적이었다. 게다가 나를 공항까지 데려다 준 외교부 부부장은 내가 장쩌민과 만나서 제기했던 질문에 대한 대답을 글로 적어서 나한테 넘겨주었다. 위의 메시지처럼 그 대답들 역시 회담 중에 이미 나온 내용이지만, 그들은 강조하기 위해 글로 적어 나에게 준 것이다.

질문: 덩샤오핑이 대통령의 서한에 응답하지 않은 것은 어떤 의미인가?

답: 덩샤오핑은 작년에 은퇴했다. 그는 이미 그런 일에 대한 모든 행정적 권한이 장쩌민에게 넘어갔다는 요지의 구두 메시지를 보냈다.

질문: 왜 대답을 서면으로 하지 않고 구두로 하는가?
답: 덩샤오핑은 편지를 읽었다. 그러나 이들 사안을 장쩌민에게 위임했기 때문에, 그에게 응답을 해 주라고 부탁했다. 우리는 키신저 박사에게 대통령에 대한 구두 메시지를 전달하는 기회를 주고자 한다. 키신저 박사가 중·미 관계를 위해 수행했던 역할이 있기 때문이다.

질문: 덩샤오핑은 이 대답의 내용을 알고 있는가?
답: 물론이다.

질문: 미국이 '상응하는 조치'를 취하지 않았다고 언급했을 때, 어떤 생각을 하고 있었는가?
답: 지금도 계속되고 있는 미국의 대중국 제재 조치가 가장 큰 문제이다. 대통령이 제재를 해제하든가, 사실상 해제해 준다면 가장 좋을 것이다. 또한 미국은 세계 은행의 차관에 대해 결정적 발언권이 있다. 또 한 가지는 패키지의 일부였던 고위급 인사의 방문에 관한 것이다.

......

질문: 또 다른 패키지 딜을 제시하면 기꺼이 고려하겠는가?
답: 첫 번째 패키지가 전혀 실현되지 못했으니, 논리적이지 않다.

조지 부시 대통령은 자신의 경험에 의해 확신하고 있었다. 세계 최대의 인구 대국이고, 가장 오랜 자치의 역사를 지닌 나라에 개입하는 정책을 수행하는 것은 바람직하지 않다는 것을 말이다. 물론 특별한 상황에서나 개인 및 특정 집단을 대신하여 개입할 준비는 되어 있었던 그였지만, 중국의 국내 구조를 두고서 전반적인 대치 국면에 들어서는 것은 미국의 안보를 위해 중요한 관계를 위험에 빠뜨릴 것이라고 생각했다.

장쩌민의 구두 메시지에 대한 응답으로 부시는 고위급 인사의 중국 방문 금지에 예외를 두어 협의를 위한 베이커 국무 장관의 베이징 방문을 독려했다. 잠시 동안 양국 관계는 안정된 모습을 보였다. 그러나 18개월 후 클린턴 정부가 들어서면서, 그의 첫째 임기 동안 양국 관계는 다시 롤러코스터에 올라탔다.

클린턴 행정부와 대중국 정책

1992년 대선 캠페인 당시 클린턴은 중국 정부의 원칙에 도전장을 던지며, 부시 행정부가 톈안먼 사건 이후 베이징을 '애지중지'했다고 맹렬히 비난했다. "중국은 민주적 변화의 힘에 언제까지나 저항할 수 없다. 언젠가 중국도 동유럽 공산 정권이나 소련의 길을 가게 될 것이다. 미국은 그 과정을 촉진하기 위해서 가능한 모든 일을 해야 한다."[4] 클린턴의 주장이다.

1993년 클린턴이 취임한 후 그는 외교 정책의 주요 목표로 '확장'을 채택했다. 1993년 9월 그가 유엔 총회에서 선포했던 바와 같이, 그 목표는 '전 세계 시장 경제 기반의 민주주의 공동체를 확대하고 강화하는' 것이며, 인류가 '서로 협력하고 평화롭게 살며 번영하는 민주주의

의 세계를 이룩할 때까지 그런 자유 체제하에 살아가는 국가의 서클을 넓혀 가는' 것이었다.[5]

인권을 위한 새 정부의 공격적 태세는 중국을 약화시키거나 미국이 전략적 우위를 차지하기 위한 전략으로 의도된 것이 아니었다. 그것은 세계 질서의 전반적인 개념을 반영한 것이고, 그 질서 안에서 중국은 존경받는 구성원으로 참여할 것이 기대되었다. 클린턴 행정부의 관점에서 보면 대통령과 참모진들이 중국에게도 잘 부합되리라고 믿는 관행을 지원하려는 노력이었다.

하지만 베이징에서는 달랐다. 서구의 다른 민주주의에 의해 더욱 거세진 미국의 압력은, 19세기 식민주의자들과 같은 방식으로 내정에 간섭함으로써 중국을 약한 나라로 유지하려는 획책으로 간주되었다. 중국 지도자들은 새 정부의 발표를 전 세계의 공산주의 정부를 전복시키려는 자본주의의 시도라고 해석했다. 그들은 소련이 해체되고 있는 상황에서 미국이 마오쩌둥이 예측했던 것처럼 행동할지도 모른다는 깊은 의구심을 지니고 있었다. 즉 공산주의의 한 거인을 넘어뜨리고 이제 다른 거인의 등을 "손가락으로 쿡 찌르는 게" 아닌가 걱정했던 것이다.

워런 크리스토퍼 국무 장관 임명자는 인준 청문회에서 중국을 좀더 제약받는 상태로 바꾸려는 목적을 이렇게 설명했다. 미국은 "중국의 경제적, 정치적 자유화 세력을 격려함으로써 이 거대한 나라가 공산주의에서 민주주의로 평화롭게 진화하는 것을 도울" 생각이라는 것이었다.[6] 그러나 그의 '평화로운 진화' 언급은, 의도적이든 아니든, 존 포스터 덜레스가 공산주의 국가의 필연적 붕괴를 예측할 때 사용했던 말을 상기시켰다. 그것은 베이징에서 희망적인 트렌드의 조짐이 아니라, 전쟁 없이 중국을 자본제 민주주의로 개종시키려는 서구의 계략으로 인지하려는 조짐이었다.[7] 클린턴의 말이나 크리스토퍼의 말이나 미국에서는 논쟁의 소지가 전혀 없었지만, 중국에서는 엄청난 혐오의 대상이 되었다.

클린턴 행정부는 아마도 그 파장의 정도를 충분히 깨닫지도 못한 채 이렇게 '결투 신청'을 하고 난 다음에, 미국이 폭넓은 이슈에서 중국과 '교류할' 준비가 되어 있노라고 선포했다. 그 이슈에는 중국의 국내 개혁이라든가 폭넓은 세계 경제와의 통합을 위한 조건도 포함되어 있었다. 방금 중국을 향해 정치 체제를 바꾸라고 요구했던 미국의 바로 그 고위 관리들과 대화를 시작해야 하는 데 대해서 중국 지도자들이 느낄 불편함은 말할 것도 없이 '넘지 못할 산'은 아니라고 간주되었다. 이 이니셔티브의 운명은 그런 정책이 지닌 복잡성과 모호함을 잘 드러내 준다.

중국 지도자들은 더는 독특한 수출용 혁명의 진리를 대표한다고 주장하지 않았다. 대신 그들은 자신들의 통치 체제나 영토 보전에 대해 노골적으로 적대적이지 않은 세계를 향해 노력한다든지, 경제를 발전시키고 자신들의 페이스대로 국내 문제를 해결할 시간을 버는, 근본적으로 방어적 목표를 세웠다. 점진적이고 방어적이며 불리한 역사의 물결에 맞서 댐을 구축하는 데 기반을 두는 정책은 마오쩌둥의 외교 정책보다는 비스마르크의 외교 정책에 더 가까웠다. 그러나 그 물결이 변할 때조차 중국 지도자들은 불같은 독립 의식을 내비쳤다. 그들은 최대한 외세의 압력에 저항할 것임을 기회만 있으면 놓치지 않고 선포함으로써, 자신들의 우려를 가면으로 가렸다. 장쩌민이 1991년 나에게 주장했듯이 "우리는 결코 압력에 굴하지 않을 겁니다. (영어로) 이건 대단히 중요합니다. 그건 철학적 원칙이니까요."

중국 지도자들은 또한 냉전의 종결을 미국이 초강대국으로 행세하는 시대가 도래하는 것으로 해석하지도 않았다. 1991년의 한 대화에서 첸치천은 새로운 국제 질서가 언제까지나 일극 체제로 머물지는 않을 것이며, 중국은 다극적 세계를 향해 노력할 것이라고 경고했다. 미국의 우세에 맞서기 위해 노력할 것이라는 뜻이었다. 그는 중국이 지닌 어마어마한 인구의 이점을 약간 협박조로 언급하면서 인구 통계학의 현실을 인용함으로써 자신의 논점을 강화했다.

우리는 그런 일극 세계가 생겨난다는 것이 불가능하다고 생각합니다. 어떤 이들은 걸프전과 냉전이 끝나고 미국이 무슨 일이든지 다 할 수 있다고 믿는 것 같은데, 그건 옳다고 생각하지 않습니다. …… 회교 세계에만도 10억이 넘는 인구가 있습니다. 중국의 인구는 11억입니다. 남아시아의 인구도 10억이 넘지요. 미국, 소련, 유럽, 일본의 인구를 다 합쳐도 중국 인구에 미치지 못합니다. 그러니까 여전히 다양한 세계란 말입니다.

리펑 총리는 인권에 대해서 아마도 가장 솔직한 평가를 내렸던 것 같다. 1992년 12월 내가 인권, 무기 제조 기술 이전, 교역 등 세 개의 정책 부문을 서술하자, 그는 이에 대해서 이렇게 말했다.

당신이 언급한 세 가지 부문에 관해서 우리는 인권에 대해 이야기할 수 있습니다. 그러나 양국 사이의 커다란 차이 때문에 의미 있는 진척이 가능할지 의심스럽습니다. 인권이란 개념에는 전통과 도덕 가치 및 철학적 가치 등이 담겨 있습니다. 이들은 중국과 서구에서 서로 다른 것이지요. 중국인들은 좀 더 민주적인 권리를 누리고 국내 정책에서 좀 더 중요한 역할을 수행해야 한다고 믿습니다. 그러나 그것도 중국인들이 수긍할 수 있는 방식으로 이루어져야 합니다.

중국 지도부의 보수 진영을 대표하는 사람의 발언이었기에, 리펑이 민주적 권리를 향한 진척의 필요성을 확인한 것은 전례가 없던 일이다. 그러나 동시에 중국의 융통성에도 한계가 있음을 그처럼 솔직하게 설명한 것 역시 전례가 없었다. "물론 인권과 같은 이슈에서 우리가 할 수 있는 일이 어느 정도 있긴 합니다. 우리는 논의를 하고, 우리 원칙을 희생하지 않는다면 융통성 있는 조치를 취할 수 있지요. 그러나 서구와의 완전한 합의에 이를 수는 없습니다. 그것은 우리 사회의 기반을 뒤흔들어 버릴 테니까요."

클린턴의 첫 번째 임기 중 전형적인 대중국 이니셔티브 하나가 사태를 위기 국면으로 몰고 갔다. 중국의 최혜국 지위를 중국의 인권 기록에 따라서 부여하려는 행정부의 시도였다. '최혜국'은 다소 오해의 소지가 있는 용어다. 상당히 많은 나라가 이 지위를 누리고 있어, 어느 국가가 정상적인 교역상 특권을 누리고 있다는 확인보다도 더 특별한 구석이 없는 지위이니 말이다.[8] 조건부 최혜국 대우라는 개념은, 보상과 징벌(당근과 채찍)이라는 전형적으로 미국적인 실용 개념을 도덕적 목표로 내세웠다. 클린턴의 안보 보좌관이었던 앤서니 레이크가 설명한 것처럼, 미국은 혜택이 결과를 창출할 때까지는 혜택을 유보하여, 중국 지도부가 이해를 기반으로 합리적인 계산을 하고 국내 체제를 자유화할 때까지 "억압과 공격적 행태의 대가를 높이는 페널티를 주겠다는" 것이었다.[9]

1993년 5월, 국무부 동아시아 및 태평양 담당 차관보를 지냈고 1970년대 중국과의 개방을 추진할 당시 나의 빠뜨릴 수 없는 동료였던 윈스턴 로드가 중국을 방문하여 중국 관리들에게 새 행정부의 생각을 브리핑했다. 로드는 여정을 마치면서, 만약 중국이 최혜국 지위의 중단을 피하고 싶다면, 인권과 핵 확산 금지, 그리고 다른 몇몇 이슈에 대한

'드라마틱한 진척'을 이루어야 한다고 경고했다.[10] 그 어떤 조건도 합법적이지 않다고 거부하는 중국 정부와, 한층 더 엄격한 조건을 붙이라고 아우성치는 미국 정치인들 사이에서 그는 전혀 돌파구를 찾을 수 없었다.

로드가 귀국한 직후 나는 베이징을 찾았다. 여기서 나는 조건부 최혜국이란 난관에서 빠져나올 방안을 찾느라 진땀을 흘리고 있던 지도부를 만났다. 장쩌민은 한 가지 '우호적인 제안'을 제시했다.

중국과 미국이란 두 거대한 나라는 장기적 관점에서 문제를 봐야 합니다. 중국의 경제 발전과 사회 안정은 중국의 이해에도 부합되지만, 동시에 중국을 아시아 및 다른 지역 내 평화와 안정을 위한 주된 요소로 만들기도 합니다. 나는 미국이 다른 나라들을 보면서 그들의 자존감과 주권을 고려해야 한다고 생각합니다. 그것이 우호적인 제안이지요.

다시 장쩌민은 미국이 중국을 잠재적인 위협이나 경쟁자로 생각하지 말라고 당부하고, 따라서 중국을 억제하려는 미국의 동기를 줄이기 위해 노력했다.

어제 한 심포지엄에서 나는 이 이슈에 관해 이야기했습니다. 또 나는 중국이 언젠가 초강대국으로 발돋움할 거라는 《더 타임스》 기사도 언급했습니다. 중국은 결코 다른 나라를 위협하지 않을 것이라고 나는 거듭거듭 말했어요.

클린턴의 거친 웅변과 의회의 호전적 분위기를 배경으로 했던 로드는 상원 다수당 대표 조지 미첼 및 낸시 펠로시 의원과 협상하여 최혜국 대우를 1년 연장하는 타협안을 이끌어 냈다. 그리고 그 내용은 구속력을 지닌 법안이 아니라 유동적인 행정 명령 속에 담았다. 그것은 많은 의원이 요구하는 것처럼 최혜국 대우의 조건에 다른 모든 민주화 영역을 포함하지 않고 단지 인권 부문에 국한시켰다. 하지만 중국에게 조건부라는 것은 원칙의 문제였다. 소련이 잭슨-바닉 수정 법안을 거부했을 때와 마찬가지였다. 베이징은 내용이 아니라, 조건부라는 사실에 반대했다.

1993년 5월 28일 클린턴 대통령은 중국의 최혜국 지위를 12개월 연장하는 대통령령에 서명했고, 나중에 그동안 중국의 성과에 따라 연장되거나 취소될 것이었다. 클린턴은 정부의 중국 정책의 핵심이 "중국 내 인권의 상당한 진보를 단호하게 주장하는" 것이라고 강조했다.[11] 그는 조건부 최혜국이 원칙적으로 톈안먼 사건에 대한 미국의 분노를 표출한 것이며, 중국의 통치 방식에 대한 지속적인 '깊은 우려'를 나타낸 것이라고 설명했다.[12]

이 대통령령에는 1960년대 이래 다른 어떤 정부보다도 더 중국에 대해 경멸적 수사가 수반되어 있었다. 1993년 9월 레이크 안보 보좌관은 한 연설에서 중국이 미국의 요구에 응하지 않는다면, "반동적으로 반발하는 국가"로 분류할 것이라고 했다. "인종주의의 편협한 에너지, 인종 편견, 종교적 박해, 외국인 혐오, 민족 통일주의"는 말할 것도 없고 "군사력이나 정치적 투옥 및 고문" 등의 수단으로 낡아빠진 통치 체제에 집착하는 나라들을 지칭하는 것이었다.[13]

여기에 다른 사태까지 더해져 중국의 의심을 더욱 깊게 했다. 나중에 WTO로 흡수되는 관세 및 무역에 관한 일반 협정(GATT)에 대한 중국의 가입을 두고 벌어진 협상이 실질적 이슈에 걸려서 교착 상태에 빠진 것이다. 베이징의 2000년 올림픽 유치는 공격을 받고 있었다.

양원의 대다수 의원들은 베이징의 유치에 찬성하지 않았고, 미 정부는 신중하게 침묵했다.[14] 중국의 올림픽 유치는 근소한 차로 패했다. 화학 무기 부품을 이란으로 싣고 가는 것으로 의심되는 중국 선박에 대한 미국의 거슬리는 조사 때문에(결국 부품을 찾지 못했다.) 긴장은 더욱더 고조되었다. 이 모든 사건이 (각각은 그럴 만한 이유가 있었지만) 중국에서는 개개의 사건에는 주의하지 않고 오로지 전반적인 계략을 반영하는 패턴만 알게 되는 중국 스타일의 손자 전략에 의해서 분석되었다.

1994년 3월 워런 크리스토퍼 국무 장관의 베이징 방문과 더불어 사태는 위기 국면에 접어들었다. 그의 중국 방문 목적은 최혜국 대우의 1년 연장을 위한 마감 시한이 6월이었으므로 여기 맞추어 최혜국 대우 이슈를 풀고, 미 대통령의 정책에 의해서 중국이 인권 성적을 손보는 데 시간이 별로 없다는 것을 강조하려는 것이었다. 후일 크리스토퍼가 했던 이야기이다. 중국이 저관세 교역 특권을 유지하고 싶다면 상당한 진척이, 그것도 신속하게 이루어져야 한다는 것이었다.[15]

중국 관리들은 그의 방문 시점이 상서롭지 못하다는 것을 은근히 암시했다. 크리스토퍼는 중국 입법부인 전국 인민 대표 대회 연례 총회가 열리는 날에 도착하기로 했던 것이다. 중국 정부에게 인권 문제로 도전장을 던질 미국의 국무 장관이 와 있다는 사실은, 전인대의 논의에 먹구름을 드리우거나 아니면 중국 관리들이 외세에 굴하지 않는다는 점을 보여 주기 위해 공세를 취하고 싶은 유혹에 빠지는 사태를 불러올 터였다. 후일 크리스토퍼는 "그들이 미국에 맞서 분연히 떨치고 일어설 의도를 보여 줄 절호의 기회"였다고 시인했다.[16]

아닌 게 아니라 중국 관리들은 그렇게 했다. 그 결과는 중·미 화해가 이루어진 이래 가장 첨예한 외교적 대치였다. 크리스토퍼를 수행했던 로드는 리펑과 크리스토퍼 사이의 회담을 "내가 참석한 외교 회담

가운데 가장 처절한"[17] 것이었다고 토로했다. 월맹과 벌였던 그 모든 협상에서 내 곁을 지켜 주었던 그가 그렇게 말했던 것이다. 크리스토퍼 역시 그의 회고록에서 리펑의 반응을 이렇게 묘사했다.

리펑은 중국의 인권 정책은 미국이 상관할 바가 아니라고 주장하면서, 미국 또한 주의를 기울이지 않을 수 없는 인권 문제가 숱하게 있다고 지적했다. …… 그들이 불쾌하게 여기는 정도를 내가 충분히 이해하지 못하는 일이 없도록, 중국 측은 그날 늦게 장쩌민 국가주석과 만날 약속을 갑자기 취소해 버렸다.[18]

20년 동안의 창의적인 대중국 정책을 완전히 수포로 돌아가게 할 것만 같았던 이 긴장은, 행정부 내 경제 관련 부서와 인권 이슈를 추진하는 정치 관련 부서 사이를 갈라놓았다. 중국의 저항과 중국에서 활동하는 미국 기업들의 압력에 직면한 정부는, 최혜국 대우 만기 직전 몇 주 동안 베이징을 구슬려 최혜국 대우 연장을 정당화할 정도의 고만고만한 양보만 해 달라고 읍소하는 굴욕적인 입장에 빠졌다.

크리스토퍼가 중국에서 돌아온 직후, 스스로 책정한 최혜국 대우 연장 만기를 코앞에 두고 정부는 조용히 조건부 정책을 포기했다. 1994년 5월 26일 클린턴은 이 정책의 유효 기간이 지났으며 중국의 최혜국 지위를 아무 조건 없이 1년간 연장한다고 발표했다. 아울러 그는 중국 내 비정부 기구 지원이나 최선의 비즈니스 관행 독려 등 다른 방법으로 인권 문제의 진척을 추구할 것이라고 공약했다.

여기서 꼭 되풀이해야 할 것이 있다. 클린턴은 양당이 이끈 다섯 개의 행정부에서 대중국 관계를 지탱해 왔던 정책을 지원할 의향이 얼마든지 있었다는 점이다. 그러나 이제 막 선출된 대통령으로서 그는 미국 내 여론에도 민감했으며, 외교 정책에 대한 중국의 접근법 같은 눈에 보이지 않는 것보다는 더 그러했다. 그는 확신이 있었기에 조건부라는 것을 제시했고, 무엇보다도 중국에 대한 최혜국 대우를 완전히 폐기하려는 의회의 점증하는 공격으로부터 중국 정책을 보호하려고 했기 때문이었다. 클린턴은 미국이 고위급 접촉을 재개하고 최혜국 대우를 제시해 준 대신, 중국은 미국 정부를 위해 인권 문제에서 양보할 '빚을 지고' 있다고 믿었다. 그러나 중국은 바로 그 무조건적인 고위급 접촉이라든가, 다른 모든 나라도 제공하는 최혜국 대우는 그들이 '응당 누려야' 할 권리가 있는 것으로 간주했다. 미국이 일방적으로 가했던 위협을 없애는 것이 무슨 양보냐는 것이었다. 게다가 그들은 내정 간섭이라는 낌새만 보여도 극도로 예민하게 반응했다. 인권이 중·미 대화의 주요 주제로 남는 한 교착 상태는 불가피했다. 우리가 활동할 때 대치 정책을 옹호했던 사람들은 이 경험을 신중하게 연구해야 할 것이다.

클린턴은 첫 번째 임기 잔여 기간에 대치로 치닫는 전술을 줄이고 '건설적 교류'를 강조했다. 로드는 아시아에 주재하는 미국 대사들을 하와이에 불러 모아서 정부의 인권 목표와 지정학적으로 긴요한 사항을 조화시키는 포괄적 아시아 정책을 논의했다. 베이징은 중국의 개혁 프로그램과 WTO 회원국 지위를 위해 꼭 필요한 대화의 재개를 공약했다.

앞서 부시처럼, 클린턴 역시 민주적 변화와 인권을 옹호하는 이들의 우려에 공감했다. 그러나 그의 모든 전임자와 후임자들과 마찬가지로, 중국 지도자들의 확신이 얼마나 강력한지, 공식적인 도전에 직면하면 그들이 얼마나 끈질긴지를 이해하게 되었다.

미국과 중국의 관계는 재빠르게 회복되었다. 오랫동안 추구했던 장쩌민의 워싱턴 방문도 1997년에 실현되었고, 이에 대한 답례로 1998년에는 클린턴이 8일간 베이징을 방문했다. 두 지도자 모두 사기가 충천했다. 장문의 코뮈니케가 발표되었다. 그들은 협의 체제를 확립하고, 허다한 기술적 이슈를 다루었으며, 거의 10년에 걸친 대치 분위기에 종지부를 찍었다.

이 관계에서 부족한 것은, 소련의 '헤게모니즘'에 저항하여 베이징과 워싱턴을 묶어 주었던 것과 같은 공통의 결정적 목표였다. 미국 지도자들은 자신들의 국내 정책과 확신에서 형성되는 인권에 관한 여러 가지 압력을 모른 채 넘어갈 수 없었다. 중국 지도자들은 계속해서 미국 정책을 (적어도 부분적으로는) 중국이 강대국 지위에 이르지 못하도록 막기 위해서 고안된 것으로 간주했다. 1995년의 한 대화에서 리펑은 우리를 안심시키는 주제를 꺼냈는데, 그것은 부상하는 중국이 어떤 목적을 추구할 것인가에 대해 응당 있을 수 있는 미국의 두려움을 진정시켜 주었다. "어떤 사람들은 신속한 발전을 걱정하는데, 그럴 필요가 없습니다. 중간 수준의 나라들을 따라잡는 데만도 중국은 30년이 필요합니다. 우리 인구가 너무나 많기 때문이지요." 반면 미국은 억제를 향한 정책을 변경한 적이 없노라고 시시때때로 공약해 왔다. 양측의 보장에 담겨 있는 뜻은, 두 나라 모두 상대방에게 약속했던 것을 실행할 수 있는 능력이 있으며 부분적으로는 스스로 자제하고 있다는 것이었다. 이렇듯 보장은 위협과 한 몸이 되었다.

세 번째 타이완 해협 위기

최혜국 지위의 보장을 둘러싼 긴장이 극복되고 있는 과정에서, 타이완 이슈가 다시 모습을 드러냈다. 관계 정상화의 기반이 되었던 세 개의 코뮈니케를 굳게 뒷받침하는 암묵적인 홍정의 틀 안에서, 타이완은 활기 넘치는 경제와 민주 체제를 확립해 왔다. 타이완은 아시아 개발 은행과 APEC에도 가입했고, 베이징의 묵인 아래 올림픽에도 참가했다. 베이징으로서도 1980년대부터 타이완에게 완전한 내부 자치권을 부여하는 통일의 제안을 내놓았다. 타이완이 (홍콩이나 마카오에게 주는 법적 지위와 동일한) 중화인민공화국의 '특별 행정구(SAR)'라는 지위를 받아들이기만 한다면, 타이완만의 특별한 정치 체제와 심지어 자체 군대조차도 유지할 수 있도록 허락하겠노라고 베이징은 공약했다.[19]

이런 제안에 대한 타이완의 반응은 신중했다. 하지만 타이완은 중국의 경제적 변신에서 많은 혜택을 봤고 갈수록 중국 경제와 상호 의존적이 되었다. 1980년대에 쌍방 교역과 투자에 대한 제약이 완화된 후에는, 수많은 타이완 기업이 생산 기지를 본토로 이전했다. 1993년 말에 타이완은 일본을 앞질러 중국 내 두 번째로 큰 외국인 투자가가 되어 있었다.[20]

경제적 상호 의존도가 높아지는 가운데 양측의 정치 노선은 상당히 다른 길을 걸었다. 1987년 타이완의 연로한 지도자 장징궈는 계엄령을 해제했다. 그리고 국내 체제의 드라마틱한 자유화가 뒤따랐다. 언론 규제는 풀리고, 경쟁 관계에 있던 정당들도 국회 의원 선거에 참여할 수 있게 되었다. 1994년의 헌법 수정은 보통 선거에 의한 타이완 총통의 직접 선출을 위한 토대를 마련했다. 타이완의 정치 영역에도 계엄령 시대의 규제 때문에 활동을 제약받았던 새로운 목소리들이 터져 나와, 타이완의 국가 정체성 및 (가능하다면) 공식적인 독립까지도 옹호하기 시작했다. 그중에서도 두드러졌던 사람이 리덩휘였는데, 그는 변덕스러운 농업 경제학자로서 국민당의 요직을 두루 거쳐 1988년 당수에 올랐다.

리덩휘는 베이징이 타이완 관리들의 모습에서 가장 싫어하는 모든 속성을 지닌 사람이었다. 그는 일본이 타이완을 점령한 시대에 자라났고, 일본 이름을 사용했으며, 일본에서 교육을 받고, 2차 세계 대전 중에는 일본 황군에서 복무하기까지 했다. 후일 그는 미국 코넬 대학에서 수학했다. 대부분의 국민당 관리들과는 달리, 리덩휘는 타이완 토박이였고, 스스로를 "우선은 타이완 사람, 그다음은 중국 사람"으로 간주한다고 드러내 놓고 말했다. 또한 그는 자부심이 강한 데다 타이완만의 독특한 체제와 역사적 경험을 열렬히 지지했다.[21]

1996년 선거가 다가옴에 따라 리덩휘와 각료들은 이른바 "타이완이 국제적으로 숨 쉴 공간"이라고 불렀던 것을 차근차근 늘려 나가기 위한 일련의 행동을 시도했다. 베이징에게 불편하기 짝이 없었지만, 리덩휘와 고위 참모들은 '휴가 외교'에 돌입했다. 그것은 대규모 타이완 관리 대표단들이 세계 각지의 수도를 (그것도 종종 국제 행사가 열리는 때에 맞추어) '비공식적으로' 여행하면서, 한 국가로서 가능한 한 많은 것을 공식적으로 과시하면서 주최국들이 받아들이도록 전술을 쓰는 것이었다.

클린턴 정부는 이런 사태의 발전에서 멀리 떨어져 있으려 했다. 태평양 양안 국가들의 정상이 모인 APEC 회담이 있었던 1993년 11월 장쩌민과의 회의와 이어진 기자 회견에서 클린턴은 이렇게 말했다.

이번 회담에서 저는 세 차례의 공동 성명서를 미국의 중국 정책에 대한 기반으로서 지지한다는 것을 재확인했습니다…….

하나의 중국이라는 미국 정책은 미국을 위해서도 올바른 정책입니다. 그렇다고 해서 우리가 타이완 관계법을 준수하는 게 불가능한 것도 아니고, 우리가 타이완과 강력한 경제적 관계를 유지하는 게 불가능하지도 않습니다. 여러분도 아시다시피 여기 이곳에 타이완 대표도 참석해 있습니다. 따라서 저는 지금 우리가 이 문제에 대해 갖는 입장에 만족합니다. 하지만 그것이 우리의 대중국 관계에 중요한 걸림돌이 되리라고는 생각지 않습니다.[22]

클린턴의 접근법이 작동하려면, 타이완 지도자들이 자제심을 발휘할 필요가 있었다. 하지만 리덩휘는 타이완의 국가 정체성이란 원칙을 밀어붙일 각오가 단단했다. 1994년 그는 중미로 가는 도중 연료 보급을 위해 하와이에 기착할 수 있는 허락을 요청했다. 타이완 총통으로서는 처음으로 미국 땅에 발을 딛는 경우였다. 그가 다음으로 노린 타깃은 1995년도 코넬 대학 동창회 모임이었다. 그는 이 대학에서 1958년 경제학 박사 학위를 취득했다. 당시 하원 의장으로 막 선출되었던 뉴트 깅리치의 강력한 촉구에 힘입어 하원은 리덩휘의 방문을 만장일치로 승인했고, 이어 상원도 단 한 표의 반대만으로 지지했다. 그런데 크리스토퍼는 4월에 이미 리덩휘의 방문을 승인하는 것이 "미국 정책과 일치하지 않는다"고 중국 외교부장에게 보장해 주었던 터였다. 그러나 이처럼 엄청난 압력을 받게 되자 정부는 태도를 바꾸어 리덩휘의 개인적이고 비공식적인 방문을 허락했다.

코넬에 도착한 리덩휘는 '비공식'이라는 의미를 난처하게 만들 연설을 했다. 코넬에서 보냈던 시간의 좋은 추억을 잠시 회상한 다음, 그는 세계인의 공식적 인정을 받고 싶은 타이완의 열망을 뜨겁게 발언하기 시작했다. 그의 과감한 생략에 의한 표현, '국가'와 '국민'이라는 빈번한 언급, 그리고 공산주의의 임박한 붕괴에 대한 직설적 논의 등은 베이징이 용인해 줄 수 있는 수준을 넘어 버렸다.

베이징은 워싱턴 주재 대사를 소환하고, 주중 미국 대사로 임명된 제임스 새서에 대한 아그레망을 연기했으며, 미 정부와의 다른 공식 접촉을 취소했다. 그다음 1950년대 타이완 해협 위기 당시의 대본에 의거, 남중국 해안에서 군사 훈련과 미사일 실험을 시작했다. 그것은 군사적 억제 전략이기도 했고 동시에 하나의 정치극이기도 했다. 군사력을 과시함과 동시에 타이완 지도자들에 대한 경고의 의미로 중국은 타이완 해협을 향해 미사일을 발사함으로써 계속 으름장을 놓았다. 그러나 사용된 탄두는 모조품이었으니, 사격은 주로 상징적이었음을 알 수 있었다.

타이완에 대한 묵인은 관련 당사자 모두가 세 개의 공동 성명에 도전장을 던지지 않는 한에만 유지될 수 있었다. 그 코뮈니케 안에는 모호한 점이 너무나도 많았기 때문에, 어느 한 당사자라도 구조를 바꾸려 한다든지 나름대로 어떤 조항의 해석을 고집한다면 프레임워크 전체를 뒤집어 버릴 것이었다. 베이징은 그 모호한 점을 밝히라고 강요한 적은 없지만, 일단 도전을 받게 되자 적어도 중국이 이 이슈를 얼마나 심각하게 받아들이고 있는지를 과시해야겠다고 느꼈다.

위기가 여전히 커져 가고 있던 1995년 7월 초 나는 중국 관계를 담당했던 전직 고위 관리들의 초당 그룹인 아메리카-차이나 소사이어티 대표단과 함께 베이징에 있었다. 우리는 7월 4일 당시 부총리였던 첸치천, 주미 중국 대사 리다오위 등과 회동했다. 첸치천이 중국 입장을 개진했다. 주권이란 협상의 대상이 아니란 것이었다.

키신저 박사님, 당신은 중국이 종종 말다툼이 있음에도 중 · 미 관계에 얼마나 커다란 중요성을 부여하는지 잘 아실 겁니다. 우리는 중 · 미 관계가 정상을 회복하고 개선되기를 희망합니다. 그러나 미국 정부는 이 점을 확실하게 해야 할 것입니다. 타이완 문제에 관한 한 우리는 전혀 움직일 공간이 없다는 점 말입니다. 우리는 타이완에 대한 우리의 원칙적 입장을 절대로 포기하지 않을 것입니다.

중국과의 관계는 고위급 접촉의 중단을 미국이나 중국이 무기로 선택하는 지점에 이르렀다. 위기에 대처하기 위한 메커니즘이 가장 필요할 때 양측이 모두 스스로 내던져 버린 것이다. 소련이 해체된 후 양측은 각각 상대방과의 우의를 선언했지만, 그것은 공통의 전략 목표를 추구하기 위한 것이라기보다 (당시의 현실 따위는 무시한 채) 협력을 상징하는 방법을 찾기 위함이었다.

내가 도착한 직후 중국 지도자들은 자신들의 능수능란한 섬세한 제스처를 이용해서 평화로운 결과가 있었으면 좋겠다는 열망을 전했다. 아메리카–차이나 소사이어티의 공식 스케줄이 시작되기 전에 나는 저우언라이가 어릴 때 다녔다는 톈진의 한 중학교에 가서 한마디를 해 달라는 요청을 받았다. 외교부 고위 관리가 나를 수행하는 가운데 나는 저우언라이의 동상 옆에서 사진 촬영을 했고, 나를 소개한 관리는 이 기회를 이용해 긴밀한 중·미 협력의 절정기를 회고했다.

사태가 통제 불능으로 치닫지는 않을 것이란 또 하나의 암시는 장쩌민으로부터 왔다. 사방팔방 들리는 얘기는 모두 격렬했는데, 나는 장쩌민에게 타이완을 위해서라면 '중국은 100년이라도 기다릴 수 있다고' 했던 마오쩌둥의 이야기는 여전히 유효한 거냐고 물었다. "아뇨, 그렇지 않습니다." 장쩌민의 대답이었다. 어떤 면에서 아니냐고 내가 다시 묻자, 장쩌민은 대답했다. "그 약속은 23년 전에 했던 겁니다. 그러니 이젠 딱 77년밖에 안 남았거든요."

그러나 양쪽이 밖으로 드러낸 긴장 완화의 욕망은 톈안먼 위기의 후유증에 부닥쳤다. 1989년 이래로는 고위급 대화도, 장관급 방문도 일체 없었고, 6년 동안 유일한 고위급 논의라고는 고작 국제회의나 유엔의 부수 행사로 이루어졌을 뿐이었다. 역설적이지만 타이완 해협 내 군사 작전의 여파로, 당면한 이슈는 양측 지도자들 사이의 회담을 어떻게 주선하느냐 하는 절차상의 문제로 풀려 나갔다.

톈안먼 사건 이후로 중국은 국가 원수의 워싱턴 방문에 대한 초청을 받으려고 줄곧 애를 썼다. 그런데 부시와 클린턴은 그 가능성을 슬그머니 회피했다. 괴로운 일이었다. 중국 측 역시 타이완 총통의 미국 방문이 다시는 반복되지 않도록 미연에 방지하겠다는 보장을 받을 때까지는 고위급 접촉을 거절했다.

사태는 25년 전 비밀 방문의 마지막에 가졌던 논의로 돌아가 있었다. 그때는 누가 누구를 초청하느냐 하는 이슈 때문에 논의가 잠시 난관에 봉착했으나, 마오쩌둥이 제시한 공식(양쪽 모두 상대방을 초청하는 걸로 읽힐 수 있는 공식)으로 인해 교착 상태가 해결되었더랬다.

브루나이에서 개최된 ASEAN 회담에서 크리스토퍼 국무 장관과 중국 외교부장이 회동하면서 일종의 해결책이 나왔다. 누가 먼저 움직일 것인가를 결정할 필요가 없어진 것이다. 크리스토퍼 국무 장관은 타이완 고위 관리들의 미국 방문과 장쩌민이 미국 대통령을 만날 수 있게 초청하는 문제에 관해서 한 가지 보장을 전했다. 여기에는 미국의 의도를 규정하는 대통령의 서한도 포함되었는데, 그것은 지금까지도 비밀로 분류되어 있다.

장쩌민과 클린턴의 정상 회담은 10월에 실현되었다. 하지만 그 방식은 중국의 자존심을 충분히 살려 주지 못했다. 국빈 방문도 아니었고 워싱턴에서 이루어지지도 않았다. 유엔 창립 50주년 기념이라는 맥락에서 장소는 뉴욕으로 예정되었다. 클린턴은 유엔 총회에 참석한 주요

지도자들과의 많은 회담 가운데 하나로 장쩌민을 링컨 센터에서 만났다. 타이완 해협에서 중국이 군사 훈련을 벌인 직후에 중국 국가주석이 워싱턴을 방문했더라면 지나치게 적대적인 대접을 받았을 터였다.

다가가면서도 베일로 가리고, 물러나면서도 조심하는 상반된 감정이 어정쩡하게 공존하는 분위기 속에서, 1995년 12월 2일로 예정된 타이완 총선은 다시 한 번 열기를 돋웠다. 베이징은 푸젠 해안에서 새로운 군사 훈련을 한 차례 시작했다. 공군, 해군, 지상군이 합동으로 적진에 상륙 작전을 펼치는 모의 전술 훈련이었다. 게다가 똑같이 공격적인 심리전 캠페인도 뒤따랐다. 12월 총선이 있기 하루 전날, 인민 해방군은 타이완 총통 선거 직전인 1996년 3월에도 추가로 군사 훈련을 실시한다고 발표했다.[23]

선거가 다가오면서 타이완을 "괄호로 묶듯 옥죄는" 미사일 실험은 섬 북동쪽과 남서쪽의 주요 항구 도시들 주변을 타격했다. 미국은 '불순한 날씨'를 피한다는 명분으로 항공모함 니미츠와 함께 항모 전투선단 2대를 타이완 해협으로 급파함으로써, 1971년 중·미 화해가 이루어진 이래로 가장 의미 있는 힘의 과시를 통해 이에 대응했다. 동시에 워싱턴은 미국이 '하나의 중국' 정책을 바꾸지 않을 것이며 타이완에 대해서 도발 행위를 하지 말라고 경고하겠다는 것을 중국에게 보장해 주었다.

절벽에 가까워지면서 워싱턴과 베이징은 모두 물러섰다. 싸워서 이루어야 할 전쟁 목표도 없고, 무슨 조건을 강요한다고 해서 지금의 지배적 현실을 바꿀 수도 없음을 인식했던 것이다. 그 현실이란 (매들린 올브라이트의 표현을 빌리면) 중국이 "그 나름대로의 범주에 속해 있으며, 너무 커서 무시할 수도 없고, 너무 강압적이라 끌어안을 수도 없고, 영향력을 미치기도 어려우며, 극도로 자존심이 강하다는"[24] 것이었다.

미국은 어땠나? 미국은 너무 강해서 억압을 받을 수 없었고, 중국과의 건설적 관계에 너무 헌신하고 있어서 그럴 필요도 없었다. 초강대국인 미국, 다이내믹한 중국, 지구촌이 된 세계, 대서양에서 태평양으로 서서히 움직이는 국제 문제의 무게 중심 등은 평화롭고 협력적인 관계를 요구했다. 이 위기가 지나간 뒤 미국과 중국의 관계는 두드러지게 개선되었다.

양국 관계가 예전의 정점에 다가가기 시작하는데, 또 하나의 위기가 마치 여름날 천둥소리처럼 갑작스럽게 그 관계를 뒤흔들었다. 코소보 전쟁 중, 다른 면에서는 중·미 관계가 최고조였던 1999년 5월 미주리에서 발진했던 미국 B-2 폭격기 한 대가 베오그라드 주재 중국 대사관을 파괴한 사건이었다. 불같은 항의의 물결이 중국을 휩쓸었다. 미국이 중국의 주권을 무시하는 또 하나의 좋은 본보기라고 가정했음인지, 학생들과 정부는 하나가 되어 분노를 발산했다. 장쩌민은 '의도적인 도발'을 운운했다. 그는 항의의 몸짓으로 표면 아래 들끓고 있는 혼란을 상세하게 밝혔다. "위대한 중화인민공화국은 절대로 협박에 굴하지 않을 것이다. 위대한 중국은 절대로 굴욕을 참지 않을 것이며, 위대한 중국인들은 절대로 정복되지 않을 것이다."[25]

매들린 올브라이트 국무 장관은 이 소식을 듣자마자 한밤중이었음에도 합동 참모 본부 부의장을 대동하여 워싱턴 주재 중국 대사관을 찾아가 미 정부의 심심한 유감의 뜻을 표했다.[26] 그러나 장쩌민은 국민 정서에 떠밀려 나름대로 분노의 표시를 해야만 했다. 하지만 그는 곧이어 바로 그 표현을 이용해서 국민들을 진정시키기도 했다.(미국 대통령이 인권 이슈에 대해서 써먹었던 것과 비슷한 패턴이었다.)

중국은 비분강개했지만, 이에 맞서 미국 쪽에는 중국을 제압해야 한다는 의견이 들끓었다. 두 견해 모두 진지한 신념을 반영했으며, 현대 외교의 속성상 양측이 모두 세계 각지에서 긴장 상황으로 끌려들어 가는 관계 안에서 대치 국면이 될 수 있는 가능성을 보여 주었다. 양측 정부는 모두 협력의 필요성을 여전히 공약하고 있었지만, 두 나라가 어떻게 서로에게 영향을 끼치느냐 하는 것을 일일이 통제할 수는 없었다. 그것은 중·미 관계에서 풀리지 않은 하나의 과제이다.

중국의 부상과 장쩌민의 생각들

위에서 들려준 위기들이 간간이 터지는 가운데, 1990년대의 중국은 경이로운 경제 성장을 이룩했고, 이와 더불어 세계 속의 중국의 폭넓은 역할도 변모를 거듭했다. 1980년대 중국의 '개혁 개방'은 여전히 부분적으로는 비전에 불과했고, 그 효과는 눈에 띄었지만 그 깊이와 수명은 논란의 대상이었다. 중국 내에서도 그 방향은 여전히 도전을 받고 있었고, 톈안먼 사건 이후로는 국내 학계나 정계 엘리트 가운데 일부가 안으로 눈을 돌리고 서구와 중국 경제의 연관을 줄이는 게 좋겠다고 옹호했다.(덩샤오핑은 이런 추세에 대해 결국은 남순을 통하여 도전장을 던져야겠다고 느꼈던 것이다.) 장쩌민이 전국을 통제하는 위치에 올랐을 때, 여전히 개혁을 맛보지 못한 소련 모델의 국영 기업들이 전체 경제의 50퍼센트 이상을 차지하고 있었다.[27] 중국과 세계 교역 시스템의 연계는 일시적이고 부분적이었다. 외국 기업들은 여전히 중국에 대한 투자를 회의적으로 봤고, 중국 기업들이 해외로 진출하는 경우도 아주 드물었다.

그 10년이 끝날 즈음, 한때 불가능으로 보였던 일이 현실로 나타났다. 그 10년 동안 중국은 줄곧 연 7퍼센트 이상의 성장률을 보였고 두

자릿수 성장률도 많았다. 역사상 가장 지속적이고도 강력한 것으로 인정되는 1인당 국민 소득의 증가도 계속되었다.[28] 1990년대 말의 평균 소득은 1978년 수준의 대략 세 배였고, 도시 지역의 경우 소득 수준은 훨씬 더 극적으로 상승하여 1978년 수준의 무려 다섯 배나 되었다.[29]

이 모든 변화를 겪으면서 주변국들과의 교역은 꽃피었고, 중국은 갈수록 지역 경제의 핵심 역할을 수행했다. 1990년대 초에는 위태롭게 증가하던 인플레이션을 잡았고, 자본 통제와 재정 긴축 프로그램을 실행해서 1997~1998년 아시아 최악의 금융 위기에서 중국을 구한 일등 공신이 되었다. 경제 위기 동안에 처음으로 경제 성장과 안정을 지키는 방어벽으로 서면서 중국은 익숙하지 않은 역할을 맡게 되었다. 예전에는 외국, 즉 주로 서구의 경제 정책 처방을 받아 왔던 중국이지만 이젠 갈수록 스스로의 해법에 대한 독립적 지지자가 되었고, 위기에 빠진 다른 경제를 돕는 구조대가 된 것이다. 2001년에 이르면 중국의 새로운 지위는 2008년 베이징 올림픽 유치에 성공했을 뿐 아니라 WTO 회원국이 되기 위한 협상이 성공리에 끝남으로써 더욱 공고해졌다.

이러한 변신을 부채질했던 것은 중국 국내 정치 철학의 재조정이었다. 덩샤오핑이 처음으로 정했던 개혁의 길을 따라 더 멀리 나가면서, 장쩌민은 공산주의를 배타적이고 계급 기반의 엘리트로부터 사회의 폭넓은 스펙트럼으로 활짝 열어젖힘으로써, 그 개념 자체를 확대하는 작업을 맡았다. 그는 자신의 철학을 간결하게 설명했고, 그것은 2002년 6차 전당 대회에서 '3개 대표(Three Represents)' 사상으로 알려졌다. 중국 근대사에서 최초로 평화적인 권력 이양이 이루어진 바로 전날, 그가 국가주석으로서 참석한 최후의 전당 대회였다. 이 사상은 혁명을 통해 인민의 지지를 얻은 당이 어째서 이젠 기업가를 포함한 이전의 이념적 적들의 이해관계까지도 대표해야 하는지를 설명했다. 장쩌민은 공산당을 개방하여 비즈니스 리더들도 받아들였고, 여전히 일당 국가인 상황에서 당 내부의 운영도 민주화했다.

이 과정을 진행하면서 중국과 미국은 갈수록 경제적으로 엮이는 관계가 되었다. 1990년대 초 미국과 중국 본토 사이의 교역량은 여전히 타이완과의 교역량에 비해 절반에 불과했다. 그러나 1990년대 말 중·미 교역은 네 배로 늘어났다.[30] 미국의 다국적 기업들은 중국을 자신들의 비즈니스 전략의 필수불가결한 요소로 간주했다. 생산 기지로서도 그랬고, 그 자체로 내세워도 좋은 화폐 시장으로서도 점점 더 그랬다. 또 중국으로서는 갈수록 늘어나는 현금 보유고를 이용해서 미국 국채에 투자했다.(2008년 중국은 미국 부채의 최대 보유국이 되었다.)

이 모든 것을 통해 중국은 새로운 국제적 역할을 향해 돌진하고 있었으며, 지구촌 구석구석에 지분을 갖고, 한층 폭넓은 정치와 경제 트렌드에 전례 없이 깊게 통합되었다. 교역과 외교적 인정을 놓고 매카트니와 중국 황실이 서로를 오해하면서 협상한 지 200년이 지나, 이제 중국과 서구에는 모두 양측의 상호 교류에 드디어 새로운 단계가 도래했다는 하나의 인식이 자리를 잡았다. 그들이 그 새로운 단계가 던져 줄 과제를 받아들일 준비가 되어 있든 아니든 상관없었다. 1997년 당시 중국 부총리였던 주룽지가 간파했듯이, "중국이 바깥세상과 이처럼 빈번하게 교류하고 의사소통을 했던 적은 역사상 한 번도 없었다."[31]

매카트니 시절이나 심지어 냉전기 같은 예전에는 '중국 세계'와 '서구 세계'가 상호 교류하는 경우가 제한되어 있었고, 그것도 격식을 갖추어 장중한 페이스로 이루어졌다. 그러나 이제 근대 기술과 경제적 상호 의존은, 좋든 나쁘든 그처럼 신중하게 관계를 관리할 수 없도록 만들었다. 그 결과 양측은 다소 역설적인 상황에 처했다. 즉 상호 이해의 기회는 엄청 더 많아졌지만 동시에 서로의 민감한 부분을 건드리는 새로운 기회도 생긴 것이다. 하나가 된 지구촌은 그들을 한데 묶어 놓았지만, 동시에 위기가 생기면 더욱 빈번하고 더욱 빠르게 긴장이 악화되는 리스크도 커진 것이다.

장쩌민은 임기가 끝나 갈 시점이 다가오면서, 이러한 위험의 인식을 개인적인, 거의 감상적인 방법으로 표현했다. 냉정하고 개념적이며 자제하는 중국 지도자들의 태도에서는 좀처럼 찾아보기 힘든 방식이었다. 때는 2001년, 아메리카-차이나 소사이어티 일부 회원들을 만난 자리였다. 장쩌민은 12년 임기 중 마지막 해를 보내고 있었지만, 지금까지의 활약을 뒤에 남기고 떠나는 자의 향수를 벌써부터 절감하고 있었다. 머잖아 주로 관객 입장이 될 세계이지만, 그 활약 속의 행동 하나하나는 그 세계를 위해 중요했으니 말이다. 그는 격동기에 나라를 이끌었고, 그 기간은 중국이 국제적으로 (혹은 적어도 선진 민주 국가들, 개혁 프로그램의 시행을 위해서는 중국이 가장 필요로 했던 나라들로부터는) 상당히 고립되었을 때부터 시작되었다.

장쩌민은 이러한 과제들을 극복했다. 미국과의 정치적 협력도 다시 확립되었다. 개혁 프로그램에는 속도가 붙었고, 탁월한 성장률을 기록해 10년 안에 중국을 지구촌 경제 대국으로 변모시켜 놓았다. 혼란과 의심으로 시작된 10년이 범상치 않은 성과를 일군 기간으로 변한 것이다.

중국의 화려한 역사 전반에 걸쳐 세계 질서에 참여하는 방법을 보여 주는 선례는 없었다. 강대국들과의 협력을 통해서든, 그에 대한 저항을 통해서든 말이다. 그러나 알고 보면 다른 강대국인 미국도 마찬가지로(그럴 의도가 정말 있었다 하더라도) 그런 계획에 대한 경험은 없었다. 새로운 국제 질서는 계획적으로 의도하든 자연스럽게 이루어지든 등장할 수밖에 없었다. 그 속성과 그것을 실현하기 위한 수단은 두 나라 모두에게 풀리지 않은 과제였다. 그들은 파트너가 되었든 적수가 되었든 상호 교류를 할 터였다. 두 나라의 당시 지도자들은 파트너십을 공표했지만, 어느 쪽도 정확히 규정하거나 미래에 닥쳐올 수도 있는 험난한 폭풍에 대비할 피신처를 구축하지 못했다.

이제 장쩌민은 새로운 세기와 전혀 다른 세대의 미국 지도자들을 맞닥뜨리게 되었다. 미국은 아무도 예측하지 못했던 사건에 의해 장쩌민이 느닷없이 권좌에 올랐을 때, 마침 재직 중이었던 조지 부시의 아들을 새 대통령으로 맞았다. 새 대통령과의 관계는 또 한 번의 예기치 않았던 군사적 충돌과 더불어 시작되었다. 2001년 4월 1일 미국의 정찰기 한 대가 중국의 해안을 따라 중국 영해를 막 벗어난 상태에서 비행하고 있었다. 이 정찰기를 중국 군용기 한 대가 추적하고 있었는데, 곧이어 남쪽 해안 하이난 섬 근처에서 추락한 것이다. 장쩌민이나 부시나 모두 이 사건 때문에 양국 관계가 가라앉도록 내버려 두진 않았다. 이틀 후 장쩌민은 오래전부터 계획했던 남미 순방길에 오르면서, 자신은 중앙 군사 위원회 책임자로서 위기 대처 행동을 기대하지는 않는다는 요지의 발언을 했다. 부시는 (정찰기의 존재에 대해서가 아니라 중국 조종사의 죽음에 대해서) 유감을 표명했다.

장쩌민이 아메리카-차이나 소사이어티 회원들을 만나, 중국 옛 시를 인용하고 간간이 영어 표현을 섞어 가며 누가 봐도 두서없는 말로 중·미 협력의 중요성을 극찬하고 있을 때, 그의 마음속에는 아마도 흘러가는 사건들의 위험성에 대한 불길한 예감이 자리 잡고 있었던 모양이다. 그의 말은 장황했지만, 희망과 딜레마가 모두 반영되어 있었다. 두 나라가 힘을 모아 그들 사회의 역동성 자체가 만들어 내는 폭풍을 피할 수 있기를 바라는 마음과, 두 나라가 그 기회를 놓쳐 버리면 어쩌나 하는 두려움 말이다.

장쩌민의 개회 인사에 담긴 핵심 주제는 중 · 미 관계의 중요성이었다. "제가 우리나라 자체의 중요성을 과장하려는 것이 아니라, 미국과 중국의 원활한 협력은 세계를 위해서도 정말 중요합니다. (영어로) 우리는 그렇게 하기 위해서 최선을 다할 것입니다. 이건 전 세계를 위해서 중요하니까요." 하지만 만약 전 세계가 주제라면, 어떤 리더가 정말로 그것을 다룰 자격이 있는가? 장쩌민은 자신의 교육이 전통적 유교에서 시작해서 서구식 교육을 포함하는 궤도를 따라갔고, 그다음에는 과거 소련의 학교에서도 배웠다는 점을 지적했다. 그리고 지금 그는 이 모든 문화를 다루는 한 나라의 과도기를 이끌고 있다는 것이었다.

중국과 미국은 당장 타이완의 미래라는 하나의 이슈를 안고 있었다. 장쩌민은 그동안 몸에 배어 익숙한 웅변술을 사용하지 않았다. 대신 그의 말은 대화의 내적인 역동성과, 그것이 어떻게 고삐 풀린 망아지 꼴이 될 수도 있는지에 관한 것이었다. 지도자들은 국민들에 의해서 회피하고 싶은 행동을 할 수밖에 없도록 압력을 받을 수 있기 때문에 그들의 의도는 어떻든 상관없다는 것이었다. "미국과 중국 사이의 가장 큰 이슈는 타이완입니다. 예를 들어 우리는 자주 이야기합니다. '평화적 해결책'이라든가 '일국양제(一國兩制)' 같은 것 말이죠. 대개의 경우 저도 이 두 가지를 이야기하는 것으로 스스로를 국한시킵니다. 그러나 때로는 중국이 절대 폭력을 사용하지 않을 수는 없다고 덧붙이기도 합니다."

물론 장쩌민은 중국이 개방되기 전에 양국의 외교관들이 가진 130차례의 회의를 교착 상태에 몰아넣었던 이슈를, 혹은 그때 이후의 의도적인 모호함을 피할 수 없었다. 그러나 행여나 주권의 제약을 암시하게 될까 봐 중국이 폭력 사용을 공식적으로 포기하지 않았지만, 실질적으로는 장쩌민과의 대화가 이루어졌을 때까지의 30년간 폭력을 자제해 왔다. 그리고 장쩌민은 가장 부드러운 방식으로 상징적 언어를 제시했다.

장쩌민은 즉각적인 변화를 고집하지 않았다. 대신 그는 미국의 입장에는 어딘지 변칙적인 내용이 들어 있다고 지적했다. 미국은 타이완의 독립을 지지하지도 않으면서, 다른 한편으로 통일을 부추기는 것도 아니었다. 그 결과 타이완은 미국을 위한 '격침시킬 수 없는 항공모함'으로 변해 버렸다. 그런 상황에서는 중국 정부의 의도가 무엇이든 간에 국민들의 확신은 대치를 향해 달려가는 그들만의 모멘텀을 만들어 낼 수 있는 것이다.

중앙 정부에서 일했던 거의 12년간 저는 12억 중국인의 정서를 강렬하게 느꼈습니다. 물론 저희들은 여러분을 향한 최선의 열망을 품고 있습니다. 하지만 어떤 불꽃이 튄다면 12억 인구의 감정을 조절하기란 몹시 어려울 겁니다.

나는 이 같은 폭력의 위협에 어떻게든 대응해야겠다고 느꼈다. 아무리 유감을 드러내면서 간접적으로 이루어진 위협이라고 하더라도 말이다.

만일 우리의 논의가 폭력의 사용에 관한 것이 된다면, 타이완을 빙자하여 우리 관계를 해치려는 모든 세력만 더 강해질 것입니다. 미국과 중국 사이에 군사적 대치가 일어난다면, 그 때문에 가슴이 무너지는 사람들조차도 결국은 자기 나라를 지지하지 않을 수 없게 되지 않겠습니까?

장쩌민은 이에 대한 응답으로, 전쟁의 위협 따위에는 눈도 꿈쩍하지 않는다는 식의 틀에 박힌 얘기를 반복하지는 않았다. 그는 중·미 협력에 미래가 달려 있는 세계라는 관점을 취했다. 그는 타협을 이야기했다. 타이완에 관한 한 (실제로는 타협을 실행하고 있을 때조차) 어떤 중국 지도자도 사용한 적이 없는 말이었다. 그는 제안하지도 않았고, 위협하지도 않았다. 하긴 그도 더는 결과를 좌지우지할 수 있는 처지가 아니었다. 그는 전 지구적 관점을 가지라고 촉구했다. 그것은 바로 그때 가장 필요한 것이었으며, 동시에 각 나라의 역사 때문에 대단히 어렵기도 한 것이었다.

중국과 미국이 공통의 언어를 찾아서 타이완 문제를 해결할 수 있을까요? 그건 확실치 않습니다. 저는 만약 타이완이 미국의 보호하에 있지 않다면 우리가 해방시켰을 거라는 말을 했었지요. 따라서 문제는 우리가 어떻게 타협하여 만족스러운 해법을 찾느냐 하는 겁니다. 저는 여기서 어떤 제안을 하는 게 아닙니다. 우리는 오랜 친구입니다. 외교적 언어를 구사할 필요는 없지요. 최후의 분석에서 저는 부시 대통령의 임기 중에 우리 두 나라가 전략적이고 전 지구적 관점에서 중·미 관계에 접근하기를 희망합니다.

내가 예전에 만났던 중국 지도자들은 장기적 관점을 가졌지만, 과거의 교훈에서 아주 많은 것을 이끌어 냈다. 그들은 또한 아주 먼 미래를 위해 큰 의미를 갖는 위대한 프로젝트를 떠맡고 있는 과정이었다. 그러나 중기(中期)의 미래가 어떤 모습일지를 묘사하는 일은 거의 없었다. 그들이 기울이고 있던 방대한 노력으로부터 그 특징이 드러날 거라고 가정하기 때문이었으리라. 장쩌민은 드라마틱한 면은 적지만 어쩌면 훨씬 더 심오한 것을 요구했다. 국가주석직을 떠나면서 그는 양측의 철학적 프레임워크를 다시 규정해야 할 필요성을 역설했다. 마오 쩌둥은 심지어 전술적 작전을 세울 때조차도 이념적으로 준엄할 것을 촉구했다. 이에 비해 장쩌민은 두 나라가 진실로 협력하려면 각자의 전통적 태도에 가해야 할 수정을 이해할 필요가 있다는 점을 양쪽이 이해해야 한다고 강조했다. 그는 양국이 내부의 독트린을 재검토할 것과 마음을 열고 재해석할 것을 촉구했다. 사회주의도 포함되어 있었다.

세계는 풍요롭고, 다채로우며, 다양한 장소여야 합니다. 예컨대 1978년 중국은 개혁과 개방을 결정했습니다. …… 1992년 14차 전인대에서 저는 중국의 발전 모델이 사회주의적 시장 경제의 방향으로 나가야 한다고 말했습니다. 서구 방식에 익숙한 사람들이야 시장이 전혀 이상하다고 생각지 않겠지만, 1992년 이 나라에서 '시장' 운운하는 것은 커다란 위험을 무릅쓰는 짓이었습니다.

바로 그 이유 때문에 장쩌민은 양측이 자신들의 이데올로기를 상호 의존의 필요성에 적응시켜야 한다고 주장했다.

간단히 말해 서구는 공산주의 국가에 대해서 과거에 지녔던 태도를 버려야 할 것이며, 우리는 공산주의를 순진하게 또는 너무 단순하게 받아들여서는 안 될 것입니다. 덩샤오핑은 1992년의 남순강화 도중 사회주의가 여러 세대, 아니 수십 세대라는 시간을 요할 거라고 말했던 것으로 유명합니다. 저는 엔지니어입니다. 제가 계산해 보니 공자 시대에서 지금까지 78세대가 지나갔습니다. 덩샤오핑이 말한 것은 사회주의 정착에 그만 한 시간이 걸릴 거란 얘깁니다. 지금 생각해 보면 덩샤오핑은 저에게는 아주 양호한 환경 조건을 만들어 주었습니다. 당신이 말한 가치 체계라는 점에 대해서 동서양은 상호 이해를 개선해야 합니다. 어쩌면 제가 지나치게 순진한 건지도 모르지만 말입니다.

78세대라는 언급은 강력한 중국이 나타나더라도 경계심을 가질 필요가 전혀 없다고 미국을 안심시키려는 의도였다. 중국이 스스로를 완성시키는 데는 그만큼 많은 세대가 흘러야 할 테니까 말이다. 그러나 공산주의자는 순진하고 단순하게 이념을 이야기하지 말자는 소리가 마오쩌둥의 후계자한테서 나왔으니, 중국 내 정치 상황은 변해도 한참 변했다는 뜻이다. 그리고 서구와 중국은 어떻게 해야 철학적 프레임워크를 서로에게 맞출 것인지에 대해 대화할 필요가 있다는 얘기도 했으니 말이다.

한편 미국으로서는 너무나도 다양한 평가를 헤치고 하나의 길을 찾는 것이 과제였다. 중국은 파트너인가, 적인가? 미래는 협력인가, 대치인가? 미국의 미션은 민주주의를 중국에 전파하는 것인가, 중국과 협력하여 세계 평화를 이룩하는 것인가? 혹은 그 둘을 모두 이루는 게 가능할 것인가?

이때 이후로 줄곧 양측은 내부의 상반된 감정을 극복하고 상호 관계의 궁극적인 특성을 규정해야만 했다.

18

뉴 밀레니엄

장쩌민 국가주석의 임기 만료는 중·미 관계의 전환점이 되었다. 그를 마지막으로 하여 중·미 대화의 핵심 주제는 이제 양국 관계 그 자체가 아니었다. 그 이후로는 양측의 확신이 (혹은 확신이 아니라면 그들의 관행이) 협력적인 공존이란 패턴 속으로 녹아들어 하나가 되었다. 이제 미국과 중국에게 공동의 적은 없었지만, 그렇다고 그들이 세계 질서에 대한 공통 개념을 확립한 것도 아니었다. 내가 장쩌민과 대화를 나누면서 보았던 그의 유연한 생각들은 앞 장에서 묘사한 바 있지만, 그것은 새로운 현실을 드러내 보였다. 미국과 중국 모두 너무나 덩치가 커서 지배를 받을 수 없고, 너무나 특별해서 변할 수 없으며, 서로에게 너무나 필요해서 고립을 감당할 처지도 아니기 때문에, 양측이 그런 상호 필요성을 인지하는 현실 말이다. 이를 넘어서는 공동의 목표는 성취할 수 있을까? 그리고 무슨 목적으로?

새 천년은 그 새로운 관계의 시작을 상징했다. 미국과 중국 모두에 새 세대 지도자가 등장했다. 중국의 경우는 후진타오 국가주석과 원자바오 총리가 이끄는 '4세대'가, 미국의 경우는 조지 부시 대통령의 행정부와 2009년 초 이를 이어받은 버락 오바마가 그들이었다. 앞선 10년의 혼란에 대해서 양측은 모두 상반된 감정을 지녔다.

후진타오와 원자바오는 중국의 개발을 관리하고 세계 무대에서 중국의 역할을 규정하는 데 파격적인 관점을 도입했다. 그들은 혁명을 개인적으로 경험하지 못한 최초의 고위 관리 세대, 그리고 공산주의 시대 중 헌법적 절차에 의해 취임한 최초의 지도자들을 대표했다. 또한 이론의 여지없이 강대국으로 부상한 중국에서 처음으로 국가를 책임지게 된 지도자들이었다. 두 사람 모두 국가의 취약성과 복잡한 국내 문제를 직접 경험했다.

후진타오와 원자바오는 1960년대 젊은 간부로서 문화 혁명의 혼란이 대학을 폐쇄하기 직전 공식적인 고등 교육을 받은 마지막 생도들이었다. 홍위병 활동의 중심지였던 베이징 칭화 대학교에서 수학한 후진타오는 정치 고문 겸 보조 연구관으로서 학교에 남아, 아귀다툼을 벌이는 파벌의 혼란을 직접 목격했고 '지나치게 개인주의적'이라고 해서' 가끔씩 그들의 목표물이 되기도 했다. 마오쩌둥이 홍위병을 농촌으로 보내 버림으로써 그들의 약탈에 종지부를 찍기로 결심했을 때, 후진타오는 어쨌거나 그들과 운명을 같이했다. 그는 중국에서도 가장 빈곤하고 반골 성향이 강한 간쑤 성으로 보내져 수력 발전소에서 근무했다. 베이징 지질대학을 갓 졸업한 원자바오 역시 비슷한 임무를 부여받고 간쑤 성의 광산 프로젝트에 투입되어 그곳에서 10년 이상을 보내게 된다. 혼란에 찌든 조국의 서북쪽 끝자락에서 두 사람은 공산당 내부의 계급 서열을 서서히 올라가기 시작했다. 후진타오는 공산주의 청년단 중앙 위원회 서기 직책에 올랐고, 원자바오는 간쑤 성 지질국 부국장이 되었다. 혼동과 혁명의 열기가 가득한 시절, 두 사람은 끈기와 능력을 통해 두드러진 인물이 되었다.

후진타오의 경우 그다음 승진은 베이징 공산당 중앙 당교(黨校)에서 1982년 당시 총서기였던 후야오방의 주목을 받았기 때문에 가능했다. 이로써 그는 중국 남서부 구이저우 성 당서기직까지 고속 승진했다. 마흔세 살의 나이로 공산당 역사상 가장 젊은 지방 당서기에 오른 것이다.[2] 소수 민족이 상당히 많고 궁핍한 구이저우 성에서 얻은 경험은, 1988년 취임한 티베트 자치구 당서기 직책을 위한 준비 과정에 도움을 주었다. 그러는 가운데 원자바오는 베이징으로 자리를 옮겨 공산당 중앙 위원회에서 점차 중요한 책임을 맡았다. 그는 후야오방과 자오쯔양, 그리고 장쩌민으로 이어지는 3대 최고 지도자들이 신임하는 최고 참모로 자리를 굳혔다.

후진타오와 원자바오는 모두 1989년도의 불안기를 직접 경험했다. 후진타오는 1988년 12월 티베트 자치구 당서기에 취임하면서 그 맛을 봤는데, 마침 대규모 티베트 폭동이 일어나고 있는 중이었다. 그때 원자바오는 베이징에 있었는데, 자오쯔양의 부관으로서 자오쯔양이 최후로 톈안먼 광장의 학생들을 쓸쓸하게 둘러보았을 때 그 옆을 지키고 있었다.

이렇게 하여 두 사람이 최고 국가 지도자 자리에 오른 2002~2003년, 그들은 중국의 부상을 바라보는 독특한 관점을 이미 얻었다. 거칠고 불안한 변방 지역에서 훈련을 받고, 톈안먼 사건 때는 중간 계급에 봉직했던 그들은 중국 국내 문제의 복잡성을 익히 잘 알고 있었다. 중국이 세계 경제의 질서 속으로 편입되고 오랜 기간의 지속 성장이 실현되고 있을 때 권력을 잡게 된 그들은, 지구촌 구석구석에 지분을 갖고, 누구도 부인할 수 없는 세계의 강대국으로 '군림하는' 중국이란 배의 키를 맡았다.

덩샤오핑은 중국 전통에 대한 마오쩌둥의 전쟁을 휴전시켰고, 중국 인들에게 역사적 힘과 다시 끈을 이을 수 있도록 해 주었다. 그러나 다른 중국 지도자들이 종종 암시하듯이, 덩샤오핑의 시대는 잃어버린 시간을 벌충하려는 시도였다. 이 기간 중에는 특별한 노력을 한다는 느낌도 있었고, 중국의 실수에 대해 거의 순진한 당혹감이라는 서브텍스트도 있었다. 장쩌민은 확고부동한 자신감과 친밀감을 투영했지만, 그가 이끌던 중국은 여전히 국내 위기에서 회복 중이었고 국제적 지위를 되찾으려고 발버둥 치는 중이었다.

한 세기가 저물면서 비로소 덩샤오핑과 장쩌민의 시대에서 경주했던 노력이 열매를 맺기 시작했다. 이제 후진타오와 원자바오는 서구의 기술과 체제를 배우는 도제 근성으로 인해 옥죄이지 않는 국가를 운영했다. 그들이 통치한 중국은 개혁을 외치는 미국의 잔소리를 거절할 정도로(때로는 심지어 미묘하게 비웃어 줄 정도로) 자신감이 팽배했다. 이제 중국은 자신의 장기적 잠재력이나 궁극적 전략 역할이 아니라, 자신의 실질적인 힘을 기반으로 하여 외교 정책을 펼칠 수 있는 입장이 되었다.

무슨 목적의 힘 말인가? 새 시대에 다가가는 베이징의 최초의 태도는 대체로 점진적이고 보수적이었다. 장쩌민과 주룽지는 중국이 WTO에 가입하고 세계 경제 질서에 완전히 참여하기 위한 협상을 벌였다. 후진타오와 원자바오가 이끄는 중국은 무엇보다 정상과 안정을 추구했다. 공식적인 표현을 빌리면 새 중국의 목표는 '화합하는 사회'와 '화합하는 세계'였다. 그들의 국내 어젠더 중심에는 지속적인 경제 성장이 있었고, 전례 없는 번영과 낯선 수준의 불평등을 경험하고 있는 방대한 인구 안에서 사회적 조화를 유지하는 일이 자리 잡고 있었다. 또 그들의 외교 정책은 극적인 움직임을 피하고, 주요 정책 입안자들은 세계 무대에서 좀 더 또렷한 리더십 역할을 하라는 요구가 있을 때마다 조심조심 대응했다. 중국의 외교 정책은 주로 (미국과의 좋은 관계를 포함한) 평화로운 국제 환경, 그리고 지속적인 경제 성장을 위해 필요한 원자재 확보를 목표로 삼았다. 그리고 경제 초강대국의 지위로 옮아가면서도 (마오쩌둥의 3개의 세계 이론이 유산으로 남긴) 개발 도상국에 대한 특별한 관심은 계속 유지했다.

마오쩌둥이 두려워했던 것처럼, 중국인의 DNA는 자기주장을 하고 나섰다. 21세기의 새로운 도전을 마주하고서, 레닌주의가 이미 붕괴한 세상에서, 후진타오와 원자바오는 전통의 지혜를 향해 손을 뻗었다. 두 사람은 자신들의 개혁 열망을 마오쩌둥의 지속적 혁명이 지닌 유토피아적 비전으로 묘사하지 않고, '샤오캉(小康)' 사회, 즉 적당하게 풍요를 누리는 사회의 건설이라는 목표로 설명했다. 두드러지게 유교적인 함의를 지닌 용어이다.[3] 그들은 국내 학교에서 공자에 대한 연구를 부활시켰고, 대중문화도 공자의 유산을 찬양할 수 있도록 했다. 그뿐 아니라 세계 무대에서 중국의 소프트 파워를 위한 원천으로서 공자를 이용했다. 전 세계적으로 공식적인 '공자 연구소'를 건립하는가 하면, 2008년 베이징 올림픽 개막식에서도 전통적인 유교 학자들을 등장시켰다. 그리고 2011년 1월 하나의 극적이고 상징적인 전략으로서, 중국은 수도의 중심인 톈안먼 광장, 그것도 마오쩌둥 묘가 바로 보이는 곳에 공자의 동상을 세웠다. 그때까지 마오쩌둥은 그런 영광을 누린 유일한 인물이었다.[4]

미국의 새 행정부 역시 이에 비견할 만한 세대교체를 알렸다. 후진타오와 부시는 1960년대 자국의 비극적인 경험(중국의 경우는 문화 혁명, 미국의 경우는 베트남전)에 대해서는 방관자였던 최초의 대통령이었다. 후진타오는 국가주석직 수행을 위해서 사회의 조화를 가이드라인으로 삼아야겠다는 결론을 내렸다. 부시는 소련의 붕괴에 이어서 전 세계를 미국의 모습대로 재정비할 수 있다고 믿는 미국식 승리주의가 팽배한 가운데 취임했다. 아들 부시는 조금도 주저하지 않고 미국의 가장 확고한 가치관을 기치로 내건 외교 정책을 수행했다. 그는 중국 방문길을 포함해서 기회만 있으면 개인의 자유와 종교의 자유를 열정적으로 이야기했다.

부시의 자유라는 어젠더는, 비서구 사회로서는 믿기 어려울 정도로 신속한 진화처럼 보였다. 그런데도 부시는 자신의 외교 정책을 수행하는 데 미국의 선교사적 접근과 실용적 접근 사이에 놓여 있는 역사적 갈등을 극복했다. 그것은 이론적 구조를 통해서가 아니라, 전략의 우선순위에 합리적 균형을 부여함으로써 가능했다. 그는 민주 체제와 인권에 대한 미국의 확고한 신념에는 조금도 의심의 여지를 남기지 않았다. 동시에 그는 도덕적 목표가 허공을 맴돌지 않게 만들기 위해 꼭 필요한 국가 안보 요소에도 주의를 기울였다. 일방주의를 옹호한다고 해서 미국 내 논쟁에서 비난을 받기도 했던 부시는 국익 계산에 기반을 두고 정책을 입안하는 중국, 일본, 인도 등을 동시에 다루어 각각의 관계를 개선시킬 수 있었고, 이는 미국의 건설적인 아시아 정책을 위한 모델이 되었다. 부시가 재임하는 동안, 중·미 관계는 두 강대국 사이의 실무 처리 같았다. 어느 쪽도 상대방이 자기네 목표를 모두 공유한다고 생각지 않았다. 국내 정치와 같은 몇몇 이슈에 대해서 그들의 목표는 양립하지도 않았다. 그래도 두 나라는 서로 파트너십을 충분히 느낄 수 있을 정도로 많은 영역에서 자신들의 이해가 여전히 서로 연관되어 있음을 알아챘다.

2003년 천수이벤 타이완 총통이 '타이완'이란 이름으로 유엔 회원국 신청을 하기 위한 국민 투표를 제안한 다음, 워싱턴과 베이징은 타이완에 대한 서로의 입장을 향해 조금씩 다가갔다. 그런 움직임은 세 차례의 코뮈니케에 명시된 미국의 책임에 위배되기 때문에 부시 행정부는 반대 의사를 타이베이에 전달했다. 원자바오가 2003년 12월 워싱턴을 방문하는 동안, 부시는 코뮈니케 내용을 재확인하고 "워싱턴은 현 상황을 바꾸려는 중국이나 타이완의 어떤 일방적 결정에도 반대"한다고 덧붙였다. 그리고 타이완의 정치적 지위를 격상시키려는 국민 투표는 미국에서 지지하지 않을 것이라는 암시를 주었다. 이에 대해 원자바오는 평화적 통일이 바람직하다는 내용을 두드러지게 노골적으로 표현했다. "타이완 문제 해결을 위한 우리의 근본적인 정책은 평화적 통일과 일국양제이다. 우리는 모든 성의를 다해 평화적 수단을 통해 국가의 단일성과 평화적 통일을 실현할 것이다."[5]

협력 관계가 재개될 수 있었던 이유 중의 하나는 바로 9·11 테러 공격이었다. 이 사건으로 인해 미국의 주요 전략 포커스는 동아시아에서 중동과 남서 아시아 쪽으로 옮아갔고, 이라크와 아프가니스탄에서의 전쟁과 테러리스트 네트워크 파괴 프로그램이 이어졌다. 이제 더는 국제 질서에 대한 혁명적 도전자도 아니요, 지구촌 테러리즘이 자국 내 소수 민족 지역 (특히 신장) 내에 영향을 끼칠 것을 우려한 중국은 재빨리 9·11 공격을 비난하고 정보 및 외교 면의 지원을 제안했다. 이라크 전쟁이 시작되기 전까지 중국은 미국의 유럽 맹방보다도 오히려 유엔에서 미국과의 대치를 자제해서 주목을 끌었다.

그러나 좀 더 근원적 단계를 보면 이 기간은 테러리즘 대처 방법에서 중국과 미국의 격차가 갈수록 벌어지는 과정에 있었다. 미국이 회교권에서 힘을 과시하는 것이나, 무엇보다도 민주주의로의 변화라는 야심찬 목표를 부시 행정부가 선포하는 것에 대해 중국은 불가지론적인 방관자의 모습으로 남았다. 베이징은 도덕적 판단은 하지 않은 채, 힘의 배치나 외국 정부들의 구성에 변화가 생기면 이에 기꺼이 적응하는 특유의 의지를 버리지 않았다. 중국의 주된 관심은 중동산 원유를 계속해서 얻는 것과 (탈레반의 함락 이후) 아프가니스탄 광물 자원에 대한 중국 투자의 보호였다. 이런 이해관계가 대체로 충족되었기 때문에 중국은 이라크 및 아프가니스탄에서 미국의 노력에 이의를 제기하지 않았다.(게다가 미국의 이러한 노력은 동아시아로부터 미 군사력이 떨어져 나가는 것을 의미하기 때문에 환영했다고 해도 과언이 아니었다.)

중국과 미국 간 상호 작용의 범위는 지역 문제와 세계 문제에서 중국의 중심적 역할이 확립되었다는 의미를 지닌다. 중국이 동등한 파트너십을 추구하는 것은 더는 한 취약한 나라의 터무니없는 요구가 아니라, 점차 금융 및 경제 능력이 뒷받침해 주는 현실로 변해 갔다. 이와 동시에 두 나라는 새로운 안보 과제와 급변하는 경제 현실, 그리고 상대적인 정치적, 경제적 영향력의 재배치에 떠밀려, 자국 내 정치 목표나 세계 무대에서의 역할, 그리고 궁극적으로 상호 관계 등에 대하여 암중모색을 하는 논쟁을 벌이게 되었다.

관점의 차이

새 천년이 진행되면서 몇몇 측면에서는 서로 저항하는 두 가지 트렌드가 나타났다. 중·미 관계는 많은 이슈에서 대체로 협력적 방식으로 진화되어 왔다. 동시에 역사와 지정학적 지향성에 뿌리를 둔 차이

점도 드러나기 시작했다. 여러 가지 경제 이슈와 대량 학살 무기 확산 등이 좋은 예가 될 것이다.

경제 이슈: 세계 경제에서 중국이 신통치 않은 플레이어였을 때는, 중국 통화의 환율이 문제되지 않았다. 1980~1990년대에는 위안화 가치가 미국 내 정치 논쟁이나 언론 분석에서 매일 논쟁거리가 된다는 것은 상상조차 할 수 없었다. 그러나 중국의 경제적 부상과 중·미의 경제적 상호 의존 때문에 한때 불가사의했던 그 이슈는 일상의 논쟁으로 변했고, 미국의 짜증은 (그리고 미국의 의도에 대한 중국의 의구심은) 갈수록 고집스러운 언어로 표현되었다.

가장 근본적인 차이는 양측의 통화 정책을 떠받치고 있는 개념을 두고 시작된다. 미국의 견해로 볼 때 런민비(人民幣)라고 하는 위안화의 가치가 낮으면 중국 기업들에게 혜택을 주고 나아가 같은 일반 산업에 속한 미국 기업들에게는 해를 주는 것으로 취급된다. 위안화가 평가절하되면 미국의 실업 증가에 기여한다고 한다. 미국에서 내핍 생활이 시작된 때라면 정치적, 정서적 충격이 심각하다는 의미이다. 한편 중국 입장에서 보면, 국내 제조 업체들에게 유리한 통화 정책을 추구하는 일은 경제 정책이라기보다 오히려 중국이 정치적 안정을 필요로 한다는 표현이다. 그렇기 때문에 원자바오는 2010년 9월 어째서 중국이 통화를 대폭 재평가하지 않는가를 미국 청중에게 설명하면서, 재정적 논리가 아니라 사회적 논리를 사용했던 것이다. "그렇게 되면 얼마나 많은 중국 기업이 도산하게 되는지 여러분은 모르실 겁니다. 엄청난 혼란이 야기될 겁니다. 그런 압박감을 어깨에 느끼는 것은 오직 중국 총리뿐이겠지요. 이게 현실이랍니다."[6]

미국은 지구촌 성장이 필요하다는 관점에서 경제 이슈를 다룬다. 중국은 국내 및 국제 수준에서 정치적 함의를 고려한다. 미국이 중국에게 소비를 늘리고 수출은 줄이라고 촉구한다면, 그것은 경제적 금언을 제시하는 것이다. 하지만 중국에게 수출 섹터의 감소는 아마도 실업의 상당한 증가를 의미하고 정치적 결과도 따를 것이다. 역설적이게도 장기적 관점에서 봤을 때, 만약 중국이 미국식 통념을 채택한다면, 미국과의 유대를 추구할 동기가 줄어들 것이다. 왜냐하면 그런 경우 중국은 수출에 덜 의존하고 아시아 내 블록의 발전에 힘쓸 것이기 때문이다. 그것은 주변국과 경제적 유대 관계 제고를 의미할 테니 말이다.

따라서 근저에 깔린 이슈는 경제가 아니라 정치이다. 상대방이 잘못했다고 비난하기보다는 상호 혜택이라는 개념이 대두되어야 한다. 그래서 공동 진화라는 개념과 에필로그에서 언급할 태평양 공동체라는 개념을 발전시키는 것이 중요하다.

핵 확산 방지와 북한: 냉전 기간 내내 핵무기는 주로 미국과 소련의 손 안에 있었다. 그들의 이념적, 지정학적 적대감에도 불구하고, 리스크의 계산은 둘 다 기본적으로 같았다. 그리고 이들은 사고나 무허가 발사에 대해, 또 상당한 정도까지는 기습 공격에 대해서도 스스로를 보호할 수 있는 기술적 수단을 보유하고 있었다. 그러나 핵무기가 확산됨에 따라 이러한 균형도 위험에 빠졌다. 리스크의 계산은 더는 대칭적이 아니고, 발사 사고라든지 도난에 대응한 기술적 세이프가드의 실행 역시 불가능은 아니더라도 훨씬 더 어려워질 것이다. 초강대국과 같은 전문성이 부족한 나라들은 더욱 그렇다.

핵 확산이 속도를 얻음에 따라, 핵 억지의 계산법도 갈수록 추상적으로 변하고 있다. 도대체 누가 누구를 어떤 계산에 의거해서 억지하는지를 결정하기가 더욱 어려워진다. 새로운 핵 보유국이 기존의 보유국과 똑같이 서로 핵 공격의 시작을 망설인다고(그 자체도 극히 의심스러운 판단이지만) 가정하더라도, 국제 질서에 대한 테러 공격이나 불량 국가의 공격에 맞서기 위해서는 무기를 사용할 수도 있다. 마지막으로 누가 봐도 우호적인 파키스탄이 북한, 리비아, 이란 등과 가졌던 '개별적인' 핵 확산 네트워크의 경험은 핵무기가 퍼졌을 때 국제 질서에 얼마나 방대한 영향을 끼치는지를 잘 보여 준다. 확산의 주체인 국가가 불량 국가로 낙인찍힐 만한 공식 기준에 미치지 못할 때라도 말이다.

이러한 무기들이 주요국들의 역사적, 정치적 고려에 의해서 제약을 받지 않는 사람들의 손에 넘어가는 것은, 지금 우리의 대학살 시대에서조차 전례가 없는 세계의 황폐화와 인명의 손실을 가져올 징조이다.

북한의 핵 확산이 워싱턴과 베이징 사이의 대화에서 어젠더로 등장한다는 사실은 아이러니이다. 왜냐하면 미국과 중화인민공화국이 60년 전 전쟁터로 처음 만난 곳이 바로 한반도였기 때문이다. 1950년 막 수립된 인민공화국은 미국과 전쟁을 치렀다. 북한과의 국경 지역에 미군이 상주하게 된다면 중국의 장기적 안보에 위협이 된다고 봤기 때문이다. 그로부터 60년 후 핵무기 프로그램에 대한 북한의 공약은 그때와 동일한 지정학적 이슈의 일부를 되살리는 새로운 도전이 되었다.

북한 핵 프로그램의 처음 10년 동안, 중국은 그것이 미국과 북한 사이에서 직접 해결되어야 할 사안이라는 입장을 택했다. 주로 북한이 미국 때문에 위협을 느끼기 때문에, 북한에게 필요한 안전을 제공함으로써 핵무기를 대체하는 것은 미국의 몫이라는 것이 중국의 논리였다. 하지만 시간이 흐를수록 북한으로 핵이 확산되면 조만간 중국의 안보에도 영향을 끼친다는 것이 명백해졌다. 북한이 핵 보유국으로 받아들여진다면, 일본과 한국은 물론이고 베트남과 인도네시아 같은 다른 아시아 국가들까지도 궁극적으로 핵 클럽에 가입하려고 덤벼들 가능성이 극히 커지고, 이는 아시아의 전략적 지평을 바꾸어 놓을 것이다.

중국 지도자들은 그런 결과를 반대한다. 그러나 중국은 북한의 재앙과도 같은 붕괴 역시 마찬가지로 두려워한다. 북한이 무너지면 60년 전에 전쟁을 치러 방지하려 했던 바로 그 상황을 다시 만들 수 있기 때문이다.

북한 정권의 내부 구조 역시 문제를 더 어렵게 만든다. 북한은 스스로를 공산주의 국가로 선포했지만, 실제 권력은 단 한 가족의 손아귀에 들어가 있다. 지금 내가 이 글을 쓰고 있는 2011년 현재, 이 나라를 다스리는 가족의 우두머리는, 국제 관계의 경험은커녕 공산주의식 관리의 경험조차 전무한 스물일곱 살의 아들에게 권력을 이양하는 과정을 밟고 있다. 예측할 수 없는 혹은 알 수 없는 요소들 때문에 북한이 붕괴할 가능성은 언제나 열려 있다. 이에 영향을 받는 국가들은 그렇게 되면 일방적인 조치를 취함으로써 자신들의 소중한 이해관계를 보호해야 한다고 느낄지 모른다. 그런 때가 오면 각국의 행동을 조절하기란 너무 늦어 버리거나 너무 복잡해져 버릴 것이다. 그러한 결과가 오지 않도록 예방하는 일은, 중·미 대화의 기본이 되어야 하고, 미국, 중국, 러시아, 일본 및 남북한을 포함하는 6자 회담의 가장 중요한 일부가 되어야 한다.

전략적 기회, 어떻게 정의하나

베이징과 워싱턴은 점점 늘어나는 여러 이슈의 해결을 추구하면서 2000년대 들어 그들의 관계를 정의할 수 있는 전반적인 프레임워크를 찾으려고 애썼다. 그런 노력을 상징적으로 보여 주는 것이 조지 W. 부시의 두 번째 임기 중에 시작된 미·중 고위급 대화와 미·중 전략 경제 대화였다.(이 둘은 지금은 하나의 전략 경제 대화로 통일되어 있다.) 어떤 면에서 이것은 앞서 설명했듯이 1970년대 양국 사이에 지배적이었던 개념적 이슈에 관하여 솔직하게 의견을 나누자는 정신을 되살리려는 노력이었다.

중국의 경우 이 시대의 구성 원칙 또는 통합 원칙을 찾는 일은 정부가 후원하는 분석이라는 형태를 띠었는데, 그 분석 내용은 21세기의 첫 20년이 중국에게는 또렷한 '전략적 기회의 시대'라는 것이었다. 이 개념에는 중국의 진보와 전략적 소득을 위한 잠재력을 인정한다는 점이 반영되기도 했고, 동시에 (역설적이긴 하지만) 여전한 중국의 취약점에 대한 우려가 반영되기도 했다. 2003년 11월 공산당 중앙 위원회 정치국 회담에서 후진타오는 이 이론에 목소리를 실어 주었다. 국내외여러 트렌드의 독특한 융합 때문에 중국은 '일취월장' 발전할 수 있는입장에 놓여 있다는 의견을 내놓았다. 기회란 위험과 엮여 있는 법이라고 후진타오는 말했다. 과거의 다른 강대국들처럼 만약 중국이 주어진 '그 기회를 놓친다면' 낙오자가 될 수도 있다는 얘기였다.[7]

원자바오 역시 2007년에 기고한 어느 기사에서 동일한 평가를 확인했다. 여기서 그는 "기회란 드물고 금세 지나가 버리는 것"임을 경고했고, 중국이 "중대한 실수에 의해서, 특히 위대한 문화 혁명이라는 10년의 재앙 때문에" 앞서의 기회를 놓치고 말았음을 상기시켰다. 새천년의 첫 20년은 "우리가 반드시 꼭 붙들어서 많은 것들을 성취할 수있는" 기회의 시간이라고 했다. 그리고 이 기회를 잘 사용하는 것이야말로 중국의 발전 목표에서 지극히 중요하고도 의미 있는 일이 되리라고 평가했다.[8]

중국은 대체 무슨 전략적 기회를 성취할 수 있었던가? 이 문제에 관한 중국의 논쟁이 공식적으로 시작되었다고 할 수 있는 만큼, 2003년과 2006년 사이 국내 학자들과 최고위 지도부가 주최했던 일련의 특별 강연 및 연구 세션에서 찾아볼 수 있을 것이다. 이 프로그램의 주제를 보면, 역사상 강대한 권력들이 흥하고 망했던 내력, 권력 부상의 여러 수단, 그들의 빈번한 전쟁의 원인, 근대의 강대국들이 국제 체제 내 압도적인 플레이어와의 군사적 분쟁을 치르지 않고도 부상할 수 있는지의 여부와 그 방법 등이었다. 이어 이들 강연은 '강대국의 부상'이라는 이름의 상세한 12부작 TV 시리즈로 만들어져 2006년 중국 전역에 방송되었고, 수억 명이 보았다. 데이비드 샘보라는 학자가 지적했듯이, 이것은 강대국 정치학의 역사에서 독특하게도 철학적 순간이었을지도 모르겠다. "주요 강대국 혹은 강대국을 꿈꾸는 나라가 이처럼 자기 성찰의 담론을 하는 경우는 설사 있다 하더라도 거의 없다."[9]

이런 역사적 사례에서 중국은 어떤 교훈을 얻을 수 있었을까? 이에 대한 답을 얻기 위한 최초의 가장 포괄적인 시도로, 베이징은 중국의 '평화로운 부상'이라는 명제를 또렷이 밝힘으로써 팽배해 가는 자국의 권력에 대한 외국의 우려를 완화시키려고 노력했다. 2005년 영향력 있는 정책 인사인 정비젠이 기고한 《포린 어페어스》의 기사는 공식 정책 성명에 준하는 역할을 했다. 중국은 "강대국들이 떠오르는 전통적 방법을 초월하는…… 전략을" 채택했으니 안심하라고 그는 제시했다. 중국은 '세계 무대에서 새로운 정치, 경제적 질서'를 추구하지만, 그것은 "점진적 개혁과 국제 관계의 민주화를 통해서 성취할 수 있는 것"이라고 했다. 그리고 중국은 "1차 세계 대전에 이르는 독일의 전철이나, 폭력으로써 자원을 약탈하고 헤게모니를 추구함으로써 2차 세계 대전을 불러온 독일과 일본의 길을 밟지 않을 것이다. 또한 중국은 냉전 기간 중 지구촌을 지배하려고 쟁탈전을 벌이던 강대국들의 전철도 밟지 않을 것"이라고 썼다.[10]

이에 대한 반응으로 워싱턴은 국제 질서를 위한 '책임 있는 이해 당사자'로서의 중국, 국제 질서의 규범과 제약을 준수하고 커진 능력에 걸맞은 추가적 책임을 기꺼이 환영하는 중국이라는 개념을 뚜렷이 했다. 2005년 미·중 관계에 대한 국가 위원회에서의 연설에서, 당시 국무 차관이던 로버트 졸릭은 정의 기사에 대한 미국의 이러한 반응을 내비쳤다. 그럼 중국이 국제 질서에서 '무책임한' 이해 당사자였던 적이 있었다는 뜻인가? 중국 지도자들은 그런 암시를 그냥 넘기지 않았을지 모르지만, 졸릭의 연설은 중국에게 국제 체제의 특별한 회원이 되어 그 체제를 형성해 달라고 요청하는 것에 다름 아니었다.

이와 거의 동시에 후진타오가 유엔 총회에서 "지속적인 평화와 공통의 번영으로 조화로운 세계를 구축하자"는 주제로 연설을 했다. 정비젠의 기고와 동일한 주제였다. 후진타오는 국제 안보와 발전의 프레임워크로서 유엔 시스템의 중요성을 재확인하면서, '중국이 의미하는 바'를 개략적으로 설명했다. 세계사가 민주화를 향해 나아가는 추세를 (실질적으로는 다극적 세상을 향하여 당연히 미국의 힘이 상대적으로 줄어드는 것을) 중국도 선호한다고 되풀이하면서도, 후진타오는 중국이 유엔 시스템의 틀 안에서 평화적으로 그 목표를 추구할 것이라고 강조했다.

언제나처럼 중국은 유엔 헌장의 목적과 원칙을 준수하고, 국제 문제에 활발하게 참여해서 국제적 의무를 수행하며, 다른 국가들과 협력하여 공정하고 합리적인 새로운 정치, 경제적 국제 질서를 건설하도록 노력할 것입니다. 중국 민족은 평화를 사랑합니다. 중국의 발전은 어느 누구도 해치거나 위협하는 일 없이 오로지 세계 평화와 안정과 공통의 번영에 이바지할 수 있습니다.[11]

'평화적인 부상'과 '조화로운 세계'의 이론은, 중국의 위대함을 확보해 주었던 고대의 원칙(점진적 발전, 추세에 몸 맞추기와 노골적 갈등의 회피, 실제 물리적 혹은 영토적 우세와 마찬가지로 조화로운 세계에의 도덕적 주장을 중심으로 조직을 구성할 것 등)을 떠올려 주었다. 그 이론은 또한 강대국의 지위로 나아가는 길을 설명해 주었다. 문화 혁명의 사회적 붕괴 속에서 성년이 되었고, 이제 중국인들에게 상당한 부를 가져다주고 지난 세기의 혼란과 궁핍에서 벗어나게 해 주는 데 자신들의 정당성이 달려 있음을 잘 아는 지도자 세대에게 그 길은 그럴듯하고 매력적이었다. 훨씬 더 침착한 태도를 반영하는 '평화적인 부상'이란 표현은 중국의 공식 발표문에서는 '평화적인 발전'으로 바뀌어 있었는데, 보도된 바로는 '부상'이란 개념은 지나치게 위협적이고 승리주의적이라는 근거에서 변경되었다고 한다.

이후 3년에 걸쳐 대공황 이래 최악의 금융 위기가 발생했는데, 우연히도 이라크와 아프가니스탄 전쟁의 기나긴 모호함과 교착 상태, 경외심을 불러일으켰던 2008 베이징 올림픽, 그리고 중국의 지속적이고 강력한 경제 성장 등과 겹친 시기였다. 즉 역사의 물결을 뒤바꾸는 주기적인 '무작위 사건의 융합' 가운데 하나였던 것이다. 여러 사건이 이렇게 합쳐지자, 정부 상위층 상당 부분을 포함한 중국의 엘리트들은 2005년과 2006년에 밝혔던 점진적 입장의 근저에 깔린 가정을 다시 들여다보게 된다.

금융 위기의 여러 원인과 최악의 영향은 주로 미국과 유럽에 있었다. 이 위기 때문에 전례 없는 규모의 중국 자본이 서구 국가들과 기업으로 비상 투입되었고, 서구의 정책 입안자들은 중국이 통화 가치를 수정하고 국내 소비를 늘림으로써 세계 경제를 좀 더 튼튼하게 해 달라고 호소하게 되었다.

덩샤오핑의 '개혁 개방' 이래로 중국은 줄곧 서구를 경제 역량과 금융 지식의 모델로 간주해 왔다. 서구 국가들의 이념적 혹은 정치적 취약점이 무엇이든 간에, 그들은 독특하게도 생산적 방식으로 경제와 세계의 금융 시스템을 관리할 줄 안다는 가정이 널리 퍼져 있었다. 서구의 정치적 지도라는 대가를 치르고서 그 기술을 배우는 것은 중국이 거절했지만, 많은 중국 엘리트들 사이의 암묵적인 가정은 열심히 공부하고 적응할 가치가 있는 지식을 서구가 지니고 있다는 것이었다.

2007년과 2008년 미국 및 유럽 금융 시장의 붕괴와 지리멸렬한 서구의 모습이라든가 중국의 성공과는 대조적인 계산 착오 등은 서구의 경제 역량이라는 신비를 심각하게 훼손시켰다. 그것은 중국 내에서 (목소리가 큰 젊은 세대의 학생들이나 인터넷 사용자들, 그리고 정치와 군사 지도부의 상당 부분에서) 국제 시스템의 구조에 근본적인 변화가 일어나고 있다는 새로운 의견의 흐름을 촉발시켰다.

이러한 시기의 절정을 상징한 것은 바로 경제 위기가 서구를 막 찢어발기기 시작했을 때 개최되었던 베이징 올림픽의 드라마였다. 올림픽은 순수한 스포츠 이벤트가 아니었기에, 중국의 부상을 표현하는 것으로 인식되었다. 개막식도 상징적이었다. 방대한 스타디움의 불이 모두 꺼졌다. 이날을 개막 일자로 선택한 것은 상서로운 숫자를 이용한다는 의미에서였다. 현지 시각으로 정확히 8월 8일 8시 8분에 2000개의 북이 일제히 하나의 거대한 소리로 침묵을 깨뜨린 다음 10분간이나 연주되었다.[12] 마치 이렇게 말하려는 것 같았다. "우리가 마침내 여기 왔다. 우리가 삶의 현실이고, 우리를 더는 무시하거나 얕잡아 볼 수 없으며, 우리 문명을 세계에 헌정할 준비가 되어 있노라!" 그다음 전 세계 시청자들은 중국 문화를 주제로 만든 한 시간 동안의 쇼를 보았다. 중국이 나약하고 변변한 성과를 이루지 못했던 시기는(우리는 그때를 중국의 '기나긴 19세기'라고 불러도 좋을 것이다.) 이제 공식적으로 끝나고 있었다. 베이징은 다시 한 번 세계의 중심이 되고, 그 문화는 경외와 찬탄의 초점이 되었다.

'평화로운 부상'이란 개념을 만들어 낸 정비젠은 올림픽이 끝난 후 상하이에서 개최된 중국학 월드 포럼 회의에서 서구 기자들에게 마침내 중국이 아편 전쟁과 외세 침입에 맞선 투쟁의 유산을 극복해 냈다고 말했다. 그리고 중국이 국가 경신이라는 역사적 과정에 들어가 있다고도 말했다. 그는 덩샤오핑이 시작했던 개혁이 중국으로 하여금 고속 성장을 이룩하고 수백만 명을 빈곤에서 구해 냄으로써 '세기의 수수께끼'를 풀게 만들었다고 말했다. 중국은 이제 주요 강대국으로 대두되면서 자신들의 개발 모델의 매력에 의존할 것이며, 다른 나라들과의 관계는 '개방적이고 배타적이 아니며 조화로울' 것이고, '세계의 발전을 향해 나아가는 길을 서로 개척하는' 목표를 가질 것이라고 했다.[13]

조화를 배양한다고 해서 전략적 우위의 추구를 배제한다는 것은 아니었다. 후진타오는 2009년 7월 중국 외교관들의 모임에서 새로운 트렌드를 평가하는 중요한 연설을 행했다. 여기서 그는 21세기의 첫 20년이 중국에게는 여전히 '전략적 기회의 시기'라고 확인했다. 그는 이것만큼은 변하지 않았다고 힘주어 말했다. 그러나 금융 위기와 다른 격변이 지나간 후이므로 세(勢)는 유동적 상태라고 제안했다. 지금 진행되고 있는 '복잡하고 심오한 여러 가지 변화'에 비추어, "우리가 맞닥뜨리고 있는 기회와 도전에도 새로운 변화가" 있다고 했다. 우리 앞의 기회는 '중요할' 것이고, 도전은 '혹독할' 터였다. 중국이 만약 있을 수 있는 함정을 잘 살피고 부지런하게 국정을 관리한다면, 혼란의 시기는 득이 되는 시간으로 변할 수 있다고 했다.

새로운 한 세기와 새로운 단계에 접어든 이래로 세계 무대에서는 포괄적이고 전략적인 성격의 굵직굵직한 사건들이 일어났으며, 그것은 정치적으로나 경제적으로 국제 상황의 모든 측면에 의미심장하고도 폭넓은 영향을 끼쳤습니다. 오늘의 세계를 보십시오. 평화와 발전은 여전히 이시대의 핵심 주제입니다. 하지만 포괄적인 국력을 신장하려는 경쟁은 더욱 치열해지고 있으며, 점점 더 늘어나는 개도국들이 국제 문제에 동등하게 참여하려는 요구는 나날이 강력해지고 있고, 또 국제 관계의 민주화를 위한 요구도 강렬해지고 있습니다. 전 세계 금융 위기는 모든 국가의 경제 및 재정 시스템과 경제 관리 구조에 엄청난 충격을 주었고, 다극화된 지구를 위한 전망은 더욱 또렷해졌습니다. 그래서 이런 국제적 상황은 지극히 면밀한 주의를 기울일 가치가 있는 몇 가지 새로운 속성과 트렌드를 만들어 냈습니다.[14]

세계 정세가 유동적인 상황에서, 중국의 임무는 새로운 환경 설정을 냉정하게 분석하고 헤쳐 나가는 것이었다. 위기를 벗어나면 기회가 생길 수도 있다. 그러나 이러한 기회는 도대체 어떤 것이었을까?

국가의 숙명에 관한 논쟁: 승리주의자들의 견해

중국이 근대적이고 서구에 의해 디자인된 국제 시스템과 맞닥뜨리면서 중국 엘리트들에게는 하나의 특별한 경향이 생겼다. 즉 중국의 국가적 운명은 무엇이며 그것을 성취하기 위해 가장 중요한 전략은 무엇인지를 활발하게, 보기 드물게 철저함과 분석 능력으로써 논의했다. 실제로 세계는 지금 중국의 힘과 영향력과 중국의 문을 서구가 열어젖힌 이래 산발적으로 지속되었던 열망에 대한 국가적 대화의 새로운 단계를 목격하고 있다. 중국의 국가적 운명에 대한 예전의 논쟁은 중국이 특별히 취약했을 때 일어났지만, 현재의 논쟁은 중국이 처한 위험이 아니라 중국의 강점으로 인해서 불붙었다. 중국은 불확실하고 때로는 참혹한 여정을 거친 후, 마침내 지난 200년 동안의 개혁가와 혁명가들이 꿈꾸었던 비전, 즉 근대적 군사력을 휘두르는 동시에 독특한 가치관을 잃지 않으면서 번영하는 중국이란 비전에 도달하고 있다.

국가 숙명에 대한 논쟁의 예전 단계에서는 중국이 밖으로 손을 뻗어 그 취약성을 수정하기 위한 지식을 얻어야 할 것인가, 아니면 기술적으로는 더 강하더라도 순수하지 못한 세상은 무시하고 국가의 내부로 관심을 돌려야 할 것인가라는 질문을 던졌다. 그러나 지금의 단계는 자강이라는 위대한 프로젝트가 성공리에 끝나고 중국이 서구를 따라잡고 있다는 인식에 기반을 두고 있다. 그것은 (지금 중국의 진보적인 국제주의자들조차도 상당수가 그렇게 생각하지만) 중국에 심각한 잘못을 끼쳤던 세계, 그 약탈로부터 중국이 가까스로 회복하고 있는 그 세계와, 어떤 조건으로 중국이 상호 교류를 해야 하는가를 정의하고자 한다.

올림픽 이후 경제 위기가 서구 전역으로 확산되면서, 중국의 '평화로운 부상'이란 명제에 도전을 제기하는 새로운(공식적 혹은 공식을 가장하는) 목소리가 한층 거세지고 있었다. 이런 견해로 보면 전략적 트렌드에 대한 후진타오의 분석은 옳았지만, 여전히 서구는 중국의 무리 없는 부상을 절대로 허락하지 않을 위험한 세력으로 남아 있었다. 그렇기에 중국은 얻은 것을 통합하여 세계의 강대국, 아니 초강대국이란 지위를 주장함이 마땅했다.

폭넓게 읽히는 두 권의 중국 도서가 그러한 트렌드를 상징한다. 2009년에 출간된 에세이집 『중국은 불쾌해(中國不高興)』와 2010년에 나온 『중국몽(中國夢)』인데, 두 책은 모두 극도로 민족주의적이다. 이들은 모두 서구가 예전에 생각했던 것보다는 훨씬 약하지만, 아직 그것을 깨닫지 못한 외국인들도 더러 있고, "중국, 서구 관계에 하나의 파워 변화가 일어나고 있음을 진정으로 이해하지 못하는 외국인들도 더러 있다"는 가정에서 출발한다.[15] 이 견해에 의하면, 그렇기 때문에 스스로에 대한 의심과 수동성을 떨쳐 버리고, 점진주의를 포기하며, '원대한 목표'를 통하여 역사적인 의무감을 회복하는 것은 중국에 달려 있다.

중국 언론이나 중국 웹사이트에 올라온 익명의 글들은, 두 작품 모두 무책임한 데다 대다수 중국인들의 견해를 반영하지 못했다고 비난했다. 하지만 이 책들은 정부의 검열을 초월해서 중국 내 베스트셀러가 되었다. 그러니까 최소한 중국의 제도적 실체의 일부분이 가진 견해를 반영한 것으로 추정할 수 있다. 인민 해방군 대교(大校)*이자 중국 국방대학 교수인 류밍푸가 쓴『중국몽』의 경우는 특히 그렇다. 여기서 내가 이 책들을 언급하는 까닭은 그 책들이 중국 정부의 공식 정책을 대변하기 때문이 아니라(오히려 후진타오가 유엔에서 연설했던 내용과도 정반대이고, 2011년 2월 그의 워싱턴 방문 중에 했던 말과도 어긋난다.) 중국 정부에게 이에 반응하지 않으면 안 되겠다고 느끼게 만든 모종의 자극을 결집했기 때문이다.

또『중국은 불쾌해』에 실린 대표적인 에세이 한 편에는 기본적인 명제가 서술되어 있다. 그 제목을 보면 "미국은 (마오쩌둥이 빈정대며 불렀듯이) 종이 호랑이가 아니라, 녹색으로 칠해 놓은 오래된 오이"라는 것을 상정하고 있다.[16] 이 책의 저자 쑹샤오쥔은 현재 상황에서조차도 미국과 서구는 위험하고 근본적으로 적대적인 세력이라는 명제에서 출발한다.

---

* 대령에 해당하는 중국 육군의 계급.

서구 세계가 수백 년에 걸쳐 개선시킨 "총검을 겨누고 하는 교역"이라
는, 저들의 소중한 기교를 절대로 포기하지 않으리라는 것은, 수없이 많은
사실에 의해서 이미 증명되었다. 만약 당신이 무기를 창고 속에 집어넣고
전장을 누비던 말을 목장으로 돌려보내기만 하면,[17] 서구 세계도 쉽게 무
기를 내려놓고 평화적인 교역을 해 주리라고 당신은 생각하는가?[18]

중국은 30년간의 빠른 경제 성장을 이룩한 다음 이제 강대국의 지
위에 있다고 쑹샤오쥔은 주장한다. "갈수록 더 많은 대중과 젊은이들
이 이제 기회가 다가오고 있음을 깨닫고 있다."[19] 또한 그는 금융 위기
이후 러시아는 중국과의 관계를 돈독히 하는 데 더욱 관심을 보이고
있으며, 유럽도 비슷한 방향으로 움직이고 있다고 적고 있다. 중국이
종합적으로 산업 대국이 되기 위한 기술의 대부분을 이미 보유하고 있
으며, 자체적으로 농업과 산업, 그리고 '산업 후기'의 경제 기반을 갖
출 것이므로(다시 말해서 더는 다른 나라의 제품이나 호의에 의존할 필요가
없을 것이므로), 미국의 수출 통제는 이제 근본적으로 아무 상관이 없다
는 의미이기도 했다.

저자는 민족주의적인 젊은이들과 대중을 향해 이런 상황에 현명하
게 대처하자고 호소하면서, 지금의 엘리트들을 그들과 비교하면서 폄
하하고 있다. "종합적으로 산업 대국이 되고, 분연히 일어나 세상의 불
의와 불합리한 정치, 경제 체제를 바꾸기에 얼마나 절호의 기회인가!
그런데도 그것을 생각하는 엘리트가 한 명도 없다니 말이 되는가!"[20]

류밍푸 인민 해방군 대교의 『중국몽』은 국가의 '원대한 목표'를 '세
계의 넘버원'이 되어 중국 역사의 영광을 오늘날의 버전으로 되살리는
것으로 규정하고 있다. 그리고 또 그것은 미국을 대체하는 작업을 요
구한다고 주장한다.[21]

류밍푸는 중국의 부상은 아시아의 번영이라는 황금기를 가져올 것이며, 중국의 제품과 문화와 가치관이 세계의 스탠더드가 될 것이라고 예언했다. 중국의 지도부는 미국의 지도층보다도 더 현명해지고 더 온화할 것이므로, 그리고 중국은 헤게모니를 추구하지 않으며 세계 각국의 동료로서 1인자가 되는 것에 그 역할을 국한시킬 것이므로 세계는 더 조화를 이룰 것이라 했다.[22] (류밍푸는 다른 구절에서 고대 중국 황제들의 역할을 호의적으로 언급하면서, 그들이 규모가 작고 약한 국가들에 대해서 말하자면 친절한 '큰형'처럼 행동했다고 설명한다.)[23]

류밍푸는 '평화적인 부상'의 개념을 반박하면서, 새로운 국제 질서를 확보하기 위해서 중국은 조화라는 전통적 가치에만 의존할 수 없다고 주장한다. 그는 또 초강대국 정치의 경쟁적이고 비도덕적인 성격 때문에, 중국이 '전투 정신'을 배양하고 충분한 군사력을 쌓아서 적들을 억지(필요하다면 격파)할 때에만, 비로소 중국의 부상은 (그리고 평화로운 세계는) 보호받을 수 있다고 적고 있다. 따라서 중국은 '경제의 부상'에 덧붙여 '군사적 부상'까지 필요하며,[24] 전략의 탁월함을 얻기 위하여 군사적으로나 심리적으로나 투쟁하고 승리할 각오를 다져야 한다는 것이다.

이들 책은 우연히도 일본과 남중국해에서, 그리고 인도 국경 지역에서 몇 차례 위기와 긴장이 촉발했을 때 출간되었다. 이들 사건은 너무나도 연이어 터졌고 공통적인 성격도 충분히 있어서 이러한 긴장과 위기가 의도적인 정책의 산물이 아닐까 하는 의심을 불러일으키기도 했다. 각각의 경우 중국이 모두 피해를 입은 측이라는 해석도 있었다. 하지만 어쨌든 이들 위기가 이 지역과 전 세계에서 중국의 역할이 무엇인가에 대한 지속적 논쟁의 무대가 되었다.

중국의 '수동적' 엘리트들을 향한 비판을 포함하여 그 책들이 여기에서 논의한 것은 그들이 출간을 금지했더라면 빛도 못 봤을 것이고 인구에 회자하는 논점이 되지도 못했을 터이다. 이것은 정책에 영향을 미치는 한 부서의 방식이었을까? 그것은 너무 젊어서 문화 혁명을 경험하지 못했던 세대의 태도를 반영하는 것이었을까? 지도부가 이런 논쟁이 퍼져 나가도록 방치한 것은, 세계가 중국 내부의 압력을 이해하고 이를 고려하도록 만들려는 일종의 심리적 전술이었을까? 혹은 단순히 중국이 좀 더 다극화되어 더욱 다양한 목소리를 허용한다는 본보기, 그리고 검열자들이 전반적으로 민족주의적인 목소리에 좀 더 관대하다는 본보기에 지나지 않는 것일까?[25]

다이빙궈: 평화로운 부상의 재확인

이 시점에 중국 지도자들은 이 논쟁에 관여해서 책으로도 나온 승리주의가 지도부의 분위기와는 사뭇 떨어져 있다는 것을 보여 주기로 결심한다. 2010년 12월 중국의 외교 정책을 총괄하는 최고위 관리인 다이빙궈 국무 위원이 포괄적인 정책 성명을 들고 논쟁에 뛰어든다.[26]「평화적인 발전의 길을 고집하면서」라는 제목이 붙은 다이빙궈의 글은, 중국이 공격적 의도를 품고 있지 않을까 우려하는 외국 관측통에 대한 응답으로도 볼 수 있고, 중국 내에서(중국 지도부 내에서조차) 중국이 좀 더 자기주장을 펴는 입장을 택해야 한다고 주장하는 사람들을 향한 응답으로도 볼 수 있다.

다이빙궈의 주장은 평화적 발전이란 중국이 일부 비중국인들이 의심하는 것처럼 "재능을 숨기고 때를 기다리기(韜光養晦)"위한 책략도 아니요, (이제 중국 내 일부 인사들이 공격하듯이) 중국의 우위를 앗아 가는 순진한 망상도 아니다. 그것은 중국의 진정성 있는 지속적인 정책이다. 왜냐하면 그것은 중국의 이해관계에 가장 잘 부합하고 세계의 전략적 상황에 맞게 행동하는 것이기 때문이다.

평화적 발전의 길을 고집하는 것은 주관적 상상의 산물이나 계산 착오가 아니다. 오히려 그것은 오늘날 세계와 중국이 모두 엄청난 변화를 겪었다는 사실, 그리고 중국과 세계와의 관계 역시 커다란 변화를 경험했다는 사실을 우리가 깊이 인식한 결과이다. 그러므로 이 상황을 최대로 이용하고 변화에 적응하는 일이 필요하다.[27]

다이빙궈가 보는 세계는 한층 더 작아졌고, 주요 이슈들은 전례 없을 정도로 지구촌의 상호 교류를 요구한다. 따라서 전 세계의 협력은 중국의 이해와도 부합하며, 순전히 국가 정책을 펼치기 위한 전략이 아니다. 다이빙궈는 계속해서 평화와 협력을 위한 세계인들의 요구의 통상적인 확인으로 읽힐 수 있는 주장을 한다. 물론 앞뒤 맥락을 보면 중국이 호전적일 경우 만나게 될 여러 가지 장애물에 대한 경고에 가깝지만 말이다.(틀림없이 양쪽 청취자 모두를 향해서 했던 말이리라.)

과학 기술의 급속한 진보뿐 아니라, 경제적 세계화와 정보화의 심화된 발전 때문에, 세계는 점차 더 작아졌고 '지구촌'으로 변했다. 모든 국가의 상호 교류와 상호 의존, 그리고 이해의 서로 얽힘이 전례 없는 수준에 이르러, 그들의 공통된 이해관계는 더욱 폭넓어졌고, 힘을 합쳐 풀어야 할 문제들은 몇 배로 많아졌으며, 서로 득이 되는 협력에 대한 열망도 훨씬 더 강해졌다.[28]

중국은 세계와 폭넓게 통합되어 있으므로 그런 상황에서 번창할 수 있다고 그는 말한다. 지난 30년 동안 중국은 그 재능과 자원을 (전술적 도구가 아니라 현대의 필요성을 충족시키는 수단으로서) 광활한 국제 체제와 연결시킴으로써 성장을 거듭했다.

오늘날 중국은 폭넓고 심오한 변화를 겪고 있다. 30년 이상의 개혁 개방에 이어서, 우리는 사회주의적 근대화라는 명분을 포괄적으로 이룩하면서, '계급 투쟁이 핵심이던 시절'로부터 경제 건설이 중심적 임무인 시절로 옮겨 왔다. 우리는 계획 경제를 실시하던 때로부터 사회주의적 시장 경제를 건설하면서 모든 부문의 개혁을 추진하는 시대로 옮겨 왔다. 그리고 고립 상태 및 자급자족을 일방적으로 강조하던 시절로부터 바깥 세계를 향해 문을 열고 국제 협력의 증진을 받아들이는 시절로 옮겨 왔다.[29]

이러한 '경천동지'의 변화가 가능하려면, 절대적인 자급자족이란 마오쩌둥의 독트린, 중국을 고립시킬 그 독트린의 잔재를 중국이 버려야 한다. 만약 중국이 상황을 정확하게 분석하지 못하고 외부 세계와의 관계를 만족스럽게 관리하지 못한다면, 지금 같은 전략적 기회의 시기가 제공하는 여러 가능성을 '놓쳐 버릴 공산이 크다'고 다이빙궈는 힘주어 말한다. 중국은 커다란 세계 가족의 구성원이라는 이야기이다. 중국의 조화롭고 협조적인 정책은 "단순히 도덕적 열망을 대변하는 것을 넘어서 우리의 이해와 다른 나라들의 이해에 가장 잘 부합하는" 것이다.[30] 직접 언급하지는 않았지만 이 분석의 표면 아래를 잘 들여다보면, 중국은 군사적, 경제적 힘이 상당한 인접국들에 둘러싸여 있고, 지난 1~2년 사이에 그들과의 관계가 악화되었으며, 중국 지도부는 그런 트렌드를 정상화시키려 하고 있다는 것에 대한 인식이 깔려 있다.

자국의 전략을 설명하는 지도자라면 누구나 전술적 요소를 빠뜨릴 수 없는데, 마찬가지로 '평화적 부상'이란 말을 좀 단조롭게 '평화적인 발전'으로 수정한 것도 그런 요소가 있었다. 다이빙궈는 이 글에서 자신의 주장이 대체로 전술적이라는 외국의 회의론에 대해 특별히 답하고 있다.

외부 세계의 몇몇 사람은, 중국에는 "능력을 감추고 때를 기다리라. 그리고 무언가를 성취하도록 노력하라."라는 격언이 있다고 한다. 그래서 이들은 중국이 평화적인 발전의 길을 취한다고 선언하면, 그게 중국이 아직 약한 상황에서 수행하는 무슨 비밀 음모일 것이라고 억측한다.

그러나 다이빙궈는 이것이 "근거 없는 의심"이라고 쓰고 있다.

이 말은 사실 덩샤오핑 동지가 1980년대 말과 1990년대 초에 처음으로 한 것이다. 그 안에 담긴 주된 의미는 중국이 주도자가 된다든지, 깃발을 흔든다든지, 확산을 추구한다든지, 헤게모니를 주장하는 일 등을 삼가야 할 뿐 아니라 겸손하고 신중해야 한다는 것이다. 이것은 평화적 발전의 길을 가겠다는 아이디어와 일치한다.[31]

다이빙궈는 평화적 발전이 여러 세대에 걸친 임무라고 주장한다. 이 임무의 중요성은 지나간 세대들의 고통에 의해서 더욱 두드러진다. 중국은 혁명을 원하지 않는다. 중국은 전쟁이나 보복을 원하지 않고, 단순히 중국인들이 빈곤과 작별하여 좀 더 나은 삶을 살기 원하며, 중국이 "가장 책임감 있고 가장 점잖으며 가장 법을 잘 지키고 질서 정연한 국제 공동체의 구성원이 되는 것"을 희망한다.[32]

물론 중국이 더 원대한 목표 따위는 없다고 아무리 발뺌한다 할지라도, 역내 국가들은(과거 중국 왕조의 부침을 지켜봤고 더러는 지금 중국의 정치적 국경보다도 더 광활한 영토를 자랑했던 나라들은) 중국의 점증하는 세력과 그 역사적 행적과 비교할 때 그런 부정을 받아들이기 어렵다고 생각할 것이다. (중국의 경우는 2000년 전에 시작되었던) 근대의 대부분 동안 스스로를 문명의 정점이라고 간주했던 나라, 거의 200년 동안 서구와 일본의 탐욕스러운 식민 세력이 자신들의 독특한 도덕적 리더십 지위를 빼앗아 가는 모습을 지켜봤던 나라가 과연 그 전략 목표를 "모든 면에서 적절히 부유한 사회를 건설하는 것"으로 국한하면서 만족할 수 있을까?[33]

다이빙궈의 대답은? "당연히 만족해야지!" 중국은 국내적으로 여전히 엄청난 도전에 직면해 있기 때문에, '으스대거나 자랑하고 다닐 입장'이 아니란 것이다. 중국의 GDP가 절대 수치로 봐서 아무리 크다고 해도 13억 인구 모두에게 베풀어야 하며, 1억 5000만 명은 아직도 빈곤선 아래에서 허덕이고 있다. 따라서 "우리가 직면하고 있는 경제, 사회적 문제점들은 세상에서 가장 크고 가장 난처한 이슈라고 말해도 좋을 것이다. 그러므로 우리는 으스대거나 자랑하고 다닐 입장이 아니란 말이다."[34]

다이빙궈는 중국이 아시아를 지배하려 한다든지, 미국을 밀어내고 세계의 걸출한 강대국이 되고자 한다는 주장에 대해서는, 그것이 중국의 역사적 업적과도 맞지 않고 현 정책과도 동떨어진 '순전히 근거 없는 말'이라고 일축한다. 다이빙궈는 중국이 다시는 헤게모니를 추구하지 않음을 확인하기 위해서 전 세계가 중국을 '감독'해도 좋다고 했던 (예의 중국의 자급자족 주장과는 너무나도 대조적이었던) 덩샤오핑의 놀라운 호기(豪氣)까지도 들먹였다. "덩샤오핑 동지도 이렇게 말한 적이 있다. 만약 중국이 어느 날 세계의 헤게모니를 추구한다면, 세계인들은 그것을 들추어내 반대하고 심지어 우리와 싸우려 할 것이다. 이런 점에서는 세계 공동체가 우리를 감독해도 좋다."[35]

다이빙궈의 말은 파워풀하고도 웅변적이다. 이 사려 깊고 책임감 있는 지도자와 10년이 넘도록 여러 시간을 함께 보냈던 나로서는, 그의 진지함이나 의도를 의심할 생각이 없다. 그러나 후진타오와 다이빙궈, 그리고 그 동료들이 중국 정책의 다음 단계를 위한 자신들의 관점을 전혀 가감 없이 진술하고 있음을 인정한다면, 이것이 세계 무대에서 중국의 역할에 대한 최후의 한마디가 된다든지, 그 명제에 아무도 이의를 제기하지 않으리라고 상상하기는 어렵다. 2012년에는 더욱 젊은 새 세대와 떠오르는 공산당과 인민 해방군 엘리트들이 요직에 오를 것이다. 19세기 이래 처음으로 평화롭고 정치적으로 안정된 중국 땅, 문화 혁명이 없었던 중국 땅, 그리고 경제적 업적이 세계 여타 국가를 압도하는 중국 땅에서 자라난 세대이다. 인민공화국 건설 이후 제5세대 중국 지도자인 그들은 전임자들이 그러했듯이, 세계관과 위대한 국가의 비전에 자신들의 경험을 녹여 넣을 것이다. 미국의 전략적 사고가 열심히 집중해야 할 것이 바로 이 세대와의 대화이다.

오바마 행정부가 들어섰을 때 양국 관계는 하나의 뚜렷한 패턴으로 정형화되었다. 양국의 정상은 협의와 (심지어는) 파트너십에 대한 약속을 공표했다. 그러나 양국 언론과 엘리트들의 의견은 갈수록 견해 차가 벌어지고 있음을 보여 주었다. 2011년 1월 후진타오의 국빈 방문 기간 중 폭넓은 협의 절차들이 강화되었다. 그런 절차들은 한반도 문제와 같은 여러 가지 이슈가 대두될 때마다 중·미 대화를 늘려 줄 것이다. 그리고 환율이라든지 남중국해 내의 자유 항해라는 의미에 대한 이견 등 몇 가지 미해결 과제를 극복하려는 시도도 그러한 절차로 인해 늘어날 것이다.

위기관리로부터 공통의 목표 규정을 향해서 나갈 것과 전략적 갈등의 해결로부터 전략적 갈등의 회피를 향해서 나갈 것이 여전히 처리해야 할 문제로 남아 있다. 진정한 파트너십과 협력에 기반을 둔 세계 질서를 조금씩 발전시키는 일이 가능할까? 중국과 미국은 진정으로 전략적 신뢰를 구축할 수 있을까?

에필로그

❦

역사는 반복되는가?

— 크로 메모랜덤

중국 내 몇 명을 포함하여 상당수의 해설자들은 21세기에 미국과 중국을 기다리고 있을지도 모를 전조(前兆)로서 20세기 독일과 영국의 경쟁이라는 예를 다시 찾아보았다. 물론 전략적 비교를 해 볼 수 있다. 아주 피상적인 수준에서 보면 중국은 독일 제국의 경우와 같이 재부상하고 있는 대륙의 세력이다. 반면 미국은 영국처럼 대륙에 깊은 유대 관계를 가지긴 했지만 주로는 해양 세력이다. 중국은 그 역사의 전반에 걸쳐 주변의 다른 모든 국가보다도 더 강력했지만, 그들이 합세하면 중국의 안위를 위협할 수 있었고, 실제로 위협했다. 19세기 독일 통일의 경우와 마찬가지로, 이 모든 나라의 계산은 중국이 강력하고 통일된 국가로 다시 부상하면서 영향을 받지 않을 수 없게 된 것이다. 이러한 시스템은 역사적으로 진화하여 위협의 평형에 기반을 둔 힘의 균형이 되었다.

전략적 신뢰가 전략적 위협의 시스템을 대체할 수 있을까? 많은 사람들이 전략적 신뢰를 하나의 모순된 용어로 취급한다. 전략가들은 적이라고 추정되는 쪽의 의도에 단지 제한된 정도로만 의존한다. 의도라는 것은 변하게 마련이기 때문이다. 그리고 주권의 요체는 다른 권위에 종속되는 법 없이 스스로 의사 결정을 할 수 있는 권리이다. 따라서 능력에 기반을 둔 어느 정도의 위협은 주권 국가 사이의 관계에서 분리할 수 없는 것이다.

관계가 너무나 밀접해져 전략적 위협이 아예 제외되는 일도 (거의 일어나진 않지만) 불가능하지는 않다. 북대서양을 끼고 있는 나라들 사이의 관계에서 전략적 대치는 생각조차 할 수 없다. 군사 기지들이 서로를 겨누는 일도 없다. 전략적 위협은 대서양 외부에서 생기는 것으로 인지되며 동맹의 틀 안에서 이에 대처한다. 북대서양 국가들 사이의 분쟁은 국제 문제에 대한 여러 가지 다른 평가 및 그 대처 방법에 초점을 맞추는 경향이 있다. 심지어 분쟁이 가장 극심한 양상을 띨 때조차도 집안싸움 같은 성격을 지닌다. 소프트 파워와 다자간 외교가 지배적인 외교 정책의 수단이고, 몇몇 서유럽 국가의 경우 군사 행동이 국가 정책의 합법적 도구로서 거의 제외되어 있는 형편이다.

이와 대조적으로 아시아 국가들은 인접국과 대치할 수 있는 가능성이 항상 열려 있는 것으로 간주한다. 그렇다고 그들이 반드시 전쟁을 준비하는 것은 아니지만, 그럴 가능성을 배제하지는 않는다. 그들이 스스로를 방어할 수 없을 정도로 약하면, 추가적 보호를 해 줄 수 있는 (아세안, 즉 동남아 국가 연합 같은) 동맹 체제의 한 부분으로 들어가고자 한다. 주권은 (많은 경우 외국의 식민지 시대를 거쳐 최근에야 되찾았지만) 절대적 속성을 지닌다. 베스트팔렌 체제의 원칙은 지금도 유효하다.

그 체제가 탄생한 유럽에서보다도 더 그렇다. 주권이란 개념은 그 무 엇보다 중요한 것으로 간주된다. 침공은 국경을 넘어 조직적 군사 단 위들이 움직이는 것으로 정의한다. 내정 불간섭은 국가 간 관계의 근 본적인 원칙으로 받아들여진다. 그처럼 조직이 잘 짜인 국가 시스템에 서 외교는 힘의 균형의 핵심 요소를 보존하려고 애쓴다.

회원국들이 요구하는 보장 수준이 외교로 성취할 수 있는 경우에 는 국제 시스템이 비교적 안정되어 있다. 외교가 더는 제 기능을 발휘 하지 못할 경우, 관계는 점점 더 군사 전략에 집중된다. 처음에는 군비 경쟁의 형태로, 그다음에는 설사 대치의 위험을 무릅쓰는 한이 있어도 전략적 우위를 노리는 전술 형태로, 그리고 마지막에는 전쟁 그 자체 로 나타난다.

스스로를 추진하는 국제적 메커니즘의 전형적인 예가 1차 세계 대 전 직전의 유럽 외교였다. 전 세계 대부분이 식민지 상태였기 때문에 유럽의 정치가 곧 세계의 정치였던 때였다. 1815년 나폴레옹의 시대가 막을 내린 이후 19세기 후반에 이르기까지 유럽은 큰 전쟁 없이 지나 왔다. 유럽 국가들은 대체로 전략적 평형 상태를 유지했고, 갈등이 있 다 해도 존재 자체를 위협하는 것은 아니었다. 어느 국가도 다른 국가 를 불구대천의 원수로 생각지 않았다. 그랬기 때문에 동맹 관계를 바 꾸는 것은 가능했다. 어느 국가도 다른 국가들에게 헤게모니를 확립할 만큼 강력하지 않았던 것이다. 그런 시도가 있기만 하면 그에 저항하 는 연맹이 생기게 마련이었다.

그러다 1871년 독일의 통일은 구조의 변화를 가져왔다. 그때까지만 해도 중앙 유럽은 다양한 크기의 39개국으로 구성되어 있었다. 오직 프로이센과 오스트리아만이 유럽의 평형 안에서 주요 강국으로 간주 되었다. 많은 수의 소국들이 독일 안에서 독일 연방이란 이름의 체제 속에 조직을 갖추었는데, 오늘날과 비교하면 유엔과 같은 체제였다. 독일 연방 역시 유엔처럼 무언가를 주도하기가 어려웠지만, 때때로 엄청난 위험이라고 인식되면 힘을 합쳐 맞서곤 했다. 누군가를 공격하기엔 너무나 분열되어 있지만 그래도 방어하기에는 충분히 강했기 때문에, 독일 연방은 유럽의 균형에 큰 공헌을 했다.

그러나 19세기 유럽에서 변화의 동기를 부여했던 것은 평형이나 균형이 아니었다. 바로 국가주의였다. 그리스 통일은 한 세기의 염원을 반영했다. 그것은 또한 시간이 흐르면서 위기의 분위기를 가져왔다. 독일의 부상은 외교 절차의 탄력성을 약하게 만들었고, 전체 시스템에 가해지는 위협을 증대시켰다. 한때 37개의 소국과 2개의 비교적 강국이 있던 곳에, 그중 38개국을 통합시킨 단 하나의 정치 단위가 대두되었으니 그렇지 않겠는가. 이전에는 유럽 외교가 수많은 국가의 배치를 적절히 옮김으로써 일정한 융통성을 확보했으나, 독일의 통일 때문에 가능한 콤비네이션의 숫자가 줄어들었고 각 인접 국가 혼자서는 감당할 수 없을 정도로 강력한 국가가 탄생했으니 말이다. 영국의 벤저민 디즈레일리 총리가 독일의 통일을 프랑스 혁명보다도 더 중요한 사건이라고 했던 것은 바로 이 때문이었다.

이제 독일은 너무나 강해져서, 유럽 주요국들이 모두 힘을 합쳐 덤빈다면야 독일도 커다란 위험에 처하겠지만, 주변국들을 하나씩 격파하는 데는 전혀 문제가 없었다. 그런데 당시 주요국은 5개국에 불과했기 때문에 그들이 합치는 경우의 수는 제한되어 있었다. 독일의 주변국들은 서로 동맹을 맺을 동기가 충분히 있었고(특히 1892년에 결국 유대를 맺은 프랑스와 러시아가 그랬다.) 반면 독일은 그런 동맹을 격파할 동기가 원래부터 있었다.

시스템의 위기는 그 구조에 내재되어 있었다. 어느 단일 국가도 피할 수 없었고 특히 떠오르는 강대국 독일은 더욱 그랬다. 하지만 그들은 잠재적인 긴장을 악화시킬 정책은 피할 수 있었다. 그런데 아무도 그렇게 하지 않았고 더구나 독일 제국은 피하지 않았다. 적대적 동맹을 격파하기 위해 독일이 택한 전술은 결국 현명하지도 못하고 운도 따르지 않았던 것으로 드러났다. 독일은 국제회의를 이용해서 참가국들에게 자신들의 뜻을 보란 듯 관철시키려 했다. 독일의 논리는 자신들의 압력을 받아 위축된 나라가 동맹국들에 의해 버림받았다고 느낀 나머지, 동맹을 탈퇴하고 독일의 영향권 내에서 안전을 추구할 것이란 내용이었다. 하지만 결과는 독일이 의도한 바와는 정반대였다. 굴욕을 느낀 나라들(1905년 모로코 위기 당시의 프랑스나 1908년 보스니아-헤르체고비나를 둘러싸고 다툰 러시아)은 다른 나라에 예속되지 않겠다는 결의를 다지고, 독일이 무력화하려고 했던 동맹을 오히려 강화했다. 1904년에는 영국도 비공식적으로 프랑스·러시아 동맹에 가담했는데, 이는 독일이 보어 전쟁(1899~1902년) 당시 영국의 적이었던 네덜란드 정착민들을 눈에 띄게 옹호해서 영국을 불쾌하게 만들었기 때문이다. 게다가 독일은 이미 유럽 대륙에서 가장 강력한 지상군을 보유한 것도 모자라 대규모 해군까지 구축함으로써 영국의 해양 지배권에 도전장을 던졌다. 덕분에 유럽은 사실상 외교적 융통성이라곤 없는 양극 시스템으로 들어갔고, 외교 정책은 제로섬 게임이 되어 버렸다.

역사는 반복될 것인가? 미국과 중국이 전략적 갈등 상황에 빠지게 되면, 1차 세계 대전 직전의 유럽과 비교할 만한 상황이 아시아에서 틀림없이 생길 것이며, 서로 으르렁대는 블록이 형성되고 각국은 다른 나라들의 영향력과 권한을 약화시키거나 적어도 제한하려고 노력할 것이다. 그러나 우리가 역사의 메커니즘이라고 추정하는 것에 굴복하기 전에, 독일과 영국의 경쟁이 실제로 어떻게 전개되었는지 들여다보기로 하자.

1907년 영국 외무성 고위 관리 에어 크로는 유럽의 정치 구조와 독일의 부상에 관한 탁월한 분석을 글로 쓴 바 있다. 그가 제기했던 핵심 질문, 오늘날에도 밀접한 연관성을 지닌 그 질문은, 1차 세계 대전을 초래한 위기가 독일의 부상에 의한 것인가(새로운 강대국이 출현하는 데 대한 자연스러운 저항), 아니면 독일의 특정한 (따라서 피할 수도 있었던) 정책에 의한 것인가 하는 것이었다.[1] 다시 말해서 그 위기는 독일의 능력 때문이었나, 혹은 독일의 행동 때문이었나?

크로는 1907년 새해 첫날에 제출한 메모랜덤에서 그 분쟁이 관계 속에 내재된 것이라는 쪽을 택했다. 그는 이 이슈를 아래와 같이 정의했다.

특히 영국의 경우, 지적이고 도덕적 연대감은 독일인의 마음속에 있는 최선의 것에 대한 공감과 이해를 이끌어 낸다. 그것이 자연스레 독일로 하여금, 인류의 전반적인 진보라는 이름 아래 그 힘과 영향력을 강화시켜 주는 거라면 무엇이든 환영하도록 만들었지만 말이다. 그러나 한 가지 조건이 있다. 인류의 진보를 위한 노력에서 나름대로 우리와 꼭 같이 소중한 조력자인 다른 국가의 개별성에 대해 존경심을 가져야 한다. 고도의 문명이 진화하도록 자유롭게 기여할 수 있는 충분한 활동 범위를 똑같이 누릴 자격이 있으니 말이다.[2]

그러나 독일의 진짜 목표는 무엇이었나? 독일 외교가 전통적으로 지원하는 가운데, 독일의 문화적, 경제적 이해관계가 자연스럽게 유럽 및 전 세계로 퍼져 나가는 것이었을까? 아니면 독일은 '전반적인 정치 헤게모니와 해양 대국으로의 부상'을 추구하여, 주변국의 독립과 나아가서는 영국의 존재까지를 위협했던 걸까?[3]

크로의 결론은 독일이 무슨 목표를 세워 맹세를 하든 차이가 없다는 것이었다. 독일이 어떤 길을 추구하든 "할 수 있는 한 가장 강력한 해군을 건설하는 것이 독일에게는 현명한 일이 될 게 틀림없었다." 그리고 크로는 예상했다. 일단 독일이 해군력의 우위를 달성하고 나면, (독일의 의도와는 상관없이) 그 자체가 영국에게는 객관적인 위협이며, 영제국의 존재와는 양립할 수 없게 될 터였으니까.[4]

그런 조건하에서 공식적인 보장이란 의미가 없는 노릇이었다. 독일 정부가 겉으로 표명한 것이 무엇이든, 그 결과는 '계획적인 범행 의사'를 갖고 유사한 입지를 고의적으로 차지함으로써 나타나는 것과 마찬가지로 여타 세계에 대한 끔찍스러운 위협이었을 테니 말이다.[5] 설사 온건한 독일 정치인들이 자신들의 진심을 드러내 보인다 해도, 독일의 온건한 외교 정책은 헤게모니를 위한 의도적인 계획 속으로 "언제든 녹아들 수" 있다.

크로의 분석에서는 구조적 요소 때문에 협력이나 신뢰조차도 이렇듯 아예 제외되었다. 크로가 냉소적으로 관찰했듯이 "주변국에 대한 야심찬 계획은 원칙적으로 드러내 놓고 발표하지 않는다고 말해도 무리가 아닐 것이다. 따라서 그런 야심의 표명이 없다는 것은, 아니 무한하고 전반적인 정치적 선심을 표명하는 것조차도 그 자체로는 숨은 의도가 있음을 (혹은 없음을) 결정적으로 증명해 주지 않는다."[6] 그리고 너무나 많은 것이 걸려 있기 때문에 "영국이 그에 관해 어떤 리스크도 안전하게 떠안을 수가 없는" 사안이었다.[7] 런던은 최악의 경우를 가정하지 않을 수 없었고, 그 가정 위에서 행동해야 했다. 적어도 독일이 영국에 맞서는 대규모 해군력을 구축하고 있는 한은 그랬다.

달리 말하면, 1907년 이미 외교를 위한 여유는 없었으며, 위기가 닥

첬을 때 누가 물러서느냐가 이슈였으며, 그런 조건이 충족되지 않을 때마다 전쟁은 거의 불가피했다. 그리고 세계 대전의 시점에 이르기까지 7년의 세월이 걸렸다.

만약 크로가 오늘날의 풍경을 분석한다면, 아마도 1907년 보고서와 비교할 만한 판단을 내릴 것이다. 그의 해석은 나의 해석과 상당히 다르지만, 나는 그 해석을 스케치해 보려 한다. 왜냐하면 태평양 양안에 널리 퍼져 있는 견해와 비슷하기 때문이다. 미국과 중국은 국민 국가였다기보다 문화적 정체성의 대륙적 표현이었다. 두 나라 모두 경제적, 정치적 업적과 국민들의 꺾이지 않는 에너지와 자신감에 의해서 역사적으로 보편성이라는 비전을 향해 달려왔다. 중국과 미국 정부 모두 자기네 국내 정책과 인류의 전반적인 이해 사이에는 매끄러운 동질감이 있다고 흔히 가정했다. 크로라면 경고할지도 모를 일이다. 두 개의 그런 개체가 세계 무대에서 만나면 상당한 긴장이 조성될 가능성이 높다고 말이다.

중국의 의도가 무엇이든, 크로 식의 생각을 하는 학파는 중국의 성공적인 '부상'이 태평양 내 (그리고 나아가 세계에서의) 미국의 위치와는 양립할 수 없는 것으로 취급할 것이다. 어떤 형태의 협력도 단순히 중국에게 능력을 키울 공간을 허락해서 결국 위기에 이르는 것으로 취급할 것이다. 따라서 18장에서 이야기했던 중국 논쟁 전체, 그리고 중국이 '능력 감추기를' 그만둘 것인가 하는 질문은 크로 식의 분석 목표에는 대수롭지 않을 것이다. 언젠가는 중국이 '능력 감추기를' 그만둘 것이므로, 미국은 중국이 이미 그만둔 것처럼 행동해야 한다.

미국의 논쟁은 크로의 힘의 균형이란 접근법에 이념적 도전을 더한다. 신보수주의자들과 다른 운동가들은 민주 체제가 신뢰와 자신감으로 이루어진 관계를 위한 전제 조건이라고 주장할 것이다. 이런 견해로 볼 때 비민주적 사회는 태생적으로 위태로우며, 완력을 행사하는 경향이 짙다. 따라서 미국은 (예절 바른 표현을 빌리면) 최대의 영향력이나 압력을 행사하여 (특히 미국의 안보를 위협할 수 있는 국가 안에) 다극적 체제가 생겨나게 만들어야 한다. 이러한 구상의 틀 안에서 비민주 사회를 다루는 미국 외교 정책의 궁극적 목표는 정권 교체이다. 중국과의 평화는 전략의 문제라기보다 중국 통치의 변화라는 문제이다.

또한 국제 문제를 전략적 우월을 얻기 위한 불가피한 투쟁으로 해석하는 이 분석은 서구 전략가들에게 국한되지도 않는다. 중국의 '승리주의자들' 역시 거의 똑같은 논리를 적용한다. 주된 차이점은 크로가 영국을 대변하여 그 유산을 '현상 유지 국가'로 변호한 반면, 이들의 관점은 떠오르는 강대국의 관점이라는 사실이다. 이런 장르의 좋은 예가 바로 앞 장에서 논의했던 류밍푸 대교의 『중국몽』이다. 류밍푸의 견해로 볼 때, 중국이 아무리 '평화로운 부상'을 공약하고 나선다 할지라도 중·미 관계에는 애당초 갈등이 내재되어 있다. 중국과 미국의 관계는 '마라톤 경기'요, '세기의 결투'가 될 것이다.[8] 그뿐 아니라 이 경쟁은 근본적으로 제로섬이기 때문에 완전한 승리의 유일한 대안은 굴욕적인 패배이다. "중국이 21세기에 세계 최고가 되지 못한다면, 최고의 강대국이 되지 못한다면, 어쩔 수 없이 중국은 한쪽 옆에 버려지는 낙오자가 될 수밖에 없을 것이다."[9]

크로 메모랜덤의 미국 버전도, 더 승리주의적인 중국의 분석도, 정부의 지지를 얻지는 못했지만, 널리 통용되는 사고의 서브텍스트를 제공해 준다. 만약 어느 한쪽이 이들 견해의 기반이 된 가정을 실제로 쓴다면 (오직 한쪽만 그렇게 해도 사태는 불가피해질 것인데) 중국과 미국은 여기 에필로그 서두에서 묘사했던 것과 같은 확대일로의 긴장 상황으로 쉽사리 빠져들 수 있을 것이다. 중국은 미국의 파워를 국경에서 가능한 한 멀리 밀어내려 할 것이며, 국제 외교에서 미국의 무게를 감소시키려고 안간힘을 쓸 것이다. 한편 미국은 중국의 주변국들을 규합해서 중국의 압도적 우위에 대한 균형추가 될 조직을 만들려고 애쓸 것이다. 그리고 양국은 모두 이념의 차이를 강조할 것이다. 두 나라 사이의 억지와 선제공격이란 개념은 대칭을 이루지 못하기 때문에 둘 사이의 상호 작용은 한층 더 복잡해질 것이다. 미국은 압도적인 군사력에 좀 더 초점을 맞추고 있고, 중국은 결정적인 심리적 영향에 더 집중한다. 조만간 둘 중 어느 한쪽이 오판을 할 것이다.

일단 그런 패턴이 굳어진다면, 극복하기가 더욱 어려워질 것이다. 서로 경쟁하는 두 캠프는 스스로를 어떻게 정의하느냐에 따라 정체성을 이룬다. 크로가 묘사한 것(그리고 중국의 승리주의자들이나 미국의 일부 신보수주의자들이 포용하는 것)의 진수는 겉으로 보기에 그것이 지닌 자동성(自動性)이다. 일단 패턴이 창조되고 동맹이 결성되면, 스스로 부여한 요구 조건으로부터, 특히 내부적인 가정으로부터, 절대로 달아날 수 없다는 뜻이다.

크로 메모랜덤을 읽은 사람이라면, 그곳에 인용된 상호 적대감의 특정한 예는 도출된 결론에 비해 상대적으로 사소하다는 사실을 놓칠 수 없을 것이다. 남아프리카 식민 세력의 경쟁 사례, 공무원들의 행실에 관한 논란 등이 그 예이다. 경쟁을 부추겼던 것은 어느 한쪽이 이미 행했던 일이 아니다. 한쪽이 저지를지도 모르는 일이 경쟁을 부추겼다. 사건은 상징이 되었고, 상징은 그 자체의 탄력이나 속도를 만들어 냈다. 그래서 해결할 것이라곤 하나도 남지 않았다. 왜냐하면 서로 대치하고 있는 동맹 체제에는 더 이상 조정의 여지가 없기 때문이다.

그런 일은 미국과 중국의 관계에서 일어나서는 안 된다. 미국의 정책이 그것을 방지할 수만 있다면 말이다. 물론 중국 정책이 크로 메모랜덤의 규칙대로 '플레이'할 것을 고집한다면, 미국은 저항할 수밖에 없을 것이다. 그것은 불행한 결과가 될 것이다.

내가 가능한 진화를 그토록 세세하게 설명했던 것은, 내가 보기에 지구촌의 안정과 평화를 위해서 꼭 필요한 중·미의 협력 관계를 가로 막는 현실적 장애물을 잘 알고 있음을 보여 주기 위함이다. 이 두 나라 사이의 냉전이 벌어진다면, 태평양 양안에서의 발전이 한 세대 동안 중단될 것이다. 그렇게 되면 핵 확산이라든지 환경, 에너지 확보, 기후 변화 등의 글로벌 이슈가 전 세계의 협력을 요구하는 이때에, 모든 지역의 국내 정치 속으로 분쟁이 퍼져 나갈 것이다.

역사적으로 비슷한 예는 속성상 정확하지 못하다. 가장 꼼꼼하게 유추한다 하더라도 지금의 세대가 선대들의 실수를 반복하도록 만드는 것은 아니다. 어찌 되었든 결과는 승자에게나 패자에게나 모두 재앙이었다. 양측 모두가 스스로를 분석해 자기 실현적 예언을 하는 일이 없도록 조심해야 할 것이다. 쉬운 일은 아니다. 크로 메모랜덤이 보여 주었듯이 단순한 보장을 해 준다고 해서 근저에 깔린 역동성이 멈추지는 않을 것이기 때문이다. 누구든 지배를 성취하겠다고 굳게 마음먹는다면, 자기네 의도는 평화적인 것이라고 약속하지 않을 나라가 어디 있겠는가? 참된 전략적 신뢰와 협력의 느낌을 고취시키려면, 고위 지도자들의 지속적인 관심을 비롯하여 진지한 공동의 노력이 필요하다.

중국과 미국의 관계는 제로섬 게임이 되어야 할 필요도 없고, 그렇게 되어서도 안 될 것이다. 1차 세계 대전 전의 유럽 지도자들에게 주어진 난제는 한쪽의 이득이 곧 다른 쪽의 손해라는 점과, 타협은 팽배한 여론을 거스르게 된다는 점이었다. 하지만 중·미 관계는 이런 상황이 아니다. 국제 무대에서의 핵심 이슈는 속성상 지구촌 전체에 관한 것이다. 합의를 이루는 것은 어려울지 모르지만, 이런 이슈를 두고 서로 대치한다면 오히려 문제를 키울 따름이다.

그리고 주요한 '플레이어'들의 내부적 진화 역시 1차 세계 대전 전과 비교할 바가 아니다. 우리가 중국의 부상을 예상할 때 그 밑에 깔린 가정은, 지난 수십 년의 놀라운 추진력이 앞으로도 상당 기간 반영되리라는 것과, 미국의 상대적 침체는 불가피하다는 것이다. 하지만 그 어떤 이슈보다도 중국의 지도자들을 사로잡고 있는 것은 국가적 통일의 유지이다. 흔히 공개적으로 밝히는 사회적 조화라는 목표 속에는 바로 이것이 스며들어 있다. 해안 지역은 선진 사회 수준이지만 내륙 지역은 여전히 세계에서 가장 낙후된 나라에서 사회적 조화란 어려운 노릇이다.

중국 지도부는 국민들에게 성취해야 할 과제의 목록을 제시했다. 그 안에는 부패와의 싸움이 들어 있는데, 후진타오 국가주석은 '전례가 없을 정도로 암울한 과제'라고 불렀으며, 그 자신 또한 정치 경력을 쌓는 과정에서 몇 차례 부패와의 싸움에 개입되기도 했다.[10] 또한 '서구식 발전 캠페인'이란 것도 포함되어 있는데, 이는 빈곤한 내지인들을 부양하기 위해 고안한 것으로 주석 자신이 한때 살던 곳도 속해 있다. 그 외에 정부가 공표한 핵심 과제에는 촌락 수준의 민주 선거 독려를 비롯한 지도부와 농민들 사이의 추가적인 유대 관계를 확립한다든가, 중국 사회가 점차 도시화되는 가운데 정치 프로세스를 좀 더 투명하게 하는 일도 포함되어 있다. 다이빙궈는 18장에서 논의했던 2010년 12월의 기사에서 중국의 국내 과제의 범위를 이렇게 개관하고 있다.

유엔에서 제시한 하루 1달러의 생활 수준을 기준으로 한다면, 중국에서는 아직도 1억 5000만 명이 이 빈곤선 이하의 삶을 영위하고 있다. 1200위안의 개인 소득을 빈곤 기준으로 계산한다 하더라도, 중국에는 여전히 4000만 명의 빈곤 계층이 살고 있다. 지금 이 순간에도 전기를 사용하지 못하는 사람이 1000만 명에 이르고, 2400만 명의 일자리라는 이슈를 해마다 어떻게든 해결해야 하는 형편이다. 중국의 인구는 어마어마하게 많고, 기반은 약하다. 도시와 농촌의 발전은 고르지 못하고, 산업 구조는 불합리하다. 게다가 생산 인구의 미개발 상태는 기본적으로 아직도 변하지 않았다.[11]

중국이 풀어야 할 국내의 과제는, 이 나라 지도자들의 표현을 빌리면 "중국의 거침없는 부상" 따위의 말로 담아내기에는 너무나도 복잡하다.

덩샤오핑의 개혁은 참으로 경이로웠지만, 초창기 몇십 년간 보여 준 찬란한 성장은 부분적으로는 운이 좋았기 때문이다. 무슨 말이냐 하면, 당시엔 중국 내 젊은 미숙련 노동자들의 거대한 풀과, 전반적으로 부유하고 낙관적이며 많은 빚을 지고서도 중국산 제품을 살 수 있는 현금을 보유한 서구 경제가 쉽사리 연결될 수 있었다는 얘기다. 하지만 이제 중국 노동력은 예전보다 더 숙련된 데다 더 노쇠했고(덕택에 일부 기본적인 제조업 일자리는 임금이 더 낮은 베트남이나 방글라데시로 옮아가고 있다.) 서구는 바야흐로 긴축의 시대로 돌입하고 있기 때문에 전망은 훨씬 더 복잡하다.

인구의 변동은 그 임무를 더욱더 어렵게 만들 것이다. 생활 수준의 향상 및 수명의 연장에다가, 이른바 가족계획 정책(計劃生育政策)에 의한 왜곡까지 겹쳐서 지금 중국은 전 세계에서 가장 노령화가 급속히 진행되고 있는 나라 중 하나이다. 중국의 총 노동 연령 인구는 2015년을 정점으로 하여,[12] 15~64세 사이의 중국인은 갈수록 더 많은 수의 노년층을 먹여 살려야 한다. 인구의 변동은 삭막하다. 2030년까지 20~29세인 농촌 근로자들은 지금의 절반 수준으로 줄어들 것으로 예상된다.[13] 또 2050년이 되면 중국 전체 인구의 절반이 45세 이상일 것으로 예측되고, (현재 미국 총인구와 대충 같은 숫자인) 25퍼센트가량은 65세 이상일 것으로 보인다.[14]

그처럼 거대한 국내 과제를 지닌 나라가 전략적 대치라든가 세계 패권을 추구하는 방향으로 손쉽게(하물며 자동적으로) 스스로를 내던질 수 있겠는가. 1차 세계 대전 전과의 주된 차이점을 들면, 대량 학살 무기의 존재와 궁극적인 결과를 알 수 없는 신식 군사 기술의 존재라 하겠다. 세계 대전을 촉발한 지도자들은 무기를 사용하면 어떤 결과가 오는지를 이해하지 못했다. 하지만 오늘날 지도자들은 자신들이 휘두를 수 있는 파괴의 잠재력에 대해서 환상을 가질 수가 없다.

미국과 중국 사이의 중대한 경쟁은 군사적이 아니라 경제, 사회적인 것이 될 공산이 크다. 두 나라의 경제 성장, 재정적 건전성, 사회 간접 자본 지출, 교육 인프라 등에서 현재의 트렌드가 계속된다면, 발전의 차이가 (제3자가 인식하는 상대적 영향력이) 완전히 굳어져 버릴 수 있다. 특히 아시아, 태평양 지역에서는 더욱 그렇다. 그러나 이러한 전망은 미국의 능력으로 멈출 수 있고, 어쩌면 노력하면 반전시킬 수도 있다.

미국은 그 경쟁력과 세계 무대에서의 역할을 보존할 책임이 있다. 중국과의 시합으로서가 아니라, 미국 자체의 전통적 신념을 위해서 그렇게 해야 한다. 경쟁력의 구축은 주로 미국이 수행할 프로젝트이지, 중국에게 우리를 위해서 해결해 달라고 부탁할 일이 아니다. 국가적 운명에 대한 나름대로의 해석을 완성시킨 중국은 경제 발전을 계속할 것이며, 아시아 및 그 이상으로 이해의 폭을 넓혀 나갈 것이다. 이것은 1차 세계 대전이라는 결과를 가져왔던 대치 상황을 좌지우지하는 전망이 아니다. 그것은 하나의 진화를 암시하며, 그 진화의 많은 단계에서 미국과 중국은 경쟁도 하고 그만큼 협력도 한다.

인권이란 이슈도 상호 교류의 전체 범위 안에서 그 자리를 찾아갈 것이다. 미국이 인간의 존엄과 국민의 정치 참여라는 기본 원칙에 서약을 천명하지 않는다면, 스스로에게 진실할 수 없는 노릇이다. 현대의 기술을 감안한다면, 이 원칙들은 국경에 의해서 제약을 받진 않을 것이다. 그러나 그 원칙들을 대치에 의해서 강요하려 한다면 자멸의 길이 될 가능성이 크다는 걸 우리는 경험으로 알고 있다. 특히 중국처럼 스스로에 대한 역사적 비전이 그토록 확실한 나라에서는 말할 것도 없다. 오바마의 2년까지 포함해서 미국의 역대 행정부는 장기적인 도덕적 신념과 국가 안보의 요구 사항에 그때그때 적용하는 것 사이의 균형을 상당히 잘 맞추어 왔다. 앞에서 논의했던 기본적 접근법은 여전히 유효하다. 필요한 균형을 어떻게 이루느냐 하는 것은 양국의 새 세대 지도자들에게 주어진 과제이다.

결국 문제는 미국과 중국이 현실적으로 서로에게 무엇을 요구할 수 있는가로 귀결된다. 중국의 억지를 기반으로 하거나 이념적 십자군을 위한 민주 국가 블록의 창설을 기반으로 해서 아시아의 판을 짜려고 미국이 노골적으로 계획한다면 성공할 가능성은 희박하다. 아시아 주변국들 대부분에게 중국이 없어서는 안 될 교역 파트너라는 것도 그 이유 가운데 하나이다. 마찬가지로 중국이 아시아의 경제 문제나 안보 문제에서 미국을 제외시키려 한다면, 거의 모든 아시아 국가로부터 심각한 저항을 받을 것이다. 그들은 단 하나의 세력이 아시아를 지배하게 될 때의 결과를 두려워하기 때문이다.

중·미 관계에 적절한 이름표는 파트너십이라기보다는 공진화(共進化)이다. 그것은 두 나라 모두 국내의 긴급한 사항을 추구하고, 가능하면 협력하며, 갈등을 최소화하기 위해 상호 관계를 조정한다는 뜻이다. 어느 한쪽이 다른 쪽의 모든 목표를 다 지지하는 법도 없고, 양측의 이해가 모두 일치한다고 추정하지도 않지만, 두 나라 모두 상호 보완적 이해를 찾아내고 발전시키는 것이다.[15]

미국과 중국은 그렇게 노력해야 한다. 그것이 자국 국민들이나 지구촌의 행복을 위한 도리이다. 두 나라는 상대방에 의해서 지배를 받기에는 너무 크다. 따라서 두 나라 중 어느 누구도 전쟁이나 냉전 같은 갈등 상황에서 승리의 조건을 정의할 수 없다. 크로 메모랜덤이 나왔던 시대에는 결코 공식적으로 제기할 수 없었던 질문을 그들은 스스로에게 던져야 한다. 갈등이 생기면 양국을 어디로 몰고 갈 것인가? 모든 면에서 비전이 결핍되어 있었나? 그래서 두 거인이 계략을 쓰다가 전술을 하나쯤 빠뜨려서 충돌이라도 하게 된다면 세상이 어떻게 될지를 계산도 해보지 않은 채, 평형의 작동은 기계적인 절차로 변해 버렸나? 1차 세계 대전을 몰고 왔던 국제 체제를 움직이던 지도자 가운데 누가 (전쟁이 끝날 때 세상이 어떤 모습일지를 알았더라면) 움찔해서 멈추었을까?

환태평양 공동체를 향하여?

공진화를 위한 노력은 세 가지 단계의 관계를 다루어야 한다. 그 첫 번째는 주된 세력 중심 사이의 정상적인 인터랙션에서 생기는 문제에 관한 것이다. 30년에 걸쳐 진화해 온 협의 시스템은 그런 과제를 위해서는 충분한 것으로 판명되었다. 교역 관계나 별개의 이슈에 관한 외교적 협력 같은 공통의 이해관계는 전문적으로 추구된다. 위기란 생기게 되면 보통 토론에 의해서 해결된다.

두 번째 단계는, 익숙한 위기 토론을 승화시켜서 긴장 상황의 저변에 깔린 원인을 제거하는 더욱 포괄적인 프레임워크로 만들기 위한 시도가 될 것이다. 한반도 문제를 동북아 전반적 개념의 한 부분으로 접근하는 것이 그 좋은 예가 되지 않을까 한다. 협상국들이 사태를 결정적 국면으로 이끌지 못하는 틈을 타서 북한이 어떻게든 핵 능력을 유지한다면, 동북아시아 및 중동 전역에 핵무기가 확산되는 사태는 가능해진다. 다음 수순을 밟고, 동북아를 위해 합의된 평화적 질서의 테두리 안에서 한반도 핵 확산 이슈에 대처해야 할 때가 온 것일까?

한층 더 근원적인 비전을 갖는다면, 세계는 세 번째 단계의 인터랙션으로 넘어갈 것이다. 1차 세계 대전이란 재앙이 생기기 전의 지도자들은 전혀 도달하지 못했던 단계이다.

중국과 미국은 충돌할 수밖에 없는 운명이라는 주장은 두 나라가 태평양을 사이에 두고 경쟁하는 블록으로서 서로를 대한다는 가정하에서만 가능하다. 그러나 이것은 양쪽 모두를 파멸로 끌고 가는 길이다.

지금 현재의 세계 상황에서 전략적 긴장이라는 측면은, 미국이 중국을 억지하려고 노력한다는 중국의 두려움에 기인한다. 거기에 중국이 미국을 아시아로부터 몰아내려 한다는 미국 측의 우려도 평행선을 달린다. (미국과 중국, 그리고 다른 나라들이 모두 속해 있고 평화적 발전에 모두 참여하는 지역 내인) 태평양 공동체라는 개념은 그 두 가지 두려움을 모두 완화시켜 줄 수 있다. 그것은 미국과 중국을 공통된 비즈니스의 한 부분으로 만들 것이다. 양측이 공유한 목적들은 (그리고 그것들을 정교하게 세련시키는 것은) 전략적 불편함을 어느 정도 대체해 줄 것이다. 그리고 '중국' 블록과 '미국' 블록 사이에 양극화된 시스템이 아니라 공동의 것으로 인식하는 시스템을 건설하는 데 일본, 인도네시아, 베트남, 인도, 호주 같은 다른 주요 국가들이 참여할 수 있도록 만들어 줄 것이다. 그런 노력은 당사국 지도자들이 완전히 주의를 기울이고, 그리고 무엇보다도 확고한 신념을 가질 때에만 의미를 지닐 수 있을 것이다.

2차 세계 대전이 끝날 즈음 세계 질서를 확립했던 세대는 몇 가지 위대한 업적을 이루었지만, 그중 하나가 대서양 공동체란 개념을 만든 것이었다. 그와 비슷한 개념이 미국과 중국 간의 잠재적 긴장을 대체하거나 적어도 완화해 줄 수 있을까? 그런 개념은 미국이 아시아의 한 세력이며, 아시아의 다른 많은 강국들도 원하고 있다는 현실을 반영할 것이다. 그리고 그것은 세계적 역할을 향한 중국의 열망에도 반응한다.

공통의 역내 정치적 개념은 또한, 미국이 중국을 향해 견제 정책을 취하고 있는 게 아닐까 하는 중국의 두려움에 대해서도 대체로 해답을 제공한다. 사람들이 '견제'라고 할 때, 무슨 뜻인지를 이해하는 것이 중요하다. 인도, 일본, 베트남, 러시아처럼 중국과 국경을 맞대고 있는 나라들은, 미국 정책에 의해 만들어지지 않은 현실을 대표한다. 중국은 역사가 시작된 이래 줄곧 이들 나라와 더불어 살아왔다. 힐러리 클린턴 국무 장관이 중국을 견제한다는 아이디어를 거절한 것은 중국에 맞서는 전략적 블록의 창설을 목표로 하는 미국 주도의 노력을 거절한다는 의미였다. 태평양 공동체를 위한 노력에서 중국과 미국은 모두 서로 대치하는 블록의 일부로서가 아니라, 상대방 및 다른 모든 참가국과 건설적 관계를 유지할 것이다.

아시아의 미래는 중국과 미국이 어떻게 그 미래를 마음속에 그리느냐에 따라, 그리고 각국이 어느 정도로 다른 나라의 역사적 역할과 약간이라도 합치를 볼 수 있느냐에 따라 그 모양이 결정될 것이다. 지금까지 줄곧 미국은 자신들의 이상이 전 세계에 적절하다는 비전과, 그 이상을 확산시킨다는 공표된 의무의 비전에 의해서 동기를 부여받는 경우가 흔했다. 반면 중국은 자신들의 독특함을 기반으로 행동해 왔고, 그 독특함은 전도사 같은 열성이 아니라 문화적 삼투 현상에 의해 확산되어 왔다.

'우리는 다르다'는 예외론의 다른 버전을 대표하는 이 두 사회가 협력으로 가는 길은 태생적으로 복잡하다. 상황의 불가피한 변화가 생겨도 살아남을 수 있는 행동 패턴을 개발하는 능력이, 지금 이 순간의 분위기보다는 더 관련이 많다. 태평양 양측의 지도자들은 협의와 상호 존중의 전통을 확립할 의무가 있다. 그래야만 그들의 후계자들한테는, 누구나 공유하는 세계 질서를 함께 구축하는 것이 곧 국가의 열망을 표현하는 일이 된다.

40년 전 중국과 미국이 처음으로 관계를 회복했을 당시 지도자들의 가장 중요한 기여는, 그때 당장 코앞에 닥친 이슈를 넘어서서 시야를 확대했다는 점이다. 어떻게 보면, 그들이 서로 그토록 오래 관계를 끊고 살아왔기 때문에 양국 사이에는 단기적인 일상의 이슈가 전혀 없었다는 점에서 그들은 운이 좋았다. 바로 그 점은 한 세대 전의 지도자들에게 당면한 압박이 아니라 자신들의 미래를 다룰 수 있게 해 주었고, 당시에는 상상할 수도 없었지만 중·미가 협력하면 이룩할 수도 있는 세계를 위해 주춧돌을 놓을 수 있게 만들었다.

평화의 속성을 이해하기 위해 나는 50여 년 전 대학원 시절부터 계속해서 국제 질서의 구축과 운영을 공부해 왔다. 지금까지 내가 설명했던 문화적, 역사적, 전략적 차이는 가장 선의를 품고 가장 멀리 내다볼 줄 아는 양측의 지도자들에게조차 어마어마한 도전이 될 것이다. 나는 연구를 통해서 잘 알고 있다. 반면 역사가 과거를 기계적으로 반복하는 것에 불과하다면, 변화라는 것은 한 번도 생기지 않았을 터. 모든 위대한 업적은 현실로 변하기 전까지는 하나의 비전이었다. 그런 의미에서 위대한 업적은 불가피한 것을 그냥 받아들이는 것이 아니라, 굳게 확신하고 몸을 던지는 데서 이루어진다.

철학자 이마누엘 칸트는 「영구 평화론(Zum ewigen Frieden)」에서, 영구 평화는 결국 두 가지 가운데 하나의 방식으로 우리 세상을 찾아올 것이라고 주장했다. 인류의 직관과 통찰에 의해서, 아니면 인간에게 다른 선택을 허락하지 않는 갈등과 재앙에 의해서. 지금 우리는 바로 그런 기로에 서 있다.

저우언라이 총리와 내가 비밀 방문을 발표했던 코뮈니케 내용에 합의를 봤을 때, 그는 이렇게 말했다. "이게 세상을 뒤흔들어 놓을 겁니다." 그로부터 40년이 지난 지금 미국과 중국이 각자의 노력을 한데 모아 세상을 뒤흔드는 게 아니라, 세상을 건설할 수 있다면 얼마나 굉장한 절정이 될까!

후기*

2011년 1월 19일 오바마 대통령은 후진타오 중국 국가주석의 워싱턴 방문을 마무리하는 공동 성명서를 그와 함께 발표했다. 이 성명서에서 두 사람은 "긍정적이고 협조적이며 포괄적인 중미 관계"를 위해 공동의 노력을 기울이겠노라고 선포했다. 두 사람 모두 상대의 주된 우려를 재확인하면서 이렇게 발표했다. "미국은 중국이 부강하고 번영하며 성공할 뿐 아니라 국제 정세에 한층 더 큰 역할을 수행해 주기를 기대한다. 중국은 아시아-태평양 국가로서 역내 평화와 안정과 번영에 기여하는 미국을 환영한다."[1]

그날 이후 양국 정부는 언급된 목표를 시행하는 일에 착수했다.

---

* 이 글은 2012년 4월 미국에서 출간된 페이퍼백 판에 새로이 추가되었다.

미국과 중국의 고위 관리들은 상호 방문을 실시하고 주요 전략적, 경제적 이슈에 관한 교류를 제도화했다. 군사 접촉이 재개되면서 중요한 의사소통 채널도 열게 되었다. 비공식적 측면에서는 이른바 '트랙 2(Track Ⅱ)' 집단들이 양국 관계의 진화 가능성을 모색하게 되었다.

그러나 이처럼 협력이 증진되면서 갈등도 늘어났다. 영향력 있는 양국의 집단들은 패권을 잡으려는 미·중 간 경쟁이 이미 시작되었다고 목소리를 높였다. 지구촌 경제 및 세계 금융 체제의 혼란은 이러한 주장에 또 다른 차원을 제공했다. 금융 위기가 터지기 전만 해도, 중국이 미국의 세계적 패권에 도전할 수 있는 능력을 획득할지 모른다는 생각은 다분히 이론적이어서 현실과 동떨어진 듯했다. 하지만 중국이 지구촌 금융 위기의 주된 영향을 (적어도 이 글을 쓰고 있는 시점에서는) 피해 가고 있는 반면, 미국과 서구 맹방들은 장기적인 긴축을 감내하고 있어서, 중국이 앞서 나가는 상황이 불가피하게 다가오고 있는 것으로 보일 때가 많다.

중국과 미국의 영향력 있는 소수 집단은 상대방을 숙명의 대결을 벌여야 하는 적으로 간주한다. 미국 내 주류의 일부에서 보는 중국은, 미국이 지탱하고 있는 국제 체제 안에서 번창하고 있으면서도 미국의 적들과 우호적인 혹은 적어도 자유방임적인 관계를 유지하는 나라, 그리고 자국의 이익을 위해서 그 체제의 규칙을 마음대로 왜곡하려 드는 나라다. 이러한 관점에서 중미 협력을 위한 호소는 낡아빠진, 아니 거의 순진한 것으로 비친다.

뚜렷이 구분되고 다소 평행을 달리는 두 나라의 분석으로부터 상호 비방이 생겨난다. 미국의 일부 전략적 사고가들은 중국의 정책이 ① 미국을 서태평양 지역 내 최고 권력의 자리에서 밀어내고 ② 아시아를 중국의 경제 및 외교 정책상의 이해관계를 따르는 배타적 블록으로 통합하겠다는 두 가지 장기 목표를 추구하고 있다고 주장한다. 중국의 절대적 군사력이 미국의 그것과 공식적으로는 동등하지 않다 할지라도, 이런 개념으로 봤을 때 중국은 핵전쟁이 발발하는 경우 용납할 수 없는 위험을 야기할 수 있으며, 미국이 전통적으로 누려 온 다른 분야에서의 우위마저도 부정할 수 있는 갈수록 정교한 수단을 개발하고 있는 것이다.

난공불락인 중국의 핵 반격 능력은 결국 확대일로인 대함(對艦) 탄도 미사일 레인지 및 (사이버 공간과 우주 공간, 그리고 노골적인 전쟁까지는 아니더라도 다른 형태의 경제적 분열 등을 포함하는) '비대칭 전쟁'에서의 새로운 능력과 결합될 것이다. 일단 중국이 그러한 능력을 갖추면, 이미 대중 교역에 의존하고 있는 데다 미국의 대응 능력을 확신치 못하고 있는 중국의 인접 국가들은 중국이 선호하는 방향으로 정책을 수정할 것이다. 이는 궁극적으로 서태평양을 지배하는 중국 중심적 아시아 블록의 형성이라는 결과를 가져올 수 있다. 2012년 1월에 발표된 미국의 방위 전략 보고서는 이런 여러 가지 우려를 어느 정도, 적어도 암묵적으로는 반영하고 있다.

여기서 주목해야 할 것은, 중국 정부의 어떤 관리도 그런 전략이 실제로 중국의 정책이라고 표명한 적이 없다는 점이다. 아니, 그들은 정반대의 입장을 애써 강조한다. 그렇지만 중국의 공식 입장을 대변하는 언론이나 연구소에는, 중미 관계가 협력이라기보다 대치를 향해 가고 있다는 이론에 무게를 실어 줄 만한 자료들이 얼마든지 있다.

비민주주의 세계와는 예외 없이 전투를 벌이려는 이념적 경향 때문에 미국의 전략적 우려는 한층 더 심각해진다. 독재 정권이란 태생적으로 취약해서, 민족주의적이고 팽창주의적인 미사여구와 실행을 통해서 국민의 지지를 이끌어 낼 수밖에 없다는 것이다. (미국 내 좌·우익 일부에서 다양한 형태로 옹호되는) 이런 이론에 따르면 중국과의 긴장이나 분쟁은 중국의 내부 구조에서 비롯되어 커진다. 그들의 주장인즉 지구의 평화는 협력의 호소가 아니라 민주주의의 전 지구적 승리로부터 온다는 것이다.

그러므로 이 견해를 따르면 화해란 달래고 양보하는 것이 되어 빛을 잃고 만다. 민주주의를 옹호하고 필요하다면 압력도 행사해서 민주주의를 확대하려는 노력을 기울임으로써 미국은 자국의 안전뿐 아니라 세계 평화도 확보할 것이라는 주장이다. 그것은 미국의 기호를 억지로 강요하는 게 아니라 역사의 불가피한 추진력을 심는 것이라고 말이다. 예를 들어 정치학자인 에런 프리드버그는 이렇게 말한다. "중국이 자유 민주주의를 받아들이면 다른 민주주의 국가들을 겁낼 필요가 없을 것이며, 하물며 그들에게 무력을 휘두를 이유는 더욱 없어질 것이다. 따라서 외교적인 미묘함을 걷어 내면 미국 전략의 궁극적 목표는 중국의 일당 독재를 몰아내고 그 자리에 자유 민주주의를 가져다줄 혁명을 (물론 평화적이긴 하지만) 앞당기는 것이다."[2]

이런 개념을 좀 더 정교하게 다듬으면, 미국은 자신들이 비민주적이라고 간주하는 모든 국가를 향해 잠재적인 적대 관계를 추구해야 한다는 논리가 된다. 그런 관점에서 미중 관계는 상호 대치나 중국 내 혼란을 향해 치닫고 있는바, 대중 정책은 사실 선제적이어야 한다. 즉 장차 예상되는 중국의 도전을 기다릴 게 아니라, 중국 국경에 인접한 권력의 독립된 중심을 지원하는 한편 이른바 '통행 규칙'을 도입하도록 해야 한다는 것이다.

한편 중국 측의 대치 국면 해석은 정반대의 논리를 따른다. 그들은 미국을 그 어떤 도전도(그중에서 가장 그럴듯한 도전은 물론 중국이겠지만) 참지 못하고 기를 꺾으려 하는 상처투성이 초강대국이라고 본다.

중국이 아무리 긴밀하게 협력을 추구한다 할지라도, 커 나가는 중국을 군사적 배치와 협약 등으로 옴짝달싹 못하게 만들고, 중국이 역사적으로 수행해 왔던 중화의 역할을 못하도록 가로막는 것이 바로 미국의 흔들리지 않는 목표라는 얘기다. 그렇다면 미국과의 지속적인 협력은 문제를 해결하기는커녕 더 악화시킬 뿐이다. 그것은 미국이 무엇보다 우선시하는 중국의 무력화에 기여할 뿐이기 때문이다.[3] 중국에 대한 조직적인 적대감은 심지어 미국의 문화적, 기술적 영향력 안에 내재하는 것으로 간주되는 경우도 많다. 사실 그런 영향력은 때로 중국의 내부적 합의와 전통적 가치를 부식시키기 위한 일종의 의도적인 압력으로 보인다.

가장 적극적으로 목청을 높이는 사람들은 중국이 적대적인 흐름을 보고서도 지나치게 수동적이었다면서 (예컨대 남중국해 영토 문제만 놓고 보더라도) 중국과의 분쟁 대상인 이웃 나라들과 정면으로 대응해서 "이치를 따지고, 미리 생각하며 사태가 통제 불능으로 치닫기 전에 먼저 조치를 취해야 하며…… 선동가들이 더 날뛰지 못하도록 소규모의 전투를 어느 정도 시작해야 한다."라고 주장한다.[4] 인도, 베트남, 한국 전쟁 등에서 중국이 채택했던 전략을 적용하자는 것이다.

피할 수 없는 한판?

그렇다면 상호협력적인 중미 관계와 이를 성취하기 위한 정책들은 아무 소용이 없다는 말인가?

정책의 분석은 역사적 유추를 기계적으로 적용하는 데 국한될 수 없다. 당면한 현상이 지닌 전례 없는 요소들을 감안해야 하기 때문이다.

물론 역사적으로 새로운 권력의 부상은 이미 자리를 확고히 잡은 나라들과의 충돌을 야기하는 경우가 허다했다. 그러나 상황이 변했다. 주요 강대국들 사이에 벌어지는 전쟁의 대가는, 상상할 수 있는 그 어떤 혜택보다도 터무니없이 커져 버렸다. 에필로그에서도 지적했지만, 너무나 태평하게 1914년의 세계 대전으로 뛰어든 지도자들이 종전 후의 세계가 어떤 모습일지를 미리 알았더라면, 과연 쉬이 전쟁에 참가했을까? 의심스럽다. 오늘날 세계 지도자들은 그런 환상을 일절 가질 수 없다. 핵을 보유한 선진국 사이에 대형 전쟁이 터지면, 이루 헤아릴 수 없는 희생과 혼란을 초래할 테니까 말이다. 선제공격은 거의 상상도 할 수 없다. 특히 미국처럼 다원적 민주주의 사회에서는 더욱 그렇다.

미국이 도전을 받는다면 자국의 안보를 지키기 위해서 필요한 일을 할 것이다. 그러나 대치를 전략으로 택해서는 안 된다. 중국 내부에서 미국은 여러 세기에 걸쳐 장기적인 갈등을 전략으로 사용하는 데 이골이 난 적을 만나게 될 것이다. 그들의 독트린은 상대를 심리적으로 지쳐 빠지게 만드는 것을 중요하게 여긴다. 실제로 갈등이 생기면 양측은 서로에게 재앙 수준의 피해를 가할 수 있는 능력과 재간을 지니고 있다. 그런 가상의 대재앙이 끝날 무렵이면 모든 당사자들은 피폐하고 취약해진 상태를 면치 못할 것이다. 그렇게 되면 그들은 오늘날 그들이 맞닥뜨리고 있는 바로 그 임무를 새로이 만나지 않을 수 없을 터이다. 양국이 모두 중요한 역할을 맡게 될 세계 질서의 건설이라는 임무 말이다.

냉전 시대에 팽창주의 소련에 맞서 양국이 모두 적용했던 전략으로부터 얻어진 상호 견제의 청사진은 지금의 상황에 적용할 수 없다. 소련 경제는 (군사 부문의 생산을 제외하고는) 미약했고 지구촌 경제에 별로 영향을 끼치지 못했다. 일단 중국이 소련과의 관계를 단절하고 소련 자문관들을 축출하고 나자, 어쩔 수 없이 소련 연방에 흡수되었던 몇몇 나라들을 제외하고는 모스크바와의 경제적 관계에 의미를 두는 나라가 거의 없었다. 소련과는 대조적으로 오늘날의 중국은 세계 경제에서 역동적인 한 요소다. 중국은 주변 국가 및 서구의 산업 강국들과 예외 없이 주요 교역 대상국이 되어 있고, 거기에는 미국도 포함된다. 이는 무슨 분쟁이 일어난다고 가정할 때 그 모든 나라들의 계산과 행동에 영향을 미칠 수 있는 사실이다. 중국과 미국 간의 대치가 오래 지속된다면 세계 경제가 변할 수밖에 없고, 그 결과는 모든 나라에게 불편할 수밖에 없다.

그렇다고 중국이 소련과의 갈등 당시에 추구했던 전략을 미국과의 갈등에도 적용할 수 있는 것으로 보지도 않을 것이다. 아시아에서 미국이 영향을 미치는 것을 두고, (소련의 팽창주의적 입장에 대한 덩샤오핑의 생생한 묘사, 정당을 불문하고 미국 행정부 역시 지지했던 그의 묘사처럼) '잘라 내야 할 손가락'으로 취급할 나라는 거의 없다. 특히 그렇게 볼 아시아 국가는 하나도 없다.

이런저런 동맹에 참여하지 않은 아시아 국가들조차 이 지역 내 미국의 정치적 존재 및 미군의 주둔을 희망한다. 그들에게 익숙한 세상을 보장해 준다고 보기 때문이다. 인도네시아의 어느 고위 관리는 미국 관리에게 그들의 접근법을 이렇게 표현했다. "우릴 버리고 떠나면 안 됩니다. 하지만 우리가 그 여부를 선택하도록 만들지도 마십시오."

최근 중국의 군사력 확충은 그 자체가 예외적인 현상은 아니다. 세계 제2의 경제 대국이며 천연자원의 최대 수입국인 나라가 자국의 경제력을 이용해 군사력을 어느 정도 보장하지 않는다면, 그게 훨씬 더 이상한 노릇이 아닐까. 다만 어려운 점은 그런 확장이 무한정으로 계속될 것인가, 그리고 무슨 목적으로 그 군사력을 이용할 것인가 하는 문제다. 만약 중국의 군사력이 확충될 때마다 미국이 그것을 적대적인 행동으로 취급한다면, 오래지 않아 소수만이 이해하는 그 개념 대신 끝없는 논쟁에 휩쓸리게 될 것이다. 그러나 중국도 자신들의 오랜 역사로부터 공격력과 방어력 사이의 미약한 구분이라든지 고삐 풀린 군비 경쟁의 결과를 잘 알고 있어야 할 것이다.

누군가가 안보에 도전장을 던진다면, 미국은 역사적으로 이미 여러 차례 그러했듯이 그 도전을 극복하는 데 필요하다고 생각하는 모든 조치를 취할 것이다. 거기엔 의문의 여지가 없다. 그런 노력은 국익이라든지 국가 안보, 그리고 그것을 유지하려는 의지 등이 깔끔하게 개념화되어 있다는 것을 전제로 한다. 그러나 미국의 능력 밖에 있거나 다른 방법으로 성취하는 편이 더 나은 목표를 위해서 결론도 내지 못할 대치 상황을 이끌어 가지 않도록 주의해야 할 것이다.

우리는 대중국 정책에서 베트남, 이라크, 아프가니스탄 같은 분쟁의 패턴을 되풀이하지 않도록 조심해야 한다. 이들 분쟁은 국민의 지지와 폭넓은 목표를 갖고서 뛰어든 것이지만, 미국 내 정치 과정 때문에 선포했던 목표를 (완전한 번복은 아닐지라도) 포기하는 것이나 다름없는 탈출을 강요받으면서 종결되었다. 우리는 예산의 제약을 반영하는 방어 정책과 무제한적인 이념상의 목표를 결합할 수 있으리라는 일체의 환상을 버려야 한다.

중국의 지도자들은 국민들이 미국과의 경쟁적 접근법을 부르짖더라도 이를 거부할 강력한 이유가 나름 있을 것이다.(실제로 대중은 그런 접근법을 요구했다.)[5] 역사적으로 중국이란 제국의 확장은 정복을 통해서가 아니라 삼투 현상처럼 이루어졌다. 혹은 중국을 정복한 자들이 중국 문화로 전향하고 다시 자신들의 영토를 제국에 덧붙이면서 이루어졌다. 아시아를 군사적으로 지배한다는 것은 어마어마한 과업이리라.

냉전 기간 중 소련은, 전쟁과 점령으로 피폐해져 국방을 미군의 공약에 의존할 수밖에 없는 약소국들과 인접해 있었다. 중국은 북으로 러시아에 닿아 있고, 동쪽으로는 미국과 군사 동맹을 맺고 있는 일본과 한국, 남쪽으로는 베트남과 인도에 접해 있는가 하면, 그리 멀지 않은 곳에 인도네시아와 말레이시아가 있다. 정복하기에 썩 좋은 배치는 아니다. 오히려 포위당할지 모른다는 공포감을 조성하기 십상이다. 이 나라들은 모두 오랜 군사 전통을 지니고 있으며, 자국의 영토가 위협받거나 독자적인 정책 수행이 위협받는 경우 엄청난 장애를 일으킬 수 있다. 중국이 공격적인 정책을 채택하면 이 나라들 모두 혹은 일부의 협력이 강화되면서, 2009~2010년 중국이 경험했던 역사적인 악몽을 되살리게 될 것이다.

앞으로 적어도 중기적으로 중국이 자제할 수밖에 없는 또 한 가지 이유는 중국이 당면하고 있는 내부의 적응 문제다. 전반적으로 개발이 이루어진 해안 지역과 서부의 미개발 지역 사이에 존재하는 사회적 격차 때문에(농촌에서 도시로 이주하는 수천만 명 때문에 완화되기도 하고 더 복잡해지기도 했지만) '조화로운 사회'라는 후진타오의 목표는 더욱 절박해지고 더욱 어려워졌다. 또 문화적인 변화는 그런 과제를 한층 더 난처하게 만든다. 예컨대 '계획 생육 정책'의 영향은 향후 몇십 년 내에 사상 최초로 그 전모를 드러낼 것이다. 한 가정에 한 자녀만을 허락하는 이 정책은, 수십 년 전 폭발적으로 늘어나는 모든 인구의 기본적인 물질적 복지를 이룩하는 데 관심이 집중되고 있던 때에 채택되었다. 예전에는 대가족 제도하에서 노인과 장애인들이 보호를 받았던 중국 사회였지만, 이 정책은 문화적 패턴을 변화시킬 수밖에 없을 것이다. 조부모 네 명이 한 아이의 관심을 끌기 위해 경쟁하고, 여태까지는 여러 명의 손자들에 대해 나누어 품었던 희망까지 한 아이에게 쏠린다면, 새로운 패턴의 강요된 성과라든가 지나치게 부풀려진 (어쩌면 성취 불가능한) 기대감까지 생길 수 있을 것이다.

정치국, 국무원, 중앙 군사 위원회 등의 대다수 고위직을 비롯해서 수천 개의 국가 기관이나 지방 자치 기구 내 요직에 새로운 인원을 충원하게 될 2012년부터 이 모든 요소들은 중국 정부의 권력 이양이라는 과제를 더욱더 복잡하게 만들 것이다.[6]

그리고 새로이 탄생하는 지도부는 150년 만에 처음으로 평생 전쟁 없는 시대를 살았던 세대로 구성될 것이다. 이들은 문화 혁명을 견디며 살았던 세대와 컴퓨터 시대를 사는 아이들의 관점들이 공생하도록 만드는 어려운 임무를 떠안게 될 것이다. 그들의 주된 과제는 경제 환경의 급변, 전례 없이 급속한 통신 기술 발전, 취약한 지구촌 경제, 그리고 농촌에서 도시로 움직이는 수억 명의 인구 이동(인류 역사상 가장 큰 규모의 이동 가운데 하나) 등에 의해 혁명적으로 바뀐 사회의 관리 방법을 찾는 것이다. 이런 요소들의 영향 아래 태어나는 정부 형태는 근대적 생각과 중국의 전통적인 정치-문화 개념의 통합체가 될 가능성이 높다. 그러한 통합의 추구가 바로 중국의 진화라는 현재 진행형 드라마이다.

이러한 정치 사회적 변화에는 미국에 대한 관심과 희망이 따르게 마련이다. 본문에서 설명했다시피, 나는 미국의 직접적인 개입이 현명하지도 않거니와 건설적이지도 않다고 믿는다. 미국은 인권 문제 등 특별한 경우에 관해서는 견해를 밝혀야 하고, 또 밝힐 것이다. 그리고 일상적인 국가 경영에서도 민주 원칙에 대한 미국의 선호가 드러날 것이다. 하지만 외교적 압력과 경제 제재를 통해서 중국의 체제를 전환시키려는 조직적인 시도는, 오히려 독이 되어 미국이 돕고자 하는 바로 그 자유주의 인사들을 소외시키고 고립시킬 것이다. 압도적인 대다

수 중국인들은 과거의 외세 간섭을 기억하는 민족주의의 렌즈를 통해서 이를 해석할 것이다. 복수 정당제가 된다고 해서 중국의 외교 정책이 바뀔까? 이 역시 확실치 않다. 국제 사회에서 중국의 기본적인 목적은 그들의 정치 시스템 환경에 의해서라기보다 국익에 관한 역사적 개념에 의해서 형성될 가능성이 더 크다. 이를 위해 요구되는 것은 미국적 가치관의 포기가 아니라, 실현 가능한 것과 절대적인 것의 확실한 구별이다.

중미 관계는 제로섬 게임으로 간주되어서는 안 된다. 부유하고 강력한 중국이 대두된다고 해서, 미국의 전략적 패배를 가정할 수도 없는 노릇이다. 이전 세대가 (이처럼 세계적인 규모는 말할 것도 없거니와) 한 번도 맞닥뜨린 적 없던 압력과 전환의 한가운데서 이 두 개의 거대한 사회가 상호 교류를 해야 한다는 점이 주어진 과제의 본질이다.

대치 상황이 되면 양측 모두 엄청난 위험을 겪게 된다. 둘 다 내부적인 수정에 신경을 곤두세워야 하기 때문이다. 국내 발전이 아무리 중요하다 하더라도 양측 모두 거기에만 국한될 수는 없다. 오늘날의 경제, 기술, 대량 살상 무기 등은 선제공격도 불가능하게 만든다. 양국의 역사와 경제가 상호 교류할 수밖에 없도록 만드는 것이다. 그렇다면 서로 적으로서 교류할 것인가, 아니면 협력의 가능성이라는 틀 안에서 교류할 것인가, 그것이 문제다.

진지하게 분석해 보면 협력적인 접근법은 양측의 선입견에 도전장을 던진다는 사실을 깨닫게 된다. 미국에게는 중국처럼 자기네와 비슷한 덩치, 자신감, 경제적 성과, 국제적 활동 범위를 가졌으면서도 그처럼 문화적, 정치적 시스템이 판이하게 다른 나라를 상대하는 국가적 경험의 전례가 거의 없다. 불가피한 진화와 세상을 지배하려는 의도적인 노력을 또렷이 구별하는 일은 미국에겐 생소하다. 선교사가 사람들을 개종시키는 것 같은 절대론적 확실성은, 미묘한 차이와 조정을 통하여 목적을 달성하는 장기 전략의 개발을 위협할 수 있다.

마찬가지로 중국도 아시아에 항구적으로 존재하는 강대국인 미국을 상대하는 방법이라든지, 중국적 개념이나 인접국들과의 동맹을 가정하지 않은 우주적 이상의 비전에 관해서는 역사에서 그 전례를 얻을 수 없다. 미국이라는 나라를 만나기 전까지 중국의 역사에는 자신들을 정복하려는 시도의 전주곡이 아니고서야 그런 위치를 확보했던 나라가 없었다. 워싱턴과 마찬가지로 베이징 역시 능력과 의도 사이의 균형을 찾는다는 개념적 과제를 만난 것이다

전략에 이르는 가장 간단한 길은 막강한 자원과 물질로써 잠재적인 적수를 압도하는 것이다. 미국은 2차 세계 대전 직후 그런 순간을 경험했지만, 그건 주로 다른 권력의 축들이 모두 전쟁으로 황폐해져 있었기 때문이었다. 오늘날 미국과 중국에게 그런 일은 있을 수 없는 노릇이다.

불가피하게 한쪽은 다른 한쪽에 대한 끈질긴 현실로서 계속 존재할 것이다. 양국 중 어느 편도 자국의 안보를 상대방에게 맡길 수 없고(그렇게 할 수 있는 강대국이 어디 있겠는가.) 각자 계속하여, 더러는 상대에게 적잖은 부담을 주면서까지 자국의 실리를 추구할 것이다. 그러나 양국은 모두 상대가 두려워하는 '악몽'을 고려해야 할 책임이 있고 자국의 구호가 때로는, 어쩌면 뜻하지 않게 실제 정책만큼이나 상대의 의구심을 부추긴다는 것을 인식하는 게 좋을 것이다.

중국이 전략적으로 가장 두려워하는 바는, 외부 세력(들)이 중국 주변에 군사력을 배치하여 중국 영토나 국내 체제를 침해할 수 있게 되는 상황이다. 1950년 바로 그런 위협과 맞닥뜨렸다고 간주했을 때, 중국은 짙어 가는 추세의 결과를 감내하기보다 차라리 한국 전쟁에 뛰어들

었다. 1962년 인도와 충돌했을 때나, 1969년 북방 국경선을 따라 소련과 대치했을 때, 그리고 1979년 베트남과 맞섰을 때도 마찬가지였다.

반대로 미국의 두려움은, 간접적으로만 표현되기도 하지만 배타적 블록의 등장으로 인해 아시아에서 밀려나는 상황이다. 미국이 독일과 일본을 상대로 세계 대전을 치렀던 이유의 일부는 바로 그런 결과를 미연에 방지하기 위함이었고, 양대 정당이 이끄는 행정부들이 가장 강력한 냉전 외교를 펼쳤던 것도 소련에 맞서 이런 목적을 성취하기 위함이었다. 그 두 가지 경우 모두 중국과 미국은, 지구 전역에 걸친 헤게모니의 위협으로 인식되는 것에 대항하여 공동으로 상당한 노력을 기울였다. 그런 이유 때문에 2011년 말 오바마 행정부가 발표한 아시아의 '중심축'은, 미국이 아시아에 혜택을 주기 위해 유럽에서의 이해관계를 경감했던 것이 아닌가 하는 의심을 야기했다. 그러나 지구의 평형 상태는 공백을 싫어한다. 미국 전략의 속성은 여전히 '전 지구적인' 것으로 봐야 한다. 아시아의 중심축은 새로운 국익의 발견으로 간주할 게 아니라, 미국이 대서양 국가인 동시에 태평양 국가라는 뿌리 깊고 전통적인 원칙에 대한 새로운 환경에 적응하는 것으로 간주해야 한다.

미국과 중국 내 최고위급 지도자들은 개방적이고 포괄적인 아시아-태평양 지역에서 공존하겠다는 의지와 상대방의 중대한 이해관계를 존중하겠다는 의지를 표명했다. 다른 아시아 국가들도 이런 열망에 동참하고 있으며, 그중에는 스스로 강대국이라 해도 부끄럽지 않을 나라들도 있다. 이 나라들은 외부 세력들이 벌이는 경쟁의 한 부분으로서가 아니라 스스로 국익을 추구할 수 있는 능력을 키우겠다고 주장할 것이다. 이들은 스스로를 미국 견제 정책의 한 요소로 보지도 않고, 중국의 되살아난 '조공 서열'의 한 요소로 보지도 않는다. 그들은 미국 및 중국 모두와 우호적인 관계를 원할 것이며, 둘 중 하나를 '택하라는' 압력을 달가워하지 않을 것이다.

헤게모니에 대한 미국의 두려움과 군사적 포위라는 중국의 악몽은 결국 조화를 찾을 수 있을까? 양국 모두 전략을 군사화하는 일 없이 각자의 안보 목표를 달성하는 공간을 찾을 수 있을까? 그들의 경쟁이 주로 정치 및 경제 분야에서만 이루어질 수 있을까? 글로벌 능력을 갖춘 대국들, 서로 일치하지 않고 심지어 부분적으로 충돌하기도 하는 열망을 지닌 대국들에게 분쟁과 포기의 차이는 무엇이며, 온갖 사태가 어쩔 수 없이 압박하는 가운데 긴급한 사안들은 어떻게 소통될 수 있을까?

중국이 자신들을 둘러싸고 있는 지역에서 막강한 영향력을 가지리라는 것은, 지리적으로나 가치관으로나 역사적 측면으로나 어쩔 수 없는 노릇이다. 다만 그때그때의 상황이나 정치적 결정 때문에 그 영향력에 한계가 생긴다. 어쩔 수 없는 영향력의 추구가 다른 사회를 부정하거나 배제하려는 움직임으로 바뀔 것인가의 여부는, 바로 이런 미묘한 관계가 결정한다.

거의 두 세대 동안 미국의 전략은 자국 지상군에 의한 국지적, 지역적 방어에 의존했다. 주로 전반적인 핵전쟁의 재앙을 피하기 위해서였다. 이후 의회나 국민의 의견은 베트남, 이라크, 아프가니스탄 등지에서의 그런 공약을 종식시키지 않을 수 없게 만들었다. 지금은 재정적인 고려에서 그러한 전략의 범주가 한층 더 좁아지는 상황이다. 미국의 전략은 영토의 방어에서부터 잠재적 침략자에게 감당할 수 없는 리스크를 부과하는 것으로 새로이 설계되었다. 이를 위해서는 신속한 개입이 가능하고 지구촌 어디나 미칠 수 있는 군사력이 있어야 하지만, 중국 국경을 둘러싼 기지를 필요로 하지는 않는다. 재정적 제약을 바탕으로 하는 방어 정책에 의해서 이전의 목적이나마 달성할 수 있을지는 두고 볼 일이다.

주변국들에 미치는 영향력 때문에 중국이 지배적 입장을 갖게 되지 않을까 하는 두려움이 생기는 것과 마찬가지로, 미국의 전통적 국익을 옹호하려는 노력은 일종의 군사적 포위로 인식될 수 있다. 누가 봐도 전통적이며 합리적인 노선이 상대방에게는 극심한 우려를 야기할 수 있는 미묘한 차이를 양국은 이해해야만 한다. 어느 정도의 경쟁은 당연하고도 불가피하지만 그런 경쟁도 정해진 한계 안에서 이루어져야 함을 그들은 인식할 필요가 있다. 또 그들의 평화적인 경쟁이 벌어지고 있는 영역에 대해서는 함께 경계선을 긋도록 노력해야 한다. 이런 것이 지혜롭게 통제된다면 군사적 충돌이나 지배 같은 일을 피할 수 있겠지만, 그렇지 못하면 긴장 악화는 피할 수 없다. 이러한 공간을 찾아내고 가능하다면 그런 공간을 확장하는 것, 그리고 양국 관계가 전술적, 국내적 긴급 사안에 압도당하는 일이 생기지 않도록 예방하는 것이 바로 외교가 수행해야 할 임무다.

이제 어디로 가야 하는가?

자국 내에서, 혹은 양국 사이에서, 이처럼 '글로벌'할 뿐 아니라 그토록 많은 다양한 압박을 감내해야 하는 관계를 유지하려면, 위기관리만으로는 부족하다. 나는 앞서 이 책 여기저기에서 태평양 공동체라는 개념을 제안했고, 미국과 중국이 적어도 일반적인 몇 가지 관심사에 대해 공동 목표 의식을 형성했으면 좋겠다는 희망을 드러냈다. 궁극적으로 그런 공동 목표는 동일하진 않지만 평행한 길 위에서 발전하는 두 사회의 공진화라는 형태를 띨 수 있을 것이다.

21세기 세계 평화를 위협하는 구조적 위험은, 동서반구에서 (혹은 그

가운데 적어도 아시아 부분에서) 일어나고 있는 배타적 블록 형성에 있다. 그런 블록들의 경쟁은 지난 세기 유럽에서 볼 수 있었던 대혼란의 원인인 제로섬 계산을 전 지구적 스케일로 반복할 것이니까 말이다.

이와 함께 이루어진 국제 질서는 중국의 참여 없이 구축되었다. 따라서 중국은 자신들이 가담하지도 않은 규칙이니까 거기에 구속된다는 느낌이 아무래도 적다. 결과가 자신들이 선호하는 바와 맞지 않을 때 중국은 이를 대체할 수 있는 조치를 취했다. 일본, 브라질 및 기타 국가들과 함께 확립되고 있는 별도의 통화 채널이 그 예이다.

그렇게 많은 혼란을 동시에 겪고 있는 시대에 새로운 국제 질서 모델의 형성은 불가피하다. 하지만 서로 다른 여러 조치의 패턴이 굳어지고 많은 활동 영역 속으로 퍼져 나가면, 이에 맞서는 세계 질서가 나타나게 마련이다. 따라서 공진화의 한 가지 목적은, 미국과 중국이 (서로, 그리고 여타 국가와 함께) 공동의 노력을 기울여 모두가 합의하는 국제 질서를 형성하는 것이다. 합의된 절제의 규칙으로 뭉친 공동 목표가 없다면, 조직적인 경쟁이 악화되어 이를 옹호하는 사람들의 계산이나 의도까지 넘어설 가능성이 높다. 전례 없이 공격적인 역량과 침략 기술이 급속히 늘어나는 시대인지라, 실패의 대가는 엄청나고 돌이킬 수 없을 것이다.

공진화라든가 태평양 공동체라는 목적은, 그것을 어느 한쪽이 주로 다른 한쪽을 이기거나 약화시키기 위한 효율적인 방법으로 생각한다면 달성할 수 없다. 중국이나 미국이나 체계적인 도전을 받으면 이런 사실을 깨닫지 않을 수 없으며, 그것을 깨닫는다면 그런 도전에 대한 저항을 시도할 것이고 또 주요 강대국으로서 저항할 수 있는 능력도 있을 것이다. 공진화의 노력을 위해서는, 미국과 중국 모두가 진정한 협력을 공약하고 각자의 비전을 서로에게, 그리고 온 세상에 소통하고 이야기할 수 있는 방법을 찾아야 한다. 어느 한쪽이 혼자서 그 길을 갈 수는 없다. 양국 정부 모두가 우선순위로 간주하고 채택하는 지도자들의 진지한 서약이 전제 조건이다.

그런 방향으로 나아가기 위한 시험적 조치는 이미 취해졌다. 예컨대 미국은 10여 개 국가와 함께 아메리카 대륙과 아시아를 잇는 '환태평양 경제 동반자 협정(TPP)' 협상의 초기 단계에 돌입했다. 그런 협정은 여러 가지 프로젝트의 공유를 통해 태평양 양안을 이어 줌으로써 세계에서 가장 생산적이고 역동적이며 자원이 풍부한 국가들 사이의 교역 장벽을 완화해 줄 것이기 때문에 태평양 공동체를 향한 하나의 단계가 될 수 있다. 오바마 대통령은 중국에게도 TPP 참여를 촉구한 바 있다. 그러나 브리핑을 하거나 논평을 하는 미국인들이 제시하는 가입 내용은 때로 중국이 국가 구조를 근원적으로 바꿀 것을 전제 조건으로 요구하는 것처럼 보인다. 이런 식이라면 베이징은 TPP를 중국 고립 전략의 한 부분으로 간주할 수도 있다. 한편 중국은 유사한 경향을 보이는 대안적 협정을 이미 제안했다. 또 아세안과도 무역 협정을 토의했으며, 중국-일본-한국 사이의 동북아시아 무역 협정을 제창하기도 했다.

그러나 만약 중국과 미국이 상대의 무역 협정 노력을 상대방 고립 전략의 요소로 간주한다면, 아-태 지역은 적대적으로 경쟁하는 파워 블록으로 치달을 수 있다. 만약 중국이 (최근의 5개년 계획이 시도하는 것처럼) 수출 주도 경제에서 내수 주도 경제로 변환해야 된다는 미국 측의 빈번한 요구에 부응한다면, 역설적이게도 이런 경향은 하나의 특별한 도전이 될 것이다. 사태가 그렇게 진전되면 수출 시장으로서의 미국에 대한 중국의 관심은 줄어드는 반면, 다른 아시아 국가들로 하여금 대중국 수출 위주로 경제의 방향을 전환하고 그에 따라 정치적 우선순위도 조정하도록 촉구할 것이다. 전통적인 균형 정책을 넘어서 진정한 협력의 시도로 나아갈 것인가, 아니면 그저 역사적 패턴에 순응하는 쪽으로 나아갈 것인가? 그것이 베이징과 워싱턴에게 가장 중요한 결정이다.

양국은 공동체라는 구호를 내걸고, 이를 위해 전략 경제 대화라는 고위급 포럼을 만들어 해마다 두 번씩 모인다. 이 포럼은 당면한 이슈에 대해서는 생산적이었지만, 수십 년에 걸친 혼동과 진화의 물결로부터 참된 지구촌 경제 정치 질서를 이끌어 낸다는 궁극적인 임무에 대해서는 여전히 초기 단계다. 만약 경제 분야에서 전 세계를 아우르는 질서가 생기지 않는다면, 좀 더 감정적인 이슈라든지 영토나 안보처럼 '윈-윈'이 뚜렷이 드러나지 않는 영역들은 갈수록 극복하기가 어려워질지도 모른다.

이런 과정을 따라가면서 양국은 구호나 미사여구가 인식이나 계산에 미치는 영향을 깨달을 필요가 있다. 미국 지도자들은 국내 정치의 필요성에 의해 종종 중국을 향해 (특별히 적대적인 정책을 암시하는 경우도 포함해서) 비난의 화살을 던진다. 궁극적으로 의도하는 바가 온건한 정책인 경우에조차 (아니 어쩌면 그럴 때일수록 특히) 이런 일이 잘 일어난다. 이때 이슈는 시비를 가려서 취급해야 할 특정의 분쟁이 아니라, 중국 정책의 기본적인 동기에 대한 공격이다. 제도적인 태도는 역공을 당할 수 있는 위험성을 안고 있다. 이러한 공격의 대상은 적대 감정의 확인을 요구하는 국내의 긴요한 사안들이 조만간 적대적인 행동을 불러오게 되지 않을까를 스스로에게 묻지 않을 수 없기 때문이다. 마찬가지로 위협적인 중국의 발언들도(반관반민 언론에 실리는 것들까지 포함해서) 그런 발언을 야기한 국내의 압력이나 의도가 무엇이든 그 안에 암시되는 행동에 의거해서 해석될 공산이 크다.

미국 내 정치적 분열의 양쪽 모두에서 벌어지는 논쟁은, 중국을 종종 '좀 더 성숙해야 하고' 세계 무대에서 책임감 있게 행동하는 법을 배워야 할 '부상하는 강대국'으로 묘사한다. 그러나 중국은 자신들을 부상하는 세력이 아니라 돌아온 강대국, 2000년 동안 아시아를 지배했으며 자신들이 보기에는 중국의 내분과 부패를 악용하는 식민주의 착취자들에 의해서 잠시 자리를 뺏겼던 대국으로 간주한다. 그들은 경제, 문화, 정치, 군사 등의 방면에서 영향력을 행사하는 강한 중국의 전망을 두고 국제 질서에 대한 부자연스런 도전이라고 보지 않는다. 오히려 그게 사필귀정이라고 생각한다. 설사 미국이 중국의 분석에 동의하지 않는다 하더라도, 수천 년 역사를 지닌 나라에게 '좀 더 성숙'해지라든가, '책임감 있게' 행동하라고 가르치려 드는 것이 공연히 상대의 심기를 거슬린다는 사실을 이해하기는 어렵지 않다.

중국의 경우, 자신들이 중국인의 국가를 '과거의 명성으로 부활'시키고자 한다는 정부 차원이나 비공식 차원의 선언은 국내외적으로 다른 의미를 지니게 된다. 스스로 '굴욕의 세기'로 간주하는 한 시대를 벗어나 중국이 한 국가의 목표 의식을 성큼 회복하고 있는 데 대해서는 당연히 자긍심을 가져도 좋다. 하지만 아시아 국가치고 중국의 종주권에 머리를 조아렸던 시기에 향수를 느끼는 나라는 거의 없다. 반식민 투쟁의 베테랑으로서 전통적인 지정학을 실행하고 있는 그들은 되도록 많은 경제 정치 활동의 영역에 참여하려고 애쓸 것이다. 이 국가들 거의 모두가 이 지역 내 미국의 역할을 요청하고 있지만, 그들의 주된 목적은 십자군 전쟁이나 대치가 아니라 평형과 안정이다.

중국의 '부상'은 대개 그 군사력의 결과가 아니다. 그것은 미국의 경쟁적 입지가 흔들리고 있음을 반영하며, 이는 노쇠한 인프라스트럭처, 조사 개발에 대한 불충분한 관심, 그리고 일견 기능을 상실한 듯한 행정 절차 등에 의해서 표현된다. 미국이 이러한 문제들을 어떻게 처리할 것인가는, 미국의 재주와 결의에 달려있다. 경쟁자로 지목한 나라를 향한 비난보다 이 두 가지야말로 진정으로 미래를 결정하게 될 것이다.

전술적 우위의 추구는 모든 주권 국가의 행동에 내재되어 있다. 그러나 하나 된 지구, 대량 살상 무기가 넘쳐 나는 가운데 서로 연결된 세상에서, 중국과 미국은 국제 체제에 대한 공통의 장기적인 이해관계에 초점을 맞추어야 한다. 전략상의 신뢰를 구축하고 상호 자제를 함께 논의하는 것은 그리 쉽지 않을 터이고, 때로 모호한 과정이 될 것이다. 그러나 오늘날 주요 강대국들에게 이보다 더 중요한 책임이 어디 있겠는가.

중국은 그들 자신의 인내의 역사에서도 자신감을 가질 수 있고, 또 (양국 관계가 없었던 시기까지 포함하여) 중국이 존재한 이래로 그 어떤 미국 행정부도 중국이 세계의 주요 국가, 주요 경제, 주요 문명이란 현실을 바꾸려 한 적이 없었다는 사실에서도 불안해할 필요가 없다. 또한 미국인들은 설사 미국과 중국의 GDP가 같다 하더라도, 그것은 미국보다 네 배나 되는 인구에게, 더욱이 노화하고 있는 데다 성장과 도시화 때문에 복잡한 내부적 변화를 겪고 있는 인구에게 배분되어야 한다는 사실을 기억하는 게 좋을 것이다. 그로 인한 현실적인 결과는, 중국이 지닌 에너지의 상당 부분이 여전히 국내 수요에 충당되어야 한다는 사실이다.

중미 양국은 상대방의 활동 때문에 경각심을 가질 게 아니라, 그것을 세계 무대에서 영위하는 삶의 정상적인 한 부분으로 인식하도록 마음을 열어야 한다. 서로를 건드리려는 어쩔 수 없는 경향을, 억지하거나 지배하려는 의식적인 욕구와 동일시해서는 안 된다. 양국 모두가 그 둘 사이의 구분을 유지할 수 있고, 이에 따라 자신들의 행동을 조정할 수 있는 한은 말이다.

중국과 미국이 각자의 정치적 진화에 동의하지 않는다 할지라도, 지배를 위한 전략적 경쟁이 소모적일 것이며 궁극적으로 대부분의 아시아 국가들, 특히 남아시아 및 동남아시아 국가들을 국내 위기 혹은 일종의 전투적 중립 상태로 몰아넣을 것이라는 사실을 깨달을 수는 있다. 상호 대치에 기반을 둔 전략은 양국을 최악의 시나리오에 사로잡히게 만든다. 그중 어떤 시나리오들은 아무도 통제할 수 없는 것일지도 모른다.

이 책은 미국과 중국이 초강대국의 경쟁이라든지 이념적 불화의 보편적인 작동을 반드시 넘어설 것이라고 예측하지는 않는다. 다만 그렇게 하도록 노력하는 것이 스스로에 대한, 그리고 온 세상에 대한 두 나라의 임무라고 주장하는 것이다. 공진화의 실행은 지혜와 인내 없이는 불가능할 것이다. 하지만 시간이 좀 흐르면 그것은 각국의 행동에 필수 불가결한 부분으로 성장할 수도 있으리라.

그런 노력이 실패로 돌아간다면, 그것은 한쪽이나 양쪽 모두가 어쩔 수 없이 주권 국가의 의도를 둘러싼 불확실성을 극복할 수 없는 것으로 간주했거나, 새로운 출발을 위한 긴박성이 역사의 무게에 짓눌려 버렸기 때문일 것이다. 그런 경우 미국은 전통적 원칙으로써 자신들의 이해를 보호할 테지만, 그런 결과가 온다 해서 대치 상황을 옹호하는 사람들이 옳았음을 입증해 주지는 않을 것이다. 뒤이어 오는 갈등을 물려받은 사람들은, 위기가 줄어들면 여전히 새롭고 더 나은 세상을 만들어야 할 의무를 질 것이다. 결국 역사는 여러 사회의 갈등이 아니라 화해를 칭송하는 법이다.

헨리 A. 키신저

2012년 1월

주

프롤로그

1 John W. Garver, "China's Decision for War with India in 1962," in Alastair Iaian Johnston and Robert S. Ross, eds., *New Directions in the Study of China's Foreign Policy* (Stanford: Stanford University Press, 2006), p. 116에 나오는 Sun Shao and Chen Zibin, *Ximalaya shan de xue: Zhong Yin zhanzheng shilu*(*Snows of the Himalaya Mountains: The True Record of the China-India War*)(Taiyuan: Bei Yue Wenyi Chubanshe, 1991), p. 95 인용; Wang Hongwei, *Ximalaya shan qingjie: Zhong Yin guanxi yanjiu*(*The Himalayas Sentiment: A Study of China-India Relations*)(Beijing: Zhongguo Zangxue Chubanshe, 1998), pp. 228~230.
2 화하(華夏)와 중화(中華), 기타 중국을 지칭하는 여러 이름은 정확하게 영어로 옮길 수는 없으나 위대하고 중심적인 문명이라는 의미를 내포한다.

1 중국, 이 특이한 나라

1 *The Journal of the Royal Asiatic Society of Great Britain and Ireland*(London: Royal Asiatic Society, 1894), pp. 278~280("Chapter I: Original Records of the Five Gods") 에 나오는 허버트 앨런(Herbert J. Allen)이 번역한 "Ssuma Ch'ien's Historical Records — Introductory Chapter."

2 Abbé Régis-Evariste Huc, *The Chinese Empire*(London: Longman, Brown, Green & Longmans, 1855), as excerpted in Franz Schurmann and Orville Schell, eds., *Imperial China: The Decline of the Last Dynasty and the Origins of Modern China — The 18th and 19th Centuries*(New York: Vintage, 1967), p. 31.

3 Luo Guanzhong, *The Romance of the Three Kingdoms*, trans. Moss Roberts(Beijing: Foreign Languages Press, 1995), p. 1.

4 마오쩌둥은 어째서 핵전쟁이 일어나더라도 중국이 살아남을 것인지를 이 예를 이용하여 보여 주었다. Ross Terrill, *Mao: A Biography*(Stanford: Stanford University Press, 2000), p. 268.

5 John King Fairbank and Merle Goldman, *China: A New History*, 2nd enlarged ed.(Cambridge: Belknap Press, 2006), p. 93.

6 F. W. Mote, *Imperial China: 900-1800*(Cambridge: Harvard University Press, 1999), pp. 614~615.

7 Ibid., p. 615.

8 Thomas Meadows, *Desultory Notes on the Government and People of China*(London: W. H. Allen & Co., 1847), as excerpted in Schurmann and Schell, eds., *Imperial China*, p. 150.

9 Lucian Pye, "Social Science Theories in Search of Chinese Realities," *China Quarterly* 132(1992), p. 1162.

10 온 세계가 중국의 관할 지역이라는 이 발표에 워싱턴 동료들의 반대를 예상하고, 베이징에 온 미국 사절은 현지 영국인 전문가에게 다른 번역본과 텍스트 주해를 얻었다. 후자는 불쾌한 이 표현이(직역하면 "세계를 얼러서 굴레를 씌우다.") 통상적이라는 것과, 링컨에게 보낸 편지는 사실 (황궁의 기준으로 보면) 순수한 호의를 보여 주는 특별히 온건한 문서라는 것을 설명하고 있다. *Papers Relating to Foreign Affairs Accompanying the Annual Message of the President to the First Session of the Thirty-eighth Congress*, vol. 2(Washington, D.C.: U.S. Government Printing Office, 1864), Document No. 33("Mr. Burlingame to Mr. Seward, Peking, January 29, 1863"), pp. 846~848.

11 중국에 깊이 빠져 버린 한 서구 학자의 업적에 대한 뛰어난 이야기를 듣고 싶으면 조지프 니덤(Joseph Needham)의 백과사전적 작품 *Science and Civilisation in China*(Cambridge: Cambridge University Press, 1954) 참조.

12 Fairbank and Goldman, *China*, p. 89.

13 Angus Maddison, *The World Economy: A Millennial Perspective*(Paris: Organisation for Economic Co-operation and Development, 2006), Appendix B, pp. 261~263. 산업 혁명 이전에는 GDP 총액이 인구와 좀 더 밀접하게 연계되어 있었음을 감안해야 한다. 따라서 중국과 인도는 부분적으로는 거대한 인구 때문에 서구를 초월했다. 내가 이 숫자에 주목할 수 있도록 도와준 마이클 셈발레스트(Michael Cembalest)에게 고마움을 전한다.

14 Jean-Baptiste Du Halde, *Description géographique, historique, chronologique, politique, et physique de l'empire de la Chine et de la Tartarie chinoise*(La Haye: H. Scheurleer, 1736), as translated and excerpted in Schurmann and Schell, eds., *Imperial China*, p. 71.

15 François Quesnay, *Le despotisme de la Chine*, Schurmann and Schell, eds., *Imperial China*, p. 115.

16 공자의 정치 경력을 총체적으로 이야기해 주는 중국 고전을 탐구하고 싶으면, Annping Chin, *The Authentic Confucius: A Life of Thought and Politics*(New York: Scribner, 2007) 참조.

17 Benjamin I. Schwartz, *The World of Thought in Ancient China*(Cambridge: Belknap Press, 1985), pp. 63~66.

18 Confucius, *The Analects*, trans. William Edward Soothill(New York: Dover, 1995), p. 107.

19 Mark Mancall, "The Ch'ing Tribute System: An Interpretive Essay," in John King Fairbank, ed., *The Chinese World Order*(Cambridge: Harvard University Press, 1968), pp. 63~65 참조; Mark Mancall, *China at the Center: 300 Years of Foreign Policy*(New York: Free Press, 1984), p. 22.

20 Ross Terrill, *The New Chinese Empire*(New York: Basic Books, 2003), p. 46.

21 Fairbank and Goldman, *China* p. 28, pp. 68~69.

22 Masataka Banno, *China and the West, 1858-1861: The Origins of the Tsungli Yamen*(Cambridge: Harvard University Press, 1964), pp. 224~225; Mancall, *China at the Center*, pp. 16~17.

23 Banno, *China and the West*, pp. 224~228; Jonathan Spence, *The Search for Modern China*(New York: W. W. Norton, 1999), p. 197.

24 Owen Lattimore, "China and the Barbarians," in Joseph Barnes, ed., *Empire in the East*(New York: Doubleday, 1934), p. 22 참조.

25 Lien-sheng Yang, "Historical Notes on the Chinese World Order," in Fairbank, ed., *The Chinese World Order*, p. 33.

26 As excerpted in G. V. Melikhov, "Ming Policy Toward the Nüzhen(1402-1413)," in S. L. Tikhvinsky, ed., *China and Her Neighbors: From Ancient Times to the Middle*

Ages(Moscow: Progress Publishers, 1981), p. 209.

27 Ying-shih Yü, *Trade and Expansion in Han China: A Study in the Structure of Sino-Barbarian Economic Relations*(Berkeley: University of California Press, 1967), p. 37.

28 Immanuel C. Y. Hsü, *China's Entrance into the Family of Nations: The Diplomatic Phase, 1858-1880*(Cambridge: Harvard University Press, 1960), p. 9.

29 그래서 원과 청 왕조를 건립한 외국 정복자들에게 각각 기원이 되었던 내몽골과 (중국 역사 중 여러 시기의) 외몽골, 그리고 만주에까지 중국이 주권을 확대했던 것이다.

30 이러한 주제를 좀 더 자세히 밝혀 주는 논의나 바둑 규칙에 대해 자세히 알고 싶 으면 다음을 참조하라. David Lai, "Learning from the Stones: A Go Approach to Mastering China's Strategic Concept, *Shi*"(Carlisle, Pa.: United States Army War College Strategic Studies Institute, 2004); David Lai and Gary W. Hamby, "East Meets West: An Ancient Game Sheds New Light on U.S.-Asian Strategic Relations," *Korean Journal of Defense Analysis* 14, no. 1(Spring 2002).

31 『손자병법』이 (여전히 고대이긴 하지만) 후대 삼국 시대의 작가가 쓴 작품이며, 이 저 자는 자기 생각에 좀 더 합법성을 부여하기 위해 공자 시대로 거슬러 올라간 것이라 는 믿을 만한 주장이 있었다. 이들 주장은 새뮤얼 그리피스(Samuel B. Griffith)가 번역 한 Sun Tzu, *The Art of War*(Oxford: Oxford University Press, 1971), 서론, pp. 1~12, 그리고 브래드퍼드 리(Bradford A. Lee)와 칼 웰링(Karl F. Walling)이 편찬한 *Strategic Logic and Political Rationality: Essays in Honor of Michael Handel*(London: Frank Cass, 2003)에 실린 앤드루 메이어(Andrew Meyer)와 앤드루 윌슨(Andrew Wilson)의 "Sunzi Bingfa as History and Theory" 등에서 볼 수 있다.

32 Sun Tzu, *The Art of War*, trans, John Minford(New York: Viking, 2002), p. 3.

33 Ibid., pp. 87~88.

34 Ibid., pp. 14~16.

35 Ibid., p. 23.

36 Ibid., p. 6.

37 만다린어(베이징어)로 '勢(shi)'는 대충 'sh' 음이 섞인 'sir'와 비슷하게 발음된다. 이 한자는 '배양하다'라는 요소와 '힘, 세력'이란 요소가 결합된 글자이다.

38 Kidder Smith, "The Military Texts: The Sunzi," in Wm. Theodore de Bary and Irene Bloom, eds., *Sources of Chinese Tradition*, vol. 1, *From Earliest Times to 1600*, 2nd ed.(New York: Columbia University Press, 1999), p. 215. 린위탕은 '세'를 "바람, 비, 홍수, 전쟁 등이 앞으로 어떻게 바뀔 것인지, 그 힘이 세어질지 약해질지, 곧 멈출지 계 속될지, 어느 쪽으로 어떻게 움직일지 등 상황이 어떻게 변할까?"라는 하나의 미학적, 철학적 개념으로 설명했다. Lin Yutang, *The Importance of Living*(New York: Harper, 1937), p. 442.

39 Joseph Needham and Robin D. S. Yates, *Science and Civilisation in China*, vol. 5, part 6: "Military Technology Missiles and Sieges"(Cambridge: Cambridge University Press, 1994), pp. 33~35, pp. 67~79.

40 Lai and Hamby, "East Meets West," p. 275.

41 Georg Wilhelm Friedrich Hegel, *The Philosophy of History*, trans. E. S. Haldane and Frances Simon, as quoted in Spence, *The Search for Modern China*, pp. 135~136.

2 '머리를 조아릴' 것인가 — 아편 전쟁

1 특별히 재능 있는 몇몇 황제가 연이어 통치하는 가운데 청 왕조가 '아시아 내륙'으로 확장한 이야기는 Peter Perdue, *China Marches West: The Qing Conquest of Central Eurasia*(Cambridge: Belknap Press, 2005)에 아주 자세하게 실려 있다.

2 J. L. Cranmer-Byng, ed., *An Embassy to China: Being the journal kept by Lord Macartney during his embassy to the Emperor Ch'ien-lung, 1793-1794*(London: Longmans, Green, 1962), Introduction, pp. 7~9(청 왕조의 동상 컬렉션 인용).

3 "Lord Macartney's Commission from Henry Dundas"(September 8, 1792), in Pei-kai Cheng, Michael Lestz, and Jonathan Spence, eds., *The Search for Modern China: A Documentary Collection*(New York: W. W. Norton, 1999), pp. 93~96.

4 Ibid., p. 95.

5 Macartney's Journal, in *An Embassy to China*, pp. 87~88.

6 Ibid., pp. 84~85.

7 Alain Peyrefitte, *The Immobile Empire*(New York: Alfred A. Knopf, 1992), p. 508.

8 Macartney's Journal in, *An Embassy to China*, p. 105.

9 Ibid., p. 90.

10 Ibid., p. 123.

11 Ibid.

12 1장 참조.

13 Macartney's Journal, in *An Embassy to China*, p. 137.

14 Qianlong's First Edict to King George III(September 1793), in Cheng, Lestz and Spence, eds., *The Search for Modern China: A Documentary Collection*, pp. 104~106.

15 Qianlong's Second Edict to King George III(September 1793), in Cheng, Lestz and Spence, eds., *The Search for Modern China: A Documentary Collection*, p. 109.

16 Macartney's Journal, in *An Embassy to China*, p. 170.

17 Angus Maddison, *The World Economy: A Millennial Perspective*(Paris: Organisation for Economic Co-operation and Development, 2006), Appendix B, p. 261, Table

B-18, "World GDP, 20 Countries and Regional Totals, 0-1998 A.D."

18 Jonathan Spence, *The Search for Modern China*(New York: W. W. Norton, 1999), pp. 149~150; Peyrefitte, *The Immobile Empire*, pp. 509~511; Dennis Bloodworth and Ching Ping Bloodworth, *The Chinese Machiavelli: 3000 Years of Chinese Statecraft*(New York: Farrar, Straus & Giroux, 1976), p. 280.

19 Peter Ward Fay, *The Opium War, 1840-1842*(Chapel Hill: University of North Carolina Press, 1975), p. 68.

20 Peyrefitte, *The Immobile Empire*, p. xxii.

21 "Lin Tse-hsü's Moral Advice to Queen Victoria, 1839," in Ssu-yü Teng and John K. Fairbank, eds., *China's Response to the West: A Documentary Survey, 1839-1923* (Cambridge: Harvard University Press, 1979), p. 26.

22 Ibid., pp. 26~27.

23 Ibid., pp. 25~26.

24 "Lord Palmerston to the Minister of the Emperor of China"(London, February 20, 1840), as reprinted in Hosea Ballou Morse, *The International Relations of the Chinese Empire*, vol. 1, *The Period of Conflict, 1834-1860*, part 2(London: Longmans, Green, 1910), pp. 621~624.

25 Ibid., p. 625.

26 Memorial to the Emperor, as translated and excerpted in Franz Schurmann and Orville Schell, eds., *Imperial China: The Decline of the Last Dynasty and the Origins of Modern China, the 18th and 19th Centuries*(New York: Vintage, 1967), pp. 146~147.

27 E. Backhouse and J. O. P. Bland, *Annals and Memoirs of the Court of Peking*(Boston: Houghton Mifflin, 1914), p. 396.

28 Tsiang Ting-fu, *Chung-kuo chin tai shih*(*China's Modern History*)(Hong Kong: Li-ta Publishers, 1955), as translated and excerpted in Schurmann and Schell, eds., *Imperial China* p. 139.

29 Ibid., pp. 139~140.

30 Maurice Collis, *Foreign Mud: Being an Account of the Opium Imbroglio at Canton in the 1830s and the Anglo-Chinese War That Followed*(New York: New Directions, 1946), p. 297.

31 Teng and Fairbank, eds., *China's Response to the West*, pp. 27~29.

32 Immanuel C. Y. Hsü, *The Rise of Modern China*, 6th ed.(Oxford: Oxford University Press, 2000), pp. 187~188.

33 Spence, *The Search for Modern China*, p. 158.

34 John King Fairbank, *Trade and Diplomacy on the China Coast: The Opening of the Treaty Ports, 1842-1854*(Stanford: Stanford University Press, 1969), pp. 109~112.

35 "Ch'i-ying's Method for Handling the Barbarians, 1844," as translated in Teng and Fairbank, eds., *China's Response to the West*, pp. 38~39.

36 Ibid., p. 38. 아울러 Hsü, *The Rise of Modern China*, pp. 208~209 참조. 이 회상록의 사본은 몇 년 후 광저우에 있는 어느 관리의 저택을 영국이 점령하면서 발견되었다. 1858년 영국 대표단과의 협상 도중 이 사실이 밝혀지자 수모를 느낀 기영은 달아났다. 허락도 없이 공식 협상 도중 달아난 죄로 기영은 사형 선고를 받았다. 다만 그의 엘리트 지위에 대한 경의의 표시로, 비단 활줄로 스스로 목숨을 끊을 수 있다는 '허락'을 얻었다.

37 Meadows, *Desultory Notes on the Government and People of China*, in Schurmann and Schell, eds., *Imperial China*, pp. 148~149.

38 Morse, *The International Relations of the Chinese Empire*, vol. 1, part 2, pp. 632~636.

39 Ibid., part 1, pp. 309~310; Qianlong's Second Edict to King George III, in Cheng, Lestz and Spence, *The Search for Modern China: A Documentary Collection*, p. 109.

3 걸출한 중국에서 쇠퇴한 중국으로

1 "Wei Yuan's Statement of a Policy for Maritime Defense, 1842," in Ssu-yü Teng and John K. Fairbank, eds., *China's Response to the West: A Documentary Survey, 1839-1923*(Cambridge: Harvard University Press, 1979), p. 30

2 Ibid., pp. 31~34.

3 Ibid., p. 34.

4 이 최초의 조약에 최혜국 대우 조항이 포함된 것은 일사불란한 중국의 전략이었을까, 아니면 전술적인 실수였을까? 이에 대해서는 의견이 엇갈린다. 서구 열강이라면 누구나 자신도 경쟁국에게 주어진 혜택을 얻을 것으로 확신할 수 있었기 때문에, 어느 면에서는 이후 외국 세력과의 협상에서 청 황실의 운신의 폭을 좁혔다고 지적한 학자도 있다. 반면 실질적 효과는 어느 하나의 식민국이 경제 면에서 지배적 입지를 확보하지 못하도록 한 것인데, 이는 당시 많은 주변국이 경험한 바와 대조된다. Immanuel C. Y. Hsü, *The Rise of Modern China*, 6th ed.(Oxford: Oxford University Press, 2000), pp. 190~192 참조.

5 "Wei Yuan's Statement of a Policy for Maritime Defense," in Teng and Fairbank, eds., *China's Response to the West*, p. 34.

6 Prince Gong(Yixin), "The New Foreign Policy of January 1861," in Teng and Fairbank, eds., *China's Response to the West*, p. 48.

7 Macartney's Journal, in J. L. Cranmer-Byng, ed., *An Embassy to China: Being the journal kept by Lord Macartney during his embassy to the Emperor Ch'ien-lung, 1793-1794* (London: Longmans, Green, 1962), p. 191, p. 239.

8 John King Fairbank and Merle Goldman, *China: A New History*, 2nd enlarged ed.(Cambridge: Belknap Press, 2006), p. 216. 태평천국의 난과 카리스마 넘치는 지도자 홍수전에 관한 이야기를 읽고자 하면 Jonathan Spence, *God's Chinese Son*(New York: W. W. Norton 1996) 참조.

9 Hsü, *The Rise of Modern China*, p. 209.

10 Ibid., pp. 209~211.

11 Bruce Elleman, *Modern Chinese Warfare, 1795-1989*(New York: Routledge, 2001), pp. 48~50; Hsü, *The Rise of Modern China*, pp. 212~215.

12 Mary C. Wright, *The Last Stand of Chinese Conservatism: The T'ung-Chih Restoration, 1862-1874*, 2nd ed.(Stanford: Stanford University Press, 1962), pp. 233~236.

13 Hsü, *The Rise of Modern China*, pp. 215~218.

14 115년 후(바로 이 도시에서 포드 대통령과 브레즈네프 서기장 사이의 정상 회담이 열렸을 때) 덩샤오핑은 블라디보스토크를 잃어버린 데 관해 신랄하게 비판하면서, 중국과 러시아인들이 이 도시에 붙여 준 여러 가지 다른 이름이 각각 나름의 목적을 반영하고 있다고 나에게 말해 주었다. 중국식 이름은 대충 '해삼'으로 번역되는가 하면, 러시아 이름은 '동방의 통치'를 의미한다. 덩샤오핑은 그런 이름에는 "표면적 의미 외에는 다른 뜻이 없는 것으로 생각한다고" 덧붙였다.

15 "The New Foreign Policy of January 1861," in Teng and Fairbank, eds., *China's Response to the West*, p. 48.

16 Ibid.

17 Ibid.

18 Ibid.

19 Christopher A. Ford, *The Mind of Empire: China's History and Modern Foreign Relations*(Lexington: University of Kentucky Press, 2010), pp. 142~143.

20 이 언어학적 관점을 나에게 지적해 준 동료 스테이플턴 로이 대사에게 감사의 뜻을 표한다.

21 이홍장의 경력에 관한 이 이야기는 Arthur W. Hummel, *Eminent Chinese of the Ch'ing Period*(Washington, D.C.: U.S. Government Printing Office, 1943), pp. 464~471에 나오는 William J. Hail, "Li Hung-Chang"에 등장하는 여러 사건에서 끌어온 것이다. J. O. P. Bland, *Li Hung-chang*(New York: Henry Holt, 1917). 또한 Edgar Sanderson, ed., *Six Thousand Years of World History*, vol. 7, *Foreign Statesmen*(Philadelphia: E. R. DuMont, 1900), pp. 425~444 참조.

22 Hail, "Li Hung-Chang," in Hummel, ed., *Eminent Chinese of the Ch'ing Period*, p. 466.

23 "Excerpts from Tseng's Letters, 1862," as translated and excerpted in Teng and Fairbank, eds., *China's Response to the West*, p. 62.

24 Li Hung-chang, "Problems of Industrialization," in Franz Schurmann and Orville

Schell, *Imperial China: The Decline of the Last Dynasty and the Origins of Modern China, the 18th and 19th Centuries*(New York: Vintage, 1967), p. 238.

25 Teng and Fairbank, eds., *China's Response to the West*, p. 87.

26 "Letter to Tsungli Yamen Urging Study of Western Arms," in Ibid., pp. 70~72.

27 "Li Hung-chang's Support of Western Studies," in Ibid., p. 75.

28 Ibid.

29 Ibid.

30 Wright, *The Last Stand of Chinese Conservatism*, p. 222에 인용.

31 Jerome Ch'en, *China and the West: Society and Culture, 1815-1937*(Bloomington: Indiana University Press, 1979), p. 429에 인용.

32 14세기에 저술한 "Records of the Legitimate Succession of the Divine Sovereigns"(이후 1930년대에 일본 교육부 사상국에 의해 널리 보급된 작품)에 의하면, "일본은 신성한 국가이다. 그 토대를 처음으로 닦은 것은 바로 하늘의 조상이며, 태양 여신이 후손을 남겨 영원불멸토록 통치하게 했다. 이것은 오로지 우리나라에만 해당되는 이야기로 다른 나라의 그 어떤 땅에서도 이와 비슷한 예를 찾을 수 없다. 그렇기 때문에 일본은 신성한 국가라 불리는 것이다." John W. Dower, *War Without Mercy: Race and Power in the Pacific War*(New York: Pantheon, 1986), p. 222.

33 Kenneth B. Pyle, *Japan Rising*(New York: PublicAffairs, 2007), pp. 37~38.

34 Karel van Wolferen, *The Enigma of Japanese Power: People and Politics in a Stateless Nation*(London: Macmillan, 1989), p. 13.

35 일본을 중심으로 하는 조공 순서에 관한 고전적 개념을 알고 싶으면, Michael R. Auslin, *Negotiating with Imperialism: The Unequal Treaties and the Culture of Japanese Diplomacy*(Cambridge: Harvard University Press, 2004), p. 14 참조. 또한 Marius B. Jansen, *The Making of Modern Japan*(Cambridge: Belknap Press, 2000), p. 69 참조.

36 Jansen, *The Making of Modern Japan*, p. 87.

37 Ch'en, *China and the West*, p. 431에 인용.

38 Masakazu Iwata, *Okubo Toshimichi: The Bismarck of Japan*(Berkeley: University of California Press, 1964), citing Wang Yusheng, *China and Japan in the Last Sixty Years*(Tientsin: Ta Kung Pao, 1932-34).

39 1874년의 위기를 불러온 계기는 타이완의 남동쪽 끝 해안 류큐 열도에서 선박이 좌초되고 타이완 원주민에 의해 선원들이 살해된 사건이었다. 일본이 엄청난 배상을 요구하자 베이징은 처음에는 중국화되지 않은 종족들은 자신들의 관할이 아니라고 대응했다. 중국 전통적 견해로 보면 어느 정도 합리적이다. '야만족'들은 베이징의 책임이 아니란 것이다. 하지만 근대의 국제법 및 국제 정치로 본다면, 확실히 계산을 잘못한 것이었다. 왜냐하면 중국이 타이완에 대해 완전한 권위를 행사하지 않는다는 징표이기 때문이다. 일본은 섬에 대해서 징벌적 침공으로 대응했고, 청 왕조는 이를 대적할 만한 힘

이 없었다. 그다음 일본은 베이징이 배상을 지불하도록 조치했고, 이를 두고 당대의 한 관측통은 "중국의 운명을 제대로 정해 버린 거래로, 맞서 싸울 뜻은 없고 원하는 배상금을 지불할 뜻밖에 없는 부자 제국이 여기 있노라고 만방에 선전한 셈"이었다고 했다 (Alexander Michie, *An Englishman in China During the Victorian Era*, vol. 2(London: William Blackwood & Sons, 1900), p. 256). 이 위기가 중국에게 치명적이 된 것은, 그 때까지 베이징과 도쿄 모두 류큐 열도를 자기네 조공국이라고 주장해 왔다는 사실이다. 이 위기가 끝난 다음 이들 섬은 모두 일본의 영향권 아래로 떨어졌다. Hsü, *The Rise of Modern China*, pp. 315~317 참조.

40 Teng and Fairbank, eds., *China's Response to the West*, p. 71.

41 Bland, *Li Hung-chang*, p. 160에 인용.

42 Ibid., pp. 160~161.

43 Teng and Fairbank, eds., *China's Response to the West*, p. 131에 실린 "Text of the Sino-Russian Secret Treaty of 1896."

44 Bland, *Li Hung-chang*, p. 306.

45 이들 사건과 중국 황실 내부의 심사숙고에 관해서는 Hsü, *The Rise of Modern China*, pp. 390~398 참조.

46 이전의 배상금과는 대조적으로 의화단 사건 관련 배상금의 대부분은 나중에 외세에 의해서 폐기되거나 중국 내 자선 사업으로 전용되었다. 미국은 자신들이 받은 배상금의 일부를 베이징에 있는 칭화 대학교를 세우는 데 사용하도록 돌려주었다.

47 이런 전략들은 Scott A. Boorman, *The Protracted Game: A Wei-ch'i Interpretation of Maoist Revolutionary Strategy*(New York: Oxford University Press, 1969)에 흥미진진하게 소상히 나온다.

48 Jonathan Spence, *The Search for Modern China*(New York: W. W. Norton, 1999), p. 485.

4 계속되는 마오쩌둥의 혁명

1 진시황에 대한 마오쩌둥의 생각이나 말에 관해서는 "Talks at the Beidaihe Conference: August 19, 1958," in Roderick MacFarquhar, Timothy Cheek and Eugene Wu, eds., *The Secret Speeches of Chairman Mao: From the Hundred Flowers to the Great Leap Forward*(Cambridge: Harvard University Press, 1989), p. 405; "Talks at the First Zhengzhou Conference: November 10, 1958," in MacFarquhar, Cheek and Wu, eds., *The Secret Speeches of Chairman Mao*, p. 476; Tim Adams, "Behold the Mighty Qin," *The Observer*(August 19, 2007); Li Zhisui, *The Private Life of Chairman Mao* trans. Tai Hung-chao(New York: Random House, 1994), p. 122 참조.

2 André Malraux, *Anti-Memoirs*, trans. Terence Kilmartin(New York: Henry Holt, 1967), pp. 373~374.

3 "Speech at the Supreme State Conference: Excerpts, 28 January 1958," in Stuart Schram, eds., *Mao Tse-tung Unrehearsed: Talks and Letters: 1956-71*(Harmondsworth: Penguin, 1975), pp. 92~93.

4 "On the People's Democratic Dictatorship: In Commemoration of the Twenty-eighth Anniversary of the Communist Party of China: June 30, 1949," *Selected Works of Mao Tse-tung*, vol. 4(Peking: Foreign Languages Press, 1969), p. 412.

5 "Sixty Points on Working Methods — A Draft Resolution from the Office of the Centre of the CPC: 19.2.1958," in Jerome Ch'en, ed., *Mao Papers: Anthology and Bibliography*(London: Oxford University Press, 1970), p. 63.

6 Ibid., p. 66.

7 "The Chinese People Have Stood Up: September 1949," Timothy Cheek, *Mao Zedong and China's Revolutions: A Brief History with Documents*(New York: Palgrave, 2002), p. 126.

8 M. Taylor Fravel, "Regime Insecurity and International Cooperation: Explaining China's Compromises in Territorial Disputes," *International Security* 30, no. 2(Fall 2005), pp. 56~57; "A Himalayan Rivalry: India and China," *The Economist* 396, no. 8696(August 21, 2010), pp. 17~20.

9 Zhang Baijia, "Zhou Enlai — The Shaper and Founder of China's Diplomacy," in Michael H. Hunt and Niu Jun, eds., *Toward a History of Chinese Communist Foreign Relations, 1920s-1960s: Personalities and Interpretive Approaches*(Washington, D.C.: Woodrow Wilson International Center for Scholars, Asia Program, 1992), p. 77.

10 Charles Hill, *Grand Strategies: Literature, Statecraft, and World Order*(New Haven: Yale University Press, 2010), p. 2.

11 "Memorandum of Conversation: Beijing, July 10, 1971, 12:10~6 p.m.," in Steven E. Phillips, ed., *Foreign Relations of the United States*(FRUS), *1969-1976*, vol. 17, *China 1969-1972*(Washington, D.C.: U.S. Government Printing Office, 2006), p. 404. 저우언라이는 1971년 7월 우리가 처음 베이징에서 가진 몇 차례 회담 도중에 이것을 낭독했다.

12 John W. Garver, "China's Decision for War with India in 1962," in Alastair Iain Johnston and Robert S. Ross, *New Directions in the Study of China's Foreign Policy*(Stanford: Stanford University Press, 2006), p. 107.

13 Li, *The Private Life of Chairman Mao*, p. 83.

14 "On the Correct Handling of Contradictions Among the People: February 27, 1957," *Selected Works of Mao Tse-tung*, vol. 5(Peking: Foreign Languages Press, 1977), p. 417.

15 Edgar Snow, *The Long Revolution*(New York: Random House, 1972), p. 217.

16 Lin Piao(Lin Biao), *Long Live the Victory of People's War*!(Peking: Foreign Languages Press, 1967), p. 38. 이 글은 원래 1965년 9월 3일자 《런민르바오》에 실렸다.

17 Kuisong Yang and Yafeng Xia, "Vacillating Between Revolution and Détente: Mao's Changing Psyche and Policy Toward the United States, 1969~1976," *Diplomatic History* 34, no. 2(April 2010).

18 Chen Jian and David L. Wilson, "All Under the Heaven Is Great Chaos: Beijing, the Sino-Soviet Border Clashes, and the Turn Toward Sino-American Rapprochement, 1968-69," *Cold War International History Project Bulletin* 11(Washington, D.C.: Woodrow Wilson International Center for Scholars, Winter 1998), p. 161.

19 Michel Oksenberg, "The Political Leader," in Dick Wilson, eds., *Mao Tse-tung in the Scales of History*(Cambridge: Cambridge University Press, 1978), p. 90.

20 Stuart Schram, *The Thought of Mao Tse-Tung*(Cambridge: Cambridge University Press, 1989), p. 23.

21 "The Chinese Revolution and the Chinese Communist Party: December 1939," *Selected Works of Mao Tse-tung*, vol. 2, p. 306.

22 John King Fairbank and Merle Goldman, *China: A New History*, 2nd enlarged edition(Cambridge: Belknap Press, 2006), p. 395.

23 "Memorandum of Conversation: Beijing, Feb. 21, 1972, 2:50-3:55 pm.," *FRUS* 17, p. 678.

24 "The Foolish Old Man Who Removed the Mountains," *Selected Works of Mao Tse-tung*, vol. 3, p. 272.

5 삼각 외교와 한국 전쟁

1 "Conversation Between I. V. Stalin and Mao Zedong: Moscow, December 16, 1949," Archive of the President of the Russian Federation(APRF), fond 45, opis 1, delo 329, listy p. 9~17, trans. Danny Rozas(www.cwihp. org에서 얻은 *Cold War International History Project: Virtual Archive*, Woodrow Wilson International Center for Scholars로부터).

2 Strobe Talbott, trans. and ed., *Khrushchev Remembers: The Last Testament*(Boston: Little, Brown, 1974), p. 240.

3 "Conversation Between I. V. Stalin and Mao Zedong"(자료 출처: www.cwihp.org).

4 Ibid.

5 Ibid.

6 Ibid.

7 6장 참조.

8 "Appendix D to Part II ─ China: The Military Situation in China and Proposed Military Aid," in *The China White Paper: August 1949*, vol. 2(Stanford: Stanford University Press, 1967), p. 814.

9 "Letter of Transmittal: Washington, July 30, 1949," *The China White Paper: August 1949*, vol. 1(Stanford: Stanford University Press, 1967), p. xvi.

10 Dean Acheson, "Crisis in Asia ─ An Examination of U.S. Policy," *Department of State Bulletin*(January 23, 1950), p. 113.

11 Sergei N. Goncharov, John W. Lewis and Xue Litai, *Uncertain Partners: Stalin, Mao, and the Korean War*(Stanford: Stanford University Press, 1993), p. 98.

12 Acheson, "Crisis in Asia ─ An Examination of U.S. Policy," p. 115.

13 Ibid.

14 Ibid., p. 118.

15 전후 중·소 협상 결과는 40년이 지나서도 여전히 골칫거리였다. 1989년 덩샤오핑은 조지 부시 대통령에게 지도를 한번 들여다보고 소련이 중국으로부터 외몽골을 떼어 내 버린 다음 어떤 일이 생겼는지 보라고 촉구했다. "우리가 어떤 전략적 상황에 빠졌던가? 쉰 살 이상의 중국인들은 중국 땅이 은행잎처럼 생겼다는 것을 기억한다. 하지만 지금 지도를 보면 북쪽의 커다란 땅덩이가 잘려져 나갔음을 보게 될 것이다." George H. W. Bush and Brent Scowcroft, *A World Transformed*(New York: Alfred A. Knopf, 1998), pp. 95~96. 중국의 전략적 상황에 대한 덩샤오핑의 언급은 또한 몽골 내 소련의 상당한 군사력 주둔이라는 점에 비추어 이해되어야 한다. 소련군의 주둔은 중·소 분열 과정에 시작되어 냉전 기간 내내 지속되었다.

16 Goncharov, Lewis and Xue, *Uncertain Partners*, p. 103.

17 Stuart Schram, *The Thought of Mao Tse-Tung*(Cambridge: Cambridge University Press, 1989), p. 153.

18 "Conversation Between I. V. Stalin and Mao Zedong"(자료 출처: www.cwihp.org).

19 애초 소련군은 훨씬 더 남쪽으로 38선을 넘어 진군했지만, 워싱턴의 요구를 받아들여 다시 북쪽으로 퇴각하고 한반도를 대충 절반으로 나누게 되었다.

20 Chen Jian, *China's Road to the Korean War: The Making of the Sino-American Confrontation*(New York: Columbia University Press, 1994), pp. 87~88(스저와 저자의 인터뷰 인용).

21 Cold War International History Project Working Paper Series, working paper no. 39 (Washington, D.C.: Woodrow Wilson International Center for Scholars, July 2002), pp. 9~11에 게재된 Kathryn Weathersby, "'Should We Fear This?': Stalin and the Danger of War with America."

22 "M'Arthur Pledges Defense of Japan," *New York Times*(March 2, 1949)(자료 출처: *New York Times* Historical Archives).

23 Acheson, "Crisis in Asia — An Examination of U.S. Policy," p. 116.

24 Ibid.

25 Weathersby, "Should We Fear This?" p. 11.

26 Goncharov, Lewis and Xue, *Uncertain Partners*, p. 144.

27 Ibid.

28 Ibid., p. 145.

29 Chen, *China's Road to the Korean War*, p. 112.

30 Shen Zhihua, *Mao Zedong, Stalin, and the Korean War*(출간 예정), trans. Neil Silver, Chapter 6.

31 Ibid.

32 Ibid.

33 Yang Kuisong, Introduction to ibid.(Yang Kuisong, "Sidalin Weishenma zhichi Chaoxian zhanzheng — du Shen Zhihua zhu '*Mao Zedong, Sidalin yu Chaoxian zhanzheng*'"("Why Did Stalin Support the Korean War — On Reading Shen Zhihua's 'Mao Zedong, Stalin and the Korean War'"), *Ershiyi Shiji*(*Twentieth Century*), February 2004에서 번안).

34 Harry S. Truman, "Statement by the President on the Situation in Korea, June 27, 1950," no. 173, *Public Papers of the Presidents of the United States*(Washington, D.C.: U.S. Government Printing Office, 1965), p. 492.

35 Gong Li, "Tension Across the Taiwan Strait in the 1950s: Chinese Strategy and Tactics," in Robert S. Ross and Jiang Changbin, *Re-examining the Cold War: U.S.-China Diplomacy, 1954-1973*(Cambridge: Harvard University Press, 2001), p.144.

36 United Nations General Assembly Resolution 376(V), "The Problem of the Independence of Korea"(October 7, 1950)(자료 출처: http://daccess-dds-ny.un.org/doc/RESOLUTION/GEN/NR0/059/74/IMG/NR005974.pdf?OpenElement).

37 우수리 강에서의 충돌에 적용되었던 이 원칙에 관한 흥미로운 논의를 보고 싶으면, Michael S. Gerson, *The Sino-Soviet Border Conflict: Deterrence, Escalation, and the Threat of Nuclear War in 1969*(Alexandria, Va.: Center for Naval Analyses, 2010) 참조.

38 예를 들어, 마오쩌둥의 전쟁 목적에 대해서는 Shu Guang Zhang, *Mao's Military Romanticism: China and the Korean War, 1950-1953*(Lawrence: University Press of Kansas, 1995), pp. 101~107, pp. 123~125, pp. 132~133; Chen Jian, *Mao's China and the Cold War*(Chapel Hill: University of North Carolina Press, 2001), pp. 91~96 참조.

39 Chen, *China's Road to the Korean War*, p. 137.

40 Shen, *Mao Zedong, Stalin, and the Korean War*, Chapter 7.

41 Ibid.

42 Chen, *China's Road to the Korean War*, p. 143.

43 Ibid., pp. 143~144.

44 Ibid., p. 144.

45 Goncharov, Lewis, and Xue, *Uncertain Partners*, pp. 164~167.

46 Chen, *China's Road to the Korean War*, p. 149~150.

47 Ibid., p. 150.

48 Ibid., p. 164.

49 "Doc. 64: Zhou Enlai Talk with Indian Ambassador K. M. Panikkar, Oct. 3, 1950," in Goncharov, Lewis and Xue, *Uncertain Partners*, p. 276.

50 Ibid., p. 278.

51 Ibid. 한반도 갈등의 해소 전망에 관해서 네루 총리는 저우언라이에게뿐 아니라 미국과 영국 대표들에게도 글을 써 보냈다.

52 "Letter from Fyn Si(Stalin) to Kim Il Sung(via Shtykov): October 8, 1950," APRF, fond 45, opis 1, delo 347, listy pp. 65~67(마오쩌둥에게 보내는 스탈린의 전문이라고 주장되는 텍스트 전달) from *Cold War International History Project: Virtual Archive*, Woodrow Wilson International Center for Scholars(자료 출처: www.cwihp.org).

53 Goncharov, Lewis, and Xue, *Uncertain Partners*, p. 177.

54 Ibid.

55 Ibid.

56 Shen Zhihua, "The Discrepancy Between the Russian and Chinese Versions of Mao's 2 October 1950 Message to Stalin on Chinese Entry into the Korean War: A Chinese Scholar's Reply," *Cold War International History Project Bulletin* 8/9(Washington, D.C.: Woodrow Wilson International Center for Scholars, Winter 1996), p. 240.

57 1990년 10월 16일자 《런민르바오》의 Hong Xuezhi and Hu Qicai, "Mourn Marshal Xu with Boundless Grief"를 인용한 Goncharov, Lewis, and Xue, *Uncertain Partners*, pp. 200~201. 아울러 Yao Xu, *Cong Yalujiang dao Banmendian(From the Yalu River to Panmunjom)*(Beijing: People's Press, 1985).

58 Goncharov, Lewis, and Xue, *Uncertain Partners*, pp. 195~196.

6 미국과도 대치, 소련과도 대치

1 Fredrick Aandahl, *Foreign Relations of the United States(FRUS)*, 1951, vol. 7, *Korea and China: Part 2*(Washington, D.C.: U.S. Government Printing Office, 1983), pp.

1671~1672, "Editorial Note"에 전재된 "Assistant Secretary Dean Rusk addresses China Institute in America, May 18, 1951."

2 여러 지역 방언과 음역의 차이 때문에 진먼은 다른 곳에서 'Jinmen'이나 'kinmen' 혹은 'Ch'in-men' 등으로 알려져 있다. 마찬가지로 마쭈는 'Mazu'라고도 한다.

3 당시 서구 언론에서 샤먼은 'Amoy'로, 푸저우는 'Foochow'로 알려졌다.

4 Dwight D. Eisenhower, "Annual Message to the Congress on the State of the Union: February 2, 1953," no. 6. *Public Papers of the Presidents of the United States*(Washington, D.C.: U.S. Government Printing Office, 1960), p. 17.

5 John Lewis Gaddis, *The Cold War: A New History*(New York: Penguin, 2005), p. 131.

6 Robert L. Suettinger, "U.S. 'Management' of Three Taiwan Strait 'Crises,'" in Michael D. Swaine, Zhang Tuosheng and Danielle F. S. Cohen, *Managing Sino-American Crises: Case Studies and Analysis*(Washington, D.C.: Carnegie Endowment for International Peace, 2006), p. 254.

7 Ibid., p. 255.

8 "The Chinese People Cannot Be Cowed by the Atom Bomb: January 28th, 1955," *Mao Tse-tung: Selected Works*, vol. 5(Peking: Foreign Languages Press, 1977), pp. 152~153(핀란드 최초의 주중 대사 카를요한 준트스트룀이 베이징에서 신임장을 제출할 당시 나눈 대화의 핵심 사안).

9 "Text of the Joint Resolution on the Defense of Formosa: February 7, 1955," *Department of State Bulletin*, vol. 32, no. 815(Washington, D.C.: U.S. Government Printing Office, 1955), p. 213.

10 "Editorial Note," in John P. Glennon, *Foreign Relations of the United States(FRUS)*, vol. 19, *National Security Policy*, 1955-1957(Washington, D.C.: U. S. Government Printing Office, 1990), p. 61.

11 Suettinger, "U.S. 'Management' of Three Taiwan Strait 'Crises'", p. 258.

12 Strobe Talbott, trans. and ed., *Khrushchev Remembers: The Last Testament*(Boston: Little, Brown, 1974), p. 263.

13 "Memorandum of Conversation of N. S. Khrushchev with Mao Zedong, Beijing: 2 October 1959," *Cold War International History Project Bulletin* 12/13(Washington, D.C.: Woodrow Wilson International Center for Scholars, Fall/Winter 2001), p. 264.

14 Jung Chang and Jon Halliday, *Mao: The Unknown Story*(New York: Random House, 2005), pp. 389~390.

15 Zhang Baijia and Jia Qingguo, "Steering Wheel, Shock Absorber, and Diplomatic Probe in Confrontation: Sino-American Ambassadorial Talks Seen from the Chinese Perspective," in Robert S. Ross and Jiang Changbin, eds., *Re-examining the Cold War: U.S.-China Diplomacy, 1954-1973*(Cambridge: Harvard University Press,

2001), p. 185.

16 Steven Goldstein, "Dialogue of the Deaf? The Sino – American Ambassadorial – Level Talks, 1955 – 1970," in Ross and Jiang, eds., *Re – examining the Cold War*, p. 200.
중국과 미국 쪽의 소스를 모두 이용한 회담의 흥미진진한 역사를 알고 싶으면, Yafeng Xia, *Negotiating with the Enemy: U.S. – China Talks During the Cold War, 1949 – 1972* (Bloomington: Indiana University Press, 2006) 참조.

17 "Text of Rusk's Statement to House Panel on U.S. Policy Toward Communist China," *New York Times*(April 17, 1966)(자료 출처: ProQuest Historical Newspapers, 1851 – 2007).

18 Ibid.

19 Talbott, trans. and ed., *Khrushchev Remembers*, p. 249.

20 Lorenz M. Lüthi, *The Sino – Soviet Split: Cold War in the Communist World*(Princeton: Princeton University Press, 2008), p. 38.

21 10월 혁명은 1917년 10월 볼셰비키의 권력 장악을 가리킨다.

22 Stuart Schram, *The Thought of Mao Tse – Tung*(Cambridge: Cambridge University Press, 1989), p. 113.

23 Ibid., p. 149.

24 1956년도 "Internal Reference Reports"에 대한 저자의 검토가 인용되어 있는 Lüthi, *The Sino – Soviet Split*, p. 50, 그리고 전 중국 신화통신 사장의 회고록인 Wu Lengxi, *Shinian lunzhan, 1956 – 1966: ZhongSu guanxi huiyilu*(*Ten Years of Debate, 1956 – 1966: Recollections of Sino – Soviet Relations*)(Beijing: Zhongyang wenxian, 1999), p. 25.

25 Ibid., pp. 62~63.

26 Li Zhisui, *The Private Life of Chairman Mao*, trans.Tai Hung – chao(New York: Random House, 1994), pp. 261~262.

27 Talbott trans. and ed., *Khrushchev Remembers*, p. 255.

28 Ibid.

29 Ibid., p. 260.

30 "Playing for High Stakes: Khrushchev speaks out on Mao, Kennedy, Nixon and the Cuban Missile Crisis," *LIFE* 69, 25호(December 18, 1970), p. 25.

31 국민당은 궈민탱(Kuomintang)으로도 알려져 있다.

32 "First conversation between N. S. Khrushchev and Mao Zedong: 7/31/1958," *Cold War International History Project: Virtual Archive*, Woodrow Wilson International Center for Scholars(자료 출처: www.cwihp.org).

33 Ibid.

34 Ibid.

35 William Taubman, *Khrushchev: The Man and His Era*(New York: W. W. Norton, 2003), p. 392.

36 "Discussion Between N. S. Khrushchev and Mao Zedong: October 03, 1959," Archive of the President of the Russian Federation(APRF), fond 52, opis 1, delo 499, listy, pp. 1~33, trans. Vladislav M. Zubok, *Cold War International History Project: Virtual Archive*, Woodrow Wilson International Center for Scholars(자료 출처: www. cwihp.org).

37 Ibid.

38 Lüthi, *The Sino-Soviet Split*, p. 101; Li Xiaobing, Chen Jian and David L. Wilson, eds., "Mao Zedong's Handling of the Taiwan Straits Crisis of 1958: Chinese Recollections and Documents"에 번역 전재되어 있는 Wu Lengxi, "Inside Story of the Decision Making During the Shelling of Jinmen"(Zhuanji wenxue(Biographical Literature), Beijing, no. 1, 1994)(자료 출처: *Cold War International History Project Bulletin* 6/7(Washington, D.C.: Woodrow Wilson International Center for Scholars, Winter 1995), pp. 213~214).

39 Wu, "Inside Story of the Decision Making During the Shelling of Jinmen," p. 208.

40 Ibid., pp. 209~210.

41 Gong Li, "Tension Across the Taiwan Strait in the 1950s: Chinese Strategy and Tactics," in Ross and Jiang, eds., *Re-examining the Cold War*, pp. 157~158; Chen Jian, *Mao's China and the Cold War*(Chapel Hill: University of North Carolina Press, 2001), p. 184.

42 Chen, *Mao's China and the Cold War*, p. 184~185.

43 "Statement by the Secretary of State, September 4, 1958," in Harriet Dashiell Schwar, *Foreign Relations of the United States*(FRUS), 1958-1960, vol. 19, *China*(Washington, D.C.: U.S. Government Printing Office, 1996), p. 135.

44 "Telegram from the Embassy in the Soviet Union to the Department of State, Moscow, September 7, 1958, 9 p.m.," *FRUS* 19, p. 151.

45 Dwight D. Eisenhower, "Letter to Nikita Khrushchev, Chairman, Council of Ministers, U.S.S.R., on the Formosa Situation: September 13, 1958," no. 263, *Public Papers of the Presidents of the United States*(Washington, D.C.: U.S. Government Printing Office,1960), p. 702.

46 Andreiy Gromyko, *Memoirs*(New York: Doubleday, 1990), pp. 251~252.

47 Lüthi, *The Sino-Soviet Split*, p. 102.

48 Ibid., pp. 102~103.

49 "Telegram from the Embassy in the Soviet Union to the Department of State, September 19, 1958, 8 p.m.," *FRUS* 19, p. 236.

50 "Discussion Between N. S. Khrushchev and Mao Zedong: October 03, 1959."

51 Xia, *Negotiating with the Enemy*, pp. 98~99.

52 두 번째 연안 도서 위기가 6주째로 접어든 1958년 9월 30일, 덜레스는 기자 회견을 열고 진먼과 마쭈에 그처럼 많은 국민당 부대를 주둔시켜 봤자 무슨 효용이 있는가에 대해 의문을 제기했다. 그리고 미국에게는 "연안 도서를 방어해야 할 법적 의무가 없다"고 언급했다. 다음 날 장제스는 덜레스의 발언을 가리켜 "타이베이가 지켜야 할 필요가 없는 일방적인 진술"이라고 일축하면서, 타이베이는 이 섬들을 계속해서 방어하고 확충하겠다는 뜻을 밝혔다. Li, "Tension Across the Taiwan Strait in the 1950s: Chinese Strategy and Tactics," p. 163.

53 "Memorandum of Conversation, Beijing, February 24, 1972, 5:15~8:05 p.m.," in Steven E. Phillips, ed., *Foreign Relations of the United States*(*FRUS*), 1969 – 1976, vol. 17, *China 1969 –1972*(Washington, D.C.: U.S. Government Printing Office, 2006), p. 766.

54 Talbott, trans. and ed., *Khrushchev Remembers*, p. 265.

7 위기의 10년

1 Frederick C. Teiwes, "The Establishment and Consolidation of the New Regime, 1949 – 1957," in Roderick MacFarquhar, ed., *The Politics of China: The Eras of Mao and Deng*, 2nd ed.(Cambridge: Cambridge University Press, 1997), p. 74.

2 Jonathan Spence, *The Search for Modern China*(New York: W. W. Norton, 1999), pp. 541~542.

3 Lorenz M. Lüthi, *The Sino – Soviet Split: Cold War in the Communist World*(Princeton: Princeton University Press, 2008), p. 76.

4 Ibid., p. 84.

5 이 점에 대해 좀 더 알고 싶거나, 마오쩌둥의 외교 정책 및 국내 정책 사이의 관련에 대해 좀 더 이해하고 싶으면, Chen Jian, *Mao's China and the Cold War*(Chapel Hill: University of North Carolina Press, 2001), pp. 6~15 참조.

6 이 유난히도 파괴적인 에피소드의 음침한 이야기는 Jasper Becker, *Hungry Ghosts: Mao's Secret Famine*(New York: Henry Holt, 1998) 또는 Frederick C. Teiwes, *China's Road to Disaster: Mao, Central Politicians, and Provincial Leaders in the Unfolding of the Great Leap Forward, 1955 –1959*(Armonk, N.Y.: East Gate, 1998) 등에 나온다.

7 Neville Maxwell, *India's China War*(Garden City, NY: Anchor, 1972), p. 37.

8 John W. Garver, "China's Decision for War with India in 1962," in Alastair Iain Johnston and Robert S. Ross, eds., *New Directions in the Study of China's Foreign*

Policy(Stanford: Stanford University Press, 2006), p. 106.

9 Ibid., p. 107.

10 Ibid.

11 Ibid., p. 108.

12 Ibid., p. 109.

13 Ibid., p. 110.

14 Ibid., p. 115.

15 Ibid., pp. 120~121.

16 "Workers of All Countries Unite, Oppose Our Common Enemy: December 15, 1962"(Peking: Foreign Languages Press, 1962)(《런민르바오》 사설의 리프린트).

17 Ibid.

18 Hemen Ray, *Sino-Soviet Conflict over India: An Analysis of the Causes of Conflict Between Moscow and Beijing over India Since 1949*(New Delhi: Abhinav Publications, 1986), p. 106에 인용된 1964년 4월 5일자《프라우다》기사.

19 John King Fairbank and Merle Goldman, *China: A New History*, 2nd enlarged edition(Cambridge: Belknap Press, 2006), p. 392.

20 Roderick MacFarquhar and Michael Schoenals, *Mao's Last Revolution*(Cambridge: Belknap Press, 2006), pp. 87~91.

21 Mark Gayn, "China Convulsed," *Foreign Affairs* 45, issue 2(January 1967), p. 247, p. 252.

22 *Renmin Ribao(People's Daily)*(Beijing), January 31, 1967, at 6, as cited in Tao-tai Hsia and Constance A. Johnson, "Legal Developments in China Under Deng's Leadership" (Washington, D.C.: Library of Congress, Far Eastern Law Division, 1984), p. 9.

23 Anne F. Thurston, *Enemies of the People*(New York: Alfred A. Knopf, 1987), pp. 101~103; MacFarquhar and Schoenals, *Mao's Last Revolution*, 118~120.

24 MacFarquhar and Schoenals, *Mao's Last Revolution*, pp. 224~227.

25 Ibid., pp. 222~223.

26 14장 참조.

27 Yafeng Xia, *H-Diplo Roundtable Review* 11, no. 43(Hu Angang, *Mao Zedong yu wenge* [*Mao Zedong and the Cultural Revolution*])(October 6, 2010), pp. 27~33 참조(자료 출처: http://www.h-net.org/~diplo/roundtables/PDF/Roundtable-XI-43.pdf).

28 John F. Kennedy, "A Democrat Looks at Foreign Policy," *Foreign Affairs* 36, no. 1(October 1957), p. 50.

29 Wu Lengxi, "Inside Story of the Decision Making During the Shelling of Jinmen," in Li, Chen and Wilson, eds., "Mao Zedong's Handling of the Taiwan Straits Crisis of 1958," *CWIHP Bulletin* 6/7, p. 208.

30 Yafeng Xia, *Negotiating with the Enemy: U.S.-China Talks During the Cold War, 1949-1972*(Bloomington: Indiana University Press, 2006), pp. 109~114, p. 234; Noam Kochavi, *A Conflict Perpetuated: China Policy During the Kennedy Years*(Westport, Conn.: Praeger, 2002), pp. 101~114.

31 Lyndon B. Johnson, "Remarks to the American Alumni Council: United States Asian Policy: July 12, 1966," no. 325, *Public Papers of the Presidents of the United States*(Washington, D.C.: U. S. Government Printing Office, 1967), book 2, pp. 719~720.

32 Xia, *Negotiating with the Enemy*, pp. 117~131.

33 "Communist China: 6 December 1960," *National Intelligence Estimate*, no. pp. 13~60, pp. 2~3.

34 Li Jie, "Changes in China's Domestic Situation in the 1960s and Sino-U.S. Relations," in Robert S. Ross and Jiang Changbin, eds., *Re-examining the Cold War: US-China Diplomacy, 1954-1973*(Cambridge: Harvard University Press, 2001), p. 302.

35 Ibid., p. 304.

36 Ibid., p. 185, p. 305.

8 화해의 길

1 Richard M. Nixon, "Asia After Viet Nam," *Foreign Affairs* 46, no. 1(October 1967), p. 121.

2 Ibid., p. 123.

3 Edgar Snow, "Interview with Mao," *The New Republic* 152, no. 9, no. 2623(February 27, 1965), pp. 21~22.

4 최근에 공개된 중국과 베트남 지도자들 사이의 대화록을 보면 중국이 어느 정도 지원했는지가 드러난다. 중요한 대화 모음집과 편집자의 코멘트를 보고 싶으면 Odd Arne Westad, Chen Jian, Stein Tønnesson, Nguyen Vu Tung and James G. Hershberg, eds., "77 Conversations Between Chinese and Foreign Leaders on the Wars in Indochina, 1964-1977," Cold War International History Project Working Paper Series, working paper no. 22(Washington, D.C.: Woodrow Wilson International Center for Scholars, May 1998) 참조. 프랑스나 미국에 맞서 싸운 하노이 전쟁에 대한 중국의 개입을 분석한 글로는 Qiang Zhai, *China and the Vietnam Wars, 1950-1975*(Chapel Hill: University of North Carolina Press, 2000) 참조.

5 Zhang Baijia, "China's Role in the Korean and Vietnam Wars," in Michael D. Swaine and Zhang Tuosheng and Danielle F. S. Cohen, eds., *Managing Sino-American Crises: Case Studies and Analysis*(Washington, D.C.: Carnegie Endowment for International Peace, 2006), p. 201.

6 Snow, "Interview with Mao," p. 22.

7 Ibid., p. 23.

8 Yawei Liu, "Mao Zedong and the United States: A Story of Misperceptions," in Hongshan Li and Zhaohui Hong, eds., *Image, Perception, and the Making of U.S.-China Relations*(Lanham: University Press of America, 1998), p. 202.

9 Lyndon B. Johnson, "Address at Johns Hopkins University: Peace Without Conquest: April 7, 1965," no. 172, *Public Papers of the Presidents of the United States*(Washington, D.C.: U.S. Government Printing Office, 1966), p. 395.

10 "Text of Rusk's Statement to House Panel on U.S. Policy Toward Communist China," *New York Times*(April 17, 1966)(자료 출처: ProQuest Historical Newspapers, 1851-2007).

11 Liu, "Mao Zedong and the United States," p. 203.

12 Chen Jian and David L. Wilson, eds., "All Under the Heaven Is Great Chaos: Beijing, the Sino-Soviet Border Clashes, and the Turn Toward Sino-American Rapprochement, 1968-1969," *Cold War International History Project Bulletin* 11(Washington, D.C.: Woodrow Wilson International Center for Scholars, Winter 1998), p. 161.

13 Ibid., p. 158.

14 Ibid.

15 1968년 선견지명을 보여 준 기사에서 도널드 자고리아(Donald Zagoria)가 묘사했듯이, 덩샤오핑과 류사오치를 포함한 중국 지도부 내 막강한 영향력을 지닌 일부는 모스크바와의 조건부 화해를 선호했다. 자고리아는 많은 관측통의 분석을 앞지르는 결론을 내리면서, 전략적 필요성 때문에 중국은 결국 미국과 화해를 하지 않을 수 없게 내몰릴 것이라고 예상했다.

　　Donald S. Zagoria, "The Strategic Debate in Peking," in Tang Tsou, ed., *China in Crisis*, vol. 2(Chicago: University of Chicago Press, 1968).

16 Chen and Wilson, eds., "All Under the Heaven Is Great Chaos," p. 161.

17 Li Zhisui, *The Private Life of Chairman Mao*, trans. Tai Hung-chao(New York: Random House, 1994), p. 514.

18 Richard Nixon, "Inaugural Address: January 20, 1969," no. 1, *Public Papers of the Presidents of the United States*(Washington, D.C.: U.S. Government Printing Office, 1971), p. 3.

19 Henry Kissinger, *White House Years*(Boston: Little, Brown, 1979), p. 168.

20 Chen Jian, *Mao's China and the Cold War*(Chapel Hill: University of North Carolina Press, 2001), pp. 245~246.

21 Chen and Wilson, eds., "All Under the Heaven Is Great Chaos," p. 166.

22 Ibid., p. 167.

23 Ibid., p. 170.

24 Ibid., p. 168.

25 Xiong Xianghui, "The Prelude to the Opening of Sino-American Relations," *Zhonggong dangshi ziliao*(CCP History Materials) no. 42(June 1992), p. 81, as excerpted in William Burr, ed., "New Documentary Reveals Secret U.S., Chinese Diplomacy Behind Nixon's Trip," National Security Archive Electronic Briefing Book, no. 145(December 21, 2004), http://www.gwu.edu/~nsarchiv/NSAEBB/NSAEBB145/index.htm.

26 Ibid.

27 Chen and Wilson, eds., "All Under the Heaven Is Great Chaos," p. 170.

28 Ibid., p. 171.

29 Ibid.

30 최근의 학문을 통합한 예를 보고 싶으면 Michael S. Gerson, *The Sino-Soviet Border Conflict: Deterrence, Escalation, and the Threat of Nuclear War in 1969*(Alexandria, Va.: Center for Naval Analyses, 2010), pp. 23~24 참조.

31 Kissinger, *White House Years*, p. 182.

32 "Minutes of the Senior Review Group Meeting, Subject: U.S. Policy on Current Sino-Soviet Differences(NSSM 63)," pp. 134~135. 아울러 Gerson, *The Sino-Soviet Border Conflict* , pp. 37~38 참조.

33 Elliot L. Richardson, "The Foreign Policy of the Nixon Administration: Address to the American Political Science Association, September 5, 1969," *Department of State Bulletin* 61, no. 1567(September 22, 1969), p. 260.

34 Gerson, *The Sino-Soviet Border Conflict*, pp. 49~52.

35 "Jing Zhicheng, Attaché, Chinese Embassy, Warsaw on: The Fashion Show in Yugoslavia," *Nixon's China Game*, pbs.org, September 1999(자료 출처: http://www.pbs.org/wgbh/amex/china/filmmore/reference/interview/zhicheng01.html).

36 Ibid.

37 "Memorandum from Secretary of State Rogers to President Nixon, March 10, 1970," in Steven E. Phillips, eds., *Foreign Relations of the United States*(FRUS), 1969-1976, vol. 17, *China 1969-1972*(Washington, D.C.: U.S. Government Printing Office 2006), pp. 188~191.

38 Kuisong Yang and Yafeng Xia, "Vacillating Between Revolution and Détente:

Mao's Changing Psyche and Policy Toward the United States, 1969-1976," *Diplomatic History* 34, no. 2(April 2010).

39 Edgar Snow, "A Conversation with Mao Tse-Tung," *LIFE* 70, no. 16(April 30, 1971), p. 47.

40 Ibid., p. 48.

41 Ibid., p. 46.

42 Ibid., p. 48.

43 Ibid., p. 47.

44 Ibid., p. 48.

45 Ibid.

46 Ibid.

47 Zhengyuan Fu, *Autocratic Tradition and Chinese Politics*(New York: Cambridge University Press, 1993), p. 188; Li, *The Private Life of Chairman Mao*, p. 120 참조. 마오 쩌둥의 주치의가 추측하기로는, 중국 문학에 소양이 깊지 못한 마오쩌둥의 통역사가 숨 은 뜻을 미처 파악하지 못하고 직역을 했다는 것이다. 또 다른 가능성은 통역사가 그 표 현의 의미를 잘 알았지만, 마오쩌둥이 그저 암시했을 따름인 말장난을 번역하기가 너 무 겁나는 데다. 영어로 옮겨 놓았다가는 위험할 정도로 무례할 성싶어서 그랬다는 것 이다. 마오쩌둥의 아내 장칭은 1980년 재판이 마무리될 즈음 반항하면서 바로 이 말을 크게 외쳤다. Ross Terrill, *Madame Mao: The White-Boned Demon*(Stanford: Stanford University Press, 1999), p. 344.

48 *Oxford Concise English-Chinese/Chinese-English Dictionary*, 2nd ed.(Hong Kong: Oxford University Press, 1999), p. 474. 언어학적 분석에서 나는 슈일러 쇼우튼의 조사 연구에 빚진 바가 많았다.

49 "Editorial Note," *FRUS* 17, pp. 239~240.

50 "Tab B.," *FRUS* 17, p. 250.

51 Ibid.

52 Snow, "A Conversation with Mao Tse-Tung," p. 47.

53 "Tab A.," *FRUS* 17, p. 249.

54 "Memorandum from the President's Assistant for National Security Affairs (Kissinger) to President Nixon, Washington, January 12, 1971," *FRUS* 17, p. 254.

55 Yang and Xia, "Vacillating Between Revolution and Détente," pp. 401~402.

56 Ibid., p. 405, citing Lin Ke, Xu Tao, and Wu Xujun, *Lishi de zhenshi—Mao Zedong shenbian gongzuo renyuan de zhengyan*(*The True Life of Mao Zedong—Eyewitness Accounts by Mao's Staff*)(Hong Kong, 1995), p. 308. 아울러 Yafeng Xia, "China's Elite Politics and Sino-American Rapprochement, January 1969-February 1972," *Journal of Cold War Studies* 8, no. 4(Fall 2006), pp. 13~17 참조.

57 Kissinger, *White House Years*, p. 710.

58 "Message from the Premier of the People's Republic of China Chou En-lai to President Nixon, Beijing, April 21, 1971," *FRUS* 17, p. 301.

59 Ibid.

60 Kissinger, *White House Years*, p. 720.

61 "Message from the Government of the United States to the Government of the People's Republic of China, Washington, May 10, 1971," *FRUS* 17, p. 318.

62 "Message from the Premier of the People's Republic of China Chou En-lai to President Nixon, Beijing, May 29, 1971," *FRUS* 17, p. 332.

9 다시 열린 관계—마오쩌둥, 저우언라이와의 첫 만남

1 Gao Wenqian, *Zhou Enlai: The Last Perfect Revolutionary*, trans. Peter Rand and Lawrence R. Sullivan(New York: PublicAffairs, 2007), p. 162.

2 "Answers to the Italian Journalist Oriana Fallaci: April 21 and 23, 1980," in *Selected Works of Deng Xiaoping(1975 - 1982)*, vol. 2, trans. The Bureau for the Compilation and Translation of Works of Marx, Engels, Lenin and Stalin Under the Central Committee of the Communist Party of China(Beijing: Foreign Languages Press, 1984), pp. 326~327.

3 Gao Wenqian, *Zhou Enlai: The Last Perfect Revolutionary*에는 저우언라이의 복잡한 모습이 있으며, 군데군데 저자가 경탄하는 모습도 담겨 있다. 이 책은 마오쩌둥이 야기한 국내 혼란에 저우언라이가 참여한 것을 두고, 결국 덩샤오핑과는 사뭇 다른 결론을 내린다. 문화 혁명에 대한 후안강의 최근작인 *Mao Zedong yu wenge(Mao Zedong and the Cultural Revolution)*(Hong Kong: Da Feng Chubanshe, 2008)은 이 시기의 저우언라이가 맡은 역할에 관해 다소 가혹한 관결을 내린다. 영어로 된 논의를 보고 싶으면 Yafeng Xia, *H-Diplo Roundtable Review* 11, no. 43(October 6, 2010) 참조(자료 출처: http://www.h-net.org/~diplo/roundtables/PDF/Roundtable-XI-43.pdf).

4 "Memorandum of Conversation: Beijing, July 9, 1971, 4:35~11:20 p.m.," in Steven E. Phillips, eds., *Foreign Relations of the United States(FRUS)*, 1969-1976, vol. 17, *China 1969-1972*(Washington, D.C.: U.S. Government Printing Office, 2006), p. 363.

5 "Memorandum of Conversation: Beijing, October 21, 1971, 10:30 a.m.~1:45 p.m.," *FRUS* 17, p. 504.

6 "Memorandum of Conversation: Beijing, February 17-18, 1973, 11:30 p.m.~1:20 a.m.," in David P. Nickles, ed., *Foreign Relations of the United States(FRUS)*, 1969-1976, vol. 18, *China 1973-1976*(Washington, D.C.: U.S. Government Printing

Office, 2007), p. 124.

7 "Memorandum of Conversation: Beijing, July 9, 1971, 4:35~11:20 p.m.," *FRUS* 17, p. 367.

8 Ibid., p. 390.

9 "Memorandum of Conversation: Beijing, July 10, 1971, 12:10~6:00 p.m.," *FRUS* 17, p. 400.

10 1971년 7월 내가 중국 방문을 마친 직후, 저우언라이는 하노이로 날아가 중국의 새로 운 외교 입장을 베트남 지도자들에게 브리핑했다. 여러 이야기를 종합해 보면 이 대담 은 순탄치 않았고, 이후 저우언라이가 하노이 임시 혁명 정부 전선의 외교 수장이었던 완강한 응우옌티빈과 가졌던 일련의 회담도 마찬가지였다.

Chen Jian, "China, Vietnam and Sino-American Rapprochement," in Odd Arne Westad and Sophie Quinn-Judge, eds., *The Third Indochina War: Conflict Between China, Vietnam and Cambodia, 1972-1979*(London: Routledge, 2006), pp. 53~54: Qiang Zhai, *China and the Vietnam Wars, 1950-1975*(Chapel Hill: University of North Carolina Press, 2000), pp. 196~197 참조.

11 "Memorandum of Conversation: Beijing, July 9, 1971, 4:35~11:20 p.m.," *FRUS* 17, pp. 367~368.

12 Ibid., p. 367.

13 Ibid.

14 Ibid., p. 369.

15 "Memorandum of Conversation: Shanghai, February 28, 1972, 8:30~9:30 a.m.," *FRUS* 17, p. 823.

16 이 오찬 모임에서의 논의에 대한 부분적인 기록은 *FRUS* 17, p. 416에 나온다.

17 이후 여러 해 동안 푸젠 성은 타이완 해협을 사이에 두고 진먼과 마쭈를 거치는 교역과 관광의 중심지로 변모했다.

18 "Memorandum of Conversation: Beijing, July 10, 1971, 12:10~6:00 p.m.," *FRUS* 17, pp. 403~404.

19 Chen Jian, *Mao's China and the Cold War*(Chapel Hill: University of North Carolina Press, 2001), p. 267.

20 "Memorandum of Conversation: Beijing, July 10, 1971, 12:10~6:00 p.m.," *FRUS* 17, pp. 430~431.

21 Margaret MacMillan, *Nixon and Mao: The Week That Changed the World*(New York: Random House, 2007), p. 22.

22 "Memorandum of Conversation: Beijing, February 21, 1972, 2:50~3:55 p.m.," *FRUS* 17, p. 681.

23 Ibid., pp. 678~679.

24 Ibid., p. 681.

25 Ibid., p. 680.

26 Ibid., pp. 681~682.

27 1970년부터 1974까지 영국 총리를 지낸 에드워드 히스는 후일 1974년과 1975년에 베이징을 방문하고 마오쩌둥을 만나게 된다.

28 샤를 드골은 프랑스 레지스탕스 지도자였으며 1959년부터 1969년까지 대통령을 역임했다. 프랑스는 1964년 이미 중화인민공화국을 인정한 바 있다.

29 "Memorandum of Conversation: Beijing, February 21, 1972, 2:50~3:55 p.m.," FRUS 17, pp. 679~680.

30 Ibid., p. 684.

31 Ibid., p. 683.

32 Ibid.

33 "Conversation Between President Nixon and the Ambassador to the Republic of China(McConaughy): Washington, June 30, 1971, 12:18~12:35 p.m.," FRUS 17, p. 349.

34 Ibid., pp. 351~352.

35 "Memorandum of Conversation: Beijing, February 21, 1972, 5:58~6:55 p.m.," FRUS 17, p. 688.

36 Ibid., p. 689.

37 "Memorandum of Conversation: Beijing, February 22, 1972, 2:10~6:00 p.m.," FRUS 17, p. 700.

38 "Memorandum of Conversation: Beijing, February 24, 1972, 5:15~8:05 p.m.," FRUS 17, p. 770.

39 "Memorandum of Conversation: Washington, February 14, 1972, 4:09~6:19 p.m.," FRUS 17, p. 666.

40 예를 들어 Gao Wenqian, Zhou Enlai, pp. 151~153 및 pp. 194~200 참조.

41 Kuisong Yang and Yafeng Xia, "Vacillating Between Revolution and Détente: Mao's Changing Psyche and Policy Toward the United States, 1969–1976," Diplomatic History 34, no. 2(April 2010), p. 407.

42 "Joint Statement Following Discussions with Leaders of the People's Republic of China: Shanghai, February 27, 1972," FRUS 17, pp. 812~816.

43 Ibid., p. 814.

44 "Memorandum of Conversation: Beijing, February 22, 1972, 2:10~6:00 p.m.," FRUS 17, p. 697.

45 "Joint Statement Following Discussions with Leaders of the People's Republic of China: Shanghai, February 27, 1972," FRUS 17, p. 815.

46 CCP Central Committee, "Notice on the Joint Sino-American Communiqué, March 7, 1972"(Yang and Xia, "Vacillating Between Revolution and Détente," p. 395 에 번역 게재).

10 준동맹—마오쩌둥과의 대화

1 "Memorandum of Conversation: Beijing, February 17~18, 1973, 11:30 p.m.~1:20 a.m.," in David P. Nickles, eds., *Foreign Relations of the United States*(*FRUS*), 1969-1976, vol. 18, *China 1973-1976*(Washington, D.C.: U.S. Government Printing Office, 2007), p. 124.

2 Ibid., pp. 124~125.

3 Ibid., p. 381.

4 Ibid., pp. 387~388.

5 1946년 조지 케넌이 모스크바에서 보낸 'Long Telegram'과 1947년 그가 명목상 익명으로 《포린 어페어스》에 기고했던 기사 "The Sources of Soviet Conduct"는 소련이 이념에 의해서 미국과 서구에 완강한 적대감을 갖게 되었으며, 소련이 이끄는 공산주의 세계는 단호한 대응을 보이지 않는 곳이라면 어디든지 침투할 것이라고 주장했다. 케넌은 소련의 압력이 "언제나 변하는 일련의 지리적, 정치적 지점에서 대항 세력을 노련하고 부지런하게 적용함으로써 억제될 수" 있다고 상정했지만, 그의 억제 이론은 군사적 독트린이 아니었다. 그것은 외교적 압력의 행사와 비공산권 세계 내부의 정치, 사회적 개혁 등을 소련 확장에 맞서는 방어벽으로 사용하는 데 상당한 무게를 두었다.

6 "Memorandum of Conversation: Beijing, November 12, 1973, 5:40~8:25 p.m.," *FRUS* 18, p. 385.

7 Ibid., p. 389.

8 당시 모스크바와 노선을 같이한 독립 국가였던 예멘공화국이다.

9 Steven E. Phillips, *Foreign Relations of the United States*(*FRUS*), 1969-1976, vol. 17, *China 1969-1972*(Washington, D.C.: U.S. Government Printing Office, 2006), p. 548에 실린 "Memorandum from the President's Assistant for National Security Affairs(Kissinger) to President Nixon: Washington, November 1971."

10 "Memorandum of Conversation: Beijing, November 12, 1973, 5:40~8:25 p.m.," *FRUS* 18, p. 391.

11 "Memorandum of Conversation: Beijing, February 17~18, 1973, 11:30 p.m.~1:20 a.m.," *FRUS* 18, p. 125.

12 "Memorandum of Conversation: Beijing, November 12, 1973, 5:40~8:25 p.m.," *FRUS* 18, p. 131. 한 해석에 따르면, 마오쩌둥이 가지고 있던 수평선 내 국가들 리스트

에는 중국도 포함되어 있었다. 그 말은 번역되지 않았고, 미국이 가진 이 대화 기록에는
나타나지 않는다. 중국의 동서 인접국들이 들어 있다는 사실로 미루어 중국이 포함된
것을 적어도 유추할 수는 있다.

13 Kuisong Yang and Yafeng Xia, "Vacillating Between Revolution and Détente:
Mao's Changing Psyche and Policy Toward the United States, 1969–1976," *Diplomatic
History* 34, no. 2(April 2010), p. 408.

14 "Memorandum of Conversation: Beijing, February 17~18, 1973, 11:30 p.m.~1:20
a.m.," *FRUS* 18, p. 134.

15 Ibid., p. 136.

16 "Memorandum of Conversation: Beijing, October 21, 1975, 6:25~8:05 p.m.," *FRUS*
18, p. 794.

17 Yang and Xia, "Vacillating Between Revolution and Détente," p. 413.

18 Ibid., p. 414.

19 "Memorandum of Conversation: Beijing, February 15, 1973, 5:57~9:30 p.m.,"
FRUS 18, p. 38.

20 Ibid., p. 32.

21 "Memorandum of Conversation: Beijing, February 17~18, 1973, 11:30 p.m.~1:20
a.m.," *FRUS* 18, p. 137.

22 13장 참조. 아울러 Henry Kissinger, *Years of Upheaval*(Boston: Little, Brown, 1982),
pp. 16~18, pp. 339~367.

23 중국의 분석은 장기적으로 볼 때 보통 때보다 정확성이 떨어졌다. 왜냐하면 1975년에
서명한 헬싱키 협정이 동구에 대한 소련의 통제가 약해진 데 대한 주된 요소로서 이제
는 일반적으로 인정되기 때문이다.

11 마오쩌둥 시대의 종말

1 Roderick MacFarquhar, "The Succession to Mao and the End of Maoism,
1969–1982," in Roderick MacFarquhar, ed., *The Politics of China: The Eras of Mao and
Deng*, 2nd ed.(Cambridge: Cambridge University Press, 1997), pp. 278~281, pp.
299~301.

중국의 '순수한' 젊은 세대 가운데에서 후계자를 찾으려 했던 마오쩌둥은 서른일곱
살의 왕홍원을 공산당 내에서 3위 서열까지 올려놓았다. 그때까지만 해도 그는 단지 지
방 수준에서 좌파 조직책으로 두드러졌을 뿐이었다. 그의 아찔한 상승은 많은 관측통을
당황하게 만들었다. 장칭과 밀접하게 연관되어 있던 왕홍원은 그의 공식 직책에 어울릴
만한 독립적인 정체성이라든가 권위를 한 번도 누리지 못했다. 그는 1976년 10월 사인

방의 나머지와 함께 실각했다.

2 이 비교가 자세히 진술되어 있는 문헌으로는 David Shambaugh, "Introduction: Assessing Deng Xiaoping's Legacy"이라든가, David Shambaugh, *Deng Xiaoping: Portrait of a Chinese Statesman*(Oxford: Clarendon Press, 2006), pp. 1~2, p. 14에 나오는 Lucian W. Pye, "An Introductory Profile: Deng Xiaoping and China's Political Culture" 등을 들 수 있다.

3 "Memorandum of Conversation: Beijing, November 14, 1973, 7:35~8:25 a.m.," in David P. Nickles, eds., *Foreign Relations of the United States*(*FRUS*), 1969-1976, vol. 18, *China 1973-1976*(Washington, D.C.: U.S. Government Printing Office, 2007), p. 430.

4 "Memorandum from Richard H. Solomon of the National Security Council Staff to Secretary of State Kissinger, Washington, January 25, 1974," *FRUS* 18, p. 455.

5 Gao Wenqian, *Zhou Enlai: The Last Perfect Revolutionary* trans. Peter Rand and Lawrence R. Sullivan(New York: Public Affairs, 2007), p. 246.

6 Kuisong Yang and Yafeng Xia, "Vacillating Between Revolution and Détente: Mao's Changing Psyche and Policy Toward the United States, 1969-1976," *Diplomatic History* 34, no. 2(April 2010), p. 414. 이 회의의 공식 기록은 출간되지 않았다. 이 인용문은 유펑이라는 중국 고위 외교관의 미출간 회고록에서 발췌한 것이다. 그는 정치국 회의에 대한 차오관화 외교부장의 요약문을 볼 수 있는 위치에 있었다.

7 Chou Enlai, "Report on the Work of the Government: January 13, 1975," *Peking Review* no. 4(January 24, 1975), pp. 21~23.

8 Ibid., 23.

9 "Speech by Chairman of the Delegation of the People's Republic of China, Teng Hsiao-Ping, at the Special Session of the U.N. General Assembly: April 10, 1974" (Peking: Foreign Languages Press, 1974).

10 Ibid., p. 5.

11 Ibid., p. 6.

12 Ibid., p. 8.

13 "Memorandum of Conversation: Beijing, October 21, 1975, 6:25~8:05 p.m.," *FRUS* 18, pp. 788~789.

14 Ibid., p. 788.

15 베이징 주재 미국 연락 사무소장 조지 H. W. 부시, 국무성 정책실장 윈스턴 로드, 그리고 나를 가리킨 것이다.

16 "Memorandum of Conversation: Beijing, October 21, 1975, 6:25~8:05 p.m.," *FRUS*, p. 18, pp. 789~790.

17 Ibid., p. 789.

18 Ibid., p. 793.

19 Ibid. 1940년 프랑스 전투가 끝난 다음, 영국은 원정군을 철수시켰다.

20 Ibid., p. 794.

21 Ibid.

22 Ibid., p. 791.

23 Ibid., p. 792.

24 Ibid.

25 Ibid., p. 790.

26 Ibid., p. 791.

27 Ibid.

28 "Memorandum of Conversation: Beijing, October 25, 1975, 9:30 a.m.," *FRUS* 18, p. 832.

29 Ibid.

30 "Paper Prepared by the Director of Policy Planning Staff(Lord), Washington, undated," *FRUS* 18, p. 831.

31 "Memorandum of Conversation: Beijing, December 2, 1975, 4:10~6:00 p.m.," *FRUS* 18, p. 858.

32 Ibid., p. 859.

33 내전 중 옌안에 있던 마오쩌둥의 친구. 전직 장군으로서 지금은 대사로 워싱턴에 주재하고 있다.

34 "Memorandum of Conversation: Beijing, December 2, 1975, 4:10~6:00 p.m.," *FRUS* 18, p. 859.

35 Ibid., p. 867.

36 수사학적으로 각각 마오쩌둥과 장칭의 대역이랄 수 있는 진시황과 당나라 측천무후의 권력 남용에 대해서 텍스트의 일부는 혹독한 비난을 퍼부었다.

37 Henry Kissinger, *Years of Renewal*(New York: Simon & Schuster, 1999), p. 897.

12 난공불락 덩샤오핑

1 Richard Evans, *Deng Xiaoping and the Making of Modern China*(New York: Viking, 1993), pp. 186~187.

2 예컨대 "The Army Needs to Be Consolidated: January 25, 1975," *Selected Works of Deng Xiaoping: 1975-1982*, vol. 2, trans. The Bureau for the Compilation and Translation of Works of Marx, Engels, Lenin and Stalin Under the Central Committee of the Communist Party of China(Beijing: Foreign Languages Press,

1984), pp. 11~13; "Some Problems Outstanding in the Iron and Steel Industry: May 29, 1975," in *Selected Works of Deng Xiaoping*, pp. 18~22.

3 "The Whole Party Should Take the Overall Interest into Account and Push the Economy Forward: March 5, 1975," *Selected Works of Deng Xiaoping*, pp. 14~17.

4 "Priority Should Be Given to Scientific Research: September 26, 1975"(자료 출처: http://web.peopledaily.com.cn/english/dengxp/ vol2/text/b1080.html).

5 "The Army Needs to Be Consolidated: January 25, 1975," in *Selected Works of Deng Xiaoping*, p. 13.

6 "Things Must Be Put in Order in All Fields: September 27 and October 4, 1975," in *Selected Works of Deng Xiaoping*, p. 47.

7 Deng Xiaoping, "Memorial Speech," in *China Quarterly* 65(March 1976), p. 423.

8 "The 'Two Whatevers' Do Not Accord with Marxism: May 24, 1977," in *Selected Works of Deng Xiaoping*, vol. 2, 51, note 1(이 원칙을 개진한 1977년 2월의 사설 인용); 아울러 Roderick MacFarquhar, "The Succession to Mao and the End of Maoism, 1969-1982," in Roderick MacFarquhar, eds., *The Politics of China: The Eras of Mao and Deng*, 2nd ed.(Cambridge: Cambridge University Press, 1997), pp. 312~313 참조.

9 MacFarquhar, "The Succession to Mao and the End of Maoism, 1969-1982," in MacFarquhar, ed., *The Politics of China*, p. 312.

10 "Speech at the All-Army Conference on Political Work: June 2, 1978," in *Selected Works of Deng Xiaoping*, vol. 2, p. 132.

11 "The 'Two Whatevers' Do Not Accord with Marxism: May 24, 1977", in *Selected Works of Deng Xiaoping*, p. 51.

12 "Respect Knowledge, Respect Trained Personnel: May 24, 1977," in *Selected Works of Deng Xiaoping*, p. 53.

13 Stanley Karnow, "Our Next Move on China," *New York Times*(August 14, 1977); Jonathan Spence, *The Search for Modern China*(New York: W. W. Norton, 1999), p. 632.

14 Lucian W. Pye, "An Introductory Profile: Deng Xiaoping and China's Political Culture," in David Shambaugh, ed., *Deng Xiaoping: Portrait of a Chinese Statesman*(Oxford: Clarendon Press, 2006).

15 "Emancipate the Mind, Seek Truth from Facts and Unite As One in Looking into the Future: December 13, 1978," in *Selected Works of Deng Xiaoping*, vol. 2, p. 152.

16 Ibid., p. 154.

17 Ibid.

18 "Uphold the Four Cardinal Principles: March 30, 1979," in *Selected Works of Deng Xiaoping*, vol. 2, p. 181.

19 Ibid., p. 181.

20 Ibid., pp. 182~183.

21 덩샤오핑은 1983년까지 부총리 겸 인민 정치 협상 회의 의장을 지냈다. 또 1981년부터 1989년까지는 중앙 군사 위원회 주석과 지도 위원회 주석을 지냈다.

22 Evans, *Deng Xiaoping and the Making of Modern China*, p. 256.

13 "호랑이의 엉덩이를 만지다"──3차 베트남전

1 "호랑이의 엉덩이를 만지다(摸老虎屁股)"는 마오쩌둥 때문에 유행하게 된 중국 격언인데, 무언가 과감하고 위험한 짓을 한다는 뜻이다. 이 말이 나왔던 계기는 1979년 4월 베이징에서 화궈펑과 가졌던 회담이었다.

2 문화 혁명 도중 당시 국방 부장이었던 린뱌오는 모든 계급과 계급장을 없애고, 마오쩌둥의 격언이 담긴 마오쩌둥 어록을 이용하여 중국군에 대한 폭넓은 이념 교육을 하라고 지시했다. 아울러 인민 해방군에게는 보통 군대의 임무 외에도 사회적, 이념적 역할까지 수행하라는 요청까지 했다. Edward O'Dowd, *Chinese Military Strategy in the Third Indochina War*(New York: Routledge, 2007)에는 베트남과의 갈등이 생겼을 때 이런 사태의 발전 때문에 인민 해방군이 어떤 희생을 감수했는지에 관한 날카로운 해석이 기록되어 있다.

3 "Zhou Enlai, Kang Sheng, and Pham Van Dong: Beijing, 29 April 1968," in Odd Arne Westad, Chen Jian, Stein Tønnesson, Nguyen Vu Tung, James G. Hershberg, eds., "77 Conversations Between Chinese and Foreign Leaders on the Wars in Indochina, 1964-1977," Cold War International History Project Working Paper Series, working paper no. 2호(Washington, D.C.: Woodrow Wilson International History Project, May 1998), pp. 127~128.

4 8장 참조.

5 나는 마오쩌둥이 보기에 이념적으로 올바른 크메르 루주의 타협을 저우언라이가 나서서 강요해 왔던 것이 (알고 보니 불필요했던 일이지만) 그의 실각에 한몫했다고 믿었다. 아울러 Kissinger, *Years of Upheaval*(Boston: Little, Brown, 1982), p. 368 참조.

6 Robert S. Ross, *The Indochina Tangle: China's Vietnam Policy, 1975-1979*(New York: Columbia University Press, 1988), p. 74, quoting Xinhua news report(August 15, 1975), as translated in Foreign Broadcast Information Service(FBIS) Daily Report, People's Republic of China(August 18, 1975), p. A7.

7 Ibid.

8 Ibid., p. 98, quoting Xinhua news report(March 15, 1976), as translated in FBIS Daily Report, People's Republic of China(March 16, 1976), p. A13.

9 1978년 4월, 아프가니스탄 대통령이 암살되고 정부는 대체되었다. 1978년 12월 5일, 소련과 아프가니스탄의 새 정부는 우호 조약을 체결했고, 1979년 2월 19일 주 아프가니스탄 미국 대사가 암살되었다.

10 Cyrus Vance, *Hard Choices: Critical Years in America's Foreign Policy*(New York: Simon & Schuster, 1983), p. 79.

11 "President Carter's Instructions to Zbigniew Brzezinski for His Mission to China, May 17, 1978," in Zbigniew Brzezinski, *Power and Principle: Memoirs of the National Security Adviser, 1977–1981*(New York: Farrar, Straus & Giroux, 1985), Annex I, 2.

12 다섯 개 원칙은 ① '하나의 중국' 정책 확인, ② 타이완 독립 운동을 지원하지 않는다는 미국의 공약, ③ 타이완 내 일본군 배치라는 가설에 대한 미국의 방지, ④ 베이징과 타이완 사이의 모든 평화적 해결에 대한 지원, ⑤ 지속적인 관계 정상화를 위한 공약 등이다. 9장 참조.

13 "Memorandum of Conversation, Summary of the President's Meeting with the People's Republic of China Vice Premier Deng Xiaoping: Washington, January, 29th 1979, 3:35~4:59 p.m.," Jimmy Carter Presidential Library(JCPL), Vertical File——China, item no. 270, pp. 10~11.

14 "Summary of Dr. Brzezinski's Meeting with Foreign Minister Huang Hua: Beijing, May 21st, 1978," JCPL, Vertical File——China, item no. 232, p. 3.

15 Ibid., pp. 6~7.

16 Ibid. 사다트는 1970년부터 1981년 암살당하기까지 이집트 대통령이었다. 여기서 언급한 '대담한 행동'에는 1972년 2만 명 이상의 소련 군사 자문 위원을 이집트에서 추방했던 일이라든가, 1973년 10월 전쟁을 일으켰던 일, 그리고 이어 이스라엘과 평화 협상을 진행했던 일 등이 포함된다.

17 Ibid., p. 4.

18 Ibid., pp. 10~11.

19 "Memorandum of Conversation, Meeting with Vice Premier Teng Hsiao P'ing: Beijing, May 21st, 1978," JCPL, Vertical File–China, item no. 232–e, p. 16.

20 Ibid., pp. 5~6.

21 "Summary of Dr. Brzezinski's Meeting with Chairman Hua Kuo–feng: Beijing, May 22nd, 1978," JCPL, Vertical File–China, item no. 233c, pp. 4~5.

22 "Memorandum of Conversation, Summary of the President's Meeting with Ambassador Ch'ai Tse–min: Washington, September 19, 1978," JCPL, Vertical File–China, item no. 250b, p. 3.

23 "Memorandum of Conversation, Meeting with Vice Premier Teng Hsiao P'ing: Beijing, May 21st 1978," JCPL, Vertical File–China, item no. 232–e, p. 6.

24 최근 몇 년 동안 중국 지도자들과 정책 분석가들은, 기존 국제 체제의 틀 안에서 주요

강대국의 지위를 성취하려는 외교 정책상의 열망을 나타내는 말로 '평화적 부상'이란 표현을 써 왔다. 배리 부잔(Barry Buzan)은 이 개념에 대한 중국 및 서구 학자들의 생각을 모두 통합하는 사려 깊은 기사에서, 덩샤오핑이 중국의 국내 발전과 외교 정책을 점차 비혁명 세계에 일치시키고 서구와의 공통된 이해관계를 추구하던 1970년대 말과 1980년대 초 중국의 '평화적 부상'이 시작되었다는 논의를 제기했다. 덩샤오핑의 해외 순방은 이러한 재편성을 드라마틱하게 증명한다. Barry Buzan, "China in International Society: Is 'Peaceful Rise' Possible?" in *The Chinese Journal of International Politics* 3(2010), pp. 12~13.

25 "An Interview with Teng Hsiao P'ing," *Time*(February 5, 1979)(자료 출처: http://www.time.com/time/magazine/article/0,9171,946204,00.html).

26 "China and Japan Hug and Make Up," *Time*(November 6, 1978)(자료 출처: http://www.time.com/time/magazine/article/0,9171,948275-1,00.html).

27 Henry Kamm, "Teng Begins Southeast Asian Tour to Counter Rising Soviet Influence," *New York Times*(November 6, 1978), p. A1.

28 Henry Kamm, "Teng Tells the Thais Moscow-Hanoi Treaty Perils World's Peace," *New York Times*(November 9, 1978), p. A9.

29 "Excerpts from Talks Given in Wuchang, Shenzhen, Zhuhai and Shanghai: January 18-February 21, 1992," in *Selected Works of Deng Xiaoping*, vol. 3, trans. The Bureau for the Compilation and Translation of Works of Marx, Engels, Lenin and Stalin Under the Central Committee of the Communist Party of China(Beijing: Foreign Languages Press, 1994), p. 366.

30 Lee Kuan Yew, *From Third World to First: The Singapore Story — 1965-2000*(New York: HarperCollins, 2000), p. 597.

31 Ibid., pp. 598~599.

32 Fox Butterfield, "Differences Fade as Rivals Mingle to Honor Teng," *New York Times*(January 30, 1979), p. A1.

33 Joseph Lelyveld, "'Astronaut' Teng Gets New View of World in Houston," *New York Times*(February 3, 1979), p. A1.

34 Fox Butterfield, "Teng Again Says Chinese May Move Against Vietnam," *New York Times*(February 1, 1979), p. A16.

35 Joseph Lelyveld, "'Astronaut' Teng Gets New View of World in Houston," p. A1.

36 22년이란 두 차례 세계 대전 사이의 간격을 말한다. 2차 세계 대전이 끝난 지 22년 이상이 흘렀으므로, 중국 지도자들은 어떤 역사적 리듬이 상황을 움직이지 않을까 하여 신경을 곤두세웠다. 마오쩌둥 역시 이미 10년 전에 호주 공산당 지도자인 힐에게 동일한 언급을 했다. 8장 내용 참조; 아울러 Chen Jian and David L. Wilson, eds., "All Under the Heaven Is Great Chaos: Beijing, the Sino-Soviet Border Clashes, and the Turn Toward Sino–American Rapprochement, 1968–69," *Cold War International History Project Bulletin* 11(Washington, D.C.: Woodrow Wilson International Center for Scholars, Winter 1998), p. 161.

37 "Memorandum of Conversation, Summary of the President's First Meeting with PRC Vice Premier Deng Xiaoping: Washington, January 29th, 1979," JCPL, Vertical File–China, item no. 268, pp. 8~9.

38 "Memorandum of Conversation, Meeting with Vice Premier Teng Hsiao P'ing: Beijing, May 21st, 1978," JCPL, Vertical File–China, item no. 232–e, p. 14.

39 "Memorandum of Conversation, Summary of the President's Meeting with the People's Republic of China Vice Premier Deng Xiaoping: Washington, January 29th, 1979, 3:35~4:59 p.m.," JCPL, Vertical File–China, item no. 270, pp. 10~11.

40 "Memorandum of Conversation, Carter–Deng, Subject: Vietnam: Washington, January 29th, 1979, 5:00 p.m.~5:40 p.m.," JCPL, Brzezinski Collection, China(PRC) 12/19/78~10/3/79, item no. 007, p. 2.

41 Ross, *The Indochina Tangle*, p. 229.

42 "Memorandum of Conversation, Carter–Deng, Washington, January 29th, 1979, 5:00 p.m.~5:40 p.m.," JCPL, Brzezinski Collection, China(PRC) 12/19/78~ 10/3/79, item no. 007, p. 2.

43 Ibid., p. 5.

44 Brzezinski, *Power and Principle*, p. 410.

45 "President Reporting on His Conversations with Deng: January 30th, 1979," JCPL, Brzezinski Collection, China(PRC) 12/19/78~10/3/79, item no. 009, p. 1.

46 Henry Scott–Stokes, "Teng Criticizes the U.S. for a Lack of Firmness in Iran," *New York Times*(February 8, 1979), p. A12.

47 낮은 숫자는 Bruce Elleman, *Modern Chinese Warfare, 1795–1989*(New York: Routledge, 2001), p. 285에 나온다. 높은 숫자는 Edward O'Dowd, *Chinese Military Strategy in the Third Indochina War*, p. 3, pp. 45~55에 나온다.

48 O'Dowd, *Chinese Military Strategy in the Third Indochina War*, p. 45.

49 Deng Xiaoping to Jimmy Carter on January 30, 1979, as quoted in Brzezinski, *Power and Principle*, pp. 409~410.

50 "Text of Declaration by Moscow," *New York Times*(February 19, 1979); Craig R. Whitney, "Security Pact Cited: Moscow Says It Will Honor Terms of Treaty—No Direct Threat Made," *New York Times*(February 19, 1979), p. A1.

51 Edward Cowan, "Blumenthal Delivers Warning," *New York Times*(February 28, 1979), p. A1.

52 Ibid.

53 이러한 통념에 도전장을 던지고 그런 갈등이 지닌 반소련 측면을 강조했던 학자들 가운데 한 명이 브루스 엘리먼(Bruce Elleman)이었다. 그의 *Modern Chinese Warfare*, pp. 284~297 참조.

54 인민 해방군의 피해에 관한 여러 추측을 검토해 보고 싶으면 O'Dowd, *Chinese Military Strategy in the Third Indochina War*, p. 45 참조.

55 "Memorandum of Conversation, Summary of the President's First Meeting with PRC Vice Premier Deng Xiaoping: Washington, January 29th, 1979," JCPL, Vertical File-China, item no. 268, p. 8.

56 "Memorandum, President Reporting on His Conversations with Deng: January 30th, 1979," JCPL, Brzezinski Collection, China(PRC) 12/19/ 78~10/3/79, item no. 009, p. 2.

57 "Memorandum of Conversation with Vice Premier Deng Xiaoping: Beijing, January 8th, 1980," JCPL, NSA Brzez. Matl. Far East, Box No. 69, Brown(Harold) Trip Memcons, 1/80, File, p. 16.

58 "Memorandum of Conversation with Vice Premier Deng Xiaoping: Beijing, January 8th, 1980," JCPL, NSA Brzez. Matl. Far East, Box No. 69, Brown(Harold) Trip Memcons, 1/80, File, p. 15.

59 "President Carter's Instructions to Zbigniew Brzezinski for His Mission to China, May 17, 1978," in Brzezinski, *Power and Principle*, Annex I, p. 4.

60 "1986년 현재 베트남은 70만 전투 병력을 이 나라 북부에 주둔시켰다." Karl D. Jackson, "Indochina, 1982-1985: Peace Yields to War," in Solomon and Kosaka, eds., *The Soviet Far East Military Buildup* as cited in Elleman, *Modern Chinese Warfare*, p. 206.

61 "Memorandum of Conversation, Summary of the Vice President's Meeting with People's Republic of China Vice Premier Deng Xiaoping: Beijing, August 28th, 1979, 9:30 a.m.~12:00 noon," JCPL, Vertical File-China, item no. 279, p. 9.

62 "Memorandum of Conversation Between President Carter and Premier Hua Guofeng of the People's Republic of China: Tokyo, July 10th, 1980," JCPL, NSA Brzez. Matl. Subj. File, Box No. 38, "Memcons: President, 7/80."

63 Chen Jian, *China's Road to the Korean War*(New York: Columbia University Press, 1994), p. 149에 인용.

64 "Memorandum of Conversation, Summary of Dr. Brzezinski's Conversation with Vice Premier Geng Biao of the People's Republic of China: Washington, May 29th, 1980," JCPL, NSA Brzez. Matl. Far East, Box No. 70, "Geng Biao Visit, 5/23~31/80," Folder, p. 5.

65 Lee, *From Third World to First*, p. 603.

14 레이건, 그리고 도래한 정상 관계

1 George H. W. Bush and Brent Scowcroft, *A World Transformed*(New York: Alfred A. Knopf, 1998), pp. 93~94.

2 Taiwan Relations Act, Public Law 96-8, § 3.1.

3 Joint Communiqué Issued by the Governments of the United States and the People's Republic of China(August 17, 1982), as printed in Alan D. Romberg, *Rein In at the Brink of the Precipice: American Policy Toward Taiwan and U.S.-PRC Relations*(Washington, D.C.: Henry L. Stimson Center, 2003), p. 243.

4 Nancy Bernkopf Tucker, *Strait Talk: United States-Taiwan Relations and the Crisis with China*(Cambridge: Harvard University Press, 2009), p. 151.

5 Ibid.

6 Ibid., pp. 148~150.

7 John Lewis Gaddis, *The Cold War: A New History*(New York: Penguin, 2005), pp. 213~214, note 43.

8 Hu Yaobang, "Create a New Situation in All Fields of Socialist Modernization — Report to the 12th National Congress of the Communist Party of China: September 1, 1982," *Beijing Review* 37(September 13, 1982), p. 29.

9 Ibid., pp. 30~31.

10 Ibid.

11 Ibid.

12 Charles Hill, "Shifts in China's Foreign Policy: The US and USSR"(April 21, 1984), Ronald Reagan Presidential Library(hereafter RRPL), 90946(Asian Affairs Directorate, NSC).

13 Directorate of Intelligence, Central Intelligence Agency, "China-USSR: Maneuvering in the Triangle"(December 20, 1985) RRPL, 007-R.

14 "Memorandum to President Reagan from Former President Nixon," Memorandum for the President from William P. Clark, re: Former President Nixon's Trip to China(September 25, 1982), RRPL, William Clark Files, p. 002.

15 George P. Shultz, *Turmoil and Triumph: My Years as Secretary of State*(New York: Charles Scribner's Sons, 1993), p. 382.

16 Ronald Reagan, "Remarks at Fudan University in Shanghai, April 30, 1984," *Public Papers of the Presidents of the United States*(Washington, D.C.: U.S. Government Printing Office, 1986), book 1, pp. 603~608; "Remarks to Chinese Community Leaders in Beijing, April 27, 1984," *Public Papers of the Presidents of the United States*, book 1, pp. 579~584.

17 Donald Zagoria, "China's Quiet Revolution," *Foreign Affairs* 62, no. 4(April 1984), p. 881.

18 Jonathan Spence, *The Search for Modern China*(New York: W. W. Norton, 1999), pp. 654~655.

19 Nicholas Kristof, "Hu Yaobang, Ex-Party Chief in China, Dies at 73," *New York Times*(April 16, 1989).

20 Christopher Marsh, *Unparalleled Reforms*(New York: Lexington, 2005), p. 41.

21 Richard Baum, *Burying Mao: Chinese Politics in the Age of Deng Xiaoping*(Princeton: Princeton University Press, 1994), pp. 231~232.

15 톈안먼

1 조너선 스펜스(Jonathan Spence)는 1989년이 정치적 의미가 깊은 몇몇 기념일이 겹쳐지는 해였다고 지적한다. "1989년은 프랑스 혁명 200주년이며, 5 · 4 운동 70주년인 데다, 중화인민공화국 건립 40주년이 되는 해였고, 미국과의 공식 외교 관계가 재개된 이래로 10년이 지난 해이기도 했다." Spence, *The Search for Modern China*(New York: W. W. Norton, 1999), p. 696.

2 Andrew J. Nathan, "Preface to the Paperback Edition: The Tiananmen Papers - An Editor's Reflections," in Zhang Liang, Andrew Nathan and Perry Link, eds., *The Tiananmen Papers*(New York: Public Affairs, 2001), p. viii.

3 Richard Baum, *Burying Mao: Chinese Politics in the Age of Deng Xiaoping*(Princeton: Princeton University Press, 1994), p. 254.

4 Nathan, Introduction to *The Tiananmen Papers*, "The Documents and Their Significance," lv.

5 조건부 결정을 시행하려는 노력의 한 예가 중국의 인권 상황 변화에 따라서 최혜국 대우 여부를 결정하자는 클린턴 행정부의 정책인데, 이는 17장에서 좀 더 자세하게 논의한다.

6 David M. Lampton, *Same Bed, Different Dreams: Managing U.S.-China Relations, 1989-2000*(Berkeley: University of California Press, 2001), p. 305.

7 George H. W. Bush and Brent Scowcroft, *A World Transformed*(New York: Alfred A. Knopf, 1998), pp. 89~90.

8 Ibid., pp. 97~98.

9 의회와 백악관은 미국에서 공개리에 시위했던 유학생들이 중국으로 돌아가면 처벌을 받게 되리라는 우려를 공유했다. 그래서 대통령은 비자 연장 신청을 우호적으로 처리할 것이라고 암시했고, 한편 의회는 그런 신청을 하지 않더라도 연장해 줄 수 있는 방안을 추구했다.

10 Bush and Scowcroft, *A World Transformed*, p. 100.

11 Ibid., p. 101.

12 Ibid.

13 Ibid., p. 102.

14 Ibid.

15 Lampton, *Same Bed, Different Dreams*, p. 302.

16 Bush and Scowcroft, *A World Transformed*, pp. 105~106. 첸치천 외교부장은 자신의 회고록에 포함된 이 부분의 해석에 이의를 제기하면서, 비행기는 전혀 위험에 빠진 적이 없었다고 단언했다. Qian Qichen, *Ten Episodes in China's Diplomacy*(New York: HarperCollins, 2005), p. 133.

17 Bush and Scowcroft, *A World Transformed*, p. 106.

18 Ibid.

19 Qian, *Ten Episodes in China's Diplomacy*, p. 134.

20 Bush and Scowcroft, *A World Transformed*, p. 109.

21 Ibid., p. 107.

22 Ibid.

23 Ibid., pp. 107~108.

24 Ibid., pp. 107~109.

25 Ibid., p. 110.

26 덩샤오핑은 조만간 은퇴하겠다는 의사를 분명히 밝혔다. 그리고 1992년 실제로 그는 은퇴했다. 물론 그는 계속해서 정책 결정에 영향을 끼치기는 했지만 말이다.

27 평화 공존의 다섯 가지 원칙은 1954년 중국과 인도 주도로 논의되었다. 두 나라는 이념의 방향이 서로 다른 국가 사이의 공존과 상호 불간섭을 관심사로 협상했다.

28 1989년 10월 닉슨이 개인적으로 베이징을 찾았을 때 덩샤오핑은 이와 비슷한 언급을 했다. "부시 대통령에게 제발 과거를 종결짓자고 이야기해 주세요. 미국이 주도권을 잡아야 합니다. 미국이 아니면 누가 앞장설 수 있겠습니까? 미국은 그렇게 할 수 있어요. 중국은 주도할 수 없습니다. 미국이 더 강하고 중국은 더 약한 데다 상처받았기 때문이지요. 그렇다고 당신들이 중국이 구걸하는 모습을 보고 싶다면, 보지 못하게 될 거요. 설사 100년을 질질 끈다 하더라도 중국인들이 제재를 풀어 달라고 간청한다는 것은 불가능하단 말입니다. 이런 점에서 중국 지도자가 만약 실수를 한다면, 그게 누구든지 중국인들은 절대로 용서하지 않을 겁니다." Lampton, *Same Bed, Different Dreams*, p. 29 인용.

29 백악관 내부의 몇몇 인사는 대통령이 주관하는 만찬에 팡리즈를 비난하는 바로 그 중국 관리들과 함께 팡리즈를 초대한다는 것은 쓸데없이 중국을 자극하는 일이라고 주장했다. 그들은 베이징 주재 미국 대사관 측이 닥쳐올 말썽을 미리 알려 주지 않았다고 해서 비판했다. 초청자 리스트에 팡리즈를 포함시키면서 윈스턴 로드 주중 대사는 사실 그가 노골적인 반체제 인사임을 표시했고, 그의 이름 때문에 중국 정부가 경악할지도

모르지만, 그래도 초청할 가치가 있다고 통보했다.

30 "Cable, From: U.S. Embassy Beijing, To: Department of State, Wash DC, SITREP No. 49, June 12, 0500 Local(June 11, 1989)," in Jeffrey T. Richardson and Michael L. Evans, eds., *Tiananmen Square, 1989: The Declassified History*, National Security Archive Electronic Briefing Book no. 16(June 1, 1999), Document 26.

31 Bush and Scowcroft, *A World Transformed*, p. 99.

32 U.S. Embassy Beijing Cable, "China and the U.S. — A Protracted Engagement," July 11, 1989, SECRET, in Michael L. Evans, eds., *The U.S. Tiananmen Papers: New Documents Reveal U.S. Perceptions of 1989 Chinese Political Crisis*, National Security Archive Electronic Briefing Book(June 4, 2001), Document 11.

33 Bush and Scowcroft, *A World Transformed*, pp. 101~102.

34 덩샤오핑이 윈스턴 로드를 두고 한 말이었다.

35 Qian, *Ten Episodes in China's Diplomacy*, p. 140.

36 Bush and Scowcroft, *A World Transformed*, p. 174.

37 Ibid., pp. 176~177.

38 결국 팡리즈와 그의 아내는 미군 수송기를 타고 중국을 떠나 영국으로 향했다. 이후 그들은 미국에 자리를 잡았고, 팡리즈는 애리조나 대학 물리학 교수가 되었다.

39 Richard Evans, *Deng Xiaoping and the Making of Modern China*(London: Hamish Hamilton, 1993), p. 304(*Zheng Ming*, Hong Kong, May 1, 1990 인용).

40 "Deng Initiates New Policy 'Guiding Principle,'" FBIS-CHI-91-215; 아울러 United States Department of Defense, Office of the Secretary of Defense, "Military Power of the People's Republic of China: A Report to Congress Pursuant to the National Defense Authorization Act Fiscal Year 2000"(2007), p. 7 참조.

41 "Deng Initiates New Policy 'Guiding Principle,'" FBIS-CHI-91-215.

16 덩샤오핑의 마지막 업무, 남순강화(南巡講話)

1 Richard Baum, *Burying Mao: Chinese Politics in the Age of Deng Xiaoping*(Princeton: Princeton University Press, 1994), p. 334.

2 "Excerpts from Talks Given in Wuchang, Shenzhen, Zhuhai and Shanghai: January 18-February 21, 1992," *Selected Works of Deng Xiaoping*, vol. 3, trans., The Bureau for the Compilation and Translation of Works of Marx, Engels, Lenin and Stalin Under the Central Committee of the Communist Party of China(Beijing: Foreign Languages Press, 1994), p. 359.

3 Ibid., p. 360.

4 Ibid., p. 361.

5 Ibid., pp. 362~363.

6 Ibid, pp. 364~365.

7 Ibid., p. 366.

8 David M. Lampton, *Same Bed, Different Dreams: Managing U.S.-China Relations, 1989-2000*(Berkeley: University of California Press, 2001), p. xi.

9 "Excerpts from Talks Given in Wuchang, Shenzhen, Zhuhai and Shanghai: January 18-February 21, 1992," *Selected Works of Deng Xiaoping*, vol. 3, p. 370.

10 Ibid., p. 369.

17 또 다른 화해를 향한 롤러코스터 타기——장쩌민 시대

1 David M. Lampton, *Same Bed, Different Dreams: Managing U.S.-China Relations, 1989-2000*(Berkeley: University of California Press, 2001), p. 29, p. 308 참조.

2 State Department Bureau of Intelligence and Research, "China: Aftermath of the Crisis"(July 27, 1989), p. 17, in Jeffrey T. Richardson and Michael L. Evans, eds., "Tiananmen Square, 1989: The Declassified History," National Security Archive Electronic Briefing Book no. 16(June 1, 1999), Document 36.

3 Steven Mufson, "China's Economic 'Boss': Zhu Rongji to Take Over as Premier," *Washington Post*(March 5, 1998), p. A1.

4 1992년 9월 14일자 성명, A. M. Rosenthal, "On My Mind: Here We Go Again," *New York Times*(April 9, 1993); 이 성명에 대한 중국과 서구의 서로 다른 여러 해석을 보고 싶으면, Lampton, *Same Bed, Different Dreams*, p. 32도 참조.

5 클린턴 대통령의 유엔 총회 연설인 "Confronting the Challenges of a Broader World," New York City, September 27, 1993, from *Department of State Dispatch* 4, no. 39(September 27, 1993)에서 발췌.

6 Robert Suettinger, *Beyond Tiananmen: The Politics of U.S.-China Relations, 1989-2000* (Washington, D.C.: The Brookings Institution, 2003), p. 161.

7 1989년 11월 덩샤오핑은 연설을 통해 중국이 "사회주의를 고수하고 자본주의를 향한 평화적 진화를 미연에 방지하라고" 촉구했다. 마오쩌둥 역시 '평화적 진화'에 대해서 거듭 경고했다. "Mao Zedong and Dulles's 'Peaceful Evolution' Strategy: Revelations from Bo Yibo's Memoirs," *Cold War International History Project Bulletin 6/7*(Washington, D.C.: Woodrow Wilson International Center for Scholars, Winter 1996/1997), p. 228 참조.

8 이러한 사실을 반영하여 이후 '최혜국'이란 말은 기술적으로 '영구적이고 정상적인 교역

관계'라는 표현으로 정정되었다. 그래도 '최혜국'이라는 용어는 계속 사용되고 있다.

9 Anthony Lake, "From Containment to Enlargement," address at the Nitze School of Advanced International Studies, Johns Hopkins University, Washington, D.C., September 21, 1993, from *Department of State Dispatch* 4, no. 39(September 27, 1993).

10 Suettinger, *Beyond Tiananmen*, p. 165.

11 William J. Clinton, "Statement on Most-Favored-Nation Trade Status for China" (May 28, 1993), *Public Papers of the Presidents of the United States*(Washington, D.C.: U.S. Government Printing Office, 1994), book 1, pp. 770~771.

12 Ibid., pp. 770~772.

13 Lake, "From Containment to Enlargement."

14 Suettinger, *Beyond Tiananmen*, pp. 168~171.

15 Warren Christopher, *Chances of a Lifetime*(New York: Scribner, 2001), p. 237.

16 Ibid.

17 Ibid., p. 238.

18 Ibid., pp. 238~239.

19 예컨대 Deng Xiaoping, "An Idea for the Peaceful Reunification of the Chinese Mainland and Taiwan: June 26, 1983," *Selected Works of Deng Xiaoping*, vol. 3, pp. 40~42 참조.

20 John W. Garver, *Face Off : China, the United States, and Taiwan's Democratization*(Seattle: University of Washington Press, 1997), p. 15; James Carman, "Lee Teng-Hui: A Man of the Country," *Cornell Magazin*(June 1995)(자료 출처: http://www.news.cornell.edu/campus/Lee/Cornell_Magazine_Profile.html).

21 Lampton, *Same Bed, Different Dreams*, p. 101.

22 William J. Clinton, "Remarks and an Exchange with Reporters Following Discussions with President Jiang Zemin of China in Seattle: November 19, 1993," *Public Papers of the Presidents of the United States*(Washington, D.C.: U.S. Government Printing Office, 1994), pp. 2022~2025.

23 Garver, *Face Off*, pp. 92~97; *Robert Suettinger*, "U.S. 'Management' of Three Taiwan Strait 'Crises,'" in Michael D. Swaine and Zhang Tuosheng with Danielle F. S. Cohen, eds., *Managing Sino-American Crises: Case Studies and Analysis*(Washington, D.C.: Carnegie Endowment for International Peace, 2006), p. 278.

24 Madeleine Albright, *Madam Secretary*(New York: Hyperion, 2003), p. 546.

25 Robert Lawrence Kuhn, *The Man Who Changed China: The Life and Legacy of Jiang Zemin*(New York: Crown Publishers, 2004), p. 2.

26 Albright, *Madam Secretary*, p. 531.

27 Christopher Marsh, *Unparalleled Reforms*(New York: Lexington, 2005), p. 72.

28 Barry Naughton, *The Chinese Economy: Transitions and Growth*(Cambridge: MIT Press, 2007), pp. 142~143.

29 Michael P. Riccards, *The Presidency and the Middle Kingdom: China, the United States, and Executive Leadership*(New York: Lexington Books, 2000), p. 12.

30 Lampton, *Same Bed, Different Dreams*, Appendix A, pp. 379~380.

31 Zhu Rongji, "Speech and Q&A at the Advanced Seminar on China's Economic Development in the Twenty first Century"(September 22, 1997), in *Zhu Rongji's Answers to Journalists' Questions*(Oxford: Oxford University Press, 2011) (forthcoming), Chapter 5.

18 뉴 밀레니엄

1 Richard Daniel Ewing, "Hu Jintao: The Making of a Chinese General Secretary," *China Quarterly* 173(March 2003), p. 19.

2 Ibid., pp. 21~22.

3 지금은 공식적인 정책 용어로 널리 사용되는 샤오캉은 2500년 된 유교적 표현으로 적당한 수준의 가처분 소득을 가진 적당하게 부유한 계층을 암시한다.
"Confucius and the Party Line," *The Economist*(May 22, 2003); "Confucius Makes a Comeback," *The Economist*(May 17, 2007) 참조.

4 "Rectification of Statues," *The Economist*(January 20, 2011).

5 George W. Bush, "Remarks Following Discussions with Premier Wen Jiabao and an Exchange with Reporters: December 9, 2003," *Public Papers of the Presidents of the United States*(Washington, D.C.: U.S. Government Printing Office, 2006), p. 1701.

6 David Barboza, "Chinese Leader Fields Executives' Questions," *New York Times*(September 22, 2010).

7 Cui Changfa and Xu Mingshan, eds., *Gaoceng Jiangtan(Top-leaders' Rostrums)*(Beijing: Hongqi Chubanshe, 2007), pp. 165~182, as cited in Masuda Masayuki, "China's Search for a New Foreign Policy Frontier: Concept and Practice of 'Harmonious World,'" 62, in Masafumi Iida, ed., *China's Shift: Global Strategy of the Rising Power*(Tokyo: NIDS Joint Research Series, 2009).

8 Wen Jiabao, "A Number of Issues Regarding the Historic Tasks in the Initial Stage of Socialism and China's Foreign Policy," *Xinhua*(February 26, 2007), as cited in Masuda, "China's Search for a New Foreign Policy Frontier: Concept and Practice of 'Harmonious World,'" pp. 62~63.

9 David Shambaugh, "Coping with a Conflicted China," *The Washington Quarterly* 34, no.

1(Winter 2011), p. 8.

10 Zheng Bijian, "China's 'Peaceful Rise' to Great-Power Status," *Foreign Affairs* 84, no. 5(September/October 2005), p. 22.

11 United Nations Summit(New York, September 15, 2005)에서 후진타오가 행한 "Build Towards a Harmonious World of Lasting Peace and Common Prosperity" 연설.

12 중국의 숫자 점술에서 8이란 숫자는 상서로운 수로 간주한다. 중국의 일부 방언에서 8은 '번창하다'라는 말과 같이 발음된다.

13 Nathan Gardels, "Post-Olympic Powershift: The Return of the Middle Kingdom in a Post-American World," *New Perspectives Quarterly* 25, no. 4(Fall 2008), pp. 7~8.

14 Central People's Government of the People's Republic of China의 공식 웹사이트에서 얻은 "Di shi yi ci zhuwaishi jie huiyi zhao kai, Hu Jintao, Wen Jiabao jianghua"("Hu Jintao and Wen Jiabao speak at the 11th meeting of overseas envoys").

15 Wang Xiaodong, "Gai you xifang zhengshi zhongguo 'bu gaoxing' le"("It is now up to the West to face squarely that China is unhappy"), in Song Xiaojun, Wang Xiaodong, Huang Jisu, Song Qiang, and Liu Yang, *Zhongguo bu gaoxing: da shidai, da mubiao ji women de neiyou waihuan(China Is Unhappy: The Great Era, the Grand Goal, and Our Internal Anxieties and External Challenges)*(Nanjing: Jiangsu Renmin Chubanshe, 2009), p. 39.

16 Song Xiaojun, "Meiguo bu shi zhilaohu, shi 'lao huanggua shua lü qi'"("America is not a paper tiger, it's an 'old cucumber painted green'") in Song, Wang, *Zhongguo bu gaoxing*, p. 85.

17 갈등이 끝난 다음, 다시는 적대감을 되살리지 않겠다는 기대와 함께 평화로 돌아가는 것을 의미하는 중국의 전통적 표현이다.

18 Song, "Meiguo bu shi zhilaohu," p. 86.

19 Ibid., p. 92.

20 Ibid.

21 Liu Mingfu, *Zhongguo meng: hou meiguo shidai de daguo siwei yu zhanlüe dingwei(China Dream: Great Power Thinking and Strategic Posture in the Post-American Era)*(Beijing: Zhongguo Youyi Chuban Gongsi, 2010).

22 Ibid., pp. 69~73, pp. 103~117.

23 Ibid., p. 124.

24 Ibid., pp. 256~262.

25 이들 책에 표현된 감정은 사실이고 중국 군 체제 내의 상당 부분과 공감을 이룰지도 모르지만, 부분적으로는 이익을 추구하는 동기를 반영한다. 어느 나라든 도발적인 책들이 잘 팔리는 법이며, 『중국은 불쾌해』와 『중국몽』 같은 민족주의적인 책들도 사기업에 의해서 출간된다. Phillip C. Saunders, "Will *China's Dream* Turn into America's

Nightmare?" *China Brief* 10, no. 7(Washington, D.C.: Jamestown Foundation, April 1, 2010), pp. 10~11.

26 Dai Bingguo, "Persisting with Taking the Path of Peaceful Development"(Beijing: Ministry of Foreign Affairs of the People's Republic of China, December 6, 2010).

27 Ibid.

28 Ibid.

29 Ibid.

30 Ibid.

31 Ibid.

32 Ibid.

33 Hu Jintao, "Speech at the Meeting Marking the 30th Anniversary of Reform and Opening Up"(December 18, 2008)(자료 출처: http://www.bjreview.com.cn/Key_Document_Translation/2009-04/27/content_194200.htm).

34 Dai, "Persisting with Taking the Path of Peaceful Development."

35 Ibid.

에필로그 역사는 반복되는가? ―크로 메모랜덤

1 크로는 이 이슈를 양쪽 관점에서 이해했다. 영국 외교관이었던 아버지와 독일인 어머니를 둔 그는 라이프치히에서 태어났고, 열일곱 살 때 영국으로 이주했다. 아내 역시 독일계였으며, 비록 영제국의 충실한 일꾼이었지만 문화적으로나 가계적으로나 유럽 대륙과 긴밀한 관계를 유지했다. Michael L. Dockrill and Brian J. C. McKercher, *Diplomacy and World Power: Studies in British Foreign Policy, 1890-1951* (Cambridge: Cambridge University Press, 1996), p. 27.

2 Eyre Crowe, "Memorandum on the Present State of British Relations with France and Germany"(Foreign Office, January 1, 1907), in G. P. Gooch and Harold Temperley, eds., *British Documents on the Origins of the War*, vol. 3: *The Testing of the Entente*(London: H.M. Stationery Office,1928), p. 406.

3 Ibid., p. 417.

4 Ibid., p. 416.

5 Ibid., p. 417.

6 Ibid., p. 407.

7 Ibid.

8 Phillip C. Saunders, "Will *China's Dream* Turn into America's Nightmare?" *China Brief* 10, no. 7(Washington, D.C.: Jamestown Foundation, April 1, 2010), p.10(류밍푸의

Global Times 기사 인용).

9 Liu Mingfu, *Zhongguo meng: hou meiguo shidai de daguo siwei yu zhanlüe dingwei(China Dream: Great Power Thinking and Strategic Posture in the Post-American Era)*(Beijing: Zhongguo Youyi Chuban Gongsi, 2010), p. 24; 2010년 2월 28일자 로이터 통신의 보도인 크리스 버클리의 "China PLA Officer Urges Challenging U.S. Dominance"(자료 출처: http://www.reuters.com/article/2010/03/01/us-china-usa-military-exclusivei dUSTRE6200P620100301).

10 Richard Daniel Ewing, "Hu Jintao: The Making of a Chinese General Secretary," *China Quarterly* 173(March 2003), pp. 29~31.

11 Dai Bingguo, "Persisting with Taking the Path of Peaceful Development"(Beijing: Ministry of Foreign Affairs of the People's Republic of China, December 6, 2010).

12 Adele Hayutin, "China's Demographic Shifts: The Shape of Things to Come" (Stanford: Stanford Center on Longevity, October 24, 2008), p. 7.

13 Ethan Devine, "The Japan Syndrome," *Foreign Policy*(September 30, 2010)(자료 출처: http://www.foreignpolicy.com/articles/2010/09/30/the_japan_syndrome).

14 Hayutin, "China's Demographic Shifts," p. 3.

15 Joshua Cooper Ramo, "Hu's Visit: Finding a Way Forward on U.S.-China Relations," *Time*(April 8, 2010) 참조. 라모는 미·중 관계를 위한 해석적 틀로 공진화라는 개념을 생리학 분야에서 차용했다.

후기

1 2011년 1월 19일 U.S.-China Joint Statement, 2절 및 5절. 이 글을 위해 조사하여 소중한 도움을 주었던 나의 동료 쉴러 쇼우텐에게 감사를 표한다.

2 Aaron Friedberg, *A Contest for Supremacy: China, America, and the Struggle for Mastery in Asia*(W.W. Norton & Co., 2011), p. 51, p. 184.

3 중국의 공식-비공식 출판물로부터 인용한 것을 포함하여 그러한 견해를 설명한 영어 문헌을 알고 싶으면, Michael S. Chase, "Fear and Loathing in Beijing? Chinese Suspicions of U.S. Intentions," Jamestown Foundation *China Brief*, vol.11, issue18(September 30, 2011) 참조.

4 Long Tao, "Time to Teach Those Around the South China Sea a Lesson," *Global Times* (September 29, 2011), accessed online at www.globaltimes.cn/NEWS/tabid/99/ ID/677717/Time-to-teach-those-around-South-China-Sea-a-lesson.aspx.

5 예를 들어 국무원 다이빙궈 위원의 2010년 12월 에세이 "Persisting with Taking the Path of Peaceful Development(堅持走和平發展道路)"를 보라. 본서 본문 608~612쪽에 인

용되어 있다.

6 세심하고 폭넓은 분석을 보고 싶으면 Cheng Li, "China's Midterm Jockeying: Gearing Up for 2012," Parts 1-5, *China Leadership Monitor* Nos. 31-35(Stanford: Hoover Institute, 2010-2011) 참조.

옮긴이의 말

중국 근대사는 이 나라의 덩치만큼이나 방대할 뿐 아니라, 예측불허의 사건으로 점철되어 있어서 전문가들조차도 충분히 이해하기가 수월치 않은 인류 역사의 한 부분이다.

20세기 초에 이미 쇠약하고 지리멸렬했던 제국은, 중심도 제대로 잡지 못해 오합지졸에 지나지 않았던 공산당에 의해서 1949년에 인민공화국으로 탈바꿈했다. 이후 문화 혁명이라는 이름의 극좌 사회 운동과 3000만 명에 이르는 국민을 굶어 죽게 만든 대약진 운동을 거쳤음에도 불과 반세기 후인 지금 세계 제2의 경제 초강대국이 되었다. 죽의 장막에 갇혀 냉전 시대엔 양 강대국의 침범을 두려워하던 일인 독재 정권이, 20년 만에 대문을 활짝 열어젖히고 미국 대통령을 쌍수로 환영했다. 40년 전만 해도 엉클 샘을 최대 악의 화신으로 여기던 은둔의 국민들이 이제는 지구촌 최대의 여행객으로 변해 구석구석 관광지를 뒤덮고 있다. 어느 누가 이 카멜레온 같은 역사를 요령껏 간명하게 설명할 수 있을까?

그들의 문화와 역사가 이처럼 파악하기 힘들진대, 중국을 세계 시민으로 끌어들이고 각자의 이해에 따라 이 거인을 다루어야 할 각국의 외교 정책이 겪게 될 어려움 또한 쉬이 상상이 되는 노릇이다.

'핑퐁 외교'라는 창의적인 외교를 일구어 냈던 헨리 키신저는 그런 어려움에 관한 한 할 말이 많은 사람이다. 그는 1960년대 후반부터 1970년대 후반까지 미국의(아니, 서구의) 외교 정책에 압도적인 영향력을 행사했을 뿐 아니라, 닉슨과 마오쩌둥의 역사적인 만남을 막후에서 준비하여 성사시켰고, 닉슨과 포드 행정부에서는 대통령 안보 보좌관 및 국무 장관으로서 (흔한 표현을 빌리자면) '역사의 현장'에서 발로 뛰었던 사람이니까. 그뿐이랴, 공직에서 물러난 이후로도 거의 모든 미국 대통령들이 중국 및 아시아 문제에 관해서만큼은 그의 조언에 귀를 기울였고, 구순에 이른 지금까지도 그는 국제 정치 관련 연구와 저술 활동을 늦추지 않고 있으며 컨설팅을 제공하기도 한다.

이 책이 지닌 최대의 장점도 바로 키신저의 '인사이더'로서의 관점과 다양한 정보를 얻을 수 있다는 데 있다. 직접 베이징을 비밀리에 방문하여 중국 측과의 협상을 이끌고 지도자를 면담하고 실무자들과 논쟁을 벌였으니, 그보다 더 정확하고 생생하게 당시의 정황을 전해 줄 사람이 또 어디 있겠는가? 더구나 위에서 말한 것처럼 도무지 예측 불가능한 국가를 상대로 해서 말이다.

여태 알려지지 않았던 대단한 비밀이 잔뜩 담겨 있어서라기보다, 일반 독자들이 알기 힘든 일촉즉발의 위기 상황이나 피를 말리는 지겨운 대치 상황 등이 정밀하게 묘사되어 있는 데다, 지난 한 세기 동안 중국과 중국인의 삶을 좌지우지했던 인물들의 특이한 성격이나 감정이 세심하게 전해지기 때문에, 이 책의 긴박감과 읽는 재미가 배가된다.

물론 약간의 장황함이나 저자의 중언부언을 약점으로 꼽는 평자도 있고, 그런 의견에 완전히 반대할 마음은 없지만, 그것이 이러한 장점을 덮을 수는 없을 듯하다. 이 책과 직접 연관은 없겠으나 베트남과 캄보디아에서의 미국의 실책을 들어, 공직자로서의 키신저를 폄하하는 사람도 없지 않다. 톈안먼 사건을 둘러싸고 부지런히 덩샤오핑을 옹호했던 사실 또한 그를 향한 비난의 원인을 제공한다.

그럼에도 저자가 이 책에서 무엇보다 먼저 상대 국가의 역사와 문화와 전통을 이해하는 노력을 기울여야 올바른 외교가 가능하다는 기본 원칙을 누누이 강조하고 있다는 사실만으로도 경의를 표해야 할 것이다. 미국이나 중국이나 이 원칙을 좀 더 철저히 지키기만 한다면, 지구촌의 많은 문제들이 해소될 수 있다는 점을 감안할 때 더욱 그렇다. 아울러 우리나라의 정치인들이나 외교관들 또한 이 책이 담고 있는 원칙과 국가 간의 상호 교감을 제대로 이해하고, 여러 가지 역사적 에피소드를 반면교사로 삼아야 할 것이다.

몇 년 전 『덩샤오핑 평전』을 번역했을 때와 마찬가지로, 중국을 주제로 삼은 영어 원서에 한자 표기가 전혀 없다는 점 때문에 또 한 번 진땀을 흘렸다. 앞뒤의 간단한 설명만으로 'shi'를 '세(勢)'로 번역해 내거나 'Mandate of Heaven'을 '천명(天命)'으로 옮기는 정도는 애교라 치자. 'Two Whatevers'가 '두 개의 범시(凡是)'라는 걸 찾아낸다든지, 'To rebel is justified.'라는 서술형 문장이 '반역은 정당하다.(造反有理)'라는 구호임을 발견하는 작업은 만만치 않았다. 한 술 더 떠서 우리에게 조금도 익숙하지 않은 중국의 정부 기구 이름 '흠천감(Court of Dependencies)'라든지 생소한 저서 『성무기(*Plans for a Maritime Defense*)』등을 한자로 찾아내기까지는 여간 괴롭고 답답한 게 아니었다.

그러나 즐거운 작업이었다. 너무나도 많은 것을 배우고, 느끼고, 재발견하고, 깨닫고, 생각하게 만들어 준 몇 달간의 기쁨이었다.

권기대

| 찾아보기 |

옮긴이 **권기대**

서울대 경제학과를 졸업했다. 미국 모건은행에서 비즈니스 커리어를 시작하여 뉴욕 월스트리트에서 근무하
며 국제적인 감각을 키웠고, 이후 미국, 호주, 인도네시아, 프랑스, 독일, 홍콩 등을 편력하면서 서양 문화를
흡수하고 동양 문화를 반추했다. 홍콩에서 영화 평론 활동과 예술 영화 배급을 했으며, 최근 귀국하여 다수
의 해외 TV 프로그램을 수입, 공급하기도 했다.
영어 번역서로는 『덩샤오핑 평전』, 『부와 빈곤의 역사』, 『화이트 타이거』, 『우주 전쟁』, 『아름다움이란 이름의
편견』 등이 있고, 독일어 번역서로는 『돈 후안』과 『신비주의자가 신발끈을 묶는 방법』, 불어 번역서로는 『코
리동』 등이 있다.

헨리 키신저의
중국 이야기

1판 1쇄 펴냄 2012년 1월 2일
1판 12쇄 펴냄 2022년 5월 24일

지은이   헨리 키신저
옮긴이   권기대
발행인   박근섭·박상준
펴낸곳   (주)민음사

출판등록   1966. 5. 19. 제16-490호
주소   서울특별시 강남구 도산대로1길 62(신사동) 강남출판문화센터 5층 (우편번호 06027)
대표전화   02-515-2000
팩시밀리   02-515-2007
홈페이지   www.minumsa.com

한국어 판 © (주)민음사, 2012. Printed in Seoul, Korea
ISBN 978-89-374-8419-3 03320